| 中共党史党建学科研究丛书 |

新时代中共党史党建学科基本理论问题研究

总　论

| 主编 |
李　捷

中国人民大学出版社
· 北京 ·

目　录

第一章
新时代与中共党史党建学科的创新发展

李　捷　吴起民

党的十八大以来，以习近平同志为核心的党中央不忘初心、牢记使命，以“我将无我，不负人民”的格局和境界，团结带领全党全军全国各族人民，奋力推动中国特色社会主义进入新时代。这一历史方位的深刻变化，既使中共党史党建学科的创新发展面临新形势新期待，更需要中共党史党建学科担当新使命、展现新作为。

第一节　新形势新期待

中共党史党建学科，因党而生、因党而兴。紧紧围绕党的中心工作，服务党和国家工作大局，是中共党史党建学科的学科特色和优良传统。党的十八大以来，以习近平同志为核心的党中央高度重视加强党史党建研究，反复强调，“学习党史、国史，是我们坚持和发展中国特色社会主义、把党和国家各项事业继续推向前进的必修课”①，“总结历史是为了使全党从历史进程中洞察历史发展规律和时代发展大势，提高认识水平和辨别能力，增强锚定既定奋斗目标、意气风发走向未来的勇气和力量，更加清醒、更加坚定地办好当前的事情”②；反复强调，“加强对党建理论最新成果的研究，加强对全面从严治党的研究，在理论上拓展新视野、作出新概括，加深对新时代党的建设规律的认识，不断完善党的建设学科体系、学术体系、话语体系，继续为推进新时代党的建设贡献智慧和力量”③。

在习近平总书记的高度重视和关怀下，中国特色社会主义进入新时代的这10多年，是党史党建研究在党和国家工作大局中地位作用日益凸显的10多年，也是中共党史党建学科发展日益受到党和国家高度关注的10多年。新时代中共党史党建学科建设，只有深刻认识面临的新形势新期待，才能不负众望和重托，更好地围绕中心、服务大局，推动中共党史党建学科创新发展。

进入新时代，中共党史党建学科创新发展面临的新形势新期待，主要集中在以下几个方面。

一、充分发挥资政功能

资政功能，是中共党史党建学科极其重要的功能，也是彰显其围绕中心、服务大局作用的主渠道之一。中共党史党建学科的资政功能，就是要将深入研究的成果，转化为加强党的政治建设、思想建设、组织建设、作风建设、纪律建设、制度建设和反腐败斗争的

---

① 习近平．论中国共产党历史．北京：中央文献出版社，2021：15－16.

② 习近平．以史为鉴、开创未来 埋头苦干、勇毅前行．求是，2022（1）.

③ 习近平对党的建设研究工作作出重要指示强调 加深对新时代党的建设规律的认识 继续为推进新时代党的建设贡献智慧和力量．人民日报，2022－01－22（1）.

宝贵财富，用党的奋斗历程和自身建设积累的成功经验为党和政府提供决策咨询。

新时代的最大特点，就是全面建成小康社会的第一个百年奋斗目标如期实现，党和国家事业取得历史性成就、发生历史性变革，为实现中华民族伟大复兴提供了更为完善的制度保证、更为坚实的物质基础、更为主动的精神力量，中华民族迎来了从站起来、富起来到强起来的伟大飞跃。在这个过程中，党积累了极其丰富的治党治国治军经验。新时代还有一个突出特点，就是站在中国共产党百年奋斗所创造的新的历史起点上，具有用历史映照现实、远观未来的独特优势，“从中国共产党的百年奋斗中看清楚过去我们为什么能够成功、弄明白未来我们怎样才能继续成功，从而在新的征程上更加坚定、更加自觉地牢记初心使命、开创美好未来”①。

全面地、系统地、多维度地将这些历史经验、历史智慧和宝贵财富不断挖掘出来，发挥好中共党史党建学科的资政功能，是新时代赋予我们的义不容辞的责任。

习近平在庆祝中国共产党成立 100 周年大会上深刻总结的“以史为鉴、开创未来”的“九个必须”，党的十九届六中全会通过的《中共中央关于党的百年奋斗重大成就和历史经验的决议》（简称第三个历史决议）深刻总结的中国共产党百年奋斗的十条历史经验，既为中共党史党建学科发挥资政功能提供了最新的科学遵循，也为中共党史党建学科更好发挥资政功能指明了方向。习近平指出：“《决议》概括的‘十个坚持’的历史经验是相互贯通、相辅相成的整体，是百年来党领导人民艰辛探索、接续奋斗理论和实践的科学总结，必须倍加珍惜，毫不动摇坚持，与时俱进发展。要把这‘十

① 习近平. 在庆祝中国共产党成立 100 周年大会上的讲话. 北京：人民出版社，2021：10.

个坚持’同我在庆祝中国共产党成立一百周年大会上的讲话提出的‘九个必须’等结合起来，一体学习理解、一体贯彻落实。”①

中国共产党是高度重视并善于从过去的历史中总结经验、创新和创造理论的马克思主义政党。这种总结主要是通过中共中央作出的历史决议和中央主要领导人的重要讲话等来实现的。中共党史党建学科在资政方面应有所作为。新时代党和国家对“看清楚过去我们为什么能够成功、弄明白未来我们怎样才能继续成功”的迫切需要，期待中共党史党建学科以其丰硕的成果，来深入阐释这些历史经验所蕴含的历史逻辑、理论逻辑、实践逻辑，深入阐释这些历史经验同中国共产党的最新理论创新成果的关系，深入阐释这些历史经验同增强斗争精神和执政本领、为夺取实现第二个百年奋斗目标的新胜利不懈奋斗的关系。通过这些阐释，将中国共产党的宝贵历史经验和精神财富转化为实现中华民族伟大复兴的强大物质力量。

新时代充分发挥中共党史党建学科资政功能的又一个着力点，是用中国共产党百年奋斗取得的伟大成就、伟大创造、伟大奇迹不断坚定“四个自信”。

经过一百多年的奋斗，我们党团结带领人民在一个有着几千年封建社会历史的国家实现了最广泛的人民民主，人民真正成为国家、社会和自己命运的主人；我们在一穷二白的基础上创造了经济社会快速发展奇迹，用几十年时间走完了发达国家几百年走过的工业化历程，跃升为世界第二大经济体，综合国力、科技实力、国防实力、文化影响力、国际影响力显著提升；我国人民生活由温饱不足到全面小康，整体上彻底摆脱了绝对贫困，成为世界上中等收入人口最

---

① 习近平. 以史为鉴、开创未来 埋头苦干、勇毅前行. 求是，2022（1）.

多的国家；我国长期保持社会和谐稳定、人民安居乐业，成为国际社会公认的最有安全感的国家之一。抗击新冠疫情的伟大斗争，充分彰显了党的领导和我国社会主义制度的显著优势，极大增强了全党全国各族人民的信心信念。正如习近平所说："当今世界，要说哪个政党、哪个国家、哪个民族能够自信的话，那中国共产党、中华人民共和国、中华民族是最有理由自信的。"①

"四个自信"，既来源于现实，也来源于历史。习近平指出："中国共产党人的历史自信，既是对奋斗成就的自信，也是对奋斗精神的自信。""学习和总结党的历史，就要从中增强道路自信、理论自信、制度自信、文化自信，咬定青山不放松，风雨无阻向前进。"②

这就需要在党史学习教育中，在对青年学生的中共党史、新中国史、改革开放史、社会主义发展史、中华民族发展史等教育中，通过对党的不懈奋斗史、不怕牺牲史、理论探索史、为民造福史、自身建设史的系统梳理，深刻认识红色政权来之不易、新中国来之不易、中国特色社会主义来之不易，从党的辉煌成就、艰辛历程、历史经验、优良传统中深刻领悟中国共产党为什么能、马克思主义为什么行、中国特色社会主义为什么好等道理，弄清楚其中的历史逻辑、理论逻辑、实践逻辑。要深刻领悟坚持中国共产党领导的历史必然性，坚定对党的领导的自信，不断增强历史定力，增强做中国人的志气、骨气、底气。要深刻领悟马克思主义及其中国化创新理论的真理性，增强自觉贯彻落实党的创新理论的坚定性。要深刻领悟中国特色社会主义道路的正确性，坚定不移走中国特色社会主义这条唯一正确的道路③。

---

① 习近平．论中国共产党历史．北京：中央文献出版社，2021：125.

② 习近平．以史为鉴、开创未来 埋头苦干、勇毅前行．求是，2022（1）.

③ 习近平在福建考察时强调 在服务和融入新发展格局上展现更大作为 奋力谱写全面建设社会主义现代化国家福建篇章．人民日报，2021－03－26（1）.

深刻揭示和阐发实现中华民族伟大复兴的主题主线，深刻揭示和阐发以自我革命统领和推动社会革命的成功经验，是新时代充分发挥中共党史党建学科资政功能的另一个着力点。

习近平在庆祝中国共产党成立100周年大会上的讲话和第三个历史决议告诉我们，“一百年来，中国共产党团结带领中国人民进行的一切奋斗、一切牺牲、一切创造，归结起来就是一个主题：实现中华民族伟大复兴”①。第三个历史决议紧紧围绕这个主题，把中国共产党百年奋斗历程划分为四个阶段：新民主主义革命的伟大成就，为实现中华民族伟大复兴创造了根本社会条件，中国人民站起来了，中华民族任人宰割、饱受欺凌的时代一去不复返了；社会主义革命和建设的伟大成就，实现了中华民族有史以来最为广泛而深刻的社会变革，实现了一穷二白、人口众多的东方大国大步迈进社会主义社会的伟大飞跃，为实现中华民族伟大复兴奠定了根本政治前提和制度基础；改革开放和社会主义现代化建设的伟大成就，实现了从高度集中的计划经济体制到充满活力的社会主义市场经济体制、从封闭半封闭到全方位开放的历史性转变，实现了从生产力相对落后的状况到经济总量跃居世界第二的历史性突破，实现了人民生活从温饱不足到总体小康、奔向全面小康的历史性跨越，中国大踏步赶上了时代，为实现中华民族伟大复兴提供了充满新的活力的体制保证和快速发展的物质条件；新时代中国特色社会主义的伟大成就，战胜一系列重大风险挑战，实现了第一个百年奋斗目标，明确了实现第二个百年奋斗目标的战略安排，党和国家事业取得历史性成就、发生历史性变革，为实现中华民族伟大复兴提供了更为完善的制度保证、更为坚实的物质基础、更为主动的精神力量，中华民族迎来

---

① 习近平．在庆祝中国共产党成立100周年大会上的讲话．北京：人民出版社，2021：3.

了从站起来、富起来到强起来的伟大飞跃，实现中华民族伟大复兴进入了不可逆转的历史进程。

这就告诉我们，新时代是从中国共产党的历史辉煌中走出来的，也是从党的十八大以来取得的历史性成就、发生的历史性变革中走出来的。“中国特色社会主义进入新时代，意味着近代以来久经磨难的中华民族迎来了从站起来、富起来到强起来的伟大飞跃，迎来了实现中华民族伟大复兴的光明前景；意味着科学社会主义在二十一世纪的中国焕发出强大生机活力，在世界上高高举起了中国特色社会主义伟大旗帜；意味着中国特色社会主义道路、理论、制度、文化不断发展，拓展了发展中国家走向现代化的途径，给世界上那些既希望加快发展又希望保持自身独立性的国家和民族提供了全新选择，为解决人类问题贡献了中国智慧和中国方案。”①

这就向中共党史党建学科提出了一个新的任务，要进一步加强对中华民族伟大复兴历程的研究，把它真正作为中共党史研究的主题，真正作为党的建设研究的核心问题，真正作为以自我革命推进社会革命的主要内容加以深入研究，从中汲取全面建成社会主义现代化强国、实现第二个百年奋斗目标的勇气、自信、力量和智慧。

二、充分发挥育人功能

育人功能，同样是中共党史党建学科的极其重要的功能，是彰显其围绕中心、服务大局作用的主渠道之一。中共党史党建学科的育人功能，就是要将深入研究的成果，转化为进行理想信念教育、初心使命教育、革命精神教育、崇高品德教育的营养剂，引导广大

① 习近平. 习近平谈治国理政：第3卷. 北京：外文出版社，2020：8-9.

党员、干部和青年学生崇尚对党忠诚的大德、造福人民的公德，自觉做远大理想、共同理想的坚定信仰者和忠实实践者。

第一，新时代中共党史党建学科充分发挥育人功能，需要在阐释和夯实理想信念上着力。

理想信念是中国共产党人的精神支柱和政治灵魂。中国共产党成立一百多年来，始终是有崇高理想和坚定信念的党。这个理想信念，就是马克思主义信仰、共产主义远大理想、中国特色社会主义共同理想。马克思主义是我们党的指导思想，共产主义是我们党的远大理想。没有马克思主义信仰、共产主义理想，就没有中国共产党，就没有中国特色社会主义。马克思主义政党不是因利益而结成的政党，而是以共同理想信念而组织起来的政党。建设坚强的马克思主义执政党，首先要从理想信念做起。对马克思主义的信仰，对社会主义和共产主义的信念，是共产党人的政治灵魂，是共产党人经受任何考验的精神支柱。我们常说，基础不牢，地动山摇。信念不牢也是要地动山摇的。历史和现实都告诫我们：全党理想信念坚定，党就拥有无比强大的力量；全党理想信念淡薄，党就会成为乌合之众，风一吹就散。

第二，新时代中共党史党建学科充分发挥育人功能，需要在阐释和增强初心使命上着力。

中国共产党一经诞生，就把为中国人民谋幸福、为中华民族谋复兴确立为自己的初心使命。一百多年来，中国共产党团结带领中国人民进行的一切奋斗、一切牺牲、一切创造，归结起来就是一个主题：实现中华民族伟大复兴。一百多年来，党领导人民浴血奋战、百折不挠，创造了新民主主义革命的伟大成就；自力更生、发愤图强，创造了社会主义革命和建设的伟大成就；解放思想、锐意进取，创造了改革开放和社会主义现代化建设的伟大成就；自信自强、守正创新，创造了新时代中国特色社会主义的伟大成就。党和人民百余年奋斗，书写了中华民族几千年历史上最恢宏的史诗。

中国共产党始终把人民放在最高位置。人民是我们党执政的最大底气，是我们共和国的坚实根基，是我们强党兴国的根本所在。中国共产党根基在人民、血脉在人民、力量在人民。我们党来自人民，为人民而生，因人民而兴，必须始终与人民心心相印、与人民同甘共苦、与人民团结奋斗。党的一切工作都是为了实现好、维护好、发展好最广大人民根本利益；人民是历史的创造者、人民是真正的英雄，必须相信人民、依靠人民。江山就是人民、人民就是江山，打江山、守江山，守的是人民的心。中国共产党始终代表最广大人民根本利益，与人民休戚与共、生死相依，没有任何自己特殊的利益，从来不代表任何利益集团、任何权势团体、任何特权阶层的利益。

我们党的章程开宗明义明确，中国共产党是中国工人阶级的先锋队，同时是中国人民和中华民族的先锋队。党章也明确规定，党坚持全心全意为人民服务，在任何时候都把群众利益放在第一位，同群众同甘共苦，保持最密切的联系。这就要求我们必须坚持尊重社会发展规律和尊重人民历史主体地位的一致性、为崇高理想奋斗和为最广大人民谋利益的一致性、完成党的各项工作和实现人民利益的一致性，永不脱离群众，与群众有福同享、有难同当，有盐同咸、无盐同淡。要教育引导全党深刻认识党的性质宗旨，坚持一切为了人民、一切依靠人民，始终把人民放在心中最高位置、把人民对美好生活的向往作为奋斗目标，推动改革发展成果更多更公平惠及全体人民，推动共同富裕取得更为明显的实质性进展，把 14 亿多中国人民凝聚成推动中华民族伟大复兴的磅礴力量。

第三，新时代中共党史党建学科充分发挥育人功能，需要在阐释和弘扬革命精神和政治品格上着力。

一百多年前，中国共产党的先驱们在创建中国共产党的过程中，形成了坚持真理、坚守理想，践行初心、担当使命，不怕牺牲、英勇斗争，对党忠诚、不负人民的伟大建党精神。伟大建党精神一经产生，就成为中国共产党的精神之源。一百多年来，中国共产党弘扬伟大建党精神，在长期奋斗中构建起中国共产党人的精神谱系，锤炼出鲜明的政治品格。

对党忠诚，是共产党人首要的政治品质。我们党一路走来，经历了无数艰险和磨难，但任何困难都没有压垮我们，任何敌人都没能打倒我们，靠的就是千千万万党员的忠诚。对党忠诚，必须一心一意、一以贯之，必须表里如一、知行合一，任何时候任何情况下都不改其心、不移其志、不毁其节。锤炼对党忠诚的政治品质，要从学习党史、党章入手，以先辈先烈为镜、以反面典型为戒，不断筑牢信仰之基、补足精神之钙、把稳思想之舵，以坚定的理想信念砥砺对党的赤诚忠心。要把学习党史、党章的成果转化为自觉行动，刻苦加强政治历练，接受严格的党内政治生活淬炼，不断提高政治判断力、政治领悟力、政治执行力，使自己的政治能力同担任的工作职责相匹配。要立志为党分忧、为国尽责、为民奉献，勇于担苦、担难、担重、担险，以实际行动诠释对党的忠诚。

一切从实际出发、实事求是，也是共产党人鲜明的政治品质。我们党的历史反复证明，理论联系实际坚持得好，党和人民事业就能够不断取得胜利；反之，党和人民事业就会受到损失，甚至出现严重曲折。理论联系实际，前提是学懂弄通理论、掌握思想真谛。要把学习党史同学习理论紧密结合起来，力求学史明理，刻苦钻研马克思主义基本原理特别是新时代党的创新理论成果，努力掌握蕴含其中的立场观点方法、道理学理哲理，做到知其言更知其义、知其然更知其所以然。要通过学习百年党史，学懂弄通习近平新时代中国特色社会主义思想，前后贯通学、及时跟进学，运用党的科学理论优化思想方法，解决思想困惑，检视自身思想作风和精神状态，牢固树立正确的世界观、人生观、价值观和权力观、政绩观、事业观，使自己的思维方式和精神世界更好适应事业发展需要。要坚持实事求是、求真务实，从实际出发谋划事业和工作，使提出的点子、政策、方案符合实际情况、符合客观规律、符合科学精神，以创造性工作把党中央决策部署落到实处。要坚持真抓实干、狠抓落实，一切工作都要往实里做、做出实效，不好高骛远、不脱离实际，力戒形式主义、官僚主义。要把做老实人、说老实话、干老实事作为人生信条，这样才能真正立得稳、行得远。

牢记初心使命、始终不负人民，同样是共产党人鲜明的政治品格。江山就是人民，人民就是江山。全心全意为人民服务，是中国共产党的唯一宗旨。人民是我们党的力量源泉，我们党根基在人民、血脉在人民，必须把人民放在心中最高位置，始终以百姓心为心。共产党的干部要坚持当“老百姓的官”，把自己也当成老百姓，不要做官当老爷，在这一点上，年轻干部从一开始就要想清楚，而且要终身牢记。要通过学党史学党章来感悟和思考人生价值，无论是立身处世还是从政干事，首先要解决好“我是谁、为了谁、依靠谁”的问题，不断追求“我将无我，不负人民”的精神境界。要牢记我们党为人民谋幸福、为民族谋复兴的初心使命，始终坚守党全心全意为人民服务的根本宗旨，用心用情用力解决好群众急难愁盼问题，让群众有更多、更直接、更实在的获得感、幸福感、安全感。

有无认真的自我批评，也是中国共产党和其他政党互相区别的显著标志之一，因为自我批评也是共产党人的鲜明政治品格。我们共产党人开展自我批评，根本动力来自党性，来自对党和人民事业高度负责的精神。要以毛泽东等老一辈无产阶级革命家为榜样，严守纪律、严于律己、自觉接受监督，经常对照党的理论、对照党章党规党纪、对照初心使命、对照党中央部署要求，主动查找、勇于改正自身的缺点和不足。要本着对党、对事业、对同志高度负责的精神大胆开展批评，帮助同志发现缺点、改正错误，团结同志一道前进。要涵养虚心接受批评的胸怀和气度，胸襟开阔、诚恳接受，有则改之、无则加勉。

敢于斗争是中国共产党的鲜明品格。世界上没有哪个党像我们这样，遭遇过如此多的艰难险阻，经历过如此多的生死考验，付出过如此多的惨烈牺牲。一百多年来，在应对各种困难挑战的过程中，我们党锤炼了不畏强敌、不惧风险、敢于斗争、勇于胜利的风骨和品质。这是我们党最鲜明的特质和特点。

中国共产党依靠斗争走到今天，也必然要依靠斗争赢得未来。开启全面建设社会主义现代化国家新征程，立足新发展阶段、贯彻新发展理念、构建新发展格局，面临的风险和考验一点也不会比过去少。要认真学习党的历史中敢于斗争、善于斗争、敢于胜利的生动案例，从中汲取斗争智慧和斗争艺术，自觉加强斗争历练，在斗争中学会斗争，在斗争中成长提高，努力成为敢于斗争、善于斗争的勇士。要坚定斗争意志，不屈不挠、一往无前，决不能碰到一点挫折就畏缩不前，一遇到困难就打退堂鼓。要善斗争、会斗争，提升见微知著的能力，透过现象看本质，准确识变、科学应变、主动求变，洞察先机、趋利避害。要加强战略谋划，把握大势大局，抓住主要矛盾和矛盾的主要方面，分清轻重缓急，科学排兵布阵，牢牢掌握斗争主动权。要增强底线思维，定期对风险因素进行全面排查。要善于经一事长一智，由此及彼、举一反三，练就斗争的真本领、真功夫。

越是伟大的事业，越是充满挑战，越需要知重负重。要保持“越是艰险越向前”的英雄气概，保持“敢教日月换新天”的昂扬斗志，埋头苦干、攻坚克难，努力创造无愧于党、无愧于人民、无愧于时代的业绩。

三、充分发挥学科阐释功能

2021年11月11日，党的十九届六中全会通过了第三个历史决议。这个决议，全面回顾党走过的百年奋斗历程，全面总结党的百年奋斗重大成就和历史经验，着重阐释党的十八大以来党和国家事业取得的历史性成就、发生的历史性变革，对实现第二个百年奋斗目标提出明确要求，体现了中国共产党重视和善于运用历史规律的高度政治自觉，体现了中国共产党牢记初心使命、继往开来的自信担当，是一篇马克思主义的纲领性文献。

第三个历史决议思想含量、知识含量十分丰富，政治性、理论性、战略性、指导性都很强。这就需要新时代中共党史党建学科自觉地充分发挥学科优势，加强对第三个历史决议的研究和阐释，并将最新成果及时转化到学科体系、学术体系、话语体系之中。

首先，新时代中共党史党建学科要聚焦第三个历史决议中的一系列重要的新论断新表述发挥好学科阐释功能。

第三个历史决议注重运用中共党史基本著作成果和中共党史界学术研究成熟成果，形成了一系列重要的新论断新表述，体现了新时代对中国共产党百年奋斗历史的新认识。第一，第三个历史决议第一次将中国共产党百年历程，划分为四个历史时期，即新民主主义革命时期、社会主义革命和建设时期、改革开放和社会主义现代化建设新时期、中国特色社会主义新时代，为中共党史党建学科提供了关于中国共产党历史分期的最新权威依据。第二，第三个历史决议进一步完善了前两个历史决议对新民主主义革命时期党的历史分期的表述，把中国共产党在新民主主义革命时期的四个阶段界定为建党之初和大革命时期、土地革命战争时期、抗日战争时期、解放战争时期。第三，第三个历史决议科学指明了中国共产党百年奋斗历程的主题和初心使命，并围绕主题和初心使命概括了百年奋斗所取得的历史性成就。第四，第三个历史决议站在第一个百年奋斗目标圆满实现、为第二个百年目标而奋斗的新征程已经开启的新的历史方位，全面系统地总结了中国共产党百年奋斗的历史经验，深刻揭示了这一奋斗的历史意义和世界影响。第五，第三个历史决议在具体历史和成就的阐释和评价中，有许多创新点。这里仅举几个突出的例证，如：第三个历史决议在关于遵义会议的评价上，指出会议"事实上确立了毛泽东同志在党中央和红军的领导地位"，"开始确立以毛泽东同志为主要代表的马克思主义正确路线在党中央的领导地位，开始形成以毛泽东同志为核心的党的第一代中央领导集体，开启了党独立自主解决中国革命实际问题新阶段"，拓展了遵义会议重大意义的概括和总结；将 1931 年作为抗日战争起点，并以 1931 年九一八事变为标志，全面回顾和总结中国共产党领导的 14 年抗战的历史贡献和历史意义；首次在历史决议中写入"在革命斗争中，党弘扬坚持真理、坚守理想，践行初心、担当使命，不怕牺牲、英勇斗争，对党忠诚、不负人民的伟大建党精神"的观点。新时代中共党史党建学科需要认真研究这些新论断新表述，一方面做好宣传阐释工作，另一方面通过深入研究转化拓展和推动学科建设。

其次，新时代中共党史党建学科要聚焦第三个历史决议所蕴含的坚定历史自信和理想信念发挥好学科阐释功能。

新时代中共党史党建学科创新发展，不能没有对研究主体的历史自信，更不能没有对理想信念的坚守和信仰。第三个历史决议充分显示了中国共产党高度的历史自信，展示了中国共产党作为百年大党的清醒和成熟。这种自信和自觉建立在艰苦奋斗和辉煌业绩上，既是对奋斗成就的自信，也是对奋斗精神的自信。第三个历史决议既回顾了党百年恢宏壮丽的奋斗历程，又阐述了党为中国人民、中华民族、马克思主义、人类进步事业作出的卓越贡献。这份令人刮目相看的百年成绩单，是一代又一代中国共产党人用理想和信仰书写的，用鲜血和生命铸就的，用拼搏和奉献赢得的。放眼中华文明 5 000 多年历史，没有哪一种政治力量能像中国共产党这样深刻地、历史性地推动中华民族发展进程。新时代中共党史党建学科创新发展，要紧密结合中华文明 5 000 多年历史，特别是紧密结合中国近代以来的历史，全面系统地阐释中国共产党成立后给中华民族、中国人民带来的新的历史命运和沧海巨变，坚定历史自信和理想信念。

再次，新时代中共党史党建学科要聚焦中国共产党百年奋斗的初心使命发挥好学科阐释功能。

对初心使命的精确提炼和科学概括，是新时代的一项重大理论创新和实践创新成果，也为新时代中共党史党建学科创新发展提供了一个极其重要的学术生长点。中国共产党团结带领人民进行的一切奋斗、一切牺牲、一切创造，都是在践行为中国人民谋幸福、为中华民族谋复兴的初心使命。中国共产党之所以能够在近代以后从各种政治力量的反复较量中脱颖而出，赢得人民信任、取得重大成就，根本原因就在于党在坚持初心使命上矢志不渝、坚定如磐。同样，中国共产党之所以能在强国建设、民族复兴新征程中，总结中国式现代化的成功经验，创造性地提出中国式现代化理论，关键也在于对“两个一百年”奋斗目标的执着坚守和不懈奋斗。第三个历史决议用专门的篇幅阐述了“中国共产党百年奋斗的历史意义”，又从五个方面和五个视角，展示了中国共产党在百年奋斗中是如何矢志不渝践行初心使命的。这五个方面和五个视角，即党的百年奋斗从根本上改变了中国人民的前途命运、党的百年奋斗开辟了实现中华民族伟大复兴的正确道路、党的百年奋斗展示了马克思主义的强大生命力、党的百年奋斗深刻影响了世界历史进程、党的百年奋斗锻造了走在时代前列的中国共产党，为新时代中共党史党建学科聚焦中国共产党的初心使命发挥好学科阐释功能指明了方向。

最后，新时代中共党史党建学科要聚焦中国特色社会主义进入新时代的历史性成就和历史性变革发挥好学科阐释功能。

中国特色社会主义新时代，在中华民族伟大复兴史上，在科学社会主义发展史上，在马克思主义中国化时代化上，在中国式现代化上，在中国共产党的自身建设上，都具有划时代的意义。因而，系统全面总结新时代的历史进程和成功经验，成为第三个历史决议的重要内容。党的十八大以来，中国共产党领导人民自信自强、守正创新，取得了一系列重大理论成果、实践成果、制度成果。这些重要成果，在第三个历史决议中得到了系统总结和充分体现，包括：第三个历史决议概括的“十个明确”，对新时代党和国家事业十三个方面重大成就的重要论述，以及对中国共产党百年奋斗的历史意义、中国共产党百年奋斗的历史经验、新时代的中国共产党的阐述。如今，加强和深化对新时代的研究，已成为新时代中共党史党建学科创新发展的主攻方向。加强和深化对新时代的研究，贵在贯通。既要以党的自我革命、中国式现代化、国家治理体系和治理能力现代化、强军目标等为重点，对新时代重大理论成果、实践成果、制度成果的研究贯通起来把握和阐释；又要以实现中华民族伟大复兴、践行初心使命为主题，将新时代同中国共产党百年奋斗的其他三个历史时期的重要事件、重要会议、重要人物贯通起来研究和阐释，从而更加深刻地领悟新时代坚持和发展什么样的中国特色社会主义、怎样坚持和发展中国特色社会主义，建设什么样的社会主义现代化强国、怎样建设社会主义现代化强国，建设什么样的长期执政的马克思主义政党、怎样建设长期执政的马克思主义政党等重大时代课题，回答好中国之问、世界之问、人民之问、时代之问，作出符合中国实际和时代要求的正确回答，得出符合客观规律的科学认识，推动学科繁荣发展。

四、充分发挥学理支撑功能

每个时代都有每个时代的基本问题。这些基本问题，既有从前一个时代承继下来的，也有属于本时代的，都需要给予解答。新时代为解决时代基本问题，提供了一个全新的站立点：不仅可以从中国共产党百余年奋斗历程来审视共产党执政规律、社会主义建设规律、人类社会发展规律，还可以从第一个百年奋斗目标的实现和向第二个百年奋斗目标的迈进来深入思考建设什么样的社会主义现代化强国、怎样建设社会主义现代化强国，更可以从中国共产党对跳出历史周期率的第一个答案到第二个答案的历史飞跃来深刻回答建设什么样的长期执政的马克思主义政党、怎样建设长期执政的马克思主义政党。

2016 年 5 月，习近平在哲学社会科学工作座谈会上指出："我国哲学社会科学应该以我们正在做的事情为中心，从我国改革发展的实践中挖掘新材料、发现新问题、提出新观点、构建新理论，加强对改革开放和社会主义现代化建设实践经验的系统总结，加强对发展社会主义市场经济、民主政治、先进文化、和谐社会、生态文明以及党的执政能力建设等领域的分析研究，加强对党中央治国理政新理念新思想新战略的研究阐释，提炼出有学理性的新理论，概括出有规律性的新实践。这是构建中国特色哲学社会科学的着力点、着重点。”①

2022年1月，习近平在对全国党的建设研究会的指示中提出：希望同志们牢记初心使命，在推进马克思主义中国化时代化、正确把握社会主要矛盾和中心任务、重视战略策略问题、永葆党的马克思主义政党本色、推进党史学习教育常态化长效化等方面下功夫，在充分调查研究基础上，深入研究推进新时代党的建设新的伟大工程面临的重大理论和实践问题，加强对党建理论最新成果的研究，加强对全面从严治党的研究，在理论上拓展新视野、作出新概括，加深对新时代党的建设规律的认识，不断完善党的建设学科体系、学术体系、话语体系，继续为推进新时代党的建设贡献智慧和力量②。

以上这些论述，为中共党史党建学科充分发挥学理支撑功能指明了方向。

中共党史党建学科的学理支撑功能，至少包含以下三方面内容：一是深化对习近平新时代中国特色社会主义思想中有关党史党建理论最新成果的研究，从历史与现实的维度提供学理支撑，加深对新时代党的历史发展规律和党的建设规律的认识；二是从历史与现实的结合上深入研究新时代面临的党史党建等领域的重大理论和实践问题，特别是在推进马克思主义中国化时代化、正确把握社会主要矛盾和中心任务、重视战略策略问题、永葆党的马克思主义政党本色、推进党史学习教育常态化长效化等方面下功夫，在充分调查研

---

① 习近平. 论党的宣传思想工作. 北京：中央文献出版社，2020：232－233.

② 习近平对党的建设研究工作作出重要指示强调 加深对新时代党的建设规律的认识 继续为推进新时代党的建设贡献智慧和力量. 人民日报，2022－01－22（1）.

究基础上，力求理论上拓展新视野、提出新思路、作出新概括；三是系统回顾和总结改革开放以来特别是新时代党和国家事业发展和党的建设新的伟大工程的成功经验，挖掘新材料、发现新问题、提出新观点，提炼出有学理性的新理论，概括出有规律性的新经验。

（1）新时代中共党史党建学科要自觉为党的最新创新理论提供学理支撑。

党的最新创新理论就是习近平新时代中国特色社会主义思想，其代表着当代中国共产党人坚持和发展马克思主义的最高理论成就，代表着马克思主义中国化新的飞跃所开创的新境界，也将把马克思主义基本原理同中国具体实际相结合、同中华优秀传统文化相结合推向了一个新阶段。

习近平新时代中国特色社会主义思想本身是开放的、发展的。仅以 2021 年庆祝中国共产党成立 100 周年以来为例，就提出了以下重大论点和重大判断：实现中华民族伟大复兴，是中国共产党一切奋斗、一切牺牲、一切创造的主题；伟大建党精神是中国共产党的精神之源，要赓续和弘扬伟大建党精神；从中国共产党的百年奋斗中看清楚过去我们为什么能够成功、弄明白未来我们怎样才能继续成功；没有中国共产党，就没有新中国，就没有中华民族伟大复兴；江山就是人民、人民就是江山，打江山、守江山，守的是人民的心；中国共产党没有任何自己特殊的利益，从来不代表任何利益集团、任何权势团体、任何特权阶层的利益；中国共产党为什么能，中国特色社会主义为什么好，归根到底是因为马克思主义行；马克思主义中国化的关键，是坚持把马克思主义基本原理同中国具体实际相结合、同中华优秀传统文化相结合；走自己的路，是党的全部理论和实践立足点，更是党百年奋斗得出的历史结论；坚持和发展中国特色社会主义，推动物质文明、政治文明、精神文明、社会文明、生态文明协调发展，创造了中国式现代化新道路，创造了人类文明新形态；“以史为鉴、开创未来”的“九个必须”；中国共产党百年奋斗历史经验的十个坚持；中国共产党百年奋斗的五大历史意义；自我革命，是中国共产党对如何跳出治乱兴衰的历史周期率给出的第二个答案；深刻领悟“两个确立”的决定性意义；共同富裕是社会主义的本质要求，是中国式现代化的重要特征，要使全体人民共同富裕取得更为明显的实质性进展；我国全过程人民民主实现了过程民主和成果民主、程序民主和实质民主、直接民主和间接民主、人民民主和国家意志相统一，是全链条、全方位、全覆盖的民主，是最广泛、最真实、最管用的社会主义民主；坚持党的全面领导是坚持和发展中国特色社会主义的必由之路，中国特色社会主义是实现中华民族伟大复兴的必由之路，团结奋斗是中国人民创造历史伟业的必由之路，贯彻新发展理念是新时代我国发展壮大的必由之路，全面从严治党是党永葆生机活力、走好新的赶考之路的必由之路；等等。这些新论点和新论断，涵盖治党治国治军各个方面和中国特色社会主义事业各个领域，具有很强的指导性、前瞻性和思想性，急需中共党史党建学科及时跟进、深入研究。

深入学习贯彻习近平新时代中国特色社会主义思想，是最重要的政治任务。这一任务本身也是开放的、发展的。2017 年 10 月，党的十九大报告首次对习近平新时代中国特色社会主义思想的科学内涵做了概括和阐发。2021 年 11 月召开的党的十九届六中全会通过的第三个历史决议，又在党的十九大报告的基础上做了新的概括，从原先的“八个明确”发展为“十个明确”，并从坚持党的全面领导、全面从严治党等十三个方面重点概括了其中的原创性的理念和思想。对于这些新的概括，也急需中共党史党建学科加以研究和解读，从学理上讲清楚蕴含其中的深刻历史逻辑、理论逻辑、实践逻辑，以满足深入学习贯彻党的最新创新理论的需求。

（2）新时代中共党史党建学科要自觉为回答重大理论和实践问题提供学理支撑。

中共党史党建学科为回答重大理论和实践问题提供学理支撑，有着自身独特的优势。一是中共党史党建学科以中国共产党的历史与现状为研究对象，因而能够比较全面系统深刻地认识、把握和阐释共产党执政规律特别是长期执政规律；二是中共党史党建学科能够将中国共产党的历史与现实、理论与实践、初心使命与行动纲领紧密结合起来研究，因而能够体现“从党的百年奋斗中看清楚过去我们为什么能够成功、弄明白未来我们怎样才能继续成功”① 的要求。

例如，第三个历史决议提出“全党要牢记中国共产党是什么、要干什么这个根本问题”。回答这个根本问题，既需要中共党史党建学科从中国共产党的百余年奋斗史做通史研究，也可以按照四个时期做断代史研究，还可以做分专题、按领域的研究。同时，还可以从中国共产党的性质、初心使命、指导思想、纲领、宗旨、路线、奋斗目标、革命精神、优良传统、政治品格等方面，从中国共产党的政治建设、思想建设、组织建设、作风建设、纪律建设、制度建设、反腐败斗争等方面，从中国共产党的自我革命、全面从严治党、加强党对一切工作的全面领导、加强党的长期执政能力建设、加强党的先进性和纯洁性建设等方面，进行宽领域、多视角的深入研究和阐发。用这些研究成果为推进新时代党的建设新的伟大工程服务。

又如，党的十八大以来，习近平在许多场合的讲话中，提出了若干需要深入研究的重大理论和实践问题。其中许多问题都涉及中

---

① 习近平．习近平著作选读：第 2 卷．北京：人民出版社，2023：589.

共党史党建学科的研究领域，有些还是中共党史党建学科的强项。

2015 年 12 月 11 日，习近平在全国党校工作会议上提出了“十三个如何”。他说：“如何看待马克思主义的真理性，如何看待社会主义本质特征，如何看待中国特色社会主义理论体系的科学性，如何看待加强和改善中国共产党的领导，如何看待自由、民主、平等的科学内涵和实践，如何看待西方所谓‘普世价值’，就需要重点加以回答。再比如，如何准确把握‘四个全面’战略布局，如何深刻领会新的发展理念，如何科学认识经济发展新常态，如何看待使市场在资源配置中起决定性作用和更好发挥政府作用，如何看待坚持我国社会主义制度优越性和全面深化改革，如何看待坚持党的领导、人民当家作主、依法治国有机统一，如何看待党风廉政建设和反腐败斗争，也需要重点加以回答。凡是广大干部群众普遍关注的深层次问题，都要从历史和现实、理论和实践的结合上作出令人信服的回答。”①

2016 年 5 月 17 日，习近平在哲学社会科学工作座谈会上提出了“五个面对”和“六个如何”。他指出：“面对社会思想观念和价值取向日趋活跃、主流和非主流同时并存、社会思潮纷纭激荡的新形势，如何巩固马克思主义在意识形态领域的指导地位，培育和践行社会主义核心价值观，巩固全党全国各族人民团结奋斗的共同思想基础，迫切需要哲学社会科学更好发挥作用。面对我国经济发展进入新常态、国际发展环境深刻变化的新形势，如何贯彻落实新发展理念、加快转变经济发展方式、提高发展质量和效益，如何更好保障和改善民生、促进社会公平正义，迫切需要哲学社会科学更好发挥作用。面对改革进入攻坚期和深水区、各种深层次矛盾和问题不断呈现、

① 习近平. 论党的宣传思想工作. 北京：中央文献出版社，2020：156.

各类风险和挑战不断增多的新形势，如何提高改革决策水平、推进国家治理体系和治理能力现代化，迫切需要哲学社会科学更好发挥作用。面对世界范围内各种思想文化交流交融交锋的新形势，如何加快建设社会主义文化强国、增强文化软实力、提高我国在国际上的话语权，迫切需要哲学社会科学更好发挥作用。面对全面从严治党进入重要阶段、党面临的风险和考验集中显现的新形势，如何不断提高党的领导水平和执政水平、增强拒腐防变和抵御风险能力，使党始终成为中国特色社会主义事业的坚强领导核心，迫切需要哲学社会科学更好发挥作用。总之，坚持和发展中国特色社会主义，统筹推进‘五位一体’总体布局和协调推进‘四个全面’战略布局，实现‘两个一百年’奋斗目标、实现中华民族伟大复兴的中国梦，我国哲学社会科学可以也应该大有作为。”①

（3）新时代中共党史党建学科要自觉为总结新经验提供学理支撑。

这里所说的新经验，主要是指中国特色社会主义进入新时代以来积累的治党治国治军的新鲜经验，尤其是指党的第一个百年奋斗目标实现后踏上全面建设社会主义现代化国家新征程所积累的新经验。以习近平同志为核心的党中央对此高度重视，及时总结经验、提供指导、作出部署。

例如，在谋划作为全面建设社会主义现代化国家新征程的开篇“十四五”规划的关键时刻，2020 年 10 月 29 日，习近平在党的十九届五中全会第二次全体会议上，深刻总结了中国式现代化道路的成功经验，提出：“从第一个五年计划到第十四个五年规划，一以贯之的主题是把我国建设成为社会主义现代化国家。我们走过弯路，也

---

① 习近平．论党的宣传思想工作．北京：中央文献出版社，2020：217－218．

遭遇过一些意想不到的困难和挫折，但建设社会主义现代化国家的意志和决心始终没有动摇。在这个过程中，我们党对建设社会主义现代化国家在认识上不断深入、在战略上不断成熟、在实践上不断丰富，加速了我国现代化发展进程，为新发展阶段全面建设社会主义现代化国家奠定了实践基础、理论基础、制度基础。”① “我们所推进的现代化，既有各国现代化的共同特征，更有基于国情的中国特色。第一点，我国现代化是人口规模巨大的现代化。我国十四亿人口要整体迈入现代化社会，其规模超过现有发达国家的总和，将彻底改写现代化的世界版图，在人类历史上是一件有深远影响的大事。第二点，我国现代化是全体人民共同富裕的现代化。共同富裕是中国特色社会主义的本质要求，我国现代化坚持以人民为中心的发展思想，自觉主动解决地区差距、城乡差距、收入分配差距，促进社会公平正义，逐步实现全体人民共同富裕，坚决防止两极分化。第三点，我国现代化是物质文明和精神文明相协调的现代化。我国现代化坚持社会主义核心价值观，加强理想信念教育，弘扬中华优秀传统文化，增强人民精神力量，促进物的全面丰富和人的全面发展。第四点，我国现代化是人与自然和谐共生的现代化。我国现代化注重同步推进物质文明建设和生态文明建设，走生产发展、生活富裕、生态良好的文明发展道路，否则资源环境的压力不可承受。第五点，我国现代化是走和平发展道路的现代化。一些老牌资本主义国家走的是暴力掠夺殖民地的道路，是以其他国家落后为代价的现代化。我国现代化强调同世界各国互利共赢，推动构建人类命运共同体，努力为人类和平与发展作出贡献。实践表明，中国式现代化既切合中国实际，体现了社会主义建设规律，也体现了人类社会发展规律。

---

① 中共中央党史和文献研究院．十九大以来重要文献选编：中．北京：中央文献出版社，2021：823－824．

我国要坚定不移推进中国式现代化，以中国式现代化推进中华民族伟大复兴，不断为人类作出新的更大贡献。”①

又如，2021年10月13日，习近平在中央人大工作会议上，深刻总结了60多年来特别是改革开放40多年来人民代表大会制度的成功经验，深化对民主政治发展规律的认识，提出全过程人民民主的重大理念，并深刻阐述了中国共产党的民主理论，包括：“一是人民民主是社会主义的生命，没有民主就没有社会主义，就没有社会主义的现代化，就没有中华民族伟大复兴。二是人民当家作主是社会主义民主政治的本质和核心，发展社会主义民主政治就是要体现人民意志、保障人民权益、激发人民创造活力，用制度体系保证人民当家作主。三是中国特色社会主义政治发展道路是符合中国国情、保证人民当家作主的正确道路，是近代以来中国人民长期奋斗历史逻辑、理论逻辑、实践逻辑的必然结果，是坚持党的本质属性、践行党的根本宗旨的必然要求。四是人民通过选举、投票行使权利和人民内部各方面在重大决策之前进行充分协商，尽可能就共同性问题取得一致意见，是中国社会主义民主的两种重要形式，共同构成了中国社会主义民主政治的制度特点和优势。五是发展社会主义民主政治关键是要把我国社会主义民主政治的特点和优势充分发挥出来，不断推进社会主义民主政治制度化、规范化、程序化，为党和国家兴旺发达、长治久安提供更加完善的制度保障。”②

再如，2022年1月18日，习近平在十九届中央纪委六次全会上，深刻总结了中国共产党成立100年来特别是党的十八大以来，外靠发展人民民主、接受人民监督，内靠全面从严治党、推进自我

---

① 中共中央党史和文献研究院．十九大以来重要文献选编：中．北京：中央文献出版社，2021：824-825.

② 习近平．在中央人大工作会议上的讲话．求是，2022（5）.

革命的成功经验。这些经验包括：“必须坚持以党的政治建设为统领，坚守自我革命根本政治方向；必须坚持把思想建设作为党的基础性建设，淬炼自我革命锐利思想武器；必须坚决落实中央八项规定精神、以严明纪律整饬作风，丰富自我革命有效途径；必须坚持以雷霆之势反腐惩恶，打好自我革命攻坚战、持久战；必须坚持增强党组织政治功能和组织力凝聚力，锻造敢于善于斗争、勇于自我革命的干部队伍；必须坚持构建自我净化、自我完善、自我革新、自我提高的制度规范体系，为推进伟大自我革命提供制度保障。”①讲话还强调：“党的十八大以来，我们继承和发展马克思主义建党学说，总结运用党的百年奋斗历史经验，深入推进管党治党实践创新、理论创新、制度创新，对建设什么样的长期执政的马克思主义政党、怎样建设长期执政的马克思主义政党的规律性认识达到新的高度。这就是坚持党中央集中统一领导，坚持党要管党、全面从严治党，坚持以党的政治建设为统领，坚持严的主基调不动摇，坚持发扬钉钉子精神加强作风建设，坚持以零容忍态度惩治腐败，坚持纠正一切损害群众利益的腐败和不正之风，坚持抓住‘关键少数’以上率下，坚持完善党和国家监督制度，形成全面覆盖、常态长效的监督合力。”②

对于上述这些有关中国式现代化道路、全过程人民民主及其民主理论、自我革命第二个答案的总结及长期执政规律性认识的科学总结，中共党史党建学科要充分发挥自身学科优势，从历史与现实、理论与实践的高度统一上，从历史逻辑、理论逻辑、实践逻辑的高度统一上，进一步深入研究和阐发，挖掘出成功经验背后蕴含的道

① 习近平在十九届中央纪委六次全会上发表重要讲话强调 坚持严的主基调不动摇 坚持不懈把全面从严治党向纵深推进. 人民日报，2022-01-19（1）.

② 习近平在十九届中央纪委六次全会上发表重要讲话强调 坚持严的主基调不动摇 坚持不懈把全面从严治党向纵深推进. 人民日报，2022-01-19（1）.

理和规律。

五、充分发挥国际传播功能

中国特色社会主义进入新时代，在中华人民共和国发展史上、中华民族发展史上具有重大意义，在世界社会主义发展史上、人类社会发展史上也具有重大意义。它意味着中国特色社会主义道路、理论、制度、文化不断发展，拓展了发展中国家走向现代化的途径，给世界上那些既希望加快发展又希望保持自身独立性的国家和民族提供了全新选择，为解决人类问题贡献了中国智慧和中国方案。中国共产党团结带领中国人民，坚持和发展中国特色社会主义，推动物质文明、政治文明、精神文明、社会文明、生态文明协调发展，创造了中国式现代化新道路，创造了人类文明新形态。

国际传播长期以来是中共党史党建学科的一个短板。进入新时代以来，中共党史党建学科在国际传播方面取得了长足的进步，产生出一批国际传播的优秀成果，积累了一些经验。在国际传播中迫切要求着重讲好中国共产党的故事、中国特色社会主义的故事的情况下，我们更需要承担起这一时代重任。

第一，新时代中共党史党建学科发挥好国际传播功能，需要深刻阐释中国道路成功的国际示范效应。

中国共产党团结带领中国人民的成功实践昭示世人，通向现代化的道路不止一条，只要找准正确方向，驰而不息，条条大路通罗马。正如习近平总书记所指出的，“当代中国的伟大社会变革，不是简单延续我国历史文化的母版，不是简单套用马克思主义经典作家设想的模板，不是其他国家社会主义实践的再版，也不是国外现代化发展的翻版”①。

中国特色社会主义进入新时代，意味着近代以来久经磨难的中华民族迎来了从站起来、富起来到强起来的伟大飞跃，迎来了实现中华民族伟大复兴的光明前景；意味着科学社会主义在 21 世纪的中国焕发出强大生机活力，在世界上高高举起了中国特色社会主义伟大旗帜；意味着中国特色社会主义道路、理论、制度、文化不断发展，拓展了发展中国家走向现代化的途径，给世界上那些既希望加快发展又希望保持自身独立性的国家和民族提供了全新选择，为解决人类问题贡献了中国智慧和中国方案。

第二，新时代中共党史党建学科发挥好国际传播功能，需要大纵深、多维度地宣传阐释好中国特色。

要紧密结合中华文明 5 000 多年历史、中国共产党 100 多年历史，以及新中国史、改革开放史、社会主义发展史，宣传阐释好中国特色。

宣传阐释中国特色，要注重从近代以来我国发展跌宕起伏、人民斗争波澜壮阔的历史角度来进行。从鸦片战争到新中国成立这 100 多年时间，是中华民族最动荡、最屈辱的历史时期，是中国人民最悲惨、最痛苦的历史时期。中国人在苦难中觉醒和奋起，积极探索中国应该走什么样的道路、朝什么样的方向发展这个根本性问题。人们进行了很多尝试，结果都行不通。只有中国共产党领导人民，把马克思主义基本原理同中国具体实际相结合，找到了实现民族独立和人民解放、国家富强和人民幸福的中国特色社会主义道路。

独特的文化传统，独特的历史命运，独特的基本国情，注定了我们必然要走适合自己特点的发展道路。任何科学的理论和制度，

---

① 习近平. 习近平著作选读：第 1 卷. 北京：人民出版社，2023：484.

必须本土化才能真正起到作用。马克思主义也好，社会主义也好，能够在中国取得胜利，关键就是我们党不断推进其中国化，紧密结合中国实际加以运用。搞教条主义、本本主义，“言必称希腊”，都是不能成功的。马克思主义之所以行，就是因为中国共产党坚持马克思主义基本原理，坚持实事求是，坚持从中国实际出发，洞察时代大势，把握历史主动，进行艰辛探索，不断推进马克思主义中国化时代化，指导中国人民不断推进伟大社会革命。在这个过程中，中国共产党坚持把马克思主义基本原理同中国具体实际相结合、同中华优秀传统文化相结合，开辟出了马克思主义中国化的正确道路。因此我们才能够充满自信地说，中国共产党为什么能，中国特色社会主义为什么好，归根到底是因为马克思主义行。

第三，新时代中共党史党建学科发挥好国际传播功能，需要积极主动、形象生动地讲好中国共产党的故事。

要不断提升中华文化影响力，主动宣介新时代中国特色社会主义思想，主动讲好中国共产党治国理政的故事、中国人民奋斗圆梦的故事、中国坚持和平发展合作共赢的故事，让世界更好了解中国。

要结合新中国建设成就、改革开放成就、新时代成就，广泛宣介中国主张、中国智慧、中国方案，中国日益走近世界舞台中央，有能力也有责任在全球事务中发挥更大作用，同各国一道为解决全人类问题作出更大贡献。要结合中国共产党坚持独立自主地走自己的道路，坚持走和平发展道路，坚持中国特色大国外交，高举人类命运共同体大旗，全面阐述我国的发展观、文明观、安全观、人权观、生态观、国际秩序观和全球治理观。要善于运用党史、新中国史、改革开放史、社会主义发展史、中华民族发展史中各种生动感人的事例，说明中国发展本身就是对世界的最大贡献，为解决人类问题贡献了智慧。

第二节 新使命新作为

综上所述，新时代中共党史党建学科面临着新形势和新期待，必须担负起新使命，展现出新作为。这就要求中共党史党建学科紧扣实现中华民族伟大复兴这个主题，努力解答中国共产党是什么、要干什么这个根本问题，充分发挥中共党史党建学科特色和优势，阐释好中国共产党的百年历史进程、历史成就、伟大精神、光荣传统、历史经验、历史意义、奋斗目标，以推动全党和全国人民深刻领悟“两个确立”的决定性意义，增强“四个意识”、坚定“四个自信”、做到“两个维护”，为全面建设社会主义现代化国家、实现中华民族伟大复兴而努力奋斗。

具体来说，新时代中共党史党建学科需要在以下五个方面取得新的突破。

一、明确中共党史党建学科定位

构建中共党史党建学一级学科，首先需要解决好学科定位及党史学科和党建学科的相互关系问题。

就中共党史党建学科定位来说，其是以中国共产党为研究对象，研究和阐释中国共产党的历史与现实、理论与实践、领导与事业的政治性、现实性、综合性、实践性很强的社会科学。在构建中共党史党建学一级学科过程中，党史学科和党建学科需要从原先分属于政治学一级学科和马克思主义理论一级学科的状况里脱离出来，重新整合为统一完整的中共党史党建学一级学科，实现党史学科和党建学科融合发展。

就党史学科和党建学科的内部关系来说，有着谁也离不开谁的密切联系。无论是党史研究还是党建研究，都以中国共产党为研究对象，在研究对象、思想指导、理论指导、价值理念等方面，有着高度的同一性。两者也有各自的研究角度、研究侧重和研究特点。党史研究更加侧重于党的历史研究，但在总结历史经验时，又需要涉及党的建设的理论与实践。党建研究更加侧重于党的现实状况研究，但在研究现状时，又需要回溯和梳理相关的历史。而在涉及中国共产党的建设史、组织史，以及党的当代史等方面内容时，党史学科和党建学科研究领域的重合度就更高了。在一定意义上可以说，没有可以完全脱离党的建设的党史研究，也没有可以完全脱离党的历史的党建研究。

如前所述，中共党史党建学一级学科的构建，是顺应新时代的新期待新要求而提出来的。从新时代以习近平同志为核心的党中央高度重视加强党史学习教育、高度重视加强党的自身建设和党的全面领导这个总趋势看，中共党史党建学科未来发展的总趋势是，进一步聚焦中国共产党的历史、现状与未来，充分发挥有史有论、史论结合、相互依托、各有侧重的学科优势和特色，更好地发挥党史、党建学科各自学科优势为党的工作大局服务。

有史有论，说的是中共党史党建学科的学科特色。党史研究聚焦于中国共产党的历史，党建研究聚焦于中国共产党的现实。但历史与现实、史与论，犹如孪生兄弟，有着你中有我、我中有你，谁也离不开谁的密切联系。党史研究离不开论，这个“论”既有理论指导，又有经验总结；党建研究也离不开党的历史，这个“史”既包括党的全部历程，更包括党的自身建设史。

史论结合，说的是中共党史党建学科的主要研究方法和阐释方法。习近平总书记指出："我们党的历史，就是一部不断推进马克思主义中国化的历史，就是一部不断推进理论创新、进行理论创造的历史。"① 这里说得很明白，中国共产党的理论，既是依据马克思主义指导得来的，更是从自身历史中总结出来的。毛泽东思想、邓小平理论、"三个代表"重要思想、科学发展观、习近平新时代中国特色社会主义思想，都是如此。离开丰富多彩的党的历史，离开充满智慧的历史经验，理论的阐释就会苍白无力，更谈不上入脑入心。党史学科和党建学科最基本的研究方法和阐释方法，就是史论结合。许多深刻的道理，都是从党的历史经验和教训中得来的。许多制度规矩的产生，也是为了纠正党内错误倾向、弘扬党的优良传统作风而提出的。当然，党史学科与党建学科在运用史论结合方法上，也各有特点。党史学科的史论结合，更多的是"论从史出"基础上的史论结合，也就是说，先讲史再得出相应的结论。党建学科的史论结合，则是搞清楚由某一重要论断、某一制度规矩引出的相应历史。党建学科作为偏重理论阐释的学科，还有一个重要的基本方法，那就是调查研究，从调查研究中认识规律，上升为理论，提出解决问题的对策。

相互依托，各有侧重，说的是党史学科和党建学科如何做到不分彼此地融合发展。如果把中国共产党研究看作是一个完整的大学科的话，那么，中共党史党建学科则是托举起这个大学科的顶梁柱，党史研究无疑是柱基，党建研究则是在这个坚实的柱基之上生长起来的柱石。柱石能有多高多广，取决于柱基有多深多宽。这是从基础与应用的关系来说的。如果换个角度，从党史研究和党建研究的主攻方向和聚焦点来看，通过融合发展，完全可以做到在充分尊重

① 习近平．在党史学习教育动员大会上的讲话．北京：人民出版社，2021：12.

学科发展规律的基础上，始终保持党史学科、党建学科有共同的主攻方向和聚焦点。这个共同的主攻方向和聚焦点，不是由人的主观意志决定的，而是推动中共党史党建学成为名副其实的一级学科的内生动力。

党史学科、党建学科的共同的主攻方向和聚焦点，可以列举出很多，但归根结底，是阐释好中国共产党是什么、要干什么这个根本问题，是阐释好中国共产党为什么能、马克思主义为什么行、中国特色社会主义为什么好，发挥好“用历史映照现实、远观未来”的功能，“从中国共产党的百年奋斗中看清楚过去我们为什么能够成功、弄明白未来我们怎样才能继续成功”[①]，并让党的伟大精神、宝贵经验、光荣传统和优良作风不断赓续、代代相传。

二、建设名副其实的中共党史党建学一级学科

在以习近平同志为核心的党中央高度重视和亲切关怀下，中共党史党建学科在新时代迎来了繁荣发展的新机遇。

2022 年 9 月 13 日，国务院学位委员会、教育部正式下发《关于印发〈研究生教育学科专业目录（2022 年）〉〈研究生教育学科专业目录管理办法〉的通知》，明确了中共党史党建学的一级学科定位，同时也提出了建设名副其实的中共党史党建学一级学科的任务。这为新时代中共党史党建学科担负新使命、展现新作为、适应新形势新期待，创造了前所未有的有利条件。

长期以来，党史学科和党建学科都是作为两个独立的学科存在和发展的。建设中共党史党建学一级学科，并不是在一级学科的名

① 习近平. 在庆祝中国共产党成立 100 周年大会上的讲话. 北京：人民出版社，2021：10.

义下，党史学科和党建学科照旧走“各搞各的”老路，而是要将中共党史党建学科作为一个以研究中国共产党的历史与现实、理论与实践为己任的完整的一级学科来统筹规划学科建设与发展。这恰恰是新时代中共党史党建学科建设同以往的中共党史党建学科建设的根本不同。然而，在现实当中，建设这样的一级学科又不可能一蹴而就，而是需要有一个过渡期，使党史学科和党建学科由目前的“各自为政”逐步走上融合发展之路。

建设名副其实的中共党史党建学一级学科，需要将现有的党史学科与党建学科通过在更高层次上的整合，最终实现作为一个完整的统一的一级学科的高度融合发展。这种融合发展至少包括以下几个方面。

第一，研究对象的高度融合。理想中的中共党史党建学一级学科，应当以中国共产党为完整的研究对象，而不是把它分为党的历史和党的建设两个方面。应当在保持研究对象完整性的基础上，科学合理地划分宏观研究、中观研究、微观研究的界限，而不应由于这种划分而损害研究对象的完整性。

第二，研究领域的高度融合。多年来，无论是党史学科还是党建学科，都呈现了不断拓宽研究领域的发展趋势。党史研究，从传统意义上的中国共产党自身发展史，进一步向党所领导的事业如社会主义现代化建设史、民族复兴史、社会建设史等领域拓展。党建研究，从传统意义上的中国共产党自身建设研究，进一步向党的领导能力与制度建设、自我革命与社会革命等方向拓展，还产生了纪检监察学一级学科和党内法规学二级学科。这些研究领域的拓展，不仅推出了一大批科研成果，填补了研究空白，还在一定程度上推动了党史学科和党建学科相互之间的交叉融合，推动了这两个学科同其他学科的交叉融合。中共党史党建学一级学科的建设，一定会极大地促进研究领域的高度融合。理想中的中共党史党建学一级学科，在研究领域上需要对现有的党史学科和党建学科加以整合，按照党的领导、党的事业、党的建设，党所开辟的道路、创立的理论、建立的制度、发展的文化，党的历史方位、外部环境、奋斗目标，党与人民群众、党与国家治理、党与社会治理、党与多党合作、党与统一战线、党与民族宗教、党与政党外交等等领域，科学规划不同的研究分支和研究方向，形成有利于推动党史党建高度融合发展的新格局，形成有利于中共党史党建学科同其他学科协同研究的新格局。

第三，研究视角的高度融合。党史学科和党建学科，在长期发展中形成了以中国共产党为共同研究对象前提下研究视角上的各自优势。简而言之，一个是“史”的优势，一个是“论”的优势。党史学科发挥“史”的优势，又离不开“论”的支撑；党建学科发挥“论”的优势，也需要一定的“史”的纵深做支撑。这种在研究视角上史与论优势互补的特点，对于形成理想中的中共党史党建学一级学科，是极为有利的因素。前面谈到，理想中的中共党史党建学一级学科，应当是研究对象和研究领域的高度融合。在此基础上，充分发挥党史研究在研究视角上的“史”的优势，充分发挥党建研究在研究视角上的“论”的优势，不但不会妨碍两者在研究对象和研究领域上的高度融合，而且还会收到优势互补、相得益彰的效果。例如，在深入研究中国共产党是什么、要干什么这个根本问题时，既需要从中国共产党百年奋斗的伟大成就、伟大创造的“史”的视角来阐释，也需要从中国共产党百年奋斗的历史意义、历史经验、现实启示、未来指引的“论”的视角来阐释，更需要把“史”与“论”二者结合起来深入发掘。也就是说，在理想中的中共党史党建学一级学科建成以后，党史研究和党建研究的各自优势还会继续保留和发挥，而这种优势将主要体现在研究视角方面，并从研究视角方面给研究对象和研究领域的高度融合以积极推动与配合。

第四，理论依据的高度融合。当前中共党史党建学科的总的理论依据是共同的，都以马克思列宁主义、毛泽东思想、邓小平理论、“三个代表”重要思想、科学发展观、习近平新时代中国特色社会主义思想为指导。这是中共党史党建学一级学科能够顺利实现理论依据高度融合的前提条件和根本保证。同时也要看到，由于党史学科和党建学科长期以来处于各自独立发展的状况，且两个学科的发展程度也不平衡，作为党史学的理论和作为党建学的理论，存在一定的差别。因此，中共党史党建学一级学科建设的一项繁重而紧迫的任务，就是要尽快构建起支撑中共党史党建学一级学科的党史党建学理论。党的十八大以来，习近平总书记高度重视党史党建研究宣传工作，作出了一系列重要论述。这是构建党史党建学理论的根本遵循。我们要认真学习习近平总书记有关重要论述，以此为指导梳理整合现有的党史学理论和党建学理论，形成完整统一的党史党建学理论。

第五，研究方法的高度融合。就现状来说，党史学科和党建学科现有的研究方法，也处于各自分立的状态。但就基本研究方法来看，除了有侧重于“史”和侧重于“论”的区别，以及党建学科更强调实践的方法外，两者在很多方面存在一致和互通之处。这种情况同前面谈到的理论依据的高度融合问题很相近。因此，在加紧构建与理想中的中共党史党建学一级学科相适应的党史党建学理论时，完全可以同时构建党史党建学方法论，形成完整统一的党史党建学概论体系。当然，在构建作为一级学科的党史党建学方法论时，还需要高度重视吸收借鉴其他相关学科的研究方法，做到守正创新。

建设名副其实的中共党史党建学一级学科，在重点做好党史党建高度融合发展这篇大文章的同时，还要处理好同马克思主义理论一级学科的关系。在建设好马克思主义理论一级学科的同时，提出建设中共党史党建学一级学科的任务，这是以习近平同志为核心的党中央立足于巩固马克思主义在意识形态领域的指导地位、巩固中国共产党长期执政地位的重大决策。其目的，就是使这两个党性和意识形态属性很强的一级学科相互促进、繁荣发展，以此促进中国特色哲学社会科学体系的构建与发展。马克思主义是中国共产党的立党之本、理论之源，也是中共党史党建学科创新发展的根本立场、观点、方法。马克思主义中国化更是贯穿党的历史、党的理论、党的事业、党的建设、党的领导的一条主线。要从根本上回答和揭示“中国共产党为什么能，中国特色社会主义为什么好，归根到底是因为马克思主义行”[①] 的规律，就必须发挥好中共党史党建学科和马克思主义理论这两个一级学科的各自优势。

三、构建科学合理的二级学科

要建设名副其实的中共党史党建学一级学科，就必须构建科学合理的二级学科。这同样是新时代中共党史党建学科担负新使命、展现新作为、适应新形势新期待的必然要求。

现在已经明确，中共党史党建学一级学科设中共党史党建学理论、中国共产党历史、党的领导和党的建设、党务工作理论与实践等 4 个二级学科。

构建科学合理的中共党史党建学二级学科，需要明确所遵循的原则。

---

① 习近平．在庆祝中国共产党成立 100 周年大会上的讲话．北京：人民出版社，2021：10．

第一，构建中共党史党建学二级学科，要在统一完整的一级学科框架下进行。构建中共党史党建学二级学科，有个大前提，那就是一定要在中共党史党建学一级学科大框架之下来构建。中共党史党建学一级学科，不是党史党建原有学科的简单相加，更不是将原先分属于政治学和马克思主义理论学科之下的党史二级学科和党的建设二级学科并驾齐驱地晋升为两个一级学科，而把“中共党史党建学一级学科”视为它的简称。设立中共党史党建学一级学科的初衷，是为了适应新时代加强党史党建研究的需要，适应加快构建中国特色哲学社会科学学科体系、学术体系、话语体系的需要。这种需要说到底，是要把中国共产党作为一个整体来深入研究，而不能走“碎片化”的老路。认识了这一点，就能够明了，中共党史党建学二级学科的构建，一定要有利于从整体上研究中国共产党，深入研究中国共产党是什么、要干什么这个根本问题，以及与此相关的一系列重大历史、理论与现实问题。这是构建中共党史党建学二级学科的大前提。只有紧紧把握住这个大前提，才能把握住中共党史党建学二级学科建设的正确方向。

第二，构建中共党史党建学二级学科，要有利于将中国共产党作为完整对象加以分门别类的研究。研究中国共产党，可以有不同的角度、不同的领域。既可以从马克思主义政党的角度来研究，也可以从执政党的角度来研究；既可以从马克思主义中国化的角度来研究，也可以从党的思想理论创新发展的角度来研究；既可以从践行初心使命的角度来研究，也可以从统领伟大斗争、伟大工程、伟大事业、伟大梦想的角度来研究；既可以从推进政治建设、思想建设、组织建设、作风建设来研究，也可以从制度建设、党内法规建设来研究；等等。这种分门别类的研究，有利于中国共产党整体研究的学术化、专业化发展，也是提出构建中共党史党建学二级学科的目的之一。二级学科设立后，当然要有研究的分工，要有各自的研究边界，但是这些分工以及明确各自的研究领域，都要遵循一个重要原则，那就是有利于深化对中国共产党的整体研究。在明确二级学科的研究领域的同时，还要明确所有研究的共同目标和聚焦点，从而把中国共产党的历史与现实，理论与实践，自身建设与党的领导、党的事业，党的重要会议、重要人物、重要事件、重要文献、重要制度，作为一个紧密联系、各有侧重的整体来研究。

第三，构建中共党史党建学二级学科，要稳妥把握党史与党建“合与分”的辩证关系。综上所述，构建中共党史党建学二级学科，要按照整体性原则来布局。这种整体性，既来自中共党史党建学一级学科的整体性，也来自中国共产党作为整体研究对象的整体性，还来自党史学科与党建学科始终存在不可分割的内在联系的整体性。同时也要看到，党史与党建在研究角度和研究领域等方面又存在一定的相对独立性。中共党史党建学科的整体性，是其本质的和主导的方面，相对独立性则是从属的但又不可忽视的方面。因此，在构建中共党史党建学二级学科时，要充分注意到整体性和相对独立性这两个方面，既要把党史和党建作为相互依存、不可分割的完整学科来对待，同时也要兼顾党史和党建各自的学科历史、学科特色、学科差异，充分照顾到党史研究侧重于“史”、党建研究侧重于“论”的特点，辩证地、灵活地处理好“合与分”的关系。总的方向，应当是大处强调“合”，应以党史学科和党建学科的共性作基础，但这里的“合”是融合的“合”，而不是合并（简单相加）的“合”。在此前提下，可以允许适当的“分”，但这种“分”不是各自分立的“分”，而是融合之中又各有侧重的“分”。以党史研究侧重于“史”为例，在中共党史党建学二级学科之下，肯定需要有以“史”为重点研究方向的学科设置，但其中必然要包括党的自身建设史研究、党的领导制度史研究、党内法规史研究等方向，还需要有党的自我革命史研究等。同样，党建研究侧重于“论”，但在中共党史党建学二级学科之下，也要有从总结历史经验角度的“论”的研究。如此看来，这种“合与分”的辩证关系处理得当，不仅不会形成一级学科层面强调“合”、二级学科层面反而强调“分”的尴尬局面，而且还会进一步促进中共党史党建学科的融合发展、相得益彰。

第四，构建中共党史党建学二级学科，要从中共党史党建学科的现实状况出发。前面说到了在融合发展前提下促进构建名副其实的中共党史党建学一级学科和二级学科的各种有利条件。但要真正使这些有利条件成为现实，还必须从中共党史党建学科的实际状况出发，通过多样化的过渡环节，确保其朝着建设名副其实的中共党史党建学一级学科和二级学科的方向健康发展，切实防止揠苗助长或名实脱节。中共党史党建学科的现实状况究竟如何呢？我们会在后面的两册里作详细的分析。简而言之，就是党史学科和党建学科在很长一段时间里，是各自独立发展的。党史学科产生发展的历史更长，作为独立的二级学科发展的成熟程度更高一些，体系也更完备一些。而真正意义上的党建学科，是在改革开放和社会主义现代化建设新时期才出现的，并且经历了先是含在中共党史二级学科之中，直至近年来允许高校在马克思主义理论一级学科下自主增设党的建设二级学科的发展历程。相对而言，学科的体系化程度和成熟程度要落后于中共党史学科。中共党史党建学二级学科的构建，面对中共党史党建学科发展的现实状况，既有将比较成熟的党史党建研究方向整合为中共党史党建学二级学科的任务，也有继续培育成熟程度不高的研究方向（特别是党建学科下的研究方向），使其逐步成长为比较成熟的新兴二级学科的任务。也就是说，既有整合已有成熟学科的工作，又有继续培育尚不成熟，但确有发展潜能或发展需求的新兴学科的任务。这两种任务，都需要在构建中共党史党建学二级学科的过程中来完成。这就决定了，这是一项长期的、必须有科学规划和长远规划才能真正实现的艰巨任务。千里之行，始于足下。我们要高度重视从哪里着手的“第一步”，初战必慎、初战必成，充分考虑对现有学科布局和研究分支的整合吸纳，在有利于中共党史党建学科融合发展的前提下，给现有学科和研究分支以恰当的学科地位和学术发展空间。

第五，构建中共党史党建学二级学科，要处理好同马克思主义理论一级学科下的二级学科的关系。前面说过，在重点做好党史党建高度融合发展这篇大文章的同时，还要处理好同马克思主义理论一级学科的关系，这是就中共党史党建学一级学科建设来说的。对于构建中共党史党建学二级学科来说，同样也有处理好同马克思主义理论一级学科下属的二级学科的关系问题。在现有的马克思主义理论的二级学科中，同中共党史党建学二级学科有密切关系的，主要是马克思主义中国化研究、思想政治教育、中国近现代史基本问题研究。马克思主义中国化研究，主要研究马克思主义基本原理同中国具体实际相结合、同中华优秀传统文化相结合的历史过程、基本经验和基本规律，特别研究马克思主义中国化第一次历史性飞跃和两次新飞跃所产生的理论创新成果及其相互关系。其研究领域和范围，既涉及党史学科的重要研究领域，也涉及党的建设中有关中国化马克思主义党建理论体系的研究领域。思想政治教育和中国近现代史基本问题研究的研究领域和范围，也有许多内容同中共党史党建学科交叉重合。构建中共党史党建学二级学科时，对上述情况显然不能采取简单的“切块分割”的做法。如果采取“切块分割”的简单化做法，则无论将上述二级学科划分给中共党史党建学科，还是把相关研究力量统统整合到马克思主义学科的二级学科，都会使另一方的研究受到不应有的削弱。实际上，上述学科特别是马克思主义中国化研究和中国近现代史基本问题研究这两个二级学科，对于马克思主义理论一级学科体系和中共党史党建学一级学科体系的完整性来说，都是不可或缺的。而同时加强这两个学科的建设，既是新时代加快构建中国特色哲学社会科学所必需的，也是巩固马克思主义在意识形态领域的主导地位所必需的。由此可见，唯一有效的选择，就是在继续保持原有格局、发挥各自学科特色与优势的前提下，进一步加强中共党史党建学一级学科下的马克思主义中国化研究和中国近现代史基本问题研究二级学科建设，并鼓励在不同一级学科下的这两个二级学科率先走学术上的融合发展之路。

四、扎实推进学科体系、学术体系、话语体系建设

中共党史党建学科的学科体系、学术体系、话语体系，是中国特色哲学社会科学学科体系、学术体系、话语体系的重要组成部分，也是中国特色哲学社会科学学科体系、学术体系、话语体系中最具中国特色的部分。习近平总书记提出："要按照立足中国、借鉴国外，挖掘历史、把握当代，关怀人类、面向未来的思路，着力构建中国特色哲学社会科学，在指导思想、学科体系、学术体系、话语体系等方面充分体现中国特色、中国风格、中国气派。"① "只有以我国实际为研究起点，提出具有主体性、原创性的理论观点，构建具有自身特质的学科体系、学术体系、话语体系，我国哲学社会科学才能形成自己的特色和优势。"② 这为扎实推进学科体系、学术体系、话语体系建设指明了方向。

---

① 习近平．论党的宣传思想工作．北京：中央文献出版社，2020：226.

② 习近平．论党的宣传思想工作．北京：中央文献出版社，2020：230－231.

2022年，中共中央办公厅印发《国家“十四五”时期哲学社会科学发展规划》。这是新中国成立以来第一部国家层面的哲学社会科学发展规划，也是我国“十四五”时期发展规划体系的重要组成部分，充分体现了习近平总书记对加快构建中国特色哲学社会科学的要求。

《国家“十四五”时期哲学社会科学发展规划》把中国特色哲学社会科学“三大体系”建设作为核心任务和主体部分，进行了系统深入的阐述①。一是在学科体系建设方面，按照突出优势、拓展领域、补齐短板、完善体系的要求，促进基础学科健全扎实、重点学科优势突出、新兴学科和交叉学科创新发展、冷门学科代有传承，打造具有中国特色和普遍意义的学科体系；优化学科设置和布局、巩固学科发展基础、提升学科发展质量、加快学科交叉融合创新、加强教材体系建设。二是在学术体系建设方面，深入实施哲学社会科学创新工程，增强我国哲学社会科学的主体性、原创性、本土化和竞争力，发展中国理论，繁荣中国学术；创新学术理论体系、学术研究组织体系、学术平台支撑体系和学术评价考核体系。三是在话语体系建设方面，坚持以中国传统、中国实践、中国问题作为学术话语建构的出发点和落脚点，加强话语体系建设和创新，提炼出具有中国特色、世界影响的标识性学术概念，将中国特色社会主义制度优势、发展优势、文化优势转化为理论和话语优势；推进政治话语学理化、学术话语大众化、中国话语国际化，完善话语体系建设工作机制。

可见，扎实推进中共党史党建学科的学科体系、学术体系、话语体系建设，既是新时代中共党史党建学科担负新使命、展现新作

① 全国哲学社会科学工作办公室负责人就《国家“十四五”时期哲学社会科学发展规划》答记者问. 光明日报，2022-04-28 (3).

为、适应新形势新期待的必然要求，也是建设名副其实的新时代中共党史党建学一级学科的必然要求。我们要按照习近平总书记的重要论述，把《国家“十四五”时期哲学社会科学发展规划》的要求落到实处。

学科体系建设是学术体系、话语体系建设的基础和前提，决定着学术体系、话语体系和教学体系的基本方向和基本面貌。特别是在构建中共党史党建学一级学科的新的历史方位和新的历史条件下，中共党史党建学科体系建设一定要同学术体系建设一体规划、一体推进，需要进一步回答学科定位、研究对象、核心问题、研究领域、研究体系、研究理论与方法等一系列关系学科发展方向的重要问题。正确回答这些问题的第一步，也是至关重要的一步，就是要适应党史党建成为一级学科的新形势，不再把党史和党建看成是两个独立的学科来考虑学科体系建设问题。只有迈出了这决定性的一步，才有可能研究和解答中共党史党建学科体系、学术体系、话语体系建设面临的一系列问题。

有关这个问题的详细讨论，还会在本书的“中共党史学科”分册和“党的建设学科”分册里展开。这里先提出一些总体设想。

从中共党史党建学一级学科的学科体系构建来说，需要进一步克服党史研究和党建研究的短板，把中国共产党作为一个完整的研究对象来进行综合研究、专题研究、比较研究。既要研究中国共产党的历史，也要研究它的现在与未来；既要研究中国共产党的理论，也要研究它的实践与精神；既要研究中国共产党的自身建设，也要研究它的领导与事业；既要研究中国共产党的群众关系，也要研究它的政党关系、统战关系，还要研究它同世界政党的关系。上述这些研究，单靠原有的党史党建各自的学科体系是难以胜任的。这就需要在构建中共党史党建学一级学科过程中，进一步解放思想、拓展学术视野，努力跟上形势发展和时代需要，在中共党史党建学一级学科的学科体系定位和学科体系构建上有大的突破和大的作为。

中共党史党建学科体系建设，还要紧扣新时代理论创新与实践创新提出的核心问题，对自身的学科研究方向和相关知识体系作必要的调整、充实和加强。譬如说，中共党史党建学科体系建设，需要紧扣中国共产党是什么、要干什么这个根本问题来展开，进一步聚焦和拓展相关历史研究、理论研究、实践研究、制度研究、法规研究、对策研究、学理研究等。又譬如，新时代提出了一系列重大时代课题。中共党史党建学科体系建设也需要跟上时代步伐，紧紧围绕新时代坚持和发展什么样的中国特色社会主义、怎样坚持和发展中国特色社会主义，建设什么样的社会主义现代化强国、怎样建设社会主义现代化强国，建设什么样的长期执政的马克思主义政党、怎样建设长期执政的马克思主义政党，发挥自身学科优势，在资政育人、学理支撑、对策咨询、国际传播等方面主动作为。特别是习近平新时代中国特色社会主义思想，就关系新时代党和国家事业发展的一系列重大理论和实践问题进行了深邃思考和科学判断，提出了一系列原创性的治国理政新理念新思想新战略，更需要中共党史党建学科深入解读和阐发，并及时转化为学科体系、学术体系、话语体系的重要内容。新时代在总结历史经验和总结马克思主义中国化基本规律方面，在深化对共产党执政规律、社会主义建设规律、人类社会发展规律方面等，都作出了许多原创性贡献，也迫切需要及时跟进解读和阐发，并加以学术性转化，使之成为推动中共党史党建学科体系建设的宝贵思想财富和学术滋养。

中共党史党建学科学术体系建设，是构建一体化的中共党史党建学一级学科的关键，涉及的方面非常多。围绕构建名副其实的、一体化的中共党史党建学科这个总目标，中共党史党建学科学术体系建设，需要进一步加强基本理论体系、学科体系人才培养和课程体系、教学体系，进一步加强方法论和文献学研究，进一步加强国际国内学术交流平台建设。有关上述这些问题的论述，将在本书“中共党史学科”分册第二至四章、第六至九章和“党的建设学科”分册第二章、第三章、第五章、第七至十章系统展开。

中共党史党建学科话语体系建设，是新时代中共党史党建学科体系和学术体系建设成果的有效延伸和体现。作为同学科体系密切关联的话语体系，是该学科思想理论体系和知识体系的外在表达形式，其载体是以母语为支撑的学术概念、通用名词、专业名词、学术范畴、思想表述、逻辑表达等。一般来说，话语体系是受思想理论体系和知识体系制约的，有什么样的思想理论体系和知识体系，就有什么样的话语体系。但是，话语体系陈旧或落后于现实社会，也会束缚和妨碍思想理论体系和知识体系的发展与传播。因此，创新中共党史党建学科话语体系，是新时代中共党史党建学科体系和学术体系建设的客观要求。

习近平总书记指出：“发挥我国哲学社会科学作用，要注意加强话语体系建设。在解读中国实践、构建中国理论上，我们应该最有发言权，但实际上我国哲学社会科学在国际上的声音还比较小，还处于有理说不出、说了传不开的境地。要善于提炼标识性概念，打造易于为国际社会所理解和接受的新概念、新范畴、新表述，引导国际学术界展开研究和讨论。这项工作要从学科建设做起，每个学科都要构建成体系的学科理论和概念。”①

这段论述为创新中共党史党建学科话语体系指明了方向。一是要高度重视解读中国共产党领导进行中国革命、建设、改革的历史

① 习近平. 论党的宣传思想工作. 北京：中央文献出版社，2020：235.

与实践，高度重视解读中国共产党治国理政的历史与实践；二是要高度重视解读马克思主义中国化的理论创新成果及规律，高度重视解读习近平新时代中国特色社会主义思想的原创性贡献；三是高度重视从理论与实践的结合上，从历史与现实、未来的结合上，提炼党史党建话语的标识性概念，打造易于为国际社会所理解和接受的新概念、新范畴、新表述。

中共党史党建学科教学体系建设，是发挥中共党史党建学科育人功能的主渠道，也是推进党史党建人才队伍建设的根本之计。党的十八大以来，以习近平同志为核心的党中央高度重视发挥党史党建的育人功能，习近平总书记亲自主持召开学校思想政治理论课教师座谈会并发表重要讲话，对推动思想政治理论课改革创新提出“八个统一”的要求。其中，前五个统一对于加强新时代中共党史党建学科教学体系建设，同样具有指导作用。

一是坚持政治性和学理性相统一。中共党史党建学科具有很强的政治性，必须有鲜明的立场和正确的政治导向、价值导向，在涉及中国共产党领导和中国特色社会主义制度的根本原则问题上决不能含糊其词、模棱两可。党史党建教学体系，同样强调要充分发挥育人功能和政治引导功能。但这种育人功能和政治引导功能，是建立在学科体系提供的强有力的学术支撑基础之上的，是建立在传授专业知识、培育理论素养的基础之上的。因此，党史党建教学体系的构建，必须做到政治性和学理性的高度统一，以达到习近平总书记的要求，“以透彻的学理分析回应学生，以彻底的思想理论说服学生，用真理的强大力量引导学生”①。

二是坚持价值性和知识性相统一。中共党史党建教学体系突出

① 习近平．论党的宣传思想工作．北京：中央文献出版社，2020：383.

育人功能，具有双重的目的。首先，这种育人功能集中体现在对青年大学生世界观和价值观的培育上，使他们牢固树立马克思主义的世界观、人生观、价值观，牢固树立共产主义远大理想和中国特色社会主义信念，深刻认识红色政权来之不易、新中国来之不易、中国特色社会主义来之不易的道理，增强听党话、跟党走的思想自觉和行动自觉。其次，这种育人功能还集中体现在对青年大学生特别是相关专业的大学生进行有关中国共产党的历史、理论、实践、制度等方面的基础知识和专业知识的培养教育上。在党史党建教学过程中，培育价值观与系统讲授知识是融为一体的。正如习近平总书记所说："知识是载体，价值是目的，要寓价值观引导于知识传授之中。"①

三是坚持建设性和批判性相统一。正面讲授党史党建相关知识体系，是中共党史党建教学体系的主体和基本方法。因为大学生的世界观、人生观、价值观还在形成之中，对社会上纷纭激荡的各种思潮还缺少分辨能力，因此要以立为主，首先把主流的和正确的东西在他们的思想里树立起来，并且扎下根，逐步提高他们分辨是非曲直、善恶美丑的能力。所以说，中共党史党建教学体系的构建，必须要以建设性为主，把建设性视为根本。没有比较，就没有鉴别。在突出建设性的同时，还要在党史党建教学体系的设计中，适当增加一些对社会问题和社会思潮的辨析，教育引导大学生正确看待、辩证认识、理性分析现实问题和当代思潮，辨明大是大非、真假黑白，在对社会假恶丑现象的批判中弘扬真善美。"真理从来是在诘问和辩难中发展起来的，如果一问就问倒了，那就说明所讲的不是真理或者自己还没有掌握真理。"②

① 习近平．论党的宣传思想工作．北京：中央文献出版社，2020：384．
② 习近平．论党的宣传思想工作．北京：中央文献出版社，2020：385．

四是坚持理论性和实践性相统一。中共党史党建学科具有很强的理论性和实践性。就党史学科的理论性来说，党的创新理论既是对马克思主义基本原理的创造性转化和创新性发展，也是对党的历史经验的科学总结。不深入研究党史，便不能深刻把握和领悟党的创新理论的精髓要义。就党史学科的实践性来说，党史本质上是当代史，也就是说，对当代实践一知半解，便难以对党的全部历史有深刻的洞察与把握。反之，要想对当代问题有深入的研究和把握，也必须从历史实践中了解其来龙去脉，党建学科的理论性和实践性特点也就更为突出。因此，中共党史党建教学体系建设，必须弘扬理论联系实际的优良学风，在教学体系中形成理论与实践双轮驱动、良性互动的格局。

五是坚持统一性和多样性相统一。中共党史党建教学体系建设，既要强调规范性前提下的统一性，但又不能搞得过于呆板，缺乏生机与活力。纵观中共党史党建学科发展历程，不难发现，其中既有一些稳定的、贯穿始终的研究方向，更有大量的新兴研究方向是随着党的历史方位、理论创新、实践创新、制度创新、文化创新而从无到有发展兴盛起来的。其中，包括改革开放史、马克思主义中国化研究、毛泽东思想和中国特色社会主义理论体系、习近平新时代中国特色社会主义思想、纪检监察、党内法规、国家治理体系和治理能力现代化等。这些新兴研究方向成为科研与教学的新的学术增长点，吸引了一大批党史党建教学研究力量纷纷投入其中。因此，要保持中共党史党建学科创新发展的生机活力，就需要在教学体系建设上，把统一性与多样性结合起来，允许和鼓励多样化发展，包括跨学科的多样化发展。这对于培养中共党史党建学科的复合型人才十分有利。

扎实推进学科体系、学术体系、话语体系和教学体系建设，还要善于从党的思想理论创新中、从党的事业发展中，寻找新的增长点。这就需要在以下几方面增强学术转化的本领。一是增强把中国共产党最新理论创新成果转化为推动中共党史党建学科体系、学术体系、话语体系和教学体系建设宝贵财富的本领；二是增强把中国共产党最新实践创新成果转化为推动中共党史党建学科体系、学术体系、话语体系和教学体系建设宝贵财富的本领；三是增强把中国共产党最新制度创新成果转化为推动中共党史党建学科体系、学术体系、话语体系和教学体系建设宝贵财富的本领；四是增强将学习借鉴古今中外治国理政和政党建设的积极成果转化为推动中共党史党建学科体系、学术体系、话语体系和教学体系建设宝贵财富的本领。

五、提升国际视野和国际比较能力

在对外传播中宣传好、阐释好中国道路、中国理论、中国制度、中国文化，展示其优越性，是新时代中共党史党建学科义不容辞的责任，而在这方面其也具有自身独特的优势。

中共党史党建学科提升国际视野和国际比较能力，需要从以下五个方面努力：

第一，深刻阐释中国道路成功的国际示范效应。当前，中国之治与西方之乱，形成鲜明对照，彰显出中国道路对广大发展中国家的国际示范效应。中国特色社会主义进入新时代，意味着近代以来久经磨难的中华民族迎来了从站起来、富起来到强起来的伟大飞跃，迎来了实现中华民族伟大复兴的光明前景；意味着科学社会主义在21世纪的中国焕发出强大生机活力，在世界上高高举起了中国特色社会主义伟大旗帜；意味着中国特色社会主义道路、理论、制度、文化不断发展，拓展了发展中国家走向现代化的途径，给世界上那些既希望加快发展又希望保持自身独立性的国家和民族提供了全新选择，为解决人类问题贡献了中国智慧和中国方案。中国共产党团结带领中国人民的成功实践昭示世人，通向现代化的道路不止一条，只要找准正确方向、驰而不息，条条大路通罗马。正如习近平总书记所指出的："当代中国的伟大社会变革，不是简单延续我国历史文化的母版，不是简单套用马克思主义经典作家设想的模板，不是其他国家社会主义实践的再版，也不是国外现代化发展的翻版"[①]。

第二，积极主动、形象生动地讲好中国共产党的故事。在讲好中国共产党的故事、讲好中国特色社会主义的故事方面，中共党史党建学科具有自身优势，可以发挥对外传播生力军的重要作用。要进一步面向世界讲好中国共产党的故事，有效提升我们党和国家的国际影响力。要加强对中国共产党的宣传阐释，帮助国外民众认识到中国共产党真正为中国人民谋幸福而奋斗，了解中国共产党为什么能、马克思主义为什么行、中国特色社会主义为什么好。要向世界阐释推介更多具有中国特色、体现中国精神、蕴藏中国智慧的党史党建研究成果，高度重视、认真做好党史党建成果的转化工作，把讲好历史故事与讲好当代故事紧密结合起来，努力塑造可信、可爱、可敬的中国形象。

第三，积极主动、形象生动地讲好新中国的故事。中共党史党建学科可以结合新中国建设成就、改革开放成就、新时代成就，宣介中国主张、中国智慧、中国方案，中国有能力也有责任在全球事务中发挥更大作用，同各国一道为解决全人类问题作出更大贡献。用新中国的发展史、社会主义现代化建设史来说明，中国坚持独立

① 习近平．论党的宣传思想工作．北京：中央文献出版社，2020：232．

自主地走自己的道路，坚持走和平发展道路，坚持中国特色大国外交，高举人类命运共同体大旗，全面阐述我国的发展观、文明观、安全观、人权观、生态观、国际秩序观和全球治理观。运用党史、新中国史、改革开放史、社会主义发展史、中华民族发展史中各种生动感人的事例，说明中国发展本身就是对世界的最大贡献，为解决人类问题贡献了智慧。

第四，大纵深、多维度地宣传阐释好中国特色。所谓大纵深、多维度，指的是充分发挥中共党史党建学科优势，从中华文明 5 000 多年历史、中国共产党 100 多年历史，以及新中国史、改革开放史、社会主义发展史，以不同方式、不同角度宣传阐释好中国特色。宣传阐释中国特色，还可以通过古今中外的纵横比较，达到以下四个讲清楚的要求：一是讲清楚每个国家和民族的历史传统、文化积淀、基本国情不同，其发展道路必然有着自己的特色；二是讲清楚中华民族在 5 000 多年的文明发展进程中创造了博大精深的中华文化，中华文化积淀着中华民族最深沉的精神追求，包含着中华民族最根本的精神基因，代表着中华民族独特的精神标识，是中华民族生生不息、发展壮大的丰厚滋养；三是讲清楚中华优秀传统文化是中华民族的突出优势，是中华民族自强不息、团结奋进的重要精神支撑，是我们最深厚的文化软实力；四是讲清楚中国特色社会主义植根于中华文化沃土、反映中国人民意愿、适应中国和时代发展进步要求，有着深厚历史渊源和广泛现实基础，中华民族创造了源远流长的中华文化，中华民族也一定能够创造出中华文化新的辉煌。

第五，通过道路选择与历史命运的复杂性阐明世界发展的多样性。世界文明发展的历史、世界现代化发展的历史都充分证明，世界上没有放之四海而皆准的具体发展模式，也没有一成不变的发展道路。历史条件的多样性，决定了各国选择发展道路的多样性。人类历史上，没有一个民族、没有一个国家可以通过依赖外部力量、跟在他人后面亦步亦趋实现强大和振兴。那样做的结果，不是必然遭遇失败，就是必然成为他人的附庸。独特的文化传统，独特的历史命运，独特的基本国情，注定了我们必然要走适合自己特点的发展道路。任何科学的理论和制度，必须本土化才能真正起到作用。马克思主义也好，社会主义也好，能够在中国取得胜利，关键就在于我们党不断推进其中国化，坚持把马克思主义基本原理同中国具体实际相结合、同中华优秀传统文化相结合，开辟出马克思主义中国化时代化的正确道路。

第三节　中共党史党建学一级学科的设立

2022 年 9 月 13 日，中共党史党建学一级学科正式确立，为中共党史党建学建设提供了制度保障。2023 年 9 月 14 日，国务院学位委员会下发《关于下达 2022 年学位授权自主审核单位撤销和增列的学位授权点名单的通知》，批准 5 所高校增设中共党史党建学一级学科博士学位授权点，并开启招生工作。由此启动了中共党史党建学一级学科的人才培养工作。2024 年 1 月，《研究生教育学科专业简介及其学位基本要求（试行版）》的下达，进一步明确了中共党史党建学的学科内涵、学科范围和培养目标。

一、高校自主探索设置中共党史党建学一级学科

自 2021 年 12 月 10 日，国务院学位委员会办公室发出《关于对〈博士、硕士学位授予和人才培养学科专业目录〉及其管理办法征求

意见的函》之后，一些高校便开始自主探索设置中共党史党建学一级学科和探索设置二级学科方向，并积累了宝贵经验。2022 年，中共中央宣传部、教育部联合印发《面向 2035 高校哲学社会科学高质量发展行动计划》，其中包括建优建强中共党史党建学一级学科，将其作为以习近平新时代中国特色社会主义思想统领高校哲学社会科学发展的重要工作之一。在这一进程中，一些高校启动中共党史党建学一级学科建设工作，设立硕士博士学位授权点，探索设置二级学科方向，制定硕士博士研究生培养方案。

2022 年 6 月 23 日，清华大学学位评定委员会 2022 年第 3 次全体会议召开，审议通过增设中共党史党建学一级学科博士硕士学位授权点。清华大学中共党史党建学一级学科设置中国共产党历史、党的建设、中共党史党建学理论与方法、党的建设实务 4 个学科方向。

2022 年 7 月，复旦大学召开中共党史党建学一级学科同行专家评议会，审议通过新增中共党史党建学硕士博士学位授权点论证报告和研究生培养方案，并于 10 月 17 日公示。复旦大学中共党史党建学一级学科设立马克思主义政党理论研究、中国共产党历史研究、党的领导和党的建设研究（含上海基层党建、统一战线等）、党内法规制度研究、中外政党比较研究（含海外中共学）、中国共产党创建史与伟大建党精神研究 6 个学科方向。

2022 年 8 月 26 日，中山大学发布《关于 2022 年学位授权自主审核拟新增和拟撤销博士硕士学位授权点的公示》，拟新增“中共党史党建”博士学位一级学科授权点。中山大学中共党史党建学一级学科设立马克思主义政党理论、中共党史、党的建设、中国近现代史基本问题研究 4 个学科方向。

2022 年 9 月 28 日，武汉大学召开中共党史党建学一级学科论证会。专家评议组审议通过武汉大学中共党史党建学一级学科建设方案，同意启动硕士博士学位点建设工作。武汉大学中共党史党建学一级学科，下设马克思主义政党理论研究、中共党史、党的建设、中国共产党的领导研究4个学科方向。

2022年10月13日，华东师范大学发布《华东师范大学2022年增列学位授权点材料公示》，拟增列中共党史党建学硕士、博士学位授权一级学科，其下设立马克思主义党的学说创新研究、党的历史和基本经验研究、党的全面领导与全面从严治党研究3个学科方向。

2022年11月5日，吉林大学举办中共党史党建研究院揭牌仪式暨第一届党史党建学长白山高端论坛。吉林大学中共党史党建学一级学科设立党的制度建设、红色文化研究、党的建设理论与实践、中共党史研究、新时代中国特色社会主义理论与实践5个学科方向。

2022年11月28日，山东大学中共党史党建学一级学科论证会召开，设立马克思主义政党理论研究、中国共产党历史研究、中国共产党建设研究、中国共产党领导研究、中国共产党长期执政研究5个学科方向。

2022年10月，中国共产党中国人民大学第十五次党员代表大会召开，提出“成立党史党建学院”。2022年10月26日，中国人民大学学位评定委员会召开会议，审议通过马克思主义学院新增中共党史党建学目录外交叉一级学科博士学位授权点论证方案。该方案提出中共党史党建学下设中共党史党建学理论、中国共产党历史、党的建设、党内法规学、中华人民共和国史5个二级学科。2022年11月11日，中国人民大学发布《关于成立中国人民大学中共党史党建学院的决定》，成立中共党史党建学院。2022年12月12日，中国人民大学党委下发《关于成立中共党史党建学院党委的通知》，成立中国共产党中国人民大学中共党史党建学院委员会。2023年3月19

日，中国人民大学举办“新时代中共党史党建人才培养”高端论坛暨中国人民大学中共党史党建学院成立大会。

二、中共党史党建学一级学科的正式设立

中共党史党建学一级学科的正式设立，开启中共党史党建学科发展的新篇章。

2022 年 9 月 13 日，国务院学位委员会、教育部正式下发《关于印发〈研究生教育学科专业目录（2022 年）〉〈研究生教育学科专业目录管理办法〉的通知》，规定 2023 年下半年启动的新一轮研究生招生与培养工作按新版目录进行，在校生及 2022 年启动招生、2023 年 9 月入学学生的培养仍按原学科专业执行。其中，《研究生教育学科专业目录（2022 年）》在“03 法学门类”之下设置“0307 中共党史党建学”一级学科。

2023 年 9 月 14 日，国务院学位委员会下发《关于下达 2022 年学位授权自主审核单位撤销和增列的学位授权点名单的通知》。通知显示，中国人民大学、清华大学、复旦大学、华东师范大学、中山大学增列“中共党史党建学”博士学位授权一级学科。2023 年秋季学期，清华大学、中国人民大学、中山大学等高校启动首批招生工作。

2024 年 1 月，为配合《研究生教育学科专业目录（2022 年）》的实施，国务院学位委员会第八届学科评议组、全国专业学位研究生教育指导委员会在《授予博士、硕士学位和培养研究生的学科、专业简介》《学位授予和人才培养一级学科简介》《一级学科博士、硕士学位基本要求》《专业学位类别（领域）博士、硕士学位基本要求》的基础上，根据经济社会发展变化和知识体系更新演化，编修

了《研究生教育学科专业简介及其学位基本要求（试行版）》，对中共党史党建学的学科概况、学科内涵、学科范围、培养目标和相关学科等作出明确规定。

其一，阐明中共党史党建学的学科性质及其与其他学科的关系。

该文件指出："中共党史党建学是以马克思列宁主义、毛泽东思想、邓小平理论、'三个代表'重要思想、科学发展观、习近平新时代中国特色社会主义思想为指导，以中国共产党为研究对象，以中国共产党历史与现实为基础，考察和研究中国共产党百余年奋斗的历史进程、重大成就、基本经验和自身建设规律的一门科学。"该文件阐明中共党史党建学的亲缘学科，"中共党史党建学学科，是对中国共产党党史党建进行整体性和一体化研究的一级学科，它与马克思主义理论一级学科、哲学一级学科所属的马克思主义哲学、理论经济学一级学科所属的政治经济学、政治学一级学科所属的科学社会主义与国际共产主义运动等一起，共同构成马克思主义学科体系"。这一规定不仅阐明了中共党史党建学的内在规定性，从学科性质上确立了其一级学科的独特性；而且形成了马克思主义学科体系的概念，为各学科有机统一、相互配合，同频共振、协同发展提供了坚实基础。

其二，明确了中共党史党建学一级学科设立中共党史党建学理论、中国共产党历史、党的领导和党的建设、党务工作理论与实践4个二级学科。

中共党史党建学理论二级学科，旨在系统和整体地研究中共党史党建学的学科体系、学术体系和话语体系，是对中共党史党建学科认识论、本体论和方法论的一体化研究。中共党史党建学理论的研究方向一般应包括：马克思主义政党理论研究，马克思主义史学理论研究，中共党史党建学的指导原则和基本方法研究，中共党史党建学学科发展史研究，中共党史党建文献学研究，海外中共党史党建学研究，中共党史党建学与马克思主义理论相关学科的逻辑关系研究，中国共产党与世界研究，等等。

中国共产党历史二级学科，旨在考察和研究中国共产党百余年奋斗的历史进程、重大成就、基本经验和历史规律。从纵向看，一是研究以党的历史全过程为对象的中国共产党通史；二是研究不同侧面的通史，即党的不懈奋斗史、不怕牺牲史、理论探索史、为民造福史、自身建设史等；三是分时期研究新民主主义革命时期、社会主义革命和建设时期、改革开放和社会主义现代化建设新时期、中国特色社会主义新时代等。从横向看，深入研究党的历史上的重要人物、重要事件、重要会议等，以及党领导的军事战争史、经济建设史、政治建设史、文化建设史等。中国共产党历史研究的研究方向一般应包括：中国共产党通史研究，中国共产党专题史研究，中共党史人物研究，中国共产党重大历史事件研究，中国共产党重要会议研究，红色文化和中国共产党人的精神谱系研究，等等。

党的领导和党的建设二级学科，旨在研究坚持和加强党的全面领导重大理论和实践问题，以及党自身建设的根本目的、基本方针、战略布局、重点任务、实践要求等。党的领导和党的建设的研究方向包括：习近平总书记关于党的建设的重要思想研究，中国共产党领导人党建重要著作研究，党的领导和党的建设重大理论和实践问题研究，坚持和加强党的全面领导基本理论研究，中国共产党领导的历史与现实研究，坚定拥护“两个确立”、坚决做到“两个维护”研究，党的领导制度和领导方式研究，党的长期执政能力建设研究，新时代党的建设总要求研究，党的政治建设、思想建设、组织建设、作风建设、纪律建设、制度建设、反腐败斗争研究，党内法规制度研究，解决中国共产党大党独有难题研究，健全全面从严治党体系研究，等等。

党务工作理论与实践二级学科，旨在研究党务工作理论与实践的基本问题，研究党务工作的基本方法，总结党务工作的基本经验，揭示党务工作的基本规律。党务工作理论与实践的研究方向一般包括：党的组织工作研究，党的宣传工作研究，党的统战工作研究，党的社会工作研究，党委秘书工作研究，城市、农村、机关、事业单位、企业以及新经济组织、新社会组织、新就业群体等各领域党建研究，等等。

（作者单位：中国史学会、清华大学马克思主义学院）

第二章
习近平总书记关于党的历史的重要论述

李　捷

党的十八大以来，习近平总书记高度重视学习党的历史，围绕中国共产党历史发表了一系列重要论述，系统回顾我们党团结带领中国人民不懈奋斗的光辉历程，深入总结党在各个历史时期创造的理论成果、积累的宝贵经验、铸就的伟大精神，深刻阐释红色政权来之不易、新中国来之不易、中国特色社会主义来之不易的道理，深刻认识中国共产党为什么能、马克思主义为什么行、中国特色社会主义为什么好，深刻阐明党为中华民族作出的伟大贡献、为解决人类问题提供的中国智慧和中国方案，展望党和人民事业发展的光明前景，形成独特的习近平总书记关于中国共产党历史的重要论述。

第一节　关于历史思维和正确党史观

习近平总书记创造性地运用马克思主义关于“唯一的科学，即历史科学”的观点，将历史思维和大历史观贯穿党的历史研究、宣传、学习之中，让历史启迪当代、让历史告诉未来，不断提高党的执政能力、领导水平和抵御风险的能力。

一、坚持历史思维和大历史观

习近平总书记特别强调运用大历史观，用历史映照现实、远观未来，从中国共产党的百余年奋斗中看清楚过去我们为什么能够成功、弄明白未来我们怎样才能继续成功；在对历史的学习领悟中，深刻把握历史规律、认清历史趋势、总结历史经验、牢记历史教训；在对历史的深入思考中，做好现实工作、更好走向未来，不断增强历史思维能力。

历史思维的重要作用是以史鉴今。习近平总书记强调把新时代推进改革发展稳定遇到的重大理论与现实问题，把新时代坚持和发展中国特色社会主义遇到的重大理论与现实问题，把新时代治党治国治军遇到的重大理论与现实问题，放在历史长周期里去考察，用打通历史、当代与未来的大历史观去考察，更加深刻地了解我们从哪里来、现在走到了哪里、又将向哪里去，把握发展大势和总趋势。“只有在整个人类发展的历史长河中，才能透视出历史运动的本质和时代发展的方向。”①

在对许多问题的分析阐发中，习近平总书记都为运用历史思维和大历史观作出了榜样。

在论述中国特色社会主义的历史渊源与未来发展时，习近平总书记系统回顾世界社会主义发展的 500 年历程，系统回顾中华文明

---

① 习近平. 论党的宣传思想工作. 北京：中央文献出版社，2020：321.

5 000 多年发展历程，强调："这条道路来之不易，它是在改革开放 30 多年的伟大实践中走出来的，是在中华人民共和国成立 60 多年的持续探索中走出来的，是在对近代以来 170 多年中华民族发展历程的深刻总结中走出来的，是在对中华民族 5 000 多年悠久文明的传承中走出来的，具有深厚的历史渊源和广泛的现实基础。"① 强调："中国特色社会主义，是科学社会主义理论逻辑和中国社会发展历史逻辑的辩证统一，是根植于中国大地、反映中国人民意愿、适应中国和时代发展进步要求的科学社会主义，是全面建成小康社会、加快推进社会主义现代化、实现中华民族伟大复兴的必由之路。"②

在阐述中华民族伟大复兴中国梦时，习近平总书记回顾 1840 年以来的历史指出："中华民族的昨天，可以说是'雄关漫道真如铁'。近代以后，中华民族遭受的苦难之重、付出的牺牲之大，在世界历史上都是罕见的。但是，中国人民从不屈服，不断奋起抗争，终于掌握了自己的命运，开始了建设自己国家的伟大进程，充分展示了以爱国主义为核心的伟大民族精神。中华民族的今天，正可谓'人间正道是沧桑'。改革开放以来，我们总结历史经验，不断艰辛探索，终于找到了实现中华民族伟大复兴的正确道路，取得了举世瞩目的成果。这条道路就是中国特色社会主义。中华民族的明天，可以说是'长风破浪会有时'。经过鸦片战争以来 170 多年的持续奋斗，中华民族伟大复兴展现出光明的前景。现在，我们比历史上任何时期都更接近中华民族伟大复兴的目标，比历史上任何时期都更有信心、有能力实现这个目标。"③

在阐述改革开放伟大意义时，习近平总书记指出："以数千年大

---

① 习近平. 习近平谈治国理政：第 1 卷. 2 版. 北京：外文出版社，2018：39 - 40.

② 习近平. 习近平谈治国理政：第 1 卷. 2 版. 北京：外文出版社，2018：21.

③ 习近平. 习近平谈治国理政：第 1 卷. 2 版. 北京：外文出版社，2018：35 - 36.

历史观之，变革和开放总体上是中国的历史常态。中华民族以改革开放的姿态继续走向未来，有着深远的历史渊源、深厚的文化根基。”①

在阐述五四运动的伟大意义和深远影响时，习近平总书记指出：“要坚持大历史观，把五四运动放到中华民族5 000多年文明史、中国人民近代以来170多年斗争史、中国共产党90多年奋斗史中来认识和把握。要从历史逻辑、理论逻辑、实践逻辑相结合的高度，从五四运动以来中国的政治史、思想史、文化史、社会史等各领域开展研究，总结历史规律，揭示历史趋势，讲清楚为什么五四运动对当代中国发展进步具有如此重大而深远的影响，讲清楚为什么马克思主义能够成为中国革命、建设、改革事业的指导思想，讲清楚为什么中国共产党能够担负起领导人民实现民族独立、人民解放和国家富强、人民幸福的历史重任，讲清楚为什么社会主义能够在中国落地生根并不断完善发展，引导人们以史为鉴、以史为师，坚定中国特色社会主义道路自信、理论自信、制度自信、文化自信。”②

习近平总书记在提出新发展理念，作出中国进入发展新常态重大判断，作出新发展阶段重大决策部署时，同样也创造性地运用了历史思维和大历史观。他指出：“从历史依据来看，新发展阶段是我们党带领人民迎来从站起来、富起来到强起来历史性跨越的新阶段。”③

这样一种大跨度、大视野、大格局的纵览与概括，体现了习近平总书记一贯倡导的历史思维和大历史观的独到之处。

---

① 习近平. 论中国共产党历史. 北京：中央文献出版社，2021：235-236.

② 习近平在中共中央政治局第十四次集体学习时强调 加强对五四运动和五四精神的研究 激励广大青年为民族复兴不懈奋斗. 人民日报，2019-04-21（1）.

③ 习近平. 论把握新发展阶段、贯彻新发展理念、构建新发展格局. 北京：中央文献出版社，2021：471.

二、牢固树立正确党史观

正确党史观的理论基石是唯物史观。唯物史观是中国共产党人认识把握历史的根本方法。总结中国共产党的百余年奋斗重大成就和历史经验，要坚持辩证唯物主义和历史唯物主义的方法论，用具体历史的、客观全面的、联系发展的观点来看待党的历史。

要坚持正确党史观，坚持以中国共产党的三个历史决议和党中央有关精神为依据，准确把握党的历史发展的主题主线、主流本质，正确认识和科学评价党史上的重大事件、重要会议、重要人物，正确对待党在前进道路上经历的失误和曲折，从成功中吸取经验，从失误中吸取教训，不断开辟走向胜利的道路。要实事求是看待党史上的一些重大问题，既不能因为成就而回避失误和曲折，也不能因为探索中的失误和曲折而否定成就。

关于中国共产党百年奋斗历程的主题，习近平总书记指出："中国共产党一经诞生，就把为中国人民谋幸福、为中华民族谋复兴确立为自己的初心使命。一百年来，中国共产党团结带领中国人民进行的一切奋斗、一切牺牲、一切创造，归结起来就是一个主题：实现中华民族伟大复兴。"①

这种对中国共产党历史主题主线的科学概括，将中国共产党史同新中国史、改革开放史、社会主义发展史和中华民族发展史紧密结合、有机统一，不仅极大地丰富拓展了中国共产党历史的内涵与视野，也是将大历史观运用于中国共产党史、新中国史、改革开放史、社会主义发展史、中华民族发展史的一个重大创新。这个阐释

---

① 习近平. 在庆祝中国共产党成立100周年大会上的讲话. 北京：人民出版社，2021：3.

学和方法论的创新，有效地克服了以往就党史讲党史的问题，对于深刻认识红色政权来之不易、新中国来之不易、中国特色社会主义来之不易，深刻认识中国共产党为什么能、马克思主义为什么行、中国特色社会主义为什么好；对于深刻认识中国特色社会主义的科学内涵，坚定道路自信、理论自信、制度自信、文化自信，开辟了一条新途径，提升到一个新境界。

关于中国共产党百年奋斗历程的主流本质，习近平总书记指出："我们党的一百年，是矢志践行初心使命的一百年，是筚路蓝缕奠基立业的一百年，是创造辉煌开辟未来的一百年。在百年接续奋斗中，党团结带领人民开辟了伟大道路，建立了伟大功业，铸就了伟大精神，积累了宝贵经验，创造了中华民族发展史、人类社会进步史上令人刮目相看的奇迹。"①

关于中国共产党百年奋斗历程的分期，围绕实现中华民族伟大复兴这一主题划分为四个时期。第一个时期是新民主主义革命时期，经过"浴血奋战、百折不挠"的不懈奋斗，为实现中华民族伟大复兴创造了根本社会条件。第二个时期是社会主义革命和建设时期，经过"自力更生、发愤图强"的不懈奋斗，为实现中华民族伟大复兴奠定了根本政治前提和制度基础。第三个时期是改革开放和社会主义现代化建设新时期，经过"解放思想、锐意进取"的不懈奋斗，为实现中华民族伟大复兴提供了充满新的活力的体制保证和快速发展的物质条件。第四个时期是中国特色社会主义新时代，经过"自信自强、守正创新"的不懈奋斗，为实现中华民族伟大复兴提供了更为完善的制度保证、更为坚实的物质基础、更为主动的精神力量。中华民族迎来了从站起来、富起来到强起来的伟大飞跃，实现中华

① 习近平．在党史学习教育动员大会上的讲话．北京：人民出版社，2021：5.

民族伟大复兴进入了不可逆转的历史进程。

关于中国共产党百年奋斗历程的重点研究任务，习近平总书记指出："就是要深入研究党领导人民进行革命、建设、改革的百年历程，全面总结党从胜利走向胜利的伟大历史进程、为国家和民族建立的伟大历史功绩；深入研究党坚持把马克思主义基本原理同中国具体实际相结合、同中华优秀传统文化相结合，不断推进马克思主义中国化的百年历程，深化对新时代党的创新理论的理解和掌握；深入研究党不断维护党的团结、维护党中央权威和集中统一领导的百年历程，深刻领悟加强党的政治建设这个马克思主义政党的鲜明特征和政治优势；深入研究党为中国人民谋幸福、为中华民族谋复兴的百年历程，深刻认识党同人民生死相依、休戚与共的血肉联系，更好为人民谋幸福、依靠人民创造历史伟业；深入研究党加强自身建设、推进自我革命的百年历程，增强全面从严治党永远在路上的坚定和执着，确保党在新时代坚持和发展中国特色社会主义的历史进程中始终成为坚强领导核心；深入研究历史发展规律和大势，始终掌握新时代新征程党和国家事业发展的历史主动，增强锚定既定奋斗目标、意气风发走向未来的勇气和力量。"①

习近平总书记关于牢固树立正确党史观的重要论述，集中体现了中国共产党对自己的历史的一贯立场和态度，体现了对学习运用党的历史重要性和必要性的深刻认识，把对中国共产党百年历史的规律性认识提升到一个新水平、新高度。

---

① 中共中央关于党的百年奋斗重大成就和历史经验的决议．北京：人民出版社，2021：78－79.

三、增强历史自觉、坚定历史自信

历史自觉和历史自信，是马克思主义政党始终保持政治定力的底气所在，也是坚定“四个自信”的根基所在。习近平总书记强调：“学习和总结党的历史，就要从中增强道路自信、理论自信、制度自信、文化自信，咬定青山不放松，风雨无阻向前进。”①

中国共产党百余年恢宏壮丽的奋斗历程，向人民、民族、历史交出了一份出色的成绩单。这份令人刮目相看的成绩单，是一代又一代中国共产党人用理想和信仰书写的，用鲜血和生命铸就的，用拼搏和奉献赢得的。中国共产党的历史自觉和历史自信，就是在如此深厚的历史底蕴和历史成就上产生的。

历史自觉和历史自信，是在历史比较中实现的。放眼中华文明5 000多年历史，没有哪一种政治力量能像中国共产党这样深刻地、历史性地推动中华民族发展进程。历史上我国多少次改朝换代，虽然也曾出现过一些所谓“盛世”，但广大劳动人民受剥削被压迫的地位始终没有改变。辛亥革命后，具有政党性质的政团多达300余个，各种政治主张“你方唱罢我登场”，各种政治力量反复较量，但中国依然是山河破碎、积贫积弱，列强依然在中国横行霸道，中国人民依然生活在苦难和屈辱之中。只有在中国共产党的领导下，中国才彻底改变了积贫积弱的面貌、向着现代化目标迈进，中华民族才彻底从沉沦中奋起、迎来伟大复兴的光明前景，中国人民才彻底摆脱备受剥削被压迫的地位、真正掌握自己的命运。历史雄辩地说明，没有中国共产党就没有新中国，就没有中国人民的幸福生活，就没

---

① 习近平．以史为鉴、开创未来 埋头苦干、勇毅前行．求是，2022（1）.

有中华民族的伟大复兴。历史和人民选择了中国共产党，中国共产党也没有辜负历史和人民的选择。

中国共产党的成就和贡献，不仅是历史性的，也是世界性的。中国共产党领导人民不仅创造了世所罕见的经济快速发展和社会长期稳定两大奇迹，而且成功走出了中国式现代化道路，创造了人类文明新形态。这些前无古人的创举，破解了人类社会发展的诸多难题，摒弃了西方以资本为中心的现代化、两极分化的现代化、物质主义膨胀的现代化、对外扩张掠夺的现代化老路，拓展了发展中国家走向现代化的途径，为人类对更好社会制度的探索提供了中国方案。

中国共产党人的历史自信，既是对奋斗成就的自信，也是对奋斗精神的自信。回望百年，中国共产党什么样的困难没有经历过，什么样的挑战没有遇到过？世界上没有哪个党像我们这样，遭遇过如此多的艰难险阻，经历过如此多的生死考验，付出过如此多的惨烈牺牲。一百多年来，在应对各种困难挑战的过程中，中国共产党锤炼了不畏强敌、不惧风险、敢于斗争、勇于胜利的风骨和品质。这是中国共产党最鲜明的特质和特点。正是在中国共产党的百余年奋斗中，锻造了拥有 9 900 多万名党员、领导着 14 亿多人口大国、走在时代前列、具有重大全球影响力的世界第一大执政党。

增强历史自觉、坚定历史自信，还需要对人类历史发展总趋势有正确的认识。马克思、恩格斯运用社会基本矛盾推动社会发展的规律，对未来社会发展作出了科学预见。《共产党宣言》提出："资产阶级的灭亡和无产阶级的胜利是同样不可避免的。"[①] 这就是"两个必然"，是就人类历史总的发展趋势而言的，是历史规律的必然指

---

① 马克思，恩格斯. 马克思恩格斯文集：第 2 卷. 北京：人民出版社，2009：43.

向。这里还要说到马克思提出的“两个决不会”，马克思说：“无论哪一个社会形态，在它所能容纳的全部生产力发挥出来以前，是决不会灭亡的；而新的更高的生产关系，在它的物质存在条件在旧社会的胎胞里成熟以前，是决不会出现的。”① 习近平总书记指出：“马克思的这一重要论点，可以帮助我们理解为什么资本主义至今没有完全消亡，为什么社会主义还会出现苏联解体、东欧剧变那样的曲折，为什么马克思主义预见的共产主义还需要经过很长的历史发展才能实现。学懂了这一认识和研究社会历史发展的科学世界观和方法论，我们就能坚定理想的主心骨、筑牢信念的压舱石，保持强大的战略定力。我们要坚定中国特色社会主义道路自信、理论自信、制度自信，不断提高我国社会生产力发展水平和人民生活水平，使我国社会主义制度优越性不断显现和丰富起来，使中国特色社会主义道路越走越宽广。”②

四、自觉抵御历史虚无主义

历史虚无主义，是一种极其有害的错误思潮。历史虚无主义以所谓“重新评价”为名，歪曲近现代中国革命历史、党的历史和中华人民共和国历史。主要表现为否定革命，宣传反帝反封建的革命只起破坏性作用，只有资产阶级“启蒙”才有建设性意义；把五四运动以来中国选择社会主义发展方向视为离开“以英美为师”的所谓“近代文明的主流”而误入了歧路；宣称经济文化落后的中国没有资格搞社会主义，新中国成立以后搞的不过是小资产阶级的空想社会主义；把党的历史说成是一系列错误的延续。历史虚无主义的

① 马克思，恩格斯．马克思恩格斯文集：第 2 卷．北京：人民出版社，2009：592.
② 习近平．论党的宣传思想工作．北京：中央文献出版社，2020：37－38.

要害，是从根本上否定马克思主义指导地位和中国走向社会主义的历史必然性，否定中国共产党的领导和中国特色社会主义制度。

习近平总书记强调，坚持实事求是研究和宣传党的历史，必须警惕历史虚无主义的影响。“要旗帜鲜明反对历史虚无主义，加强思想引导和理论辨析，澄清对党史上一些重大历史问题的模糊认识和片面理解，更好正本清源、固本培元。”①

习近平总书记在阐述改革开放前后两段历史不能对立起来、更不能相互否定时，深刻指出历史虚无主义的严重危害。他说：“我之所以强调这个问题，是因为这个重大政治问题处理不好，就会产生严重政治后果。古人说：‘灭人之国，必先去其史。’国内外敌对势力往往就是拿中国革命史、新中国历史来做文章，竭尽攻击、丑化、污蔑之能事，根本目的就是要搞乱人心，煽动推翻中国共产党的领导和我国社会主义制度。苏联为什么解体？苏共为什么垮台？一个重要原因就是意识形态领域的斗争十分激烈，全面否定苏联历史、苏共历史，否定列宁，否定斯大林，搞历史虚无主义，思想搞乱了，各级党组织几乎没任何作用了，军队都不在党的领导之下了。最后，苏联共产党偌大一个党就作鸟兽散了，苏联偌大一个社会主义国家就分崩离析了。这是前车之鉴啊！”②

针对文艺创作中的虚无主义倾向，习近平总书记指出：“历史给了文学家、艺术家无穷的滋养和无限的想象空间，但文学家、艺术家不能用无端的想象去描写历史，更不能使历史虚无化。文学家、艺术家不可能完全还原历史的真实，但有责任告诉人们真实的历史，告诉人们历史中最有价值的东西。戏弄历史的作品，不仅是对历史的不尊重，而且是对自己创作的不尊重，最终必将被历史戏弄。只

① 习近平．在党史学习教育动员大会上的讲话．北京：人民出版社，2021：25.

② 习近平．论中国共产党历史．北京：中央文献出版社，2021：4－5.

有树立正确历史观，尊重历史、按照艺术规律呈现的艺术化的历史，才能经得起历史的检验，才能立之当世、传之后人。”①

第二节　关于初心使命

习近平总书记创造性地运用马克思主义关于人民群众是历史的创造者的观点，将群众观点和群众路线贯穿党的历史研究、宣传、学习之中，凸显党同人民群众的血肉联系，铭记人民就是江山、江山就是人民，在不忘初心、牢记使命、永远奋斗中开创新局、走向未来。

一、矢志践行初心使命的百余年

习近平总书记指出：“中国共产党人的初心和使命，就是为中国人民谋幸福，为中华民族谋复兴。这个初心和使命是激励中国共产党人不断前进的根本动力。全党同志一定要永远与人民同呼吸、共命运、心连心，永远把人民对美好生活的向往作为奋斗目标，以永不懈怠的精神状态和一往无前的奋斗姿态，继续朝着实现中华民族伟大复兴的宏伟目标奋勇前进。”②“我们党的百年历史，就是一部践行党的初心使命的历史，就是一部党与人民心连心、同呼吸、共命运的历史。”③ 这段论述，用群众观点和群众路线全面审视和深刻总结中国共产党百年历史，深刻地揭示出中国共产党的初心使命同党

① 习近平．论党的宣传思想工作．北京：中央文献出版社，2020：263－264．
② 习近平．习近平谈治国理政：第3卷．北京：外文出版社，2020：1－2．
③ 习近平．在党史学习教育动员大会上的讲话．北京：人民出版社，2021：15．

的性质宗旨的内在联系。

初心使命的概括提出，是对中国共产党群众观点和群众路线的规律性总结与升华，为深刻把握中国共产党的历史，深刻把握中国共产党与中华民族伟大复兴的历史，深刻把握中国共产党与人民对美好幸福生活追求的历史，找到了一条鲜明生动的主题主线。

100 多年来，中国共产党团结带领人民进行的一切奋斗、一切牺牲、一切创造，都是在践行为中国人民谋幸福、为中华民族谋复兴的初心使命。中国共产党之所以能够在近代以后从各种政治力量反复较量中脱颖而出，赢得人民信任、取得重大成就，根本原因就在于党在坚持初心使命上矢志不渝、坚定如磐。中国共产党在不同历史时期有不同奋斗目标和工作任务，但这些目标和任务总体上都服从服务于为中国人民谋幸福、为中华民族谋复兴。

总结中国共产党的牺牲奋斗历程，得到的一条深刻历史经验就是必须代表最广大人民的根本利益。中国共产党之所以得到人民的拥护和支持，从根本上说，就是因为能始终代表中国最广大人民的根本利益，就是坚持群众是真正的英雄，尊重人民首创精神，最广泛动员和组织人民投身到党领导的伟大事业中来。我们党领导人民打土豪、分田地，是为人民根本利益而斗争；领导人民开展抗日战争、赶走日本侵略者，是为人民根本利益而斗争；领导人民推翻“蒋家王朝”、建立新中国，是为人民根本利益而斗争；领导人民开展社会主义革命和建设、改变一穷二白的国家面貌，是为人民根本利益而斗争；领导人民实行改革开放、推进社会主义现代化，同样也是为人民根本利益而斗争。

任何时候我们都不忘初心、牢记使命，都不忘人民这个根，人民自然就会真心跟着共产党走到底。大革命失败后，30 多万牺牲的革命者中大部分是跟随中国共产党闹革命的人民群众；土地革命战争时期，人民群众就是党和人民军队的铜墙铁壁；抗日战争时期，中国共产党广泛发动群众，使日本侵略者陷入了人民战争的汪洋大海；淮海战役的胜利是靠老百姓用小车推出来的，渡江战役的胜利是靠老百姓用小船划出来的；社会主义革命和建设的成就是人民群众干出来的；改革开放的历史伟剧是亿万人民群众主演的。改革开放的历程表明，许多改革都是由基层群众自发推动、自下而上形成的，广大人民群众是推动改革的重要力量。

二、人民至上是立党兴党强党的根本出发点和落脚点

中国共产党来自于人民，党的根基和血脉在人民。为人民而生，因人民而兴，始终同人民在一起，为人民利益而奋斗，是中国共产党立党兴党强党的根本出发点和落脚点。习近平总书记用党和人民的相互关系全面审视和深刻总结中国共产党百年历史，深刻揭示出“江山就是人民，人民就是江山”的内在规律。

习近平总书记指出：“我们党来自于人民，党的根基和血脉在人民。为人民而生，因人民而兴，始终同人民在一起，为人民利益而奋斗，是我们党立党兴党强党的根本出发点和落脚点。”[①] 他满怀深情地回顾中国共产党团结带领人民群众的百年奋斗史，指出：“历史充分证明，江山就是人民，人民就是江山，人心向背关系党的生死存亡。赢得人民信任，得到人民支持，党就能够克服任何困难，就能够无往而不胜。反之，我们将一事无成，甚至走向衰败。”[②] 他还深刻总结出“三个一致性”要求，强调必须坚持尊重社会发展规律和尊重人民历史主体地位的一致性、为崇高理想奋斗和为最广大人

① 习近平. 在党史学习教育动员大会上的讲话. 北京：人民出版社，2021：15.

② 习近平. 在党史学习教育动员大会上的讲话. 北京：人民出版社，2021：15.

民谋利益的一致性、完成党的各项工作和实现人民利益的一致性，永不脱离群众，与群众有福同享、有难同当，有盐同咸、无盐同淡①。2021年4月下旬，习近平在广西考察时又提出："让人民生活幸福是'国之大者'。"②

"江山就是人民，人民就是江山"的概括总结，是对马克思主义人民观的原创性发展，揭示出共产党执政规律、社会主义建设规律、人类社会发展规律这三大基本规律的内在联系及其相互贯通的理论逻辑、实践逻辑、历史逻辑，也是对古今中外治乱兴衰历史规律的深刻总结。

党的历史是进行群众路线教育的生动教科书。中国共产党章程开宗明义明确，中国共产党是中国工人阶级的先锋队，同时是中国人民和中华民族的先锋队。党章明确规定，党坚持全心全意为人民服务，在任何时候都把群众利益放在第一位，同群众同甘共苦，保持最密切的联系。这就要求我们必须坚持"三个一致性"要求，要教育引导全党深刻认识党的性质宗旨，坚持一切为了人民、一切依靠人民，始终把人民放在心中最高位置、把人民对美好生活的向往作为奋斗目标，推动改革发展成果更多更公平惠及全体人民，推动共同富裕取得更为明显的实质性进展，把14亿多中国人民凝聚成推动中华民族伟大复兴的磅礴力量。

三、人民对美好生活的向往就是我们的奋斗目标

习近平总书记用党的领导地位和人民群众主体地位的相互关系

① 习近平．习近平谈治国理政：第4卷．北京：外文出版社，2022：512.

② 习近平在广西考察时强调 解放思想深化改革凝心聚力担当实干 建设新时代中国特色社会主义壮美广西．人民日报，2021-04-28（1）.

全面审视和深刻总结中国共产党100多年历史，特别是改革开放40多年光辉历程，深刻揭示出为了人民而改革、依靠人民而改革、促进人民共同富裕而改革的价值追求和价值导向。

习近平总书记指出："在革命、建设、改革各个历史时期，我们党都坚持紧紧依靠人民。改革开放三十五年来的历程表明，许多改革都是由基层群众自发推动、自下而上形成的，广大人民群众是推动改革的重要力量。今天，我们全面深化改革，依然要充分发挥人民主体作用。为了人民而改革，改革才有意义；依靠人民而改革，改革才有动力。"① "全面深化改革进程中，我们要坚持马克思主义群众观点，坚持党的群众路线，'以百姓心为心'，把实现好、维护好、发展好最广大人民根本利益作为推进改革的出发点和落脚点，让发展成果更多更公平惠及全体人民。唯有如此，改革才能大有作为。"② 在擘画"十四五"规划宏伟蓝图时，习近平总书记明确提出，具有中国特色、符合中国实际的现代化，"是人口规模巨大的现代化，是全体人民共同富裕的现代化，是物质文明和精神文明相协调的现代化，是人与自然和谐共生的现代化，是走和平发展道路的现代化。这是我国现代化建设必须坚持的方向，要在我国发展的方针政策、战略战术、政策举措、工作部署中得到体现，推动全党全国各族人民共同为之努力"③。这是以人民为价值取向的改革观在现代化建设规律的贯彻和运用。

以人民为价值取向的改革观，是马克思主义人民观在社会主义改革理论上的原创性发展，紧紧抓住什么是社会主义改革、怎样不断推进社会主义改革这一基本问题，从根本上回答了将改革进行到

---

① 习近平．论党的宣传思想工作．北京：中央文献出版社，2020：38.

② 习近平．论党的宣传思想工作．北京：中央文献出版社，2020：38－39.

③ 习近平．论把握新发展阶段、贯彻新发展理念、构建新发展格局．北京：中央文献出版社，2021：474.

底的目的、动力和目标，为我们指明了通过全面深化改革推进全面建设社会主义现代化国家的根本之道。

第三节　关于社会主要矛盾和主要任务

习近平总书记创造性地运用马克思主义关于生产力决定生产关系、经济基础决定上层建筑的原理，在科学判断社会主要矛盾变化中把握历史方位，在准确把握历史发展规律和大势中掌握党和国家事业发展的历史主动，确保中国特色社会主义这艘巨轮行稳致远。

一、系统具体历史地分析中国社会运动及其发展规律

历史唯物主义作为马克思主义哲学的重要组成部分，是关于人类社会发展一般规律的科学。高度重视历史唯物主义的运用，是中国共产党的一大优势。

习近平总书记指出："在革命、建设、改革各个历史时期，我们党运用历史唯物主义，系统、具体、历史地分析中国社会运动及其发展规律，在认识世界和改造世界过程中不断把握规律、积极运用规律，推动党和人民事业取得了一个又一个胜利。毛泽东同志提出的以农村包围城市、武装夺取政权的道路，我们党带领人民进行艰辛的社会主义建设探索，新的历史时期我们党科学分析我国社会主要矛盾、果断决定把党和国家工作中心转移到经济建设上来、实行改革开放，都是正确运用历史唯物主义的结果。我们党在实践中不断回答'什么是社会主义、怎样建设社会主义'、'建设什么样的党、怎样建设党'、'实现什么样的发展、怎样发展'这些重大历史性课

题，也都是正确运用历史唯物主义的结果。历史和现实都表明，只有坚持历史唯物主义，我们才能不断把对中国特色社会主义规律的认识提高到新的水平，不断开辟当代中国马克思主义发展新境界。”①

学习和掌握历史唯物主义基本原理和方法论的目的，就是更好认识国情，更好认识党和国家事业发展大势，更好认识历史发展规律，更加能动地推进各项工作。要学会应用马克思列宁主义的立场、观点、方法，认真研究中国的历史，研究中国的经济、政治、军事和文化，对每一问题要根据详细的材料加以具体的分析，然后引出理论性的结论来。

实事求是思想路线，是建立在社会存在决定社会意识这一历史唯物主义基本原理之上的，也是建立在实践第一的辩证唯物主义认识论原理之上的。中国共产党在新民主主义革命时期提出的理论路线方针政策之所以能够成功，能够得到中国最广大人民群众的衷心拥护，是因为它们符合推翻帝国主义、封建主义、官僚资本主义三座大山，创建人民当家作主的新中国的客观要求。中国共产党现阶段提出和实施的理论和路线方针政策之所以正确，就是因为它们都是以我国现时代的社会存在为基础的。党的十八届三中全会对我国全面深化改革作出了总体部署，是从我国现在的社会存在出发的，即从我国现在的社会物质条件的总和出发的，也就是从我国基本国情和发展要求出发的。

二、准确把握社会发展阶段和主要矛盾

善于把握社会发展阶段和社会主要矛盾，明确党所处的历史方

---

① 习近平．论党的宣传思想工作．北京：中央文献出版社，2020：31－32．

位，是中国共产党立足国情、从胜利走向新的胜利的看家本领和政治优势。

党的十一届三中全会后，中国共产党科学总结社会主义建设基本经验和基本规律，在创造性地提出社会主义初级阶段理论的基础上，形成了党在社会主义初级阶段的基本路线，并推动改革开放深入发展，在人类历史上第一次将社会主义市场经济的建立和完善作为经济体制改革的目标，迈出了坚持和发展中国特色社会主义的关键一步。

党的十八届三中全会，中国共产党进一步系统总结改革开放的成功经验，并在深刻分析世情国情党情的基础上，提出“使市场在资源配置中起决定性作用和更好发挥政府作用”，实现了社会主义市场经济理论上的又一次与时俱进、创新发展，将全面深化改革的总目标明确为完善和发展中国特色社会主义制度，推进国家治理体系和治理能力现代化。正如习近平总书记指出：“在改革开放 40 多年历程中，党的十一届三中全会是划时代的，开启了改革开放和社会主义现代化建设历史新时期；党的十八届三中全会也是划时代的，开启了全面深化改革、系统整体设计推进改革的新时代，开创了我国改革开放的新局面。”①

党的十九大报告第一次将中国共产党团结带领全国各族人民进行的中国革命、建设、改革历程，同中华民族伟大复兴迎来站起来、富起来到强起来的历程紧密结合起来，深刻指出：“中国特色社会主义进入新时代，意味着近代以来久经磨难的中华民族迎来了从站起来、富起来到强起来的伟大飞跃，迎来了实现中华民族伟大复兴的光明前景”②。

---

① 习近平．习近平谈治国理政：第 3 卷．北京：外文出版社，2020：111.

② 习近平．习近平谈治国理政：第 3 卷．北京：外文出版社，2020：8.

党的十九大报告还指出："中国特色社会主义进入新时代，我国社会主要矛盾已经转化为人民日益增长的美好生活需要和不平衡不充分的发展之间的矛盾。"[①] 一方面强调，"必须认识到，我国社会主要矛盾的变化是关系全局的历史性变化，对党和国家工作提出了许多新要求"；另一方面强调："必须认识到，我国社会主要矛盾的变化，没有改变我们对我国社会主义所处历史阶段的判断，我国仍处于并将长期处于社会主义初级阶段的基本国情没有变，我国是世界最大发展中国家的国际地位没有变。全党要牢牢把握社会主义初级阶段这个基本国情，牢牢立足社会主义初级阶段这个最大实际，牢牢坚持党的基本路线这个党和国家的生命线、人民的幸福线，领导和团结全国各族人民，以经济建设为中心，坚持四项基本原则，坚持改革开放，自力更生，艰苦创业，为把我国建设成为富强民主文明和谐美丽的社会主义现代化强国而奋斗。"[②]

在擘画"十四五"规划时，习近平总书记深刻总结中国现代化发展的历史经验，又将中国共产党的百年探索、百年奋斗历程同实现现代化的伟大历程、同实现中华民族伟大复兴的非凡历程紧密结合起来，提出我国已进入新发展阶段的重大判断。

习近平总书记深刻指出："我们党成立后，团结带领人民经过二十八年浴血奋战和顽强奋斗，建立了中华人民共和国，实现了从新民主主义革命到社会主义革命的历史性跨越。新中国成立后，我们党团结带领人民创造性完成社会主义改造，确立社会主义基本制度，大规模开展社会主义经济文化建设，中国人民不仅站起来了，而且站住了、站稳了，实现了从社会主义革命到社会主义建设的历史性跨越。进入历史新时期，我们党带领人民进行改革开放新的伟大革

---

① 习近平．习近平谈治国理政：第3卷．北京：外文出版社，2020：9.
② 习近平．习近平谈治国理政：第3卷．北京：外文出版社，2020：9，10.

命，极大激发广大人民群众的积极性、主动性、创造性，成功开辟了中国特色社会主义道路，使中国大踏步赶上时代，实现了社会主义现代化进程中新的历史性跨越，迎来了中华民族伟大复兴的光明前景。今天，我们正在此前发展的基础上续写全面建设社会主义现代化国家新的历史。”① 进而得出历史、理论、现实的结论：“从历史依据来看，新发展阶段是我们党带领人民迎来从站起来、富起来到强起来历史性跨越的新阶段。”② 从理论依据来看，“今天我们所处的新发展阶段，就是社会主义初级阶段中的一个阶段，同时是其中经过几十年积累、站到了新的起点上的一个阶段”③。而从现实依据来看，“我们已经拥有开启新征程、实现新的更高目标的雄厚物质基础”④。

习近平总书记还站在新的历史起点上，对从 1953 年开启的第一个五年计划到以“十四五”规划为标志正在开启的新发展阶段的六个五年规划，作了一脉贯通的回顾与展望：“新中国成立不久，我们党就提出建设社会主义现代化国家的目标，经过十三个五年规划（计划），我们已经为实现这个目标奠定了坚实基础，未来三十年将是我们完成这个历史宏愿的新发展阶段。我们已经明确了未来发展的路线图和时间表。这就是，到二〇三五年，用三个五年规划期，基本实现社会主义现代化。然后，再用三个五年规划期，到本世纪

---

① 习近平. 论把握新发展阶段、贯彻新发展理念、构建新发展格局. 北京：中央文献出版社，2021：471 - 472.

② 习近平. 论把握新发展阶段、贯彻新发展理念、构建新发展格局. 北京：中央文献出版社，2021：471.

③ 习近平. 论把握新发展阶段、贯彻新发展理念、构建新发展格局. 北京：中央文献出版社，2021：471.

④ 习近平. 论把握新发展阶段、贯彻新发展理念、构建新发展格局. 北京：中央文献出版社，2021：472.

中叶，把我国建成富强民主文明和谐美丽的社会主义现代化强国。”①

上述对社会发展阶段、社会主要矛盾、党和国家历史方位重大变化的科学分析和科学论断，表面看是针对当前的，但从实质上看却是将中国共产党的历史与现实，通过社会发展阶段、社会主要矛盾、党和国家历史方位发展变化贯通起来的，使我们获得了一种从历史发展长周期研究问题的纵深感、厚重感和透彻感。

三、全面把握发展是执政兴国的第一要务

历史唯物主义认为，物质生产力是全部社会生活的物质前提，同生产力发展一定阶段相适应的生产关系的总和构成社会经济基础。生产力是推动社会进步的最活跃、最革命的要素，生产力发展是衡量社会发展的带有根本性的标准。这为我们全面把握发展是执政兴国的第一要务的观点提供了可靠依据。

中国共产党在社会主义初级阶段的基本路线是“一个中心、两个基本点”，其中一个基本点就是以经济建设为中心。这是吸取了新中国成立后正反两方面经验教训得到的历史结论。必须明确，社会主义的根本任务是解放和发展社会生产力，这一点任何时候都不能动摇。邓小平同志回答了“什么是社会主义、怎样建设社会主义”这个根本问题，主要回答了社会主义的根本任务是什么。

社会主义社会要以经济建设为中心，但不能“单打一”。我们说经济建设是中心工作，并不是说其他工作都不重要了，可以一俊遮百丑了。按照历史唯物主义原理，物质生产是社会生活的基础，但上层建筑也可以反作用于经济基础，生产力和生产关系、经济基础

① 习近平．论把握新发展阶段、贯彻新发展理念、构建新发展格局．北京：中央文献出版社，2021：473.

和上层建筑之间有着十分复杂的关系，有着作用和反作用的现实过程，并不是单线式的简单决定和被决定的逻辑。这就决定了，社会主义社会必须是以经济建设为中心全面发展的社会，社会主义现代化建设也必须坚持全面发展、全面改革。

习近平总书记指出："世界上的事物总是有着这样那样的联系，不能孤立地静止地看待事物发展，否则往往会出现盲人摸象、以偏概全的问题。正所谓'有无相生，难易相成，长短相形，高下相倾，音声相和，前后相随'。在观察社会发展时，一定要注意这种决定和被决定、作用和反作用的有机联系。对生产力标准必须全面准确理解，不能绝对化，不能撇开生产关系、上层建筑来理解生产力标准。改革开放以来，我们党提出的一系列'两手抓'，包括一手抓物质文明建设、一手抓精神文明建设，一手抓经济建设、一手抓法治建设，一手抓发展、一手抓稳定，一手抓改革开放、一手抓惩治腐败等，都是符合历史唯物主义要求的。"①

全面深化改革之所以成功，一个重要原因是加强了顶层设计、整体谋划，增强了各项改革的关联性、系统性、协同性。只有既解决好生产关系中不适应的问题，又解决好上层建筑中不适应的问题，才能产生综合效应。只有紧紧围绕发展这个第一要务来部署各方面改革工作，以解放和发展社会生产力为改革提供强大牵引，才能更好推动生产力与生产关系、经济基础与上层建筑相适应。我国改革开放以来的实践充分证明，只要紧紧扭住解放和发展社会生产力，就能为其他各方面改革提供强大推动力，影响其他各个方面改革。

---

① 习近平．论党的宣传思想工作．北京：中央文献出版社，2020：36．

四、始终掌握党和国家事业发展的历史主动

习近平总书记指出："历史发展有其规律，但人在其中不是完全消极被动的。只要把握住历史发展大势，抓住历史变革时机，奋发有为，锐意进取，人类社会就能更好前进。"①

进一步把握历史发展规律和大势，始终掌握党和国家事业发展的历史主动，是中国共产党百余年奋斗的一条成功经验。马克思、恩格斯早在170多年前就科学地揭示了社会主义必然代替资本主义的历史规律。这是人类社会发展不可逆转的总趋势，但需要经历一个很长的历史过程。在这个过程中，我们要立足现实，把握好每个阶段的历史大势，做好当下的事情。

习近平总书记指出："在一百年的奋斗中，我们党始终以马克思主义基本原理分析把握历史大势，正确处理中国和世界的关系，善于抓住和用好各种历史机遇。我们党的诞生就是顺应世界发展大势的结果。十月革命的胜利，社会主义的兴起，就是当时的世界大势。我们党从这个世界大势中产生，走在了时代前列。抗日战争时期，我们党从世界反法西斯战争和中国人民抗日救亡强烈愿望的大势出发，促成了抗日民族统一战线，并最终团结带领人民赢得了抗日战争伟大胜利。中华人民共和国的成立和巩固，也是顺应时代大潮的产物。那时，社会主义发展壮大，亚非拉民族解放运动风起云涌，出现了'东风压倒西风'的气象，新中国就是沐浴着这个东风诞生并站住了脚的。作出改革开放的重大决策，也是基于我们党对时代潮流的深刻洞察。当时，世界经济科技快速发展，我国发展同国际先进水平的

---

① 习近平．论中国共产党历史．北京：中央文献出版社，2021：214.

差距明显拉大，邓小平同志说：‘我们要赶上时代，这是改革要达到的目的。’我们党对世界大势作出了科学判断，下决心实现党和国家工作中心的转移，一往无前拉开了改革开放的历史大幕。”①

了解历史才能看得远，理解历史才能走得远。要胸怀中华民族伟大复兴战略全局和世界百年未有之大变局，树立大历史观，从历史长河、时代大潮、全球风云中分析演变机理、探究历史规律，提出因应的战略策略，增强工作的系统性、预见性、创造性。

历史发展是连续性和阶段性的统一，一个时期有一个时期的历史使命和任务，一代人有一代人的历史担当和责任。习近平总书记在回顾将中国特色社会主义成功进入新时代的历程时说：“党的十八大以来，我们清醒认识到，新时代坚持和发展中国特色社会主义是一场艰巨而伟大的社会革命，各种敌对势力绝不会让我们顺顺利利实现中华民族伟大复兴。基于此，我向全党反复强调，必须进行具有许多新的历史特点的伟大斗争，必须准备付出更为艰巨、更为艰苦的努力，必须高度重视和切实防范化解各种重大风险。这几年，我们掌握应对风险挑战的战略主动，对危及党的执政地位、国家政权稳定，危害国家核心利益，危害人民根本利益，有可能迟滞甚至打断中华民族复兴进程的重大风险挑战，果断出手、坚决斗争，解决了许多长期想解决而没有解决的难题，办成了许多过去想办而没有办成的大事。”②

第四节　关于历史事件、历史人物、历史时期

习近平总书记创造性地运用马克思主义关于实事求是、具体问

---

① 习近平. 在党史学习教育动员大会上的讲话. 北京：人民出版社，2021：13－14.

② 习近平. 以史为鉴、开创未来 埋头苦干、勇毅前行. 求是，2022 (1).

题具体分析等科学方法，强调正确对待党史中的历史事件、历史人物、历史时期，特别是要正确对待改革开放前后两个历史时期的关系。

一、适时对党的重大历史问题作出郑重结论

适时对党的重大历史问题作出郑重结论，是中国共产党的一个光荣传统。在中国共产党百余年奋斗历程中，先后产生过三个历史决议，对于统一全党思想、巩固全党团结、夺取新的更大胜利起了极其重要的作用。

在争取抗日战争最后胜利的关头，1945 年，党的六届七中全会通过了《关于若干历史问题的决议》(简称第一个历史决议)，对中国共产党成立后特别是党的六届四中全会至遵义会议前这一段党的历史及其经验教训进行了总结，对若干重大历史问题作出了结论，使全党特别是党的高级干部对中国革命基本问题的认识达到了一致，增强了全党团结，为党的七大胜利召开创造了充分条件，有力促进了中国革命事业发展。正如毛泽东所说："如果不把党的历史搞清楚，不把党在历史上所走的路搞清楚，便不能把事情办得更好。"[①]

进入改革开放和社会主义现代化建设新时期，1981 年 6 月，党的十一届六中全会通过了《关于建国以来党的若干历史问题的决议》(简称第二个历史决议)，回顾了新中国成立以前党的历史，总结了社会主义革命和建设的历史经验，对一些重大事件和重要人物作出了评价，特别是正确评价了毛泽东同志和毛泽东思想，分清了是非，纠正了"左"、右两方面的错误观点，统一了全党思想，对推动党团

---

① 中共中央文献研究室. 毛泽东文集：第 2 卷. 北京：人民出版社，1993：399.

结一致向前看、更好推进改革开放和社会主义现代化建设产生了重大影响。正如邓小平所说："历史上成功的经验是宝贵财富，错误的经验、失败的经验也是宝贵财富。这样来制定方针政策，就能统一全党思想，达到新的团结。这样的基础是最可靠的。"①

党的十八大后，中国特色社会主义进入新时代。党和国家事业大大向前发展，党的理论和实践也大大向前发展。站在新的历史起点上，在党成立100周年的重要历史时刻，在党和人民胜利实现第一个百年奋斗目标、全面建成小康社会，正在向着全面建成社会主义现代化强国的第二个百年奋斗目标迈进的重大历史关头，2021年11月召开的党的十九届六中全会通过了第三个历史决议，全面总结了党的百年奋斗重大成就和历史经验，成为新时代中国共产党人牢记初心使命、坚持和发展中国特色社会主义的政治宣言，以史为鉴、开创未来、实现中华民族伟大复兴的行动指南，同党的前两个历史决议既一脉相承又与时俱进，对推动全党进一步统一思想、统一意志、统一行动，团结带领全国各族人民夺取新时代中国特色社会主义新的伟大胜利，具有重大现实意义和深远历史意义。

中国共产党的三个历史决议，产生于不同历史时期，但其精神实质和对重大事件、重要会议、重要人物的评价却是一脉相承、前后一贯的。正如习近平总书记所指出：第三个历史决议"对重大事件、重要会议、重要人物的评价注重同党中央已有结论相衔接。关于党的十八大之前党的历史上的重大事件、重要会议、重要人物，前两个历史决议、党的一系列重要文献都有过大量论述，都郑重作过结论。这次全会决议坚持这些基本论述和结论。党的十八大以来，我在庆祝中国共产党成立九十五周年大会、庆祝中国人民解放军建

① 邓小平. 邓小平文选：第3卷. 北京：人民出版社，1993：234-235.

军九十周年大会、庆祝中华人民共和国成立七十周年大会特别是庆祝中国共产党成立一百周年大会等重要会议上，对党的历史都作过总结和论述，体现了党中央对党的百年奋斗的新认识。这次全会决议要体现这些新认识”。①

二、坚持党性与科学性相统一

对历史事件、历史人物、历史时期的评价，是中国共产党历史的重大问题。能否实事求是、高度负责地对历史事件、历史人物、历史时期作出经得起历史检验的公允评价，关系到党的团结统一、兴旺发达。因此，必须坚持党性与科学性相统一，决不能掺杂任何个人因素。习近平总书记将党性与科学性的统一原则贯穿党的历史研究、宣传、学习之中，提出了许多重大原则和重要判断。

人世间没有一帆风顺的事业。综观世界历史，任何一个国家、一个民族的发展，都会跌宕起伏甚至充满曲折。越是伟大的事业，往往越是充满艰难险阻，越是需要开拓创新。中国共产党的事业之所以伟大，就在于经历世所罕见的艰难而不断取得成功。习近平总书记指出：“我们党之所以伟大，不在于不犯错误，而在于从不讳疾忌医，敢于直面问题，勇于自我革命。”②

一是不能因为错误而否定功绩。对毛泽东的评价是一个典型的例子。不能否认，毛泽东在社会主义建设道路的探索中走过弯路，他在晚年特别是在“文化大革命”中犯了严重错误，但不能因此否定毛泽东的历史功绩。毛泽东的功绩是第一位的，他的错误是第二位的，他的错误在于违反了他自己正确的东西，是一个伟大的革命

① 中共中央关于党的百年奋斗重大成就和历史经验的决议. 北京：人民出版社，2021：81.
② 习近平. 以史为鉴、开创未来 埋头苦干、勇毅前行. 求是，2022（1）.

家、伟大的马克思主义者所犯的错误。对毛泽东的历史功过，党的十一届六中全会作出的第二个历史决议进行了全面评价。

二是对犯错误的原因要做科学分析。在中国这样的社会历史条件下建设社会主义，没有先例，犹如攀登一座人迹未至的高山，一切攀登者都要披荆斩棘、开通道路。毛泽东晚年的错误有其主观因素和个人责任，还在于复杂的国内国际的社会历史原因，所以应该全面、历史、辩证地看待和分析。

三是科学对待领袖人物。正如习近平总书记指出："革命领袖是人不是神。尽管他们拥有很高的理论水平、丰富的斗争经验、卓越的领导才能，但这并不意味着他们的认识和行动可以不受时代条件限制。不能因为他们伟大就把他们像神那样顶礼膜拜，不容许提出并纠正他们的失误和错误；也不能因为他们有失误和错误就全盘否定，抹杀他们的历史功绩，陷入虚无主义的泥潭。"①

三、坚持实事求是原则

在科学评价历史事件、历史人物、历史时期时，必须坚持实事求是原则，正确认识和科学评价历史上的是非功过以及历史事件、历史人物。习近平总书记指出："要实事求是看待党史上的一些重大问题，既不能因为成就而回避失误和曲折，也不能因为探索中的失误和曲折而否定成就。"②

一是尊重历史，积极面对历史。"历史就是历史，历史不能任意选择，一个民族的历史是一个民族安身立命的基础。不论发生过什么波折和曲折，不论出现过什么苦难和困难，中华民族五千多年的

① 习近平. 论中国共产党历史. 北京：中央文献出版社，2021：57.

② 习近平. 在党史学习教育动员大会上的讲话. 北京：人民出版社，2021：24－25.

文明史，中国人民近代以来一百七十多年的斗争史，中国共产党九十多年的奋斗史，中华人民共和国六十多年的发展史，都是人民书写的历史。历史总是向前发展的，我们总结和吸取历史教训，目的是以史为鉴、更好前进。”①

二是把错误转化为宝贵财富。“一个马克思主义政党对自己的错误所抱的态度，是衡量这个党是否真正履行对人民群众所负责任的一个最重要最可靠的尺度。我们党对自己包括领袖人物的失误和错误历来采取郑重的态度，一是敢于承认，二是正确分析，三是坚决纠正，从而使失误和错误连同党的成功经验一起成为宝贵的历史教材。”②

三是坚持做科学的、历史的分析。伟大的时代造就伟大的人物。“对历史人物的评价，应该放在其所处时代和社会的历史条件下去分析，不能离开对历史条件、历史过程的全面认识和对历史规律的科学把握，不能忽略历史必然性和历史偶然性的关系。不能把历史顺境中的成功简单归功于个人，也不能把历史逆境中的挫折简单归咎于个人。不能用今天的时代条件、发展水平、认识水平去衡量和要求前人，不能苛求前人干出只有后人才能干出的业绩来。”③

四、正确认识改革开放前后两个历史时期

习近平总书记指出：“我们党领导人民进行社会主义建设，有改革开放前和改革开放后两个历史时期，这是两个相互联系又有重大区别的时期，但本质上都是我们党领导人民进行社会主义建设的实

① 习近平. 论中国共产党历史. 北京：中央文献出版社，2021：57-58.
② 习近平. 论中国共产党历史. 北京：中央文献出版社，2021：57.
③ 习近平. 论中国共产党历史. 北京：中央文献出版社，2021：56-57.

践探索。中国特色社会主义是在改革开放历史新时期开创的，但也是在新中国已经建立起社会主义基本制度并进行了二十多年建设的基础上开创的。”①

正确认识这个问题，要把握三个方面②：

一是如果没有 1978 年我们党果断决定实行改革开放，并坚定不移推进改革开放，坚定不移把握改革开放的正确方向，社会主义中国就不可能有今天这样的大好局面，就可能面临严重危机，就可能遇到像苏联、东欧国家那样的亡党亡国危机。同时，如果没有 1949 年建立新中国并进行社会主义革命和建设，积累了重要的思想、物质、制度条件，积累了正反两方面经验教训，改革开放也很难顺利推进。

二是虽然这两个历史时期在进行社会主义建设的思想指导、方针政策、实际工作上有很大差别，但两者绝不是彼此割裂的，更不是根本对立的。我们党在社会主义建设实践中提出了许多正确主张，当时没有真正落实，改革开放后得到了真正贯彻，将来也还是要坚持和发展的。

三是对改革开放前的历史时期要正确评价，不能用改革开放后的历史时期否定改革开放前的历史时期，也不能用改革开放前的历史时期否定改革开放后的历史时期。改革开放前的社会主义实践探索为改革开放后的社会主义实践探索积累了条件，改革开放后的社会主义实践探索是对前一个时期的坚持、改革、发展。

对于贯穿新中国历史的主题主线，习近平总书记也做过精辟的分析，指出：“中国共产党建立近百年来，团结带领中国人民所进行的一切奋斗，就是为了把我国建设成为现代化强国，实现中华民族

① 习近平. 论中国共产党历史. 北京：中央文献出版社，2021：3.
② 习近平. 论中国共产党历史. 北京：中央文献出版社，2021：3-4.

伟大复兴。新中国成立以后，我们党孜孜以求，带领人民对中国现代化建设进行了艰辛探索。”① “从第一个五年计划到第十四个五年规划，一以贯之的主题是把我国建设成为社会主义现代化国家。我们走过弯路，也遭遇过一些意想不到的困难和挫折，但建设社会主义现代化国家的意志和决心始终没有动摇。在这个过程中，我们党对建设社会主义现代化国家在认识上不断深入、在战略上不断成熟、在实践上不断丰富，加速了我国现代化发展进程，为新发展阶段全面建设社会主义现代化国家奠定了实践基础、理论基础、制度基础。”②

正确认识改革开放前后两个历史时期的问题，是习近平总书记首次提出的，并做了系统深刻的论述，这对于研究这两段历史起了极其重要的正本清源的作用。

第五节 关于以史鉴今、资政育人

习近平总书记创造性地运用马克思主义关于从历史中汲取智慧和力量的论断，强调充分发挥党史以史鉴今、资政育人的作用，在党史学习教育中强调学史明理、学史增信、学史崇德、学史力行。

一、从自身历史中汲取智慧和力量

中国共产党是一个高度重视科学理论指导的马克思主义政党，又是一个高度重视从自身历史中汲取智慧和力量的马克思主义政党。

① 习近平. 论中国共产党历史. 北京：中央文献出版社，2021：302.

② 习近平. 论中国共产党历史. 北京：中央文献出版社，2021：304.

党的历史是最生动、最有说服力的教科书。我们党历来重视党史学习教育，注重用党的奋斗历程和伟大成就鼓舞斗志、明确方向，用党的光荣传统和优良作风坚定信念、凝聚力量，用党的实践创造和历史经验启迪智慧、砥砺品格。这一光荣传统和政治优势，在新时代得到进一步弘扬与升华。

中国共产党一步步走过来，很重要的一条就是不断总结经验、提高本领，不断提高应对风险、迎接挑战、化险为夷的能力水平。党的经验不是从天上掉下来的，也不是从书本上抄来的，而是我们党在历经艰辛、饱经风雨的长期摸索中积累下来的，饱含着成败和得失，凝结着鲜血和汗水，充满着智慧和勇毅。

习近平总书记反复强调："党的历史是最生动、最有说服力的教科书。"① "学习党史、国史，是我们坚持和发展中国特色社会主义、把党和国家各项事业继续推向前进的必修课。这门功课不仅必修，而且必须修好。"② "对我们共产党人来说，中国革命历史是最好的营养剂。多重温我们党领导人民进行革命的伟大历史，心中就会增加很多正能量。"③ 他还强调："一个忘记来路的民族必定是没有出路的民族，一个忘记初心的政党必定是没有未来的政党。"④ "忘记初心和使命，我们党就会改变性质、改变颜色，就会失去人民、失去未来。"⑤ "要以党的创新理论滋养初心、引领使命，从党的非凡历史中找寻初心、激励使命，在严肃党内政治生活中锤炼初心、体悟使命，把初心和使命变成锐意进取、开拓创新的精气神和埋头苦干、真抓实干的原动力。"⑥

---

① 习近平．在党史学习教育动员大会上的讲话．北京：人民出版社，2021：2.
② 习近平．论中国共产党历史．北京：中央文献出版社，2021：15－16.
③ 习近平．论中国共产党历史．北京：中央文献出版社，2021：24.
④ 习近平．论中国共产党历史．北京：中央文献出版社，2021：271.
⑤ 习近平．论中国共产党历史．北京：中央文献出版社，2021：271.
⑥ 习近平．论中国共产党历史．北京：中央文献出版社，2021：272－273.

2020年，站在中国共产党百年华诞的历史新高度，习近平总书记还要求青年大学生进行“四史”[①] 学习，并提出殷殷嘱托：“希望广大党员特别是青年党员认真学习马克思主义理论，结合学习党史、新中国史、改革开放史、社会主义发展史，在学思践悟中坚定理想信念，在奋发有为中践行初心使命，努力为实现‘两个一百年’奋斗目标、实现中华民族伟大复兴的中国梦贡献智慧和力量。”[②]

在主持起草第三个历史决议时，习近平总书记提出：“这次全会决议要把着力点放在总结党的百年奋斗重大成就和历史经验上，以推动全党增长智慧、增进团结、增加信心、增强斗志。”[③]

二、学史明理、学史增信、学史崇德、学史力行

习近平总书记高度重视发挥党史以史鉴今、资政育人作用，把它具体化为营养剂、教科书、必修课，并在中国共产党成立100周年之际，在全党开展党史学习教育，主持起草了第三个历史决议。他指出：“历史是最好的老师，我们党的历史是中国近现代以来历史最为可歌可泣的篇章，历史在人民探索和奋斗中造就了中国共产党，我们党团结带领人民又造就了历史悠久的中华文明新的历史辉煌。一切向前走，都不能忘记走过的路，走得再远、走到再光辉的未来，也不能忘记走过的过去，不能忘记为什么出发。”[④]

发挥党史的以史鉴今、资政育人作用，说到底是要学史明理、学史增信、学史崇德、学史力行。

---

① “四史”后发展为“五史”，增加了中华民族发展史。

② 习近平给复旦大学青年师生党员回信勉励广大党员 在学思践悟中坚定理想信念 在奋发有为中践行初心使命．人民日报，2020-07-01（1）.

③ 中共中央关于党的百年奋斗重大成就和历史经验的决议．北京：人民出版社，2021：80.

④ 习近平．在党史学习教育动员大会上的讲话．北京：人民出版社，2021：3.

关于学史明理，习近平总书记指出："明理是增信、崇德、力行的前提。要从党的辉煌成就、艰辛历程、历史经验、优良传统中深刻领悟中国共产党为什么能、马克思主义为什么行、中国特色社会主义为什么好等道理，弄清楚其中的历史逻辑、理论逻辑、实践逻辑。要深刻领悟坚持中国共产党领导的历史必然性，坚定对党的领导的自信。要深刻领悟马克思主义及其中国化创新理论的真理性，增强自觉贯彻落实党的创新理论的坚定性。要深刻领悟中国特色社会主义道路的正确性，坚定不移走中国特色社会主义这条唯一正确的道路。要把各领域基层党组织建设成为坚强战斗堡垒。要不断提高不敢腐、不能腐、不想腐的综合功效，持续巩固发展良好的政治生态。"①

关于学史增信，习近平总书记指出："学史增信，就是要增强信仰、信念、信心，这是我们战胜一切强敌、克服一切困难、夺取一切胜利的强大精神力量。要增强对马克思主义、共产主义的信仰，教育引导广大党员、干部从党百年奋斗中感悟信仰的力量，始终保持顽强意志，勇敢战胜各种重大困难和严峻挑战。要增强对中国特色社会主义的信念，教育引导广大党员、干部深刻认识到，中国特色社会主义是历史发展的必然结果，是发展中国的必由之路，是经过实践检验的科学真理，始终坚定道路自信、理论自信、制度自信、文化自信。要增强对实现中华民族伟大复兴的信心，教育引导广大党员、干部牢记初心使命、增强必胜信心，坚信我们党一定能够团结带领人民在中国特色社会主义道路上实现中华民族伟大复兴，努力创造属于我们这一代人、无愧新时代的历史功绩。信仰、信念、信心是最好的防腐剂。要始终抓好党风廉政建设，使不敢腐、不能

① 习近平. 学史明理 学史增信 学史崇德 学史力行. 求是，2021 (13).

腐、不想腐一体化推进有更多的制度性成果和更大的治理成效。”①

关于学史崇德，习近平总书记指出：“我们党在百年奋斗中，培育形成了一系列各有特点的革命精神，集中体现了党的坚定信念、根本宗旨、优良作风，是激励我们不懈奋斗的宝贵精神财富。在党史学习教育中做到学史崇德，就是要引导广大党员、干部传承红色基因，涵养高尚的道德品质。一要崇尚对党忠诚的大德，广大党员、干部永远不能忘记入党时所作的对党忠诚、永不叛党的誓言，做到始终忠于党、忠于党的事业，做到铁心跟党走、九死而不悔。二要崇尚造福人民的公德，广大党员、干部要站稳人民立场，始终同人民风雨同舟、生死与共，勇于担当、积极作为，切实把造福人民作为最根本的职责。三要崇尚严于律己的品德，广大党员、干部要慎微慎独，清清白白做人、干干净净做事，努力做一个高尚的人、一个纯粹的人、一个有道德的人、一个脱离了低级趣味的人、一个有益于人民的人。”②

关于学史力行，习近平总书记指出：“学史力行是党史学习教育的落脚点，要把学史明理、学史增信、学史崇德的成果转化为改造主观世界和客观世界的实际行动。要在锤炼党性上力行，教育引导广大党员、干部发扬党的光荣传统、赓续红色血脉，用伟大建党精神滋养党性修养，坚定理想信念，不断提高政治判断力、政治领悟力、政治执行力，胸怀‘国之大者’，始终用党性原则修身律己，切实以坚强党性取信于民、引领群众。要在为民服务上力行，教育引导广大党员、干部始终把人民放在心中最高位置，当好人民群众的知心人、贴心人、领路人，用心用情用力解决好群众急难愁盼问题，努力推动全体人民共同富裕取得更加明显的实质性进展。要在推动

① 习近平. 学史明理 学史增信 学史崇德 学史力行. 求是，2021（13）.
② 习近平. 学史明理 学史增信 学史崇德 学史力行. 求是，2021（13）.

发展上力行，教育引导党员、干部把学习党史同推动工作结合起来，坚持求真务实、担当作为，创造性落实党中央决策部署，着力破解发展难题、厚植发展优势，努力做出无愧于党和人民、无愧于历史和时代的新业绩。”①

三、用历史映照现实、远观未来

习近平总书记指出：“新时代坚持和发展中国特色社会主义，更加需要系统研究中国历史和文化，更加需要深刻把握人类发展历史规律，在对历史的深入思考中汲取智慧、走向未来。”②

关于中国共产党百年华诞与开辟未来的关系，习近平总书记指出：“初心易得，始终难守。以史为鉴，可以知兴替。我们要用历史映照现实、远观未来，从中国共产党的百年奋斗中看清楚过去我们为什么能够成功、弄明白未来我们怎样才能继续成功，从而在新的征程上更加坚定、更加自觉地牢记初心使命、开创美好未来。”③ 为此，习近平总书记在庆祝中国共产党成立100周年大会上的重要讲话中，总结概括提出“九个必须”。这“九个必须”有三个特点：一是充分体现出一个基本规律，办好中国的事情，关键在党。这一条根本经验贯穿“九个必须”，体现着以自我革命推动和引领社会革命。二是一条红线贯穿“九个必须”，那就是“实现中华民族伟大复兴”，“以史为鉴、开创未来”。三是每一个必须，都有两个时态、两种关照。一种是历史的时态、历史的关照，另一种是现实的时态、

---

① 习近平在西藏考察时强调 全面贯彻新时代党的治藏方略 谱写雪域高原长治久安和高质量发展新篇章. 人民日报，2021-07-24 (1).

② 习近平致信祝贺中国社会科学院中国历史研究院成立强调 总结历史经验揭示历史规律把握历史趋势 加快构建中国特色历史学学科体系学术体系话语体系. 人民日报，2019-01-04 (1).

③ 习近平. 在庆祝中国共产党成立100周年大会上的讲话. 北京：人民出版社，2021：10.

现实的关照。这使我们可以“从中国共产党的百年奋斗中看清楚过去我们为什么能够成功、弄明白未来我们怎样才能继续成功”。这体现的依然是习近平总书记的大历史观：“用历史映照现实、远观未来”①。

关于历史上的世界与当今世界的关系，习近平总书记指出：“世界的今天是从世界的昨天发展而来的。今天世界遇到的很多事情可以在历史上找到影子，历史上发生的很多事情也可以作为今天的镜鉴。重视历史、研究历史、借鉴历史，可以给人类带来很多了解昨天、把握今天、开创明天的智慧。”②

关于历史的中国与当代中国的关系，他强调：“中国有着 5 000 多年连续发展的文明史，观察历史的中国是观察当代的中国的一个重要角度。不了解中国历史和文化，尤其是不了解近代以来的中国历史和文化，就很难全面把握当代中国的社会状况，很难全面把握当代中国人民的抱负和梦想，很难全面把握中国人民选择的发展道路。”③

关于历史上的国家治理与当代国家治理的关系，习近平总书记指出：“治理国家和社会，今天遇到的很多事情都可以在历史上找到影子，历史上发生过的很多事情也都可以作为今天的镜鉴。中国的今天是从中国的昨天和前天发展而来的。要治理好今天的中国，需要对我国历史和传统文化有深入了解，也需要对我国古代治国理政的探索和智慧进行积极总结。”④

深入挖掘治国理政的历史资源和历史财富，立时代之潮头，通

---

① 习近平．在庆祝中国共产党成立 100 周年大会上的讲话．北京：人民出版社，2021：10.

② 习近平．习近平致第二十二届国际历史科学大会的贺信．人民日报，2015－08－24（1）.

③ 习近平．习近平致第二十二届国际历史科学大会的贺信．人民日报，2015－08－24（1）.

④ 习近平在中共中央政治局第十八次集体学习时强调 牢记历史经验历史教训历史警示为国家治理能力现代化提供有益借鉴．人民日报，2014－10－14（1）.

古今之变化，不断坚定“四个自信”。习近平总书记指出：“历史是最好的老师。在漫长的历史进程中，中华民族创造了独树一帜的灿烂文化，积累了丰富的治国理政经验，其中既包括升平之世社会发展进步的成功经验，也有衰乱之世社会动荡的深刻教训。”① 他还指出：“每个国家和民族的历史传统、文化积淀、基本国情不同，其发展道路必然有着自己的特色。一个国家的治理体系和治理能力是与这个国家的历史传承和文化传统密切相关的。解决中国的问题只能在中国大地上探寻适合自己的道路和办法。数千年来，中华民族走着一条不同于其他国家和民族的文明发展道路。我们开辟了中国特色社会主义道路不是偶然的，是我国历史传承和文化传统决定的。”②“当今世界，要说哪个政党、哪个国家、哪个民族能够自信的话，那中国共产党、中华人民共和国、中华民族是最有理由自信的。”③ “文化自信，是更基础、更广泛、更深厚的自信。”④

第六节　关于科学总结党的百年奋斗历程

2021年迎来了中国共产党百年华诞。习近平总书记高度重视对党的百年历史的总结，强调总结党的百年奋斗重大成就和历史经验，是在建党百年历史条件下开启全面建设社会主义现代化国家新征程、在新时代坚持和发展中国特色社会主义的需要。

党的十九届六中全会通过的第三个历史决议，为全党“从党的

① 习近平在中共中央政治局第十八次集体学习时强调 牢记历史经验历史教训历史警示为国家治理能力现代化提供有益借鉴. 人民日报，2014-10-14 (1).

② 习近平在中共中央政治局第十八次集体学习时强调 牢记历史经验历史教训历史警示为国家治理能力现代化提供有益借鉴. 人民日报，2014-10-14 (1).

③ 习近平. 论中国共产党历史. 北京：中央文献出版社，2021：125.

④ 习近平. 论中国共产党历史. 北京：中央文献出版社，2021：126.

百年奋斗中看清楚过去我们为什么能够成功、弄明白未来我们怎样才能继续成功”树立了标杆，提供了依据。

一、总原则与具体原则相统一

关于总原则，习近平总书记指出：“党的百年奋斗历程波澜壮阔，时间跨度长，涉及范围广，需要研究的问题多。总的是要按照总结历史、把握规律、坚定信心、走向未来的要求，把党走过的光辉历程总结好，把党团结带领人民取得的辉煌成就总结好，把党推进革命、建设、改革的宝贵经验总结好，把党的十八大以来党和国家事业砥砺奋进的理论和实践总结好。”①

关于具体原则，习近平总书记强调了六个方面：“具体来说，就是要深入研究党领导人民进行革命、建设、改革的百年历程，全面总结党从胜利走向胜利的伟大历史进程、为国家和民族建立的伟大历史功绩；深入研究党坚持把马克思主义基本原理同中国具体实际相结合、同中华优秀传统文化相结合，不断推进马克思主义中国化的百年历程，深化对新时代党的创新理论的理解和掌握；深入研究党不断维护党的团结、维护党中央权威和集中统一领导的百年历程，深刻领悟加强党的政治建设这个马克思主义政党的鲜明特征和政治优势；深入研究党为中国人民谋幸福、为中华民族谋复兴的百年历程，深刻认识党同人民生死相依、休戚与共的血肉联系，更好为人民谋幸福、依靠人民创造历史伟业；深入研究党加强自身建设、推进自我革命的百年历程，增强全面从严治党永远在路上的坚定和执着，确保党在新时代坚持和发展中国特色社会主义的历史进程中始

① 中共中央关于党的百年奋斗重大成就和历史经验的决议. 北京：人民出版社，2021：78.

终成为坚强领导核心；深入研究历史发展规律和大势，始终掌握新时代新征程党和国家事业发展的历史主动，增强锚定既定奋斗目标、意气风发走向未来的勇气和力量。”①

以上这六个方面，分别涉及百年党史的六条重要线索，即中国共产党百年的伟大历史进程和伟大历史功绩，马克思主义中国化的百年历程和党的创新理论成果，不断维护党的团结、维护党中央权威和集中统一领导的百年历程，践行初心使命的百年历程，加强自身建设、推进自我革命的百年历程，百年历程蕴含的历史发展规律和大势。这也为新时代中共党史党建学科创新发展指明了主攻方向。

二、全面与重点相结合

聚焦总结党的百年奋斗重大成就和历史经验，是第三个历史决议最突出的特征。这一全面的特征，不仅体现在对百年党史四个时期的回顾和总结上，更集中体现在对“中国共产党百年奋斗的历史意义”和“中国共产党百年奋斗的历史经验”的总结概括上。

第三个历史决议在全面回顾总结党的百年奋斗历程和重大成就的基础上，以更宏阔的视角，总结党的百年奋斗的历史意义，并作出五条概括，即党的百年奋斗从根本上改变了中国人民的前途命运、开辟了实现中华民族伟大复兴的正确道路、展示了马克思主义的强大生命力、深刻影响了世界历史进程、锻造了走在时代前列的中国共产党，阐述了党对中国人民、对中华民族、对马克思主义、对人类进步事业、对马克思主义政党建设所作的历史性贡献。

这五条概括，既立足中华大地，又放眼人类未来，体现了中国

① 中共中央关于党的百年奋斗重大成就和历史经验的决议．北京：人民出版社，2021：78-79．

共产党和中国人民、中华民族的关系，体现了中国共产党和马克思主义、世界社会主义、人类社会发展的关系，贯通了中国共产党百年奋斗的历史逻辑、理论逻辑、实践逻辑，全面、深刻、系统反映了党对中国、对人类作出的历史性贡献。

第三个历史决议还概括了具有根本性和长远指导意义的十条历史经验，即坚持党的领导、坚持人民至上、坚持理论创新、坚持独立自主、坚持中国道路、坚持胸怀天下、坚持开拓创新、坚持敢于斗争、坚持统一战线、坚持自我革命。

这十条历史经验，贯通历史、现在、未来，是系统完整、相互贯通的有机整体，揭示了党和人民事业不断成功的根本保证，揭示了党始终立于不败之地的力量源泉，揭示了党始终掌握历史主动的根本原因，揭示了党永葆先进性和纯洁性、始终走在时代前列的根本途径，具有重大的历史意义和现实指导意义。

第三个历史决议突出中国特色社会主义新时代这个重点，重点总结新时代党和国家事业取得的历史性成就、发生的历史性变革和积累的新鲜经验。这是因为，对党在新民主主义革命时期、社会主义革命和建设时期、党的十一届三中全会到党的十一届六中全会期间的历史，前两个历史决议已经作过系统总结。对于改革开放和社会主义现代化建设新时期的成就和经验，党的十一届三中全会召开20周年、30周年时党中央都进行了认真总结，习近平总书记在庆祝改革开放40周年大会上发表的重要讲话也作了系统总结。因此，对党的十八大之前的历史时期，第三个历史决议要在已有总结和结论的基础上进行概述。突出中国特色社会主义新时代这个重点，有利于引导全党进一步坚定信心，聚焦我们正在做的事情，以更加昂扬的姿态迈进新征程、建功新时代。

三、继承与创新相结合

第三个历史决议是在前两个历史决议的基础上作出的。因此，在对重大事件、重要会议、重要人物的评价上，注重同党中央已有结论相衔接。对于党的十八大之前党的历史上的重大事件、重要会议、重要人物，前两个历史决议、党的一系列重要文献都有过大量论述，都郑重作过结论，第三个历史决议坚持这些基本论述和结论。

第三个历史决议又是在中国共产党成立100周年之际作出的。此时，距离第一个历史决议制定已经过去了76年，距离第二个历史决议制定也过去了40年。这些年来，党和国家事业大大向前发展了，党的理论和实践也大大向前发展了，中国特色社会主义进入了新时代。站在新的历史起点上，回顾过去，展望未来，全面总结党的百年奋斗重大成就和历史经验特别是改革开放40多年来的重大成就和历史经验，既有客观需要，也具备主观条件。

第三个历史决议注重充分吸收和体现党的十八大以来以习近平同志为核心的党中央的新理念新思想新论断，着重体现习近平总书记代表党中央在庆祝中国共产党成立95周年大会、庆祝中国人民解放军建军90周年大会、庆祝中华人民共和国成立70周年大会特别是庆祝中国共产党成立100周年大会等重要会议上，对党的历史作过的总结和论述，充分体现了党中央对党的百年奋斗的新认识。

第三个历史决议最鲜明的特点是实事求是、尊重历史，反映了党的百年奋斗的初心使命，符合历史事实；对重大事件、重要会议、重要人物的论述和评价，既同党的历史文献的既有论述和结论相衔接，又体现了党的十八大以来党中央关于党的历史的新认识，同党的前两个历史决议既一脉相承又与时俱进。

正因为很好地处理了以上关系，第三个历史决议成为新时代中国共产党人牢记初心使命、坚持和发展中国特色社会主义的政治宣言，成为以史为鉴、开创未来，实现中华民族伟大复兴的行动指南。

四、“九个必须”与“十个坚持”

“九个必须”，是习近平总书记在庆祝中国共产党成立100周年大会上对党的百年奋斗历史经验的科学总结。“十个坚持”，是第三个历史决议对党的百年奋斗历史经验的科学概括。

习近平总书记指出：“《决议》概括的‘十个坚持’的历史经验是相互贯通、相辅相成的整体，是百年来党领导人民艰辛探索、接续奋斗理论和实践的科学总结，必须倍加珍惜，毫不动摇坚持，与时俱进发展。要把这‘十个坚持’同我在庆祝中国共产党成立一百周年大会上的讲话提出的‘九个必须’等结合起来，一体学习理解、一体贯彻落实。”①

学习党的百年奋斗历史经验，重点是深化对党的十八大以来一系列重大理论成果、实践成果、制度成果的把握。“这些重要成果，体现在《决议》概括的‘十个明确’上，体现在《决议》作出的新时代党和国家事业13个方面重大成就的重要论述上，也体现在《决议》对中国共产党百年奋斗的历史意义、中国共产党百年奋斗的历史经验、新时代的中国共产党的阐述上。要贯通起来领会把握，不断提高政治判断力、政治领悟力、政治执行力，在新时代更好坚持和发展中国特色社会主义。”②

---

① 习近平. 以史为鉴、开创未来 埋头苦干、勇毅前行. 求是，2022（1）.
② 习近平. 以史为鉴、开创未来 埋头苦干、勇毅前行. 求是，2022（1）.

总结历史，是为了开辟未来，从历史进程中洞察历史发展规律和时代发展大势，提高认识水平和辨别能力，增强锚定既定奋斗目标、意气风发走向未来的勇气和力量，更加清醒、更加坚定地办好当前的事情。

——把党的百年奋斗历史经验作为正确判断形势、科学预见未来、把握历史主动的重要思想武器，更好观察时代、把握时代、引领时代。

——把党的百年奋斗历史经验作为判断重大政治是非的重要依据，在方向性、原则性问题上自觉对标对表。

——把党的百年奋斗历史经验作为想问题、作决策、办事情的重要遵循，善于从历史经验中增强赢得主动、赢得优势、赢得未来的定力、魄力、能力。

——把党的百年奋斗历史经验作为加强党性修养的重要指引，善于运用贯穿其中的马克思主义立场、观点、方法，改造主观世界，坚定理想信念，不断提高广大党员、干部特别是领导干部的政治觉悟、思想境界、道德水平。

——把党的百年奋斗历史经验作为保持党的团结统一的强大动力。牢牢把握“国之大者”，深刻领悟“两个确立”的决定性意义，增强“四个意识”、坚定“四个自信”、做到“两个维护”，不断增强维护党中央集中统一领导的思想自觉、政治自觉、行动自觉。

五、“五个必由之路”

第三个历史决议作出后，习近平总书记对党的历史决议的思考和总结还在继续。2022 年 3 月 5 日，他在参加十三届全国人大五次会议内蒙古代表团审议时，提出了“五个必由之路”的新概括①。

习近平在讲话中强调，回顾新时代党和人民奋进历程，我们更加坚定了以下重要认识。

一是坚持党的全面领导是坚持和发展中国特色社会主义的必由之路。只要坚定不移坚持党的全面领导、维护党中央权威和集中统一领导，我们就一定能够确保全党全国拥有团结奋斗的强大政治凝聚力、发展自信心，集聚起守正创新、共克时艰的强大力量，形成风雨来袭时全体人民最可靠的主心骨。

二是中国特色社会主义是实现中华民族伟大复兴的必由之路。只要始终不渝走中国特色社会主义道路，我们就一定能够不断实现人民对美好生活的向往，不断推进全体人民共同富裕。

三是团结奋斗是中国人民创造历史伟业的必由之路。只要在党的领导下全国各族人民团结一心、众志成城，敢于斗争、善于斗争，我们就一定能够战胜前进道路上的一切困难挑战，继续创造令人刮目相看的新的奇迹。

四是贯彻新发展理念是新时代我国发展壮大的必由之路。只要完整、准确、全面贯彻新发展理念，加快构建新发展格局，推动高质量发展，加快实现科技自立自强，我们就一定能够不断提高我国发展的竞争力和持续力，在日趋激烈的国际竞争中把握主动、赢得未来。

五是全面从严治党是党永葆生机活力、走好新的赶考之路的必由之路。办好中国的事情，关键在党、关键在全面从严治党。只要大力弘扬伟大建党精神，不忘初心使命，勇于自我革命，不断清除

---

① 习近平在参加内蒙古代表团审议时强调 不断巩固中华民族共同体思想基础 共同建设伟大祖国 共同创造美好生活. 人民日报，2022-03-06（1）.

一切损害党的先进性和纯洁性的有害因素，不断清除一切侵蚀党的健康肌体的病原体，我们就一定能够确保党不变质、不变色、不变味。

这“五个必由之路”的概括，是对“九个必须”和“十个坚持”的进一步凝练与升华。

（作者单位：中国史学会）

第三章
习近平总书记关于党的建设的重要思想

李　捷

党的十八大以来，以习近平同志为核心的党中央旗帜鲜明地提出“打铁还需自身硬”，全面从严治党的政治引领和政治保障作用得到充分发挥，党的自我净化、自我完善、自我革新、自我提高能力显著增强，管党治党宽松软状况得到根本扭转，反腐败斗争取得压倒性胜利并全面巩固，消除了党、国家、军队内部存在的严重隐患，党在革命性锻造中更加坚强，党中央权威和集中统一领导得到有力保证，党的领导制度体系不断完善，党的领导方式更加科学，全党思想上更加统一、政治上更加团结、行动上更加一致，党的政治领导力、思想引领力、群众组织力、社会号召力显著增强，形成了独特的习近平总书记关于党的建设的重要思想。

第一节 关于坚持和加强党的全面领导

党的领导是党和国家的根本所在、命脉所在，是全国各族人民的利益所系、命运所系，全党必须自觉在思想上政治上行动上同党中央保持高度一致，提高科学执政、民主执政、依法执政水平，提高把方向、谋大局、定政策、促改革的能力，确保充分发挥党总揽全局、协调各方的领导核心作用。

一、中国共产党是领导我们事业的核心力量

办好中国的事情，关键在党。习近平总书记指出：“中华民族近代以来180多年的历史、中国共产党成立以来100年的历史、中华人民共和国成立以来70多年的历史都充分证明，没有中国共产党，就没有新中国，就没有中华民族伟大复兴。”①

中国共产党是领导我们事业的核心力量。历史和人民选择了中国共产党。中国人民和中华民族之所以能够扭转近代以后的历史命运、取得今天的伟大成就，最根本的是有中国共产党的坚强领导。治理好我们这个世界上最大的政党和人口众多的国家，必须坚持党的全面领导特别是党中央集中统一领导，坚持民主集中制，确保党始终总揽全局、协调各方。只要我们坚持党的全面领导不动摇，坚决维护党的核心和党中央权威，充分发挥党的领导政治优势，把党的领导落实到党和国家事业各领域各方面各环节，就一定能够确保

---

① 习近平．在庆祝中国共产党成立100周年大会上的讲话．北京：人民出版社，2021：10-11.

全党全军全国各族人民团结一致向前进。

二、中国特色社会主义最本质的特征

中国特色社会主义最本质的特征是中国共产党领导，中国特色社会主义制度的最大优势是中国共产党领导，中国共产党是最高政治领导力量，是实现中华民族伟大复兴的根本保证。没有党的领导，民族复兴必然是空想。党政军民学，东西南北中，党是领导一切的。正如习近平总书记所说："中国最大的国情就是中国共产党的领导。什么是中国特色？这就是中国特色。中国共产党领导的制度是我们自己的，不是从哪里克隆来的，也不是亦步亦趋效仿别人的。"[①]

在新时代，中国共产党确立习近平总书记党中央的核心、全党的核心地位，确立习近平新时代中国特色社会主义思想的指导地位，反映了全党全军全国各族人民的共同心愿，对新时代党和国家事业发展、对推进中华民族伟大复兴历史进程具有决定性意义。

中国共产党始终坚持大团结大联合，团结一切可以团结的力量，调动一切可以调动的积极因素，促进政党关系、民族关系、宗教关系、阶层关系、海内外同胞关系和谐，最大限度凝聚起共同奋斗的力量。建立最广泛的统一战线，是党克敌制胜的重要法宝，也是党执政兴国的重要法宝。只要我们不断巩固和发展各民族大团结、全国人民大团结、全体中华儿女大团结，铸牢中华民族共同体意识，形成海内外全体中华儿女心往一处想、劲往一处使的生动局面，就一定能够汇聚起实现中华民族伟大复兴的磅礴伟力。

---

① 习近平. 毫不动摇坚持和加强党的全面领导. 求是，2021（18）.

三、中国共产党领导必须是全面的系统的整体的

习近平总书记指出："党的领导必须是全面的、系统的、整体的，必须体现到经济建设、政治建设、文化建设、社会建设、生态文明建设和国防军队、祖国统一、外交工作、党的建设等各方面。哪个领域、哪个方面、哪个环节缺失了弱化了，都会削弱党的力量，损害党和国家事业。"①

坚持和加强党的全面领导，既是深化党和国家机构改革的内在要求，也是深化党和国家机构改革的重要任务，是贯穿改革全过程的政治主题。党和国家大政方针的决定权在党中央，必须以实际行动维护党中央一锤定音、定于一尊的权威。党的任何组织和成员，都要服从党中央集中统一领导。凡属部门和地方职权范围内的工作部署，都要以坚决贯彻党中央决策部署为前提，做到令行禁止。

坚持和加强党的全面领导，必须完善坚定维护党中央权威和集中统一领导的各项制度。推动全党增强"四个意识"、坚定"四个自信"、做到"两个维护"，自觉在思想上政治上行动上同以习近平同志为核心的党中央保持高度一致，坚决把维护习近平总书记党中央的核心、全党的核心地位落到实处。健全党中央对重大工作的领导体制，强化党中央决策议事协调机构职能作用，完善推动党中央重大决策落实机制，严格执行向党中央请示报告制度，确保令行禁止。健全维护党的集中统一的组织制度，形成党的中央组织、地方组织、基层组织上下贯通、执行有力的严密体系，实现党的组织和党的工作全覆盖。

---

① 中共中央党史和文献研究院. 十九大以来重要文献选编：上. 北京：中央文献出版社，2019：275-276.

坚持和加强党的全面领导，必须健全党的全面领导制度。完善党领导人大、政府、政协、监察机关、审判机关、检察机关、武装力量、人民团体、企事业单位、基层群众自治组织、社会组织等制度，健全各级党委（党组）工作制度，确保党在各种组织中发挥领导作用。完善党领导各项事业的具体制度，把党的领导落实到统筹推进“五位一体”总体布局、协调推进“四个全面”战略布局各方面。完善党和国家机构职能体系，把党的领导贯彻到党和国家所有机构履行职责全过程，推动各方面协调行动、增强合力。

坚持和加强党的全面领导，必须处理好党政关系。首先要坚持党的领导，在这个大前提下才是各有分工，而且无论怎么分工，出发点和落脚点都是坚持和完善党的领导。中国共产党是执政党，党的领导地位和执政地位是紧密联系在一起的。党的集中统一领导权力是不可分割的。不能简单讲党政分开或党政合一，而是要适应不同领域特点和基础条件，不断改进和完善党的领导方式和执政方式。

强调坚持党中央权威和集中统一领导，不是说不要民主集中制了，不要发扬党内民主，把这两者对立起来是不对的。民主集中制是党的根本组织原则，党内民主是党的生命，发扬党内民主和实行集中统一领导是一致的，并不矛盾。我们党实行的民主集中制，是又有集中又有民主、又有纪律又有自由、又有统一意志又有个人心情舒畅生动活泼的制度，是民主和集中紧密结合的制度。十八大以来，党中央高度重视发展党内民主、集思广益。党的代表大会报告、党的全会文件、党的重要文件和重大决策、重大改革发展举措、部门重要工作文件等，都要在党内一定范围征求意见，有些还要反复征求意见，有时征求意见范围包括全部省区市，有时征求意见范围包括几十家中央和国家机关部门。党中央审议重大决策时都要求报告征求意见的情况，同意的要报告，不同意的也要报告。这些制度化、规范化的程序，党中央严格遵守。我们这么大一个党、这么大一个国家，如果没有党中央定于一尊的权威，如果党中央决定了的事都不去照办，还是各说各的话、各做各的事，那就什么事情也办不成了。在充分发扬民主的基础上进行集中，坚持党中央权威和集中统一领导，集中全党智慧，体现全党共同意志，是我们党的一大创举，也是中国共产党领导和我国社会主义制度的优势所在。这样做，既有利于做到科学决策、民主决策、依法决策，避免发生重大失误甚至颠覆性错误；又有利于克服分散主义、本位主义，避免议而不决、决而不行，形成推进党和国家事业发展的强大合力。

四、统揽伟大斗争伟大工程伟大事业伟大梦想

要用新时代党的建设新的伟大工程统揽伟大斗争、伟大事业、伟大梦想。习近平总书记指出："推进伟大工程，要结合伟大斗争、伟大事业、伟大梦想的实践来进行，确保党在世界形势深刻变化的历史进程中始终走在时代前列，在应对国内外各种风险和考验的历史进程中始终成为全国人民的主心骨，在坚持和发展中国特色社会主义的历史进程中始终成为坚强领导核心。"①

实现伟大梦想，必须进行伟大斗争。这个伟大斗争，就是我们党正在深入进行的具有许多新的历史特点的伟大斗争。社会是在矛盾运动中前进的，有矛盾就会有斗争。我们党要团结带领人民有效应对重大挑战、抵御重大风险、克服重大阻力、解决重大矛盾，必须进行具有许多新的历史特点的伟大斗争，任何贪图享受、消极懈怠、回避矛盾的思想和行为都是错误的。全党要更加自觉地坚持党

① 习近平. 习近平谈治国理政：第3卷. 北京：外文出版社，2020：14.

的领导和我国社会主义制度，坚决反对一切削弱、歪曲、否定党的领导和我国社会主义制度的言行；更加自觉地维护人民利益，坚决反对一切损害人民利益、脱离群众的行为；更加自觉地投身改革创新时代潮流，坚决破除一切顽瘴痼疾；更加自觉地维护我国主权、安全、发展利益，坚决反对一切分裂祖国、破坏民族团结和社会和谐稳定的行为；更加自觉地防范各种风险，坚决战胜一切在政治、经济、文化、社会等领域和自然界出现的困难和挑战。全党要充分认识这场伟大斗争的长期性、复杂性、艰巨性，发扬斗争精神，提高斗争本领，不断夺取伟大斗争新胜利。要牢牢掌握斗争主动权，发扬斗争精神、增强斗争本领，敢于斗争、善于斗争，在事关中国特色社会主义前途命运的大是大非问题上坚定不移，在改革发展稳定工作中敢于碰硬，在全面从严治党上敢于动硬，在维护国家核心利益上敢于针锋相对，不在困难面前低头，不在挑战面前退缩，不拿原则做交易，不在任何压力下吞下损害中华民族根本利益的苦果。

实现伟大梦想，必须建设伟大工程。这个伟大工程，就是我们党正在深入推进的党的建设新的伟大工程。历史已经并将继续证明，没有中国共产党的领导，民族复兴必然是空想。我们党要始终成为时代先锋、民族脊梁，始终成为马克思主义执政党，自身必须始终过硬。全党要更加自觉地坚定党性原则，勇于直面问题，敢于刮骨疗毒，消除一切损害党的先进性和纯洁性的因素，清除一切侵蚀党的健康肌体的病毒，不断增强党的政治领导力、思想引领力、群众组织力、社会号召力，确保我们党永葆旺盛生命力和强大战斗力，确保党在世界形势深刻变化的历史进程中始终走在时代前列，在应对国内外各种风险和考验的历史进程中始终成为全国人民的主心骨，在坚持和发展中国特色社会主义的历史进程中始终成为坚强领导核心。

实现伟大梦想，必须推进伟大事业。这个伟大事业，就是我们党正在深入推进的中国特色社会主义伟大事业。中国特色社会主义是改革开放以来党的全部理论和实践的主题，是党和人民历尽千辛万苦、付出巨大代价取得的根本成就。中国特色社会主义不是从天上掉下来的，而是在改革开放 40 多年的伟大实践中得来的，是在中华人民共和国成立 70 多年的持续探索中得来的，是在我们党领导人民进行伟大社会革命 100 多年的实践中得来的，是在近代以来中华民族由衰到盛 180 多年的历史进程中得来的，是从中华文明 5 000 多年的传承发展中得来的，是党和人民历经千辛万苦、付出各种代价取得的宝贵成果。得到这个成果极不容易，它从根本上改变了中国人民和中华民族的前途命运，不可逆转地结束了近代以后中国内忧外患、积贫积弱的悲惨命运，不可逆转地开启了中华民族不断发展壮大、走向伟大复兴的历史进程。中国特色社会主义道路是实现社会主义现代化、创造人民美好生活的必由之路，中国特色社会主义理论体系是指导党和人民实现中华民族伟大复兴的正确理论，中国特色社会主义制度是当代中国发展进步的根本制度保障，中国特色社会主义文化是激励全党全国各族人民奋勇前进的强大精神力量。必须认识到，我国当前所处的新时代，是中国特色社会主义新时代，而不是别的什么新时代。党要在新的历史方位上实现新时代党的历史使命，最根本的就是要高举中国特色社会主义伟大旗帜。全党要更加自觉地增强道路自信、理论自信、制度自信、文化自信，既不走封闭僵化的老路，也不走改旗易帜的邪路，保持政治定力，坚持实干兴邦，始终坚持和发展中国特色社会主义。

伟大斗争、伟大工程、伟大事业、伟大梦想，紧密联系、相互贯通、相互作用，其中起决定性作用的是党的建设新的伟大工程。党的建设新的伟大工程，是引领伟大斗争、伟大事业，最终实现伟大梦想的根本保证。全面从严治党，必须坚持和加强党的全面领导。坚持党的领导，最根本的是要坚持党中央权威和集中统一领导。我们要乘势而上，牢牢把握加强党的长期执政能力建设、先进性和纯洁性建设这条主线，发挥标本兼治综合效应，确保党成为始终走在时代前列、人民衷心拥护、勇于自我革命、经得起各种风浪考验、朝气蓬勃的马克思主义执政党。

第二节 关于全面从严治党

党的十八大以来，以习近平同志为核心的党中央把全面从严治党纳入“四个全面”战略布局，坚持真管真严、敢管敢严、长管长严，坚持思想从严、执纪从严、治吏从严、作风从严、反腐从严，保持战略定力，拿出恒心韧劲，落实管党治党责任，不断推动全面从严治党向纵深发展。

一、全面从严治党永远在路上

治国必先治党，治党务必从严。打铁必须自身硬，办好中国的事情，关键在党，关键在党要管党、全面从严治党。习近平总书记指出：“全面从严治党，核心是加强党的领导，基础在全面，关键在严，要害在治。”① “全面”就是管全党、治全党，面向全体党员、党组织，覆盖党的建设各个领域、各个方面、各个部门，重点是抓住“关键少数”。“严”就是真管真严、敢管敢严、长管长严。“治”就

① 习近平. 在第十八届中央纪律检查委员会第六次全体会议上的讲话. 北京：人民出版社，2016：16.

是从党中央到省市县党委，从中央部委、国家机关部门党组（党委）到基层党支部，都要肩负起主体责任，党委书记要把抓好党建当作分内之事、必须担当的职责；各级纪委要担负起监督责任，敢于瞪眼黑脸，勇于执纪问责。

全面从严治党，既需要全方位用劲，也需要重点发力。加强和规范党内政治生活、加强党内监督就是重点发力的抓手。严肃党内政治生活是全面从严治党的基础。党要管党，首先要从党内政治生活管起；从严治党，首先要从党内政治生活严起。党的执政地位，决定了党内监督在党和国家各种监督形式中是最基本的、第一位的。只有以党内监督带动其他监督、完善监督体系，才能为全面从严治党提供有力制度保障。

针对“七个有之”的问题，即搞任人唯亲、排斥异己的有之，搞团团伙伙、拉帮结派的有之，搞匿名诬告、制造谣言的有之，搞收买人心、拉动选票的有之，搞封官许愿、弹冠相庆的有之，搞自行其是、阳奉阴违的有之，搞尾大不掉、妄议中央的也有之，党以永远在路上的清醒和坚定，坚持严的主基调，突出抓住“关键少数”，落实主体责任和监督责任，强化监督执纪问责，把全面从严治党贯穿党的建设各方面，打出一套全面从严治党的组合拳。

一是抓思想从严，坚持用马克思主义中国化最新成果武装头脑、凝心聚魂，用理想信念和党性教育固本培元、补钙壮骨，着力教育引导全党坚定理想、坚定信念，增强中国特色社会主义道路自信、理论自信、制度自信、文化自信。

二是抓管党从严，坚持和落实党的领导，引导全党增强政治意识、大局意识、核心意识、看齐意识，着力落实管党治党责任，不断增强各级党组织管党治党意识和能力。

三是抓执纪从严，坚持把纪律挺在前面，严明党的政治纪律和政治规矩，着力推动全党牢记“五个必须”、防止“七个有之”，保证全党团结统一、步调一致。

四是抓治吏从严，坚持正确用人导向，深化干部人事制度改革，破解“四唯”难题，着力整治用人上的不正之风，优化选人用人环境。

五是抓作风从严，坚持以上率下，锲而不舍、扭住不放，着力解决许多过去被认为解决不了的问题，推动党风政风不断好转。

六是抓反腐从严，坚持以零容忍态度惩治腐败，“老虎”“苍蝇”一起打，着力扎紧制度的笼子，有效遏制腐败蔓延势头。

经过几年努力，全面从严治党取得重要阶段性成果，反腐败斗争压倒性态势已经形成并巩固发展，为党和国家事业发展积聚了强大正能量。这充分表明，党中央作出全面从严治党的战略抉择是完全正确的，是深得党心民心的。

全面从严治党永远在路上，不能有任何喘口气、歇歇脚的念头。必须始终保持思想上的冷静清醒、增强行动上的勇毅执着，坚定全面从严的政治自觉，不断推动全面从严治党向纵深发展。

二、从人民群众反映强烈的作风问题抓起

中国共产党来自人民、植根人民、服务人民，一旦脱离群众就会失去生命力，全面从严治党必须从人民群众反映强烈的作风问题抓起。党中央从制定和落实中央八项规定破题，坚持从中央政治局做起、从领导干部抓起，以上率下改进工作作风。中央政治局每年召开民主生活会，听取贯彻执行八项规定情况汇报，开展批评和自我批评。以习近平同志为核心的党中央发扬钉钉子精神，持之以恒纠治“四风”，反对特权思想和特权现象，狠刹公款送礼、公款吃

喝、公款旅游、奢侈浪费等不正之风，解决群众反映强烈、损害群众利益的突出问题，推进基层减负，倡导勤俭节约、反对铺张浪费，刹住了一些过去被认为不可能刹住的歪风，纠治了一些多年未除的顽瘴痼疾，党风政风和社会风气为之一新。

打“老虎”也得拍“苍蝇”。“微腐败”也可能成为“大祸害”，它损害的是老百姓的切身利益，啃食的是群众获得感，挥霍的是基层群众对党的信任。对基层贪腐以及执法不公等问题，要认真纠正和严肃查处，维护群众切身利益，让群众更多感受到反腐倡廉的实际成果。

推动全面从严治党向基层延伸。基层干部队伍主流是好的，但在一些地方、部门、单位，基层干部不正之风和腐败问题还易发多发、量大面广。有的搞雁过拔毛，挖空心思虚报冒领、克扣甚至侵占惠农专项资金、扶贫资金；有的在救济、补助上搞优亲厚友、吃拿卡要；有的高高在上，漠视群众疾苦，形式主义、官僚主义严重；有的执法不公，甚至成为家族势力、黑恶势力的代言人，横行乡里、欺压百姓。以习近平同志为核心的党中央加强对惠民利民、安民富民各项政策落实情况的监督，集中纠治教育医疗、养老社保、生态环保、安全生产、食品药品安全等领域群众反映强烈的突出问题，巩固深化扫黑除恶专项斗争、政法队伍教育整顿成果，让群众从一个个具体问题的解决中切实感受到公平正义。

三、推进管党治党实践创新理论创新制度创新

十年磨一剑。以习近平同志为核心的党中央把全面从严治党纳入“四个全面”战略布局，以前所未有的勇气和定力推进党风廉政建设和反腐败斗争，刹住了一些多年未刹住的歪风邪气，解决了许

多长期没有解决的顽瘴痼疾，清除了党、国家、军队内部存在的严重隐患，管党治党宽松软状况得到根本扭转，探索出依靠党的自我革命跳出历史周期率的成功路径。党的十八大以来，全面从严治党取得了历史性、开创性成就，产生了全方位、深层次影响，必须长期坚持、不断前进。

党的十八大以来，中国共产党继承和发展马克思主义建党学说，总结运用党的百年奋斗历史经验，深入推进管党治党实践创新、理论创新、制度创新，对建设什么样的长期执政的马克思主义政党、怎样建设长期执政的马克思主义政党的规律性认识达到新的高度。这就是坚持党中央集中统一领导，坚持党要管党、全面从严治党，坚持以党的政治建设为统领，坚持严的主基调不动摇，坚持发扬钉钉子精神加强作风建设，坚持以零容忍态度惩治腐败，坚持纠正一切损害群众利益的腐败和不正之风，坚持抓住"关键少数"以上率下，坚持完善党和国家监督制度，形成全面覆盖、常态长效的监督合力①。

第三节　关于新时代党的建设总要求

扎实推进新时代党的建设新的伟大工程，必须有顶层设计，必须有规划、有部署、有战略布局。以习近平同志为核心的党中央高度重视做好新时代党的建设伟大工程的顶层设计，习近平总书记亲自谋划、亲自设计、亲自推进。

---

① 习近平在十九届中央纪委六次全会上发表重要讲话强调 坚持严的主基调不动摇 坚持不懈把全面从严治党向纵深推进. 人民日报，2022-01-19 (1).

一、明确新时代党的建设总要求

2022 年 10 月党的二十大报告充分肯定了党的十八大以来全面从严治党的历史性成就和历史性变革，指出：“经过十八大以来全面从严治党，我们解决了党内许多突出问题，但党面临的执政考验、改革开放考验、市场经济考验、外部环境考验将长期存在，精神懈怠危险、能力不足危险、脱离群众危险、消极腐败危险将长期存在。全党必须牢记，全面从严治党永远在路上，党的自我革命永远在路上，决不能有松劲歇脚、疲劳厌战的情绪，必须持之以恒推进全面从严治党，深入推进新时代党的建设新的伟大工程，以党的自我革命引领社会革命。”①

党的二十大报告还提出一个重大时代课题，指出：“全面建设社会主义现代化国家、全面推进中华民族伟大复兴，关键在党。我们党作为世界上最大的马克思主义执政党，要始终赢得人民拥护、巩固长期执政地位，必须时刻保持解决大党独有难题的清醒和坚定。”②同时要求全党“落实新时代党的建设总要求，健全全面从严治党体系，全面推进党的自我净化、自我完善、自我革新、自我提高，使我们党坚守初心使命，始终成为中国特色社会主义事业的坚强领导核心”。③

新时代党的建设总要求，是在 2017 年 10 月党的十九大报告里完整提出的。党的十九大报告指出：“新时代党的建设总要求是：坚持和加强党的全面领导，坚持党要管党、全面从严治党，以加强党

---

① 习近平．习近平著作选读：第 1 卷．北京：人民出版社，2023：52.

② 习近平．习近平著作选读：第 1 卷．北京：人民出版社，2023：52.

③ 习近平．习近平著作选读：第 1 卷．北京：人民出版社，2023：52.

的长期执政能力建设、先进性和纯洁性建设为主线，以党的政治建设为统领，以坚定理想信念宗旨为根基，以调动全党积极性、主动性、创造性为着力点，全面推进党的政治建设、思想建设、组织建设、作风建设、纪律建设，把制度建设贯穿其中，深入推进反腐败斗争，不断提高党的建设质量，把党建设成为始终走在时代前列、人民衷心拥护、勇于自我革命、经得起各种风浪考验、朝气蓬勃的马克思主义执政党。”①

党的二十大报告根据新的形势，对贯彻落实新时代党的建设新的伟大工程总要求作出新部署。这七个方面的新部署包括：坚持和加强党中央集中统一领导，坚持不懈用新时代中国特色社会主义思想凝心铸魂，完善党的自我革命制度规范体系，建设堪当民族复兴重任的高素质干部队伍，增强党组织政治功能和组织功能，坚持以严的基调强化正风肃纪，坚决打赢反腐败斗争攻坚战持久战。

新时代党的建设总要求，充分体现了全面从严治党的根本要求。中国特色社会主义进入新时代，对全面从严治党提出了更高要求。全党要清醒认识到，我们党面临的执政环境是复杂的，影响党的先进性、弱化党的纯洁性的因素也是复杂的，党内存在的思想不纯、组织不纯、作风不纯等突出问题尚未得到根本解决。要深刻认识党面临的执政考验、改革开放考验、市场经济考验、外部环境考验的长期性和复杂性，深刻认识党面临的精神懈怠危险、能力不足危险、脱离群众危险、消极腐败危险的尖锐性和严峻性，坚持问题导向，保持战略定力，推动全面从严治党向纵深发展。

新时代党的建设总要求，充分体现了中国共产党的初心和使命。党的初心和使命是党的性质宗旨、理想信念、奋斗目标的集中体现，

---

① 习近平. 习近平谈治国理政：第3卷. 北京：外文出版社，2020：48.

激励着我们党永远坚守，砥砺着我们党坚毅前行。不忘初心、牢记使命，必须作为加强党的建设的永恒课题和全体党员、干部的终身课题常抓不懈。不忘初心，牢记使命，就不要忘记我们是共产党人，我们是革命者，不要丧失了革命精神。时代是出卷人，我们是答卷人，人民是阅卷人。要实现党和国家兴旺发达、长治久安，全党同志必须保持革命精神、革命斗志，勇于把我们党领导人民进行的伟大社会革命继续推进下去，决不能因为胜利而骄傲，决不能因为成就而懈怠，决不能因为困难而退缩，努力使中国特色社会主义展现更加强大、更有说服力的真理力量。

新时代党的建设总要求，充分体现了中国共产党人在新时代的使命担当和“我将无我，不负人民”的英雄气概。当今世界正经历百年未有之大变局，我国正处于实现中华民族伟大复兴关键时期，我们党正带领人民进行具有许多新的历史特点的伟大斗争，形势环境变化之快、改革发展稳定任务之重、矛盾风险挑战之多、对我们党治国理政考验之大前所未有。中国共产党作为百年大党，要始终得到人民拥护和支持，书写中华民族千秋伟业，必须始终保持党的性质和宗旨，必须坚决清除一切弱化党的先进性、损害党的纯洁性的因素，坚决割除一切滋生在党的肌体上的毒瘤，坚决防范一切违背初心和使命、动摇党的根基的危险。

新时代党的建设总要求，强调不断提高党的建设质量。提高党的建设质量，是党的十九大总结实践经验、顺应新时代党的建设总要求提出的重大课题，是着眼于永葆党的先进性和纯洁性提出来的，是新时代党的建设必须努力达到的要求。提高党的建设质量，是一个系统工程，包括要提高发展党员质量、提高教育实践活动质量、提高选人用人质量、提高党内政治生活质量、提高人才培养质量、提高党的制度建设质量等。提高党的建设质量，既要坚持和发扬我们党加强自身建设形成的优良传统和成功经验，又要根据党的建设面临的新情况新问题大力推进改革创新，用新的思路、举措、办法解决新的矛盾和问题。

新时代党的建设总要求，强调时刻保持解决大党独有难题的清醒和坚定，把党的伟大自我革命进行到底。党的二十大深刻总结全面从严治党十年磨一剑的历史性成就，进一步要求全党时刻保持解决大党独有难题的清醒和坚定。这是我们党从所处的历史方位、肩负的使命任务、面临的复杂环境出发，深刻把握党的根本性质和党情发展变化，对新时代新征程全面从严治党提出的新的重大命题。这个命题揭示了一个道理：中国共产党作为在马克思主义建党学说指导下、按照民主集中制原则建立起来的世界最大政党，在人口众多的国家长期执政，既有办大事、建伟业的巨大优势，也面临治党治国的特殊难题。这些治党治国的特殊难题包括：如何始终不忘初心、牢记使命，如何始终统一思想、统一意志、统一行动，如何始终具备强大的执政能力和领导水平，如何始终保持干事创业精神状态，如何始终能够及时发现和解决自身存在的问题，如何始终保持风清气正的政治生态，等等。解决好上述难题，是实现新时代新征程党的使命任务必须迈过的一道坎，是全面从严治党适应新形势新要求必须啃下的硬骨头。解决大党独有难题必然是一个长期而艰巨的过程，这就决定了全面从严治党永远在路上，党的自我革命永远在路上。这也决定了，一定要把全面从严治党作为党的长期战略、永恒课题，坚决摒弃权宜之计、一时之举的思想，坚决克服松劲歇脚、疲劳厌战的情绪，坚决防止转变风向、降调变调的错误期待，始终坚持问题导向，保持战略定力，发扬彻底的自我革命精神，永远吹冲锋号，把严的基调、严的措施、严的氛围长期坚持下去，把党的伟大自我革命进行到底。

二、以党的政治建设为统领

党的十九大报告旗帜鲜明地把党的政治建设摆在首位，并强调要以党的政治建设为统领。任何政党都有政治属性，都有自己的政治使命、政治目标、政治追求。马克思主义政党具有崇高政治理想、高尚政治追求、纯洁政治品质、严明政治纪律。旗帜鲜明讲政治是中国共产党作为马克思主义政党的根本要求。党的政治建设是党的根本性建设，决定党的建设方向和效果。如果马克思主义政党政治上的先进性丧失了，党的先进性和纯洁性就无从谈起。这就是把党的政治建设作为党的根本性建设的道理所在。

习近平总书记指出："党的政治建设是一个永恒课题，来不得半点松懈。"[①] "党的政治建设决定党的建设方向和效果，不抓党的政治建设或背离党的政治建设指引的方向，党的其他建设就难以取得预期成效。"[②] 要以政治建设为统领，把党的政治建设摆在首位。保证全党服从中央，坚持党中央权威和集中统一领导，是党的政治建设的首要任务。全党要坚定执行党的政治路线，严格遵守政治纪律和政治规矩，在政治立场、政治方向、政治原则、政治道路上同党中央保持高度一致。要尊崇党章，严格执行新形势下党内政治生活若干准则，增强党内政治生活的政治性、时代性、原则性、战斗性，自觉抵制商品交换原则对党内生活的侵蚀，营造风清气正的良好政治生态。

加强党的政治建设，必须把维护党中央权威和集中统一领导作

① 中共中央党史和文献研究院. 十九大以来重要文献选编：上. 北京：中央文献出版社，2019：535.

② 中共中央党史和文献研究院. 十九大以来重要文献选编：上. 北京：中央文献出版社，2019：536.

为首要任务。实践再次证明，重大历史关头，重大考验面前，领导力是最关键的条件，党中央的判断力、决策力、行动力具有决定性作用。坚决维护习近平总书记党中央的核心、全党的核心地位，坚决维护党中央权威和集中统一领导，是不断夺取全面建设社会主义现代化国家新胜利的根本保证。越是形势复杂、任务艰巨，越要坚持党的全面领导和党中央集中统一领导。只有站在政治高度上看，对党中央的大政方针和决策部署才能领会更透彻，工作起来才能更有预见性和主动性。

古往今来，世界上的大国崩溃或者衰败，其中一个普遍的原因就是中央权威丧失、国家无法集中统一。1903 年，在俄国社会民主工党第二次代表大会上，列宁和马尔托夫针对党的组织问题产生了意见分歧。马尔托夫主张实行“自治制”，认为党员可以不参加党的组织，这实际上是想建立一个“党员俱乐部”。列宁则主张党员必须参加党的组织，并按照地方服从中央、下级服从上级、少数服从多数的原则来建党。对此，孟什维克攻击列宁是实行“专制主义”作风。1904 年，列宁在《进一步，退两步》中指出，组织上的机会主义“就是力图削弱知识分子对于无产阶级政党的责任，削弱中央机关的影响，加强党内最不坚定分子的自治”①。列宁认为，党应该具有严密的组织、统一的意志和行动，只有按照集中制原则建立起来的党才是一个真正钢铁般的组织。无产阶级之所以不可战胜就是“因为它根据马克思主义原则形成的思想一致是用组织的物质统一来巩固的”②。1920 年，列宁在《共产主义运动中的“左派”幼稚病》中强调：“无产阶级实现无条件的集中和极严格的纪律，是战胜资产

① 列宁．列宁全集：第 8 卷．2 版．北京：人民出版社，1986：367.

② 列宁．列宁专题文集：论无产阶级政党．北京：人民出版社，2009：158.

阶级的基本条件之一。”①

中国共产党要始终做到不忘初心、牢记使命，把党和人民事业长长久久推进下去，必须增强政治意识，善于从政治上看问题，善于把握政治大局，不断提高政治判断力、政治领悟力、政治执行力。党领导人民治国理政，最重要的就是坚持正确政治方向，始终保持我们党的政治本色，始终沿着中国特色社会主义道路前进。要善于从政治上观察和处理问题，使讲政治的要求从外部要求转化为内在主动。各级领导干部特别是高级领导干部要不断提高政治判断力、政治领悟力、政治执行力，对“国之大者”了然于胸，把贯彻党中央精神体现到谋划重大战略、制定重大政策、部署重大任务、推进重大工作的实践中去，经常对表对标，及时校准偏差。

讲政治必须提高政治判断力。我们党领导人民进行革命、建设、改革的历史进程反复证明了一个道理：政治上的主动是最有利的主动，政治上的被动是最危险的被动。提高政治判断力，就要以国家政治安全为大、以人民为重、以坚持和发展中国特色社会主义为本，增强科学把握形势变化、精准识别现象本质、清醒明辨行为是非、有效抵御风险挑战的能力。要善于思考涉及党和国家工作大局的根本性、全局性、长远性问题，加强战略性、系统性、前瞻性研究谋划，做到在重大问题和关键环节上头脑特别清醒、眼睛特别明亮，善于从一般事务中发现政治问题，善于从倾向性、苗头性问题中发现政治端倪，善于从错综复杂的矛盾关系中把握政治逻辑，坚持政治立场不移、政治方向不偏。

讲政治必须提高政治领悟力。领导干部特别是高级领导干部担的是政治责任，必须对党中央精神深入学习、融会贯通，坚持用党

---

① 列宁. 列宁专题文集：论无产阶级政党. 北京：人民出版社，2009：245.

中央精神分析形势、推动工作，始终同党中央保持高度一致。

讲政治必须提高政治执行力。领导干部特别是高级干部要经常同党中央精神对表对标，切实做到党中央提倡的坚决响应，党中央决定的坚决执行，党中央禁止的坚决不做，坚决维护党中央权威和集中统一领导，做到不掉队、不走偏，不折不扣抓好党中央精神贯彻落实。要把坚持底线思维、坚持问题导向贯穿工作始终，做到见微知著、防患于未然。要强化责任意识，知责于心、担责于身、履责于行，敢于直面问题，不回避矛盾，不掩盖问题，出了问题要敢于承担责任。

党内所有的政治问题，归根到底就是对党是否忠诚。忠诚是共产党人必须具备的优秀品格。“忠诚印寸心，浩然充两间”的坚毅，“砍头不要紧，只要主义真”的无畏，腹中满是草根而宁死不屈的气节，十指钉入竹签而永不叛党的坚贞，无数先烈用鲜血诠释了对党的忠诚。对党忠诚必须是纯粹的、无条件的，是政治标准、更是实践标准，鲜明体现在坚决贯彻党中央决策部署上。带头做到“两个维护”，从根本上讲就是要做到对党忠诚。忠诚必须体现到对党的信仰的忠诚上，体现到对党组织的忠诚上，体现到对党的理论和路线方针政策的忠诚上。中军帐运筹帷幄，一盘棋车马分明，党中央作出的决策部署，所有党组织都要不折不扣贯彻落实。任何时候任何情况下，党的领导干部在政治上都要站得稳、靠得住，对党忠诚老实、与党中央同心同德，严守政治纪律和政治规矩，不断增强政治定力、纪律定力、道德定力、抵腐定力，把“四个意识”转化成听党指挥、为党尽责的实际行动。

党要管党必须从党内政治生活管起，从严治党必须从党内政治生活严起。加强党的政治建设，必须开展严肃认真的党内政治生活。这是我们党作为马克思主义政党区别于其他政党的重要特征，是我们党的光荣传统。在长期实践中，我们党坚持把开展严肃认真的党内政治生活作为党的建设重要任务来抓，形成了以实事求是、理论联系实际、密切联系群众、批评和自我批评、民主集中制、严明党的纪律等为主要内容的党内政治生活基本规范，为巩固党的团结和集中统一、保持党的先进性和纯洁性、增强党的生机活力积累了丰富经验，为保证完成党在各个历史时期中心任务发挥了重要作用。长期实践证明，严肃认真的党内政治生活是我们党坚持党的性质和宗旨、保持先进性和纯洁性的重要法宝，是解决党内矛盾和问题的“金钥匙”，是广大党员、干部锤炼党性的“大熔炉”，是纯洁党风的“净化器”。

第一，把准政治方向。政治方向是党生存发展第一位的问题，事关党的前途命运和事业兴衰成败。如果在方向问题上出现偏离，就会犯颠覆性错误。我们所要坚守的政治方向，就是共产主义远大理想和中国特色社会主义共同理想、“两个一百年”奋斗目标，就是党的基本理论、基本路线、基本方略。

第二，坚持党的政治领导。坚持党的政治领导，最重要的是坚持党中央权威和集中统一领导，这要作为党的政治建设的首要任务。要引导全党增强“四个意识”，自觉在思想上政治上行动上同党中央保持高度一致，确保党中央一锤定音、定于一尊的权威。高级领导干部特别是中央政治局的同志要身体力行，在履职尽责过程中自觉在大局下行动，为全党做好表率。

第三，夯实政治根基。加强党的政治建设，要紧扣民心这个最大的政治，把赢得民心民意、汇集民智民力作为重要着力点。要站稳人民立场，贯彻党的群众路线，同人民想在一起、干在一起，坚决反对“四风”特别是形式主义、官僚主义，始终保持党同人民群众的血肉联系。

第四，涵养政治生态。政治生态好，党内就会正气充盈；政治生态不好，党内就会邪气横生。营造良好政治生态是一项长期任务，必须作为党的政治建设的基础性、经常性工作，浚其源、涵其林，养正气、固根本，锲而不舍、久久为功。要弘扬社会主义核心价值观，弘扬和践行忠诚老实、公道正派、实事求是、清正廉洁等价值观，以良好政治文化涵养风清气正的政治生态。

第五，防范政治风险。全党同志特别是各级领导干部必须增强风险意识，提高防范政治风险能力。要教育引导各级领导干部增强政治敏锐性和政治鉴别力，对容易诱发政治问题特别是重大突发事件的敏感因素、苗头性倾向性问题，做到眼睛亮、见事早、行动快，及时消除各种政治隐患。要增强斗争精神，敢于亮剑、敢于斗争，坚决防止和克服嗅不出敌情、分不清是非、辨不明方向的政治麻痹症。

第六，永葆政治本色。加强党的政治建设，必须以永远在路上的坚定和执着，坚决把反腐败斗争进行到底，使我们党永不变质、永不变色。

第七，提高政治能力。在领导干部的所有能力中，政治能力是第一位的。提高政治能力，很重要的一条就是要善于从政治上分析问题、解决问题。只有从政治上分析问题才能看清本质，只有从政治上解决问题才能抓住根本。各级领导干部特别是高级领导干部要炼就一双政治慧眼，不断提高辨别政治是非、保持政治定力、驾驭政治局面、防范政治风险的能力，不畏浮云遮望眼，切实担负起党和人民赋予的政治责任。

三、切实加强思想建设

马克思主义是我们立党立国的根本指导思想，是我们党的灵魂和旗帜。在近代中国最危急的时刻，中国共产党人找到了马克思列宁主义，并坚持把马克思主义基本原理同中国具体实际相结合、同中华优秀传统文化相结合，用马克思主义真理的力量激活了中华民族历经几千年创造的伟大文明，使中华文明再次迸发出强大精神力量。实践证明，马克思主义是我们认识世界、把握规律、追求真理、改造世界的强大思想武器，是我们党和国家必须始终遵循的指导思想。

思想就是力量，指导思想是一个政党的精神旗帜。中国共产党之所以能够完成近代以来各种政治力量不可能完成的艰巨任务，就在于始终把马克思主义这一科学理论作为自己的行动指南，并坚持在实践中不断丰富和发展马克思主义。这使我们党得以摆脱以往一切政治力量追求自身特殊利益的局限，以唯物辩证的科学精神、无私无畏的博大胸怀领导和推动中国革命、建设、改革，不断坚持真理、修正错误。无论是处于顺境还是逆境，我们党从未动摇对马克思主义的信仰。中国共产党为什么能，中国特色社会主义为什么好，归根到底是因为马克思主义行。

2018 年，在纪念马克思诞辰 200 周年大会上，习近平总书记指出："从《共产党宣言》发表到今天，一百七十年过去了，人类社会发生了翻天覆地的变化，但马克思主义所阐述的一般原理整个来说仍然是完全正确的。我们要坚持和运用辩证唯物主义和历史唯物主义的世界观和方法论，坚持和运用马克思主义立场、观点、方法，坚持和运用马克思主义关于世界的物质性及其发展规律，关于人类社会发展的自然性、历史性及其相关规律，关于人的解放和自由全面发展的规律，关于认识的本质及其发展规律等原理，坚持和运用马克思主义的实践观、群众观、阶级观、发展观、矛盾观，真正把马克思主义这个看家本领学精悟透用好。"①

---

① 习近平. 论党的宣传思想工作. 北京：中央文献出版社，2020：333－334.

理论的生命力在于创新。中国共产党的历史，就是一部不断推进马克思主义中国化的历史，就是一部不断推进理论创新、进行理论创造的历史。马克思主义深刻改变了中国，中国也极大丰富了马克思主义。100 多年来，中国共产党坚持马克思主义基本原理，坚持把马克思主义基本原理同中国具体实际相结合、同中华优秀传统文化相结合，坚持解放思想和实事求是相统一、培元固本和守正创新相统一，从中国实际出发，洞察时代大势，把握历史主动，进行艰辛探索，不断开辟马克思主义新境界，产生了毛泽东思想、邓小平理论、“三个代表”重要思想、科学发展观、习近平新时代中国特色社会主义思想，为党和人民事业发展提供了科学理论指导。习近平新时代中国特色社会主义思想是当代中国马克思主义、21 世纪马克思主义，是中华文化和中国精神的时代精华，实现了马克思主义中国化新的飞跃。全党要更加自觉、更加刻苦地学习马克思列宁主义，学习毛泽东思想、邓小平理论、“三个代表”重要思想、科学发展观，特别是要把学习习近平新时代中国特色社会主义思想作为最重要的政治任务。要深入学、持久学、刻苦学，带着问题学、联系实际学，从而更好地把科学思想理论转化为认识世界、改造世界的强大物质力量。

思想建设是党的基础性建设。要把坚定理想信念作为党的思想建设的首要任务，教育引导全党牢记党的宗旨，挺起共产党人的精神脊梁，解决好世界观、人生观、价值观这个“总开关”问题，自觉做共产主义远大理想和中国特色社会主义共同理想的坚定信仰者和忠实实践者。共产党人要把读马克思主义经典、悟马克思主义原理当作一种生活习惯、当作一种精神追求，用经典涵养正气、淬炼思想、升华境界、指导实践。党的各级领导干部特别是高级领导干部，要原原本本学习和研读经典著作，读原著、学原文、悟原理，努力把马克思主义立场、观点、方法学到手。

四、切实加强组织建设

要建设马克思主义强大政党，必须高度重视党的组织体系建设。进入新时代，以习近平同志为核心的党中央高度重视党的组织体系建设，不断增强党的政治领导力、思想引领力、群众组织力、社会号召力，把党员组织起来，把人才凝聚起来，把群众动员起来，为实现中华民族伟大复兴宏伟目标团结奋斗。

习近平总书记指出："我们党是按照马克思主义建党原则建立起来的，形成了包括党的中央组织、地方组织、基层组织在内的严密组织体系。这是世界上任何其他政党都不具有的强大优势。"①

中国共产党拥有贯通从中央到基层、再到党员的强大组织体系，形成特色鲜明的组织优势。在党的组织体系中，"党中央是大脑和中枢，党中央必须有定于一尊、一锤定音的权威，这样才能'如身使臂，如臂使指，叱咤变化，无有留难，则天下之势一矣'。党的地方组织的根本任务是确保党中央决策部署贯彻落实，有令即行、有禁即止。党组在党的组织体系中具有特殊地位，要贯彻落实党中央和上级党组织决策部署，发挥好把方向、管大局、保落实的重要作用。每个党员特别是领导干部都要强化党的意识和组织观念，自觉做到思想上认同组织、政治上依靠组织、工作上服从组织、感情上信赖组织"②。

基础不牢，地动山摇。基层党组织是党执政大厦的地基，是党

---

① 中共中央党史和文献研究院. 十九大以来重要文献选编：上. 北京：中央文献出版社，2019：560.

② 中共中央党史和文献研究院. 十九大以来重要文献选编：上. 北京：中央文献出版社，2019：560.

的肌体的“神经末梢”。要发挥好基层党组织的战斗堡垒作用。落地才能生根，根深才能叶茂。加强基层党组织建设，要以提升组织力为重点，突出政治功能。要健全基层组织，优化组织设置，理顺隶属关系，创新活动方式，扩大基层党的组织覆盖和工作覆盖。要加强企业、农村、机关、事业单位、社区等各领域党建工作，推动基层党组织全面进步、全面过硬。要加强社会组织党的建设，全面增强党对各类各级社会组织的领导。要探索加强新兴业态和互联网党建工作，扩大党在新兴领域的号召力和凝聚力。要加强支部标准化、规范化建设。越是情况复杂、基础薄弱的地方，越要健全党的组织、做好党的工作，确保全覆盖，固本强基，防止“木桶效应”。要建立严密的基层党组织工作制度，推动服务群众、做群众工作制度化、常态化、长效化，把基层党组织的工作重心转到服务发展、服务民生、服务群众、服务党员上来，使基层党组织的领导方式、工作方式、活动方式更加符合服务群众的需要。

组织工作必须认真贯彻党要管党、从严治党方针。党要管党，首先是管好干部；从严治党，关键是从严治吏。要把从严管理干部贯彻落实到干部队伍建设全过程。要坚持从严教育、从严管理、从严监督，让每一个干部都深刻懂得，当干部就必须付出更多辛劳、接受更严格的约束。没有这样的思想准备和觉悟，就不要进入干部队伍。对干部身上出现的苗头性、倾向性问题，要及时“咬咬”耳朵、扯扯袖子，早提醒、早纠正，这是爱护干部，而不是苛求干部。不能睁一只眼闭一只眼，更不能哄着、护着，防止小毛病演化成大问题。

党员是党的肌体的细胞。党的先进性和纯洁性要靠千千万万党员的先进性和纯洁性来体现，党的执政使命要靠千千万万党员卓有成效的工作来完成，党要管党、从严治党必须落实到党员队伍的管理中去。

马克思主义政党的力量和作用，既取决于党员数量，更取决于党员质量。党组织要严格把关，把政治标准放在首位，确保政治合格。那些动机不纯、一心想借入党捞好处的人，不能吸收入党。要重视从青年工人、农民、知识分子中发展党员。要严格党员日常教育和管理，使广大党员平常时候看得出来、关键时刻站得出来、危急关头豁得出来，充分发挥先锋模范作用。

五、切实加强作风建设

中国共产党始终强调，执政党的党风关系党的形象，关系人心向背，关系党和国家生死存亡；加强和改进党的作风建设，核心问题是保持党同人民群众的血肉联系；马克思主义执政党的最大危险就是脱离群众。历史和现实都告诉我们，密切联系群众，是党的性质和宗旨的体现，是中国共产党区别于其他政党的显著标志，也是党发展壮大的重要原因；能否保持党同人民群众的血肉联系，决定着党的事业的成败。

作风问题本质上是党性问题。对共产党人来讲，能不能解决好作风问题，是衡量对马克思主义信仰、对社会主义和共产主义信念、对党和人民忠诚的一把十分重要的尺子。领导干部的作风直接关系党内风气和政治生态，关系民心向背，决定着党的群众基础。习近平总书记指出："领导干部作风不过关，不过硬，党风社会风气就不可能好。人们认为习以为常的一些作风问题，往往就是对党的公信力、党的形象带来致命破坏的问题。作风问题绝不是小事，一旦成风，危害巨大。比如，党的十八大前的一段时间里一些领导干部中吃喝成风，老百姓意见很大。出了多少规定，也没有管住，不少人因此失去了信心。党的十八大后，我们下决心整治，现在管住了，人民群众拍手叫好。我们管住了一些领导干部的嘴，赢得了无数人民群众的心。这就是小切口、大成效。”①

加强作风建设必须紧扣保持党同人民群众血肉联系这个关键。“四风”问题只是表象，根上是背离了党性，丢掉了宗旨。现在基层的种种问题，很多是因为党员、干部心里没有群众，不去做、不想做、不会做群众工作，少数干部或无视群众期盼，或不敢应对诉求，在群众面前处于失语状态。领导干部要破除“官本位”思想，坚决反对特权思想、特权现象。职务越高越要强化群众观念、增强公仆意识，越要在思想上尊重群众、感情上贴近群众，保持对人民的赤子之心。要坚持工作重心下移，扑下身子深入群众，面对面、心贴心、实打实做好群众工作，着力解决群众反映强烈的突出问题。办事情都要把群众利益放在第一位，凡是群众反映强烈的问题都要严肃认真对待，凡是侵害群众利益的行为都要坚决纠正，要永远赢得人民群众的信任和拥护。

特权是最大的不公。党的十八大以来，以习近平同志为核心的党中央反“四风”、反腐败，锲而不舍抓作风建设，都是在同特权思想、特权现象作斗争。要自觉同形形色色的特权思想、特权现象作斗争，习惯在受监督和约束的环境中工作生活。

形式主义、官僚主义害死人。我们不坚决反对形式主义、官僚主义，就会脱离人民群众。我们不仅要从思想上作风上坚决反对形式主义、官僚主义，而且要从制度上坚决反对形式主义、官僚主义，扫除形式主义、官僚主义滋生蔓延的土壤。

领导干部要练就过硬作风，就要把人民群众放在心中。江山就

---

① 习近平．推进党的建设新的伟大工程要一以贯之．求是，2019（19）．

是人民，人民就是江山。打江山、守江山，守的是人民的心。中国共产党始终代表最广大人民根本利益，与人民休戚与共、生死相依，没有任何自己特殊的利益，从来不代表任何利益集团、任何权势团体、任何特权阶层的利益。人民是我们党领导和执政的力量源泉，我们必须坚持以人民为中心，在全心全意为人民服务中提升政治站位、提高工作能力，在真心实意向人民学习中拓展工作视野、丰富工作经验、提高理论联系实际的水平，在倾听人民呼声、虚心接受人民监督中自觉进行自我反省、自我批评、自我教育，在服务人民中不断完善自己。抓作风建设要返璞归真、固本培元，在加强党性修养的同时，弘扬中华优秀传统文化。

生活是工作的基础，生活上做不到自觉自律，工作就难以做到清正廉明。生活上不检点、不自律，就会滋长私心，过不了多久就会走火入魔。苍蝇不叮无缝的蛋，一旦生活上不检点，很快就可能成为被“围猎”的对象。每个领导干部都应该把洁身自好作为第一关，练就过硬的作风。加强自律关键是在私底下、无人时、细微处能否做到慎独慎微。大家要懂得小事小节中有政治、有方向、有形象、有人格的道理，从小事小节上加强约束、规范自己，常掸心灵灰尘，常清思想垃圾，常掏灵魂旮旯。

作风建设永远在路上，必须常抓不懈。作风问题具有顽固性和反复性，形成优良作风不可能一劳永逸，克服不良作风也不可能一蹴而就。“四风”问题积习甚深，可谓冰冻三尺非一日之寒。以往的经验告诉我们，纠风之难，难在防止反弹。只要以滚石上山的劲头、爬坡过坎的勇气，保持定力、寸步不让，深化整治、见底见效，就能一步步实现弊绝风清、海晏河清。

六、切实加强纪律建设

习近平总书记指出："我们党是靠革命理想和铁的纪律组织起来的马克思主义政党，纪律严明是党的光荣传统和独特优势。""革命战争年代，我们党团结带领人民打败穷凶极恶的敌人、夺取中国革命胜利，靠的是铁的纪律保证。新的历史条件下，我们党要团结带领人民全面建成小康社会、基本实现现代化，同样要靠铁的纪律保证。党面临的形势越复杂、肩负的任务越艰巨，就越要加强纪律建设，越要维护党的团结统一，确保全党统一意志、统一行动、步调一致前进。"①

全面从严治党首先要尊崇党章。党章是党的总章程，集中体现了党的性质和宗旨、党的理论和路线方针政策、党的重要主张，规定了党的重要制度和体制机制，是全党必须共同遵守的根本行为规范。党章就是党的根本大法，是全党必须遵循的总规矩。党章总纲明确提出"坚持党要管党、全面从严治党"，这是党的建设的根本方针。党章第 39 条规定"党组织必须严格执行和维护党的纪律"，这是对主体责任的具体要求。认真学习党章、严格遵守党章，是加强党的建设的一项基础性、经常性工作，也是全党同志的应尽义务和庄严责任，对强化全党的党章意识，增强党的创造力、凝聚力、战斗力具有极为重要的作用。

讲规矩是对党员、干部党性的重要考验，是对党员、干部对党忠诚度的重要检验。中国共产党的党内规矩是党的各级组织和全体党员必须遵守的行为规范和规则。党的规矩总的包括什么呢？其一，

---

① 中共中央文献研究室. 十八大以来重要文献选编：上. 北京：中央文献出版社，2014：131.

党章是全党必须遵循的总章程，也是总规矩。其二，党的纪律是刚性约束，政治纪律更是全党在政治方向、政治立场、政治言论、政治行动方面必须遵守的刚性约束。其三，国家法律是党员、干部必须遵守的规矩，法律是党领导人民制定的，全党必须模范执行。其四，党在长期实践中形成的优良传统和工作惯例。为什么说党在长期实践中形成的优良传统和工作惯例也是十分重要的党内规矩呢？这是因为，对我们这么一个大党来讲，不仅要靠党章和纪律，还得靠党的优良传统和工作惯例。这些规矩看着没有白纸黑字的规定，但都是一种传统、一种范式、一种要求。纪律是成文的规矩，一些未明文列入纪律的规矩是不成文的纪律；纪律是刚性的规矩，一些未明文列入纪律的规矩是自我约束的纪律。党内很多规矩是我们党在长期实践中形成的优良传统和工作惯例，经过实践检验，约定俗成、行之有效，反映了我们党对一些问题的深刻思考和科学总结，需要全党长期坚持并自觉遵循。

制定纪律就是要执行的。党的规矩，党组织和党员、干部必须遵照执行，不能搞特殊、有例外。各级党组织要敢抓敢管，使纪律真正成为带电的高压线。要加强对组织纪律执行情况的监督检查，对问题突出的要启动问责机制，追究责任。

加强纪律建设，一是要健全完善制度，以党章为根本遵循，本着于法周延、于事有效的原则，制定新的法规制度，完善已有的法规制度，废止不适应的法规制度，健全党内规则体系，扎紧党纪党规的笼子。二是要深入开展纪律教育，加强学习宣传教育，使党员、干部增强纪律意识，把党章党规党纪刻印在心上，形成尊崇党章、遵守党纪的良好习惯。三是要狠抓执纪监督，以纪律为尺子衡量党员、干部的行为，对违纪问题发现一起就查处一起，提高纪律执行力，维护纪律严肃性。四是要养成纪律自觉，教育引导广大党员、干部特别是领导干部严格按党章标准要求自己，知边界、明底线，把他律要求转化为内在追求，自觉以身作则，发挥表率作用。

全面从严治党的丰富实践，为党内法规制度创新奠定了坚实基础。我们坚持依规治党和以德治党相统一，坚持高标准和守底线相结合，把从严治党实践成果转化为道德规范和纪律要求，坚持依规治党、形成比较完善的党内法规体系。坚持纪严于法、纪在法前，实现纪法分开，修订廉洁自律准则、党纪处分条例、巡视工作条例等党内重要法规，制定党委（党组）落实从严治党责任的意见。针对干部管理监督中的薄弱环节，完善领导干部报告个人有关事项、加强“裸官”管理等规定，推动制度建设与时俱进。

七、把制度建设贯穿其中

全面从严治党，必须高度重视党的制度建设，并将制度建设贯穿于党的政治建设、思想建设、组织建设、作风建设、纪律建设，把权力关进制度的笼子里，把制度的笼子扎紧扎好。

习近平总书记指出：“党的十八大以来，我们探索出一条长期执政条件下解决自身问题、跳出历史周期率的成功道路，构建起一套行之有效的权力监督制度和执纪执法体系，这条道路、这套制度必须长期坚持并不断巩固发展。”①

形成和完善党的领导制度体系，特别是形成和完善全面从严治党制度和党的全面领导制度，是以习近平同志为核心的党中央在新时代管党治党取得的重大理论、实践、制度成果。坚持和完善党的

① 习近平在十九届中央纪委四次全会上发表重要讲话强调 一以贯之全面从严治党强化对权力运行的制约和监督 为决胜全面建成小康社会决战脱贫攻坚提供坚强保障. 人民日报，2020－01－14（1）.

领导制度体系，是提高党科学执政、民主执政、依法执政水平的根本制度保障。坚持党政军民学、东西南北中，党是领导一切的，坚决维护党中央权威，健全总揽全局、协调各方的党的领导制度体系，把党的领导落实到国家治理各领域各方面各环节；要建立不忘初心、牢记使命的制度，完善坚定维护党中央权威和集中统一领导的各项制度，健全党的全面领导制度，健全为人民执政、靠人民执政各项制度，健全提高党的执政能力和领导水平制度，完善全面从严治党制度。

党的十八大以来的一条成功经验，是坚持思想建党和制度治党同向发力。习近平总书记指出："必须以党章为根本遵循，把党的政治建设摆在首位，思想建党和制度治党同向发力，统筹推进党的各项建设"[①]。思想理论是灵魂，制度建设是保障。我们既注重解决思想问题、拧紧"总开关"，又注重解决制度问题、上紧制度规矩发条。我们要求全党树立革命理想高于天的理念，不断补钙壮骨、固本培元，重点用新时代中国特色社会主义思想武装头脑，自觉做共产主义远大理想和中国特色社会主义共同理想的坚定信仰者、忠实实践者。我们推动形成配套完备、有效管用的党内法规制度体系，强化依规治党，维护法规制度严肃性和权威性，不留"暗门"、不开"天窗"，真正让铁规发力、让禁令生威。

党的十八大以来，在党的制度建设上的一个重大成果和创新，是强化对权力运行的制约和监督，坚持和完善党和国家监督体系。实践证明，党和国家监督体系是党在长期执政条件下实现自我净化、自我完善、自我革新、自我提高的重要制度保障。要健全党统一领导、全面覆盖、权威高效的监督体系，增强监督严肃性、协同性、

---

① 习近平. 习近平谈治国理政：第3卷. 北京：外文出版社，2020：20.

有效性，形成决策科学、执行坚决、监督有力的权力运行机制，确保党和人民赋予的权力始终用来为人民谋幸福。

一是健全党和国家监督制度。重点加强对高级干部、各级主要领导干部的监督，完善领导班子内部监督制度，破解对“一把手”监督和同级监督难题。强化政治监督，加强对党的理论和路线方针政策以及重大决策部署贯彻落实情况的监督检查，完善巡视巡察整改、督察落实情况报告制度。要构建党统一指挥、全面覆盖、权威高效的监督体系，把党内监督同国家机关监督、民主监督、司法监督、群众监督、舆论监督贯通起来。

二是完善权力配置和运行制约机制。坚持权责透明，推动用权公开，完善党务、政务、司法和各领域办事公开制度，建立权力运行可查询、可追溯的反馈机制。坚持权责统一，盯紧权力运行各个环节，完善发现问题、纠正偏差、精准问责有效机制，压减权力设租寻租空间。

三是构建一体推进不敢腐、不能腐、不想腐体制机制，巩固和发展反腐败斗争压倒性胜利。

党的十九大前后，以习近平同志为核心的党中央扎实推进国家监察体制改革，并取得成功。国家监察体制改革是事关全局的重大政治体制改革，是强化党和国家自我监督的重大决策部署。从推进国家监察体制改革的过程看，比较好地处理了深化改革和推进法治的关系，贯彻了凡属重大改革都要于法有据的要求，彰显了党坚持在宪法法律范围内活动的执政原则。

制定党内监督条例，全面落实党内监督责任，也是新时代党的制度建设的一项重大突破。党内监督条例，是新形势下加强党内监督的顶层设计，是规范当前和今后一个时期党内监督的基本法规。我们不断完善党内监督体系，目的是形成科学管用的防错纠错机制，不断增强党自我净化、自我完善、自我革新、自我提高的能力。

长期以来，党内存在的一个突出问题，就是不愿监督、不敢监督、抵制监督等现象不同程度存在。党内监督缺位，必然导致党的领导弱化、党的建设缺失、全面从严治党不力。全党要深刻认识到，党内监督是永葆党的肌体健康的生命之源，要不断增强向体内病灶开刀的自觉性，使积极开展监督、主动接受监督成为全党的自觉行动。

党内监督是全党的任务，党委（党组）负主体责任，书记是第一责任人，党委常委会委员（党组成员）和党委委员在职责范围内履行监督职责。党的各级领导干部一定要把责任扛在肩上，做到知责、尽责、负责，敢抓敢管，勇于监督。要把党内监督体现在时时处处事事上，敦促党员、干部按本色做人、按角色办事。全党同志要习惯于在同志间相互提醒和督促中修正错误、共同进步。

各级纪委是党内监督专责机关，履行监督执纪问责职责。要落实纪律检查工作双重领导体制，强化上级纪委对下级纪委的领导；加强对派驻纪检组工作的领导，督促被监督单位党组织和派驻纪检组落实管党治党责任。只要我们把上上下下、条条块块都抓起来，就能织密党内监督之网。

党员民主监督是党内监督的基本方式。党员的民主监督不仅是权利，更是不容推卸的义务，是对党应尽的责任。各级党组织要保障党员知情权和监督权，鼓励和支持党员在党内监督中发挥积极作用，对干扰妨碍监督、打击报复监督的人要依纪严肃处理。

党内监督在党和国家各种监督形式中是最根本的、第一位的，但如果不同有关国家机关监督、民主党派监督、群众监督、舆论监督等结合起来，就不能形成监督合力。各级领导干部要主动接受各方面监督，这既是一种胸怀，也是一种自信。

在新时代党的建设总要求中，还有一项重要内容，那就是深入推进反腐败斗争。我们将在本章第五节“关于坚定不移惩治腐败”中专门展开讨论。

第四节　关于新时代党的组织路线

组织路线对坚持党的领导、加强党的建设、做好党的组织工作具有十分重要的意义。

一、概括提出新时代党的组织路线

党的十九大后，习近平总书记在2018年7月3日全国组织工作会议的重要讲话中，明确提出新时代党的组织路线，“全面贯彻新时代中国特色社会主义思想，以组织体系建设为重点，着力培养忠诚干净担当的高素质干部，着力集聚爱国奉献的各方面优秀人才，坚持德才兼备、以德为先、任人唯贤，为坚持和加强党的全面领导、坚持和发展中国特色社会主义提供坚强组织保证”①。新时代党的组织路线是理论的也是实践的，要在推进党的建设新的伟大工程、落实全面从严治党的实践中切实贯彻落实。

贯彻落实新时代党的组织路线，重点要抓好以下四方面工作。

一是以组织体系建设为重点。党的力量来自组织。党的全面领导、党的全部工作要靠党的坚强组织体系去实现。进入新时代，开启新征程，我们必须更加注重党的组织体系建设，不断增强党的政

① 中共中央党史和文献研究院．十九大以来重要文献选编：上．北京：中央文献出版社，2019：559－560．

治领导力、思想引领力、群众组织力、社会号召力，把党员组织起来，把人才凝聚起来，把群众动员起来，为实现中华民族伟大复兴的宏伟目标而团结奋斗。

二是着力培养忠诚干净担当的高素质干部。贯彻新时代党的组织路线，建设忠诚干净担当的高素质干部队伍是关键，重点是要做好干部培育、选拔、管理、使用工作。

三是着力集聚爱国奉献的各方面优秀人才。当前，全球范围内新一轮科技革命和产业变革蓬勃兴起，世界各国都在抢抓机遇，国际人才争夺日趋白热化。我们必须加快实施人才强国战略，确立人才引领发展的战略地位，努力建设一支矢志爱国奉献、勇于创新创造的优秀人才队伍。

四是做好年轻干部工作。实现中华民族伟大复兴，坚持和发展中国特色社会主义，关键在党，关键在人，归根到底在培养造就一代又一代可靠接班人。这是党和国家事业发展的百年大计。我们要建设一支忠实贯彻新时代中国特色社会主义思想、符合新时代好干部标准、忠诚干净担当、数量充足、充满活力的高素质专业化年轻干部队伍。

二、明确新时代好干部标准

正确路线确定之后，干部就是决定因素。建设一支宏大的高素质干部队伍，是党的组织建设的重要内容。这就要明确新时代好干部的标准。

好干部要做到信念坚定、为民服务、勤政务实、敢于担当、清正廉洁。信念坚定，党的干部必须坚定共产主义远大理想，真诚信仰马克思主义，矢志不渝为中国特色社会主义而奋斗，坚持党的基本理论、基本路线、基本纲领、基本经验、基本要求不动摇。为民服务，党的干部必须做人民公仆，忠诚于人民，以人民忧乐为忧乐，以人民甘苦为甘苦，全心全意为人民服务。勤政务实，党的干部必须勤勉敬业、求真务实、真抓实干、精益求精，创造出经得起实践、人民、历史检验的实绩。敢于担当，党的干部必须坚持原则、认真负责，面对大是大非敢于亮剑，面对矛盾敢于迎难而上，面对危机敢于挺身而出，面对失误敢于承担责任，面对歪风邪气敢于坚决斗争。清正廉洁，党的干部必须敬畏权力、管好权力、慎用权力，守住自己的政治生命，保持拒腐蚀、永不沾的政治本色。这些说起来大家都明白，但要真正做到就不那么容易了。在以上好干部标准中，理想信念坚定，是好干部第一位的标准。坚持原则、敢于担当是党的干部必须具备的基本素质。

落实党管干部原则，强化党组织领导和把关作用，着力培养选拔信念坚定、为民服务、勤政务实、敢于担当、清正廉洁的好干部。要坚持德才兼备、以德为先，坚持五湖四海、任人唯贤，突出政治标准，培养造就忠诚干净担当的干部队伍。要严把选人用人政治关、品行关、作风关、廉洁关，改进干部推荐考察方式，坚持“凡提四必”，坚决纠正选人用人上的“四唯”问题，防止干部“带病提拔”，推进干部能上能下，坚决匡正选人用人风气。要坚持党管人才原则，以识才的慧眼、爱才的诚意、用才的胆识、容才的雅量、聚才的良方，把党内外、国内外各方面优秀人才集聚到党和人民的伟大奋斗中来。

三、建设忠诚干净担当的高素质干部队伍

贯彻新时代党的组织路线，建设忠诚干净担当的高素质干部队

伍是关键，重点是要做好干部培育、选拔、管理、使用工作。

一是建立源头培养、跟踪培养、全程培养的素质培养体系。要教育引导干部一开始就想明白当干部为什么、在岗位干什么，走好从政第一步。要教育引导干部加强党性修养、筑牢信仰之基，加强政德修养、打牢从政之基，严守纪律规矩、夯实廉政之基，健全基本知识体系、强化能力之基。要教育引导干部守纪律、讲规矩，不要跟组织玩小聪明，否则总有一天会毁了自己。组织上对干部不能"放养"，而要及时掌握动态，有针对性地补短板、强弱项，帮助干部一步步成长起来。要增强干部素质培养的系统性、持续性、针对性，优化干部成长路径，积极创造条件、搭建平台，不能预设晋升路线图，把理想信念教育、知识结构改善、能力素质提升贯穿干部成长全过程。

二是建立日常考核、分类考核、近距离考核的知事识人体系。考核干部要经常化、制度化、全覆盖，既把功夫下在平时，全方位、多渠道了解干部，又注重了解干部在完成急难险重任务、处理复杂问题、应对重大考验中的表现，既在小事上察德辨才，更在大事上看德识才。要强化分类考核，对资源禀赋、基础水平、发展阶段、主体功能区定位不同的地区在考核内容上要区别对待。要近距离接触干部，看干部对重大问题的思考、对群众的感情、对待名利的态度、为人处世方式、处理复杂问题能力。干部业绩在实践，干部声名在民间。要带上"望远镜""显微镜"，对干部近距离接触、多角度考察；多到基层干部群众中、多在乡语口碑中了解干部，使选出来的干部组织放心、群众满意、干部服气。要把研究人和研究事结合起来，避免从抽象到抽象，凭感觉下结论。

三是建立以德为先、任人唯贤、人事相宜的选拔任用体系。选什么样的人、从哪里选人、怎么用人是干部选拔任用的关键问题。

选什么样的人？就是要坚持好干部标准，把政治标准放在第一位。政治标准是硬杠杠。这一条不过关，其他都不过关。如果政治不合格，能耐再大也不能用。看一个干部政治素质高不高，主要看是否能增强“四个意识”、坚定“四个自信”，是否能坚决维护党中央权威和集中统一领导，是否能全面贯彻执行党的理论和路线方针政策，是否能积极贯彻落实党中央重大决策部署，是否能做到忠诚干净担当。政治问题有的是灵魂深处的东西，要透过现象看本质，既听其言、更观其行，既察其表、更析其里，看政治忠诚，看政治定力，看政治担当，看政治能力，看政治自律。

从哪里选人？就是要坚持五湖四海、任人唯贤，广开进贤之路。要打开视野、不拘一格，坚持干部工作一盘棋。人选来源渠道拓宽了，更有利于好中选优、优中选强。

怎么用人？就是要坚持事业为上，以事择人、人岗相适。选人用人，要坚持事业需要什么样的人就选什么样的人，岗位缺什么样的人就配什么样的人，不能论资排辈、平衡照顾。要正确把握事业发展需要和干部成长进步的关系，把合适的干部放到合适的岗位上。

四是建立管思想、管工作、管作风、管纪律的从严管理体系。对干部要加强全方位管理，把行为管理和思想管理统一起来，把工作圈管理和社交圈管理衔接起来，把八小时之内的管理和八小时之外的管理贯通起来。要在日常监督上下功夫，坚持抓早抓小、防微杜渐，发现苗头性、倾向性问题及时批评教育，经常敲响思想警钟，使咬耳扯袖、红脸出汗成为常态。要加强党内监督，贯彻民主集中制，严格组织生活，用好批评和自我批评的锐利武器，完善体制机制，管好关键人、管到关键处、管住关键事、管在关键时，特别是要把一把手管住管好。同时，要综合发挥群众监督、舆论监督等作用，形成监督合力。

五是建立崇尚实干、带动担当、加油鼓劲的正向激励体系。干部干部，要干字当头。这既是职责要求，也是从政本分。对干部最大的激励是正确用人导向，用好一个人能激励一大片。我们要在选人用人上体现讲担当、重担当的鲜明导向，把敢不敢扛事、愿不愿做事、能不能干事作为识别干部、评判优劣、奖惩升降的重要标准，把干部干了什么事、干了多少事、干的事群众认不认可作为选拔干部的根本依据，激励各级干部撸起袖子加油干。要注重发挥榜样的激励作用，让干部对照找差距、努力有方向。

人才是实现民族振兴、赢得国际竞争主动的战略资源。人才建设要坚持党管人才原则，聚天下英才而用之，加快建设人才强国。实行更加积极、更加开放、更加有效的人才政策，以识才的慧眼、爱才的诚意、用才的胆识、容才的雅量、聚才的良方，把党内和党外、国内和国外各方面优秀人才集聚到党和人民的伟大奋斗中来，鼓励引导人才向边远贫困地区、边疆民族地区、革命老区和基层一线流动，努力形成人人渴望成才、人人努力成才、人人皆可成才、人人尽展其才的良好局面，让各类人才的创造活力竞相迸发、聪明才智充分涌流。

四、培养造就一代又一代可靠接班人

实现中华民族伟大复兴，坚持和发展中国特色社会主义，关键在党，关键在人，归根到底在培养造就一代又一代可靠接班人。这是党和国家事业发展的百年大计。我们党培养接班人有比较完备的制度，这是中国特色社会主义政治制度的独特优势。

2021 年 9 月 1 日，习近平总书记在中央党校（国家行政学院）中青年干部培训班开班式上发表重要讲话，对新时代年轻干部的党性修养和素质能力提出明确要求：年轻干部生逢伟大时代，是党和国家事业发展的生力军，必须练好内功、提升修养，做到信念坚定、对党忠诚，注重实际、实事求是，勇于担当、善于作为，坚持原则、敢于斗争，严守规矩、不逾底线，勤学苦练、增强本领，努力成为可堪大用、能担重任的栋梁之才，不辜负党和人民期望和重托[①]。

关于“信念坚定、对党忠诚”。年轻干部要牢记，坚定理想信念是终身课题，需要常修常炼，要信一辈子、守一辈子。理想信念坚定才能对党忠诚，对党忠诚是对理想信念坚定的最好诠释。

关于“注重实际、实事求是”。坚持一切从实际出发，是我们想问题、作决策、办事情的出发点和落脚点。坚持从实际出发、实事求是，不只是思想方法的问题，也是党性强不强的问题。要坚持以党性立身做事，把说老实话、办老实事、做老实人作为党性修养和锻炼的重要内容，敢于坚持真理，善于独立思考，坚持求真务实。

关于“勇于担当、善于作为”。干事担事，是干部的职责所在，也是价值所在。做事总是有风险的。正因为有风险，才需要担当。凡是有利于党和人民的事，我们就要事不避难、义不逃责，大胆地干、坚决地干。

关于“坚持原则、敢于斗争”。坚持原则是共产党人的重要品格，是衡量一个干部是否称职的重要标准。共产党人讲党性、讲原则，就要讲斗争。党的干部都要有秉公办事、铁面无私的精神，讲原则不讲面子、讲党性不徇私情。

关于“严守规矩、不逾底线”。干部一定要知敬畏、存戒惧、守底线，敬畏党、敬畏人民、敬畏法纪。严以修身，才能严以律己。

① 习近平在中央党校（国家行政学院）中青年干部培训班开班式上发表重要讲话强调 信念坚定对党忠诚实事求是担当作为 努力成为可堪大用能担重任的栋梁之才. 人民日报，2021-09-02 (1).

我们共产党人为的是大公、守的是大义、求的是大我，更要正心明道、怀德自重，始终把党和人民放在心中最高位置，做一个一心为公、一身正气、一尘不染的人。

关于“勤学苦练、增强本领”。我们处在前所未有的变革时代，干着前无古人的伟大事业，如果知识不够、眼界不宽、能力不强，就会耽误事。年轻干部精力充沛、思维活跃、接受能力强，正处在长本事、长才干的大好时期，一定要珍惜光阴、不负韶华，如饥似渴学习，一刻不停提高。坚持在干中学、学中干是领导干部成长成才的必由之路。

第五节　关于坚定不移惩治腐败

习近平总书记反复强调，腐败是党长期执政的最大威胁，反腐败斗争是一场输不起也决不能输的重大政治斗争，不得罪成百上千的腐败分子，就要得罪 14 亿多人民，必须把权力关进制度的笼子里，依纪依法设定权力、规范权力、制约权力、监督权力，不断实现不敢腐、不能腐、不想腐一体推进的战略目标。

一、坚决从源头上遏制腐败高发的态势

坚决从源头上遏制腐败高发的态势，取得党风廉政建设和反腐败斗争的决定性胜利，使反腐败斗争压倒性态势形成并巩固发展，使党得到革命性重塑，是以习近平同志为核心的党中央的历史性贡献。

腐败是社会毒瘤。如果任凭腐败问题愈演愈烈，最终必然亡党

亡国。习近平总书记指出："堡垒最容易从内部被攻破。从某种意义上说，自从党成立以来，我们党面临的最大风险是内部变质、变色、变味，丧失马克思主义政党的政治本色，背离党的宗旨而失去最广大人民支持和拥护。党的百年历史，也是我们党不断保持党的先进性和纯洁性，不断防范被瓦解、被腐化的危险的历史。"①

人民群众最痛恨腐败现象，腐败是我们党面临的最大威胁。只有以反腐败永远在路上的坚韧和执着，深化标本兼治，保证干部清正、政府清廉、政治清明，才能跳出历史周期率，确保党和国家长治久安。

中国共产党把党风廉政建设和反腐败斗争提到关系党和国家生死存亡的高度来认识，是深刻总结古今中外的历史教训而得出的结论。中国历史上因为统治集团严重腐败导致人亡政息的例子比比皆是，当今世界上由于执政党腐化堕落、严重脱离群众导致失去政权的例子也不胜枚举。人民群众最痛恨各种消极腐败现象，最痛恨各种特权现象，这些现象对党同人民群众的血肉联系最具杀伤力。一个政党，一个政权，其前途和命运最终取决于人心向背。必须下最大气力解决好消极腐败问题，确保党始终同人民心连心、同呼吸、共命运。

二、反腐败是一场重大政治斗争

习近平总书记指出："从严治党，惩治这一手决不能放松。要坚持'老虎'、'苍蝇'一起打，既坚决查处领导干部违纪违法案件，又切实解决发生在群众身边的不正之风和腐败问题。要坚持党纪国

① 习近平. 在党史学习教育动员大会上的讲话. 北京：人民出版社，2021：18.

法面前没有例外，不管涉及到谁，都要一查到底，决不姑息。”[①] 要继续全面加强惩治和预防腐败体系建设，加强反腐倡廉教育和廉政文化建设，健全权力运行制约和监督体系，加强反腐败国家立法，加强反腐倡廉党内法规制度建设，深化腐败问题多发领域和环节的改革，确保国家机关按照法定权限和程序行使权力。要加强对权力运行的制约和监督，把权力关进制度的笼子里，形成不敢腐的惩戒机制、不能腐的防范机制、不易腐的保障机制。

对腐败问题要零容忍。不管级别有多高，谁触犯法律都要问责，都要处理。只有严肃查处腐败，刮骨疗毒，才能使党更加强大、使党的肌体更加健康。对巡视发现的问题，该查处的就查处，该免职的就免职。发现问题要及时跟进，有问题、有漏洞就要堵塞，要在履行领导干部党风廉政建设责任制方面抓几个典型。不能底下案件成串，他还当着太平官，好官我自为之，有问题不报告、不反映、也不惊动，这不行。

各级领导干部都要牢记，任何人都没有法律之外的绝对权力，任何人行使权力都必须为人民服务、对人民负责并自觉接受人民监督。要加强对一把手的监督，认真执行民主集中制，健全施政行为公开制度，保证领导干部做到位高不擅权、权重不谋私。

深入推进反腐败斗争，必须持续保持高压态势，做到零容忍的态度不变、猛药去疴的决心不减、刮骨疗毒的勇气不泄、严厉惩处的尺度不松，发现一起查处一起，发现多少查处多少，不定指标、上不封顶，凡腐必反，除恶务尽。要有忧患意识，坚持党要管党、从严治党，保持高压态势，坚决遏制腐败现象蔓延势头。

---

① 中共中央文献研究室．十八大以来重要文献选编：上．北京：中央文献出版社，2014：135.

三、腐败问题与政治问题相伴而生

腐败问题与政治问题往往是相伴而生的。如果有腐败行为，那就会想着如何给自己找一条安全通道，找保护伞，就会去搞团团伙伙，甚至想为一己私利影响组织上对领导班子配备的决定。

习近平总书记指出："这些年，在干部监督上，相当一部分党组织习惯于把防线只设置在反对腐败上，认为只要干部没有腐败问题，其他问题就都可忽略不计，没有必要加以追究，也不愿意加以追究。有的干部也认为，自己没有腐败问题就行了，其他问题都不在话下，没有什么可怕的。"① "在这种观念支配下，一些人无视党的政治纪律和政治规矩，为了自己的所谓仕途，为了自己的所谓影响力，搞任人唯亲、排斥异己的有之，搞团团伙伙、拉帮结派的有之，搞匿名诬告、制造谣言的有之，搞收买人心、拉动选票的有之，搞封官许愿、弹冠相庆的有之，搞自行其是、阳奉阴违的有之，搞尾大不掉、妄议中央的也有之，如此等等。有的人已经到了肆无忌惮、胆大妄为的地步！而这些问题往往没有引起一些地方和部门党组织的注意，发现了问题也没有上升到党纪国法高度来认识和处理。这是不对的，必须加以纠正。"②

聚焦政治问题和经济问题交织的腐败案件，防止党内形成利益集团，查处各类严重违纪违法案件。坚持无禁区、全覆盖、零容忍，坚持重遏制、强高压、长震慑，坚持受贿行贿一起查，坚持有案必查、有腐必惩，以猛药去疴、重典治乱的决心，以刮骨疗毒、壮士断腕的勇气，坚定不移"打虎""拍蝇""猎狐"。

---

① 习近平. 论坚持党对一切工作的领导. 北京：中央文献出版社，2019：80.

② 习近平. 论坚持党对一切工作的领导. 北京：中央文献出版社，2019：80-81.

要抓早抓小，有病就马上治，发现问题就及时处理，不能养痈遗患。这是对干部的爱护。要让每一个干部牢记“手莫伸，伸手必被捉”的道理。领导干部要心存敬畏，不要心存侥幸。群众说，只有警钟长鸣，才能警笛不响。这些说的都是一个道理。

四、坚持一体推进不敢腐、不能腐、不想腐

坚持不敢腐、不能腐、不想腐一体推进，惩治震慑、制度约束、提高觉悟一体发力，确保党和人民赋予的权力始终用来为人民谋幸福。习近平总书记指出：“一体推进不敢腐、不能腐、不想腐，不仅是反腐败斗争的基本方针，也是新时代全面从严治党的重要方略。不敢腐、不能腐、不想腐是相互依存、相互促进的有机整体，必须统筹联动，增强总体效果。‘不敢’是前提，要以严格的执纪执法增强制度刚性，让党员、干部从害怕被查处的‘不敢’走向敬畏党和人民、敬畏党纪国法的‘不敢’；‘不能’是关键，要科学配置权力，加强重点领域监督机制改革和制度建设，推动形成不断完备的制度体系、严格有效的监督体系；‘不想’是根本，要靠加强理想信念教育，靠提高党性觉悟，靠涵养廉洁文化，夯实不忘初心、牢记使命的思想根基。”①

要深刻把握党风廉政建设规律，一体推进不敢腐、不能腐、不想腐。既要把“严”的主基调长期坚持下去，又要善于做到“三个区分开来”。既要合乎民心民意，又要激励干部担当作为，充分运用“四种形态”提供的政策策略，通过有效处置化解存量、强化监督遏制增量，实现政治效果、纪法效果、社会效果有机统一。

---

① 中共中央党史和文献研究院. 十九大以来重要文献选编：中. 北京：中央文献出版社，2021：388.

完善党和国家监督体系，推动设立国家监察委员会和地方各级监察委员会，形成巡视巡察上下联动的格局，构建以党内监督为主导、各类监督贯通协调的机制，加强对权力运行的制约和监督。

加强追逃追赃工作是向腐败分子发出断其后路的强烈信号，能够对腐败分子形成震慑，遏制腐败现象蔓延势头。随着反腐败力度不断加大，一些腐败分子把外逃作为后路。要以零容忍态度惩治腐败，不管腐败分子跑到天涯海角，也要把他们绳之以法，决不能让其躲进“避罪天堂”、逍遥法外。要把追逃追赃工作纳入党风廉政建设和反腐败斗争总体部署，把反腐败斗争引向深入。

持续整治群众身边腐败和作风问题，让群众在反腐“拍蝇”中增强获得感。要坚决整治政法战线违纪违法问题，努力让人民群众在每一件司法案件中感受到公平正义。要推动扫黑除恶常态化，坚决打击黑恶势力及其“保护伞”，决不让其再祸害百姓。要紧盯党中央惠民富民、促进共同富裕政策的落实，持续纠治教育医疗、养老社保、扶贫环保等领域腐败和不正之风，解决好群众的急难愁盼问题，让人民群众感受到公平正义。

党风廉政建设永远在路上，反腐败斗争永远在路上。我们党作为百年大党，要永葆先进性和纯洁性、永葆生机活力，必须一刻不停推进党风廉政建设和反腐败斗争。各级领导干部特别是主要负责同志必须切实担负起管党治党政治责任，始终保持“赶考”的清醒，保持对“腐蚀”“围猎”的警觉，把严的主基调长期坚持下去，以系统施治、标本兼治的理念正风肃纪反腐，不断增强党自我净化、自我完善、自我革新、自我提高能力，跳出治乱兴衰的历史周期率，引领和保障中国特色社会主义巍巍巨轮行稳致远。

第六节　关于自我革命

第三个历史决议指出：“勇于自我革命是中国共产党区别于其他政党的显著标志。自我革命精神是党永葆青春活力的强大支撑。先进的马克思主义政党不是天生的，而是在不断自我革命中淬炼而成的。”① 自我革命思想的提出，是习近平新时代中国特色社会主义思想对马克思主义建党学说的重大理论贡献。

一、区别于其他政党的显著标志

勇于自我革命，是中国共产党最鲜明的品格，也是最大的优势。百年风霜雪雨、百年大浪淘沙，中国共产党能够战胜一个又一个困难，取得一个又一个胜利，关键在于我们始终坚持党要管党、全面从严治党不放松，在推动社会革命的同时进行彻底的自我革命。

习近平总书记指出：“勇于自我革命是我们党区别于其他政党的显著标志。”② 先进的马克思主义政党不是天生的，而是在不断的自我革命中淬炼而成的。党历经百年沧桑更加充满活力，其奥秘就在于始终坚持真理、修正错误。党的伟大不在于不犯错误，而在于从不讳疾忌医，积极开展批评和自我批评，敢于直面问题，勇于自我革命。正是因为具备这种独有的政治品格，我们党才能穿越百年风风雨雨，多次在危难之际重新奋起、失误之后拨乱反正，成为打不倒、压不垮的马克思主义政党。

---

① 中共中央关于党的百年奋斗重大成就和历史经验的决议. 北京：人民出版社，2021：70.

② 习近平. 以史为鉴、开创未来 埋头苦干、勇毅前行. 求是，2022（1）.

一个政党最难的就是历经沧桑而初心不改、饱经风霜而本色依旧。自我革命精神是党永葆青春活力的强大支撑。正如习近平总书记所说："我们党执政正反两方面的经验，世界上一些社会主义国家和政党演变的教训，都揭示了一个道理：马克思主义政党夺取政权不容易，巩固政权更不容易；只要马克思主义执政党不出问题，社会主义国家就出不了大问题，我们就能够跳出'其兴也勃焉，其亡也忽焉'的历史周期率。"①

回顾封建王朝的兴衰更替史，不难看出：有些封建王朝开始时顺乎潮流、民心归附，尚能励精图治，遂致功业大成、天下太平，但最终都未能摆脱盛极而衰的历史悲剧。导致悲剧的原因有很多，其中一个共同的也是极其重要的原因就是统治集团贪图享乐、穷奢极欲，昏庸无道、荒淫无耻，吏治腐败、权以贿成，又自己解决不了自己的问题，搞得民不聊生、祸乱并生，终致改朝换代。

中国历史上的农民起义有其重大进步意义，这一点必须肯定，同时其失败的教训也发人深省。许多农民起义归于失败，除封建政权残酷镇压外，其中一个很重要的原因，就是农民起义队伍不能解决好自身存在的问题。

我们党和国家的性质宗旨同农民起义军、封建王朝有着本质区别，不可简单类比，但以史为鉴可以知兴替。功成名就时做到居安思危、保持创业初期那种励精图治的精神状态不容易，执掌政权后做到节俭内敛、敬终如始不容易，承平时期严以治吏、防腐戒奢不容易，重大变革关头顺乎潮流、顺应民心不容易。能打败我们的只有我们自己，没有其他人。正所谓"物必先腐而后虫生"。只有不断推进党的自我革命，才能永葆党的生机活力，永葆党的先进性和纯

---

① 习近平．推进党的建设新的伟大工程要一以贯之．求是，2019（19）．

洁性。

习近平总书记在党的十九大报告中强调："我们党要始终成为时代先锋、民族脊梁，始终成为马克思主义执政党，自身必须始终过硬。"① 怎样才算过硬，就是要敢于进行自我革命，敢于刀刃向内，敢于刮骨疗伤，敢于壮士断腕，防止祸起萧墙。这就是为什么我们党要不断进行自我革命的根本意义所在。

中国共产党历经百年沧桑依然风华正茂，其奥秘就在于具有自我净化、自我完善、自我革新、自我提高的强大能力，自我革命精神是党的执政能力的强大支撑。

二、跳出治乱兴衰历史周期率的全新答案

习近平总书记指出："我们党历史这么长、规模这么大、执政这么久，如何跳出治乱兴衰的历史周期率？毛泽东同志在延安的窑洞里给出了第一个答案，这就是'只有让人民来监督政府，政府才不敢松懈'。经过百年奋斗特别是党的十八大以来新的实践，我们党又给出了第二个答案，这就是自我革命。"②

一百多年来，中国共产党外靠发展人民民主、接受人民监督，内靠全面从严治党、推进自我革命，勇于坚持真理、修正错误，勇于刀刃向内、刮骨疗毒，保证了党长盛不衰、不断发展壮大。全面从严治党是新时代党的自我革命的伟大实践，开辟了百年大党自我革命的新境界。

党的十八大以来，党积累了自我革命的成功经验。那就是：必须坚持以党的政治建设为统领，坚守自我革命根本政治方向；必须

---

① 习近平. 习近平谈治国理政：第 3 卷. 北京：外文出版社，2020：13.

② 习近平. 以史为鉴、开创未来 埋头苦干、勇毅前行. 求是，2022 (1).

坚持把思想建设作为党的基础性建设，淬炼自我革命锐利思想武器；必须坚决落实中央八项规定精神、以严明纪律整饬作风，丰富自我革命有效途径；必须坚持以雷霆之势反腐惩恶，打好自我革命攻坚战、持久战；必须坚持增强党组织政治功能和组织力凝聚力，锻造敢于善于斗争、勇于自我革命的干部队伍；必须坚持构建自我净化、自我完善、自我革新、自我提高的制度规范体系，为推进伟大自我革命提供制度保障。

“我将无我，不负人民。”[①] 中国共产党没有任何自己特殊的利益，这是党敢于自我革命的勇气之源、底气所在。正因为无私，才能本着彻底的唯物主义精神经常检视自身、常思己过，才能摆脱一切利益集团、权势团体、特权阶层的围猎腐蚀，并向党内被这些集团、团体、阶层所裹挟的人开刀。

党的十八大以来，中国共产党以前所未有的勇气和定力全面从严治党，打了一套自我革命的“组合拳”，形成了一整套党自我净化、自我完善、自我革新、自我提高的制度规范体系。针对“七个有之”等严重影响党的形象和威信、严重损害党群干群关系的突出问题，我们坚持严的主基调，强化监督执纪问责，抓住“关键少数”，党在革命性锻造中更加坚强。特别是我们党以猛药祛疴、重典治乱的决心，以刮骨疗毒、壮士断腕的勇气，坚定不移“打虎”“拍蝇”“猎狐”，清除了党、国家、军队内部存在的严重隐患。世界上那么多执政党，有几个敢像我们党这样大规模、大力度、坚持不懈反腐败？有些人吹捧西方多党轮流执政、“三权鼎立”那一套，不相信我们党能够刀刃向内、自剜腐肉。中国共产党勇于自我革命的实践给了他们响亮有力的回答。

---

① 习近平．习近平谈治国理政：第3卷．北京：外文出版社，2020：144．

三、对为什么能自我革命的深刻揭示

勇于自我革命是中国共产党区别于其他政党的显著标志。中国共产党以勇于自我革命的实践，为世界提供了榜样。为什么中国共产党能够做到自我革命？这里面蕴含着深刻的道理。

第一，中国共产党的性质和初心使命，决定了中国共产党能够自我革命。

中国共产党始终代表最广大人民根本利益，与人民休戚与共、生死相依，没有任何自己特殊的利益，从来不代表任何利益集团、任何权势团体、任何特权阶层的利益，从诞生之日起就把为中国人民谋幸福、为中华民族谋复兴确立为自己的初心使命。不谋私利才能谋根本、谋大利，才能从党的性质和根本宗旨出发，从人民根本利益出发，检视自己；才能不掩饰缺点、不回避问题、不文过饰非，有缺点克服缺点，有问题解决问题，有错误承认并纠正错误；才能本着彻底的自我革命精神检视自身、常思己过，坚决同一切损害党的先进性和纯洁性的因素作斗争；才能摆脱一切利益集团、权势团体、特权阶层的“围猎”腐蚀，并向党内被这些集团、团体、阶层所裹挟的人开刀，永葆党的生机活力。自我革命是从严治党、兴党强党的法宝，也是党和国家兴旺发达、长治久安的法宝。

第二，中国共产党的理想信念，决定了中国共产党能够自我革命。

马克思主义真理信仰、共产主义远大理想、中国特色社会主义共同理想，是中国共产党人的理想信念和政治灵魂，是中国共产党人经受任何考验的精神支柱。在新时代，坚定理想信念，最重要的就是要坚定中国特色社会主义道路自信、理论自信、制度自信、文化自信。中国共产党不是因利益而结成的政党，而是以共同理想信念而组织起来的马克思主义先进政党。建设坚强的马克思主义执政党，首先要从理想信念做起。历史和现实都告诫我们：全党理想信念坚定，党就拥有无比强大的力量；全党理想信念淡薄，党就会成为乌合之众，风一吹就散。只有用坚定理想信念炼就“金刚不坏之身”，解决好世界观、人生观、价值观这个“总开关”问题，才能在大是大非面前旗帜鲜明，在风浪考验面前无所畏惧，在各种诱惑面前立场坚定，在关键时刻靠得住、信得过、能放心。在创建中国共产党历程中形成的伟大建党精神，是中国共产党的精神之源。以此为源头，又在百余年奋斗中构建起中国共产党人的精神谱系，锤炼出鲜明的政治品格。这些都是推动党的自我革命的强大内生动力。

第三，外靠发展人民民主、接受人民监督，内靠全面从严治党、推进自我革命，是中国共产党实行自我革命的两大动力。

中国共产党根基在人民、血脉在人民、力量在人民。勇于自我革命和接受人民监督是内在一致的。中国共产党外靠发展人民民主、接受人民监督，内靠全面从严治党、推进自我革命，走出了一条确保党不变质、不变色、不变味的成功之道。特别是党的十八大以来，中国共产党带领人民在坚持和完善人民当家作主的人民代表大会制度的基础上，创造性地发展全过程人民民主，形成了一整套发挥人大监督在党和国家监督体系中的重要作用，让人民监督权力，让权力在阳光下运行，用制度的笼子管住权力，用法治的缰绳驾驭权力的体制机制，使毛泽东同志当年给出的“让人民来监督政府”的第一个答案在新时代更加丰富发展。与此同时，以习近平同志为核心的党中央把全面从严治党纳入“四个全面”战略布局，把党的领导制度体系和全面从严治党制度建设纳入国家治理体系和治理能力现代化之中，不断健全党和国家监督体系。新时代全面从严治党的成功经验表明，党内监督在党和国家各种监督形式中是最根本的、第一位的，同时还要形成党内监督与人民监督等其他各种监督的合力。

第四，不断提升自我净化、自我完善、自我革新、自我提高能力，是中国共产党实行自我革命的独特优势。

中国共产党之所以伟大，不在于不犯错误，而在于从不讳疾忌医，敢于直面问题，勇于自我革命。党的十八大以来，以习近平同志为核心的党中央以前所未有的勇气和定力全面从严治党，打了一套自我革命的“组合拳”，形成了一整套党自我净化、自我完善、自我革新、自我提高的制度规范体系。自我净化，就是要过滤杂质、清除毒素、割除毒瘤，教育引导全党坚定理想信念宗旨，自觉抵御各种腐朽思想侵蚀，提高政治免疫力，同时聚焦突出问题，自觉向体内病灶开刀，清除一切侵蚀党的健康肌体的病毒。自我完善，就是要修复肌体、健全机制、丰富功能，着眼于加强党的长期执政能力建设，着力补短板、强弱项，不断构建系统完备、科学规范、运行有效的制度体系，完善决策科学、执行坚决、监督有力的权力运行机制。自我革新，就是要与时俱进、自我超越，善于调动全党积极性、主动性、创造性，坚决破除一切不合时宜的思想观念和体制机制弊端，通过改革和制度创新压缩腐败现象生存空间和滋生土壤，营造风清气正的政治生态。自我提高，就是要有新本领、有新境界，永不僵化、永不停滞，在学习实践中砥砺品格、增长才干，全面增强执政本领，不断提升政治境界、思想境界、道德境界，永葆党的生机活力。由此形成了依靠党自身力量发现问题、纠正偏差、推动创新、实现执政能力整体性提升的良性循环。

四、怎样推进自我革命的根本遵循

习近平总书记关于党的自我革命的重要思想凝结了新时代全面

从严治党丰富实践经验和重要理论成果，凝聚了全党高度共识，为新时代新征程深入推进全面从严治党、党风廉政建设和反腐败斗争提供了根本遵循，为怎样推进自我革命提供了强大思想武器和科学行动指南。这集中体现在推进自我革命“九个以”的实践要求上。

第一，以坚持党中央集中统一领导为根本保证。自我革命只有以坚持党中央集中统一领导为根本保证，才能始终保持正确政治方向。党的十八大以来，全面从严治党之所以能够取得革命性重塑的成效，关键在于始终坚持把党的政治建设摆在首位，把维护党中央权威和集中统一领导作为最高政治原则，把党的领导落实到管党治党、治国理政各领域各方面各环节，严明政治纪律和政治规矩，强化政治监督、深化政治巡视，坚决防止和治理“七个有之”，坚决清除对党中央阳奉阴违的两面人、两面派，不断净化党内政治生态。

第二，以引领伟大社会革命为根本目的。新时代中国特色社会主义是党领导人民进行伟大社会革命的成果，也是党领导人民进行伟大社会革命的继续。全面从严治党、自我革命的目的，从根本上说，是以伟大自我革命引领伟大社会革命，以伟大社会革命促进伟大自我革命，确保党在新时代坚持和发展中国特色社会主义的历史进程中始终成为坚强领导核心。我们务必不忘初心、牢记使命，务必谦虚谨慎、艰苦奋斗，务必敢于斗争、善于斗争，坚定历史自信，增强历史主动，勇于把我们党领导人民长期进行的伟大社会革命继续推进下去，决不能因为胜利而骄傲，决不能因为成就而懈怠，决不能因为困难而退缩，努力使中国特色社会主义展现更加强大、更有说服力的真理力量。

第三，以习近平新时代中国特色社会主义思想为根本遵循。坚持把思想建设作为党的基础性建设，淬炼自我革命锐利思想武器，是新时代全面从严治党的一条成功经验。习近平新时代中国特色社会主义思想是当代中国马克思主义、21 世纪马克思主义，是全党全国各族人民为实现中华民族伟大复兴而奋斗的行动指南，也是推进自我革命的根本遵循。要坚持不懈用习近平新时代中国特色社会主义思想凝心铸魂，更加深刻领悟“两个确立”的决定性意义，更加自觉增强“四个意识”、坚定“四个自信”、做到“两个维护”，始终在思想上政治上行动上同以习近平同志为核心的党中央保持高度一致，将自我革命进行到底。

第四，以跳出历史周期率为战略目标。能否跳出历史周期率，成为对中国共产党的重大历史考验。进入新时代，以习近平同志为核心的党中央就推进反腐败斗争提出一系列新理念新思想新战略，把全面从严治党纳入“四个全面”战略布局，探索出依靠自我革命跳出历史周期率的有效途径。

第五，以解决大党独有难题为主攻方向。中国共产党有自身的辉煌成就、光荣传统、巨大优势，也面临大党独有难题。要清醒地认识到，在长期执政条件下，各种弱化党的先进性、损害党的纯洁性的因素无时不有，各种违背初心和使命、动摇党的根基的危险无处不在，如果不严加防范、及时整治，久而久之，必将积重难返，小问题就会变成大问题、小管涌就会沦为大塌方，甚至可能酿成全局性、颠覆性的灾难。要站在事关党长期执政、国家长治久安、人民幸福安康的高度，把全面从严治党作为党的长期战略、永恒课题，发扬彻底的自我革命精神，把党的伟大自我革命进行到底。

第六，以健全全面从严治党体系为有效途径。健全全面从严治党体系是党的二十大提出的加强新时代党的建设的重大举措，是把党的自我革命进行到底的有效途径。全面从严治党体系是一个内涵丰富、功能完备、科学规范、运行高效的动态系统，需要坚持制度治党、依规治党，更加突出党的各方面建设有机衔接、联动集成、协同协调，更加突出体制机制的健全完善和法规制度的科学有效，更加突出运用治理的理念、系统的观念、辩证的思维管党治党建设党。为此，要坚持内容上全涵盖，对象上全覆盖，责任上全链条，制度上全贯通，把制度建设要求体现到全面从严治党全过程、各方面、各层级，用制度促进全面从严治党体系贯通、联动。

第七，以锻造坚强组织、建设过硬队伍为重要着力点。党的力量来自组织。党的全面领导、全面从严治党要靠党的坚强组织体系和过硬队伍去实现。党的基层组织是确保党的路线方针政策和决策部署贯彻落实的基础。要以提升组织力为重点，突出政治功能，把基层党组织建设成为宣传党的主张、贯彻党的决定、领导基层治理、团结动员群众、推动改革发展的坚强战斗堡垒。推动自我革命，全面建设社会主义现代化国家，必须有一支政治过硬、适应新时代要求、具备领导现代化建设能力的干部队伍。要坚持党管干部原则，坚持德才兼备、以德为先、五湖四海、任人唯贤，把新时代好干部标准和新时代党的组织路线落到实处。

第八，以正风肃纪反腐为重要抓手。正风肃纪、强力反腐败，是自我革命的重要抓手。制定实施中央八项规定，是我们党在新时代的徙木立信之举，要常抓不懈、久久为功，直至真正化风成俗，以优良党风引领社风民风。坚持党性党风党纪一起抓，从思想上固本培元，提高党性觉悟，增强拒腐防变能力，涵养富贵不能淫、贫贱不能移、威武不能屈的浩然正气。新征程反腐败斗争，必须在铲除腐败问题产生的土壤和条件上持续发力、纵深推进，让反复发作的老问题逐渐减少，让新出现的问题难以蔓延，推动防范和治理腐败问题常态化、长效化。

第九，以自我监督和人民监督相结合为强大动力。自我监督是世界性难题，是国家治理的哥德巴赫猜想。党的十八大以来全面从严治党的实践证明，我们党自我净化的机制是有效的，我们完全有能力解决自身存在的问题。进行自我革命，既要靠党，也要注重依靠人民，实现自我监督和人民监督相结合。要构建党统一指挥、全面覆盖、权威高效的监督体系，把党内监督同国家机关监督、民主监督、司法监督、群众监督、舆论监督贯通起来，形成发现问题、及时纠偏的有效机制，不断增强党自我净化、自我完善、自我革新、自我提高的能力。

以上这"九个以"的实践要求，既是在强国建设、民族复兴新征程上推进自我革命的重要思路和举措，也是深化对自我革命规律性认识的最新成果。我们要全面把握、全面贯彻，继续推进自我革命的实践创新和理论创新。

五、以自我革命引领社会革命

新时代，中国共产党必须以党的自我革命来推动党领导人民进行的伟大社会革命，把党建设成为始终走在时代前列、人民衷心拥护、勇于自我革命、经得起各种风浪考验、朝气蓬勃的马克思主义执政党，这既是我们党领导人民进行伟大社会革命的客观要求，也是我们党作为马克思主义政党建设和发展的内在需要。

社会革命的内容，是依据中国共产党的中心任务和社会主要矛盾变化而确定的。党的二十大报告明确指出："从现在起，中国共产党的中心任务就是团结带领全国各族人民全面建成社会主义现代化强国、实现第二个百年奋斗目标，以中国式现代化全面推进中华民族伟大复兴。”①

要想把以中国式现代化全面推进强国建设、民族复兴这场伟大社会革命进行好，中国共产党必须勇于进行自我革命，把党建设得更加坚强有力。要看到，在新时代，党领导人民进行伟大社会革命，涵盖领域的广泛性、触及利益格局调整的深刻性、涉及矛盾和问题的尖锐性、突破体制机制障碍的艰巨性、进行伟大斗争形势的复杂性，都是前所未有的。我们必须增强忧患意识、责任意识，把党的伟大自我革命进行到底。

在全党开展集中性学习教育，是我们党推进自我革命的重要途径，也是一条重要经验。改革开放以来，我们通过开展整党、“三讲”教育、先进性教育活动、学习实践科学发展观活动等，有力推进了党的建设新的伟大工程。党的十八大以来，在全党范围内先后组织开展党的群众路线教育实践活动、“三严三实”专题教育、“两学一做”学习教育、“不忘初心、牢记使命”主题教育、党史学习教育、学习贯彻习近平新时代中国特色社会主义思想主题教育、党纪学习教育等，党的创造力、凝聚力、战斗力显著提高，党的自我净化、自我完善、自我革新、自我提高能力不断增强。

中国共产党历经百年，成就辉煌。越是这样越要发扬自我革命精神，千万不能在一片喝彩声中迷失自我。全党同志要永葆自我革命精神，增强全面从严治党永远在路上的政治自觉。习近平总书记指出：“我们要居安思危，时刻警惕我们这个百年大党会不会变得老态龙钟、疾病缠身。对党的历史上走过的弯路、经历的曲折不能健忘失忆，对中外政治史上那些安于现状、死于安乐的深刻教训不能健忘失忆；对自身存在的问题不能反应迟钝，处理动作慢腾腾、软

---

① 习近平．习近平著作选读：第1卷．北京：人民出版社，2023：18．

绵绵，最终人亡政息！要以伟大自我革命引领伟大社会革命，以伟大社会革命促进伟大自我革命，确保党在新时代坚持和发展中国特色社会主义的历史进程中始终成为坚强领导核心。”[①]

（作者单位：中国史学会）

① 习近平. 以史为鉴、开创未来 埋头苦干、勇毅前行. 求是，2022 (1).

第四章
新时代中共党史党建学科建设的基本思路

李 捷

新时代中共党史党建学科建设的基本思路是，以习近平新时代中国特色社会主义思想为指导，以构建科学合理的中共党史党建学一级学科为目标，以新时代提出的重大研究课题为主攻方向，着力推动融合发展，更好发挥学科优势，加强基本理论建设，拓宽学科研究视角，增强学科创新能力，充分发挥中共党史党建学科在总结历史经验，弘扬光荣传统，赓续革命精神，加强党的领导、党的事业、党的建设方面的重要作用，进一步提升服务党和国家中心工作的能力和水平，为实现以中国式现代化全面推进强国建设、民族复兴的第二个百年奋斗目标贡献力量。

第一节 推动融合发展

推动中共党史党建学科融合发展，是构建名副其实的中共党史党建学一级学科的内在要求。

我们在第一章谈过，中共党史党建学一级学科建设，不是党史学科和党建学科两个二级学科的简单相加，也不是在中共党史党建学一级学科名义下两个学科的继续独立发展，而是两个二级学科高度融合为一个统一的一级学科。但要从分属于政治学一级学科和马克思主义理论一级学科之下、相对独立的两个二级学科，融合发展为一个内在统一的中共党史党建学一级学科，必然会有一个过渡阶段，不可能一蹴而就。这个阶段只能走融合发展之路。

走融合发展之路，不是“拉郎配”，而是基于党史学科和党建学科的共同基础。如前所述，党史学科和党建学科研究对象相同，都以中国共产党作为自己的研究对象；总的指导思想相同，都以马克思列宁主义、毛泽东思想、邓小平理论、“三个代表”重要思想、科学发展观、习近平新时代中国特色社会主义思想作为自己的指导思想；基础理论相同，都以辩证唯物主义、历史唯物主义及正确党史观和中国化马克思主义党建理论体系作为自己的基础理论；研究方法和基本原则相同，都以实事求是、群众路线、独立自主、党性原则与人民性原则的统一、政治性与学术性的统一作为自己的基本研究方法和原则。

党史研究和党建研究各有侧重。简言之，党史研究侧重于研究中国共产党的历史，党建研究侧重于研究中国共产党的现实。但要研究现实问题，必须研究这个问题的来龙去脉。因此，党的建设的基础学科支撑就是党史学科。党史学科研究中国共产党的历史、总结历史经验、用党的历史和经验深入诠释解读党的创新理论，其目的都是加强和改善党的领导、党的建设，推进党的事业。因此，党史党建尽管各有侧重，但在本质上还是相通的。

总之，走中共党史党建学科融合发展之路，构建名副其实的中共党史党建学一级学科，既是迫切需要，也有实际可能，关键是要选准突破口。这些突破口，一定是中共党史党建学科发展的学术增长点与充分发挥其资政功能、育人功能、学理支撑功能、国际传播功能的交汇点。这就是通过推动中共党史党建学科在学术议题、研究阐释、文献阐释、普及阐释方面的融合发展，最终实现构建名副其实的中共党史党建学一级学科的目的。

一、推动学术议题的融合发展

党史学科和党建学科有共同的研究对象，即使在两个学科相对独立发展的时期里，双方的学术议题中也有许多的共同点、相似点和相辅相成的交叉点。同时，二者都具有较强的资政育人作用，学科发展又都是以现实问题为导向的，这就决定了，以问题为导向、以学术议题为牵引，是推动中共党史党建学科融合发展的重要途径。

多年来，在全国哲学社会科学工作办公室的指导和推动下，学科评审组在以学术议题为牵引推动中共党史党建学科融合发展方面做了持续不断的尝试。具体做法是，在每年学科调研基础上，将国家社会科学基金项目年度课题指南的中共党史党建部分统筹考虑，分与合相济，收到了较好的效果。

一是在党史学科的课题指南里，有意识地增加了有关党的建设历史经验的议题。如在2021年度课题指南里，设置了“中国共产党政治优势、思想优势、组织优势、制度优势研究”、“中国共产党百年建设史研究”（分政治、思想、组织、作风、纪律、制度、基层组织等专题）、“中国共产党百年反腐败斗争史研究”、“中国共产党成立100年来党的建设历程、成就与经验研究”、“中国共产党百年干部教育史研究”、“建党100年来中国共产党维护党中央权威的基本经验研究”、“建党 100 年来中国共产党的党内政治生态建设研究”等。

二是在党建学科的课题指南里，有意识地加强了从大的历史视野总结党的建设发展规律的议题。如在 2020 年度课题指南里，设置了“中国共产党督查工作发展史研究”“新中国成立前党内法规制度建设历史研究”“中国共产党百年建设史研究”“中国共产党组织史研究”“中国共产党领导制度建设史研究”“中国共产党政治建设史研究”“中国共产党纪律建设史研究”“中国共产党作风建设史研究”“中国共产党廉政建设史研究”等。这些议题，既需要具备党建学科的理论素养，又需要具备扎实的党史专业基础，同时又能深化党建学科研究，对推动两个学科的相互交叉、相互融合在客观上起到有力的促进作用。

三是有少量的课题指南，本身就是跨学科的议题，需要整合党史党建两个学科的力量进行研究。如在 2020 年度课题指南里，有“中国共产党党内法规体系研究”，既需要研究党的十八大以来系统形成的党内法规体系本身，同时也需要研究党内法规是如何逐渐发展成完整的体系的，并且需要具体分析推动党内法规发展为完整体系的历史背景、内生动力等因素。又如，在 2021 年度课题指南里，有“党内法规在中国共产党百年发展历程中的地位和作用研究”，这同样是贯通党史学科和党建学科的议题。

以上都证明，在实现中共党史党建学科融合发展中，率先推动中共党史党建学科在学术议题上的融合发展，不仅具有牵引学术方向的龙头效应，而且具有很大的可行性和可操作性。

二、推动研究阐释的融合发展

回顾中共党史党建学科发展历程，即使在两个二级学科相对独立发展的时期里，中共党史党建学科的研究阐释方式及其所使用的话语，也始终是同党的各个历史时期的基本特征、政治路线、政治话语紧密联系的。中国共产党发展的各个时期，无不在中共党史党建学科发展历程中打下了深深的历史烙印。这就决定了，形成中共党史党建学科在研究阐释上的交汇点与合力，是推动中共党史党建学科融合发展的重要途径。

党的十一届三中全会以来，中共党史党建学科的研究阐释创新，经历了三次重大发展，每一次都推动了学科在研究阐释上的同频共振、同向发力。第一次，是党的十一届三中全会后，随着党的思想路线、政治路线、组织路线的全面拨乱反正的实现，党史学科和党建学科以党的两个历史决议和党中央精神为准绳，实现了正本清源，进入了科学发展的轨道。第二次，是 20 世纪与 21 世纪之交，随着改革开放的深入推进，社会主义市场经济体制建立完善起来，中国成功加入世界贸易组织，中国特色社会主义道路、理论体系、制度基本成形，党的建设新的伟大工程全面展开，党的指导思想上的理论创新持续发展，党史学科和党建学科推出了一系列重要的标志性成果，进入了成熟稳健发展的轨道。第三次，是中国特色社会主义进入新时代，以习近平同志为核心的党中央实现了党和军队的革命性重塑，全面深化改革、全面依法治国、全面从严治党形成强大推动力，全面建成小康社会、第一个百年奋斗目标圆满实现，围绕全面建设社会主义现代化国家的战略布局成功开启，在这一过程中创立了习近平新时代中国特色社会主义思想，紧扣新时代提出了一系列新思想新观点新论断，形成了新时代中国特色社会主义道路、理论体系、制度、文化，形成了新时代党的建设总要求和总体布局，这推动着党史学科和党建学科进入了一个新的发展阶段。经过这三个发展阶段，中共党史党建学科的研究阐释体系，以致研究话语体系，都有了很大变化，既有力推动着学科体系的创新发展，又进一步强化了学科的内在联系。

如今，随着构建中共党史党建学一级学科迈出实质性步伐，中共党史党建学科发展进入了新阶段。这个新阶段的显著特征是，以新时代为立足点，全面总结和阐释党的百年历史和经验，包括不懈奋斗史、不怕牺牲史、理论探索史、为民造福史、自身建设史；以习近平新时代中国特色社会主义思想为指导，全面推动中共党史党建学科实现高质量发展。

这一显著特征集中体现在研究阐释的融合发展上，就是要在学懂弄通习近平新时代中国特色社会主义思想的基础上，根据新时代党和国家事业发展的新布局、新要求、新举措，推动中共党史党建学科研究阐释中所使用的学科话语体系实现融合发展，进而实现中共党史党建学一级学科体系的整体化创新发展。

在中共党史党建学科研究阐释的融合发展上，需要在坚持原有研究成果、学术概念、学术话语的基础上，打破原先过分强调“史”或过分强调“论”所造成的学术藩篱，打通党史与党建的新视野，及时体现最新的理论创新成果。

实际上，近些年来以习近平同志为核心的党中央提出的一系列新思想新观点新论断，已经具有贯通历史与现实、党史与党建的鲜明特点。再按照传统习惯，把这些新思想新观点新论断分作党史和党建学科进行研究，难免会有片面性和局限性。这就需要在更高层次上，打破党史党建的界限，进行全方位全领域全视域的研究。

这就需要把实现中华民族伟大复兴，四个时期的划分，马克思主义中国化“两个结合”，中国式现代化新道路，人类文明新形态，中华民族迎来从站起来、富起来到强起来的历史飞跃，实现中华民族伟大复兴进入不可逆转的历史进程等从原先的研究范式看属于党史领域的重要主题，通过中共党史党建学科在研究阐释上的创新，建立起体现新时代特征和要求的学科体系、学术体系、话语体系，并及时体现到教学体系之中。

这就需要把初心使命、自我革命、斗争精神、以伟大工程推动伟大斗争伟大事业伟大梦想、必须坚持中国共产党坚强领导、必须团结带领中国人民不断为美好生活而奋斗、必须继续推进马克思主义中国化、必须坚持和发展中国特色社会主义、必须加快国防和军队现代化、必须不断推动构建人类命运共同体、必须进行具有许多新的历史特点的伟大斗争、必须加强中华儿女大团结、必须不断推进党的建设新的伟大工程，用全面从严治党为全面建设社会主义现代化国家、全面深化改革、全面依法治国提供坚强保障，确保党不变质、不变色、不变味等从原先的研究范式看属于党建领域的重要主题，通过中共党史党建学科在研究阐释上的创新，建立起体现新时代特征和要求的学科体系、学术体系、话语体系，并及时体现到教学体系之中。

总之，通过中共党史党建学科在研究阐释上的融合发展，有利于中共党史党建学科在“统”与“分”两个方向上同时形成研究阐释融合发展的原动力，更好地适应新时代对中国共产党的历史与现实，理论与实践，党的领导、党的事业、党的建设进行全方位全领域全视域研究的需要。

三、推动文献阐释的融合发展

党史学科和党建学科在文献阐释上，有一个共同特点，那就是学科建设、学科发展离不开对中国共产党历史文献和当代文献的研究阐释。因而，通过推动中共党史党建学科在文献阐释方面的融合发展，构建中共党史党建学科统一的文献阐释学，势在必行。

党的十一届三中全会后，党史学科和党建学科的大发展，既离不开党的指导思想的与时俱进，离不开党和国家事业的创新发展，也离不开对中国共产党历史文献和当代文献的系统整理、编辑和研究，对新中国历史文献和当代文献的系统整理、编辑和研究。

改革开放以来，为了推动党的文献编辑研究工作，中共中央成立专门机构，有力推动了党史资料征集工作、党的文献编辑研究工作，党的历史文献和当代文献编辑研究阐释工作由此发端。经过长期发展，文献编辑研究阐释工作从无到有，已经实现对党的全部历史中的重要事件、重要会议、重要文献、重要人物的全覆盖，形成了完整的党的文献阐释体系。从重要事件和重要会议来说，许多专题文献集、专题资料集的问世，以及大型工具书的编纂，填补了大量空白。

就中国共产党专题文献集、专题资料集的编辑、研究、阐释来说，早已打破了党史、党建学科分野。许多文献集，无论是历史的还是当代的，既是党史学科不可或缺的研究资料和研究依据，也是党建学科必不可少的研究资料和研究依据。从重要人物来说，各类选集、文选、文集，以及历史传记、年谱、思想年谱、相关工具书的编辑出版，几乎覆盖了党史上的各种重要人物的生平和思想。大型文献资料集《中国共产党组织史资料》《中国共产党党内法规汇编》等的编辑出版，极大地推动了中共党史党建学科文献研究阐释工作的发展。《三中全会以来重要文献选编》至《十九大以来重要文献选编》这一套当代大型文献集的编辑出版，也在很大程度上为中共党史党建学科提供了当代文献阐释方面的便利。

党的十八大以来，以习近平同志为核心的党中央高度重视党的文献编辑工作，及时推出习近平总书记重要论述的专题摘录，及时推出习近平总书记有关重要论述的专题文集，还及时推出《习近平著作选读》第一卷和第二卷、《习近平谈治国理政》第一卷至第四卷，为中共党史党建学科加强对新时代文献阐释工作创造了前所未有的良好条件。

当前，中共党史党建学科的文献阐释融合发展，需要进一步从以下四个方面着力。

一是文献阐释创新需要朝重要概念、重要理念、重要决策、重要部署形成发展史等方向着力。如“初心使命”是如何提出来的，“自我革命”是如何提出来的，实现中华民族伟大复兴的主题是如何概括提炼出来的，“新发展阶段”是如何提出来的，等等。

二是文献阐释创新需要向使党的文献活起来方面着力。文献阐释，原本是属于研究者的“专利”，但随着社会上对中国共产党及其历史了解的需求越来越多，挖掘党的文献中蕴含的丰富思想、精神、作风、品德养料，把党的文献讲活，使其充分发挥应有的教育功能，成为新时代的迫切要求。这既是对党的文献阐释工作的挑战，也为党的文献阐释创新提供了难得的机遇。

三是文献阐释创新需要向充分利用纪念馆、展览馆、博物馆、影视网络平台等方面着力。党的文献阐释，一定要走出研究者的书斋，将有关党的知识、道理、历史以党的文献为载体向全社会传播，向国际社会传播。文献阐释与研究阐释相比，更加直观可信，使历史的描述、理论的讲述可以“触摸”。当前，各种以红色资源为中心的纪念馆、展览馆纷纷建立和完善，各种以红色资源为内容的影片和电视剧纷至沓来，许多主流网站也开辟了以红色资源为专题的网上平台。这为文献阐释走向社会，插上网络传播和影视传播的翅膀，创造了极好的条件与机会。文献阐释进入纪念馆、展览馆、博物馆和影视网络平台，不是简单地将专业人员的文献阐释移植到这些平台上去，而是需要随着文献展示的形态、环境与手段等的变化，相应改变文献阐释的方式方法。既要讲道理，更要讲故事，要把深奥抽象的道理渗透到生动鲜活的故事之中。既要讲抽象的历史，更要讲“可触摸”的历史，借用文献和文物的感染力量来还原历史氛围，还原历史事件，还原历史人物，还原崇高精神品格。

四是在上述工作的基础上，开设中共党史党建文献学概论课，并编撰相关教材，作为高校培养中共党史党建学科人才的重要基础课程与教材。

四、推动普及阐释的融合发展

党的历史这部教科书，只有为基层党员和人民群众所掌握，才能化为学史明理、学史增信、学史崇德、学史力行的强大动力。党的建设这个必修课，也只有为基层党员和人民群众所掌握，才能成为用伟大工程推动伟大斗争、伟大事业、伟大梦想的强大动力。中共党史党建学科的资政育人功能，也只有通过普及阐释的融合发展才能充分发挥出来。

普及离不开讲故事，但绝非只是讲故事。普及阐释创新是全方位的。首先，普及阐释是理论普及阐释。新时代在这方面取得了很大进展，推出了“理论热点面对面”系列理论通俗读物，编写出版了《习近平新时代中国特色社会主义思想学习问答》《习近平新时代中国特色社会主义思想学习纲要》，将党的创新理论送到基层党员身边，进入寻常百姓家。其次，普及阐释是以解疑释惑为主要目的的大众阐释。在中国共产党百年华诞之际开展的党史学习教育，就是要教育引导全党深刻认识红色政权来之不易、新中国来之不易、中国特色社会主义来之不易，深刻认识中国共产党为什么能、马克思主义为什么行、中国特色社会主义为什么好，不断坚定“四个自信”，不断增强历史定力，增强做中国人的志气、骨气、底气。要用基层党员和普通群众都能听得懂的语言，用能够吸引大中小学生听得进去的表达方式，把上述问题阐释好，阐释到位，达到入脑入心的效果。新时代围绕中国共产党的历史与现实、理论与实践的普及阐释，提出了把史与论放在更高层次上紧密结合的客观要求，既要讲清楚其所然，还要讲清楚其所以然，更要讲清楚蕴含在背后的其所以必然。要做好普及阐释工作，必须大力推动中共党史党建学科融合发展。

实现中共党史党建学科在普及阐释上的融合发展，有着得天独厚的条件。

一是中共党史党建学科以知与行高度统一、理论与实践高度统一为显著特点。之所以能够实现高度统一，关键是中国共产党能够团结带领中国人民实现中华民族伟大复兴，能够使中华民族真正强起来。有了“四个自信”的底气，就能够勇于面对群众、善于面对群众，旗帜鲜明、理直气壮地做好普及阐释创新。

二是中共党史党建学科有着史论结合、相得益彰的显著优势。党史学科科学阐述中国共产党为什么能、马克思主义为什么行、中国特色社会主义为什么好，可以充分运用百年党史中的生动事例，讲好党史故事，讲透党史故事背后的道理。党建学科阐述中国共产党为什么能、马克思主义为什么行、中国特色社会主义为什么好，可以充分阐释党的建设中的政治建设优势、思想建设优势、组织建设优势、作风建设优势、纪律建设优势、制度建设优势，充分阐释反腐倡廉、扫黑除恶的现实事例，并将党史故事与现实中的故事相结合，达到令人信服的效果。

由此可见，中共党史党建学科在普及阐释上的融合发展，着力点不仅仅在讲好历史故事的“史”的方面，同样也在讲好故事背后的道理与规律的“论”的方面，是两个融合发展与创新点，不是只有一个融合发展与创新点。

总之，新时代是中国共产党团结带领中国人民实现强国梦的伟大时代，也是更需要讲好中国共产党为什么能、马克思主义为什么行、中国特色社会主义为什么好的故事的时代。中共党史党建学科应大力推动学术议题、研究阐释、文献阐释、普及阐释融合发展，以构建名副其实的中共党史党建学一级学科。天地广阔，大有可为。

第二节　发挥学科优势

上一节，我们集中探讨了中共党史党建学科充分发挥“统”的优势推动融合发展的问题。这个问题还有另外一个方面，那就是在“统”的格局和前提下，适当保持“分”的活力，既充分发挥党史、党建学科同频共振、同向发力的优势，又注意发挥党史、党建学科的各自优势，同样是推动中共党史党建学科融合发展的需要。换句话说，中共党史党建学科的融合发展，不仅不会妨碍党史、党建学科充分发挥各自的传统优势，而且还会确保其朝着更好地发挥各自优势的方向发展。

一、发挥总结历史经验的学科优势

总结和阐释历史经验，使党的历史成为最好的教科书，让历史告诉未来，中共党史党建学科的显著功能和学科优势，以及其存在和发展的价值所在。

在总结历史经验方面，党史、党建学科有各自优势。就党史学科来说，注重和善于总结历史经验，是其基本功，也是党史学科区别于一般历史学科的显著特征。就党建学科来说，通过总结和阐发历史经验，来深入阐明党的建设理论、原则、制度与实践的历史规律与历史必然，也是党建学科的基本途径。这就决定了，成为一级学科后的中共党史党建学不仅可以继续发挥党史、党建学科各自在总结历史经验方面的优势，还可以在发挥党史、党建学科各自优势中实现更高层次的优势互补与优势整合。

中共党史党建学科还有一个显著的特点，就是许多对历史经验的精辟论述，往往来自党的最高领导人的重要论述，来自党的全国代表大会报告、党中央的历史决议和其他重要文献。但是，这些重要论述，往往是高度凝练、高度概括的，还需要党史学科和党建学科以及其他学科发挥各自的学科优势加以阐释和解读。

因此，中共党史党建学科要提高总结和阐释历史经验为现实服务的能力，需要同时具备两种本领。一种是直接通过历史阐释和概括来总结经验的本领。这种阐释和概括，既可以是通史性的（如百年党史），也可以是断代的（如改革开放和社会主义现代化建设新时期），还可以是分专题（如政治建设、组织建设等）、分领域（如经济的、政治的、文化的等）的，还可以是同一专题、同一领域从不同的视角来分析概括和总结。具备这种本领，既需要有扎实的历史功底，也需要有扎实的理论功底，还需要有较高的抽象思维能力。另一种是运用学科优势精准解读党中央对历史经验的总结的本领。这种精准解读阐释，既可以是全面的，也可以是某几个相互关联的方面的，还可以是其中的某个重要观点或论断。具备这种本领，最重要的是忠实于原著原文原意，这是进行精准解读阐发的基本前提条件。做不到这一点，其他都无从谈起。而要做到这一点，就需要有相应的比较深厚的历史功底和理论功底。还要对党在相关问题上曾经做出的论断、提出的观点、得出的结论、总结的经验有比较系统的研究和深入了解，才能看得出这些观点和论断在哪些方面又向前前进了。更重要的是准确辨别出哪些是新思想新观点新论断，并加以阐释。

二、发挥弘扬光荣传统的学科优势

弘扬光荣传统，使光荣传统成为推动党的建设最好的营养剂，让光荣传统和优良作风代代相传，是中共党史党建学科的又一个学科优势，也是其发挥育人功能的优势所在。

在中国共产党团结带领中国人民实现中华民族伟大复兴的百年历程中，形成了党的光荣传统和优良作风。这是中国共产党性质和宗旨的集中体现，是中国共产党区别于其他政党的显著标志，也是中国共产党强大战斗力、凝聚力、生命力的集中体现，铸就了中国共产党鲜明的政治品格。不论过去、现在还是将来，党的光荣传统和优良作风都是激励我们不畏艰难、勇往直前的宝贵精神财富。

毛泽东在党的七大政治报告中，曾经总结提出党的三大优良作风，即理论联系实际的作风、密切联系群众的作风、批评和自我批评的作风。进入新时代，习近平总书记在对年轻干部提出“立志做党的光荣传统和优良作风的忠实传人”要求时，又将党的光荣传统和优良作风做了进一步的概括。习近平总书记指出：“对党忠诚，是共产党人首要的政治品质。”“理论联系实际，前提是学懂弄通理论、掌握思想真谛。”“我们党根基在人民、血脉在人民，必须把人民放在心中最高位置，始终以百姓心为心。”“我们共产党人开展自我批评，根本动力来自党性，来自对党和人民事业高度负责的精神。”

"敢于斗争是我们党的鲜明品格。我们党依靠斗争走到今天，也必然要依靠斗争赢得未来。""年轻干部要接过艰苦奋斗的接力棒，以一往无前的奋斗姿态和永不懈怠的精神状态，勇挑重担、苦干实干，在新时代新征程中留下许党报国的奋斗足迹。"[①]

中共党史党建学科对党的光荣传统和优良作风的阐发，具有其他学科难以替代的优势。党史、党建学科又各有自身的优势。

一是从党的历史中汲取丰富养料，阐发好党的光荣传统和优良作风。党的光荣传统和优良作风，是在党的百年历史长河中形成并发扬光大的，也必须紧密结合党的历史来阐发。在老一辈无产阶级革命家身上体现的崇高品德，在革命英烈身上体现的革命气概，在英雄模范人物身上体现的人生境界，在优秀共产党员身上体现的坚强党性，都是弘扬党的光荣传统和优良作风的最好教材。在这方面，无疑是党史研究的学科优势。

二是从党的建设中汲取丰富养料，阐发好党的光荣传统和优良作风。一个政党，有没有光荣传统和优良作风，取决于党的性质和宗旨，取决于党的指导思想，取决于党的各方面建设和纪律规矩制度。光荣传统和优良作风，集中反映着马克思主义先进政党自身建设的境界和水平。阐发好中国共产党思想建党的传统与优势，高度重视作风建设的传统与优势，高度重视铁的纪律建设的传统与优势，高度重视同人民群众保持血肉联系的传统和优势，高度重视领导干部以身作则和党员先锋模范作用的传统与优势，既是党建学科的优势，也是进行党的光荣传统和优良作风教育的有效着力点。在这方面，党建研究更具学科优势。

---

① 习近平在中央党校（国家行政学院）中青年干部培训班开班式上发表重要讲话强调 立志做党光荣传统和优良作风的忠实传人 在新时代新征程中奋勇争先建功立业. 人民日报，2021-03-02 (1).

三是从新时代中央八项规定及相关措施带动强力反腐败、强力反“四风”、全面从严治党的典型事例中汲取丰富养料，阐发好新时代弘扬党的光荣传统和优良作风的有效途径。“党的十八大以来，以习近平同志为总书记的新一届中央领导集体一开始就把党风廉政建设紧紧抓在手上，连续采取了一系列行动，工作是扎实的，成效是显著的。其鲜明特点，就是突出重点，抓住要害和关键，点准穴位，打准靶子；从中央做起，坚持领导带头、以上率下，层层立标杆、作示范；见事见人，既抓思想引导又抓行为规范，不搞形式、不放空炮；上下互动，强化组织管理和群众监督，形成强大势场；执纪问责，严肃查处和曝光典型案件，形成高压态势，形成严的标准和氛围；驰而不息，一环扣一环抓，不间断抓，努力形成长效机制。”① 这段概述，既阐明了用中央八项规定带动全面从严治党的党的建设全局的工作方法，也揭示了抓住关键环节纲举目张地推动党和国家事业发展全局的工作规律。这方面的研究和阐发，需要发挥中共党史党建学科的综合优势，分别从横向与纵向的结合上加以阐释。

三、发挥赓续革命精神的学科优势

赓续革命精神，使革命精神成为推动党和国家事业长治久安、兴旺发达的强大动力，让红色基因永续发展，是新时代对中共党史党建学科的期待与要求，也是中共党史党建学科发挥“铸魂”作用的根本所在。

中国共产党由小到大、由弱到强，靠的是革命精神的强大力量。

---

① 中共中央政治局召开专题民主生活会 对照检查践行“三严三实”情况 讨论研究加强党风廉政建设措施 中共中央总书记习近平主持会议并发表重要讲话. 人民日报，2015－12－30（1）.

在 100 多年的非凡奋斗历程中，一代又一代中国共产党人顽强拼搏、不懈奋斗，涌现了一大批视死如归的革命烈士、一大批顽强奋斗的英雄人物、一大批忘我奉献的先进模范，形成了井冈山精神、长征精神、遵义会议精神、延安精神、西柏坡精神、红岩精神、抗美援朝精神、“两弹一星”精神、特区精神、抗洪精神、抗震救灾精神等伟大精神，构筑起了中国共产党人的精神谱系。习近平总书记在庆祝中国共产党成立 100 周年大会上的重要讲话，首次概括提出伟大建党精神，把它作为中国共产党的精神之源，号召全党和全国人民继续弘扬光荣传统、赓续红色血脉，永远把伟大建党精神继承下去、发扬光大。

阐发和赓续中国共产党人革命精神，特别是阐释好伟大建党精神，既是新时代中共党史党建学科围绕大局、服务中心应尽的职责使命，也是发挥优势、推动中共党史党建学科融合发展的重要渠道。

一是阐释好中国共产党人革命精神特别是伟大建党精神的渊源。这就需要拓宽党史学科和党建学科的研究视野，从 5 000 多年中华民族文明史中凝练出伟大的民族精神，讲清楚伟大建党精神和党的精神谱系与伟大民族精神的历史渊源；从近代以来中华民族伟大复兴史中凝练出伟大斗争精神，讲清楚伟大建党精神和党的精神谱系与近代以来伟大斗争精神的历史渊源；从中国共产党的先驱们创建中国共产党的伟大实践中，从俄国十月革命影响、五四爱国运动、马克思主义在中国广泛传播的历史转变中，特别是从中国共产党成立这一开天辟地的大事变中，讲清楚伟大建党精神和党的精神谱系的形成过程。

二是阐释好伟大建党精神的科学内涵，阐释好伟大建党精神作为中国共产党精神之源的历史地位，阐释好中国共产党在长期奋斗中构建起的精神谱系。“坚持真理、坚守理想，践行初心、担当使命，不怕牺牲、英勇斗争，对党忠诚、不负人民”①，揭示了中国共产党崇高的精神境界，揭示了中国共产党党员应当具备的党性修养，揭示了党的建设“建设什么样的党、怎样建设党”的基本规律。

三是阐释好伟大建党精神和党的精神谱系的当代价值和深远影响。越是接近中华民族伟大复兴目标的实现，前面的路越是充满挑战、充满风险，越是需要保持革命战争年代那种革命加拼命的斗争精神。习近平总书记指出：“我反复强调要发扬将革命进行到底的精神，强调要发扬老一辈革命家‘宜将剩勇追穷寇，不可沽名学霸王’的革命精神，发扬共产党人‘为有牺牲多壮志，敢教日月换新天’的奋斗精神，这是有很深考虑的。大家想一想，在我国这样一个 14 亿人口的国家实现社会主义现代化，这是多么伟大、多么不易！要教育引导全党大力发扬红色传统、传承红色基因，赓续共产党人精神血脉，始终保持革命者的大无畏奋斗精神，鼓起迈进新征程、奋进新时代的精气神。”②

四、发挥推动党的建设的学科优势

加强党的建设，使宝贵经验、光荣传统、革命精神转化为全面从严治党、不断自我革命的政治自觉和行动自觉，让党的建设法宝彰显新时代光芒，是中共党史党建学科发挥资政功能和学理支撑功能的优势所在。

总结历史经验、弘扬光荣传统、赓续革命精神，有一个共同的出发点和落脚点，那就是加强党的建设。中共党史党建学科也有一个基本的立足点和聚焦点，即加强党的建设。这种高度重合不是偶

① 习近平. 在庆祝中国共产党成立 100 周年大会上的讲话. 北京：人民出版社，2021：8.
② 习近平. 在党史学习教育动员大会上的讲话. 北京：人民出版社，2021：20－21.

然的，充分说明了加强党的建设在党和国家工作全局中的极端重要的地位，充分说明在中共党史党建学科高质量发展中，必须将总结历史经验、阐释好光荣传统和革命精神的落脚点和聚焦点，紧扣加强党的建设，才能为党和国家中心工作服好务。要做到这一点，中共党史党建学科需要从以下三个方面着力。

一是要把总结历史经验的落脚点和聚焦点放在加强党的建设上。总结历史经验，当然是全方位的，既包括党的建设的经验，也包括国防和军队建设的经验，还包括社会主义现代化建设的经验、改革开放的经验，等等。但是，历史经验的总结，第一位的和最为根本的，还是要着重揭示和阐发那些关系全局、决定命运、决定根本方向的历史经验。把这些根本经验总结好了，其他的经验就有了统领，才可以避免碎片化，总结经验才可能做到系统化。中华民族近代以来 180 多年的历史、中国共产党成立以来 100 多年的历史、中华人民共和国成立以来 70 多年的历史，都充分证明，没有中国共产党，就没有新中国，就没有中华民族伟大复兴。这是最为根本的历史经验。正因为如此，“九个必须”的经验总结，紧紧围绕“办好中国的事情，关键在党”，从必须坚持中国共产党坚强领导开始，最后落实到必须不断推进党的建设新的伟大工程，落实到勇于自我革命、全面从严治党永远在路上、继续推进新时代党的建设新的伟大工程、确保党不变质不变色不变味、确保党在新时代坚持和发展中国特色社会主义的历史进程中始终成为坚强领导核心。

二是要把弘扬光荣传统的落脚点和聚焦点放在加强党的建设上。在党的建设中，党的作风建设始终是摆在我们面前的一项重大而紧迫的任务。党的历史证明，执政党的党风关系党的形象，关系人心向背，关系党和国家生死存亡；马克思主义执政党的最大危险就是脱离群众，加强和改进党的作风建设，核心问题是保持党同人民群众的血肉联系。从延安整风开始，直到新时代持续开展的一系列教育活动，聚焦点始终在于弘扬党的光荣传统和优良作风，坚决同脱离群众、脱离实际的主观主义、官僚主义、形式主义、享乐主义和奢靡之风作斗争。同时，也只有弘扬党的光荣传统和优良作风，才能保持党的先进性和纯洁性、巩固党的执政基础和执政地位。正因为如此，在党的百年华诞之际，在第一个百年奋斗目标圆满实现，为第二个百年目标而奋斗的新的赶考之路已经启程的关键时刻，以习近平同志为核心的党中央决定开展党史学习教育，用党的奋斗历程和伟大成就鼓舞斗志、明确方向，用党的光荣传统和优良作风坚定信念、凝聚力量，用党的实践创造和历史经验启迪智慧、砥砺品格。

三是要把赓续革命精神的落脚点和聚焦点放在加强党的建设上。在中国共产党人精神谱系中，特别是在伟大建党精神中，凝聚着党的理想、信仰与信念，凝聚着党的初心和使命，凝聚着党的不畏强敌、不惧风险、不怕牺牲、敢于斗争、勇于胜利的风骨和品质，凝聚着坚强党性、无私品德、人民至上理念。如何一以贯之地持续推动党的自我革命，如何不断增强党的自我净化、自我完善、自我革新、自我提高能力，如何不断增强党的创造力、凝聚力、战斗力，如何始终保持党的先进性和纯洁性，都在伟大建党精神的丰富内涵中得到解答。要从党的建设和自我革命理论逻辑、实践逻辑、历史逻辑统一的高度，深刻领会伟大建党精神，深刻领会伟大建党精神作为中国共产党精神之源的深刻含义，深刻认识弘扬伟大建党精神所锤炼出的中国共产党鲜明的政治品格，使中共党史党建学科的站立点更加高远，眼界和格局更加宽广，理论思维和历史思维更加深邃，不负新时代，更加自觉、更加精准地为党和国家工作大局、工作中心服务。只要做到了这一点，中共党史党建学科的融合发展，就一定能够在发挥优势的基础上健康发展、顺利推进。

五、发挥加强党的全面领导的学科优势

坚持和加强党对一切工作的全面领导，是党的十八大以来全部实践取得的一项根本性经验。可以说，没有中国共产党对一切工作的全面领导，就没有中国式现代化的成功，就没有强国建设、民族复兴的实现。提高党对进一步全面深化改革、推进中国式现代化的领导水平，也是亟须破解的难题之一。在加强党的全面领导、提高党的领导水平的研究方面，既可以进行理论研究，也可以进行比较研究，还可以进行历史经验的研究。在这些方面，中共党史党建学科具有自身的独特优势。

一是在加强中国共产党全面领导的理论阐释与历史经验总结的结合上发挥学科优势。中国共产党百余年奋斗的历程表明，党的领导是党的事业顺利推进的根本保证。党的领导在任何时候、任何情况下，只能加强，不能削弱。这是一条重要的历史经验。改革开放以后，党为加强和改善党的领导进行持续努力，为党和国家事业发展提供了根本政治保证。同时，党内也存在不少对坚持党的领导认识模糊、行动乏力的问题，存在不少落实党的领导弱化、虚化、淡化、边缘化的问题，特别是对党中央重大决策部署执行不力，有的搞上有政策、下有对策，甚至口是心非、擅自行事。以习近平同志为核心的党中央旗帜鲜明提出，党的领导是党和国家的根本所在、命脉所在，党的领导是全面的、系统的、整体的，保证党的团结统一是党的生命；党中央集中统一领导是党的领导的最高原则，加强和维护党中央集中统一领导是全党共同的政治责任，坚持党的领导首先要旗帜鲜明讲政治，保证全党服从中央，确保充分发挥党总揽

全局、协调各方的领导核心作用。中共党史党建学科需要加强对改革开放以来特别是新时代加强党的全面领导的历史进程和历史经验的研究，为党的领导理论提供学理支撑。

二是在提高中国共产党领导水平和执政能力的经验总结和历史借鉴上发挥学科优势。在这方面，党的历史是最生动、最有说服力的教科书。比如，把握发展大势、乘势而进的领导经验。中国共产党在百年奋斗中，始终以马克思主义基本原理分析把握历史大势，善于抓住和用好各种历史机遇。中国共产党的诞生就是顺应世界发展大势的结果。中华人民共和国的成立和巩固，也是顺应时代大潮的产物。新中国就是沐浴着亚非拉民族解放运动风起云涌的东风诞生并站住了脚的。做出改革开放的重大决策，也是基于我们党对时代潮流的深刻洞察。当时，世界经济科技快速发展，我国发展同国际先进水平的差距明显拉大。中国共产党对世界大势做出了科学判断，下决心实现党和国家工作中心的转移，一往无前拉开了改革开放的历史大幕。用大历史观和正确党史观来统领中共党史党建学科研究，有助于从历史长河、时代大潮、全球风云中分析演变机理、探究历史规律，有助于增强党的领导的系统性、预见性、创造性。

三是在总结中国共产党不断提高应对风险挑战的能力水平的历史进程和经验上发挥学科优势。党的经验不是从天上掉下来的，也不是从书本上抄来的，而是我们党在历经艰辛、饱经风雨的长期摸索中积累下来的，饱含着成败和得失，凝结着鲜血和汗水，充满着智慧和勇毅。中国共产党一步步走过来，很重要的一条就是“从战争中学习战争”，不断提高应对风险、迎接挑战、化险为夷的能力水平。新时代中共党史党建学科要从具有许多新的历史特点的伟大斗争出发，系统总结中国共产党在不同历史时期成功应对风险挑战的丰富经验，特别是深入研究中国共产党在重要历史关头，做出重大战略策略转变，化险为夷、化危为机的成功案例，为不断提高治国理政能力和水平发挥自身的学科优势。

第三节　加强基本理论建设

中共党史党建学科，以中国共产党为研究对象，以阐释和揭示共产党执政规律、社会主义建设规律、人类社会发展规律为职责，更需要把基本理论建设放在学科建设的首要地位。这是构建名副其实的中共党史党建学一级学科的关键所在。

一、牢固树立正确党史观和马克思主义政党观

中共党史党建学科具有很强的政治导向和价值导向，其研究必须从马克思主义的立场观点方法出发，牢固树立正确党史观和马克思主义政党观。

牢固树立正确党史观，是中共党史党建学科的根本出发点。这就要坚持辩证唯物主义和历史唯物主义的方法论来认识中国共产党的历史。辩证唯物主义和历史唯物主义是中国共产党人认识把握历史的根本方法，也是中共党史党建学科必须遵循的科学世界观和方法论。要坚持实事求是原则，用具体历史的、客观全面的、联系发展的观点来看待党的历史，坚持真理、分析错误、总结经验，以史鉴今、资政育人。

牢固树立正确党史观，就要坚持以中国共产党关于历史问题的三个决议和党中央有关精神为依据，准确把握党的历史发展的主题主线、主流本质，正确认识和科学评价党史上的重大事件、重要会

议、重要人物。要实事求是看待党史上的一些重大问题，正确对待党在前进道路上经历的失误和曲折，既不能因为成就而回避失误和曲折，也不能因为探索中的失误和曲折而否定成就，从成功中吸取经验，从失误中吸取教训。

牢固树立正确党史观，还要旗帜鲜明反对历史虚无主义。习近平总书记指出："现在，一些错误倾向要引起警惕：有的夸大党史上的失误和曲折，肆意抹黑歪曲党的历史、攻击党的领导；有的将党史事件同现实问题刻意勾连、恶意炒作；有的不信正史信野史，将党史庸俗化、娱乐化，热衷传播八卦轶闻，对非法境外出版物津津乐道，等等。"① 要加强思想引导和理论辨析，澄清对党史上一些重大历史问题的模糊认识和片面理解，正本清源、固本培元。

牢固树立马克思主义政党观，是中共党史党建学科的根本立足点。这就要坚持马克思主义政党观来正确认识中国共产党的性质、宗旨、理想、信念、初心使命，正确认识中国共产党的基本理论、基本路线、基本方略，正确认识中国共产党是干什么的、怎么干这个根本问题，从根本上划清马克思主义政党同资产阶级政党的原则界限，从根本上划清马克思主义政党理论同资产阶级政党理论的原则界限。

牢固树立马克思主义政党观，还要深刻认识中国化马克思主义党建理论对马克思主义政党理论的创新发展。第一，坚持马克思主义指导。马克思主义是我们立党立国、兴党强国的根本指导思想，它必须随着实践发展而发展，必须中国化才能落地生根，必须本土化才能深入人心。第二，坚持中国共产党领导。中国共产党是最高政治领导力量，中国特色社会主义最本质的特征是中国共产党领导，

---

① 习近平．在党史学习教育动员大会上的讲话．北京：人民出版社，2021：24.

中国特色社会主义制度的最大优势是中国共产党领导。第三，坚持自我革命。勇于自我革命是中国共产党区别于其他政党的显著标志。中国共产党始终坚持人民至上，没有任何自己特殊的利益，这是党敢于自我革命的勇气之源、底气所在。第四，坚持理想信念和初心使命。理想信念是中国共产党人的精神之钙。中国共产党一经诞生，就把为中国人民谋幸福、为中华民族谋复兴确立为自己的初心使命。100 多年来，中国共产党团结带领中国人民进行的一切奋斗、一切牺牲、一切创造，归结起来就是一个主题：实现中华民族伟大复兴。第五，坚持伟大斗争。中国共产党在百年奋斗中锤炼出不畏强敌、不惧风险、敢于斗争、勇于胜利的风骨和品质。这是中国共产党最鲜明的特质和特点。第六，坚持世界胸怀。中国共产党始终以世界眼光关注人类前途命运，从人类发展大潮流、世界变化大格局、中国发展大历史的高度正确认识和处理同外部世界的关系，始终站在历史正确的一边，站在人类进步的一边。

只有牢固树立正确党史观和马克思主义政党观，才能顺利推进中共党史党建学科基本理论建设，不偏向、不迷航。

二、扎实做好理论构建和学理转化

中共党史党建学科的立足点和着力点，在于努力推动自身的理论构建和学理转化。正确党史观和马克思主义政党观是中共党史党建学科的理论指导，但不能简单地等同于中共党史党建学科的基本理论本身。党史学科和党建学科，原先都有自身的基本理论。但是作为完整统一的中共党史党建学一级学科的基本理论，也不能是两套基本理论的简单叠加。因此，构建中共党史党建学科基本理论，要以习近平新时代中国特色社会主义思想为指导，努力做好理论构建和学理转化这两方面的工作。

一是做好理论构建工作。首先，要将马克思主义的唯物史观和党建理论融会贯通，从基本原理的角度，构建起研究中国共产党的历史与现实、理论与实践、领导与事业以及国际比较等方面的基础理论及理论框架。

其次，要将毛泽东思想、邓小平理论、“三个代表”重要思想、科学发展观、习近平新时代中国特色社会主义思想中关于党史党建的重要论述融会贯通，从基本原理的创新发展角度，进一步丰富和完善上述方面的基础理论及理论框架，并使之具有中国特色。

只有扎实做好上述两个融会贯通的工作，中共党史党建学科的基本理论才能有坚实稳固的基础，才能从根本上同西方的政治学理论、政党理论、法学理论、历史理论真正区别开来，才能从根本上增强辨别和抵制历史虚无主义的能力，才会有理论清醒和理论自信。

二是做好学理转化工作。通过上述理论建构得到的基础理论及理论框架，在成为中共党史党建学科基本理论之前，还需要进一步做好学理转化工作。这是因为：第一，马克思主义经典作家的有关理论论述，党和国家主要领导人的有关重要论述，都是在特定历史条件下、直接针对特定的问题做出的，要使其成为中共党史党建学科基本理论，还需要做学理上的进一步抽象化、原则化、原理化的转化工作。这种转化还要在保持基本精神不变的前提下进行。第二，在上述这些论述中，包含着许多重要的概念、范畴、判断、论断。其中少数具有稳定性的概念、范畴、判断、论断，可以直接为中共党史党建学科基本理论所用。但大量的概念、范畴、判断、论断，属于政治性、时代性很强的话语，且在使用中不断发生变化，需要在构建中共党史党建学科基本理论时，从学术和学科的角度做进一步的提炼、诠释、规范、整合。第三，在马克思主义经典作家的有关理论论述和党和国家主要领导人的有关重要论述中，贯穿和渗透着极其可贵的思想方法和工作方法的方法论。这些方法论，对于构建中共党史党建学科基本理论十分重要。因此，在构建中共党史党建学科基本理论时，要高度重视方法学上的提炼和学理上的转化。

上述两方面工作，是紧密结合、有机衔接的。做好融会贯通下的理论构建工作，是进一步做好学理转化工作的前提和基础；逐步形成的新时代中共党史党建学科的基本理论，则是对在融会贯通基础上初步构建起的中共党史党建学科基本理论的创新与提升。

三、构建高度一体化的中共党史党建学科基本理论

构建高度一体化的中共党史党建学科基本理论的总目标，是要结束党史学科与党建学科基本理论分立的现状，建构起包括有关中国共产党的本体论、认识论、方法论、阐释学、文献学在内的中共党史党建学科基本理论，将之作为中共党史党建学科研究的根本遵循，也作为党史党建人才培养的基础课程和主干课程——中共党史党建学概论及其教材的学术支撑。

在本体论方面，中共党史党建学科基本理论要紧紧围绕中国共产党是什么、要干什么这个根本问题来展开，聚焦于中国共产党的性质、宗旨、理想、信念、初心使命，聚焦于中国共产党的基本理论、基本路线、基本方略，聚焦于中国共产党领导、自我革命与全面从严治党、统筹推进“五位一体”总体布局、协调推进“四个全面”战略布局、统一战线、祖国统一大业、强军战略、中国特色大国外交和国际战略，聚焦于党的建设总要求和政治建设、思想建设、组织建设、作风建设、纪律建设、制度建设、反腐败斗争，聚焦于中国共产党历史的主题主线、主流本质、发展阶段、历史成就、历

史经验、历史意义、历史评价。

在认识论和方法论方面，中共党史党建学科基本理论要紧紧围绕正确党史观和马克思主义政党观来展开，将理论与实践、怎么看与怎样干紧密结合起来。着重回答：与西方政党相比，马克思主义政党有哪些本质区别和优越性，怎样保持马克思主义政党的先进性和纯洁性；与其他马克思主义政党相比，中国共产党有哪些特色属性和自身优势，怎样保持和发展完善这些特色与优势；建设什么样的长期执政的马克思主义政党、怎样建设长期执政的马克思主义政党；为什么要坚持中国共产党对一切工作的全面领导，怎样坚持党的全面领导；为什么要坚持自我革命和全面从严治党，怎样不懈推进自我革命和全面从严治党；什么是新时代党的建设伟大工程，怎样持续推进这一伟大工程；怎样以伟大工程统领和推进伟大斗争、伟大事业、伟大梦想；什么是以自我革命推动社会革命，怎样做到以自我革命推动社会革命；中国共产党在百年奋斗中为什么能够成功，未来怎样才能继续成功；如何认识中国共产党为什么能、中国特色社会主义为什么好，归根到底是因为马克思主义行，怎样继续使马克思主义行；等等。

阐释学和文献学研究，是中共党史党建学科的基本功，理应在中共党史党建学科基本理论中占有一席之地。就中共党史党建学科的阐释学来说，有其自身的传统与特色。它的最大特色，就是紧紧围绕中国共产党这个研究对象，进行全方位的阐释。主要包括以下八个方面：一是对中国共产党历史与实践的阐释；二是对中国共产党指导思想的阐释；三是对中国共产党路线方针政策的阐释；四是对中国共产党重要会议、重要事件、重要决议的阐释；五是对中国共产党人精神谱系、政治品格、优良传统作风的阐释；六是对中国共产党重要制度、法规、典礼制度的阐释；七是对中国共产党重要理论、概念、范畴、观点、论断、判断的阐释；八是对中国共产党重大战略决策、战略安排、战略布局的阐释。其阐释的基本方法，既包括宣传阐释，也包括理论阐释，还包括功能与应用阐释，以及历史阐释。

中共党史党建学科的文献学的研究对象，包括历史文献、当代文献、革命文物三大类。在历史文献和当代文献里，又分为党和国家领导人著作、中共中央文献、各级党组织文献、中央政府文献、地方政府文献。另外，在中共中央文献里，还有党际外交文献、国家外交文献等。梳理、研究这些文献，还需要有一定的方法。因此，中共党史党建学科文献学还包括鉴定学、考证学、编纂学、校订学、数据库和数字化处理等分支。

第四节　拓宽学科研究视野

进入新时代，中国共产党的工作格局和覆盖面进一步拓展，拓宽中共党史党建学科研究视角势在必行。就纵向来说，中共党史党建学科研究需要打通 5 000 多年中华民族文明发展史、180 多年中华民族发展史、100 多年中国共产党奋斗史、70 多年新中国建设史，用历史映照现实、远观未来。就横向来说，中共党史党建学科研究需要站在中华民族伟大复兴战略全局和世界百年未有之大变局的高度，把新时代中国共产党的理论创新、实践创新、制度创新、文化创新，既放在全面建设社会主义现代化国家的战略全局上来考量，又放在努力构建人类命运共同体、创造中国式现代化新道路、创造人类文明新形态的世界意义上来考量，努力实现历史、现实与未来的贯通和中国与世界的贯通。

一、拓宽当代视野

在新中国成立后的很长一段时间里，党史学科还处在起步阶段，研究重点放在了党的创建和新民主主义革命时期。这种状况一直持续到党的十一届三中全会之前。

党的十一届三中全会后，党史、党建学科被改革开放的时代浪潮所推动，呈现出研究重心后移的趋势。这为打破历史与现实的学术藩篱，创造出极为有利的大环境。

第二个历史决议通过后，有力地推动了党史学科的研究重点向社会主义革命和建设时期转移，推动了党建学科走上独立发展之路。到了世纪之交，党的十四大和十五大对邓小平理论作了科学概括，对改革开放的发展历程和马克思主义中国化历程作了全面总结，促使中共党史党建学科逐步加强了对改革开放和社会主义现代化建设新时期的系统研究，为打破党史学科和党建学科的界限铺平了道路。党的十八大后，特别是党的十九大作出中国特色社会主义进入新时代的关键性论断后，党史、党建学科开始加强对中国特色社会主义新时代的研究，并推动了中共党史党建学一级学科的创设。

新时代，中共党史党建学科要发挥“用历史映照现实、远观未来”[①] 的作用，要自觉地、主动地从新时代伟大实践中，从新时代的理论创新和实践创新中，从党中央的重大决策、重要布局中，寻找研究课题，确立研究议题，从历史与现实结合的角度进行历史研究、理论阐释和经验总结。还要注重把历史逻辑与理论逻辑、实践逻辑紧密结合起来，使历史研究加强现实关照、现实阐释加强历史支撑。

---

① 习近平. 在庆祝中国共产党成立 100 周年大会上的讲话. 北京：人民出版社，2021：10.

中共党史党建学科拓宽当代视野，还要注意做好三个方面的贯通工作。一是贯通历史与现实，在大历史观指引下，掌握历史主动，更好地把握当代、走向未来。二是贯通党史和党建，聚焦于中国共产党的初心使命，掌握发展大势，坚定不移走好“五个必由之路”。三是贯通党的领导、党的事业、党的建设，聚焦于新时代党的理论创新与实践创新，以自我革命引领和推动社会革命。

二、拓宽历史视野

中共中央的重要会议每提出一个重大命题或重要论断，都会推动中共党史党建学科有较大发展和提升。这些重大命题或重要论断的提出，既有推动党和国家事业创新发展的战略考量，也出于对党的历史经验的科学总结。

例如，第二个历史决议首次提出“我们的社会主义制度还是处于初级的阶段”，既是为了让大家正确认识基本国情，也是为了彻底纠正新中国建设史上一度出现的“超越阶段”急躁冒进的错误。邓小平在党的十二大开幕词中提出：“走自己的道路，建设有中国特色的社会主义，这就是我们总结长期历史经验得出的基本结论。”① 这个基本结论，是从新中国正反两方面的经验中得出的，成为对改革开放和社会主义现代化建设新时期有着统领作用的纲领性命题。在邓小平南方谈话指引下召开的党的十四大，将建立和完善社会主义市场经济确立为经济体制改革的目标，在中国特色社会主义创新发展进程中具有划时代意义。以上这些重大命题、重要论断的提出，尽管不直接涉及党的建设，但对党的建设面临新的历史条件、面对

① 邓小平．邓小平文选：第3卷．北京：人民出版社，1993：3.

新的历史性课题，都具有十分重大而深远的影响。党的十五大提出推进党的建设新的伟大工程，概括提出党的建设的核心问题是“建设一个什么样的党、怎样建设党的问题”，提出要解决好“不断提高领导水平和执政水平，不断增强拒腐防变的能力”这两大课题，提出“从严治党，是保持党的先进性和纯洁性，增强党的凝聚力和战斗力的保证”，提出马克思主义中国化有两次飞跃、产生了两大理论成果。这一系列的重要论断的提出，有力地推动着中共党史党建学科在新时期的跨越式发展。

党的十八大以来，以习近平同志为核心的党中央更是从党的现实状况出发，鲜明提出打铁还需自身硬，全力推动全面从严治党，强力反腐败，强力反“四风”，使党的光荣传统和优良作风得以重新恢复，使党的政治建设、思想建设、组织建设、作风建设、纪律建设、制度建设、反腐倡廉建设的传统优势在守正创新中继续发展完善，使党对一切工作的全面领导这一最大的政治优势在新的历史条件下得以创新发展。习近平总书记关于党的建设的重要思想，既是对新时代党的建设新鲜经验的总结，也是对中国化的马克思主义党建理论体系的创新发展。这一切历史性成就和历史性变革，推动中共党史党建学科再一次得到全方位的跨越式发展，学科地位也得到显著提升。

上述历史回顾充分表明，党的建设理论创新和实践创新，一头连着现实，一头连着历史，既是对重大理论和现实问题的破解与创新发展，也是对党的历史上丰富经验的科学总结。中共党史党建学科的发展，须臾离不开对现实问题的深入研究，须臾离不开对历史经验的总结和借鉴。关注现实、以史为鉴，成为推动新时代中共党史党建学科创新发展的两翼。提升中共党史党建学科为新时代党的中心工作服务的科学化水平，提升中共党史党建学科围绕中心、服务大局的能力，必须在坚持理论联系实际、主动回应重大现实问题的基础上，进一步强化历史视角和历史思维，把现实与历史有机结合起来。

三、拓宽国际视野

中国共产党始终立足于中华大地，立足于中国发展，立足于首先把中国的事情办好。同时，中国共产党也是有世界眼光、全球视野的先进政党。特别是进入新时代，中华民族伟大复兴迎来了强起来的时代，中国和中国共产党在世界上的影响力越来越大，中国共产党同世界各国政党的深度对话日益受到国际社会的高度关注，有力地推动着中国经验、中国方案、中国智慧走出国门、影响世界。在这种情况下，中共党史党建学科有必要也有条件积极拓展国际视野。

拓展国际视野，最重要的是运用比较借鉴的方法，将中国共产党的发展同世界上一些有影响的政党的发展作历史的和现实的比较，将中国共产党的制度同世界上一些有影响的政党的制度作历史的和现实的比较，将中国共产党的理念同世界上一些有影响的政党的理念作历史的和现实的比较，还可以开展一些分专题的、分领域的比较，等等。

拓展国际视野，还需要加强对中国共产党国际交往的历史、现状和经验的研究，加强对中国共产党开展对外交往合作的历史、现状和经验的研究，加强对中国共产党治党治国经验对外传播的研究，加强对中国共产党的内政与外交互动关系的研究。

拓展国际视野，还要想方设法逐步扩大学术“走出去”和“引进来”的力度，加强对外交往的学术交流平台建设，使中共党史党建学科能够成长为有国际影响力和国际学术话语权的学术重镇。

四、拓宽多学科视角

随着中共党史党建学科地位的提升和学科研究视野的拓展，学界逐渐呈现出多学科交叉发展的良好势头。例如，党史研究与社会学研究相结合，近年来学术成果较为显著。一些研究者运用社会学研究的方法和手段，深入分析研究中央苏区和各革命根据地的社会建设与社会政策，研究陕甘宁边区和各抗日根据地的社会建设与社会政策等，取得了积极的研究成果。当代中国研究所还出版了《中华人民共和国社会史》专著，填补了这方面的空白。党建研究方面，近年来开展的中国共产党与外国政党比较研究、中国共产党执政能力与外国政党执政能力比较研究等，也取得了积极成果。

这些表明，中共党史党建学科加强同相关学科的协同攻关，或者有选择地引入相关学科的研究方法和手段，不仅必要，而且可行。当然，增强中共党史党建学科的多学科视角，并不是要放弃本学科的自身优势，去跟风凑热闹、“赶时髦”。积极推动同相关学科的协同攻关也好，积极引入相关学科的研究方法和手段也好，目的是深化与拓展中共党史党建学科的研究视野，优化中共党史党建学科的研究方法和手段，更好地提升以中国共产党为主体对象的多角度、全视域、多学科的整体研究、综合研究、全方位研究的水平，更好地推动中共党史党建学科在新时代高质量发展。

第五节　增强学科创新能力

进入新时代，中国共产党的理论创新、实践创新、制度创新、文化创新出现加速度发展的生动局面。新时代中共党史党建学科创新发展，要跟上党的创新步伐，必须大力提升学科创新能力。

一、大力提升研究内容创新能力

问题是创新的起点，也是创新的动力源。党的十八大以来，以习近平同志为核心的党中央从战略全局出发，高度重视党史研究和党史学习教育，将党史作为增强理想信念、不忘初心使命、增进党性锻炼、进行党的光荣传统和优良作风教育、总结历史经验提高执政本领的必修课。中共党史党建学科建设要适应新时代要求，就必须以习近平新时代中国特色社会主义思想为指导，认真贯彻落实习近平总书记关于党史的重要论述，大力提升党史学科内容创新能力。

增强中共党史党建学科内容创新能力，需要不忘初心使命，以实现中华民族伟大复兴的主题为经，以新民主主义革命时期、社会主义革命和建设时期、改革开放和社会主义现代化建设新时期、中国特色社会主义新时代四个阶段为纬，系统梳理百年党史的发展脉络；需要将伟大建党精神作为党的精神之源，以中国共产党先驱者们创建中国共产党的革命实践为开端，系统研究和阐释伟大建党精神的丰富内涵，系统梳理和阐释在各个时期构建起的中国共产党人精神谱系，系统梳理和阐释在各个时期锤炼出的中国共产党鲜明的政治品质，系统梳理和阐释在各个时期形成的时代精神标识；需要将“两个相结合”的视角贯穿马克思主义中国化研究，既要继续深入梳理和总结马克思主义基本原理同中国具体实际相结合的发展进程和基本经验，也要加强梳理和总结马克思主义基本原理同中华优秀传统文化相结合发展进程和基本经验，进一步彰显“中国共产党为什么能，中国特色社会主义为什么好，归根到底是因为马克思主义行”的历史启示；需要将多层次、多视角、多领域研究和阐释党的历史同系统深刻总结经验更好地结合起来，充分发挥党史“用历史映照现实、远观未来”的功能，通过总结和阐释历史经验“看清楚过去我们为什么能够成功、弄明白未来我们怎样才能继续成功”。

增强中共党史党建学科内容创新能力，需要切实将党史学科和党建学科的研究重点向中国特色社会主义新时代转移。党的十八大以来，以习近平同志为核心的党中央全面从严治党，全面加强党的领导，以自我革命统领社会革命，以伟大工程统领伟大斗争、伟大事业、伟大梦想，统筹推进“五位一体”总体布局、协调推进“四个全面”战略布局，为永葆党的先进性和纯洁性，为确保党不变质、不变色、不变味，为市场经济和对外开放条件下拒腐防变，找到了一条正确道路。大力提升中共党史党建学科创新能力，就要以系统总结党的十八大以来全面从严治党和全面加强党的领导的理论创新和实践创新为着力点，在习近平总书记关于党的建设的重要思想的指导下，抓住若干带有原创性、时代性、标志性的概念和理论，深入研究新时代党史党建理论和实际问题。

增强中共党史党建学科内容创新能力，需要根据新时代党的建设总要求，精准把握党的建设总体布局，进一步深化和拓展中共党史党建学科的研究内容，优化学科的研究结构；需要深入系统研究自我革命与社会革命的关系，深入系统研究伟大工程与伟大斗争、伟大事业、伟大梦想的关系，深入系统研究全面从严治党与全面建设社会主义现代化国家、全面深化改革、全面依法治国的关系，进一步提升对党的建设在新时代战略全局中的地位和作用的认识；需要深入研究党的政治路线、思想路线、组织路线之间的关系，深入研究党的长期执政能力建设、先进性和纯洁性建设之间的关系，深入研究党的政治建设、思想建设、组织建设、作风建设、纪律建设、制度建设、反腐败斗争之间的关系，深入系统研究全面从严治党与全面加强党的领导的关系，进一步深化对新时代党的建设的规律性认识；需要进一步深入系统研究中国化的马克思主义党建理论同马克思主义建党学说的关系，深入系统研究习近平总书记关于党的建设的重要思想对中国化的马克思主义党建理论的坚持、发展和创新，深入系统研究习近平总书记关于党的建设的重要思想对马克思主义建党学说的原创性贡献，进一步增强用习近平总书记关于党的建设的重要思想指导中共党史党建学科建设的政治自觉和行动自觉，进一步夯实和提升中共党史党建学科的理论根基。

二、大力提升研究方法的创新能力

研究内容的深度，取决于研究方法的创新。进入新时代，中共党史党建学科迫切需要大力提升研究方法的创新能力。

一是提高历史思维能力。历史思维能力，就是知古鉴今，用历史映照现实、远观未来，善于运用历史眼光认识发展规律、把握前进方向、指导现实工作的能力。历史研究是一切社会科学的基础，历史思维则是进行理论思维的基础。要加强对党的历史的研究，系统总结党所开辟的伟大道路、创造的伟大事业、取得的伟大成就，正确认识和科学评价党史上的重大事件、重要会议、重要文献、重要人物，深刻把握历史规律、认清历史趋势、总结历史经验、牢记历史教训，在对历史的深入思考中以史鉴今、资政育人，更好走向未来。要用深邃的历史眼光观察和思考党的十八大以来全面从严治党、全面加强党的领导实现的党的革命性重塑，推动党和国家事业取得的历史性成就、发生的历史性变革，全面总结党的十八大以来党的建设新的伟大工程取得的丰硕实践创新、理论创新、制度创新成果，深刻领悟习近平新时代中国特色社会主义思想的实践伟力，更加全面完整地研究和阐释党的政治路线、思想路线、组织路线，更加全面完整地研究和阐释新时代党的建设总要求，更加全面完整地研究和阐释新时代党的建设总体布局。

二是提高理论思维能力。哲学社会科学的创新发展，一刻也离不开理论思维。理论的生命力在于运用、在于创新。创新是哲学社会科学发展的永恒主题。理论思维的起点决定着理论创新的结果。对于中共党史党建学科来说，党的理论创新从哪里开始，中共党史党建学科的理论研究和理论思维也就从哪里开始。中国共产党成立后，始终致力于把马克思主义基本原理同中国具体实际相结合、同中华优秀传统文化相结合，成功开创了新民主主义革命道路，解决了在一个半殖民地半封建的东方大国里如何建立一个马克思主义政党，如何建立一支在党绝对领导下的人民军队，如何赢得反帝反封建的新民主主义革命的彻底胜利，如何建立一个人民当家作主的人民政权等一系列重大课题。改革开放以来，中国共产党坚持解放思想、实事求是、与时俱进、求真务实，正确回答了什么是社会主义、怎样建设社会主义，建设什么样的党、怎样建设党，实现什么样的发展、怎样发展等重大课题，不断根据新的实践推出新的理论，不断开辟马克思主义中国化新境界。党的十八大后，中国特色社会主义进入新时代，党的建设新的伟大工程，中国特色社会主义伟大事业，中华民族伟大复兴伟大梦想，取得历史性伟大成就，在中华大地上全面建成了小康社会，历史性地解决了绝对贫困问题，第一个百年奋斗目标得以实现，中华民族迎来了从站起来、富起来到强起来的伟大飞跃，实现中华民族伟大复兴进入了不可逆转的历史进程。民族复兴、人民幸福、国家富强，希望在党，关键在党。中共党史党建学科提高理论思维能力，就要聚焦中国共产党的性质宗旨、初心使命、理想信念、政治方向、伟大精神、光荣传统、优良作风、严密组织、严明纪律、优越制度等核心要素，致力于系统总结党的历史、党的建设经验，特别是致力于系统总结新时代党的历程和党的建设的丰富经验，从中进行理论思考、理论总结、理论创造。

三是提高调查研究能力。以问题为导向，理论联系实际，理论同实践相结合，最重要的渠道和桥梁是调查研究。中共党史党建学科的发展，最深厚的源泉是党领导和推动中华民族伟大复兴的伟大实践，最深厚的源泉是当代中国的伟大社会变革。习近平总书记指出："我国哲学社会科学应该以我们正在做的事情为中心，从我国改革发展的实践中挖掘新材料、发现新问题、提出新观点、构建新理论，加强对改革开放和社会主义现代化建设实践经验的系统总结，加强对发展社会主义市场经济、民主政治、先进文化、和谐社会、生态文明以及党的执政能力建设等领域的分析研究，加强对党中央治国理政新理念新思想新战略的研究阐释，提炼出有学理性的新理论，概括出有规律性的新实践。这是构建中国特色哲学社会科学的着力点、着重点。"① 只有通过调查研究，对当代中国共产党和当代中国有全面、深刻、理性的把握，才能有强烈的现实意识和问题意识，才能从丰富多彩的党史中准确地汲取养料，启迪今人。研究新时代党的建设，加强党建学科建设，更要关注当代、立足当下，许

① 习近平. 论党的宣传思想工作. 北京：中央文献出版社，2020：232-233.

多重要经验都要从调查研究中取得，许多思想灵感也需要从当下调研与历史梳理的相互碰撞中获得。深入调查研究，更需要多学科的知识储备、跨领域思考与思想交融，这对推动中共党史党建学科的融合发展，对推动中共党史党建学科同其他学科的跨界融合发展，会起到重要的媒介作用。

四是提高议题设置能力。学术议题的设置，对于学科发展具有十分重要的意义。一个好的学术议题，可以对学科深入发展起到牵引和带动作用。如果这个学术议题是跨学科的，还可以在推动学科之间交流交融上起到推动作用。议题设置能力，特别是对学科发展具有牵引作用的重大议题设置能力，直接关系着学科发展方向。

中共党史党建学科发展的许多事实证明，每当党的代表大会、重要会议、重要决议提出一个重要命题的时候，都会对中共党史党建学科发展起到极大的促进作用。党的十八大以来，先后提出统筹推进"五位一体"总体布局、协调推进"四个全面"战略布局，创新、协调、绿色、开放、共享的新发展理念，经济由高速增长向高质量发展转变等重大论断，特别是提出实现中华民族伟大复兴中国梦，有力地推动着中共党史党建学科的议题创新。党的十九大以来，党的初心使命、自我革命引领社会革命、伟大工程推动伟大斗争伟大事业伟大梦想、百年党史的主题和四个时期等重要命题、重要论断的相继提出，再一次成为中共党史党建学科的研究热点、研讨焦点。党的二十大以来，习近平总书记又相继提出马克思主义中国化时代化，马克思主义基本原理同中国具体实际相结合、同中华优秀传统文化相结合，马克思主义魂脉同中华优秀传统文化根脉的关系，中国式现代化及其理论，时刻保持解决大党独有难题的清醒和坚定，党的自我革命思想，全面从严治党体系，进一步全面深化改革的思想和举措，以及习近平文化思想的形成，等等，这一系列的理论创新和实践创新，对新时代中共党史党建学科创新发展又提出许多新课题。由此得出一条重要的经验，中共党史党建学科不断增强议题设置能力的主要途径，就是紧跟深跟党的理论创新，在重要命题、重要论断、重要理论创新上找准学科的核心议题和重要议题，及时组织力量集中进行研讨，就能不断推出中共党史党建学科创新的标志性成果，并使自身的议题设置能力不断提高。

三、大力提升学科问题发掘能力

学科问题是学术研究的向导。要充分发挥问题导向作用，就必须提升中共党史党建学科的问题发掘能力。学科问题的发掘，主要通过两个渠道：一是从现实中发掘，二是从党的创新理论中发掘。

善于从现实中发掘学科前沿问题，是中共党史党建学科创新发展的动力源泉。在中国共产党成立 100 周年之际，全党深入开展了党史学习教育，进而提出了如何使党史学习教育成果常态化的问题。第三个历史决议通过后，提出了如何深入系统研究新时代的历史，特别是深入研究新时代的中国共产党如何以自我革命引领社会革命的问题；提出了如何运用中国共产党百年奋斗取得的宝贵经验，夺取全面建设社会主义现代化国家新胜利的问题。这一类的现实问题，可以说是层出不穷。

善于从党的创新理论中发掘学科前沿问题，也是推动中共党史党建学科创新发展的不竭动力。习近平总书记反复强调要确立正确党史观，从中就可以发掘出许多重大理论问题。例如，关于如何正确认识和把握党的历史发展的主题主线、主流本质，关于如何正确认识和科学评价党史上的重大事件、重要会议、重要人物，关于如何实事求是看待党史上的重大问题，关于如何实事求是评价党史上重要人物的功过是非，关于如何正确认识和把握改革开放前后两个历史时期的关系，等等。把这些问题发掘出来，深入研究，就能推动新时代中共党史党建学科创新发展。

第三个历史决议强调要搞清楚中国共产党是什么、要干什么这个根本问题，强调要搞清楚建设什么样的长期执政的马克思主义政党、怎样建设长期执政的马克思主义政党等问题。这就需要以马克思主义建党学说为指导，从新时代党的建设的实际出发，发掘出许多重大理论与现实问题。如：关于马克思主义政党的性质和宗旨，关于马克思主义政党的初心使命，关于马克思主义政党和人民群众的关系，关于马克思主义政党和无产阶级革命、人民民主革命的关系，关于马克思主义政党和社会主义建设的关系，关于马克思主义政党和社会主义改革开放的关系，关于马克思主义政党保持先进性和纯洁性的有效途径，关于进行政治建设、思想建设、组织建设、作风建设、纪律建设、制度建设，关于进行反腐倡廉建设，等等。

习近平总书记指出："理论创新只能从问题开始。从某种意义上说，理论创新的过程就是发现问题、筛选问题、研究问题、解决问题的过程。"[①] 这恰恰是大力提升中共党史党建学科问题发掘能力的意义和作用所在。

（作者单位：中国史学会）

① 习近平. 论党的宣传思想工作. 北京：中央文献出版社，2020：231.

第五章
中共党史党建学科在新时代面临的重大研究课题

李　捷

新时代，中国共产党的理论创新和实践创新，对中共党史党建学科发展不断提出新的重大研究课题，推动着中共党史党建学科与时俱进、不断发展。

这里所说的重大研究课题，指的是事关中共党史党建学科政治方向、价值取向、学术导向，更好体现围绕中心、服务大局作用，对提升中共党史党建学科的学科体系、学术体系、话语体系建设水平和学术原创能力有重大意义的研究课题；同时也是对旨在破解和克服提升学科体系、学术体系、话语体系建设水平总体不高，学术原创能力还不强等薄弱环节有重大作用的研究课题。这些重大研究课题，既不是一般性的研究课题，也不是中共党史党建学科发展中遇到的许多具体的研究课题，而是在推动新时代中共党史党建学科发展创新中起导向作用、牵引作用、标志性作用的重大研究课题。

中共党史党建学科在新时代面临的重大研究课题，主要来自以下四个方面。

一是习近平新时代中国特色社会主义思想的不断创新发展，特别是习近平总书记关于党史的重要论述和关于党的建设的重要思想，为中共党史党建学科创新发展提出的重大研究课题。从历史与现实、理论与实践的结合上，扎实解决好这些重大研究课题，能够大力推动习近平新时代中国特色社会主义思想有机融入中共党史党建学科的学科体系、学术体系和话语体系的工作，提高中共党史党建学科的创新能力和影响力。

二是在统揽伟大斗争、伟大工程、伟大事业、伟大梦想，坚持和加强党的全面领导，统筹推进“五位一体”总体布局、协调推进“四个全面”战略布局，坚持和完善中国特色社会主义制度、推进国家治理体系和治理能力现代化，推进新发展阶段、贯彻新发展理念、构建新发展格局，为实现第二个百年奋斗目标不懈奋斗的新征程中，提出的同中共党史党建学科紧密相关的重大理论和现实问题。发挥中共党史党建学科自身优势，从历史逻辑、理论逻辑、实践逻辑的紧密结合上，扎实解决好这些重大研究课题，能够大力推进中共党史党建学科的学术理论、学术方法和学术话语创新，提高中共党史党建学科回答和解决现实重大问题的能力。

三是深入研究中共党史党建学科发展规律和存在的薄弱环节，加强和完善学科发展规划，有针对性地推出的一批反映学科发展方向、符合新时代学科发展要求、富有理论与实践创新价值的重大选题，着力推出的具有重要理论创新价值和丰厚学术思想内涵、代表本学科领域最高研究水准的原创性标志性研究成果。

四是充分发挥中共党史党建学科在对外传播中解读中国实践、讲好中国故事和中国奇迹方面的优势，紧扣中国道路、中国理论、中国制度、中国文化，解释好中国共产党为什么能、中国特色社会主义为什么好、马克思主义为什么行，从史论结合与国际比较的角度讲清楚中国奇迹背后的道理、学理、哲理的课题。在提升中共党史党建学科对外传播能力的过程中，要进一步推动研究方法、研究视野、阐释方式、学术话语的创新，进一步提升议题设置能力，进一步提升中共党史党建学科走出国门、进行广泛国际学术交流的能力和水平。

在以下各节，将以例证方式对新时代中共党史党建学科创新发展的重大研究方向作出说明。

第一节　基础理论研究方向

对习近平总书记关于党史党建的重要论述的研究，始终是党史党建基础理论研究长期的根本的任务。对这个问题，在“总论”第二章和第三章已经展开过论述，这里不再重复。在此基础上，基础理论研究方向还需要加强下列问题的研究。

一、中国共产党是什么、要干什么根本问题研究

这是党的十九届六中全会通过的第三个历史决议中提出的新课题。

第三个历史决议提出：“全党要牢记中国共产党是什么、要干什么这个根本问题，把握历史发展大势，坚定理想信念，牢记初心使命，始终谦虚谨慎、不骄不躁、艰苦奋斗，从伟大胜利中激发奋进力量，从弯路挫折中吸取历史教训，不为任何风险所惧，不为任何干扰所惑，决不在根本性问题上出现颠覆性错误，以咬定青山不放松的执着奋力实现既定目标，以行百里者半九十的清醒不懈推进中

华民族伟大复兴。”[①]

中国共产党是什么、要干什么的问题，是党的建设上的根本问题。它关系中国共产党的性质和宗旨、初心使命、指导思想和基本路线、基本纲领和奋斗目标，还关系中国共产党的历史方位、党的建设的总要求和总布局，涉及中国共产党对共产党执政规律、社会主义建设规律、人类社会发展规律的认识和把握。在中国特色社会主义进入新时代之际，中国共产党百年华诞之时，第一个百年奋斗目标实现以后，第三个历史决议郑重提出这个根本问题，体现了以习近平同志为核心的党中央的历史清醒和历史自觉，标志着党对三大规律认识的新高度新水平。

关于中国共产党是什么，《中国共产党章程》规定："中国共产党是中国工人阶级的先锋队，同时是中国人民和中华民族的先锋队，是中国特色社会主义事业的领导核心，代表中国先进生产力的发展要求，代表中国先进文化的前进方向，代表中国最广大人民的根本利益。党的最高理想和最终目标是实现共产主义。"还规定："中国共产党以马克思列宁主义、毛泽东思想、邓小平理论、'三个代表'重要思想、科学发展观、习近平新时代中国特色社会主义思想作为自己的行动指南。"

关于中国共产党要干什么，《中国共产党章程》规定："中国共产党在社会主义初级阶段的基本路线是：领导和团结全国各族人民，以经济建设为中心，坚持四项基本原则，坚持改革开放，自力更生，艰苦创业，为把我国建设成为富强民主文明和谐美丽的社会主义现代化强国而奋斗。"

第三个历史决议进一步明确提出：在未来实现第二个百年奋斗

---

① 中共中央关于党的百年奋斗重大成就和历史经验的决议. 北京：人民出版社，2021：72.

目标的新的赶考路上，“必须坚持党的基本理论、基本路线、基本方略，增强‘四个意识’，坚定‘四个自信’，做到‘两个维护’，坚持系统观念，统筹推进‘五位一体’总体布局，协调推进‘四个全面’战略布局，立足新发展阶段、贯彻新发展理念、构建新发展格局、推动高质量发展，全面深化改革开放，促进共同富裕，推进科技自立自强，发展全过程人民民主，保证人民当家作主，坚持全面依法治国，坚持社会主义核心价值体系，坚持在发展中保障和改善民生，坚持人与自然和谐共生，统筹发展和安全，加快国防和军队现代化，协同推进人民富裕、国家强盛、中国美丽”①。

二、中国共产党的“三个历史决议”及其关系研究

以 2021 年 11 月党的十九届六中全会通过的第三个历史决议为标志，中国共产党在百年历程中形成了三个历史决议，它们都在党的历史上产生了深远影响，都是中共党史党建学科的根本遵循。

中国共产党历来高度注重总结历史经验。在争取抗日战争最后胜利的关头，1945 年 4 月党的六届七中全会通过了第一个历史决议，对建党以后特别是党的六届四中全会至遵义会议前这一段党的历史及其经验教训进行了总结，对若干重大历史问题作出了结论，使全党特别是党的高级干部对中国革命基本问题的认识达到了一致，增强了全党团结，为党的七大胜利召开创造了充分条件，有力促进了中国革命事业发展。

进入改革开放和社会主义现代化建设新时期，1981 年 6 月党的十一届六中全会通过了第二个历史决议，回顾了新中国成立以前党

① 中共中央关于党的百年奋斗重大成就和历史经验的决议. 北京：人民出版社，2021：73.

的历史，总结了社会主义革命和建设的历史经验，对一些重大事件和重要人物作出了评价，特别是正确评价了毛泽东同志和毛泽东思想，分清了是非，纠正了“左”、右两方面的错误观点，统一了全党思想，对推动党团结一致向前看、更好推进改革开放和社会主义现代化建设产生了重大影响。

进入中国特色社会主义新时代，党和国家事业大大向前发展了，党的理论和实践也大大向前发展了。站在新的历史起点上，回顾过去，展望未来，全面总结党的百年奋斗重大成就和历史经验特别是改革开放以来的重大成就和历史经验，既有客观需要，也具备主观条件。2021 年 11 月党的十九届六中全会通过了第三个历史决议，在党成立 100 周年的重要历史时刻，在党和人民胜利实现第一个百年奋斗目标、全面建成小康社会，正在向着全面建成社会主义现代化强国的第二个百年奋斗目标迈进的重大历史关头，全面总结党的百年奋斗重大成就和历史经验，对推动全党进一步统一思想、统一意志、统一行动，团结带领全国各族人民夺取新时代中国特色社会主义新的伟大胜利，具有重大现实意义和深远历史意义。

第三个历史决议，聚焦总结党的百年奋斗重大成就和历史经验，重点总结新时代党和国家事业取得的历史性成就、发生的历史性变革和积累的新鲜经验，对重大事件、重要会议、重要人物的评价注重同党中央已有结论相衔接，又着力体现党中央对党的百年奋斗的新认识。

对党在新民主主义革命时期、社会主义革命和建设时期、党的十一届三中全会到党的十一届六中全会期间的历史，前两个历史决议已经作过系统总结。从中国共产党成立到改革开放之初，对党的历史上的重大是非问题，这两个历史决议基本都解决了，其基本论述和结论至今仍然适用。

新时代党史党建研究，要把重点放在对第三个历史决议的深入研究和阐释上。同时，还要深入研究和阐释这三个历史决议既一脉相承又与时俱进的关系。

三、中国共产党百年奋斗的历史意义和历史经验研究

第三个历史决议在全面回顾总结党的百年奋斗历程和重大成就的基础上，以更宏阔的视角，总结党的百年奋斗的历史意义，即党的百年奋斗从根本上改变了中国人民的前途命运、开辟了实现中华民族伟大复兴的正确道路、展示了马克思主义的强大生命力、深刻影响了世界历史进程、锻造了走在时代前列的中国共产党，阐述了党对中国人民、对中华民族、对马克思主义、对人类进步事业、对马克思主义政党建设所作的历史性贡献。

这五条概括，既立足中华大地，又放眼人类未来，体现了中国共产党和中国人民、中华民族的关系，体现了中国共产党和马克思主义、世界社会主义、人类社会发展的关系，贯通了中国共产党百年奋斗的历史逻辑、理论逻辑、实践逻辑。

第三个历史决议还从党的百年奋斗中看清楚过去我们为什么能够成功、弄明白未来我们怎样才能继续成功的高度，概括了具有根本性和长远指导意义的十条历史经验，即“十个坚持”：坚持党的领导，坚持人民至上，坚持理论创新，坚持独立自主，坚持中国道路，坚持胸怀天下，坚持开拓创新，坚持敢于斗争，坚持统一战线，坚持自我革命。

这十条历史经验是系统完整、相互贯通的有机整体，揭示了党和人民事业不断成功的根本保证，揭示了党始终立于不败之地的力量源泉，揭示了党始终掌握历史主动的根本原因，揭示了党永葆先进性和纯洁性、始终走在时代前列的根本途径。这十条历史经验是

经过长期实践积累的宝贵经验，是党和人民共同创造的精神财富，必须倍加珍惜、长期坚持，并在新时代实践中不断丰富和发展。

习近平总书记在庆祝中国共产党成立100周年大会上的讲话，也从党的百年奋斗史中总结概括出“九个必须”，即必须坚持中国共产党坚强领导，必须团结带领中国人民不断为美好生活而奋斗，必须继续推进马克思主义中国化，必须坚持和发展中国特色社会主义，必须加快国防和军队现代化，必须不断推动构建人类命运共同体，必须进行具有许多新的历史特点的伟大斗争，必须加强中华儿女大团结，必须不断推进党的建设新的伟大工程。这“九个必须”首尾紧密连接，环环相扣，深刻揭示了贯穿中国共产党百年奋斗历程的共产党执政规律、社会主义建设规律、人类社会发展规律，深刻揭示出“过去我们为什么能够成功、弄明白未来我们怎样才能继续成功”的道理，彰显出“用历史映照现实、远观未来”① 的思想魅力。

深入阐释和研究中国共产党百年奋斗的历史意义和历史经验，是新时代党史党建研究的重要任务。在深入阐释历史经验时，还要力求把“十个坚持”同“九个必须”紧密结合起来。

一是深入研究和阐释习近平总书记的大历史观，提高党史党建研究的历史思维和理论思维能力和水平。

二是紧密结合百年历程，深入研究和阐释中国共产党领导是中国特色社会主义最本质的特征，是中国特色社会主义制度的最大优势，是党和国家的根本所在、命脉所在，是全国各族人民的利益所系、命运所系，揭示“坚持党的领导”和“必须坚持中国共产党坚强领导”所蕴含的历史逻辑、理论逻辑、实践逻辑。

三是紧密结合百年历程，深入研究和阐释中国共产党根基在人

---

① 习近平．在庆祝中国共产党成立100周年大会上的讲话．北京：人民出版社，2021：10.

民、血脉在人民、力量在人民，江山就是人民、人民就是江山，打江山、守江山，守的是人民的心，揭示“坚持人民至上”和“必须团结带领中国人民不断为美好生活而奋斗”所蕴含的历史逻辑、理论逻辑、实践逻辑。

四是紧密结合百年历程，深入研究和阐释坚持把马克思主义基本原理同中国具体实际相结合、同中华优秀传统文化相结合，用马克思主义观察时代、把握时代、引领时代，继续发展当代中国马克思主义、21 世纪马克思主义，揭示“坚持理论创新”和“必须继续推进马克思主义中国化”所蕴含的历史逻辑、理论逻辑、实践逻辑。

五是紧密结合百年历程，深入研究和阐释坚持和发展中国特色社会主义，推动物质文明、政治文明、精神文明、社会文明、生态文明协调发展，创造了中国式现代化新道路，创造了人类文明新形态，揭示“坚持独立自主”、“坚持中国道路”和“必须坚持和发展中国特色社会主义”所蕴含的历史逻辑、理论逻辑、实践逻辑。

六是紧密结合百年历程，深入研究和阐释坚持党对人民军队的绝对领导，坚持走中国特色强军之路，全面推进政治建军、改革强军、科技强军、人才强军、依法治军，把人民军队建设成为世界一流军队，揭示“必须加快国防和军队现代化”所蕴含的历史逻辑、理论逻辑、实践逻辑。

七是紧密结合百年历程，深入研究和阐释中国共产党关注人类前途命运，同世界上一切进步力量携手前进，中国始终是世界和平的建设者、全球发展的贡献者、国际秩序的维护者，揭示“坚持胸怀天下”和“必须不断推动构建人类命运共同体”所蕴含的历史逻辑、理论逻辑、实践逻辑。

八是紧密结合百年历程，深入研究和阐释中国共产党领导人民披荆斩棘、上下求索、奋力开拓、锐意进取，不断推进理论创新、实践创新、制度创新、文化创新以及其他各方面创新，敢为天下先，走出了前人没有走出的路，任何艰难险阻都没能阻挡住党和人民前进的步伐，揭示“坚持开拓创新”所蕴含的历史逻辑、理论逻辑、实践逻辑。

九是紧密结合百年历程，深入研究和阐释敢于斗争、敢于胜利，是中国共产党不可战胜的强大精神力量，实现伟大梦想就要顽强拼搏、不懈奋斗，揭示“坚持敢于斗争”和“必须进行具有许多新的历史特点的伟大斗争”所蕴含的历史逻辑、理论逻辑、实践逻辑。

十是紧密结合百年历程，深入研究和阐释中国共产党始终把统一战线摆在重要位置，不断巩固和发展最广泛的统一战线，团结一切可以团结的力量、调动一切可以调动的积极因素，最大限度凝聚起共同奋斗的力量，揭示“坚持统一战线”和“必须加强中华儿女大团结”所蕴含的历史逻辑、理论逻辑、实践逻辑。

十一是紧密结合百年历程，深入研究和阐释我们党历经千锤百炼而朝气蓬勃，一个很重要的原因就是我们始终坚持党要管党、全面从严治党，不断应对好自身在各个历史时期面临的风险考验，确保我们党在世界形势深刻变化的历史进程中始终走在时代前列，在应对国内外各种风险挑战的历史进程中始终成为全国人民的主心骨，揭示“坚持自我革命”和“必须不断推进党的建设新的伟大工程”所蕴含的历史逻辑、理论逻辑、实践逻辑。

四、归根到底是因为马克思主义行研究

习近平总书记在庆祝中国共产党成立 100 周年大会上提出：“中国共产党为什么能，中国特色社会主义为什么好，归根到底是因为

马克思主义行!”[①] 这一科学论断为党史党建研究更好地阐释这三者的关系、回答好中国共产党为什么能成功这个基本问题指明了方向。

习近平总书记反复强调，要解答好红色政权来之不易、新中国来之不易、中国特色社会主义来之不易，解答好中国共产党为什么能、中国特色社会主义为什么好、马克思主义为什么行。这对于不断坚定“四个自信”，不断增强历史定力，增强做中国人的志气、骨气、底气具有十分重要的意义。

对于解读好中国共产党为什么能、马克思主义为什么行、中国特色社会主义为什么好，已经做了大量工作，推出不少学术成果，产生较好的社会影响。相对来说，对于这三者之间关系的研究，略显薄弱。习近平总书记的上述论断，对党史党建研究提出了深入阐述三者之间关系及其相互作用研究的任务，同时，这三者关系的研究，最终要归结到真理的实践伟力上来，也就是归结到马克思主义行。加强这方面研究，既可以深化和拓展党史党建研究，也可以贯通中国共产党不懈奋斗史、自身建设史、道路探索史、制度创建史与理论发展史的研究，贯通这些领域的研究与马克思主义中国化发展史的研究。

扎实做好对中国共产党为什么能、马克思主义为什么行、中国特色社会主义为什么好的深入阐释，还可以进一步推动党史党建研究向纵深发展。要阐释好中国共产党为什么能，就需要进一步加强中国共产党政治优势、理论优势、组织优势、宣传优势、统战优势、决策优势、执行优势等各方面优势的研究，进一步加强中国共产党的领导力、动员力、组织力等调动一切积极因素、团结一切可以团结的力量的能力的研究，进一步加强中国共产党鲜

① 习近平．在庆祝中国共产党成立100周年大会上的讲话．北京：人民出版社，2021：13．

明政治品格、优良传统作风等方面的研究。要阐释好马克思主义为什么行，就需要进一步加强马克思主义在中国传播史的研究，进一步加强马克思主义在中国翻译史的研究，进一步加强马克思主义中国化理论创新史的研究，进一步加强中国革命、建设、改革同社会主义发展史、国际共产主义运动发展史、世界社会主义运动发展史相互关系的研究。要阐释好中国特色社会主义为什么好，就需要进一步加强改革开放史的研究，进一步加强中国特色社会主义新时代的研究，进一步加强中华民族迎来了从站起来、富起来到强起来的历史飞跃与中国特色社会主义的开创和发展相互关系的研究，进一步加强中国特色社会主义道路开辟史、理论创新史、制度创建史、文化发展史的研究，进一步加强中国特色社会主义的国际影响的研究。

五、伟大建党精神和中国共产党人精神谱系研究

习近平总书记在庆祝中国共产党成立100周年大会上指出：“一百年前，中国共产党的先驱们创建了中国共产党，形成了坚持真理、坚守理想，践行初心、担当使命，不怕牺牲、英勇斗争，对党忠诚、不负人民的伟大建党精神，这是中国共产党的精神之源。”“一百年来，中国共产党弘扬伟大建党精神，在长期奋斗中构建起中国共产党人的精神谱系，锤炼出鲜明的政治品格。历史川流不息，精神代代相传。我们要继续弘扬光荣传统、赓续红色血脉，永远把伟大建党精神继承下去、发扬光大！”①

这些论述为中共党史党建学科进一步深化中国共产党革命精神、

① 习近平. 在庆祝中国共产党成立100周年大会上的讲话. 北京：人民出版社，2021：8.

红色基因研究提出了新的课题。

一是要加强对伟大建党精神丰富内涵的研究，深入阐释其核心要义、红色基因、优良品格，深入阐释其对中华优秀传统文化特别是对中华民族伟大精神的弘扬与创新。

二是要加强对伟大建党精神形成过程的研究。伟大建党精神，是中国共产党的先驱们在创建中国共产党过程中形成的。党的一大毫无疑问对伟大建党精神的形成作出了重大贡献。同时，在创建中国共产党的整个历史过程中，也对伟大建党精神的形成有着重要影响。

三是要深化对伟大建党精神作为中国共产党精神之源的研究，深化对伟大建党精神在百年历史中一脉传承和深远影响的研究。既要加强和深化对中国共产党人精神谱系的研究，也要深化对中国共产党鲜明政治品格的研究，还要拓展和加强对伟大建党精神在四个时期形成的时代标识的研究。正如“七一”重要讲话所概括的，新民主主义革命时期有“浴血奋战、百折不挠”，社会主义革命和建设时期有“自力更生、发愤图强”，改革开放和社会主义现代化建设新时期有“解放思想、锐意进取”，中国特色社会主义新时代有“自信自强、守正创新”。

六、中国化的马克思主义党建理论体系研究

中国共产党是一个高度重视自身建设的马克思主义政党，也是一个善于创造性地运用马克思主义建党学说推动党的建设伟大工程和党的建设新的伟大工程的马克思主义政党。在中国共产党的百年自身建设史中，形成了中国化的马克思主义党建理论体系。

中国化的马克思主义党建理论体系，是在中国共产党领导中国

革命和建设过程中，由毛泽东思想中的党建理论开创奠基的，成为推动党的建设伟大工程的理论指导。在改革开放和社会主义现代化建设新时期，又由邓小平理论、“三个代表”重要思想、科学发展观中的党建理论进一步创新发展完善，成为指导推动党的建设新的伟大工程的行动指南。在中国特色社会主义新时代，习近平新时代中国特色社会主义思想中的党建理论，以一系列实践创新、理论创新、制度创新极大地丰富发展了中国化的马克思主义党建理论体系，将这一理论体系推向新境界、新水平。

中共党史党建学科创新发展，需要加强马克思主义建党学说研究，加强中国化马克思主义党建理论体系研究，加强毛泽东思想、邓小平理论、“三个代表”重要思想、科学发展观，特别是习近平新时代中国特色社会主义思想中的党建理论研究，既阐发其科学体系、原创性贡献，又阐发其实践伟力、带来的革命性变革。

第二节　通史、断代史、专题史研究方向

中国共产党历史的通史研究，指的是贯通党的整个百年历程的研究；断代史研究，指的是按照党的历史的科学分期，分阶段分时期进行的研究；专题史研究，指的是按照党的历史涉及的相关领域，分专题或跨若干专题的研究。在很长时间里，中国共产党历史的通史、断代史、专题史研究，一直是党史学科的优势研究领域。在中共党史党建学一级学科形成后，这个优势会一直保持下去，并成为中共党史党建学科最基本、最具有支撑力的基础性研究。

一、百年党史四个发展时期研究

第三个历史决议和习近平总书记在庆祝中国共产党成立 100 周年大会上的重要讲话，进一步明确了中国共产党百年历史的四个时期及其伟大成就、伟大创造、伟大贡献、历史结论，为新时代党史党建研究提供了重要遵循。

第一个时期，是新民主主义革命时期。这一时期的伟大创造，集中到一点，就是“创造了新民主主义革命的伟大成就”。这一时期在实现中华民族伟大复兴中的伟大贡献，集中到一点，即“为实现中华民族伟大复兴创造了根本社会条件”。这一时期郑重的历史结论是：“中国人民站起来了，中华民族任人宰割、饱受欺凌的时代一去不复返了！”[①]

第二个时期，是社会主义革命和建设时期。这一时期的伟大创造，集中到一点，就是“创造了社会主义革命和建设的伟大成就”。这一时期在实现中华民族伟大复兴中的伟大贡献，集中到一点，即“为实现中华民族伟大复兴奠定了根本政治前提和制度基础”。这一时期郑重的历史结论是：“中国人民不但善于破坏一个旧世界、也善于建设一个新世界，只有社会主义才能救中国，只有社会主义才能发展中国！”[②]

第三个时期，是改革开放和社会主义现代化建设新时期。这一时期的伟大创造，集中到一点，就是“创造了改革开放和社会主义现代化建设的伟大成就”。这一时期在实现中华民族伟大复兴中的伟大贡献，集中到一点，即“为实现中华民族伟大复兴提供了充满新

① 习近平. 在庆祝中国共产党成立 100 周年大会上的讲话. 北京：人民出版社，2021：4.
② 习近平. 在庆祝中国共产党成立 100 周年大会上的讲话. 北京：人民出版社，2021：5.

的活力的体制保证和快速发展的物质条件”。这一时期郑重的历史结论是：“改革开放是决定当代中国前途命运的关键一招，中国大踏步赶上了时代!”①

第四个时期，是中国特色社会主义新时代。这一时期的伟大创造，集中到一点，就是“创造了新时代中国特色社会主义的伟大成就”。这一时期在实现中华民族伟大复兴中的伟大贡献，集中到一点，即“为实现中华民族伟大复兴提供了更为完善的制度保证、更为坚实的物质基础、更为主动的精神力量”。这一时期郑重的历史结论是：“中华民族迎来了从站起来、富起来到强起来的伟大飞跃，实现中华民族伟大复兴进入了不可逆转的历史进程!”②

上述这些重要论述，为中共党史党建学科进一步加强对党的百年历程中四个时期的研究，特别是加强和深化第四个时期即中国特色社会主义新时代的研究，提供了根本指导和必须认真领会遵循的重要依据。

中共党史党建学科还要认真研究推动“五史”研究融合发展的科研教学机制。2021 年，根据习近平总书记有关重要论述，中宣部组织有关部门编写出版了《中国共产党简史》《中华人民共和国简史》《改革开放简史》《社会主义发展简史》③ 等权威著作。我们要以此为契机，努力将党史党建研究同“五史”研究融合发展。

二、践行初心使命和中华民族伟大复兴主题研究

党的十九大首次概括提出初心使命，对深化党史党建研究产生

① 习近平. 在庆祝中国共产党成立 100 周年大会上的讲话. 北京：人民出版社，2021：6.
② 习近平. 在庆祝中国共产党成立 100 周年大会上的讲话. 北京：人民出版社，2021：7.
③ “四史”后发展为“五史”，增加了“中华民族发展史”。

极大的推动。十九大报告提出："中国共产党人的初心和使命，就是为中国人民谋幸福，为中华民族谋复兴。这个初心和使命是激励中国共产党人不断前进的根本动力。"[①] 大会闭幕不久，习近平总书记又强调指出，"只有不忘初心、牢记使命、永远奋斗，才能让中国共产党永远年轻"[②]。习近平总书记还指出："党的初心和使命是党的性质宗旨、理想信念、奋斗目标的集中体现，激励着我们党永远坚守，砥砺着我们党坚毅前行。从石库门到天安门，从兴业路到复兴路，我们党近百年来所付出的一切努力、进行的一切斗争、作出的一切牺牲，都是为了人民幸福和民族复兴。正是由于始终坚守这个初心和使命，我们党才能在极端困境中发展壮大，才能在濒临绝境中突出重围，才能在困顿逆境中毅然奋起。忘记初心和使命，我们党就会改变性质、改变颜色，就会失去人民、失去未来。"[③] 还强调："中国革命历史是最好的营养剂，重温这部伟大历史能够受到党的初心使命、性质宗旨、理想信念的生动教育，必须铭记光辉历史、传承红色基因。""我们党的百年历史，就是一部践行党的初心使命的历史，就是一部党与人民心连心、同呼吸、共命运的历史。"[④]

这些重要论述，为党史党建研究突出了初心使命这条红线。我们要进一步加强初心使命与新时代党的建设研究、初心使命与党性教育党性锻炼研究、初心使命与自我革命研究，加强初心使命形成史和发展史的研究、初心使命与中国共产党群众路线史的研究、初心使命与实现中华民族伟大复兴史的研究、初心使命与为民造福史的研究。

习近平总书记在庆祝中国共产党成立 100 周年大会上，首次概

---

① 习近平. 习近平谈治国理政：第 3 卷. 北京：外文出版社，2020：1.
② 习近平. 论中国共产党历史. 北京：中央文献出版社，2021：184.
③ 习近平. 论中国共产党历史. 北京：中央文献出版社，2021：271.
④ 习近平. 在党史学习教育动员大会上的讲话. 北京：人民出版社，2021：3－4，15.

括提出中国共产党全部历史的主题就是实现中华民族伟大复兴，并且指出："没有中国共产党，就没有新中国，就没有中华民族伟大复兴。"① 这为党史党建研究进一步围绕主题主线的深化和展开，拓展了思路，指明了方向。我们要在深化党史党建研究中，进一步加强中国共产党领导推进中华民族伟大复兴史的研究，进一步加强中国共产党在实现中华民族伟大复兴历程中团结带领人民进行的一切奋斗、一切牺牲、一切创造的研究，进一步加强中国共产党在实现中华民族伟大复兴历史进程中践行初心使命的研究，进一步加强中国共产党在实现中华民族伟大复兴历史进程中的领导地位、历史功绩、成功经验的研究。

深化对中华民族伟大复兴历史进程的研究，深化对中国共产党百年奋斗主题的研究，还可以从另一个宽广的领域和视角，阐释好、解读好中国共产党为什么能、中国特色社会主义为什么好、马克思主义为什么行所蕴含的深刻道理和发展规律。

三、马克思主义中国化"两个结合"和"三次飞跃"研究

习近平总书记指出："我们党的历史，就是一部不断推进马克思主义中国化的历史，就是一部不断推进理论创新、进行理论创造的历史。"② 第三个历史决议指出："马克思主义理论不是教条而是行动指南，必须随着实践发展而发展，必须中国化才能落地生根、本土化才能深入人心。党之所以能够领导人民在一次次求索、一次次挫折、一次次开拓中完成中国其他各种政治力量不可能完成的艰巨任

---

① 习近平．在庆祝中国共产党成立 100 周年大会上的讲话．北京：人民出版社，2021：10－11.

② 习近平．在党史学习教育动员大会上的讲话．北京：人民出版社，2021：12.

务，根本在于坚持解放思想、实事求是、与时俱进、求真务实，坚持把马克思主义基本原理同中国具体实际相结合、同中华优秀传统文化相结合，坚持实践是检验真理的唯一标准，坚持一切从实际出发，及时回答时代之问、人民之问，不断推进马克思主义中国化时代化。”①

第三个历史决议还深刻总结了马克思主义中国化的百年历程，指出毛泽东思想、中国特色社会主义理论体系、习近平新时代中国特色社会主义思想，形成了马克思主义中国化进程中的三次飞跃。在此基础上强调：“习近平新时代中国特色社会主义思想是当代中国马克思主义、二十一世纪马克思主义，是中华文化和中国精神的时代精华，实现了马克思主义中国化新的飞跃。”②

上述重要论断，为党史党建研究进一步加强党的创新理论发展史研究、马克思主义中国化研究、中国共产党思想发展史研究指明了方向。

马克思主义中国化发展史研究，是近年来研究的一个热点，形成了不少优秀成果。习近平总书记在庆祝中国共产党成立 100 周年大会上的重要讲话，首次概括提出马克思主义中国化的“两个结合”。这个重要论断的概括提出，对于推动马克思主义中国化发展史研究，具有十分重要的意义。

中共党史党建学科要深入研究把马克思主义基本原理同中国具体实际相结合与把马克思主义基本原理同中华优秀传统文化相结合的相互关系。要在继续深化对马克思主义基本原理同中国具体实际相结合进程研究的同时，加大对马克思主义基本原理同中华优秀传

① 中共中央关于党的百年奋斗重大成就和历史经验的决议．北京：人民出版社，2021：66－67.

② 中共中央关于党的百年奋斗重大成就和历史经验的决议．北京：人民出版社，2021：26.

统文化相结合的历史进程、历史脉络、历史阶段的研究梳理。要深入阐释实现把马克思主义本土化的机理、要素、主客观影响及其作用、国情影响及其作用、历史文化基因影响及其作用等。

四、中国式现代化新道路和人类文明新形态研究

习近平总书记在庆祝中国共产党成立100周年大会上指出："我们坚持和发展中国特色社会主义，推动物质文明、政治文明、精神文明、社会文明、生态文明协调发展，创造了中国式现代化新道路，创造了人类文明新形态。"① 习近平总书记还指出："我们建设的现代化必须是具有中国特色、符合中国实际的，我在党的十九届五中全会上特别强调了五点，就是我国现代化是人口规模巨大的现代化，是全体人民共同富裕的现代化，是物质文明和精神文明相协调的现代化，是人与自然和谐共生的现代化，是走和平发展道路的现代化。这是我国现代化建设必须坚持的方向。"②

深入领会这一重要论断，需要中共党史党建学科进一步加强和深化对中国特色社会主义同中国式现代化新道路发展历程及其关系的研究，进一步加强和深化对"五大文明建设"同中国式现代化新道路发展历程及其关系的研究，进一步加强和深化对新发展理念同中国式现代化新道路发展历程及其关系的研究，进一步加强和深化对中国式现代化新道路发展历程、人类文明新形态发展历程及其相互关系的研究。同时，通过历史回顾、经验总结、国际比较，进一步加强对中国式现代化新道路、人类文明新形态丰富内涵和世界意

① 习近平. 在庆祝中国共产党成立100周年大会上的讲话. 北京：人民出版社，2021：13-14.

② 习近平. 论把握新发展阶段、贯彻新发展理念、构建新发展格局. 北京：中央文献出版社，2021：474.

义的认识。通过这种研究，还可以使中共党史党建学科进一步拓宽国际视野，加强国际比较，有助于增强国际学术话语权。

五、坚定不移走共同富裕道路研究

习近平总书记明确指出："共同富裕是社会主义的本质要求，是中国式现代化的重要特征，要坚持以人民为中心的发展思想，在高质量发展中促进共同富裕"[①]。"改革开放后，我们党深刻总结正反两方面历史经验，认识到贫穷不是社会主义，打破传统体制束缚，允许一部分人、一部分地区先富起来，推动解放和发展社会生产力。党的十八大以来，党中央把逐步实现全体人民共同富裕摆在更加重要的位置上，采取有力措施保障和改善民生，打赢脱贫攻坚战，全面建成小康社会，为促进共同富裕创造了良好条件。我们正在向第二个百年奋斗目标迈进，适应我国社会主要矛盾的变化，更好满足人民日益增长的美好生活需要，必须把促进全体人民共同富裕作为为人民谋幸福的着力点，不断夯实党长期执政基础。"[②]

深入领会这些论述，需要中共党史党建学科加强对中国共产党推动共同富裕的发展历程和探索历程的研究，加强对实现共同富裕目标同社会主要矛盾变化相互关系的研究，加强对实现共同富裕目标同体现社会主义本质要求的关系研究，加强对实现共同富裕目标同推动社会和谐、夯实党长期执政基础的关系研究，加强对实现共同富裕目标同践行党的初心使命的关系研究。

---

① 习近平主持召开中央财经委员会第十次会议强调 在高质量发展中促进共同富裕 统筹做好重大金融风险防范化解工作. 人民日报，2021-08-18（1）.

② 习近平主持召开中央财经委员会第十次会议强调 在高质量发展中促进共同富裕 统筹做好重大金融风险防范化解工作. 人民日报，2021-08-18（1）.

六、中国共产党推进中华民族伟大复兴研究

这是习近平总书记在党的十八大后提出中华民族伟大复兴中国梦，党的十九大提出中华民族迎来从站起来、富起来到强起来的历史飞跃，中国共产党的初心与使命就是为人民谋幸福、为民族谋复兴等重大判断后，给中共党史党建学科深入发展提出的新课题。我们既要加强中国共产党是如何领导中国人民和中华民族通过中国革命和建设站起来的研究，加强中国共产党是如何领导中国人民和中华民族通过改革开放和社会主义现代化建设富起来的研究，更要加强中国共产党是如何领导中国人民和中华民族在新时代强起来的研究，还要加强整个这一历史进程的全景式、立体化的研究；既要研究从站起来、富起来到强起来的中国经验、中国故事、中国奇迹，更要研究能够从站起来、富起来到强起来的道理、学理、哲理，通过中共党史党建学科增强“四个意识”，坚定“四个自信”，做到“两个维护”。

结合中国共产党推进中华民族伟大复兴史的研究，还可以为创新中国共产党道路探索史研究提供新的研究视角和新的研究路径。

中国共产党的先驱者们在选择救国救民的革命道路时，选择了走俄国十月革命道路的正确方向。而在领导中国革命走向胜利的过程中，又逐渐发现俄国十月革命的正确方向还要同中国革命具体实际结合起来，从中国实际出发，探索中国革命自己的道路。同样，在社会主义建设开始之时，毛泽东同志向全党发出走自己道路的号召，探索实现马克思列宁主义同中国实际的进一步结合。在改革开放全面展开之时，邓小平同志也向全党提出：“走自己的道路，建设有中国特色的社会主义，这就是我们总结长期历史经

验得出的基本结论。”① 习近平总书记在庆祝中国共产党成立 100 周年大会上回顾百年历程，再次概括提出：“走自己的路，是党的全部理论和实践立足点，更是党百年奋斗得出的历史结论。中国特色社会主义是党和人民历经千辛万苦、付出巨大代价取得的根本成就，是实现中华民族伟大复兴的正确道路。”② 这一概括性论断，有着特别厚重的历史底蕴。

深入领会这一论断，要求中共党史党建学科进一步深化对中国革命道路探索史、中国社会主义革命和建设道路探索史、中国改革开放和中国特色社会主义道路探索史、新时代推动中国特色社会主义道路创新发展史的研究，并且把道路探索史研究同中华民族伟大复兴史研究紧密结合起来，更加深化对“中华民族近代以来 180 多年的历史、中国共产党成立以来 100 年的历史、中华人民共和国成立以来 70 多年的历史都充分证明，没有中国共产党，就没有新中国，就没有中华民族伟大复兴”③ 这一重大论断的认识。同时，进一步深化对上述道路探索史、创新发展史研究，还可以同中国共产党对共产党执政规律探索史、社会主义建设规律探索史、人类社会发展规律探索史的研究紧密结合起来，揭示蕴含其中的历史逻辑、理论逻辑、实践逻辑。

第三节　自我革命和长期执政研究方向

自我革命是党的十九大后习近平总书记总结概括的重要命题，使我们对共产党执政规律和长期执政规律的认识提升到一个前所未

---

① 邓小平. 邓小平文选：第 3 卷. 北京：人民出版社，1993：3.

② 习近平. 在庆祝中国共产党成立 100 周年大会上的讲话. 北京：人民出版社，2021：13.

③ 习近平. 在庆祝中国共产党成立 100 周年大会上的讲话. 北京：人民出版社，2021：10－11.

有的新境界，也为中共党史党建学科提出了若干值得长期研究的重大课题。

一、新时代中国共产党自我革命研究

习近平总书记从中国共产党驰而不息推进党的建设伟大工程和新的伟大工程的丰富经验中，特别是从全面从严治党的实践中，总结提出“自我革命”的科学命题，并得出以自我革命统领和推进社会革命的重大论断，使我们党对共产党执政规律的认识提高到一个新水平。

新时代中共党史党建学科需要加强对中国共产党自我革命理论的研究，深入阐发“勇于自我革命，是我们党最鲜明的品格，也是我们党最大的优势”① 的深刻含义，深入研究为什么要自我革命、怎样进行自我革命，深入研究如何通过不断增强党自我净化、自我完善、自我革新、自我提高的能力来增强自我革命的能力和水平，确保能一以贯之地进行自我革命。

还要加强对中国共产党以自我革命统领和推进社会革命研究，深入研究和阐释全面从严治党、全面加强党的领导对实现中华民族伟大复兴的重大战略意义，深入研究和阐释“四个全面”战略布局同全面从严治党的关系。

二、加强党对一切工作的全面领导研究

中国共产党的领导制度是我国的根本领导制度。党的十八大以来，鲜明提出“中国特色社会主义最本质的特征是中国共产党领导，

① 习近平．在党史学习教育动员大会上的讲话．北京：人民出版社，2021：9．

中国特色社会主义制度的最大优势是中国共产党领导，中国共产党是最高政治领导力量"[①]。中国特色社会主义制度是一个严密完整的科学制度体系，起四梁八柱作用的是根本制度、基本制度、重要制度，其中具有统领地位的是党的领导制度。必须坚持党政军民学、东西南北中，党是领导一切的，坚决维护党中央权威，健全总揽全局、协调各方的党的领导制度体系，自觉贯彻党总揽全局、协调各方的根本要求，把党的领导落实到国家治理各领域各方面各环节。这是党领导人民进行革命、建设、改革最宝贵的经验。

中共党史党建学科要从历史与现实的结合上进一步深化对"中国特色社会主义最本质的特征是中国共产党领导，中国特色社会主义制度的最大优势是中国共产党领导，党是最高政治领导力量"的研究阐释，加强对维护党中央权威研究，加强对健全总揽全局、协调各方的党的领导制度体系的研究，加强对健全党的全面领导制度的学理研究和对策研究，加强对把党的领导落实到国家治理各领域各方面各环节的制度保障的研究，加强对确保党在各种组织中发挥领导作用的对策的研究。

要加强对完善党领导各项事业的具体制度的研究。加强对党的领导与统筹推进"五位一体"总体布局、协调推进"四个全面"战略布局关系的研究，加强对党的领导在各项事业中的实现方式的研究，加强对确保把党的领导贯彻到党和国家所有机构履行职责全过程的体制机制的研究。

三、中国共产党以伟大自我革命引领伟大社会革命研究

习近平总书记从开创新时代的战略高度，高度重视全面从严治

---

① 中共中央关于党的百年奋斗重大成就和历史经验的决议. 北京：人民出版社，2021：24.

党、全面加强党的领导，概括提出以自我革命统领社会革命的规律。习近平总书记指出：“勇于自我革命，从严管党治党，是我们党最鲜明的品格。”[①]“勇于自我革命是中国共产党区别于其他政党的显著标志。”[②]“在新时代，我们党必须以党的自我革命来推动党领导人民进行的伟大社会革命。”“我们党执政正反两方面的经验，世界上一些社会主义国家和政党演变的教训，都揭示了一个道理：马克思主义政党夺取政权不容易，巩固政权更不容易；只要马克思主义执政党不出问题，社会主义国家就出不了大问题，我们就能够跳出‘其兴也勃焉，其亡也忽焉’的历史周期率。”[③]

深入领会这些论述，需要中共党史党建学科加强对中国共产党自我革命进程、路径、经验和规律的研究，加强对中国共产党以自我革命统领和推动社会革命历程和经验的研究，深化对中国共产党自身建设史、党的建设伟大工程史、自我革命史的研究，加强对苏联等社会主义国家和政党演变的历史教训的研究，加强对中国共产党借鉴中国历史上治乱兴衰规律的历程和经验的研究，加强对中国共产党探索跳出“历史周期率”历程和经验的研究。

四、以伟大工程推动伟大斗争、伟大事业、伟大梦想研究

进入新时代，随着中华民族迎来从站起来、富起来到强起来的历史飞跃，特别是全面建成小康社会第一个百年奋斗目标实现后，距离实现中华民族伟大复兴中国梦的宏伟目标越来越近。以习近平同志为核心的党中央统揽中华民族伟大复兴战略全局和世界百年未有

---

① 习近平. 习近平谈治国理政：第 3 卷. 北京：外文出版社，2020：20.
② 习近平. 在庆祝中国共产党成立 100 周年大会上的讲话. 北京：人民出版社，2021：19.
③ 习近平. 推进党的建设新的伟大工程要一以贯之. 求是，2019（19）.

之大变局，提出要进行具有许多新的历史特点的伟大斗争，并且提出实现伟大梦想，必须进行伟大斗争，必须建设伟大工程，必须推进伟大事业。伟大斗争、伟大工程、伟大事业、伟大梦想，紧密联系、相互贯通、相互作用，其中起决定性作用的是党的建设新的伟大工程。党要团结带领人民进行伟大斗争、推进伟大事业、实现伟大梦想，必须毫不动摇坚持和完善党的领导，毫不动摇把党建设得更加坚强有力。推进伟大工程，要结合伟大斗争、伟大事业、伟大梦想的实践来进行，确保党在世界形势深刻变化的历史进程中始终走在时代前列，在应对国内外各种风险和考验的历史进程中始终成为全国人民的主心骨，在坚持和发展中国特色社会主义的历史进程中始终成为坚强领导核心。

中共党史党建学科创新发展，需要加强伟大斗争、伟大工程、伟大事业、伟大梦想科学内涵的研究，加强伟大工程与伟大斗争、伟大事业、伟大梦想关系的研究，加强进行许多具有新的历史特点的伟大斗争对伟大工程提出的新要求新举措的研究，加强新时代党的建设新的伟大工程如何处理好“毫不动摇坚持和完善党的领导，毫不动摇把党建设得更加坚强有力”两者关系的研究，加强伟大工程如何结合伟大斗争、伟大事业、伟大梦想的实践来进行的对策研究。

五、进行具有许多新的历史特点的伟大斗争研究

习近平总书记反复强调：“我们党要团结带领人民有效应对重大挑战、抵御重大风险、克服重大阻力、解决重大矛盾，必须进行具有许多新的历史特点的伟大斗争”。“全党要充分认识这场伟大斗争的长期性、复杂性、艰巨性，发扬斗争精神，提高斗争本领，不断

夺取伟大斗争新胜利。”① “马克思主义产生和发展、社会主义国家诞生和发展的历程充满着斗争的艰辛。建立中国共产党、成立中华人民共和国、实行改革开放、推进新时代中国特色社会主义事业，都是在斗争中诞生、在斗争中发展、在斗争中壮大的。当今世界正处于百年未有之大变局，我们党领导的伟大斗争、伟大工程、伟大事业、伟大梦想正在如火如荼进行，改革发展稳定任务艰巨繁重，我们面临着难得的历史机遇，也面临着一系列重大风险考验。胜利实现我们党确定的目标任务，必须发扬斗争精神，增强斗争本领。”② “一百年来，在应对各种困难挑战中，我们党锤炼了不畏强敌、不惧风险、敢于斗争、勇于胜利的风骨和品质。这是我们党最鲜明的特质和特点。”③

深入领会这些论述，需要中共党史党建学科加强中国共产党领导和推进伟大斗争史的研究，加强中国共产党敢于斗争、善于斗争、勇于胜利光荣传统的研究，加强中国共产党不断增强斗争本领、斗争智慧、斗争艺术的研究，加强新时代中国共产党统领伟大斗争、伟大工程、伟大事业、伟大梦想的经验研究，加强伟大斗争所处历史方位、主要矛盾、内外环境、历史特点、时代变迁的发展变化及其规律的研究。

六、跳出历史周期率的第二个答案研究

对于中国共产党如何跳出治乱兴衰的历史周期率的问题，毛泽

---

① 习近平. 习近平谈治国理政：第3卷. 北京：外文出版社，2020：13.

② 习近平在中央党校（国家行政学院）中青年干部培训班开班式上发表重要讲话强调 发扬斗争精神增强斗争本领 为实现“两个一百年”奋斗目标而顽强奋斗. 人民日报，2019-09-04(1).

③ 习近平. 在党史学习教育动员大会上的讲话. 北京：人民出版社，2021：19.

东同志在延安窑洞里给出了第一个答案，那就是“只有让人民来监督政府，政府才不敢松懈”。经过百年奋斗特别是党的十八大以来全面从严治党、实现党的革命性重塑新的实践，习近平总书记又给出了第二个答案，那就是自我革命。对此，习近平总书记作过许多深刻论述。

要系统深入研究习近平总书记关于自我革命和跳出历史周期率的重要论述，深入阐释这些重要论述对于丰富马克思主义中国化党的建设理论体系的创新发展，深入阐释自我革命理论对解决建设什么样的长期执政的马克思主义政党、怎样建设长期执政的马克思主义政党等重大时代课题的原创性贡献。

在此基础上，中共党史党建学科还要发挥自身优势，深入研究阐释第二个答案同第一个答案的关系，以及从第一个答案到第二个答案的重大意义和启示；深入研究阐释自我革命同确保党不变质、不变色、不变味的关系；深入研究阐释自我革命同坚持和加强党对一切工作的全面领导的关系；深入研究阐释自我革命同坚持不懈发展社会主义民主政治，特别是发展全过程人民民主的关系；深入研究阐释自我革命同不断加强党内监督及人民监督等其他各种监督的关系；深入研究阐释自我革命同国家治理体系和治理能力现代化的关系。

第四节　自身建设和法规建设研究方向

高度重视党的自身建设，是中国共产党的优良传统和政治优势，也是中国共产党从胜利不断走向新的胜利的法宝。新时代的全面从严治党，为这一法宝注入了新鲜经验，形成新时代党的建设新的格局，并形成比较完善的党内法规体系，党的建设科学化、制度化、规范化水平明显提高。这为中共党史党建学科创新发展提出了新的重大课题。

一、“两个确立”研究

深刻阐述“两个确立”的决定性意义，是第三个历史决议最为重要的内容之一，为全面推进新时代党的建设新的伟大工程，特别是加强党的政治建设指明了根本方向。党的百年奋斗历程反复证明，党的政治建设是党的根本性建设，旗帜鲜明讲政治、保证党的团结和集中统一是党的生命，也是我们党能成为百年大党、创造世纪伟业的关键所在。党的政治建设的首要任务，就是保证全党服从中央，维护党中央权威和集中统一领导。维护党中央权威和集中统一领导，是一个成熟的马克思主义执政党的重大建党原则。党的历史经验表明，凡是党中央权威和集中统一领导坚持得好，党的事业就兴旺发达；反之，党的事业就会遭受挫折。

中共党史党建学科要从历史与现实、理论与实践的结合上，着重深化阐释以下重点问题：一是如何不断深化对“两个确立”决定性意义的认识，使之同党的前途命运、国家的前途命运、人民的前途命运紧密结合起来，同推进伟大斗争、伟大工程、伟大事业、伟大梦想紧密结合起来，同实现第二个百年奋斗目标、实现中华民族伟大复兴紧密结合起来。二是从党的百年奋斗历程特别是新时代全面加强党对一切工作的领导、全面从严治党的不平凡历程，深刻认识和揭示“两个确立”的重大意义、历史逻辑、理论逻辑、实践逻辑，从而深化对增强“四个意识”、坚定“四个自信”、做到“两个维护”的认识。三是从弄清楚中国共产党是什么、要干什么这个根本问题出发，从新时代党情国情世情的深刻把握出发，认真进行新时代“两个确立”巩固深化的机理机制研究。通过以上问题的研究，很好地将学理研究、历史研究、对策研究结合起来。

二、新时代党的建设总体要求研究

中国特色社会主义进入新时代，中国共产党一定要有新气象新作为。这既是由党的初心使命和历史方位决定的，也是由党的状况与面对的风险挑战决定的。打铁还需自身硬。中国共产党面临的执政环境是复杂的，影响党的先进性、弱化党的纯洁性的因素也是复杂的，党内存在的思想不纯、组织不纯、作风不纯等突出问题尚未得到根本解决。要深刻认识党面临的执政考验、改革开放考验、市场经济考验、外部环境考验的长期性和复杂性，深刻认识党面临的精神懈怠危险、能力不足危险、脱离群众危险、消极腐败危险的尖锐性和严峻性，坚持问题导向，保持战略定力，推动全面从严治党向纵深发展。

正是在这样的历史背景下，党的十九大报告明确提出：“新时代党的建设总要求是：坚持和加强党的全面领导，坚持党要管党、全面从严治党，以加强党的长期执政能力建设、先进性和纯洁性建设为主线，以党的政治建设为统领，以坚定理想信念宗旨为根基，以调动全党积极性、主动性、创造性为着力点，全面推进党的政治建设、思想建设、组织建设、作风建设、纪律建设，把制度建设贯穿其中，深入推进反腐败斗争，不断提高党的建设质量，把党建设成为始终走在时代前列、人民衷心拥护、勇于自我革命、经得起各种风浪考验、朝气蓬勃的马克思主义执政党。”①

---

① 习近平. 习近平谈治国理政：第 3 卷. 北京：外文出版社，2020：48.

中共党史党建学科需要加强对新时代党的建设总要求的研究，既加强总体研究，也加强分论式研究；既做整体性、系统性、功能性研究，又做各组成部分相互关系的研究；既做理论阐释研究和学理性研究，又做机理研究和对策研究。通过上述研究，深化对新时代党的建设总要求的认识，既能上升到理性认识来把握，也能落实到制度层面来贯彻。

三、新时代党的政治建设研究

党的十九大报告要求以党的政治建设为统领，把党的政治建设摆在各项建设的首位，并提出，旗帜鲜明讲政治是我们党作为马克思主义政党的根本要求。党的政治建设是党的根本性建设，决定党的建设的方向和效果。

中共党史党建学科创新发展，需要加强党的政治建设研究。深入研究党的政治建设的首要任务，阐明为什么要将“保证全党服从中央，坚持党中央权威和集中统一领导”作为党的政治建设的首要任务，以及如何增强“四个意识”、坚定“四个自信”、做到“两个维护”。深入研究党的政治路线、政治纪律、政治规矩同政治立场、政治方向、政治原则、政治道路的关系，确保同以习近平同志为核心的党中央在政治上和行动上保持高度一致。深入进行尊崇党章、严格执行新形势下党内政治生活若干准则的对策研究，加强对增强党内政治生活的政治性、时代性、原则性、战斗性的机理研究和对策研究，加强对自觉抵制商品交换原则对党内生活的侵蚀的对策研究，深入研究如何营造风清气正的良好政治生态。

还需要加强对完善和落实民主集中制各项制度的研究。加强弘扬忠诚老实、公道正派、实事求是、清正廉洁等价值观的研究，加强防止和反对党内各种错误思想和错误倾向的对策的研究，加强新时代增强党性修养、加强党性锻炼的研究。加强不断提高政治判断力、政治领悟力、政治执行力的对策的研究，加强永葆共产党人政治本色的研究。

四、新时代党的思想建设和作风建设研究

思想建设是党的基础性建设。中国共产党历来高度重视理论建设和理论教育，运用马克思主义基本原理指导中国的事情是我们的看家本领。坚定理想信念，是思想建设的首要任务。共产主义远大理想和中国特色社会主义共同理想，是中国共产党人的精神支柱和政治灵魂，也是保持党的团结统一的思想基础。学习马克思主义，是中国共产党的看家本领。用习近平新时代中国特色社会主义思想武装全党、教育人民、指导实践，是最重要的政治任务。

中共党史党建学科创新发展，需要加强新时代党的思想建设的基础理论研究和对策研究。加强建立学习教育活动长效机制研究，加强各类党员思想状况的调查研究，加强各类领导干部思想状况的调查研究，加强各种社会思潮对党员影响情况的调查研究，加强思想建设和理论武装针对性、时效性的对策研究，加强思想建党、理论强党长效机制的研究。

要加强确保作风建设永远在路上的机理研究和体制机制研究，加强人民至上理论与实践的研究，加强执政党党风的现状及加强和改进党的作风对策的研究，加强保持党同人民群众的血肉联系对策的研究。要加强新时代党的作风建设现状的调查研究，加强新时代党群关系的调查研究，有针对性地提出加强党同人民群众血肉联系

的对策建议。加强持续不断反对特权思想和特权现象的对策的研究，加强驰而不息反“四风”的对策的研究。要加强“江山就是人民，人民就是江山”教育的对策的研究，加强深入进行群众路线、群众观念教育、牢固树立正确政绩观的对策的研究，加强牢固树立以人民为中心的发展思想的对策的研究，加强不断厚植党的执政基础的对策的研究。

五、新时代党的组织建设研究

组织路线对坚持党的领导、加强党的建设、做好党的组织工作具有十分重要的意义。党的十九大后，习近平总书记提出并阐述了新时代党的组织路线。中共党史党建学科要加强对新时代组织路线与全面从严治党关系的研究，加强对新时代组织路线与党的政治路线、思想路线关系的研究，加强新时代组织路线与干部队伍建设关系的研究，加强对新时代组织路线与坚持和加强党的全面领导关系的研究。

要加强中国共产党组织体系建设的研究。中国共产党拥有从上到下严密的组织体系，这是世界上任何其他政党都不具有的强大优势。要建设马克思主义强大政党，必须高度重视党的组织体系建设。要加强对中国共产党组织体系的构成研究和机理研究，加强新时代组织体系建设的对策研究，加强中国共产党组织体系比较优势研究，加强组织体系建设在党的组织建设的地位和作用的研究，加强组织体系建设在建设马克思主义强大政党中的地位作用的研究，加强实现党的组织和党的工作全覆盖的对策研究。

要加强新时代干部队伍建设研究。加强对“信念坚定、对党忠诚，注重实际、实事求是，勇于担当、善于作为，坚持原则、敢于斗争，严守规矩、不逾底线，勤学苦练、增强本领”[①] 新时代干部素质要求的研究，既要从学理支撑上进行研究，也要从素质养成上进行研究，还要从培养路径等方面进行研究。

要加强新时代党的基层组织建设研究。党的基层组织是确保党的路线方针政策和决策部署贯彻落实的基础。加强党的基层组织现状的调查研究，加强党的基层组织提升组织力的对策研究，加强党的基层组织增强政治功能的对策研究，加强各类基层党组织建设的途径与规律的研究，加强新时代加强党支部建设、发挥好党支部功能的研究，加强扩大党内基层民主、推进党务公开、保障党员民主权利的对策研究。

六、新时代党的纪律建设和监督体系研究

没有规矩，不成方圆。中国共产党是靠革命理想和铁的纪律组织起来的马克思主义政党，纪律严明是党的光荣传统和独特优势。党面临的形势越复杂、肩负的任务越艰巨，就越要加强纪律建设，越要维护党的团结统一，确保全党统一意志、统一行动、步调一致前进。

中共党史党建学科要加强尊崇党章在党的纪律建设中地位和作用的研究，加强党内法规体系建设研究。加强形成增强全党党章意识、认真学习党章、严格遵守党章长效机制的对策研究，加强强化政治纪律、组织纪律、廉洁纪律、群众纪律、工作纪律、生活纪律的对策研究，加强用好监督执纪“四种形态”的研究，加强强化监

① 习近平在中央党校（国家行政学院）中青年干部培训班开班式上发表重要讲话强调 信念坚定对党忠诚实事求是担当作为 努力成为可堪大用能担重任的栋梁之才. 人民日报，2021－09－02（1）.

督执纪问责的研究。

要加强健全党和国家监督体系的研究，加强强化党的自我监督和群众监督与增强党自我净化能力关系的研究，加强权力运行的制约和监督的对策研究，加强形成人民监督权力合力的对策研究，加强形成自上而下的组织监督、自下而上的民主监督、同级相互监督合力的对策研究，加强建立巡视巡察上下联动的监督网的研究，加强把党内监督同国家机关监督、民主监督、司法监督、群众监督、舆论监督相贯通，增强监督合力的对策研究。

七、新时代党的反腐败斗争研究

中共党史党建学科要加强从源头上遏制腐败对策的研究，加强从根本上铲除腐败这一社会毒瘤的研究，加强对古今中外因统治集团严重腐败导致人亡政息、因执政党腐化堕落导致失去政权的历史教训的研究，加强中国共产党反腐败斗争经验的研究，加强切实防止党变质变色变味、丧失马克思主义政党的政治本色的成功经验和对策的研究。

进一步深化全面加强惩治和预防腐败体系建设的研究，加强廉政教育和廉政文化建设研究，加强反腐败国家立法学理研究和对策研究，加强相关党内法规制度建设研究，深化腐败问题多发领域和环节的改革，确保国家机关按照法定权限和程序行使权力。要加强对权力运行的制约和监督，把权力关进制度的笼子里，形成不敢腐的惩戒机制、不能腐的防范机制、不易腐的保障机制。

八、新时代党的制度建设研究

中共党史党建学科要深化思想建党和制度治党关系的研究。在全面从严治党中，坚持思想建党和制度治党相统一，是一条重要的成功经验。要既解决思想问题，也解决制度问题，把坚定理想信念作为根本任务，把制度建设贯穿到党的各项建设之中。

要加强对建立不忘初心、牢记使命制度的学理研究和对策研究。加强始终坚持初心使命与中国共产党的性质宗旨、理想信念关系的研究，加强始终坚持初心使命与夯实党执政的思想基础的研究，加强把不忘初心、牢记使命作为加强党的建设的永恒课题的研究，加强把初心使命作为全体党员和干部的终身课题的研究。

要加强对完善坚定维护党中央权威和集中统一领导的各项制度的研究。加强不断增强“四个意识”、坚定“四个自信”、做到“两个维护”的制度机制保障的研究，加强健全党中央对重大工作的领导体制的研究，加强健全维护党的集中统一的组织制度的研究。

要加强健全为人民执政、靠人民执政各项制度的研究。加强把尊重民意、汇集民智、凝聚民力、改善民生贯穿党治国理政全部工作之中的对策研究，加强巩固党执政的阶级基础、厚植党执政的群众基础的学理研究和对策研究，加强从制度上着力防范脱离群众的危险对策研究，加强对创新互联网时代群众工作机制的对策研究，加强健全群团工作体系的学理研究和对策研究。

要加强健全提高党的执政能力和领导水平制度的研究。加强完善发展党内民主和实行正确集中的相关制度的研究，加强增强各级党组织政治功能和组织力的研究，加强完善担当作为的激励机制的研究，加强各级领导干部增强学习本领、政治领导本领、改革创新本领、科学发展本领、依法执政本领、群众工作本领、狠抓落实本领、驾驭风险本领的学理研究和对策研究，加强对增强政治领导本领与坚持战略思维、创新思维、辩证思维、法治思维、底线思维的研究。

要加强完善全面从严治党制度的研究。加强深化党的建设制度改革的学理研究和对策研究，加强新时代党的组织路线制度保障机制的研究，加强健全党管干部、选贤任能制度的对策研究，加强规范党内政治生活、发展积极健康的党内政治文化、全面净化党内政治生态的学理研究和对策研究，加强构建一体推进不敢腐、不能腐、不想腐体制机制的学理研究和对策研究，加强反腐败国家立法的对策研究，加强反腐败国际合作的对策研究。

要加强制度执行力的研究。加强对构建全覆盖的制度执行监督机制的对策研究，加强对制度执行实行全过程监督的对策研究，加强对领导干部提高运用制度干事创业能力的学理研究和对策研究。

九、新时代不断提高党的建设质量研究

提高党的建设质量，是党的十九大总结实践经验、顺应新时代党的建设总要求提出的重大课题，对于永葆党的先进性和纯洁性有重大作用，是新时代党的建设必须努力达到的要求。

中共党史党建学科要加强对“提高党的建设质量”重大命题提出的历史方位、时代背景、实践要求、科学内涵、实现途径、制度保障、重大意义的研究。加强提高发展党员质量的研究，加强提高教育实践活动质量的研究，加强提高选人用人质量的研究，加强提高党内政治生活质量的研究，加强提高人才培养质量的研究，加强提高党的制度建设质量的研究，加强全面提高党的建设质量同保持党的先进性和纯洁性关系的研究，加强全面提高党的建设质量中坚持守正创新原则的研究。

第五节　方法论和国际比较研究方向

构建完整统一的党史党建研究方法论，是构建名副其实的中共党史党建学一级学科的重要工作。加强中国共产党历史与现实、理论与实践、制度与文化的国际比较，则是党的十八大后随着全面从严治党的深入、世界政党外交的日益活跃、中国共产党国际传播能力的逐步提高，对中共党史党建学科提出的重要任务。

一、中共党史党建学科方法论研究

这是中共党史党建学科成为一级学科后，需要高度重视、加强研究的重大课题。

要深入研究完整统一的中共党史党建学科方法论如何构建的问题，至少应当包括以下内容：历史思维方法、理论思维方法、辩证思维方法、调查研究方法。这些方法，应当以马克思主义为指导，既要充分体现中国特色哲学社会科学在方法论上的共性，又要充分体现中共党史党建学科特色和优势。

深入研究历史思维方法。中共党史党建学科要发挥以史鉴今的优势，善于运用历史眼光认识发展规律、把握前进方向、指导现实工作的能力。我们党一贯重视学习和总结历史，一贯重视借鉴和运用历史经验。提高历史思维能力，要加强对历史的学习，深刻把握历史规律、认清历史趋势、总结历史经验、牢记历史教训，在对历史的深入思考中做好现实工作，更好走向未来。

深入研究理论思维方法。中共党史党建学科的看家本领，是要娴熟掌握、灵活运用马克思主义的世界观和方法论，娴熟掌握、灵活运用辩证唯物主义和历史唯物主义。这是中共党史党建学科必备的基本功。要坚持和运用马克思主义立场、观点、方法，坚持和运用马克思主义关于世界的物质性及其发展规律，关于事物矛盾运动的基本原理，关于社会基本矛盾的分析方法，关于人类社会发展的自然性、历史性及其相关规律，关于人民是历史创造者的观点，关于人的解放和自由全面发展的规律，关于认识的本质及其发展规律等原理，坚持和运用马克思主义的实践观、群众观、阶级观、发展观、矛盾观，努力使中共党史党建学科站在时代发展、理论创新、实践创新最前沿，站在党和国家战略全局的高度，来研究中国共产党历史与现实、理论与实践的重大课题，用精湛的学术成果为党和国家中心工作服务，为全党大局服务。

深入研究辩证思维方法。中共党史党建学科要以问题为导向，正视矛盾、分析矛盾、解决矛盾，在对立中把握统一、在统一中把握对立，克服极端化、片面化，善于抓住关键、找准重点、洞察事物发展规律。实事求是研究问题，客观地而不是主观地、发展地而不是静止地、全面地而不是片面地、系统地而不是零散地、普遍联系地而不是孤立地观察事物、分析问题、解决问题。

深入研究调查研究方法。调查研究，是进行中共党史党建学科研究的第一步，也是党史党建研究最为基础的工作。通过调查研究，把研究对象的实际情况和全貌原原本本调查清楚，把问题的本质和规律搞全面、搞透彻、弄准确，把解决问题的思路和对策想明白、想清晰、想周全。要处理好调查和研究的关系，把调查与研究紧密结合起来，在调查的基础上进行深入细致的思考，进行一番交换、比较、反复的工作，把零散的认识系统化，把粗浅的认识深刻化，直至找到事物的本质和规律，并用中共党史党建学科规范性的概念、范畴、话语和逻辑表达出来。

二、新时代中共党史学科高质量发展研究

新时代中共党史学科要实现高质量发展，必须加强对党史研究的方法论创新研究。其中，既涉及党史研究的理论创新，也涉及党史研究与其他相关学科的交叉融合创新，还涉及党史研究领域的创新。

例如，中共党史研究如何遵循辩证唯物主义与历史唯物主义，中共党史研究如何借鉴历史学、政治学及其他相关学科的研究范式与研究方法，中共党史研究如何处理学术与政治、历史与现实、中国与世界的关系，中共党史研究如何应对历史虚无主义思潮，等等。这些都需要加强专题研究。

中共党史学科要实现高质量发展，除了努力拓展一批新课题外，还应当注重内涵式发展，即“老题新做”。

例如，要继续深化一大批老课题，如重要会议、重要事件、重要文献、重要人物研究，根据地史研究，党的建设史研究，局部执政经验研究，社会主义现代化发展道路研究，等等。创新的努力方向，一方面在于深挖史料、文物，拓宽视野；另一方面在于同其他相关学科进行交叉融合研究，推动观点创新、视域创新、研究范式创新；还有一个重要方面在于发展脉络梳理和发展规律总结，通过阐发党史现象背后的历史逻辑、理论逻辑、实践逻辑，起到学史明理的作用。

三、新时代党的建设学科高质量发展研究

推动党的建设学科高质量发展，是新时代的要求，也是加强全

面从严治党、全面加强党对一切工作领导的客观要求。需要从以下几个方面着力。

一是把加强和深化马克思主义建党学说、中国化马克思主义党建理论体系研究，特别是把加强和深化对习近平新时代中国特色社会主义思想中关于党的建设的重要思想的学习研究，作为推动党的建设学科高质量发展的首要任务，努力提高新时代党的建设学科的政治站位、理论素养。

二是以马克思主义建党学说和中国化马克思主义党建理论体系为指导，特别是认真学习领会习近平新时代中国特色社会主义思想中关于党的建设的重要思想，以新时代全面从严治党、全面加强党对一切工作的领导、以自我革命推动社会革命的成功实践为依据，形成具有中国特色、中国风格、中国气派的党的建设学科理论体系和研究方法，推动党的建设学科的学科体系、话语体系、教学体系创新。

三是进一步加强同中共党史学科的学术联系、学术合作、学术交流，进一步加强同其他相关学科的互动交流和学习借鉴，推动党的建设学科科学化、规范化、特色化发展，彰显党的建设学科在为党和国家大局服务、为推动国家治理体系和治理能力现代化服务中的独特优势。

四是以加强新时代党的建设学科建设为牵引，以全国党的建设研究会为依托，以国家社会科学基金项目和教育部人文社会科学研究项目等为抓手，进一步推动党政领导机关、专业研究机构、高等学校、军队研究单位和院校等方面从事党建研究、教育、宣传、教学等工作的专业力量形成研究合力。

五是以中国共产党与世界政党高层对话会等平台为依托，推动党的建设学科“走出去”“引进来”，积极开展各种形式的国际学术交流，推动党的建设的中国经验、中国方案、中国话语的国际传播，推动各国政党加强自身建设经验的交流互鉴，加强对世界政党的比较研究。

四、中国共产党同中国与人类发展进步的关系研究

习近平总书记在中国共产党百年华诞之际发表的一系列重要讲话，以及党中央发布的第三个历史决议，都把中国共产党的百年历程放在中国和世界发展的过程中来考察，深刻地阐明了中国共产党对中华民族和人类发展进步做出的卓越贡献，深刻地阐明了中国共产党做出的伟大奋斗、伟大成就、伟大创造在中华民族发展史和人类发展史中的重要地位，这也为中共党史党建学科的开拓创新提供了重要指导。

一方面，中共党史党建学科要站在中华民族伟大复兴战略全局和世界百年未有之大变局的历史高度，树立大历史观，拓宽视野、拓展领域、深化对中国共产党百年历程的理解和认识。另一方面，中共党史党建学科既要深入研究中国共产党同中华民族发展的关系，阐明中国共产党在中华民族伟大复兴中的地位、意义和贡献，还要深入研究中国共产党同人类文明发展的关系，阐明中国共产党在人类文明发展中的地位、作用、意义和贡献。在阐述这些关系及其地位、作用、意义和贡献时，既需要用历史透视法通过纵向比较来进行，也需要用同时代比较法通过横向比较来进行。

（作者单位：中国史学会）

图书在版编目（CIP）数据

新时代中共党史党建学科基本理论问题研究. 总论 / 李捷主编. -- 北京 ：中国人民大学出版社，2025. 6.
（中共党史党建学科研究丛书）. -- ISBN 978-7-300-34009-8

Ⅰ. D23；D26

中国国家版本馆 CIP 数据核字第 2025N8P697 号

中共党史党建学科研究丛书

新时代中共党史党建学科基本理论问题研究　总论

主编　李　捷

Xinshidai Zhonggong Dangshi Dangjian Xueke Jiben Lilun Wenti Yanjiu

出版发行	中国人民大学出版社		
社　　址	北京中关村大街 31 号	**邮政编码**	100080
电　　话	010－62511242（总编室）		010－62511770（质管部）
	010－82501766（邮购部）		010－62514148（门市部）
	010－62511173（发行公司）		010－62515275（盗版举报）
网　　址	http://www.crup.com.cn		
经　　销	新华书店		
印　　刷	北京联兴盛业印刷股份有限公司		
开　　本	720 mm×1000 mm　1/16	**版　　次**	2025 年 6 月第 1 版
印　　张	16 插页 3	**印　　次**	2025 年 6 月第 1 次印刷
字　　数	192 000	**定　　价**	498.00 元（全三册）

| 中共党史党建学科研究丛书 |

新时代中共党史党建学科基本理论问题研究

中共党史学科

| 主编 |
李 捷

中国人民大学出版社
·北京·

目　录

第一章
中共党史学科的形成和发展

杨凤城　刘雨亭　吴起民

“历史从哪里开始，思想进程也应当从哪里开始，而思想进程的进一步发展不过是历史过程在抽象的、理论上前后一贯的形式上的反映”①。中国共产党在领导中国人民不断推进中华民族伟大复兴历史伟业的进程中，历来重视保存党史资料、开展历史研究、总结历史经验和开展党史教育。新民主主义革命时期，中共党史教学与研究形成了适应革命战争需要的课程形态；社会主义革命和建设时期，高校普遍开设了以中共党史为内容的公共政治理论课，展开了中共党史课程的制度化探索，但也经历了曲折；中共党史学科创设于改革开放新时期，成为归属政治学一级学科的一个二级学科；进入新时代，中共党史党建学一级学科的设立为中共党史学科提供了新的发展契机。

梳理中共党史学科萌发、形成和发展的历史，有助于总结经验

① 马克思，恩格斯. 马克思恩格斯文集：第 2 卷. 北京：人民出版社，2009：603.

和汲取智慧，推进新时代中共党史党建学一级学科建设。

第一节　中共党史教学与研究的起步（1921—1949年）

中国共产党在领导中国革命的实践中，强调总结革命斗争经验和学习革命烈士精神，注重发挥党史教学与研究对于加强党的建设和探索革命道路的作用。创建初期，中国共产党注重学习唯物史观和国际共产主义运动历史，逐步开始记述和研究自身历史。大革命时期，中国共产党在党校和培训班开设中共党史课程，加强党的思想建设和培育革命人才。随着以中央苏区为代表的革命根据地的创建，中国共产党全面推进党校、军校和高校的创办，开展了多种形态的中共党史教学。延安时期，中国共产党从理论方法、组织制度等方面系统完善了中共党史教学与研究，奠定了中共党史教学与研究的基本原则和方法，形成了以《关于若干历史问题的决议》（简称第一个历史决议）为内核、以毛泽东思想为指导的中共党史课程。

一、中共党史课程的兴起

中共党史课程是中共党史教学与研究活动的载体，适应了加强党的建设、总结历史经验和宣讲党的路线的需要。从创立中国共产党到开展革命活动，中国共产党经历了从以学习唯物史观、国际共运史为主到在唯物史观指导下学习中共党史和国际共运史的变化，通过创办党校和讲习班等形式向党员和群众讲授中共党史课程，并形成以党史报告和历史读本为主要体裁的中共党史研究论著。

记述历史、以史为鉴是中国文化的一个重要传统。中国共产党成立伊始，便注意学习唯物史观与国际共产主义运动史，在湖南自修大学、上海大学开设了唯物史观、社会主义史等课程。随着革命实践的展开，记述、学习党史的活动也随之发展。譬如，《黄庞流血记》记述了1922年1月黄爱、庞人铨组织工人罢工并遭到反动军阀杀害的历史。李大钊在《黄庞流血记·序》中指出："最后的阶级争战，在世界、在中国均已开始了。黄、庞两先生，便是我们劳动阶级的先驱"，"中国社会运动史的首页，已由黄、庞两先生用他们的血为我们大书特书了一个新纪元！以下的空白怎样写法？要看我们的努力了！"[①] 学习党史，尤其是学习革命烈士的崇高风范成为党内教育的重要内容。1923年6月，陈独秀在党的三大上指出："我们忽略了党员的教育工作。我们遇到的许多困难，都可以归咎于这一点。许多知识分子抱着革命感情加入了我们党，但是对我们的原则没有认识。工人表现出脱离知识分子的倾向，常常缺乏求知的愿望。"[②]

评述党史成为政治报告的重要内容，也为总结经验、学习党史提供了基本形式。回顾和总结工作内容是文件报告的组成部分，起到了记述历史、总结经验和指引未来的作用。譬如，《北京共产主义组织的报告》（1921年）、《中共中央执行委员会书记陈独秀给共产国际的报告》（1922年）、《陈独秀在中国共产党第三次全国代表大会上的报告》（1923年）等文件直接反映了中国共产党创建初期的历史活动。最具代表性的是蔡和森的《中国共产党史的发展（提纲）》。1925年底至1926年初，蔡和森在莫斯科东方大学中国班和中山大学旅俄支部作党史报告，对中国共产党成立的背景及历史使命、党的

① 中国李大钊研究会. 李大钊全集：第4卷. 北京：人民出版社，2013：73.

② 中共中央文献研究室，中央档案馆. 建党以来重要文献选编（1921—1949）：第1册. 北京：中央文献出版社，2011：245.

生活及斗争经验、中国革命的性质、党的历史任务、党的历史分期和各阶级在革命中的作用等问题做出较全面的分析，提出研究中国共产党史的发展是比研究“政治经济和国民运动”更为重要的题目[①]。

中共党史课程适应了党员干部教育培训的需要。1924 年 5 月，中共中央在《党内组织及宣传教育问题议决案》中指出“党内教育的问题非常重要，而且要急于设立党校养成指导人才”[②]。在新创建的党校或干部培训班中，出现了马克思主义理论、中国革命历史与理论、党的建设等课程。譬如，在 1925 年 9 月创建的北京党校，罗亦农讲授“政治经济学常识”“历史唯物主义”“世界革命史”，赵世炎讲授“共产党在民主革命阶段的任务”“职工运动”“农民运动”，陈乔年讲授“马克思主义阶级斗争理论”“党的建设”“世界革命形势和国际共产主义运动概况”等。1926 年 2 月创立的沪区党校开设了“马克思主义概论”“经济学”“阶级斗争史”“列宁主义”“俄罗斯革命运动史”“最近中国革命运动史”“中国 C. P. 之任务”“职工运动之四形式”等课程[③]。

随着党史内容的丰富，系统编写教材读本成为党史学习教育的客观需要。1926 年 7 月，中共中央强调要“竭力养成工作人才”，责成中央宣传部马上开始编译“党校的教本及普遍的党员教育的大纲：(a)《革命常识》——中国革命中最重要问题的通俗的解释……”，编写“各种纪念日宣传大纲汇录”，把“每月党校成绩（如办理各种训练班及教材办法成效等）”作为报告内容[④]。在当时的革命形势

---

① 蔡和森. 蔡和森文集：下卷. 北京：人民出版社，2013：785.

② 中共中央文献研究室，中央档案馆. 建党以来重要文献选编（1921—1949）：第 2 册. 北京：中央文献出版社，2011：74.

③ 赵理文. 中国共产党党校教育史. 北京：中共中央党校出版社，2014：21，24.

④ 中共中央文献研究室，中央档案馆. 建党以来重要文献选编（1921—1949）：第 3 册. 北京：中央文献出版社，2011：283，287，288，289.

下，各个层级、各个地区的党组织展开了不同程度的探索。譬如，1927年1月上海社会科学研究会编印的《中国共产党的历史与策略——讨论大纲》，是一份供中共党员内部学习的党史读物。虽然篇幅不大，但从体裁上突破了党史报告的体例，更像一部简明的中国共产党历史读本。由于大革命的迅猛推进，党史教材读本或手册的编写主要还是表现为文件报告或汇编的形式，对重大事件、革命烈士进行回顾与评价。

由于1927年国民党右派叛变革命、制造“白色恐怖”等因素，中国共产党被迫走上独立探索和领导中国革命的新征程，引领中国革命走出低谷、开创新局。为了探求中国革命道路、总结反思中国革命理论，中国共产党更加重视研究党史、总结经验。党的五大，特别是“八七会议”后，中共中央开始反思以往革命工作中的机会主义问题。1927年9月，蔡和森在中共顺直省委改组及其各处的活动分子会议上作了《党的机会主义史》的报告，说明机会主义的发生发展及其危害，旨在“获得八年以来中国革命之丰富的经验与教训，建立中国无产阶级列宁党的自己的理论”①。1928年4月，瞿秋白为准备党的六大的政治报告，撰写了《中国革命和共产党》，全面回顾了1925年至1927年的党史，结合历史经验与教训探讨了中国革命性质、领导权等基本理论问题②。

随着党的六大对中国社会性质与革命性质前途等问题的明确，评述党史和党的路线获得了基本依据。这一时期，瞿秋白、邓中夏等中共领导人注重总结历史经验，运用党史说明党的路线，产生了《党史报告》（李立三，1930）、《中国职工运动简史一九一九——一九二六》（邓中夏，1930）、《中国共产党历史概论》（瞿秋白，1929—

① 蔡和森. 蔡和森文集：下卷. 北京：人民出版社，2013：264.

② 瞿秋白. 瞿秋白文集：政治理论编：第6卷. 北京：人民出版社，2013：174.

1930）与《1925—1927 中国大革命史》（华岗，1931）等专门评述党史的政治报告和论著。对于党史研究，瞿秋白强调要根据中国革命的正确路线分析历史事实，坚持“无产阶级的布尔塞维克的阶级立场”①。由此来看，党史学习教育成为党的建设的宝贵资源，为宣传和研究党的路线提供了支撑。

在此基础上，中共党史课程在形式与内容上都获得了较大发展。一方面，中共中央更加重视党员干部培训和党内教育，强调必须通过“成立党校、政治学习班、自学小组，出版和发行通俗的马克思主义文献等”来提高全党的政治水平②。1929 年，周恩来在上海主持筹办干部训练班和特别训练班，审定讲课提纲并讲授“马列主义”“党的建设”等课程，向各地中共党组织和苏区输送党的干部和政工干部③。另一方面，在广阔苏维埃根据地，党史、革命史课程成为培训党员干部、革命人才的必修课。譬如，海陆丰革命根据地党史讲习班开设“马列主义大要”“中国共产党史”“苏维埃建设”“各国革命史中重要经验”“中国国民党史的批评”“中国共产党的组织及其政策”等课程。鄂豫皖苏区列宁高级学校开设“马列主义概论”“党的基础知识”“中国革命”三门主课④。

在中央苏区，随着学校教育、社会教育、高等教育的发展，党史、革命史课程获得推广。1933 年 3 月，中共中央创办“马克思共产主义学校”，系统开设“中共党史”和“党的建设”等课程。马克思共产主义学校开设的课程及任课教员如下：“中共党史”（任弼时、邓颖超）、“政治常识”（杨尚昆、冯雪峰、成仿吾）、“中国革命基本

---

① 瞿秋白．瞿秋白文集：政治理论编：第 7 卷．北京：人民出版社，2013：439.

② 瞿秋白．瞿秋白文集：政治理论编：第 6 卷．北京：人民出版社，2013：274.

③ 中共中央文献研究室．周恩来年谱（1898—1949）：修订本．北京：中央文献出版社，1998：179.

④ 李小三．中国共产党干部教育简史．北京：中共党史出版社，2009：54，61 - 62.

问题”（洛甫）、“苏维埃运动史”（毛泽东）、“西方革命史”（董必武）、“联共党史”（博古）、“党的建设”（罗迈、罗明）、“中国职工运动史”（刘少奇、陈云）等。1935 年，马克思共产主义学校更名为中共中央党校。中央党校主要开设“哲学”“政治经济学”“党的建设”“中国革命问题”“马列主义”“游击战争”等课程①。总的来看，这一时期的党史教育与研究适应了探索革命道路与培养革命人才的需要，出现了专门评述党史的政治报告。

二、中共党史教学与研究的发展

在中国革命生死攸关的时刻，长征途中的遵义会议开始确立以毛泽东为代表的马克思列宁主义正确路线的指导地位，也促使中国共产党深入研究和总结党的历史。延安时期，中国共产党系统总结了中国革命正反两方面的经验教训，从党史中汲取智慧，实现了马克思主义与中国革命实践的结合，形成了毛泽东思想。这一过程伴随着中共党史研究的全面展开，表现为整理历史资料、撰写历史叙事和提出研究方法；而学习竞赛和整风运动为中共党史教学创新提供了组织经验、教学方法。在毛泽东思想的指导下，“新民主主义论”课程依据《关于若干历史问题的决议》，宣讲中国革命历史、理论与前途，在解放战争中发挥了重要作用。

经过长征到达陕北后，中共中央面对全面抗战爆发的复杂形势，从现实深入到历史，进一步纠正以往在统一战线、军事斗争、思想路线等领域的“左”倾错误。1936 年底至 1937 年初，毛泽东阅读西洛可夫等人撰写的《辩证法唯物论教程》时，深入剖析了

---

① 赵理文. 中国共产党党校教育史. 北京：中共中央党校出版社，2014：53－54.

教条主义的认识论根源，“不从具体的现实出发，而从空虚的理论命题出发”①。这种反思接续了遵义会议以来对“左”倾教条主义的纠正和批判，为总结历史经验提供了正确认识基础。

1937 年 4 月，张闻天组织成立中国现代史研究委员会，研究中国现代革命运动史问题，组织成员刘亚楼、张爱萍、杨兰史、莫文骅等撰写《中国现代革命运动史》。该书于 1937 年冬由延安解放社出版，梳理了自鸦片战争至广州起义的历史，尤其是着重讲述了五四运动、中共成立、国共合作与国民革命的历史，成为这一时期中共党史、革命史教学的必备教材。此外，延安时期还出版了《中国苏维埃运动史稿》《奋斗二十五年的中国共产党》《从红军到八路军英勇奋斗的十九年》《中国共产党年表》《中国共产党烈士传》等党史资料与研究成果。

正是对教条主义、关门主义等错误思想的批判，中国共产党逐步形成总结经验和研究党史的科学方法。毛泽东在讲授唯物辩证法的过程中，结合中国革命经验教训创造性地阐释如何处理普遍性和特殊性、主观认识和客观实际等问题，强调运用马克思主义立场观点方法分析问题。《矛盾论》《实践论》为正确认识党的历史提供了哲学基础和思想方法。1938 年 10 月，毛泽东在党的六届六中全会上提出“使马克思主义在中国具体化，使之在其每一表现中带着必须有的中国的特性”②。马克思主义中国化命题是中国共产党对马克思列宁主义的原创性贡献，开辟了总结历史经验、提炼中国革命理论的理论新境，把“理论与实际相统一”作为梳理、评述党史的重要方法。张闻天在这次会议提出把“列宁主义、政治经济学、中国革

---

① 中共中央文献研究室. 毛泽东年谱（1893—1949）：修订本：上卷. 北京：中央文献出版社，2013：616.

② 毛泽东. 毛泽东选集：第 2 卷. 2 版. 北京：人民出版社，1991：534.

命运动史与中国问题、中共党史与党的建设”列为高级党校教育的基本课程[①]。中央党校开设“党的建设”“中国问题”“列宁主义”“政治经济学”等课程，而“中国问题”要求“授以中国革命运动发展的历史，特别重要于经验教训”[②]。

为了提高全党的理论水平，毛泽东在党的六届六中全会上号召开展学习竞赛，“不是学习马克思列宁主义的字母，而是学习他们观察问题与解决问题的立场与方法”[③]。在延安，以中央党校、抗日军政大学（简称“抗大”）为代表的干部培训学校和以陕北公学、华北大学为代表的高校积极响应这一号召。陕北公学于 1937 年成立，开设“马列主义”“中国革命运动史”“世界革命运动史”等课程。其中，何干之主讲的“中国革命运动史”就是从鸦片战争一直讲到抗日战争[④]。毛泽东、张闻天等中央领导人经常来陕北公学讲授中共党史，“学员们听了耳目一新……多年来心中的疑团，豁然冰释，对党内斗争的种种问题，找到了思想根源”[⑤]。1939 年 1 月，毛泽东曾回信鼓励何干之研究中国历史，并指出自己打算“研究哲学，经济学，列宁主义，而以哲学为主，将来拟研究近代史”[⑥]。

在深入学习党史的进程中，毛泽东、张闻天、刘少奇等中共领导人撰写了一系列总结历史经验的理论文章，如《中国革命和中国共产党》《〈共产党人〉发刊词》《新民主主义论》《论共产党员的修

---

① 中共中央文献研究室，中央档案馆．建党以来重要文献选编（1921—1949）：第 15 册．北京：中央文献出版社，2011：701－702．

② 中共中央党校．中共中央党校校史文献史料选编：上卷．北京：中共中央党校出版社，2013：73－75．

③ 中共中央文献研究室，中央档案馆．建党以来重要文献选编（1921—1949）：第 15 册．北京：中央文献出版社，2011：650．

④ 成仿吾．战火中的大学．北京：人民教育出版社，1982：28．

⑤ 成仿吾．战火中的大学．北京：人民教育出版社，1982：31．

⑥ 中共中央文献研究室．毛泽东年谱（1893—1949）：修订本：中卷．北京：中央文献出版社，2013：106．

养》，深刻分析了中国近代社会的各种基本矛盾，研究了各个历史时期的基本特点，阐述了中国革命的基本规律，形成了关于中国近代史、中共党史的叙事框架。1940 年 12 月，毛泽东在中共中央政治局会议上指出："总结过去的经验教训，大体上要分大革命、苏维埃与抗战三个时期，总的错误是不了解中国革命的长期性、不平衡性。苏维埃末期犯了许多'左'的错误，是由于马列主义没有与实际联系起来"[①]。为此，中共中央于 1941 年 9 月成立由毛泽东担任组长的高级学习组，"以理论与实践统一为方法，第一期为半年，研究马、恩、列、斯的思想方法论与我党二十年历史两个题目，然后再研究马、恩、列、斯与中国革命的其他问题，以达克服错误思想（主观主义及形式主义），发展革命理论的目的"[②]。

从 1941 年至 1943 年，毛泽东领导工作人员整理党的历史文献，编写了《六大以来》《六大以前》《两条路线》，为党史学习与研究提供了基础资料。《六大以来》汇集党的会议纪要、决议、通告、电报以及党报社论、主要领导人文章、信件等 519 篇党的历史文献。《六大以前》主要汇集党的早期领导人的署名文章。《两条路线》则是关于党的路线的专题学习材料，挑选最能反映各个历史时期两条路线斗争情况的中央文件、中央领导人讲话等。

1942 年 3 月 30 日，毛泽东系统阐述如何研究中共党史，指出学习研究党史的目的是搞清楚党的路线政策历史与是非；党史研究是以整个中国共产党的发展过程作为研究对象；研究立场是实事求是，反对主观主义；研究方法是唯物史观和古今中外法；评价标准是理论与实际是否统一；研究导向是以中国为中心，解决

① 中共中央文献研究室. 毛泽东年谱（1893—1949）：修订本：中卷. 北京：中央文献出版社，2013：238.

② 中共中央文献研究室. 毛泽东年谱（1893—1949）：修订本：中卷. 北京：中央文献出版社，2013：329.

中国问题[①]。这些论述为中共党史研究提供了基本原则和科学的方法论。

党史学习教育引发全党对党的历史问题的共识，认识到主观主义的危害，为开展整风运动提供了思想基础。在《改造我们的学习》《整顿党的作风》《反对党八股》中，毛泽东系统地批判了主观主义、教条主义等问题，要求坚持实事求是和理论联系实际，提出“以研究中国革命实际问题为中心，以马克思列宁主义基本原则为指导的方针，废除静止地孤立地研究马克思列宁主义的方法”[②]。整风运动创造了一系列组织方法和学习经验，促进了政治理论课的教学改革。在教学理念上，强调以理论与实践、所学与所用的一致为教学原则；在教学内容上，“除正确地教授马列主义的理论之外，同时必须增加中国历史与中国情况及党的历史与党的政策的教育，使学生既学得理论，又学得实际，并把二者生动地联系起来”[③]。在教学方法上，采取“启发的、研究的、实验的方式”[④]。这使得中共党史课程吸收了中国化马克思主义理论成果，获得了系统化的教学组织制度。

这就推动产生了“新民主主义论”“中国革命史”等中共党史课程。党的六届七中全会通过《关于若干历史问题的决议》，从历史分期、人物评价和路线问题等方面确立了党史叙事体系，阐述了毛泽东关于中国革命理论的一系列贡献。党的七大全面阐述了毛泽东思想，并将之确立为党的指导思想。学习党的历史、宣传毛泽东思想

---

① 中共中央文献研究室. 毛泽东文集：第2卷. 北京：人民出版社，1993：399-408.

② 毛泽东. 毛泽东选集：第3卷. 2版. 北京：人民出版社，1991：802.

③ 中共中央文献研究室，中央档案馆. 建党以来重要文献选编（1921—1949）：第18册. 北京：中央文献出版社，2011：761.

④ 中共中央文献研究室，中央档案馆. 建党以来重要文献选编（1921—1949）：第18册. 北京：中央文献出版社，2011：763.

成为中共党史教学的首要任务。华北联合大学由陕北公学、鲁迅艺术学院等院校合并而成，开设“社会发展史”“政治经济学”“哲学”“中国近代革命史”等课程[①]。1948 年 8 月，华北联合大学与北方大学合并为华北大学。该校设置了更加完整的政治理论课程，包括马克思主义基本理论、中国新民主主义革命运动史、中国共产党革命政策、工作方法等内容。其中，“新民主主义论”是最主要的课程，“在何干之的指导下，当时该课主要由胡华、宋涛、李又华、何戊双、王波鸣等人讲授”[②]。

为了适应解放战争对干部的需要，中共中央于 1948 年 7 月创办马列学院，并规划了教学计划。这所高级党校的最短学习期限是一年半，第一学期学习社会发展史、中国历史（着重近代史）、近代西方史、世界经济地理，第二学期学习马克思列宁主义三个组成部分，第三学期学习毛泽东思想与中共党史[③]。1948 年 9 月，中共中央具体规定了各地各级党校教学用书，按照马列主义基本理论、中国革命问题与中国共产党、时局与任务、国际形势等 8 个类型罗列阅读书目和学习材料，“在正式课本未编出以前，必须教授阅读和讨论下列书籍和文件，作为一般的临时教材”，并要求把这些内容分为“什么是马克思主义”“列宁主义概论”“新民主主义论”“党的建设”“党的历史”等 10 门课程进行讲授学习[④]。

---

① 成仿吾. 战火中的大学. 北京：人民教育出版社，1982：106.

② 刘辉. 中国人民大学与建国初高校“新民主主义论”、“中国革命史”课程的开设. 教学与研究，2008（11）：86－93.

③ 中共中央文献研究室，中央档案馆. 建党以来重要文献选编（1921—1949）：第 25 册. 北京：中央文献出版社，2011：370.

④ 中共中央文献研究室，中央档案馆. 建党以来重要文献选编（1921—1949）：第 25 册. 北京：中央文献出版社，2011：473，477.

第二节　中共党史课程的学科化及其曲折（1949—1978 年）

进入社会主义革命和建设时期，高校、党校普遍开设中共党史课程，依托教研室体制实现正规化、制度化转型，设置了中共党史本科专业，实质上开启了中共党史课程的学科化探索。这体现在几个方面，一是适应社会主义革命和建设需要，高校“新民主主义论”课程转变为“中国革命史”课程，作为公共政治理论课程体系的重要组成部分；二是积极服务社会主义教育建设，宣传毛泽东思想与中国革命经验，形成了一系列研究中国革命史、中国革命理论的党史论著；三是适应中共党史教学与人才需求，建立规范的以教研室体制为代表的中共党史教学科研体系，开始摸索中共党史本科专业的建设。但这些探索在“文化大革命”运动中遭遇严重挫折。

一、“中共党史”课程的演变

在创建新中国的进程中，中国共产党展开各种形式的政治理论教育，以课程为载体的党史学习教育在高校普遍开设。1949 年 6 月，毛泽东在《论人民民主专政》中指出：“事变是发展得这样快，以至使很多人感到突然，感到要重新学习”①。各大解放区兴起马列主义学习热，不仅开办面向知识分子、机关工作人员的革命大学、学习会与训练班，还有面向工人、农民的业余学校等组织。高校的政治

① 毛泽东. 毛泽东选集：第 4 卷. 2 版. 北京：人民出版社，1991：1472.

理论集中教育围绕共同纲领等问题展开讨论，通过新民主主义论（包括革命史）、社会发展史、政治经济学等课程树立劳动创造世界、为人民服务等观点，反对封建的、买办的、法西斯主义的思想。与此同时，中国共产党领导高校师生清理旧课程，推动设置马列主义政治理论课。1949 年 10 月，华北专科以上学校开始设置“辩证唯物论与历史唯物论（包括社会发展史）”、“新民主主义论（包括近代中国革命运动史）”与“政治经济学”等公共必修课①。其中，“新民主主义论”主要讲述了中国共产党探索革命道路的历程与新民主主义理论。

“新民主主义论”课程是这一时期高校中共党史教学与研究的基本形态。1950 年初，教育部召集华北大学以及京津各高校召开了“新民主主义论教学讨论会”，制定了“新民主主义论讲授提纲”和教学组织制度。“新民主主义论”课程的主要任务是“用系统的理论知识，启发并推动学生学习”，内容包括中国革命的历史特点、新民主主义革命及其经验、新民主主义纲领、中国革命的前途②。1950 年 7 月，《教育部关于实施高等学校课程改革的决定》指出，“废除政治上的反动课程，开设新民主主义的革命的政治课程，借以肃清封建的、买办的思想，发展为人民服务的思想”③。在随后召开的全国高等学校暑期政治课教学讨论会上公布了“社会发展史”和“新民主主义论”两门课的教学重点、讲授提纲和基本参考书，使高校政治理论课程建设进一步规范化。

1951 年 9 月，教育部发出指示，将“社会发展史”改为“辩证

① 教育部社会科学司．普通高校思想政治理论课文献选编（1949—2008）．北京：中国人民大学出版社，2008：2.

② 段忠桥．建国以来普通高校马克思主义理论课和思想品德课课程设置及教学内容历史沿革资料汇编：上编．北京：高等教育出版社，2004：52.

③ 何东昌．中华人民共和国重要教育文献选编（1949—1975）．海口：海南出版社，1998：48.

唯物论和历史唯物论”，与“新民主主义论”及“政治经济学”同为独立的课目，并要求各系主任拟定本系教学计划时，应把思想政治课目与其他业务课统一计划，并负责督导检查，提出思想政治课和专业业务课相结合才能培养出国家真正需要的人才①。1952年，在总结近三年思想政治课程工作经验的基础上，教育部发布《关于全国高等学校马克思列宁主义、毛泽东思想课程的指示》（以下简称《指示》），规定“新民主主义论”是所有高校均需开设的课程，并周详地规定了政治理论课的课程门数、学时及其讲授次序等，标志着新中国成立以来高校思想政治理论课课程体系的基本建立。《指示》具体指出，综合性大学及财经艺术等学院分别开设“新民主主义论”“政治经济学”“辩证唯物论与历史唯物论”，工、农、医等专门学院分别开设“新民主主义论”和“政治经济学”。各类型高等学校及专修科的“新民主主义论”“政治经济学”“辩证唯物论与历史唯物论”的学时均为一学年②。

为了适应从革命战争到和平建设的转变，特别是社会主义改造的新形势，“新民主主义论”课程改建为“中国革命史”。1953年6月，教育部发出《关于改“新民主主义论”为“中国革命史”及“中国革命史”的教学目的和重点的通知》，指出自1953年度起将高等学校一年级开设的“新民主主义论”一律改为“中国革命史”，其讲授、课堂讨论和自学时数同“新民主主义论”课程原规定。这理顺了政治理论课程之间的关系，避免了一些重复问题。“中国革命史”课程也适应了社会主义过渡时期总路线的宣传需要，“通过五四以来的基本史实，结合列宁、斯大林有关中国革命问题的主要著作，

---

① 教育部社会科学司. 普通高校思想政治理论课文献选编（1949—2008）. 北京：中国人民大学出版社，2008：5，17.

② 教育部社会科学司. 普通高校思想政治理论课文献选编（1949—2008）. 北京：中国人民大学出版社，2008：13.

特别是毛泽东主席各个时期的重要著作，阐明马克思列宁主义在中国的新的胜利，系统地讲授毛泽东思想的基础知识，使学生认识中国政治的发展规律，了解中国革命的基本问题和中国共产党的总路线总政策”[①]。

“中国革命史”不仅是高校本科生的公共课，而且是研究生招生和培养的必修课。1953 年，高等教育部制定了《高等学校培养研究生暂行办法（草案）》，规定必须把“中国革命史”列入教学计划。1956 年，高等教育部又颁发《1956 年高等学校招收副博士研究生暂行办法》，要求考试科目中，工、农、林、医各专业考“中国革命史”，文理各专业考“辩证唯物主义与历史唯物主义”，政法、财经专业考“政治经济学”，而未学过“辩证唯物主义与历史唯物主义”和“政治经济学”课程的考生都考“中国革命史”[②]。此外，对高级中学、师范学校、工农速成中学等学校的领导也开展中共党史课程培训。1955 年，《教育部关于训练学校领导干部和教育行政干部计划的指示》提出，培训由教育部开办、教育行政学院分批组织，教育行政学院采取“政治与业务并重，理论和实践联系”的教育方针，修业期限暂定一年。课程暂设中共党史、辩证唯物主义和历史唯物主义、心理学、教育学、专题报告五门课程[③]。

在中央党校，中共党史课程作为基础课程设置，并且在全部课程中比重最大。1953 年 10 月，根据《关于马列学院的教学任务、组织机构、组织领导及党务工作的报告》，中央党校正式成立马列主义基础教研室（主任杨献珍）、中共党史教研室（主任张如心）、历史

---

① 教育部社会科学司. 普通高校思想政治理论课文献选编（1949—2008）. 北京：中国人民大学出版社，2008：16.

② 1956 年高等学校招收副博士研究生暂行办法. 中华人民共和国国务院公报，1956（28）：701 - 703.

③ 何东昌. 中华人民共和国重要教育文献选编（1949—1975）. 海口：海南出版社，1998：455.

教研室（主任胡绳）等 6 个教研室。1954 年，又设立党建教研室、党和国家政策教研室等 3 个教研室[①]。1954 年 12 月，党中央制定《中央关于轮训全党高、中级干部和调整党校的计划》，规定中共中央高级党校的主要课程有"中共党史""苏共党史""政治经济学和经济问题""辩证唯物论和历史唯物论""党的建设"五门课程。从此，中共党史成为党校主课老五门之一[②]。中共党史在这五门课程中占比最大。

1956 年 9 月，《中华人民共和国高等教育部关于高等学校政治理论课程的规定（试行方案）》提出，高校开设"马列主义基础""中国革命史""政治经济学""辩证唯物主义与历史唯物主义"四门思想理论课程。"中国革命史"是所有高校都必须开设的课程，"136 学时的学一年，90 学时的学半年或一年，由学校自定"。教学环节讲授与课程讨论的学时比例为 4∶1 或 5∶1，即讲授 4 学时或 5 学时，可讨论 1 学时[③]。1957 年 12 月，高等教育部、教育部发出《关于在全国高等学校开设社会主义教育课程的指示》，要求全体学生和研究生必须无一例外地参加学习。该课程的内容，要结合相关的政治思想问题，以毛泽东的《关于正确处理人民内部矛盾的问题》为中心教材，同时阅读一些必要的马克思列宁主义经典著作、党的文件和其他文件；学习时间暂定为 1 学年；每周时间规定为 8 小时（课内时间不得少于 4 小时），高校思想政治理论课程原应开设的四门政治课程一律停开[④]。

1961 年，高校政治理论课程恢复开设，"中国革命史"课程名称

---

① 赵理文. 中国共产党党校教育史. 北京：中共中央党校出版社，2014：128.

② 刘晶芳. 中央党校中共党史学科建设史. 北京：中共中央党校出版社，2019：75.

③ 教育部社会科学司. 普通高校思想政治理论课文献选编（1949—2008）. 北京：中国人民大学出版社，2008：27，28.

④ 教育部社会科学司. 普通高校思想政治理论课文献选编（1949—2008）. 北京：中国人民大学出版社，2008：31，32.

改为“中共党史”，“中共党史”是各专业必修课程。1961 年 4 月，中宣部和教育部制定《改进高等学校共同政治理论课程教学的意见》（简称《意见》），规定文科专业一般开设中共党史、马克思列宁主义基础（主要学习毛泽东同志的政治学说）、政治经济学、哲学；理工农医开设中共党史、马克思列宁主义概论（包括马克思主义三个组成部分）。《意见》还规定，1961 年秋季开学后各校可用“中国共产党三十年”为提纲，讲解毛泽东同志主要著作。同时选用一本已出版的中共党史教材作参考书①。1964 年，《中央宣传部、高教部党组、教育部临时党组关于改进高等学校、中等学校政治理论课的意见》对“中共党史”课程的讲授作出具体指导，要求以党的历史为线索，以党内两条路线斗争为中心，学习毛主席著作，使学生初步领会毛泽东同志如何把马克思列宁主义普遍真理和革命的具体实际相结合从而发展了马克思列宁主义②。

二、中共党史教学与研究的制度建设

新中国成立后，革命战争环境转变为和平建设环境，中共党史教学与研究面临着正规化、制度化的新任务。1949 年 12 月，教育部召集的第一次全国教育工作会议确定了发展新教育的方针为“以老解放区新教育经验为基础，吸收旧教育某些有用经验，特别要借助苏联教育建设的先进经验”③。为了学习苏联教育经验，中共中央决定以华北大学等学校为基础组建中国人民大学，并引进苏联专家指

---

① 教育部社会科学司. 普通高校思想政治理论课文献选编（1949—2008）. 北京：中国人民大学出版社，2008：41，45.

② 教育部社会科学司. 普通高校思想政治理论课文献选编（1949—2008）. 北京：中国人民大学出版社，2008：51.

③ 中央教育科学研究所. 中华人民共和国教育大事记（1949—1982）. 北京：教育科学出版社，1984：8.

导学校建设。从 1950 年至 1957 年，该校专门聘请苏联从事马列主义教学与研究的专家，“在 22 名苏联政治理论专家中，哲学 5 人，政治经济学 7 人，马列主义基础 10 人”[①]。在这一时期，中共党史教学与研究的正规化同样是以苏联经验为样板进行的，而中国人民大学也在 1950 年设立了中国革命史教研室。

所谓“教研室”是指“在高等学校一门或几门密切联系的学科的教授、教员和科学工作者在教研组主任领导下的一种组织”[②]。这也可以理解为参考苏联经验而建立的“学科形态”。苏联高校设置马列主义基础、政治经济学、辩证唯物主义与历史唯物主义三门政治理论课，并建立相应的教研室，而中国人民大学在引进这三门政治理论课程及其组织制度的同时，按照苏联经验建设以中共党史为基本内容的中国革命史教研室和中国革命史课程。到 1951 年秋，该校中国革命史教研室有教员 36 人，行政干部 1 人，研究生 100 人，资料员 4 人。其中，中国革命史专任教员 22 人中，教授有何干之，副教授有胡华、王大刚，讲师有龚古今、刘经宇、冯拾，助教有王淇、戴鹿鸣、彦奇、彭明等人[③]。在教学环节上，引进“备课—讲授—课堂讨论—辅导—考试（口试）”流程，旨在实现教学活动的计划化和系统化。

这些组织制度经验逐步推广到各个高校。自 1952 年院系调整至 1957 年，全国高校按照四门课程组建了政治理论教研室，但具体设置不同。文科院校大致有如下几类：一类如中国人民大学、东北师范大学，分设四个独立的政治理论教研室；一类如北京大学，设有

---

① 耿化敏，吴起民. 苏联专家与新中国高校政治理论课程的建立. 中共党史研究，2016 (6)：58.

② 人民教育出版社. 苏联大百科全书选译·教育学和教育史：第 2 辑. 北京：人民教育出版社，1956：74.

③ 耿化敏. 何干之传. 北京：中共党史出版社，2012：144－145.

独立的马列主义基础教研室、中国革命史教研室；一类如东北人民大学（1958年改称吉林大学），中国革命史归属历史系中国近现代史教研室。理工农医等非文科院校因为教学力量有限，一般只设独立的马列主义政治理论教研室，其下设四门政治理论课的教研组①。

在普遍开设“新民主主义论”（后改称为“中国革命史”）公共政治理论课的进程中，“量少质弱”的师资始终是一个突出问题。为此，教育部于1952年9月决定“在中国人民大学创设马克思列宁主义研究班，为全国各高等学校培养一部分政治理论师资，第一期招收研究生300人，研究期限一年至二年”②。中国人民大学于1952年8月创办马克思列宁主义培训班，下设哲学、政治经济学、马列主义基础和中共党史四个专业，中共党史专业的学习期限为一年。从1952年创立至1956年，中国人民大学中国革命史教研室累计培养的中国革命史专业研究生和马列主义研究班的毕业生已达300多人，这些毕业生多成为高校“中国革命史”课程的教师③。

此外，中央党校也承担了培养中共党史教师的任务。1954年秋，马列学院在一部四班设立中共党史专业培训班，修业期限为两年。在其教学计划中，中共党史教学所占比重最大。在四个学期总共2 268学时的教学时间中，中共党史占574学时，约占全部课时的25%，其中讲授96学时、课堂讨论48学时、课堂辅导64学时、自习366学时。1955年，马列学院改名为中共中央直属高级党校，设置了马列主义基础、哲学、政治经济学、中共党史四个专业培训班（修业期限两年），旨在培养党的理论教员。中共党史专业培训班在

---

① 耿化敏，吴起民．苏联专家与新中国高校政治理论课程的建立．中共党史研究，2016（6）：55－67.

② 教育部社会科学司．普通高校思想政治理论课文献选编（1949—2008）．北京：中国人民大学出版社，2008：11.

③ 刘辉．中国人民大学与建国初高校“新民主主义论”、“中国革命史”课程的开设．教学与研究，2008（11）：86－93.

1955年至1957年三年间连续招生。共计有两年制师资训练班一九五五班、一九五六班、一九五七班；附设半年制短期培训班党史专业1956年2月、9月和1957年2月三个班次。在中共中央直属高级党校，中共党史教研室师资由1956年18人增至1966年41人①。

设置中国共产党历史本科专业是中共党史教学与研究制度化的一个重要进展。1956年5月，中国人民大学根据高等教育部指示成立历史系、哲学系、经济系，校部直属的四个政治理论教研室分别划归新成立的哲学系、经济系、历史系领导②。同年9月，历史系招收首届300名中国革命史专业四年制本科生③。1958年7月，历史系的马列主义基础和中共党史两个专业分别扩建为马列主义基础系和中共党史系，马列主义研究班的马列主义基础分班和革命史分班分别并入这两个系④。除中国人民大学外，武汉大学也曾在1960—1962年招收过中共党史本科生⑤。1961年1月，教育部印发的《高等学校专业目录表（初稿）》说明："学校原有的中共党史（名称待定）专业，除中国人民大学在历史系内独立设专业外，其它院校均不拟设专业，可在历史专业内开设专门组"⑥。这样，中国人民大学在很长一段时间内成为全国唯一招收中共党史本科生的高校⑦。

在研究生教育方面，中国人民大学等校曾经参照苏联高校关于

---

① 刘晶芳. 中央党校中共党史学科建设史. 北京：中共中央党校出版社，2019：76-78，88-92.

② 中国人民大学高等教育研究室，校史编写组. 中国人民大学大事记：1937年7月—1992年2月. 1992：135.

③ 耿化敏. 高校中共党史本科专业的历史、现状和改革. 党史研究与教学，2014（2）：24-30.

④ 中国人民大学高等教育研究室，校史编写组. 中国人民大学大事记：1937年7月—1992年2月. 1992：145.

⑤ 武汉大学中共党史学科点简介. 中共党史研究，2003（3）：封底.

⑥ 教育部. 高等学校专业目录表（初稿）（1961年1月30日）. 中国人民大学档案馆藏：教务处181C.

⑦ 耿化敏. 高校中共党史本科专业的历史、现状和改革. 党史研究与教学，2014（2）：24-30.

博士、副博士的学位制度，推动过中共党史研究生的学位制度建设。1961 年至 1966 年，中共党史系培养了 5 位导师制研究生[①]。1964 年，中国人民大学中共党史系建立了一套以毛泽东思想为指导，以中共党史为核心，以中国现代史为方向，以中共党史、党的建设、中国近现代政治思想史、中国工人运动史 4 个教研室为基本架构的课程体系，党史教员达到 67 人的规模，内有教授 3 人、副教授 4 人、讲师 27 人、助教 26 人、教员 7 人[②]。1964 年，教育部领导起草学位条例，把高校学科分为哲学、经济学、法学等 10 个门类。但是这一探索被“文化大革命”打断。1970 年，中国人民大学停办，中共党史系被拆散。1974 年 4 月，此前被划入北京师范大学历史系的原中国人民大学党史系教职工恢复了党史系建制，先后举办了三届一年制或两年制的进修班，招收工农兵学员[③]。1978 年中国人民大学复校时，恢复中共党史系，下设中共党史专业和中共党史、党的建设、中国近代现代政治思想史 3 个教研室[④]。

三、中共党史研究的发展

随着高校、党校中共党史教学的开展，尤其是组织制度和师资队伍的建立健全，中共党史研究逐步发展起来。这主要体现为三个方面：一是《中国共产党的三十年》的出版，适应了庆祝中国共产党成立 30 周年和开展党史学习教育的需要，系统阐述了中国共产党历史，发展

---

① 王顺生. 改革开放新时期高校中共党史学科的建设与发展. 中共党史研究，2010（7）：25－27.

② 中国人民大学教师名册（1964 年）. 北京市档案馆藏：15－1－546.

③ 耿化敏. 高校中共党史本科专业的历史、现状和改革. 党史研究与教学，2014（2）：24－30.

④ 中国人民大学高等教育研究室，校史编写组. 中国人民大学大事记：1937 年 7 月—1992 年 2 月. 1992：199.

了《关于若干历史问题的决议》；二是《毛泽东选集》的编撰出版，提供了系统学习中国共产党历史与理论的文献著作，按照历史分期呈现了中国革命理论的发展脉络，呈现了马克思主义与中国具体实际相结合的历史进程；三是以毛泽东思想为指导、以《中国共产党的三十年》为叙事框架，编撰出版中共党史教科书，出现了以何干之《中国现代革命史》为代表的讲义教材，产生了一些专题研究著作。

新中国成立后，无论是"新民主主义论""中国革命史"课程还是中共党史研究，基本依据是 1945 年党的六届七中全会通过的《关于若干历史问题的决议》。这一决议正确总结了 1921 年至 1945 年的党史，特别是系统批判了党内存在的"左"倾错误路线，肯定了遵义会议以来党的政治路线。党的七大以来，中国共产党领导中国人民取得了抗日战争、解放战争的胜利，推翻了三座大山，建立了人民当家作主的新中国。这些实践成就既证明了历史决议的科学内涵和历史意义，又超出了历史决议的叙述范围，需要从理论上予以总结。进而言之，由于中国革命在中国历史和世界历史上的重大意义，系统总结中国革命经验、阐述中国革命道路成为一个重大理论课题。特别是，中共中央于 1951 年 5 月 30 日发出庆祝中国共产党成立 30 周年的通知，提出组织撰写回忆录、举行庆祝仪式、发表纪念论文等一系列庆祝办法，其中就包括开展党史学习，"在党的支部中和劳动群众中进行关于党的历史的宣传"①。

这就需要在《关于若干历史问题的决议》的基础上全面研究党的 30 年历史，尤其是深入总结中国革命的理论创造。1951 年，毛泽东组织和指导胡乔木等人撰写《中国共产党的三十年》，依据《关于若干历史问题的决议》，以简明读本的形式讲述中国共产党建党 30

① 中央档案馆，中共中央文献研究室. 中共中央文件选集（1949 年 10 月—1966 年 5 月）：第 6 册. 北京：人民出版社，2013：170.

年的历程和发展经验。1951 年 6 月 22 日，由胡乔木撰写并经过毛泽东、刘少奇等党的领导人审定的《中国共产党的三十年》在《人民日报》发表。1951 年 7 月 1 日前后，《人民日报》发表了一系列庆祝中国共产党成立 30 周年的文章，引发人们学习和讨论党史的热潮。7 月 1 日，毛泽东、刘少奇等党和国家领导人出席中国共产党成立 30 周年庆祝大会，刘少奇在讲话中回顾了中国共产党成立以来的革命探索历程和奋斗成就。7 月 3 日，中共中央发出《中央关于学习"七一"纪念论文的指示》，要求结合学习《人民日报》发表的庆祝中国共产党成立 30 周年系列论文，指定《中国共产党的三十年》等书作为学习材料。这为正确认识党史、深入学习理论提供了基本依据和参考材料。

《中国共产党的三十年》科学运用了毛泽东等党的领导人关于党史研究的理论与方法论述，成为"中华人民共和国成立后出版的第一部系统完整的中共党史著作"①。《中国共产党的三十年》全面回顾了党的历史，把党史划分为中国共产党的成立和第一次国内革命战争时期、第二次国内革命战争时期、抗日战争时期、第三次国内革命战争时期和中华人民共和国的成立四个时期，将马克思列宁主义与中国具体实际相结合作为历史主线叙述重要事件和评价人物，充分揭示了中国革命的理论创造和实践成就。在此之后，《中国共产党的三十年》出版了单行本，并多次修改，力图在史实准确性、逻辑严密性和理论科学性上不断完善，深度揭示了中国革命关于农村包围城市、武装夺取政权道路的理论创造、实践成就和世界意义，成为完整、权威的党史叙事。这也成为促进中共党史研究发展的重要契机。

党史资料征集和文献整理出版为中共党史研究提供了基础资料。

① 王学勤. 中共党史若干著作研究. 北京：北京出版社，2002：200.

中国共产党历来重视搜集、整理和保护党史资料，在新中国成立后，多次发出通知征集党史资料。1951 年 7 月 21 日，中共中央向全党发出搜集整理与保存党史资料的指示，要求在中央宣传部设置党史资料室，由其负责编印不定期的《党史资料》，用以“刊载有关党史的各种资料”；同时，设置革命博物馆筹备处，用以整理陈列鸦片战争以来的革命历史文物、图片与绘画[①]。其中，具有代表性的案例是把党的一大会址等处“设为永久性的纪念馆”[②]。为了便于中共党史教学与研究，还整理出版了《中共党史教学参考资料》等形式的文件汇集，发掘、整理和影印了《新青年》《共产党》《向导》等革命报刊，“据不完全统计，1954 年到‘文化大革命’前先后影印发行的革命期刊计 47 种”[③]。围绕五四运动、北伐战争、土地改革等中国革命史重要事件出版了专题文件资料集。人民出版社编选出版了《李大钊选集》《孙中山选集》《廖仲恺集》《宋庆龄选集》等文献集。

其中，对中共党史研究影响最大的文献集是《毛泽东选集》。新中国成立前，毛泽东的一些文章或讲话曾以单行本或合集的形式出版，但这些出版物并不系统，不能全面反映毛泽东思想的发展历程和科学内涵。新中国成立后，在高校、党校等领域曾开展学习《矛盾论》《实践论》的活动。1951 年 7 月 1 日，毛泽东选集出版委员会在《人民日报》发出通知，指出：“有系统地学习党史，将极大地加强全党的马克思列宁主义教育，从而使全党的干部和党员在今后中国人民革命事业和建设事业中增加极大的觉悟性和信心。学习党的历史的基本材料，应当是毛泽东同志在中国革命各个时期的主要著作”[④]。《毛泽东选集》

---

① 中央档案馆，中共中央文献研究室. 中共中央文件选集（1949 年 10 月—1966 年 5 月）：第 6 册. 北京：人民出版社，2013：347.

② 中央档案馆，中共中央文献研究室. 中共中央文件选集（1949 年 10 月—1966 年 5 月）：第 6 册. 北京：人民出版社，2013：365.

③ 张静如，唐曼珍. 中共党史学史. 北京：中国人民大学出版社，1990：207.

④ 毛泽东选集出版委员会通知. 人民日报，1951－07－01（5）.

共收录158篇文章，按照“第一次、第二次国内革命战争时期”“抗日战争前期”“抗日战争后期”“第三次国内革命战争时期”的时间顺序编选为四卷，分别于1951年、1952年、1953年、1960年出版。

学习和运用《毛泽东选集》成为中共党史研究的基本路径。经过《关于若干历史问题的决议》和《中国共产党的三十年》的积淀，中共党史叙事的主线、分期和历史评价标准已经基本明确，而《毛泽东选集》四卷本进一步从理论高度统合了关于中国近现代历史、中共党史的历史叙事，提供了关于中国革命的理论阐释。要而言之，毛泽东著作本身就是对中国历史特别是革命实践的分析，因而能够反映中共党史、中国近现代史乃至整个中国社会的演进历程，“中国新民主主义革命的历史，它的灵魂，它的基本、线索，恐怕只有读《毛泽东选集》四卷才能掌握”①。这一时期的教材讲义以《毛泽东选集》四卷本和《中国共产党的三十年》为基本依据和核心内容，“《毛泽东选集》一—四卷的出版发行，奠定了中共党史学的基本格局，并作为人民群众学习中共党史的基本教材，影响至今”②。

这一时期，形成一批以毛泽东思想为指导、以《中国共产党的三十年》为范本的研究中共党史的论著和教材，如胡华的《中国新民主主义革命史（初稿）》（1950）、叶蠖生的《现代中国革命史话》（1952）、何干之的《中国现代革命史》（1954）、缪楚黄的《中国共产党的简要历史》（1956）、李新等的《中国新民主主义革命时期通史（初稿）》（1962）等。其中，何干之主持编著的《中国现代革命史》作为高校“中国革命史”课程的教材，经过多次修改完善，分为上下册，分别于1957年和1958年由高等教育出版社出版发行，在60年代、70年代，乃至80年代出版的若干中共党史、中国现代

① 龚育之. 龚育之文存：下卷. 上海：上海人民出版社，2000：1136－1137.
② 张静如，唐曼珍. 中共党史学史. 北京：中国人民大学出版社，1990：179.

史、中国革命史教科书或专著中，都可以看到《中国现代革命史》在体系、体例、史料选择运用、理论分析，甚至于行文风格等方面的优点被继承、被发展[①]。此外，在1959年五四运动40周年、1961年中国共产党成立40周年等重要节点，产生了一些党史专题著作，如丁守和和殷叙彝的《从五四启蒙运动到马克思主义的传播》(1963)。

随着“左”倾错误的发展与“文化大革命”的发生，中共党史研究遭到严重挫折。这主要表现为片面强调服从政治需要，出现“以论代史”“影射史学”等错误倾向；以个人崇拜的态度对待毛泽东著作，割裂毛泽东思想科学体系和裁剪历史事实；从路线斗争的视角看待党的历史，甚至把党史简化为所谓“十次路线斗争史”。这些随意肢解中共党史、庸俗化对待毛泽东思想的行径严重违反了马克思列宁主义的立场观点和方法。

总的来看，中共党史研究在社会主义革命和建设时期取得了重大进展，表现为历史资料、历史理论、著作讲义等方面的丰富和发展，同时也形成了一些重要原则，如坚持党性和科学性的辩证统一、马克思主义历史主义原则、实事求是、史论结合与论从史出等。

第三节　中共党史学科制度的创新发展（1978—2012年）

进入改革开放和社会主义现代化建设新时期，中共党史教学与研究迅速恢复并获得创新发展，形成了中共党史学科。这首先表现为中共党史研究的繁荣，设立党史研究机构与整理出版党史资料，

---

① 张静如. 何干之对中共历史学科建设的贡献：纪念何干之百年诞辰. 北京党史，2006(5)：50－52.

依托《关于建国以来党的若干历史问题的决议》开展党史研究，拓展研究领域和丰富研究内容，形成高质量研究成果。随着高等教育改革推进，特别是学科、学位制度的实施，中共党史教学与研究的制度形态发生变化，成为政治学一级学科之下的一个二级学科，依托本科、硕士和博士学位点建设而展开教学与研究活动。在这一进程中，作为高校思想政治理论课之一的“中共党史”或“中国革命史”发展为“中国近现代史纲要”，教学内容覆盖整个中国近现代史特别是全部党史，成为宣传党的理论创新成果的重要阵地。总的来看，这一时期中共党史教学与研究进入学科建设的新局面，在人才师资培养、教学活动改革和科学研究等方面取得重要进展，但也存在着学科性质模糊等发展难题。

一、中共党史研究的恢复和繁荣

党的十一届三中全会冲破长期“左”的错误思想的严重束缚，彻底否定“两个凡是”的错误方针，高度评价真理标准问题大讨论，重新确立了党的实事求是的思想路线，停止使用“以阶级斗争为纲”的口号，决定将全党的工作重点和全国人民的注意力转移到社会主义现代化建设上来，提出了改革开放的任务。这为中共党史教学与研究的恢复和发展提供了政治基础，而拨乱反正和平反冤假错案则迫切要求实事求是地开展中共党史研究，解决一批重大历史事件和历史人物的评价问题。这首先体现为对“左”倾思想指导下的阶级斗争扩大化、路线斗争片面化和个人崇拜现象的清理和批判，恢复了中共党史教学与研究的科学体系。同时，在党的领导下，各地各层级党史工作者，通过严密科学的历史调查和研究来平反冤假错案，实事求是地对待党的历史。

这一过程开拓了新时期中共党史研究的新局面。一是设置党史研究、文献研究的专门机构。1980年，中共中央发出《关于成立中央党史委员会及其工作机构的通知》，决定成立中央党史委员会、中央党史编审委员会、中央党史研究室，作为中央的党史编修机构，胡乔木任中央党史研究室主任。各地各层级亦建立相应的党史研究机构[①]。1980年，中共中央文献研究室成立，主要负责编辑、研究党和国家主要领导人的著作、思想和生平，编辑、研究党和国家及军队的当代文献和历史文献。二是统一领导党史资料的征集整理和出版工作。1980年5月，中共中央决定在中央党史编审委员会之下设置中央党史资料征集委员会，负责党史资料的征集工作。这就为跨区协作、广泛发动、集中整理党史资料提供了组织保障，产生了一大批由中央档案馆与地方档案馆以及各层级党史研究室搜集整理的党史资料。三是创办党史研究专业期刊。1980年1月，第一家专门研究中共党史的学术刊物《党史研究》正式创刊，而后《党史通讯》《党史资料》等刊物创刊。从1988年开始，《党史研究》与《党史通讯》合为《中共党史研究》，由中央党史研究室主办。

党的十一届六中全会通过的《关于建国以来党的若干历史问题的决议》既是中共党史研究恢复和发展的成果，又为开展新时期的中共党史工作提供了基本遵循。《关于建国以来党的若干历史问题的决议》既延续了《关于若干历史问题的决议》的风格，以马克思列宁主义同中国具体实际相结合为逻辑主线，对政治路线是非、历史人物功过、党的事业得失进行广泛讨论和形成共识；又有重大创新，决议覆盖党的全部历史，回顾新中国成立前28年的党史，重点评述新中国成立后32年的党史，系统总结了社会主义革命和建设的经验

---

① 王振川. 中国改革开放新时期年鉴. 北京：中国民主法制出版社，2015：71.

教训，正确评价毛泽东和毛泽东思想，并对党的十一届三中全会以来的政治路线、理论探索和实践成就作出肯定。这些历史分析和理论认识对于深入研究中共党史提供了指导，“正是围绕这个决议的宣传并由此出发的以求真为目标的党史研究开启了学术化进程”①。从研究成果来看，中共党史研究在20世纪80年代和90年代迎来一个高潮期。

其一，经过统一领导和分工协作，加上学界学人的努力，整理出版的历史资料层出不穷、蔚为壮观。党史人物文献如《周恩来选集》上下卷、《刘少奇选集》上下卷、《毛泽东书信选集》，以及李大钊、蔡和森、瞿秋白、张闻天等人选集、文集或年谱；综合文献如中央档案馆整理出版的《中共中央文件选集（1921—1949）》；各层级档案馆、党史研究室合作整理出版的“革命历史文件汇集”；中央党史资料征集委员会编辑的《中共党史资料》和中央党校党史教研室编辑、人民出版社出版的《中共党史参考资料》；各种类型的“革命回忆录”；等等。从1980年起，中共党史人物研究会组织编写的《中共党史人物传》相继出版，成为国内规模最大的党史人物传记丛书。胡华在主编《中共党史人物传》时强调，“严格遵照历史唯物主义的观点和实事求是的态度，根据当时历史条件，对历史人物的实践活动和思想发展的各个阶段作如实的叙述和具体的分析，不虚构事实。对前人既不苛求，也不溢美”②。

其二，拓展中共党史研究的领域，从政治史扩展到经济史、文化史、社会史、思想史等方面，在通史研究的基础上出现了专题史研究。以往，中共党史研究主要是围绕党内路线问题进行政治史研究，尤其侧重于党内领导人关于路线问题的功过是非，多是采取通

① 杨凤城．关于中共党史学科定位与建设的若干思考．中共党史研究，2021（1）：22．
② 胡华．中共党史人物传：第1卷．西安：陕西人民出版社，1980：前言．

史叙事方式，对于党史的其他要素关注较少。随着历史资料的丰富，研究者能够从更加广阔的历史脉络看待党史，如胡绳的《从鸦片战争到五四运动》突破了以往的刻板印象和狭隘认识，展示了多种政治进步势力在历史发展进程之中的地位和作用。进而言之，中共党史研究者深刻认识到中共党史的丰富内涵与复杂结构，推动从政治史研究扩展到经济史、社会史、文化史、思想史、对外交往史、口述史等方面。譬如，张静如提出要以社会史为基础深化整个中共党史研究，从更加广阔的社会结构、社会思潮深化理解中国共产党的历史实践[①]。由此，中共党史的专题史研究涌现出一批高质量成果，如彭明撰写的《五四运动史》(1984)、张静如主编的《中国共产党思想史》(1991) 等。

其三，中共党史研究的重心下移。不仅表现在研究时段后移，而且表现在视角下沉，从中央、宏观到地方、微观。一方面，在继续和加强革命史研究的同时，着力研究社会主义革命和建设时期的党史，特别是“文化大革命”时期的历史。《关于建国以来党的若干历史问题的决议》重点评述了新中国成立后 32 年的历史，对新中国成立初期国民经济恢复、社会主义改造、“大跃进”和人民公社、国民经济调整以及“文化大革命”这些重点难点问题进行了客观公允的历史评价，为开展相关研究提供了指导。由此，中华人民共和国历史研究成为党史领域的一个重要学术增长点。另一方面，在继续关注高层政治史和宏观研究的同时，开始着力发掘地方党史资料，开展微观研究，出现很多关于地方革命根据地、乡村人民公社等内容的研究。

其四，提升中共党史研究的国际视野。改革开放以来，中共党

---

① 张静如. 以社会史为基础深化党史研究. 历史研究，1991 (1)：89 - 96.

史研究的视野不再局限于国内，国际交流更加便利和频繁。胡乔木于1989年访问美国加州理工学院时，发表了《中国在五十年代怎样选择了社会主义》和《中国为什么犯二十年的“左”倾错误》的讲演，系统讲述中国共产党探索社会主义现代化建设的历程和经验，介绍了中国的改革开放政策①。越来越多的中共党史研究成果介绍到其他国家，增强了国际社会对中国共产党历史与理论的了解，有助于清除误解、增加共识，推进改革开放和社会主义现代化建设。当然，中共党史学界也重视了解海外研究动态，中央党史研究室编译出版《国外中共党史中国革命史研究论点摘编：新民主主义革命时期》和《国外中共党史研究动态》等。海外学者研究中共党史的著作也被翻译引进，如《中国共产党成立史》《剑桥中华人民共和国史》等。

在众多研究成果当中，胡绳主编的《中国共产党的七十年》（1991）吸收了这一时期中共党史的研究成果，并具有多方面的创新性。这部书是为了庆祝中国共产党成立70周年而编写出版，但也表现出实事求是的研究理念和学术创新意识。胡乔木在指导写作时指出：“70年要贯穿一个思想，就是中国要搞革命，要搞建设……要为人民谋福利，把中国推向现代化。整部书要有这么一个思路。”② 此书在编写体例、叙述风格和观点评价等方面切中肯綮，“既实事求是地讲出历史的本然，又实事求是地讲出历史的所以然，夹叙夹议，有质有文，陈言大去，新意迭见，很少沉闷之感”③。这就为中共党史的通史编撰确立了历史分期样态、朴素翔实风格和实事求是理念，而《中国共产党历史》第一卷（2002年）、《中国共产党历史》第二

① 胡乔木. 胡乔木文集：第2卷. 北京：人民出版社，2012：264－281.

② 金冲及. 一本书的历史：胡乔木、胡绳谈《中国共产党的七十年》. 北京：中央文献出版社，2014：26.

③ 胡绳. 中国共产党的七十年. 北京：人民出版社，2008：1.

卷（2011年）和《中国共产党的九十年》（2011年）也延续和发展了这些基本理念，推进了中共党史的通史编撰工作。

中共党史教材编撰进入新阶段。高等教育出版社、中国人民大学出版社、中共中央党校出版社、东北师范大学出版社、上海教育出版社等相继出版了多种版本的《毛泽东思想概论》《中国特色社会主义概论》等以中共党史为主要理论内容的"概论类"教材。何沁主编的《中华人民共和国史》（1991年）成为当时和之后很长一段时间内国内最具权威的国史教材，发行量过百万。2010年至2012年，中国人民大学中共党史系组织编写"21世纪党史国史教材"，包括《中国共产党历史》《中华人民共和国史》《马克思主义中国化概论》《马克思主义党的学说和党的建设》《中国近现代史概要》《中国民主党派史》《中共党史学概论》七本，系统地展现出中共党史的知识结构。

二、从"中共党史"到"中国近现代史纲要"

随着教育战线的拨乱反正，高校政治理论课程体系恢复设置，"中共党史"课程得以重建。1978年4月，邓小平在全国教育工作会议上指出必须提高教育质量和教师地位，把正确的政治方向和科学文化的教育结合起来，"培养德智体全面发展、有社会主义觉悟的有文化的劳动者"①。同月，教育部办公厅发出《关于加强高等学校马列主义理论教育的意见》，要求充分重视政治理论课程体系的科学性和政治性，按照"党史、政治经济学、哲学、共运史"的顺序开设，根据实际条件决定课时和教材。其中，"中国共产党党史是马列主义

---

① 邓小平. 邓小平文选：第2卷. 2版. 北京：人民出版社，1994：108.

的真理和中国革命的具体实践日益结合的历史，是中国人民在中国共产党领导下，取得新民主主义革命彻底胜利以及社会主义革命和社会主义建设伟大胜利的历史"①。同时，要求重视教学内容的系统性和教学环节的严整性，注重强调课堂讲授的主导作用，课堂讨论和考试考查均要重视学生的知识掌握程度。

党的十一届三中全会重新确立党的正确的思想路线、政治路线和组织路线，为全面恢复和发展政治理论课提供了坚实基础。1979 年 5 月，教育部政治理论教育司全面调查了高校政治理论教学，认为存在着对政治理论课的科学性认识不足、课程内容重复、教师队伍质量差等问题，其中"高校党史课与中学的历史课有许多重复，又加目前《党史》的问题较多，学生意见最大"②。1980 年 7 月，教育部印发《改进和加强高等学校马列主义课的试行办法》，系统总结新中国成立以来政治理论教育的经验教训，明确了理论联系实际、科学性与党性相一致等原则，规定了课程、学时、大纲和教材，明确了教学制度、教学环节和教学方法，要求重视马列主义教研室建设，加强党的领导，以科学研究为基础提升教学质量③。

这也为"中共党史"课程适应新形势进而推动改革创新提供了基础条件。1982 年 10 月，教育部通知高校逐步开设共产主义思想品德课程，形成了思想品德课与政治理论课"两课"协同发展的局面，以适应社会主义精神文明建设新要求。1984 年 9 月，中央宣传部、教育部印发《关于加强和改进高等院校马列主义理论教育的若干规

① 教育部社会科学司. 普通高校思想政治理论课文献选编（1949—2008）. 北京：中国人民大学出版社，2008：71，72.

② 教育部社会科学司. 普通高校思想政治理论课文献选编（1949—2008）. 北京：中国人民大学出版社，2008：76.

③ 教育部社会科学司. 普通高校思想政治理论课文献选编（1949—2008）. 北京：中国人民大学出版社，2008：85-90.

定》，指出高校正在着手准备开设“中国社会主义建设基本问题”课程[①]。1985 年 8 月，中共中央发出《关于改革学校思想品德和政治理论课程教学的通知》，要求在大学“进行以中国革命史为中心的历史教育，使学生了解具有悠久的历史文化传统的中国，是怎样根据历史的必然走上以共产党为领导力量的社会主义道路的”“进行中国社会主义建设和改革的理论、政策和实际知识的教育，使学生了解我国党和人民正在进行的有世界意义的伟大事业和青年一代的密切关系及崇高责任”[②]。这反映了改革开放新实践和党的理论创新成果对政治理论教育提出的新要求，成为改革“中共党史”课程的契机。

教育部门围绕“中共党史”教学改革举办了座谈会，“明确了中国革命史课程的教学指导思想和‘中共党史’课改为‘中国革命史’课的步骤、做法”，编写了“中国社会主义建设”课程教材，要求“从一九八六年起，用三至五年时间进行政治理论课教学改革工作”，高校准备相应条件逐步开设出“中国革命史”“中国社会主义建设”“马克思主义原理”“世界政治经济和国际关系”等新课程[③]。这一改变从教学内容上反映了改革开放和社会主义现代化建设的实践成就与理论成果，同时，也丰富了“中共党史”课程的内容，加强了课程体系的内在逻辑，把怎么选择社会主义道路和怎样建设社会主义现代化建设两大问题连接起来。这成为加强理想信念教育、批判资产阶级自由化思想的有力举措。1987 年 3 月，国家教育委员会发出《关于进一步改革高等学校马克思主义理论课（公共课）教学的意

---

① 教育部社会科学司．普通高校思想政治理论课文献选编（1949—2008）．北京：中国人民大学出版社，2008：95．

② 教育部社会科学司．普通高校思想政治理论课文献选编（1949—2008）．北京：中国人民大学出版社，2008：107．

③ 教育部社会科学司．普通高校思想政治理论课文献选编（1949—2008）．北京：中国人民大学出版社，2008：109，110．

见》，要求加快开设“中国革命史”“中国社会主义建设”“马克思主义原理”，加强相应的科学研究①。

除高校的政治理论课之外，党校也注重中共党史教学。改革开放后，中央党校设置中共党史教研室、党建教研室、科学社会主义教研室等，加强教学队伍建设；开设哲学、政治经济学、科学社会主义、党的学说（中共党史和党的建设）四门课程，强调掌握马克思主义理论，以完整准确地掌握马克思列宁主义、毛泽东思想的科学体系。在干部培训班中，分哲学、政治经济学、科学社会主义、中共党史、党的建设五个专业，进一步学习和研究毛泽东思想体系在各个领域、各个方面的内容；在入学考试中，也将中共党史和毛泽东思想研究、党的建设原著选读和专题研究、党的十一届三中全会以来重要文献的学习和研究等作为考试内容②。

进入改革开放新阶段，社会主义市场经济迅速发展，改革开放全面深化，有中国特色社会主义的理论与实践焕发了中国新面貌。党的十五大深入总结了党的十一届三中全会以来的理论探索与实践成就，科学地阐述了邓小平理论的内涵和地位。这为中共党史教学提供了新鲜内容和理论支撑。1998 年 6 月，“中国革命史”改名为“毛泽东思想概论”，主要从中国革命与建设历程讲述毛泽东思想，“认清只有在中国共产党领导下，坚持社会主义道路，才能救中国和发展中国”；“中国社会主义建设”改为“邓小平理论概论”，讲述有中国特色社会主义的理论与实践，同时“把《马克思主义原理》中‘科学社会主义论’的课程内容和《中国革命史》中的关于 1956 年

---

① 教育部社会科学司. 普通高校思想政治理论课文献选编（1949—2008）. 北京：中国人民大学出版社，2008：118 - 121.

② 赵理文. 中国共产党党校教育史. 北京：中共中央党校出版社，2014：179，220.

以后的课程内容融合到这一课程中统一进行讲授”[①]。

21世纪以来，“中国近现代史纲要”成为“中共党史”教学的基本形态。2005年2月，马克思主义理论一级学科创建，面向高校本科生的思政课再次调整，除“马克思主义基本原理”“思想道德修养与法律基础”外，设置“毛泽东思想、邓小平理论和‘三个代表’重要思想概论”，讲授马克思主义中国化的历史进程与理论成果；设置“中国近现代史纲要”，讲授“历史和人民是怎样选择了马克思主义，选择了中国共产党，选择了社会主义道路”[②]。其中，“毛泽东思想、邓小平理论和‘三个代表’重要思想概论”于2008年改称为“毛泽东思想和中国特色社会主义理论体系概论”，此名称沿用至今。在完善课程体系的同时，马克思主义理论一级学科与马克思主义学院成为高校思政课的有力支撑。

三、中共党史学科的创立发展及其不足

创立中共党史学科是改革开放新时期中共党史教学与研究发展的显著特征。新中国成立后，中国人民大学等校曾经参照苏联高校关于博士、副博士的学位制度，推动过中共党史研究生的学位制度建设。1964年，教育部领导起草学位条例，把高校学科分为哲学、经济学、法学等10个门类。这一探索由于“文化大革命”而中断。1977年恢复高考制度后，原中国人民大学党史系在北京师范大学恢复招收党史专业本科生，1978年中国人民大学复校，中共党史系正

① 教育部社会科学司．普通高校思想政治理论课文献选编（1949—2008）．北京：中国人民大学出版社，2008：180，184.

② 教育部社会科学司．普通高校思想政治理论课文献选编（1949—2008）．北京：中国人民大学出版社，2008：219.

式恢复。1981 年，国务院学位委员会制定实施的《中华人民共和国学位条例暂行实施办法》沿用 1964 年学科门类划分方法，正式确立包含学士、硕士和博士三个层级的学位制度。1981 年，教育部公布首批硕士学位授予单位，中国人民大学、北京大学、北京师范大学、吉林大学、东北师范大学、湖南师范学院获得中共党史学位授予权[①]。1981 年 10 月，国务院学位委员会颁布的《首批博士学位授予单位及其学科、专业名单》显示，中国人民大学获得中共党史博士学位授予权[②]，1981 年胡华获批首批博士生导师，1985 年首批中共党史专业博士生入学，并于 1988 年 6 月进行首批博士学位授予。

1983 年，教育部发布《高等学校和科研机构授予博士和硕士学位的学科、专业目录（试行草案）》，在法学门类政治学一级学科下设“政治学”“政治思想史”“政治制度史”“科学社会主义”“中共党史”5 个二级学科[③]。这是首次在学科制度上提出中共党史学科，并将中共党史学科置于政治学一级学科之下。1990 年，国务院学位委员会、国家教育委员会联合发布《授予博士、硕士学位和培养研究生的学科、专业目录》。在法学门类政治学一级学科下，设置政治学理论、科学社会主义、国际共产主义运动、中共党史（含：党的学说与党的建设）、马克思主义理论教育（含：马克思主义原理、中国革命史、中国社会主义建设、世界政治经济和国际关系）等二级学科。这是首次在党史学科中将“党的学说与党的建设”明确纳入。在 1997 年修订的《授予博士、硕士学位和培养研究生的学科、专业

---

① 首批硕士学位授予单位及其学科、专业名单. 高教战线，1982（7），1982（8），1982（10）.

② 首批博士学位授予单位及其学科、专业名单. 高教战线，1982（4）：40.

③ 国务院学位委员会办公室，国家教育委员会研究生司. 中华人民共和国学位与研究生工作文件选编. 北京：北京航空航天大学出版社，1988：76.

目录》中，“中共党史（含：党的学说与党的建设）”未发生变化[①]。

20 世纪 80 年代和 90 年代，中共党史专业硕士点和博士点蓬勃发展。天津师范大学、杭州大学获批第二批中共党史硕士学位授予单位[②]。清华大学、南开大学、辽宁师范大学、哈尔滨工业大学、华东师范大学、浙江大学、安徽师范大学、河南大学、武汉大学、华中师范大学、中南财经大学、西安交通大学、陕西师范大学、中共中央党校获批第三批中共党史硕士学位授予单位，北京师范大学、东北师范大学、中共中央党校获批第三批中共党史博士学位授予单位[③]，等等。

中共党史研究机构和组织不断发展，初步形成了中共党史学理论体系。中国社会科学院于 1990 年成立“当代中国研究所”、2001 年成立中华人民共和国国史系。在期刊资料和出版机构方面，《中共党史研究》《党的文献》《当代中国史研究》《党史研究与教学》成为刊发中共党史学术研究成果的专业期刊阵地，还成立了中共党史出版社（1983）、中央文献出版社（1987）等专业出版机构。中国中共党史人物研究会（1979）、中国中共党史学会（1980）、中华人民共和国国史学会（1992）、中国中共文献研究会（2009）等相继成立。中共党史学科基本理论体系不断完善，在党史史料学、文献学、史学史、史学批评等领域以及学科史方面也不断取得新的成就，并且形成了《中共党史学概论》（王仲清，1991）《唯物史观与中共党史学》（张静如，1995）等关于中共党史学基本理论的代表性著作。

与之同时，中共党史学科在学科性质、理论方法建设方面也出

---

① 国务院学位委员会办公室，教育部研究生工作办公室．学位与研究生教育文件选编．北京：高等教育出版社，1999：62，63，74，75．

② 第二批硕士学位授予单位及其学科、专业名单．高教战线，1984（4）－1984（5）．

③ 第三批硕士学位授予单位及其学科、专业名单．中国高等教育，1986（12）－1987（6）；第三批博士学位授予单位及其学科、专业名单．中国高等教育，1986（10）－1986（11）．

现了争议和分歧。作为政治学一级学科的一个二级学科，中共党史学科的建设总体上属于政治学一级学科的范畴，但它自身又具有一些独特性。应当指出，随着政治学一级学科的知识体系建设逐步与国际接轨，引入西方政治学理论与方法，中共党史二级学科处境尴尬，渐渐成为一个边缘学科。同时，党史学界对中共党史学科归属政治学一级学科的划分方式一直存有不同意见。一种观点是中共党史学科属于历史学科，因其研究对象属于历史范畴，应当遵循历史学科理论与方法。另一种观点是中共党史学科属于马克思主义理论学科，因其旨在呈现马克思主义基本原理与中国具体实际相结合的历程和成果，应当遵循马克思主义理论学科的理论与方法。还有一种观点认为中共党史学科是政治理论性很强的历史学科，也具有不同于历史学科的独特属性①。此类争议分歧跨过世纪之交，延伸到21世纪以来的党史学科建设实践之中。

21世纪以来，中共党史二级学科对思想政治理论课的支撑能力显著下降。由于中共党史学科是按照政治学一级学科的要求进行自身建设的，在日常教学和人才培养当中对思想政治教育培训关注不够，导致原先具有的支撑政治理论教学的能力逐步下降，相继流失了马克思主义中国化等内容模块。2005年，马克思主义理论一级学科创立，将研究中国共产党理论创新的“马克思主义中国化研究”设为二级学科，划入马克思主义理论一级学科。2008年，与中共党史专业研究对象最为贴近的“中国近现代史基本问题研究”二级学科设立并划入马克思主义理论一级学科。这在客观上出现中共党史学科师资流向马克思主义理论一级学科的现象，一些高校的中共党史学科硕士和博士点由于师资流失严重，出现招生中断或停止招生。

① 田酉如. 中共党史学基本理论问题研讨会简介. 中共党史研究，1989（1）：94－95.

事实上，中共党史二级学科的地位制约了中共党史学科的资政育人功能。一方面，各个条块对中共党史学科的划分差异显著，缺乏协同。在历次博士、硕士学位的专业目录中，中共党史学科均是政治学一级学科下的一个二级学科。在国家社会科学基金项目的课题申报指南中，“党史·党建”则被设置为独立的学科，与政治学、中国历史等学科并列，反映了党和国家对中共党史资政育人功能的重视。在2009年颁行的《中华人民共和国学科分类与代码国家标准》中，“中国共产党史”被列为三级学科，划在“历史学”下属的二级学科“中国近代史、现代史”的目录中。这就形成了至少三种中共党史学科的制度归属状态。另一方面，中国共产党领导中国特色社会主义事业取得辉煌成就，中共党史的体量内涵非常庞大，而二级学科的地位已经不再适用于这一局面。

第四节　新时代中共党史学科的新发展（2012年至今）

党的十八大以来，中国特色社会主义进入新时代，处于实现第一个百年奋斗目标和向第二个百年奋斗目标转换的关键时期，对中共党史的教学与研究提出全新的要求。习近平多次强调党史、国史是坚持和发展中国特色社会主义的必修课，要求讲好中国共产党历史故事，反击历史虚无主义。以此为指导，建立中国共产党历史展览馆与设置中共党史党建学一级学科，塑造了新时代党史工作的新气象，开展了常态化长效化的“四史”① 学习和党史学习教育，推动

① 后来发展为“五史”，增加了“中华民族发展史”。

了高校思政课的守正创新。党的十九届六中全会通过的《中共中央关于党的百年奋斗重大成就和历史经验的决议》（简称第三个历史决议）为中共党史学科发展指明了方向。国务院学位委员会设立中共党史党建学一级学科，解决了长期存在的学科性质混乱、学科资源薄弱、学科人才流失等发展瓶颈，为中共党史研究和人才培养提供制度保障。

一、党史学习教育融入高校思政课的新探索

党的十八大以来，中国特色社会主义进入新时代，习近平总书记高度重视思想政治教育工作，对思政课讲好中国故事、中国共产党故事作出重要指示。这体现为旗帜鲜明地反对历史虚无主义，坚定“四个自信”；要求学习中共党史、新中国史、改革开放史和社会主义发展史，特别是在中国共产党成立 100 周年的历史节点上部署开展党史学习教育。这是高校思政课守正创新的重要契机，要求进一步优化党史学习教育融入高校思政课的路径，增强高校党史学习教育的实效，全面提升思政课程体系的科学化水平。

习近平在 2020 年 1 月的“不忘初心、牢记使命”主题教育总结大会上提出要把学习党的创新理论同学习党史、新中国史、改革开放史、社会主义发展史结合起来，引发“四史”学习热潮。2020 年 12 月，中共中央宣传部、教育部联合印发《新时代学校思想政治理论课改革创新实施方案》，要求“各高校结合本校实际，统筹校内通识类课程，围绕马克思主义经典著作，党史、新中国史、改革开放史、社会主义发展史，中华优秀传统文化、革命文化、社会主义先进文化，宪法法律等，开设本科及高等职业学校专科选择性必修课

程，确保学生至少从‘四史’中选修1门课程”[①]。教育部办公厅发出《关于在思政课中加强以党史教育为重点的“四史”教育的通知》，要求充分发挥思政课在进行以党史教育为重点的“四史”教育中的主渠道作用，持续深化所有思政课必修课中“四史”学习教育相关内容的有机融入，讲清讲透各门必修课中蕴含“四史”的道理学理哲理。全国重点马克思主义学院至少开设1门“四史”类选择性必修课，所在高校本科生至少修读1门该课程[②]。

在庆祝中国共产党百年华诞的重大时刻与“两个一百年”奋斗目标的历史交汇点，习近平总书记指出：“我们党历来重视党史学习教育，注重用党的奋斗历程和伟大成就鼓舞斗志、明确方向，用党的光荣传统和优良作风坚定信念、凝聚力量，用党的实践创造和历史经验启迪智慧、砥砺品格。”[③] 党史学习教育是立足党的百年历史新起点和开辟社会主义现代化建设新局面的思想准备，要求从历史中汲取走向未来的智慧和力量。学史明理，就是在党史学习中领悟党的理论创新和理论创造，深刻领会习近平新时代中国特色社会主义思想。学史崇德，就是传承发扬党的优良传统与革命精神，保持艰苦奋斗的作风，锤炼不畏强敌、不惧风险、敢于斗争、勇于胜利的风骨和品质。学史增信，就是在党的百年探索史中理解红色政权来之不易、新中国来之不易、中国特色社会主义来之不易，增强历史定力与历史自觉，坚定“四个自信”。学史力行，就是通过党史学习教育明确党的团结和集中统一对于担当民族复兴大业和应对危机挑战的重要性，切实增强“四个意识”，做到“两个维护”，不断提

---

① 中央宣传部 教育部关于印发新时代学校思想政治理论课改革创新实施方案的通知.(2020-12-18). http://www.gov.cn/gongbao/content/2021/content_5595931.htm.

② 本书编写组. 中华人民共和国学校思想政治理论课重要文献选编：下册. 北京：人民出版社，2022：1631.

③ 习近平. 在党史学习教育动员大会上的讲话. 北京：人民出版社，2021：2.

高政治判断力、政治领悟力、政治执行力。

在党史学习教育中，必须自觉运用习近平新时代中国特色社会主义思想指导研究党的历史发展过程，形成高质量的教材读本。党的理论创新是在实践中产生的，更是党的历史发展规律的理论总结。因此，唯有在党的百年历史进程中才能深刻领会习近平新时代中国特色社会主义思想的原创贡献与历史地位，而习近平新时代中国特色社会主义思想是阐明党领导中国人民取得辉煌成就原因的锁钥。这要求在党的百年历史中感悟马克思主义的真理力量，理解中国化马克思主义一脉相承而又与时俱进的理论品质，“结合党的十八大以来党和国家事业取得历史性成就、发生历史性变革的进程，深刻学习领会新时代党的创新理论，坚持不懈用党的创新理论最新成果武装头脑、指导实践、推动工作”①。党史学习教育的教材读本必须在习近平新时代中国特色社会主义思想的指导下系统阐明中国共产党百年历史的主题和主线、主流和本质，从发展阶段、主要任务、路线方针、理论创新等角度构建百年党史叙事。

唯物史观是指导历史研究的科学理论与方法，正确党史观是唯物史观在中共党史领域的运用和发展。坚持马克思主义立场观点方法、坚持正确党史观是党史教学与研究的基础，“思政课就要讲好中华民族的故事、中国共产党的故事、中华人民共和国的故事、中国特色社会主义的故事”②。如果失去这个科学基础，就会产生一些错误的认识倾向，比如夸大党史上的失误与曲折、歪曲党的历史与党的领导、把党史庸俗化与娱乐化等。对此，习近平指出：“要坚持以我们党关于历史问题的两个决议和党中央有关精神为依据，准确把握党的历史发展的主题主线、主流本质，正确认识和科学评价党史

---

① 习近平. 在党史学习教育动员大会上的讲话. 北京：人民出版社，2021：12-13.
② 习近平. 论中国共产党历史. 北京：中央文献出版社，2021：31.

上的重大事件、重要会议、重要人物。要实事求是看待党史上的一些重大问题，既不能因为成就而回避失误和曲折，也不能因为探索中的失误和曲折而否定成就”①。这些研究党史的理论与方法对于研究百年党史、总结历史经验与掌握历史主动具有指导作用，更有助于从根源上清除历史虚无主义。

高校党史学习教育还必须运用自身的科研优势提炼中国共产党历史发展的规律性认识，为深刻认识中国共产党为什么能、马克思主义为什么行、中国特色社会主义为什么好提供学理支撑。这首先要充分认识中国共产党百年历史的丰富内涵与智慧贡献。中国共产党在引领中华民族走向伟大复兴的过程中创造了具有中国特色、符合中国国情的新民主主义革命道路和中国特色社会主义道路，创造了经济快速发展和社会长期稳定的奇迹，积淀了具有世界意义的社会主义现代化经验。党史学习教育不仅是道德品质与情感的提升，更是对中国道路、中国奇迹的学理阐释。因此，高校党史学习教育还必须深入研究百年党史的历史经验与智慧贡献，总结党推进理论创新、联系人民群众、应对风险挑战、加强自身建设等经验，“从我国改革发展的实践中挖掘新材料、发现新问题、提出新观点、构建新理论，加强对改革开放和社会主义现代化建设实践经验的系统总结”②。

依托高校现有的思政课程体系，党史学习教育可以有机融入各门课程。从本科生公共政治理论课来看，“中国近现代史纲要”的主干内容是党的百年历史，在讲清楚“四个选择”的过程中阐明中国共产党为什么能、马克思主义为什么行、中国特色社会主义为什么好；“毛泽东思想和中国特色社会主义理论体系概论”的主干内容是

① 习近平. 在党史学习教育动员大会上的讲话. 北京：人民出版社，2021：24-25.
② 习近平. 在哲学社会科学工作座谈会上的讲话. 北京：人民出版社，2016：21-22.

马克思主义中国化的历史进程与理论成果。这两门课程可以在教学中体现中共党史、新中国史、改革开放史、社会主义发展史、中华民族发展史，讲清楚党的历史进程与理论创新。社会主义发展史可以在“马克思主义基本原理概论”中加以体现，马克思主义原理与科学社会主义实践是社会主义发展史的重点内容；中国共产党人的精神谱系可以融入“思想道德修养与法律基础”，通过红色家书与家风、革命烈士与英雄模范事迹，以及纪念馆、博物馆等资源进行思想品质教育。此外，马克思主义学院加强中共党史专业建设，思想政治教育专业与马克思主义理论专业也可以增开或完善中共党史课程。党史学习教育以“课程思政”的方式融入其他专业课程。

二、建设中共党史党建学一级学科

2010 年 7 月，时任中共中央政治局常委、中央书记处书记、国家副主席的习近平就在全国党史工作会议上发表重要讲话。他指出，党史研究是一门研究中国共产党的历史、从中国共产党的活动揭示当代中国社会运动规律的科学，要求充分重视和科学推动党史工作，发挥党的历史以史鉴今、资政育人的作用，坚持实事求是研究和宣传党的历史，要牢牢把握党的历史发展的主题和主线、主流和本质，旗帜鲜明地揭示和宣传中国共产党在中国的领导地位和核心作用形成的历史必然性，揭示和宣传中国人民走上社会主义道路的历史必然性，揭示和宣传通过改革开放和社会主义现代化建设实现中华民族伟大复兴的历史必然性，揭示和宣传党在革命、建设、改革各个历史时期领导人民所取得的伟大胜利和辉煌成就，揭示和宣传党在长期奋斗中积累的宝贵经验、形成的光荣传统和优良作风，坚决反对任何歪曲和丑化党的历史的错误倾向[①]。

党的十八大以来，习近平不仅多次强调党史国史是坚持和发展中国特色社会主义、推进党和国家各项事业发展的必修课，而且高度重视反对历史虚无主义，反对通过夸大党史上的失误和曲折、肆意抹黑歪曲党的历史的错误倾向，反对恶意炒作、将党史庸俗化与娱乐化的错误倾向。这就要求坚持唯物史观、树立正确党史观，准确把握党的历史发展的主题主线、主流本质，正确认识和科学评价党史上的重大事件、重要会议、重要人物。

随着中国特色社会主义进入新时代，深入研究党的历史经验、探讨中国成功密码、讲好中国故事成为重要课题，对党的历史与理论研究提出了新要求。中国人民大学于2013年成立“中国共产党历史与理论研究院”，该研究院于2017年改组为国内首家中共党史党建研究院，旨在建设成为以中国共产党研究为特色的教学研究中心、学术交流平台和新型高端智库。2018年3月，中共中央印发《深化党和国家机构改革方案》，把中央党史研究室、中央文献研究室和中央编译局职责整合，组建中央党史和文献研究院，对外保留中央编译局牌子。这有利于加强党的历史和理论研究，统筹党史研究、文献编辑和著作编译资源力量，构建党的理论研究综合体系，促进党的理论研究和党的实践相结合，打造党的历史和理论研究高端平台。

2012年以来，中共党史、党的建设学科有所发展。2012年，高校本科专业目录在“马克思主义理论类（0305）”下面设置“中国共产党历史（030502）”。河南师范大学于2017年招收首批“中国共产党历史”本科生。渭南师范学院、贵州安顺学院于2018年招收

---

① 习近平．在全国党史工作会议上的讲话（摘要）．中共党史研究，2010（8）：5.

首批“中国共产党历史”专业本科生，黑龙江工业学院于2020年招收首批“中国共产党历史”专业本科生。武汉大学和山东师范大学于2021年获批“中国共产党历史”专业本科学位点。截至2021年，全国共有11家中共党史本科学位点。党的十九大以后，中共中央、国务院印发《关于加强和改进新形势下高校思想政治工作的意见》，指出支持有条件的高校在马克思主义理论一级学科下自主增设党的建设二级学科，党的建设正式作为一个二级学科并迅速发展。

这也推动了解决中共党史、党的建设学科发展制度瓶颈的探索。一方面，马克思主义中国化、中国近现代基本问题研究和党的建设二级学科在马克思主义理论一级学科下获得发展，但是党的理论创新成果、党的历史与党的建设具有紧密的内在关联和整体逻辑，反映了党的理论探索史、不懈奋斗史和自身建设史。另一方面，中共党史学科的名称仍然包含党的学说和党的建设要素。2013年，为配合了解《学位授予和人才培养学科目录（2011年）》中的一级学科，国务院学位委员会第六届学科评议组编写《学位授予和人才培养一级学科简介》，把原来“中共党史（含：党的学说与党的建设）”名称改为“党的建设与中共党史”[①]。更为重要的是，一些高校政治学一级学科调整，中共党史学科被迫调整设置，转而在马克思主义理论一级学科下自主设置中共党史二级学科。据教育部《学位授予单位（不含军队单位）自主设置二级学科名单》（截至2020年6月30日），北京师范大学在马克思主义理论一级学科之下设置“党的历史与理论”二级学科。由此，必须着力统筹解决党的建设、中共党史学科的发展问题。

随着庆祝中国共产党成立100周年活动和学习习近平总书记

---

① 国务院学位委员会第六届学科评议组．学位授予和人才培养一级学科简介．北京：高等教育出版社，2013：17.

“七一”讲话的开展，实现中共党史、党的建设学科融合发展引发学界热议。这集中表现为高校成立中共党史党建研究机构，如对外经济贸易大学（中共党史党建研究中心，2021 年 3 月）、浙江工商大学（党史党建教育研究中心，2021 年 4 月）、北京大学（中共党史研究中心，2021 年 5 月）、武汉大学（中共党史党建系，2021 年 5 月）、四川大学（中共党史党建研究院，2021 年 6 月）、贵州医科大学（党史党建研究中心，2021 年 6 月）、北京师范大学（中共党史党建研究院，2021 年 7 月）、山东师范大学（中共党史党建研究院，2021 年 7 月）、湖南师范大学（中共党史党建研究院，2021 年 7 月）、华中师范大学（中共党史党建研究院，2021 年 7 月）、河南师范大学（中共党史党建研究院，2021 年 12 月）等。2021 年 7 月，北京师范大学举办学习习近平总书记“七一”重要讲话精神座谈会暨首届党史党建学科建设研讨会，探讨中共党史、党的建设学科协同发展的必要性和重要性。

2021 年 11 月，党的十九届六中全会通过的第三个历史决议，科学总结了中国共产党领导中国人民奋斗的历史进程、基本经验和历史意义，深刻阐明了“中国共产党是什么、要干什么”的问题，为开展中共党史、党的建设学科建设提供指导。经过广泛调研，2021 年 12 月 10 日，国务院学位委员会办公室公布《博士、硕士学位授予和人才培养学科专业目录（征求意见稿）》，在法学门类下设置“中共党史党建”一级学科。

2022 年 9 月 13 日，国务院学位委员会、教育部正式下发《关于印发〈研究生教育学科专业目录（2022 年）〉〈研究生教育学科专业目录管理办法〉的通知》，在法学门类下面，与马克思主义理论一级学科并行，设置中共党史党建学一级学科。以此为标志，中共党史学科和党的建设学科一起，迎来了中共党史党建学一级学科建设的新阶段。

可以说，没有新时代，就没有中共党史党建学一级学科的设立。

中共党史党建学一级学科的设立，能够解除中共党史、党的建设融合发展的制度瓶颈，实现本硕博人才培养的一体化。“中共党史党建”一级学科可以从整体上反映党的全部活动，尊重和实现党的历史发展、党的理论创新与党的建设实践的内在关联和整体逻辑。这有助于打破党史、党建的隔阂状态，从整体上建设符合党的活动发展规律的学科体系、学术体系和话语体系，形成结构严密、内在一致、互为呼应的课程体系、教材体系，从而搭建一体化的本硕博培养体系。

中共党史党建学一级学科的设立，能够增强中共党史党建研究对思政课的支撑能力，强化以党史为重点的“五史”学习教育。以往，党史党建学科专职教师队伍的编制少、体量小，成为制约学科建设的重要因素。在一级学科的新框架下，党史、党建两支队伍真正能够探索构建多学科、跨部门的党史党建师资队伍合作机制与培训体系，培养造就一支政治素质强、专业水平高的党史党建人才队伍，形成系统完整的课程体系和教材体系，真正解决思政课教学和专业人才培养的学科支撑问题。

三、第三个历史决议与中共党史研究的新课题

党的十八大以来，以习近平同志为核心的党中央十分重视总结历史经验、深化党史研究。习近平总书记在中国共产党成立 95 周年、中国人民解放军建军 90 周年、改革开放 40 周年、中华人民共和国成立 70 周年等历史节点从多个维度总结了历史经验。在此基础上，习近平总书记在中国共产党成立 100 周年大会上发表重要讲话，全面总结了党领导民族复兴伟业的历史经验，领导起草并主持通过了第三个历史决议，系统总结党的百年奋斗成就、历史经验和历史

意义。这就形成了关于中共党史研究的基本内涵、历史分期、历史主题、“大历史观”方法论、历史评价理论、正确党史观等内容，为开展中共党史研究提供了根本遵循。

其一，必须以习近平新时代中国特色社会主义思想为指导，以解放思想、实事求是的态度对待中共党史研究对象的丰富内涵和庞大体量，与时俱进地更新中共党史研究的实践格局和理论方法，讲好中国共产党历史故事。随着中国特色社会主义事业繁荣发展和中国共产党政党规模的扩大，中共党史本身具有了庞大体量。从纵向上来看，包含了新民主主义革命时期、社会主义革命和建设时期、改革开放和社会主义现代化建设新时期、中国特色社会主义新时代这样四个紧密相连但又各具特点的历史阶段，每个历史阶段党的建设、任务和事业都具有丰富而独特的内涵与特征。从横向上看，党的建设包含政治建设、思想建设、组织建设、作风建设、纪律建设、制度建设和反腐败斗争，党领导的中国特色社会主义事业包含经济建设、政治建设、文化建设、社会建设、生态文明建设，还有党领导的国防军队建设和外交工作。

其二，必须坚持唯物史观和树立正确党史观，深入研究中国共产党百年奋斗的历史主题、历史分期、历史经验和历史意义。坚持唯物史观和树立正确党史观，要求坚持党性和科学性相统一，坚持党的政治纪律、宣传纪律和充分发挥个人创造性相统一，“既要坚持和发展马克思主义史学研究的优良传统，坚持和发展党史工作积累的成功经验和方法，也要吸收借鉴古今中外史学研究的有益经验和方法，还要积极运用现代科学技术，创新党史研究的手段、方法、载体”①。由此，必须运用中华民族伟大复兴历史主题贯通百年党史，

---

① 习近平. 在全国党史工作会议上的讲话（摘要）. 中共党史研究，2010（8）：5.

深刻分析党的“一切奋斗、一切牺牲、一切创造”的整体意蕴和内在逻辑，科学探究百年党史的历史分期，结合历史经验和历史意义揭示中国共产党的成功密码。这就要求深入探究各个历史时期之间的内在关联，特别是正确处理好改革开放前后两个历史时期的关系，正确把握主题和主线、主流和本质，形成百年党史的叙事体系。

其三，必须着眼于加强中共党史党建学科资政育人功能，依托三个历史决议，从学理层面推进中国共产党基础研究，构建中共党史党建研究的学科体系、学术体系和话语体系。当今世界正处于百年未有之大变局，而中华民族伟大复兴事业也不是敲锣打鼓就能实现的，依然面临着严峻考验和挑战。中国共产党是一个百年大党，不仅需要总结领导中国人民进行不懈奋斗的百年历史经验，还需要研究一个拥有 9 900 多万名党员的执政党建设问题。这要求中共党史党建研究提供具有科学性的深度研究成果，为应对风险挑战提供智慧，发挥智库作用。由此而论，中共党史党建学一级学科是一门探究中国共产党发展历史及其内在规律的科学，是中国特色哲学社会科学的标志性学科。为达到上述目标，不仅要重视现实性、前沿性的研究和宣传，提升党史育人、党建实务等工作的科学化水平；而且要重视基础性、学理性的研究，从历史经验与理论逻辑层面总结党的各项工作实践的内在规律，形成基础性、常态性的学科知识体系。

（作者单位：中国人民大学中共党史党建学院、
中国人民大学马克思主义学院、清华大学马克思主义学院）

第二章
中共党史学科的基本理论

罗平汉　石　瑶

每个学科，都有自己的基本理论。中共党史学科的基本理论，来源于三个方面：一是马克思主义唯物史观的指导，以及在这个指导思想下形成的正确党史观；二是毛泽东思想、邓小平理论、“三个代表”重要思想、科学发展观、习近平新时代中国特色社会主义思想对中共党史研究的指导，及其对党的历史经验和历史规律的科学总结，对党的光荣传统、优良作风、政治品格、革命精神的深刻阐发；三是中国共产党三个历史决议对中国共产党历史上的重大决策、重大事件、重要会议、重要人物、重要思想的科学结论，对党的历史成就、历史经验教训的科学总结，对党的历史阶段、历史时期的划分，以及贯彻其中的方法论。

以上这些丰富的思想理论内容，经过历代中共党史研究工作者的不懈努力，将其不断转化为中共党史学科的基本范畴和基本理论，推动中共党史学科基本理论的不断深化发展、与时俱进，并以此为主干形成了中共党史学科理论体系，成为中共党史学科创新发展的不可或缺的重要推动力。

具体而言，中共党史学科的基本理论包括：中共党史学科的学科性质，中共党史学科的研究对象、研究内容，中共党史学科的学科特点，中共党史学科的党史观和研究方法，中共党史学科的学术功能与政治功能。

第一节　改革开放以来中共党史学科基本理论研究概述

真正意义上的中共党史学科基本理论研究，是从党的十一届三中全会以后，特别是第二个历史决议作出以后开始的。以第二个历史决议前后和党的十八大前后为界，大致可以分为三个发展阶段。

一、从党的十一届三中全会到第二个历史决议前后

党的十一届三中全会后，中共党史学科的重新规划、中共党史课程和讲义的斟酌制定，推动了对中共党史学科基本理论的探讨。

一是在拨乱反正过程中编写中共党史权威论著和教材工作被提上日程。1977 年 10 月，叶剑英在中共中央党校开学典礼上，指出要通过研究和编写党史正本纠正被“四人帮”歪曲的历史[①]。1979 年 5 月，教育部组织编写中共党史课程的教学大纲，推动了对党史重大问题、党史分期和基本论点的探讨[②]。

二是召开研究中共党史学科建设的专题会议。1978 年底，“中共

① 叶剑英副主席在中共中央党校开学典礼上的讲话. 人民日报，1977－10－10（3）.

② 吴志军. 一九七九年：中共党史研究学术化进程的起步. 中共党史研究，2010（4）.

党史教学和讲义编写座谈会”在杭州大学举行。1979 年 3 月，中国历史科学规划会议召开，中共党史学科的奠基者之一胡华整合党史学界的意见，就设立全国性的党史编写机构、开展党史专题和人物研究、收集和开放党史研究资料等问题发表了意见，鼓励对党史问题进行理论和学术讨论①。

三是在真理标准问题大讨论中党史学者提出了在当时具有突破性的理论认识。其中，胡华发表《关于党史教学的若干问题》，明确了党史教学应以实践检验真理的科学态度进行，分析了中共党史的研究方向、目的和意义，并对党的领袖、干部、群众的关系，人物评价等基本理论问题进行了探讨②。岳平在《当前党史教学中的几个问题》中指出，党史研究不应有禁区，要用自由讨论和实践的检验去解决科学研究中的是非问题③。

进入 20 世纪 80 年代，党的十一届六中全会通过第二个历史决议后，有力地推动了中共党史学科的发展，特别是推动中共党史研究重心向社会主义革命和建设时期转移。中共党史研究在改革开放新时期一度成为颇具热度的“显学”，党史学界对中共党史学科基本理论问题进行了广泛而深刻的讨论。

学界对中共党史一些基本理论问题的厘清与界定，始于学者们对高等院校中共党史课程问题的讨论。1983 年，何沁、沙健孙、郑德荣、张静如等人在广州拟定高等院校中共党史教学大纲时，具体探讨了中共党史的研究对象问题，并在大纲中对其进行了明确论述。1984 年高等院校中共党史教学向中国革命史教学改革，谈及了中共

---

① 吴志军. 一九七九年：中共党史研究学术化进程的起步. 中共党史研究，2010（4）.

② 胡华. 关于党史教学的若干问题：在杭州大学召开的党史讲义讨论会上的发言. 杭州大学学报（哲学社会科学版），1978（4）.

③ 岳平. 当前党史教学中的几个问题. 人民日报，1979－09－10（3）.

党史与中国革命史的关系[①]。

以此为契机，1985 年，何沁、杨先材发表《对开设中国革命史课程的几点想法》，论述了中共党史与中国革命史在研究对象和内容上的区别[②]。1986 年，张静如撰写《关于中国革命史的研究对象》，分析了中国革命史与中共党史、中国近现代史的不同之处，引导党史学界对中共党史学科的研究对象、学科体系和理论方法等基本问题做进一步的研究[③]。

二、20 世纪 90 年代至党的十八大之前

进入 20 世纪 90 年代，虽然对中共党史学科基本理论的探讨略显冷清，但仍有张静如的《中共党史学理论和方法研究的反思》[④]《中共党史学诠释》[⑤] 等专论发表。其他相关著作有张静如、唐曼珍主编的《中共党史学史》[⑥]，王仲清主编的《中共党史学概论》[⑦]。上述著作充分反映了 20 世纪 80 年代中共党史学科建设相关讨论会的讨论成果。值得注意的是，中共党史学家关于党史重大决策、重大事件、重要人物的著述，对中共党史学科的基本理论有所涉及，其中一些思想在中共党史研究领域内起到指导、奠基作用，如《胡乔木传》编写组著有《胡乔木谈中共党史》，回应了中共党史研究中一

---

① 张静如，王朝美，侯且岸，等. 中共党史学理论和方法研究的反思. 北京党史研究，1995 (5).

② 何沁，杨先材. 对开设中国革命史课程的几点想法. 教学与研究，1985 (5).

③ 张静如. 关于中国革命史的研究对象. 革命史资料，1986 (1).

④ 张静如，王朝美，侯且岸，等. 中共党史学理论和方法研究的反思. 北京党史研究，1995 (5).

⑤ 张静如. 中共党史学诠释. 北京党史研究，1997 (3).

⑥ 张静如，唐曼珍. 中共党史学史. 北京：中国人民大学出版社，1990.

⑦ 王仲清. 中共党史学概论. 杭州：浙江人民出版社，1991.

些重要的理论问题[①]。

21世纪以来的十年间，随着中共党史研究日趋科学化、规范化，对中共党史学科基本理论的研究也取得了相应进展。以世纪之交为契机，中共党史学界围绕中共党史学科的基本理论问题，召开了一系列颇具影响力的学术会议，并相应地发表了相当数量的学术研究论文。

2001年中国共产党成立80周年之际，中国人民大学中共党史系、《中国人民大学学报》编辑部与《教学与研究》编辑部曾共同举办了“面向新世纪中共党史研究的理论与方法”学术座谈会，就中共党史学科的学科性质、学科体系、功能与价值、规范与方法等基本理论问题进行了深入探讨。其中，郭德宏的《面向新世纪的中共党史研究：中共党史学的性质、体系、理论与方法》从宏观角度，对中共党史研究的学科性质、学科体系、指导理论和研究方法进行了全面分析[②]。齐鹏飞的《中共党史研究的学术功能与政治功能》论述了中共党史学科学术功能与政治功能的相互关系，提出应正确把握中共党史研究政治性与学术性、党性与科学性的辩证统一关系[③]。侯且岸的《论中共党史学的历史文化取向》指出，中共党史研究需加强对历史文化取向的认识[④]。杨凤城在《关于中共党史研究的规范与方法》中提出，中共党史研究应当有意识形态和知识研究的两套规范和话语[⑤]。可以说，上述会议论文传递出的观点在当时的中共党史学界具有一定的代表性。

2002年4月，中国中共党史学会、中国现代史学会、中共中央党校中共党史教研部、中共福建省委党校和福建省中共党史学会联

① 《胡乔木传》编写组．胡乔木谈中共党史．北京：人民出版社，2015．

② 郭德宏．面向新世纪的中共党史研究：中共党史学的性质、体系、理论与方法．中国人民大学学报，2001（3）．

③ 齐鹏飞．中共党史研究的学术功能与政治功能．中国人民大学学报，2001（3）．

④ 侯且岸．论中共党史学的历史文化取向．中国人民大学学报，2001（3）．

⑤ 杨凤城．关于中共党史研究的规范与方法．中国人民大学学报，2001（3）．

合举办了“中共十一届三中全会以来中共党史研究的新进展”主题学术研讨会。其中，郭德宏发表了《十一届三中全会以来中共党史学理论和方法研究的新进展》，在系统、全面论述中共党史学科基本理论已有进展的基础上，指明了相关研究亟待解决的问题①。

2002年7月14日，中共中央党校主办了中国中共党史学科建设委员会成立暨中共党史学科建设学术讨论会，李庆刚发表的《“中国中共党史学会学科建设专业委员会成立暨中共党史学科建设学术讨论会”综述》记录了与会专家对中共党史学科定位、学术性等相关问题的讨论②。

总的来说，21世纪以来的十年间，以中共党史研究机构、高等院校为平台举办的历次学术会议，促进了中共党史学界对于中共党史学科基本理论问题的深入探讨与反思，产生了以系列学术论文为代表的研究成果，为后续研究奠定了重要基础。

除此之外，也有一系列代表性著作问世，如周一平的《中共党史学史》③《中共党史文献学》④，谢荫明、陈静主编的《党史理论纵横谈》⑤，郭德宏主编的《十一届三中全会以来中共党史研究的新进展》⑥，王炳林主编的《党的领袖与党史研究》⑦。2011年，沈传亮、郑东升的《新世纪十年间中共党史学理论研究述略》，对21世纪十年来中共党史学科基本理论研究进行了总结性的述评⑧。2012

① 郭德宏．十一届三中全会以来中共党史学理论和方法研究的新进展．党史研究与教学，2002（2）．

② 李庆刚．“中国中共党史学会学科建设专业委员会成立暨中共党史学科建设学术讨论会”综述．中共党史研究，2002（5）．

③ 周一平．中共党史史学史．兰州：甘肃人民出版社，2001．

④ 周一平．中共党史文献学．上海：华东师范大学出版社，2002．

⑤ 谢荫明，陈静．党史理论纵横谈．北京：中共党史出版社，2001．

⑥ 郭德宏．十一届三中全会以来中共党史研究的新进展．北京：中共党史出版社，2004．

⑦ 王炳林．党的领袖与党史研究．北京：中央文献出版社，2004．

⑧ 沈传亮，郑东升．新世纪十年间中共党史学理论研究述略．郑州大学学报（哲学社会科学版），2011（2）．

年出版的宋学勤的《中共党史学概论》一书，跟踪和反映了既有研究成果，在系统论述中共党史基本理论的基础上，从历史观、新史学方法、史料问题和论著编纂问题等角度进行了拓展①。

三、党的十八大以来

党的十八大以来，以习近平同志为核心的党中央高度重视党史工作，围绕党史学习、宣传和研究发表了一系列重要论述。习近平总书记在 2013 年中共中央政治局第七次集体学习时强调："学习党史、国史，是我们坚持和发展中国特色社会主义、把党和国家各项事业继续推向前进的必修课。这门功课不仅必修，而且必须修好。"②

特别是 2021 年在全党深入开展党史学习教育，习近平总书记在党史学习教育动员大会上发表重要讲话；同年 7 月 1 日，习近平总书记又在庆祝中国共产党成立 100 周年大会上发表重要讲话。这些讲话，立足于中国共产党百年华诞的重大时刻和"两个一百年"奋斗目标的历史交汇点，全面回顾了中国共产党百年奋斗的光辉历程，高度评价了一百年来中国共产党团结带领中国人民，为实现中华民族伟大复兴作出的伟大历史贡献，精辟概括了党在百年奋斗中形成的光荣传统和革命精神，系统总结了党在百年奋斗中积累的宝贵经验和实践启示，深刻阐明了在新征程上推进党和国家事业发展的一系列重大问题，彰显了中共党史研究以史鉴今、资政育人的重要作用。

2021 年 11 月 11 日，党的十九届六中全会审议通过的第三个历史决议，系统全面总结党的百年奋斗重大成就和历史经验，集中体

---

① 宋学勤. 中共党史学概论. 北京：中国人民大学出版社，2012.

② 习近平. 论中国共产党历史. 北京：中央文献出版社，2021：15－16.

现了党的十八大以来党中央关于党的历史的新认识，深刻阐述了百年奋斗的历史意义和历史经验，揭示了过去我们为什么能够成功、未来我们怎样才能继续成功的历史规律，是新时代中国共产党人牢记初心使命、坚持和发展中国特色社会主义的政治宣言，是以史为鉴、开创未来，实现中华民族伟大复兴的行动指南。第三个历史决议同党的前两个历史决议既一脉相承又与时俱进，必将激励全党在新时代新征程上争取更大荣光。

在党史工作面临新形势、新要求的情况下，党史学界结合党史学科面临的新问题、新挑战进行了深入探讨，欧阳淞发表《关于中共党史学的几个基本问题》①，王炳林发表《中共党史学科基本理论问题论要》②。2021 年，还出版了王炳林等著的《中共党史学科基本理论问题研究》一书。

第二节　中共党史学科基本理论问题

中共党史学科的基本理论问题覆盖面很广，涉及中共党史学科的研究对象、研究内容、学科特点，党史观和方法论，以及党史学科的学术功能与政治功能及其相互关系等方面。

一、学科性质研究

2021 年 12 月，《博士、硕士学位授予和人才培养学科专业目录（征求意见稿）》在法学门类内新设置一级学科“中共党史党建”。

① 欧阳淞. 关于中共党史学的几个基本问题. 中共历史与理论研究，2015（1）.
② 王炳林. 中共党史学科基本理论问题论要. 中国高校社会科学，2018（1）.

将“中共党史党建”设置为独立的一级学科，是党的十八大以来不断强调党史研究和党史学习教育重要性，以中国共产党成立100周年为契机开展党史学习教育，并建立党史学习教育常态化、长效化制度机制的题中之义，也是构建中国特色哲学社会科学体系的客观要求。可以说，这一学科设置回应了自20世纪80年代以来，党史学界几代学人不断建议设立中共党史一级学科的呼声。

长期以来，学界对中共党史学科是一门相对独立的学科已达成共识。但对中共党史学科性质的界定，亦即中共党史学科属性的问题，存在不同认识。归纳起来，主要有两种思考维度：其一，党史学界普遍认为，中共党史是一门带有政治学特点的历史学科，属于历史学；其二，就学科建制而言，中共党史学科曾被划归为法学门类政治学一级学科下的二级学科，与政治学理论、中外政治制度、科学社会主义与国际共产主义运动、国际政治、国际关系、外交学等并列，这一划分方法被不少学者视作制约中共党史学科发展的制度性、体制性因素。在党史学界与国家职能部门对中共党史学科定位存在不同界定方式的同时，将中共党史学科设置为一级学科，成为中共党史学界的一种呼声。

从第一个维度来看，学界就中共党史学科是一门历史学科达成共识，经历了一个认识转变的过程。在1985年之前，中共党史曾长期作为政治理论课开设，中共党史学科所具有的政治理论属性客观上受到一定程度的强化，其史学属性被弱化。根据中宣部和教育部联合发布的《关于加强和改进高等院校马列理论教育的若干规定》，1985年国家教委在课程设置上用中国革命史代替了中共党史。此后，中共党史学科在一定程度上独立发展，其史学属性逐渐获得更多的认同。例如，张静如认为：“凡研究和阐明人类历史发展过程的纵向学科，不管它是整体的、断代的或是分类的，都应归属历史科学。

党史学是近代历史时限之内的一部专史，其性质自然应该为历史科学。”[①] 这种观点在学界具有一定的代表性。

在认同中共党史是历史学的前提下，学者们对中共党史学科与历史学的区别，亦即中共党史学科的特殊性进行了具体分析和阐释。郭德宏认为：“中共党史学是一门带有政治学特点的历史学科，或政治性很强的历史学科。”[②] 在此基础上，郭德宏将中共党史学科的特点归纳为“五性”，即历史性、现实性、政治性、科学性、理论性。齐鹏飞认为：“中共党史研究从学科性质上划分本来应该属于历史学的范畴——从断代史的角度，是中国现代史、当代史研究，从专门史的角度，是中国政党史研究。”[③] 同时，齐鹏飞指出中共党史研究对象的特殊性，决定了其在功能、价值、标准上存在“意识形态化、政治化、现实化”的特殊性[④]。类似地，杨凤城指出中共党史既是“一门党性、政治性很强的学科”，也是“一个知识领域、学术领域”[⑤]。总的来说，学界认为中共党史学科应力求实现历史性与现实性、政治性与科学性的辩证统一，达到理论性的提升。

学者们还具体厘清了中共党史与历史学相关学科的区别和特点。胡乔木从党史研究的学术规范、学术体例论述了中共党史学科与政治史、军事史以及中华民国史的区别。在谈及党史研究时，胡乔木特别强调：“党史要跟政治史、军事史相区别。党史是党史。跟党史关系太远的事情，就不能占那么多的篇幅。比如说抗战初期描写正

---

① 张静如. 党史学科研究断想. 党史研究，1997（6）.

② 郭德宏. 面向新世纪的中共党史研究：中共党史学的性质、体系、理论与方法. 中国人民大学学报，2001（3）.

③ 齐鹏飞. 中共党史研究的学术功能与政治功能. 中国人民大学学报，2001（3）.

④ 齐鹏飞. 中共党史研究的学术功能与政治功能. 中国人民大学学报，2001（3）.

⑤ 杨凤城. 关于中共党史研究的规范与方法. 中国人民大学学报，2001（3）.

面战场的篇幅太多了，党史不是抗日战争史。”[①] 此外，“党史与中华民国史还是有不同的分工，而且党史我开头就讲了不是政治史、军事史，重复太多不符合体例”[②]。

随着中共党史研究的重心逐渐向后推移，中共党史研究同隶属于历史学一级学科的中华人民共和国史之间的关系问题，也进入了研究的视野。齐鹏飞从学科体系建设的角度，论述了二者之间的区分。具体而言，在研究主体方面，中共党史的历史发展主体是执政的中国共产党，应当以中国共产党的历史发展为重点、以“执政党本位”为视角进行研究，中华人民共和国史的历史发展主体是中华人民共和国，应以中华人民共和国作为新兴的民族国家的历史发展为重点、以“共和国本位”为视角进行研究；在研究内容方面，中共党史的研究内容是中国共产党的执政史和执政党建设史，中华人民共和国史的研究内容是当代中国的政治发展、经济发展、文化发展、社会发展等；在研究范围方面，中共党史与中华人民共和国史有交叉和重合，但在“党史写党”“国史写国”的基本前提下，二者仍有各自的侧重之处，例如党史研究涵盖执政党建设史、执政党的对外党际关系史，中华人民共和国史则包括周边外交、人口户籍等方面。即使在二者的交叉重合之处，也有研究视角、研究方法、研究内容和研究重点的差异；在社会职能和社会功能方面，中共党史相较于中华人民共和国史，需要兼顾政治功能和社会功能，而中华人民共和国史则应保留记载、借鉴和审美的历史学的基本价值[③]。

从第二个维度来看，按照国家的学科规划目录分类，在 2011 年

① 金冲及. 一本书的历史：胡乔木、胡绳谈中国共产党的七十年. 北京：中央文献出版社，2014：218.

② 金冲及. 一本书的历史：胡乔木、胡绳谈中国共产党的七十年. 北京：中央文献出版社，2014：235.

③ 齐鹏飞. 关于“党史”与“国史”关系的再认识. 教学与研究，2008 (5).

国务院学位委员会、教育部印发的《学位授予和人才培养学科目录（2011年）》中，我国设有13个学科门类，110个一级学科和其下设置的若干二级学科，中共党史学科是法学门类中政治学一级学科之下的二级学科[①]。对中共党史学科的这一分类方法，始自1983年国务院学位委员会办公室将其确定为“中共党史（含：党的学说与党的建设）”，作为政治学一级学科下的二级学科。2011年，国务院学位委员会第六届学科评议组编写的《学位授予和人才培养一级学科简介》，将二级学科的名称修改为“党的建设与中共党史”，并作如下说明：“以政党政治政党活动为对象，专门研究政党活动规律性，研究马克思主义政党的学说及其历史发展，研究中国共产党领导人民进行革命、建设和改革的历史经验，以及在新的历史条件下如何提高党的领导和党的建设科学化水平。中国共产党在国家政治生活中的领导作用，决定了党的建设和中共党史研究在中国的马克思主义理论体系中占有重要地位。”

2017年由中共中央、国务院印发的《关于加强和改进新形势下高校思想政治工作的意见》明确提出“支持有条件的高校在马克思主义理论一级学科下设置党的建设二级学科”，将“党的建设”单列为“马克思主义理论”一级学科下自主设置“党的建设”二级学科。

这里需要指出的是，中共党史学科与马克思主义理论一级学科下的马克思主义中国化研究、中国近现代史基本问题研究、党的建设之间存在一定的关联度和交融性，但中共党史学科仍具有相当的独特性。

具体来说，马克思主义中国化研究，是2005年新增设马克思主义理论一级学科所属的二级学科，是专门研究马克思主义中国化的

---

① 关于印发《学位授予和人才培养学科目录（2011年）》的通知.（2011-03-08）. http://www.moe.gov.cn/srcsite/A22/moe_833/201103/t20110308_116439.html.

基本经验、基本规律，以及马克思主义中国化理论成果的学科[①]。相较而言，马克思主义中国化研究偏重理论研究，而中共党史学科更多的是历史研究，其马克思主义理论政治教育功能、意识形态教育功能主要是通过历史教育的形式实现的。

中国近现代史基本问题研究，是2008年国务院学位委员会、教育部决定增设的马克思主义理论一级学科下的二级学科[②]，是围绕历史和人民怎样选择了马克思主义、中国共产党和社会主义道路，即中国的发展举什么旗、走什么路、由谁来领导等中国近现代史的基本问题，专门系统研究中国近现代的历史进程及其基本规律和主要经验的学科。可以说，中共党史学科与中国近现代史基本问题研究，在研究对象及范围、研究内容及重点、研究理论及方法、基本学术规范和话语体系、学科性质和学科功能方面，有较大的相关性。但是二者是存在差异的，一是中共党史在某种程度上不直接涉及中国近现代史历史时限内的政治、经济、文化和社会发展问题，二是在研究时限上，中共党史的上限是1921年中国共产党成立，中国近现代史基本问题研究的上限是1840年鸦片战争。

党的建设是2017年后在马克思主义理论一级学科下设置的二级学科，是研究党的建设规律、党的领导规律、党的执政规律的一门交叉性、综合性社会科学。在与中共党史学科有较多重合性的同时，党建学科重点研究"什么是马克思主义执政党、怎样建设马克思主义执政党""什么是党的领导，怎样坚持与改善党的领导""共产党为何执政、怎样长期执政"这些基本问题。

---

① 关于调整增设马克思主义理论一级学科及所属二级学科的通知.（2014-10-21）. http://www.moe.gov.cn/s78/A22/s7065/201410/t20141021_178219.html.

② 国务院学位委员会、教育部关于增设"中国近现代史基本问题研究"二级学科的通知.（2008-04-02）. http://www.moe.gov.cn/srcsite/A22/moe_833/200804/t20080402_82752.html.

近年来，基于上述两种视角，将中共党史学科设置为一级学科，成为中共党史学界的一种代表性呼声。

自20世纪80年代开始，有学者提出中共党史学科是一门独立的学科。此后，张静如指出，中国共产党的历史发展，因其涉及的社会层面极广，内容十分丰富，过程曲折复杂，只有单独设置学科，形成相当规模的研究体系，方能进行深入研究①。齐鹏飞在其研究中称："将中共党史研究从传统的历史学中剥离出来形成一个相对独立、完整且系统、规范的学科体系——中共党史学，其必要性、可能性和可操作性都已具备。"②

对于将中共党史学科设立为独立的一级学科，宋俭和丁俊萍曾建议把中共党史学科从政治学一级学科中单独列出，设置为法学门类下的独立一级学科，具体包含中国共产党历史、马克思主义政党学说与执政党建设、当代中国政治与政党制度、政党比较研究等二级学科③。2010年全国中共党史党建学位点会议召开，将中共党史设为一级学科成为会议讨论热点。

此后，在涉及中共党史学科的学术会议上，提升中共党史为一级学科的声音时常出现。王炳林认为，中共党史学科已经具备了作为独立而成熟的学科应当有的三个基本条件，包括：独特的研究领域和研究对象，统一的概念、理论、方法和话语体系，独立的科研机构和研究人员队伍保障④。在迎接中国共产党成立百年前夕，王炳林专门论述了将中共党史学科设置为一级学科的必要性⑤。

2021年12月，《博士、硕士学位授予和人才培养学科专业目录

---

① 张静如．中共党史学诠释．北京党史研究，1997（3）．

② 齐鹏飞．中共党史研究的学术功能与政治功能．中国人民大学学报，2001（3）．

③ 宋俭，丁俊萍．关于中共党史学学科建设问题的思考．中共党史研究，2008（3）．

④ 王炳林．中共党史学科基本理论问题论要．中国高校社会科学，2018（1）．

⑤ 王炳林．中共党史学科是否应该成为一级学科．党史研究与教学，2019（3）．

（征求意见稿）》将“中共党史党建”设置为独立的一级学科，回应了党史学界多年的呼吁和期盼。而把中共党史党建依然放在法学门类的归类方法，也得到学者们的广泛赞同与充分肯定。

二、研究对象、研究内容的研究

研究对象，也就是研究的客体。有学者指出，明确研究对象是学科确立和发展的基本前提①。

对于中共党史的研究对象，中共领导人曾经作过重要论述。1942 年毛泽东在《如何研究中共党史》中指出：“我们是用整个党的发展过程做我们研究的对象，进行客观的研究，不是只研究哪一步，而是研究全部；不是研究个别细节，而是研究路线和政策。我们要用这样的研究来使我们对今天的路线和政策有更好的认识，使工作做得更好，更有进步。”② 毛泽东的这一论断长期为学界所沿用。如张静如曾经指出“党史学的对象是中国共产党历史发展的全过程”③。

2010 年，习近平在全国党史工作会议上明确指出：“党史研究是一门研究中国共产党的历史、从中国共产党的活动揭示当代中国社会运动规律的科学。”④ 上述论述在明确中共党史研究的对象是中国共产党全部发展过程的基础上，进一步指明了中共党史研究的以史鉴今、资政育人功能。

学者们从更加具体、多元的角度探讨了中共党史学科的研究对象。张静如意在突出解放和发展生产力在中国共产党历史发展中的重要作用，将中共党史的研究对象归纳为：“中国共产党为解放和发

① 侯且岸. 论中共党史学的历史文化取向. 中国人民大学学报，2001（3）.
② 中共中央文献研究室. 毛泽东文集：第 2 卷. 北京：人民出版社，1993：399－400.
③ 张静如. 党史学科建设断想. 党史研究，1987（6）.
④ 习近平. 在全国党史工作会议上的讲话（摘要）. 中共党史研究，2010（8）.

展生产力而奋斗的历史发展全过程。”[①] 侯且岸从中共党史学科历史文化取向的角度，将中共党史学的研究对象界定为：“在中国近代社会的特殊历史条件下，以中国近现代文化的嬗变为背景，中国共产党人领导中国人民进行革命、建设和改革的历史过程。”[②] 齐鹏飞在明确中共党史的研究对象是中国共产党领导中国人民进行革命、建设、改革的历史的同时，特别强调了中共党史的研究对象始终处于进行时态[③]。周一平从史学理论层面，指出中共党史学科的研究对象是中国共产党产生、发展的整个历史过程，它既包括中国共产党的历史活动、历史事件、历史言论、历史经验教训、历史发展规律等，也包括中国共产党的历史人物、历史器物、历史典章制度等[④]。

总的来说，中共党史，亦即中国共产党历史，研究的是中国共产党产生、发展的整个历史过程，是中国共产党人领导中国人民进行革命、建设、改革的历史过程[⑤]。中共领导人较为注重中共党史对实际工作的指导作用，在学界关注到中共党史学科对现实的借鉴意义的同时，有部分学者聚焦于中国共产党的历史本身。沈传亮等人指出，是否把“规律”作为中共党史学科的研究对象，目前仍是学者们在探讨的问题[⑥]。

研究内容，是研究对象的具体表现与拓展。

学者们将中共党史学科的研究内容归纳为中国共产党的执政史和执政党自身建设史两部分。第一，中国共产党的执政史，是指中国共产党领导中国各族人民把马克思主义基本原理同中国具体实际

---

① 张静如. 解放和发展生产力与党史研究. 北京党史，1993（1).

② 侯且岸. 论中共党史学的历史文化取向. 中国人民大学学报，2001（3).

③ 齐鹏飞. 中共党史研究的学术功能与政治功能. 中国人民大学学报，2001（3).

④ 周一平. 再论中共党史的研究对象与内容. 党史研究与教学，2003（2).

⑤ 宋学勤. 中共党史学概论. 北京：中国人民大学出版社，2012：16.

⑥ 沈传亮，郑东升. 新世纪十年间中共党史学理论研究述略. 郑州大学学报（哲学社会科学版），2011（2).

相结合、同中华优秀传统文化相结合，“走自己的路”建立社会主义制度并进行以“现代化”为指向的中国特色社会主义的经济建设、政治建设、文化建设、社会建设、生态文明建设的历史。第二，中国共产党作为执政党的自身建设史，是指中国共产党自身的思想建设、组织建设、作风建设、制度建设、反腐倡廉建设史等。在此基础上，中国共产党的执政史和执政党的建设史所涉及的重要的会议和文件，重要的理论及其实践，重要的路线、方针、政策的决策及其执行，重要事件和典型事件，重要人物和典型人物，重要现象和重要话语，以及中国共产党的执政史和执政党的建设史的历史脉络、历史规律、历史经验和历史教训都是中共党史的研究内容、重点和范围①。

由中共党史研究对象的实践活动、理论活动的广泛性、关联性、互动性所决定，中共党史学科的研究内容也具有很大的广泛性、关联性和包容性。学者们在研究过程中从不同的视角极大地拓展了中共党史学科的研究内容。

例如，周一平细致地分析了中共党史学科的研究内容：从历史活动的角度和范围来看，中共党史学科的研究内容包括中国共产党为解放和发展生产力、为社会主义和共产主义事业而奋斗的各方面实践活动。具体包括：中国共产党的革命运动史、经济建设史、军事战争史、涉及科教文卫事业的历史、民族工作史，以及中国共产党与中国各民主党派关系史、中国共产党与共产国际关系史、外交关系史、组织发展史等。从历史事件的角度和范围来看，中共党史学科的研究内容包括中国共产党参与的不同方面不同层次的事件，无论是民主革命时期，还是社会主义时期都属于这一范畴。从历史言论的角度和范围看，中共党史学科的研究内容包括，中国共产党

① 齐鹏飞. 关于“党史”与“国史”关系的再认识. 教学与研究，2008（5）.

筹建时期以来组织、集体、个人的言论等，主要是研究中共各方面的思想理论，路线、方针、政策。从历史经验教训的角度和范围来看，中共党史学科的研究内容包括，民主革命时期、社会主义时期中国共产党在政治、军事、经济、文化、科技等方面的经验教训。从历史发展规律的角度和范围来看，中共党史学科的研究内容包括中国共产党成长、壮大的规律，例如中国共产党领导革命和建设的规律、中国共产党的执政规律等。从党史人物的角度和范围来看，中共党史学科的研究内容包括中国共产党各时期、各层次、各方面、各类型的人物。从历史器物的角度和范围来看，中共党史学科的研究内容包括不同时期中国共产党制造、使用的器物。从历史典章制度的角度和范围来看，中共党史学科的研究内容包括中国共产党组织建设、制度建设等各方面内容及其历史[①]。

三、学科特点研究

中共党史学科既有历史学的基本属性，也兼具政治学的一些特点。郭德宏将中共党史学科的特点归纳为“五性”，即历史性、现实性、政治性、科学性、理论性。这一概括为学界所接受并广泛沿用。

所谓历史性，是指中共党史具备历史学的特点，这是由中共党史的研究对象和研究内容决定的。历史学是研究、阐释人类社会发展过程的学科，意在通过整理、鉴别、分析、综合历史现象和历史资料，重构历史过程并对其作出解释和评价[②]。而中共党史研究的是中国共产党产生、发展的整个历史过程，是中国共产党人领导中国人民进行革命、建设、改革的历史过程，其具体内容是中国共产党

---

① 周一平. 再论中共党史的研究对象与内容. 党史研究与教学，2003（2）.

② 宋学勤. 中共党史学概论. 北京：中国人民大学出版社，2012：8.

的执政史和执政党自身建设的历史，并且特别关注其中的历史脉络、历史规律、历史经验和历史教训。胡乔木对党史研究的一些论述，体现了历史性对党史研究的重要性。他特别强调中共党史研究的历史脉络，包括“党史书要把党的历史一步一步如何演变的脉络写清楚”，“党的历史线索要搞清楚”①。从学科性质上来看，中共党史在一定程度上与历史学范畴的中国现代史、当代史或中国政党史有相似之处。可以说，中共党史研究具有历史性，这与政治学及其他着重研究现实问题的学科不同。

所谓现实性，是指中共党史与现实社会有着密切联系。意大利学者克罗齐曾有著名论断“一切真历史都是当代史”②，中共党史同现实社会的联系相较其他历史学科则更为显著。具体来看，就研究主体而言，中共党史不是传统的“后世修前世史”，而是“当代人治当朝史”，其研究者不仅包括专业的学者，还包括党的各级领导干部和党的领袖，这就决定了中共党史研究曾经长期是中共研究中共党史③；就研究客体而言，中共党史的研究对象是中国共产党产生、发展的整个历史过程，是中国共产党人领导中国人民进行革命、建设、改革的历史过程，研究内容包括中国共产党的执政史和执政党自身建设史两部分，其中不乏一些内容属于现实问题。总的来说，中共党史的研究主体与研究客体之间距离非常近，甚至存在重合的现象，加之中共党史研究的目的和功能在一定程度上是为现实政治服务的，具有直接的借鉴作用，有的学者提出“同现实社会联系密切是中共党史科学的首要特点”④。

所谓政治性，是指中共党史学科作为一个知识领域、学术领域，

---

① 程中原. 信史立国 当代中国史研究纵横谈. 上海：上海人民出版社，2015：102.

② 克罗齐. 历史学的理论和实际. 北京：商务印书馆，2017：13.

③ 齐鹏飞. 关于“党史”与“国史”关系的再认识. 教学与研究，2008（5）.

④ 王仲清. 中共党史学概论. 杭州：浙江人民出版社，1991：45.

具备很强的党性、政治性。也就是说，中共党史学科需要为中国共产党的事业服务，与政治紧密联系，并受到现实政治之制约，这是中共党史较之于其他历史学科的特殊之处。从学科功能来看，中共党史肩负着“经世致用”“资政育人”的重要功能。杨凤城在论述中共党史研究的功能时提到两个必须：一是在研究中必须弘扬和宣传中国共产党在历史中取得的功绩，从而实现其对党员、干部和群众的教育作用；二是必须深刻总结中国共产党历史上的经验和教训，从而为提高中国共产党的执政水平提供参考①。从中共党史研究的指导思想来看，应当以科学理论为指导，在学术研究和学科建设的过程中必须坚持以马克思列宁主义、毛泽东思想、邓小平理论、“三个代表”重要思想、科学发展观和习近平新时代中国特色社会主义思想为指导，必须坚持马克思主义历史唯物主义的立场、观点和方法。总的来说，中共党史相较于历史学科具备鲜明的意识形态属性。

所谓科学性，是指中共党史与其他历史学科一样，必须从客观的历史事实出发，内容具备真实性、准确性、可信性，不得掺入没有依据的臆断。历史学的科学性在于揭示历史真相与发现历史规律。周恩来在谈及文史资料撰写时曾强调，“要存真，要实事求是”，“只有忠于事实，才能忠于真理”②。可以说，科学性是中共党史研究的基础和价值所在，只有具备科学性的中共党史才是真正的、有价值的中共党史。1980 年，胡乔木在中国史学会上的讲话也说明了科学性对中共党史的重要性：“如果借口有政治需要，就要求历史科学违背历史的真实，篡改客观事实，那样将不仅破坏历史科学，也将破坏社会主义政治。事实是最有力量的。事实不能永远被掩盖住。历史科学满足政治需要的正确理解应当是，历史向社会也向政治提供

① 杨凤城．关于中共党史研究的规范与方法．中国人民大学学报，2001（3）．

② 黄森，刘琦．文史资料工作概述．北京：中国文史出版社，1992：160．

新的科学研究的成果，而社会和政治则利用这种成果作为自己活动的向导。”①

所谓理论性，是指中共党史学科在要求具备历史真实性、准确性的基础上，还要对中国共产党的思想、理论、路线、方针、政策等有具体、深入的研究。相较于其他历史学科，中共党史的理论性更强，不能局限于单纯陈述史实，还需重视经验教训总结，使得理论性更强，在表述上更具理论色彩。如果缺乏理论性，论述就容易平淡、沉闷、一般化，中共党史研究就不能深入，不能很好地发挥启发、教育、借鉴的作用。宋学勤认为中共党史学科特有的思维方式、理论支持构成了其鲜明特点，重视理论思维对中共党史研究有非常重要的意义②。胡乔木论述了理论阐发和党史表述的关系：“写一本党史涉及许多理论问题，不是系统地讲理论，而是通过党史表述这些理论。”③

中共党史学科的历史性、现实性、政治性、科学性、理论性，均不是孤立存在的。在明确中共党史这“五性”的基础上，需要把握它们之间的辩证关系：

第一，中共党史是历史性与现实性的统一。一方面，历史性是中共党史客观的、本质的属性，中共党史研究遵循历史学的研究路径，在研究现实性较强的问题时，仍需要以历史性为基础和前提。比如对党的学说与党的建设的研究，需要建立在对执政党自身历史细致梳理、考察的基础之上，脱离党史研究的基础是无法确保党的建设研究质量的。有学者指出，相较其他社会科学，历史学强调是对历史线索的梳理、事实细节的考证、因果关系的论证。只有从历

① 中共中央党史研究室，中央档案馆. 中共党史资料. 北京：中共党史出版社，2007：118.

② 宋学勤. 中共党史研究的认识误区与学术选择. 党史研究与教学，2013 (2).

③ 胡乔木传编写组. 胡乔木谈中共党史. 北京：人民出版社，2015：229.

史学的学科规范出发，中共党史学的建设才会符合其学科本身发展的规律。从中共党史研究自身的演变规律看，正是因为坚持中共党史学的史学品格，才揭示了中国共产党发展进程中的历史规律。没有必要以改变中共党史学学科性质的方式证明中国共产党的伟大，即使从服务于现实政治的角度，也应当承认中共党史学的历史学属性，这样其学科属性才能得到正确定位[①]。另一方面，中共党史的现实性是历史性的最终指向，对中国共产党的执政史和执政党自身建设史的研究，在一定程度上要为现实政治服务，为中国共产党执政提供参考和借鉴。

第二，中共党史是政治性与科学性的统一。政治性，也就是党性，龚育之曾专门阐释过党性的概念：“何谓党性？遵守党的决议，遵守民主集中制的党的纪律，这是党性的极重要的方面，没有这个，党就不成其为统一的有组织的有战斗力的政党。但这不是党性的唯一要求。党性是有丰富内容的。毛泽东在《反对本本主义》中批评那种以为只要遵守既定的‘本本’就无往不胜，躺在决议上饱食终日，空洞乐观，所谓‘无产阶级就是这样’（无产阶级党性就是这样）的错误思想。他说，这完全不是共产党人从斗争中创造新局面的思想路线。这思想路线，应该属于党性的要求吧。延安整风时，毛泽东在《改造我们的学习》中又说：‘没有科学的态度，即没有马克思列宁主义的理论和实践统一的态度，就叫做没有党性，或者叫做党性不完全。’中共中央在关于调查研究的决定中还说：主观主义作风‘是党性不纯的第一个表现’，实事求是是‘一个党性坚强的党员的起码态度’。这是对（党性）下的科学定义。”[②] 胡华曾专门论述中共党史党性和科学性的相互关系：“党史是党性和科学性相统一的

① 宋学勤. 中共党史研究的认识误区与学术选择. 党史研究与教学，2013（2）.
② 龚育之. 党史札记. 杭州：浙江人民出版社，2002：81.

科学。党史研究者必须有高度的党性和严肃的科学态度，要敢于拨乱反正，还历史本来面目，而不能歪曲和篡改党史。有些问题，我们还有个认识过程，更要认真学习和研究，要解放思想，敢于冒风险、闯‘禁区’。对这样的问题，研究出成果来，政治影响大，教育作用也大。因此，党史研究者必须以共产党员的标准严格要求自己；要立场坚定，旗帜鲜明，敢于战斗；要增强党性，言行一致，以身作则；要真正做到实事求是，以实践是检验真理的唯一标准的科学态度来研究党史。”①

郭德宏从党史研究的学术角度，论证了中共党史科学性与政治性的辩证关系：“科学性，是中共党史学的研究必须具备的，离开了科学性，其他方面就站不住脚，就无从谈起，就没有什么价值。中共党史学的政治性也是不能回避的，不具有这种政治性，就具有另外的政治性，因为它与政治的关系非常密切，很多问题非常敏感，有的问题本身就是现实政治问题，不管从哪个方面写出来，都会造成一定的政治影响，不是这样的政治影响，就是那样的政治影响。”②这一论述阐明了中共党史科学性与政治性的重要性及相互关系。

值得注意的是，习近平在 2010 年全国党史工作会议上的讲话中，强调了坚持党性原则和科学精神的统一：“党史研究是一门研究中国共产党的历史、从中国共产党的活动揭示当代中国社会运动规律的科学，要坚持党性和科学性的统一，党史研究工作者遵守党的政治纪律、宣传纪律和充分发挥个人创造性的统一。既要坚持和发展马克思主义史学研究的优良传统，坚持和发展党史工作积累的成功经验和方法，也要吸收借鉴古今中外史学研究的有益经验和方法，

---

① 胡华. 胡华文集. 北京：中国人民大学出版社，1988：29.

② 郭德宏. 面向新世纪的中共党史研究：中共党史学的性质、体系、理论与方法. 中国人民大学学报，2001 (3).

还要积极运用现代科学技术，创新党史研究的手段、方法、载体。要注重发挥互联网等现代传媒在人们工作和生活中的独特作用，加大党史宣传教育和党史知识普及力度”①。

总的来说，中共党史学科的“五性”，即历史性、现实性、政治性、科学性、理论性，体现了中共党史学科性质的独特性，需要予以高度的重视。

四、党史观和方法论研究

正确党史观，是中共党史学科所必须遵循的根本原则和根本方法。

正确党史观，是马克思主义的辩证唯物主义和历史唯物主义的方法论在研究中国共产党历史上的创造性运用和原创性发展。总结中国共产党的百余年奋斗重大成就和历史经验，要坚持辩证唯物主义和历史唯物主义的方法论，用具体历史的、客观全面的、联系发展的观点来看待中国共产党的历史。

要坚持正确党史观、树立大历史观，准确把握党的历史发展的主题主线、主流本质，正确对待党在前进道路上经历的失误和曲折，从成功中吸取经验，从失误中吸取教训，从党的百年奋斗中看清楚过去我们为什么能够成功、弄明白未来我们怎样才能继续成功，不断开辟走向胜利的道路。

坚持正确党史观，需要旗帜鲜明反对历史虚无主义。历史虚无主义，是一种长期存在的错误思潮。历史虚无主义在中共党史领域的突出表现是：有的夸大党史上的失误和曲折，肆意抹黑歪曲党的

---

① 习近平. 在全国党史工作会议上的讲话（摘要）. 中共党史研究，2010（8）.

历史、攻击党的领导；有的将党史事件同现实问题刻意勾连、恶意炒作；有的不信正史信野史，将党史庸俗化、娱乐化，热衷传播八卦轶闻，对非法境外出版物津津乐道；等等。要坚持以中国共产党关于历史问题的三个决议和党中央有关精神为依据，准确把握党的历史发展的主题主线、主流本质，正确认识和科学评价党史上的重大事件、重要会议、重要人物。要实事求是看待党史上的一些重大问题，既不能因为成就而回避失误和曲折，也不能因为探索中的失误和曲折而否定成就。要加强思想引导和理论辨析，澄清对党史上一些重大历史问题的模糊认识和片面理解，更好正本清源、固本培元。

科学的研究方法是中共党史学科发展的重要支撑，深化中共党史研究需要运用科学的研究方法。作为认识工具和实现目标的途径，中共党史学科的研究方法是分为不同层次的①。其中最根本的是坚持辩证唯物主义和历史唯物主义，以马克思主义社会科学方法论为指导，同时应吸收和借用一系列具体的研究方法，在坚持中国传统治史方法的同时，借鉴其他人文社会科学，甚至自然科学的研究方法。

从总的方法论原则讲，中共党史学科应坚持辩证唯物主义和历史唯物主义，以马克思主义社会科学方法论为指导。王炳林等人指出，辩证唯物主义和历史唯物主义是马克思主义最根本的世界观和方法论，它从根本上揭示了自然界、人类社会和思维的一般规律，给予无产阶级认识和改造世界的思想武器和方向指引，而马克思主义社会科学方法论，是对社会科学研究方法的概括和总结，为社会科学不同学科的研究提供了基本原则和合理途径②。

---

① 王炳林，李鹏飞. 党史研究方法的调研与思考. 党史研究与教学，2020（4）.
② 王炳林，李鹏飞. 党史研究方法的调研与思考. 党史研究与教学，2020（4）.

教育部编写的《马克思主义与社会科学方法论》阐述了马克思主义社会科学方法论的具体内容："马克思主义社会科学方法论以辩证唯物主义和历史唯物主义为根本方法，包括以实践为基础的研究方法、社会系统研究方法、社会矛盾研究方法、社会过程研究方法、社会主体研究方法、社会认知与评价方法、世界历史研究方法等，构成了一个科学的和开放的方法论体系，涉及如何正确处理主体与客体、系统与要素、矛盾与过程、个人与群体、认知与评价、世界历史与民族历史等一系列社会发展中的重大关系问题。"[①] 上述研究方法对中共党史研究具有重要的指导作用。

从具体的研究方法角度讲，中共党史可采用较多不同学科的具体研究方法，不同的研究方法适用于不同的研究领域、研究阶段。

从 20 世纪 80 年代中期起，党史研究者开始关注并重视中共党史研究方法，并取得一定共识。沈传亮等人将中共党史学科的研究方法具体归纳为四类："一是中国传统治史的方法，如目录学、考据学、谱牒学、校勘学、编目学等；二是其他人文社会科学的研究方法，如心理学研究方法、政治学研究方法、社会学研究方法、文化学研究方法等；三是自然科学的研究方法，主要有以'三论'即系统论、控制论、信息论为代表的系统方法、计量学研究方法、模糊方法等；四是其他研究方法，包括跨学科的综合分析方法、比较研究方法、历史逆向考察法、口述史学研究方法等。"[②]

第一，比较史学方法。比较史学方法主要指历史比较研究的理论与方法，史学比较重点是对相关历史学者、史学著作、史学思想、

---

① 马克思主义与社会科学方法论编写组. 马克思主义与社会科学方法论. 北京：高等教育出版社，2018：9.

② 沈传亮，郑东升. 新世纪十年间中共党史学理论研究述略. 郑州大学学报（哲学社会科学版），2011（2）.

史学流派等史学现象进行比较[1]。比较史学方法是历史研究中又古老又最具生机活力的研究方法之一，国内外史学界均有众多运用比较史学方法取得的优秀研究成果。马克思主义经典作家很重视比较研究的方法，马克思强调："要了解一个限定的历史时期，必须跳出它的局限，把它与其他历史时期相比较。"[2] 比较史学方法，为中共党史研究所重视并广泛运用。1942 年 3 月 30 日，毛泽东在延安中共中央学习组发表了《如何研究中共党史》，提出了著名的"古今中外法"："弄清楚所研究的问题发生的一定的时间和一定的空间，把问题当作一定历史条件下的历史过程去研究。所谓'古今'就是历史的发展，所谓'中外'就是中国和外国，就是己方和彼方。"[3] 毛泽东还作出了具体分析："为了有系统地研究中共党史，将来需要编两种材料，一种是党内的，包括国际共产主义运动；一种是党外的，包括帝国主义、地主、资产阶级等。两种材料都按照年月先后编排。两种材料对照起来研究，这就叫做'古今中外法'。"[4] 以上，既有同一时期的中国共产党内外各种力量的横向比较，也有不同历史时期的纵向比较，还有对不同历史事件、历史人物的具体比较，这实际上就是比较史学的研究方法。

中共党史研究中的不同研究对象适用于比较史学方法中的不同形式。横向比较，适用于时间上同时存在的研究对象之间的比较，比如中共党史与中国国民党历史、中共党史和各民主党派史的比较，中共党史上重要事件、人物之间的比较，这是中国国内的横向比较。中共党史和联共党史的比较，中共党史与世界上其他政党历史的比

---

① 宋学勤. 中共党史学概论. 北京：中国人民大学出版社，2012：113.

② 马克思，恩格斯. 马克思恩格斯全集：第 44 卷. 北京：人民出版社，1982：287.

③ 中共中央文献研究室. 毛泽东文集：第 2 卷. 北京：人民出版社，1993：400.

④ 中共中央文献研究室. 毛泽东文集：第 2 卷. 北京：人民出版社，1993：406.

较，则是世界范围内的横向比较。通过横向比较，有助于发现研究对象的特点和规律。纵向比较，适用于对同一研究对象不同发展阶段的比较，比如对研究对象在新民主主义革命时期、社会主义革命和建设时期、改革开放和社会主义现代化建设新时期不同特点的比较，对研究对象在同一时期不同阶段的比较。通过纵向比较，有助于发现问题，找出历史规律，总结经验教训①。

第二，文献分析方法。在党史研究中，有些类型的问题需要重点使用文献分析方法。对于考证历史事实的相关研究，文献分析方法是传统方法。

中共党史研究离不开文献资料，需要借助大量的文献资料来开展研究。文献分析方法要求围绕某一个研究主题，通过搜集、鉴别、整理相关文献，并对已有文献进行系统性的分析来获取信息，进而形成对研究对象的科学认识。在进行党史研究时，提出的一个问题、结论可以看作一个假设，而研究的主要任务便是证明或者证伪这个假设。文献分析方法强调文献的鉴别和互证，因为历史文献有真伪，广泛收集、相互比较才有鉴别，进而对之前的假设进行证明或者证伪，从而去伪存真、考证具体的事实，厘清中共党史中的线索和脉络。对于中共思想史的相关研究，梳理文献在不同时间变化发展的过程，在一定程度上可以看到中国共产党思想、观点或态度的转变。文献研究方法，或是把特定文献在不同时期的各个版本收集起来，对比其中文字、观点的修改调整，或是对比涉及同一研究问题的不同文献，从而分析中国共产党在相关问题上认识变化的过程。

在使用文献分析方法时，文件与档案是中共党史研究的重要史料来源，如何鉴别、运用档案资料，是中共党史研究中的重要议题。

① 宋学勤. 中共党史学概论. 北京：中国人民大学出版社，2012：113.

虽然档案文献一经形成便以客观形式存在，但其主观性是难以完全避免的。一方面，这是因为档案文献在形成的过程中，已经不可避免地留下了其最初记录者和编纂者的个人痕迹，这在一定程度上会影响档案文献的客观程度；另一方面，一些档案文献在记录时就并非依据事实，存在不实之处。譬如新中国成立后，档案文献的记录受到了政治运动的干扰，一些交代反省材料存在当事人迫于无奈接受或他人伪造的现象。诸如此类，要求研究者“大胆假设、小心求证”，寻找不同文献材料进行互证，运用口述史学方法进行查对，做到“有几分证据，说几分话”①。

值得注意的是，党史学界有学者专门区分了作为研究中基础工作的文献研究法和作为中共党史学科研究方法的文献分析方法。其中，文献研究法，通常是指研究者搜集查阅党的文件、领导人讲话、相关报刊等各种文献资料，这事实上是进行党史研究的基础性工作，而非研究方法②。有些研究者在实际研究中片面地使用文献研究法，导致了学术论文并非以问题为导向，而是从概念、原则出发，以论代史、史从论出，使得研究成为泛泛而谈的资料汇编，无法展示历史的复杂性。

第三，口述史学方法。程中原用八个字界定了口述史的定义：亲历者叙述的历史。这一定义中需要同时具备三个要素：其一是口述史的主体为亲历者，其中包括历史事件的主角，如事件的决策者、组织者、实施者等；历史事件的参与者，在事件中参与了部分环节或全部过程，对事件的局部或全貌有所了解；历史事件的知情人，以非直接参与的相关身份对事件有一定的耳闻了解。其二是口述史的内容是历史，亲历者叙述的必须是历史，而不是其他事情。其三

---

① 耿云志，欧阳哲生. 胡适书信集：中. 北京：北京大学出版社，1996：700.

② 王炳林. 党史研究方法的调研与思考. 党史研究与教学，2020（4）.

是口述史的形式为叙述，这其中包括口述和笔写两种叙述方式，口述指的是当事人口述，他人记录整理，这一过程中担任记录整理工作的多为研究者，口述是口述史学方法中主要、正规的方式；笔写多为史学工作者把口头流传的史实记录下来，运用到各种历史作品中去[①]。

新中国成立后，围绕着近代史研究中的一些重大历史事件，如太平天国运动、义和团运动、辛亥革命等，相关学者专门搜集口述资料，为相关研究提供了有益的参考和资料。1959 年全国政协成立了文史资料研究委员会，周恩来总理号召政协委员编纂近代史资料[②]。范文澜认为全国政协文史资料研究委员会在编纂历史资料时，具备独特优势，因为撰写人“以写知为主，辅之以所见所闻”，即撰写人为特定事件的亲历者，知道事件发生的原委，在亲身参加的事件是部分而非全部时，以其见过的可靠材料和听过的有关言论做补充。这一项规模较大的史料征集工作填补了对重大历史事件记叙的缺失[③]。以口述史学为方法，涌现了一批令人关注的著作，受到了党史学界的特别关注，这其中既有中共中央层面回忆与研究相结合的著作，如李维汉的《回忆与研究》[④]、薄一波的《若干重大决策与事件的回顾》[⑤]、杨尚昆的《杨尚昆回忆录》[⑥] 与苏维民的《杨尚昆谈新中国若干历史问题》等[⑦]，也有基于普通群众口述访谈的研究著作，如刘小萌的《中国知青口述史》、冯骥才的《一百个人的十

---

① 程中原. 信史立国 当代中国史研究纵横谈. 上海：上海人民出版社，2015：86.

② 政协全委会研究室. 中国人民政治协商会议全国委员会大事记. 北京：中国文史出版社，1988：125.

③ 黄森，刘琦. 文史资料工作概述. 北京：中国文史出版社，1992：163.

④ 李维汉. 回忆与研究. 北京：中共党史资料出版社，1986.

⑤ 薄一波. 若干重大决策与事件的回顾. 北京：中共党史出版社，2008.

⑥ 杨尚昆. 杨尚昆回忆录. 北京：中央文献出版社，2001.

⑦ 苏维民. 杨尚昆谈新中国若干历史问题. 成都：四川人民出版社，2014.

年》[①]，上述研究既是党史研究的重要成果，也为党史研究提供了资料支撑。2012 年，中国传媒大学崔永元口述历史研究中心成立，该中心由资深媒体人崔永元及其口述历史专业团队本着“抢救历史、持续发展、合作共赢”的原则建立，专门从事口述历史领域影像档案的收集整理和学术研究，其馆藏口述历史档案囊括西南联大口述史、抗战军人口述史、抗美援朝口述史、知青口述史、民营企业口述史等。

运用口述史学方法，有助于通过“自下而上地看历史”找到中共党史研究的新视角，有助于弥补中共党史研究中部分领域缺乏档案文献的缺憾，增强了普通民众口述访谈的主体意识，有助于强化人民群众在历史中的作用。同时，口述史学方法也提醒人们注意口述史资料的局限性。一是口述史资料基于过往回忆，难免有模糊和失实之处；二是人的记忆存在着巨大的差异，即使是同一时期、经历了相同历史事件的人们，也难免因阶级、身份、年龄等差异产生不同的感受和回忆。这就要求研究者在拟定访谈计划、掌握访谈技巧、整理访谈记录等基本流程的基础上，加以分析地运用口述史学方法，并灵活运用相关的史学考证方法，以达到去粗取精、去伪存真的效果。

第四，个案研究方法。个案研究方法，也称案例研究法，曾长期应用于社会学和人类学，指的是选择某一个或数个特定个体、群体、组织、事件或者某一类问题为研究对象，通过广泛收集相关材料，在掌握大量详细信息的基础上，深入观察研究对象，分析其发展过程及相关要素，得出对有关问题深入全面的认识和结论[②]。个案研究方法主要有两种具体形式：一是纵向考察，选择特定个案研究

---

① 冯骥才. 一百个人的十年. 北京：文化艺术出版社，2014.

② 王炳林. 党史研究方法的调研与思考. 党史研究与教学，2020（4）.

其产生、发展的变化过程，或在相对长的时段里进行连续调查、追踪研究，形成规律性认识；二是定点分析，选择特定个案进行解剖分析，调查研究，可以使用“解剖麻雀”的调查研究方法和工作方法，通过深入研究具体典型，找出事物的规律，以小见大、由个别到一般，推动整体研究工作①。

基于个案研究方法在既往运用中的一些问题，中共党史学科在使用该方法时有一些需要特别注意的地方。首先，在选择个案时，要挑选具有代表性、典型性的案例。缺乏代表性的个案，容易产生一叶障目的现象，使研究者把不具备普遍性的个别现象当作一般情况，产生片面化的结论。中共建党百年的历史中，不乏具备典型性的人物和事件，需要研究者进一步去发掘、探索，处理好研究对象普遍性和特殊性的关系，从个案研究中一叶知秋、见微知著。其次，在分析个案时，要避免“碎片化”的现象，处理好个体与整体、微观和宏观的关系。近年来随着党史学界对实证研究的重视，个案研究成为一种风尚，在一定程度上导致中共党史研究出现了“碎片化”的现象。宋学勤认为有的学者通过个别村庄土改中出现的消极现象去推论中共土地改革政策的得失成败，其结论表面上是建立在史实基础之上，然而其内在逻辑是存在缺陷的，进而提示道：“走过了头，埋头于眼前仅有的视角，以之删裁和衡量复杂的史实，有意无意忽略不合己意的客观史料，就会变成坐井观天、迷失全局了。”②因此，在使用个案研究方法对局部进行解读时，应始终坚持以整体性的问题意识和学术框架为支撑。

第五，计量史学方法。历史研究中的计量史学方法历史悠久，现代意义上的计量研究方法始于二战之后，主要包括以下几个方面：

---

① 王炳林. 党史研究方法的调研与思考. 党史研究与教学，2020（4）.

② 宋学勤. 中共党史研究的认识误区与学术选择. 党史研究与教学，2013（2）.

一是运用电子计算机，在系统收集、利用史料的基础上，处理大量情报资料和分析多变量现象。二是进行统计分析。计量史学方法中的统计分析，并非以往史学研究中描述性的统计，而是较为高级的数理统计学和多变量解析领域的分析。三是制作数学模式，即借用社会科学尤其是经济学中的理论模式，以数理形式来表现历史文化现象①。20 世纪 60 年代后，计算机应用和高等数学在西方高校历史系备受重视，西方史学界出现了一批专门从事历史计量研究的计量史学家，计量史学派由此成为一个特定的学术流派。

中共党史研究重视统计数据，但是实际运用计量史学方法于党史研究之中是在改革开放之后。王炳林论述了计量史学方法对深化党史研究的积极作用：首先，计量史学方法增加了党史研究的精确性、严密性，在一定程度上提升了研究成果的说服力。相关研究运用计量史学方法在研究组织发展、阶级阶层变化和军事斗争等方面取得重要成果，例如有学者通过数据分析，具体阐释了中国共产党在抗战中的贡献，有力驳斥了历史虚无主义的观点。其次，计量史学方法拓宽了党史研究的领域。史料的丰富和数据处理的便捷，使学者们对于需要大量搜集和整理资料、数据的社会史、人口史等领域有了更多关注。最后，计量史学方法使学者们得以审视和检验既有的结论，通过数据的不断更新和补充，修订一些判断和结论②。然而，在研究中也应当避免过分依赖计量史学方法，从而保证中共党史研究的思想性和可读性。

中共党史学科方法论的研究，是一个永恒的、开放式的课题。以上这些方法，既不是唯一的，也不是一成不变的，需要不断发展、不断完善、不断拓展出新方法。

---

① 张广智. 西方史学史. 上海：复旦大学出版社，2018：373.

② 王炳林. 党史研究方法的调研与思考. 党史研究与教学，2020（4）.

五、学术功能与政治功能及其相互关系研究

中共党史学科兼具学术功能和政治功能，是中共党史学界已经达成的共识。关键是要处理好二者之间的关系。

杨凤城认为，中共党史学科既是一门党性、政治性很强的学科，担负着“资政育人”的重要功能，也是一门具有文化学术功能的学科，作为知识领域、学术领域而存在。因此，中共党史学科应当有两套规范和话语，一是重在发挥意识形态功能的规范、话语，一是遵循学术研究的规范、话语[①]。齐鹏飞也认为，中共党史一方面具有意识形态功能、借鉴功能、政治宣传功能、为现实服务的直接性的实用功能，具有社会价值；另一方面又具有学术功能、认识功能、为现实服务的间接性基础功能，具有学术价值[②]。

就中共党史学科的政治功能而言，胡乔木曾经指出：“党史工作是研究党的历史的，但是我们工作的目的并不是面向过去，而是面向现在，面向将来。我们是为现在而研究过去的，我们是为将来而研究过去的。”“不能把党史工作看成是平静的、书斋里的事业，它是在思想斗争最前线的一项战斗性的工作。”[③] 习近平就中共党史学科的政治功能有明确的指示：“深入研究党的历史，认真学习党的历史，全面宣传党的历史，充分发挥党的历史以史鉴今、资政育人的作用，是党和国家工作大局中一项十分重要的工作。今天，党和国家的事业正沿着中国特色社会主义道路不断向前迈进，新的形势对党史工作提出新的任务，要求党史工作进一步提供历史经验，更好

---

① 杨凤城. 关于中共党史研究的规范与方法. 中国人民大学学报，2001（3）.

② 齐鹏飞. 中共党史研究的学术功能与政治功能. 中国人民大学学报，2001（3）.

③ 《胡乔木传》编写组. 我所知道的胡乔木. 北京：当代中国出版社，2012：54.

地为现实服务。”①

中共党史学科为现实服务主要通过两个途径：

第一，通过科学阐释党的历史、总结党的历史经验，发挥中共党史研究为党的中心工作和全党大局服务的作用。习近平总书记强调：“坚持实事求是研究和宣传党的历史，要牢牢把握党的历史发展的主题和主线、主流和本质，旗帜鲜明地揭示和宣传中国共产党在中国的领导地位和核心作用形成的历史必然性，揭示和宣传中国人民走上社会主义道路的历史必然性，揭示和宣传通过改革开放和社会主义现代化建设实现中华民族伟大复兴的历史必然性，揭示和宣传党在革命、建设、改革各个历史时期领导人民所取得的伟大胜利和辉煌成就，揭示和宣传党在长期奋斗中积累的宝贵经验、形成的光荣传统和优良作风，坚决反对任何歪曲和丑化党的历史的错误倾向。这是党史工作必须遵循的党性原则，也是每一个党史工作者应该履行的政治责任。”②

第三个历史决议指出：“总结党的百年奋斗重大成就和历史经验，是在建党百年历史条件下开启全面建设社会主义现代化国家新征程、在新时代坚持和发展中国特色社会主义的需要；是增强政治意识、大局意识、核心意识、看齐意识，坚定道路自信、理论自信、制度自信、文化自信，做到坚决维护习近平同志党中央的核心、全党的核心地位，坚决维护党中央权威和集中统一领导，确保全党步调一致向前进的需要；是推进党的自我革命、提高全党斗争本领和应对风险挑战能力、永葆党的生机活力、团结带领全国各族人民为实现中华民族伟大复兴的中国梦而继续奋斗的需要。”③

---

① 习近平．在全国党史工作会议上的讲话（摘要）．中共党史研究，2010（8）．

② 习近平．在全国党史工作会议上的讲话（摘要）．中共党史研究，2010（8）．

③ 中共中央关于党的百年奋斗重大成就和历史经验的决议．北京：人民出版社，2021：2．

第二，通过用党的历史教育党员、教育干部、教育群众尤其是教育青少年，发挥中共党史研究资政育人的作用。习近平总书记指出："中国共产党的历史是一部丰富生动的教科书。用党的历史教育党员、教育干部、教育群众尤其是教育青少年，是党史工作服务党和国家大局的重要内容。要以各级党员领导干部为重点，把党史学习教育纳入干部教育培训的必修课，把全面了解和正确认识党的历史作为一项基本要求，教育引导党员领导干部特别是年轻干部认真学习党的历史，努力提高思想政治素质和领导水平。"①

中共党史学科政治功能的发挥，必须同学术功能的发挥紧密结合起来。欧阳淞强调："从党史工作根本任务来看，无论资政还是育人，都要以深入的研究成果为基础，离开党史研究，党史资政育人就会成为无源之水、无本之木。"② 齐鹏飞认为，中共党史学科的学术功能和政治功能是无法割裂的，两者相互支撑、相互体现。离开了学术功能与价值，中共党史学科的意识形态功能、政治教育功能是没有价值和意义的，也是难以发挥和实现的。中共党史的学术功能和价值被弱化之时，也是其政治功能和价值被弱化之时；学术功能和价值被充分发挥和实现之时，其政治功能和价值方能被淋漓尽致地发挥和实现③。

中共党史学科学术功能与政治功能的关系研究，同样是一个永恒的课题。这是因为，一方面中共党史学科在不断创新发展，学术水平和科研能力、政治站位和服务大局能力也在不断提升，不会停留在一个水平上止步不前；另一方面，党和国家事业也在不断发展，为实现中华民族伟大复兴而奋斗的一个宏伟目标实现了，又会提出

① 习近平. 在全国党史工作会议上的讲话（摘要）. 中共党史研究，2010（8）.

② 欧阳淞. 关于深化党史研究的几个问题. 中共党史研究，2013（2）.

③ 齐鹏飞. 中共党史研究的学术功能与政治功能. 中国人民大学学报，2001（3）.

新的更高的奋斗目标，党的理论创新和实践创新也在不断发展，也会对中共党史学科发展提出新的更高要求，提出更多的研究课题和科研任务。我们必须以开放的、发展的、互动的眼光和思维来积极看待和研究这个问题，使中共党史学科学术功能与政治功能的提升不断跟上时代、实践发展步伐，真正做到同频共振、比翼齐飞。

（作者单位：中共中央党校（国家行政学院）党史教研部）

第三章
中共党史学科的学科体系

罗平汉　石　瑶

中共党史学科的学科体系，伴随着中国共产党的百年奋斗历程和理论创新、实践创新一路走来，走过了从形成到成熟的发展历程，业已成为一门体系成熟、特色鲜明的独立学科。新时代继续加强中共党史学科的学科体系建设，是构建中国特色哲学社会科学的应有之义，也是中国共产党百年来推进伟大事业的客观要求。

第一节　中共党史学科体系建设的基本概况

学科体系，简单地说就是以知识结构、科学分工或产业结构为基础的学科设置、专业划分和学术机构的组成体系。中共党史学科的学科设置、专业划分、学术机构，是在中共党史学科产生和发展的历史中逐渐成形并确定的。

一、中共党史学科的形成完善

中共党史学科的产生、萌芽时期，大约是从中国共产党成立后不久到 1935 年中央红军长征到达陕北，这一时期可以看作是中共党史学科初步形成的起步阶段。其中的主要研究成果包括：党内早期重要理论家和领导人的报告、论文及著作，如蔡和森的《中国共产党史的发展》（1926 年）和《党的机会主义史》（1927 年）、瞿秋白的《中国革命中之争论问题》（1927 年）和《中国共产党历史概论》（1929—1930 年）、李立三的《党史报告》（1930 年），以及邓中夏的《中国职工运动简史》（1930 年）和华岗的《中国大革命史》（1931 年）等[①]。总的来说，这一时期的中共党史研究，基本上能够遵循唯物史观的指导，相对客观地论述党的发展历程，对党的代表大会和一些重大事件作出了评价与总结，为后续研究奠定了重要基础。然而，相关研究也存在没有形成关于党史研究历史理论的问题，容易把共产国际的指示作为判断和评价史实的标准，因而很难对党自身的发展规律有深刻的认识，加之客观条件的限制，相关研究缺乏必要的材料，一些论著完全依照个人记忆完成，存在论证不够严谨等缺陷[②]。

中共党史学科的初创时期，大约是从红军长征结束到新中国成立，这一时期是中共党史学科逐步展开并取得重要成果的时期。特别是延安整风时期，毛泽东在《如何研究中共党史》中多次提及“中共党史”的概念，党中央有计划、有步骤地组织党的高级干部集体研究党的历史，使党的各级干部都参与到党史研究中，对党各个

---

① 张静如，唐曼珍. 中共党史学史. 北京：中国人民大学出版社，1990：8.

② 张静如，王炳林. 中共党史学理论和方法的回顾与思考. 北京党史，1999（2）.

时期的重大事件、重要人物进行了评价与总结。在此基础上，党的六届七中全会通过《关于若干历史问题的决议》，总结了建党以来的历史经验，对若干重大历史问题作出了结论。毛泽东、刘少奇、周恩来、朱德曾就党史问题撰写文章、报告，对全党的研究起到了指导和带领的重要作用，党的理论工作者、史学研究者也撰写了大量的党史文章和讲义，从不同角度、不同阶段论述党的历史。另外，中共中央党校、陕北公学、八路军军政学院等党的干部学校，开设"中国革命的基本问题"课程讲授党史知识，并经常举办党史讲座①。可以说，延安时期是中共党史学科初步建立的重要时期，研究人员多、研究规模大、普及面广使得这一时期的党史研究出现了质的飞跃。这一时期中共党史学科的特点在于，中国共产党开始运用自己成熟的理论——毛泽东思想解释中国革命的实际和历史，特别是对党史进行了科学分析与总结②。

中共党史学科的形成时期，是从新中国成立到"文化大革命"前的十七年。从党史研究的成果来看，新中国成立后，党注重对广大人民进行马克思主义的思想教育，学习马克思主义理论和中国革命史的热潮，带动了相关著作的编译出版以及相关研究中心的成立，推动了党史研究的发展。1951 年至 1960 年，《毛泽东选集》第一至四卷相继出版，毛泽东的著作是运用马克思主义基本原理解决中国革命具体问题的结晶，对党史研究具有重要的指导作用，决定了党史类各种著作和教科书的历史分期方法，党的路线、方针、政策以及重大历史事件的具体提法。此外，这一时期的党史学家们出版了一批影响深远的讲义、专著，包括：胡乔木的《中国共产党的三十年》、何干之的《中国现代革命史》、李新等人的《中国新民主主义

① 张静如，唐曼珍. 中共党史学史. 北京：中国人民大学出版社，1990：52.

② 张静如，唐曼珍. 中共党史学史. 北京：中国人民大学出版社，1990：52.

革命时期通史》、胡华的《中国革命史讲义》等[①]。相关研究反映了党史研究的理论水平和学术水平，初步构建了党史学科的体系。从课程设置讲，新中国成立后，高等院校开设了以中共党史为基本内容的政治理论课，其具体名称包括“新民主主义论”“中国革命史”等，后来设置了“中共党史”[②]。

中共党史学科的系统化时期，是在改革开放和社会主义现代化建设新时期。经历了“文化大革命”时期的挫折后，党的十一届三中全会后，中共党史学科进入了新的发展时期。在党完成正本清源、拨乱反正各项工作的基础上，中共党史学界初步思考了中共党史学科体系的规划与设置。在1979年的中国历史学规划会议上，中共党史学科的重要奠基人之一胡华整合全国党史研究者的意愿，建议迅速成立全国性的中共党史编写机构，聘请老一辈革命家为顾问，帮助他们写回忆录；各地高等院校、研究所、纪念馆、博物馆的党史教研人员要大力开展党史专题和人物研究，编写资料、专著、年谱和传记；中央和国家开放档案，编印党史档案资料，放宽图书馆对旧书报刊的限制，继续影印珍贵的书报杂志，大力出版公开和内部的党史研究刊物、党史资料与党史丛书，多进口国外有关中共党史研究的书籍和报刊；鼓励对党史问题的理论与学术探讨，鼓励解放思想和学术自由，开展学术交流；等等。胡华的建议对推动中共党史学科体系建设、深化党史研究和提升党史学科的地位发挥了提纲挈领的作用。在党史学科建设的推动下，党史研究的专门刊物相继创办，各地各级的研究机构和

---

① 张静如，唐曼珍. 中共党史学史. 北京：中国人民大学出版社，1990：52.

② 赵娜. 中共党史学科归属争议及其历史考察. 贵州师范大学学报（社会科学版），2019（1）.

学术团体应运而生①。20 世纪 80 年代，中共党史学科一度成为颇具热度的“显学”，90 年代渐归平静后日趋科学化、规范化，在进入 21 世纪的第一个十年间取得了重要发展。

党的十八大以来，以习近平同志为核心的党中央高度重视中共党史研究，围绕党的历史、党史研究以及党史工作，作出了一系列重要论述，使中共党史迎来了学科发展的繁荣时期。在中国共产党百年华诞的重要历史节点，习近平总书记发表“七一”重要讲话，党的十九届六中全会审议通过第三个历史决议，为在继续深入研究新民主主义革命时期、社会主义革命和建设时期、改革开放和社会主义现代化建设新时期中共党史的基础上，进一步加强对中国特色社会主义新时代的中共党史研究，提供了科学指导和权威依据，同时也极大地拓展了中共党史研究的视野和领域。

进一步加强新时代中共党史学科体系建设，具有多方面的有利条件。从研究现状来看，党史学界已兼具重视材料、强调科学性的实证研究和重视史观、强调现实性的理论研究，能够及时跟进党中央的重大决策部署和理论创新步伐，在学习、研究、阐释党的创新理论上取得了重要成果。总的来说，党史学科在理论指导、通史框架搭建、学科专门史深化、海外党史研究等方面取得了较为显著的进步②。从学科定位来看，党史学科的研究对象、研究内容和理论方法愈加清晰，其中包括党的建设、新中国史、改革开放史、党内法规等相关专题研究，党史学科日益向着一个富有特色、逻辑自成的学科体系发展。

---

① 吴志军．一九七九年：中共党史研究学术化进程的起步．中共党史研究，2010（4）.

② 耿化敏．党史研究前沿及未来着力点．新闻潮，2021（4）.

二、中共党史学科的学科设置

随着中共党史学科的形成和发展，中共党史学科的学科设置也在不断调整。

延安时期，中共党史学科具备了雏形。党史研究有了科学的理论、方法和原则，党史资料搜集整理也取得很大进展，在中共中央党校、陕北公学、八路军军政学院等党的干部学校，开设“中国革命的基本问题”等讲授党史知识的课程。

新中国成立后，为加强思想政治教育，全国高等院校和其他各类学校开设中共党史课程，虽然相关课程最初并不是以“中共党史”命名的，但其实际内容是中国共产党的历史。1953 年高等院校调整、教学改革以后，“新民主主义论”与“马列主义基础”“政治经济学”“辩证唯物论与历史唯物论”共同成为四门马列主义理论课。1953 年 6 月 17 日，高等院校开设的“新民主主义论”课程改为“中国革命史”。1959 年，“中共党史”与“社会主义教育”“政治经济学”“哲学”成为高等院校学生必修的四门马克思主义理论课程。1961 年 4 月，教育部制定了《改进高等学校共同政治理论课程教学的意见》，明确规定高校各专业开设“中共党史”课程。在 1963 年的《高等学校通用专业目录》中，中共党史被划归在文科部分的政治学中①。1964 年 10 月，中共中央明确指出，高校的政治理论课设置“中共党史”课程，这一规定执行到“文化大革命”开始。

进入改革开放新时期，中共党史学界开始重建中共党史学科的学科体系与学术秩序，学科设置是其中的重要环节。1978 年，根据

---

① 赵娜. 中共党史学科归属争议及其历史考察. 贵州师范大学学报（社会科学版），2019 (1).

《教育部办公厅关于加强高等学校马列主义理论教育的意见》，“中国共产党党史”成为高等学校马克思主义理论课开设的四门课程之一[①]。1979年，以教育部组织编写中共党史课程的教学大纲为契机，学界着重探讨了党史中的重大问题、历史分期和基本论点，由此开始了中共党史通史的编写，高等学校党史讲义和教材的出版发行推动了中共党史的研究[②]。对于这一时期中共党史的学科性质，国务院学位委员会将其划归在法学门类政治学学科之下[③]。

1986年，国家教委下发《关于在高等学校进一步贯彻〈中共中央关于改革学校思想品德和政治理论课程教学的通知〉的意见》，“中国革命史”取代“中共党史”作为政治理论课而开设，由此引发了党史学界关于中共党史属于政治学还是历史学的讨论，一些党史专家明确提出中共党史是一门历史科学，不应隶属于政治学科。此后，党史学界的基本共识是中共党史是一门带有政治学特点的历史学科[④]。

国家对中共党史的学科分类是有严格标准的，在不同的标准中其划分方式也不同。一种是教育部的学科划分标准。根据国务院学位委员会、教育部发布的《学位授予和人才培养学科目录（2011年）》，我国共设有13个学科门类，110个一级学科，每个一级学科下设若干个二级学科。中共党史学科是法学门类中政治学一级学科下的二级学科。长期以来，它在二级学科中的名称是“中共党史（含：党的学说与党的建设）”[⑤]。国务院学位委员会第六届学科评议

---

① 赵娜. 中共党史学科归属争议及其历史考察. 贵州师范大学学报（社会科学版），2019（1）.

② 吴志军. 一九七九年：中共党史研究学术化进程的起步. 中共党史研究，2010（4）.

③ 赵娜. 中共党史学科归属争议及其历史考察. 贵州师范大学学报（社会科学版），2019（1）.

④ 郭德宏. 十一届三中全会以来中共党史学理论和方法研究的新进展. 党史研究与教学，2002（2）.

⑤ 关于印发《学位授予和人才培养学科目录（2011年）》的通知.（2011-03-08）. http://www.moe.gov.cn/srcsite/A22/moe_833/201103/t20110308_116439.html.

组编写的《学位授予和人才培养一级学科简介》，将该二级学科的名称修改为“党的建设和中共党史”。2016 年 12 月，全国高校思想政治工作会议召开，该二级学科中的“党的建设”被划分至马克思主义理论一级学科中，“中共党史”仍隶属于政治学一级学科。中共党史作为二级学科，既是高考生填报志愿时的本科专业选择，也是硕士和博士研究生培养的专业方向。另一种是中华人民共和国国家质量监督检验检疫总局、中国国家标准化管理委员会 2009 年发布的《中华人民共和国国家标准 学科分类与代码》。中国共产党史被划归在历史学大类下的中国近代史、现代史类目下，与中国国民党史、中国民主党派史等专门史并列①。

进入新时代，在习近平总书记的大力倡导和推动下，中共党史研究和中共党史学科日益受到重视，中共党史学习宣传的资政育人功效日益彰显。中共党史党建学一级学科的设立，激发起广大中共党史研究工作者的科研和学术创新激情，推动着中共党史学科更好地发展。

三、中共党史学科的专业划分

随着中共党史学科的日益发展和完善，中共党史学科下的各专业具备了更加科学、细致的分工。

有学者归纳出中共党史的专业体系，主要包括以下几个方面：

第一，中共党史学概论。这部分主要解决什么是中共党史，中共党史的学科性质、学科特点、研究对象和主要内容，以及中共党史的体系和分期等基本问题。

---

① http://c.gb688.cn/bzgk/gb/showGb?type=online&hcno=4C13F521FD6ECB6E5EC026FCD779986E.

第二，中共党史研究的指导思想和基本理论。其是在马克思主义唯物史观和历史理论的基础上形成的，同时也吸收了中国传统史学和西方史学中的正确理论，并借鉴了政治学、社会学和其他社会科学的理论。

第三，中共党史的研究方法。其包括中国传统史学（如目录学、考据学、谱牒学、校勘学、编目学等）的方法；其他人文社会科学的研究方法，如心理学研究方法、政治学研究方法、社会学研究方法、文化学研究方法等；自然科学的研究方法，主要有以“三论”即系统论、控制论、信息论为代表的系统方法，计量学研究方法，模糊方法，等等；其他研究方法，如跨学科的综合分析方法、比较研究方法、历史逆向考察法、口述史学研究方法等。

第四，中共党史学史。其主要指的是中共党史学产生、发展的历史，包括中共党史中各个时期的发展脉络、代表人物、理论观点、重要著作、史学流派等。

第五，中共党史文献学和史料学。其中，文献学主要包括中共党史文献的搜集、整理、鉴别、加工、研究、编纂、出版、利用等方面的专业知识，也包括传统史学中的目录学、考据学、校勘学、编目学等有关的内容。史料学除了包括书面文献、视听文献等方面的内容以外，还包括文物、遗迹、遗址等实物史料，以及口述和口碑史料等方面的知识。

第六，中共党史编纂学。其指的是各种类型的党史论文、著作如何撰写，各种党史资料如何编纂等方面的专业知识。

第七，中共党史研究主体学。其指的是对中共党史研究工作者的要求和应具备的素养的研究。

当前，在中共党史学科体系愈加完善的基础上，高校和党校中的中共党史专业已经具备了相对较为完善的课程体系。以中国人民大学中共党史系为例，中共党史学科的培养方案主要包含四类课程。其中：方法课开设有中共党史学科的学术规范和论文写作、中国共产党历史研究的理论与方法、中国共产党历史文献研究，学科基础课开设有中国化的马克思主义、中国共产党历史研究，专业课开设有中国共产党党的建设基本问题研究、中国共产党与当代中国文化发展研究、政治学理论与研究方法、执政党建设研究、当代中国经济研究、当代中国政治研究、中国共产党史学史，选修课开设有当代中国民族和宗教问题研究、当代中国国家统一与国土安全问题研究、海外中共党史研究，等等。

中共中央党校中共党史专业的硕士课程，其课程设置有一个调整完善的过程。

在开设中共党史研究方法与学术规范、中共党史学理论与方法等方法指导课的基础上，其课程原先按照经济史、思想史、政党史等专题划分，现在主要将中共党史研究依照历史分期划分为新民主主义革命史、中国社会主义革命和建设史、中国社会主义建设新时期史等课程，这样的课程设置更接近学习“五史”的思路。

总的来说，以中国人民大学中共党史系和中共中央党校中共党史专业为代表，相关课程设置依照中共党史学科的知识体系，较为全面地覆盖了中共党史学科的知识条块。

四、中共党史学科的学术机构

目前，全国从中央层面到省、市、县（区）地方层面都有专门从事党史研究与教学的科研机构或工作机构，形成了研究中共党史的五路大军，具体包括：全国党校系统、中共中央党史和文献研究院以及地方各级党史部门、高等院校、中国社会科学院、军队系统的相关研究机构。

中共中央党校与中共党史有极深的历史渊源。1933 年，中共中央党校的前身马克思共产主义学校成立后，便开设了中共党史的相关课程，除学校的专职教员进行讲授外，曾请毛泽东讲授苏维埃运动史，邓颖超讲授中共党史，陈云、刘少奇讲授工人运动史，博古讲授联共党史，周恩来、朱德、刘伯承讲授军事斗争等①。

“文化大革命”后，中共党史学科的重建也与中共中央党校联系密切。1977 年 10 月，叶剑英在中共中央党校开学典礼上指出要研究和编写党史正本②。12 月胡耀邦提出党校工作要重点研究中共党史。

目前，中共中央党校（国家行政学院）设有中共党史教研部，在承担党的高中级领导干部党史教育任务的同时，还专门从事中共党史及相关专业的教学与研究工作，代表了国内中共党史学科的领先力量。中共党史教研部下设六个教研室：新民主主义革命史教研室、社会主义革命和建设史教研室、新时期改革开放史教研室、新时代中国特色社会主义教研室、党的思想理论发展史教研室、中国现代政党史教研室③。其具体职能包括：负责中共党史各专题的教学科研工作，开展决策咨询研究，组织编写本学科教材，培养中共党史学科的博士、硕士研究生等④。以中共中央党校（国家行政学院）为指导，全国党校系统的几千所党校是中共党史学科依托的重要机构。

中共中央党史和文献研究院是 2018 年整合中共中央党史研究室、中共中央文献研究室和中央编译局职责设立的机构，统筹了党史研究、文献编辑和著作编译的资源力量，是党的历史和理论研究的高端平台。具体来看，其涉及中共党史研究的主要职能包括：党

---

① 谢煜桐. 中央党校诞生记（党校史话）. 学习时报，2020-06-26（12）.

② 叶剑英副主席在中共中央党校开学典礼上的讲话. 人民日报，1977-10-10（3）.

③ 中共党史教研部机构设置. https://www.ccps.gov.cn/bmpd/dsb/.

④ 中共党史教研部职能简介. https://www.ccps.gov.cn/bmpd/dsb/.

史研究、党史学习教育、党史宣传、党史重大事件和历史人物的纪念活动、党史资料征编、党史咨询、党史题材作品著作的组织或出版等[①]。

相较于其他党史研究机构，中共中央党史和文献研究院具有相当的权威性，中共中央党史研究室编著的党史著作被公认为是党史正本，如《中国共产党历史》第一卷、第二卷[②]，《中国共产党的九十年》[③]；中共中央文献研究室编辑出版的毛泽东、周恩来、刘少奇、朱德、任弼时、邓小平、陈云等老一辈革命家的著作、年谱、传记和画册，是中共党史研究必不可少的重要参考。

同时，在中共中央党史和文献研究院的业务指导下，地方各级党史部门在党史资料征集和党史专题研究等方面发挥了重要作用，中国中共党史学会、中国中共党史人物研究会作为重要纽带，提高了中共党史研究的整体水平。

高等院校中开设中共党史专业的院系，是中共党史教学与科研的重要机构。2011 年至 2021 年，中共党史本科学位授予单位从 5 个增长到 11 个，中共党史硕士、博士学位授予单位有所减少，但稳步发展。

中国人民大学中共党史党建学科的历史，可追溯至 1937 年陕北公学成立后设立的中国问题研究室，后历经华北联合大学、华北大学、中国人民大学的积淀，到 1958 年中共党史系成立后，中国人民大学逐渐成为高校党史学科的重要奠基者与开拓者。中国人民大学成为拥有全国高校中唯一的中共党史国家级重点二级学科的单位。

---

① 中共中央党史和文献研究院机构概况. https://www.dswxyjy.org.cn/GB/427143/index.html.

② 中共中央党史研究室. 中国共产党历史：第 1 卷（1921—1949）、第 2 卷（1949—1978). 北京：中共党史出版社，2011.

③ 中共中央党史研究室. 中国共产党的九十年. 北京：中共党史出版社，2016.

针对中共党史专业设置在马克思主义学院框架下的情况，中国人民大学成立了中共党史党建研究院。这是国内首家在中共党史党建领域集人才培养、学术研究与政策咨询于一体的实体性综合性研究机构，旨在成为以党史党建研究为特色的世界一流教学研究中心、学术交流平台和新型高端智库。研究院创办以来，围绕党史党建领域的重大历史问题、理论问题和现实问题，举办了“胡华大讲堂”“中共党史党建学科青年教师工作坊”等知名学术品牌活动，编辑出版了《中共历史与理论研究》《青年党史学者论坛》等业内认可的学术集刊，中国人民大学党史党建学科的学术影响力和学术声望持续提升[①]。

在党史学习教育的推动下，设立独立的中共党史教研机构的方式在高校中扩展。以2021年中国共产党成立100周年为契机，北京大学、北京师范大学、武汉大学、华中师范大学、湖南师范大学等高校新成立中共党史党建研究院（中心、系），学术发展平台不断夯实。其中，北京师范大学的中共党史学科具有深厚的历史底蕴和优良传统，其学科带头人为中共党史学科体系的建构做出过重要贡献。张静如曾系统研究了中共党史的理论和方法，王炳林以教育部高等学校社会科学发展研究中心主任的身份探讨了中共党史学科体系建设的问题。

中国社会科学院虽然没有直接以中共党史命名的教学科研机构，但其近代史研究所、当代中国研究所的业务内容与中共党史存在重要交集。

中国社会科学院近代史研究所主要研究1840—1949年间的中国历史，其下设立的革命史研究室，是中国社会科学院唯一的专

① 中国人民大学中共党史党建学科的沿革与学院设立．http://dsdj.ruc.edu.cn/ddjs/lscc/index.htm.

门从事以中共党史为重点的革命史研究的专业机构。1950 年 5 月，近代史研究所成立后，革命史研究便被列为核心任务，并取得了许多为人熟知的成果。目前，革命史研究室在新民主主义革命史综合研究、专门史研究、中共党史与共产国际史研究、中共领袖人物研究、托派史与托派人物研究、工人运动史研究、民主党派史研究等方面均有重要建树，在中共党史研究方面获得相当声誉和地位①。

中国社会科学院当代中国研究所主要研究 1949 年新中国成立后至今的中华人民共和国史，基于党史与国史的交叉和重合，对中共党史学科有所涉及，其下设立的政治史研究室、经济史研究室、文化史研究室、社会史研究室、外交史研究室以“共和国本位”为视角进行研究，为研究党的政治、经济、文化、社会、外交等各方面的政策和制度提供了不可或缺的参考。

军队系统的党史军史研究机构，也是中共党史研究的重要阵地。国防大学政治学院设有中共党史党建教研室，军事管理学院开设中共党史专业。军事科学院军队政治工作研究院注重军史、战史研究，并专门设立党史军史研究中心。此外，各军兵种、各军事院校也设有与中共党史研究相关的研究机构。上述机构以军事研究为依托，是对党校、高校等系统党史研究机构的重要补充。

目前，全国党校系统、中共中央党史和文献研究院以及地方各级党史部门、高等院校、中国社会科学院、军队系统的相关研究机构，发挥各自的研究优势和研究专长，不断加强多种形式的交流与合作，形成了整体合力，在党史研究、党史宣传和党史教育工作中取得了重要成就。

---

① 中国社会科学院近代史研究所 . http://jds. cass. cn/bsgk/bsjj/.

第二节 新时代中共党史学科体系建设的机遇与挑战

中国特色社会主义进入新时代，为中共党史学科体系的创新发展提供了新的历史方位与时代坐标。中共党史学科发展面临新的机遇和挑战。

一、中共党史学科体系建设的新发展、新要求

习近平总书记在党的十九大报告中指出："中国特色社会主义进入了新时代，这是我国发展新的历史方位。"① 这就意味着，近代以来久经磨难的中华民族迎来了从站起来、富起来到强起来的伟大飞跃，迎来了实现中华民族伟大复兴的光明前景；科学社会主义在21世纪的中国焕发出强大生机活力，举起了中国特色社会主义伟大旗帜；中国特色社会主义道路、理论、制度、文化不断发展，拓展了发展中国家走向现代化的途径，为解决人类问题贡献了中国智慧和中国方案。与此同时，当今世界经历新变局，中国共产党正面临新的历史性重大考验。这就决定了，中共党史学科需要进一步完善其学科体系，从中国共产党的百年历史，特别是中国特色社会主义发展史中，重新思考中共党史学科的指导思想、研究课题、历史方位、发展阶段等。可以说，新时代既是中国共产党历史的延伸与发展，也是中共党史学科发展的战略机遇期。

① 习近平. 习近平谈治国理政：第3卷. 北京：外文出版社，2020：8.

一是习近平新时代中国特色社会主义思想，为中共党史学科体系的建设提供了指导，是中共党史学科创新发展的指导思想。

中共党史学科历来坚持以科学理论为指导，包括坚持以马克思主义基本原理为指导，坚持以马克思主义中国化的理论成果为指导，其中具体包括毛泽东思想和中国特色社会主义理论体系两大理论成果。习近平新时代中国特色社会主义思想是马克思主义中国化最新成果，贯穿着强烈的问题意识和实践导向，以全新的视野深化了对共产党执政规律、社会主义建设规律、人类社会发展规律的认识。党的十九大对习近平新时代中国特色社会主义思想作出了概括和提炼，要求新时代中共党史学科既要以新的理论为总的指导，也要把其中的重要理论观点融入具体的学科体系建设中。

党的十八大以来，党和国家高度重视党史研究，习近平总书记关于党的历史、党史研究和党史工作的重要论述，为中共党史学科体系的发展提供了根本遵循。一方面，习近平总书记高度重视中共党史以史鉴今、资政育人的重要作用，对其多有论述。他强调指出："各级领导干部还要认真学习党史、国史，知史爱党，知史爱国。要了解我们党和国家事业的来龙去脉，汲取我们党和国家的历史经验，正确了解党和国家历史上的重大事件和重要人物。这对正确认识党情、国情十分必要，对开创未来也十分必要，因为历史是最好的教科书。"[①] "学习党史、国史，是我们坚持和发展中国特色社会主义、把党和国家各项事业继续推向前进的必修课。这门功课不仅必修，而且必须修好。"[②] 另一方面，党的十八大以来，习近平总书记关于中共党史的重要论述指明了中共党史学科体系建设的方向和重点。其中，"党史姓党"指明了中共党史学科体系建设应当坚持党性原

---

① 习近平. 习近平谈治国理政. 北京：外文出版社，2014：405.

② 习近平. 论中国共产党历史. 北京：中央文献出版社，2021：15－16.

则，体现党的意志，反映党的主张，维护党和人民的根本利益，以正确的立场、观点、方法研究党的历史、宣传党的历史。栗战书在2015年全国党史研究室主任会上提出的“一突出”“两跟进”，强调了党史研究和相关党史工作应当进一步突出开创和发展中国特色社会主义时间段历史研究，“即时跟进十八大以来党中央的决策部署，即时跟进以习近平同志为总书记的党中央的理论发展”[①]，这在一定程度上明确了党史学科体系建设的重点。党的十九大以来，习近平总书记关于党史的重要论述取得了丰富发展，为中共党史学科体系建设提供了重要的理论遵循。

二是构建中国特色哲学社会科学学科体系、学术体系、话语体系重大任务的提出和实施，为新时代中共党史学科体系建设提供了强大推动力。

新时代继续加强中共党史学科体系建设，是构建中国特色哲学社会科学的应有之义，是构建中国特色哲学社会科学学科体系、学术体系和话语体系中的重要一环。可以说，构建中国特色哲学社会科学为深化中共党史研究提供了借鉴和启示，树立了中共党史学科体系建设的目标。

2016年5月17日，习近平总书记在哲学社会科学工作座谈会上提出：“要按照立足中国、借鉴国外，挖掘历史、把握当代，关怀人类、面向未来的思路，着力构建中国特色哲学社会科学，在指导思想、学科体系、学术体系、话语体系等方面充分体现中国特色、中国风格、中国气派。”[②]

在当代中国哲学社会科学体系中，中共党史学科是专门着眼于

---

① 栗战书在全国党史研究室主任会上强调 深入学习贯彻习近平总书记重要论述精神 不断开创党史工作新局面. 人民日报，2015-04-09 (4).

② 习近平. 论党的宣传思想工作. 北京：中央文献出版社，2020：226.

执政党历史的具有中国特色的学科，具有不可替代的学科作用。“四史”的学习教育进一步提升了中共党史学科的地位，对中共党史学科体系建设提出了新的要求。党的十九届四中全会提出“加强党史、新中国史、改革开放史教育”。2020 年以来，习近平总书记在一系列重要讲话中将“社会主义发展史”融入其中，将“三史”拓展为“四史”，作为广大党员干部坚定理想信念、践行初心使命的重要内容。党的十九届五中全会进一步将“四史”教育写入“十四五”规划建议。2022 年 10 月，在党的二十大报告里，讲到新时代伟大变革的里程碑意义时，又将“四史”拓展为“五史”，即：党史、新中国史、改革开放史、社会主义发展史、中华民族发展史。

三是在庆祝中国共产党成立 100 周年的重大历史关头，加强中共党史学科体系建设是中国共产党百年来推进伟大事业的客观要求。

2021 年 2 月 1 日，习近平总书记同党外人士共迎新春时指出，2021 年要在全党开展中共党史学习教育，激励全党不忘初心、牢记使命，在新时代不断加强党的建设①。

2 月 7 日，丁薛祥在全国党史和文献部门主要负责人会议上强调，2021 年是中国共产党成立 100 周年，百年大党继往开来再出发，党史和文献工作任重道远、大有可为，要深入学习贯彻习近平新时代中国特色社会主义思想，准确把握党史和文献工作的政治属性、重要作用、主要任务、正确方向、科学方法，更好发挥以史鉴今、资政育人作用，更好为党和国家工作大局服务，不断开创党史和文献工作新局面。要把完成建党 100 周年庆祝活动筹办任务作为工作的重中之重，要进一步深化对习近平新时代中国特色社会主义思想的研究阐释，加强党的历史和理论研究，统筹做好宣传教育、资料

① 习近平同党外人士共迎新春. 人民日报，2021-02-02 (1).

征集、信息化建设等工作，不断提升党史和文献工作科学化水平[①]。

在中国共产党百年华诞之际，以习近平同志为核心的党中央决定在全党范围内开展党史学习教育。2021 年 2 月 20 日，习近平总书记在党史学习教育动员大会上发表重要讲话，阐明学习党史的重大意义和重要作用，要求全党同志做到学史明理、学史增信、学史崇德、学史力行，教育引导党员干部学党史、悟思想、办实事、开新局。

7 月 1 日，习近平总书记在庆祝中国共产党成立 100 周年大会上发表重要讲话，系统回顾中国共产党成立 100 年来，团结带领全国各族人民开辟的伟大道路、创造的伟大事业、取得的伟大成就；庄严宣告实现了第一个百年奋斗目标、全面建成了小康社会，郑重宣示坚持和发展中国特色社会主义、向着全面建成社会主义现代化强国的第二个百年奋斗目标迈进的坚定决心，深刻阐述以史为鉴、开创未来的根本要求。这篇讲话，贯通历史、现实、未来，贯通伟大斗争、伟大工程、伟大事业、伟大梦想，高屋建瓴、思想深邃、内涵丰富，把中国共产党对共产党执政规律、社会主义建设规律、人类社会发展规律的认识提升到了新高度。

2021 年 11 月 11 日，党的十九届六中全会通过了第三个历史决议，全面深刻总结中国共产党在新民主主义革命时期、社会主义革命和建设时期、改革开放和社会主义现代化建设新时期、中国特色社会主义新时代的重大成就、历史贡献、历史经验，深刻阐明中国共产党百年奋斗的历史意义，深刻阐明百年伟大奋斗积累的十条宝贵历史经验，使全党同志从党的百年奋斗中看清楚过去我们为什么能够成功、弄明白未来我们怎样才能继续成功，充分彰显了中共党

---

① 丁薛祥在全国党史和文献部门主要负责人会议上强调 深入学习贯彻习近平新时代中国特色社会主义思想 不断开创党史和文献工作新局面. 人民日报，2021-02-08（4）.

史以史鉴今、资政育人的重要作用。

习近平总书记的上述重要讲话和第三个历史决议，成为指导新时代中共党史学科体系创新发展的根本指针。

二、中共党史学科体系建设的突出问题

中共党史学科体系虽然日趋完善，但相较于中国共产党百年来革命、建设、改革的历史伟业，相较于中国共产党在新时代进行伟大斗争、建设伟大工程、推进伟大事业、实现伟大梦想的目标要求，仍有较大的进步空间，中共党史学科体系建设仍存在一些亟须解决的问题。

一是中共党史学科体系建设的基本环节存在薄弱之处，在学科定位、学科基础、课程开设、平台建设方面存在制度化、体制性的发展瓶颈。关于学科定位问题，在本编前两章里都有讨论，这里不再赘述。

第一，学科基础有待提高，缺乏核心学科支撑。学科基础是学科体系建设和发展的基本条件，不同学科依托各自的核心知识体系而存在。由于中共党史学科具有较强的综合性和交叉性，兼具历史学和政治学的特点，单一地以历史学、政治学或马克思主义理论为学科基础，难以完整地涵盖其研究内容和研究方法。这就决定了中共党史学科缺乏核心学科的稳固支撑，容易出现学术话语局限、分析框架单一、研究方法陈旧等问题①。“中共党史党建学”提升为一级学科后，中共党史亟须找到高阶位的核心学科，借助更宽厚的学术支点，建构内容稳定、结构合理、层次齐全的中共党史学科体系，

① 耿化敏，吕晓莹. 中共党史学科建设的突出问题与对策. 广东党史与文献研究，2020(4).

实现中共党史学科体系的创新甚至转型，从而在学术体制上更好地融入整个社会科学体系，实现与其他学科的真正对话与交流①。

第二，课程开设有限，特色和优势有待提升。一方面，中共党史的课程在高等院校和各级党校的开设都相对有限，尚未形成稳定、普遍的开设模式。在国民教育序列中，在本科教育阶段开设中共党史专业的仅有11所高校，其他高校在本科生教育中并没有统一设置中共党史的课程，而是设置“中国近现代史纲要”作为政治理论课。在研究生教育阶段，中共党史作为设有相关专业学位点的专业课程而存在，而非高等学校统一开设的公共政治课程。中国人民大学、复旦大学、武汉大学等开展了“四史”或“五史”主题的讲座或选修课，但相较于常规设置的政治理论课，其效用仍有提升空间。总的来说，相较于当前党和国家对党史工作的高度重视、高校开展“五史”教育的新形势，中共党史作为学科课程的开设仍较为不足②。另一方面，中共党史的课程设置在教学体系、教学内容、课程类型等方面，相较于百年党史的丰富和厚重，仍有较大的提升空间。中共党史教研工作者需要在深植中共党史研究的基础上，探索党史专业课程与政治理论课程的区别，找准中共党史课程的特色和优势。

第三，平台建设不足，缺乏学科独立发展的制度载体。虽然中共党史学科业已形成了包括全国党校系统、中共中央党史和文献研究院以及地方各级党史部门、高等院校、中国社会科学院、军队系统的相关研究机构的五路大军，但是不同研究机构间缺乏行之有效的协作联系机制，有待进一步加强交流与合作，发挥各自优势，形成互相联系、互相促进的合力。另外，高等院校中的中共党史教研

---

① 杨凤城. 关于中共党史研究的规范与方法. 中国人民大学学报，2001 (3).

② 耿化敏，吕晓莹. 中共党史学科建设的突出问题与对策. 广东党史与文献研究，2020 (4).

机构，挂靠在马克思主义学院或相关院系之下，缺乏独立的教学科研平台。事实上，中共党史学科的研究内容、研究方法与所在院系其他学科的研究内容、研究方法存在较为明显的差异和分野，这在一定程度上制约了中共党史学科的后续发展。

二是中共党史学科的学术水平有待提高，研究格局有待科学化。

学科的学术水平是衡量、评价学科发展的关键因素。目前，中共党史学科产生了相当数量的具有较高学术水平的研究成果，显著地推动了中共党史学科的进步和发展。但是，中共党史学科的总体研究水平与新时代的新要求仍有一定差距，存在有数量、缺质量的问题。学者们曾对中共党史研究中存在的问题进行了鞭辟入里的评析。胡绳曾批评过中共党史研究中的一些问题，如靠抛别人难以见到的资料取胜、过分考证一些未必重要的细节、将翻案文章作为学术创新等①。张静如则用“浅、窄、粗”三个字概括党史研究成果中存在的问题。浅指的是“研究中叙述多，分析少，理论性弱”；窄指的是“研究领域小，重复研究多，创新研究少”；粗指的是“分析不细致，用材不讲究”②。这些问题或多或少地存在于现有的党史研究中，限制了中共党史研究的学术水平和学科发展。

对于中共党史学科的研究格局，可以有不同的诠释方式。从研究内容而言，中共党史学科包含基于材料的实证研究和面向现实、基于史观的理论研究，需要处理好历史与理论的关系。在进行宏观研究时，要以史实和经验为基础，避免过分强调政治性、现实性而忽视科学性、理论性；在进行个案研究时，要避免沉迷细枝末节、过分堆砌史料的“碎片化”现象。

---

① 金冲及. 一本书的历史：胡乔木、胡绳谈《中国共产党的七十年》. 北京：中央文献出版社，2014：266.

② 张静如. 张静如文集：第3卷. 深圳：海天出版社，2006：780.

三是中共党史学科队伍不足，党史人才培养方案有待提升。

人才队伍是中共党史学科体系建设中的重要资源。目前，中共党史学科教研队伍相对不足。这一问题在2022年中共党史党建学一级学科设立后，显得更为突出。就高校、党校中的师资队伍而言，一方面，随着高校思想政治理论课的改革，原来从事中共党史教研工作的教师有所分流，高校中专门从事中共党史研究的力量明显不足。另一方面，中共党史研究队伍面临新老交替，20世纪80年代成长起来的那批中共党史研究者已经或者接近退休，迫切需要新的接班人引领学科发展，而当下中共党史研究新生力量中的顶尖人才相对不足，需要更多优秀的党史研究专业人才①。就全国党史部门的队伍而言，存在队伍总量不大，队伍中教师的学历结构、年龄结构不合理，缺乏领军人物和拔尖人才等问题②。在“五史”教育急需相关教学科研人员的情况下，中共党史学科需要大力建设其人才队伍。

人才培养是衡量中共党史学科体系建设的关键指标。当前，虽然我国已具备中共党史学科的本、硕、博培养体系，但是招生数量相对较少。教育部高等学校社会科学发展研究中心原主任王炳林分析了中共党史专业人才培养遇到的现实困难。中共党史学科的本科专业仅在11所高校开设，本科报名人数相对较少，每年总体招生规模保持在100至150人。全国中共党史硕士点和博士点招收研究生，每年招生规模为600至700人。研究生培养实行跨专业招生，部分学生由于基础知识不扎实，学术水平提高较难。上述问题要求中共党史学科在进行专业招生、人才培养时需要从战略高度合理规划、优化现有方案，建设一支专业素质过硬、结构优化合理的人才队伍，实现中共党史学科的可持续发展。

---

① 王炳林. 中共党史学科基本理论问题论要. 中国高校社会科学，2018 (1).

② 曲青山. 关于党史工作队伍建设的几个问题. 红广角，2012 (8).

第三节　新时代中共党史学科体系建设的对策

党的十八大以来，党和国家对中共党史学科予以高度重视。庆祝中国共产党成立 100 周年的重大历史节点，为中共党史学科提供了新机遇、新发展的同时，也使中共党史学科体系建设面临新的挑战。以中国共产党百年华诞为契机，要加强和改进新时代中共党史学科体系建设，以适应新时代的新使命、新任务。

一、构建具有中国特色的中共党史学科体系

在当代中国哲学社会科学体系中，中共党史学科是专门研究执政党历史的不可替代的学科。构建具有中国特色的中共党史学科体系，是构建中共党史学科、学术、话语三大体系的首要任务和重要前提。可以说，中共党史学科体系的建构，决定了学术体系和话语体系的创新和发展。当前，加强中共党史学科体系的建设，应坚持学科主体性，重点在于提升中共党史学科的层级、强化中共党史学科的指导思想、优化中共党史学科的结构等。

继续坚持以习近平新时代中国特色社会主义思想为指导，中共党史学科应当特别关注习近平总书记关于中共党史的重要论述。耿化敏归纳了新时代中共党史学科未来需要把握的三个要点：“一是厘清历史逻辑，考察习近平总书记的丰富经历和思想发展的过程，对其中的党史论述发展进行纵向历史联结；二是揭示理论逻辑，从党史的本质论、认识论与方法论角度，对其中的党史论述体系进行横向结构分析；三是把准科学定位，作为习近平新时代中国特色社会

主义思想的有机组成部分，习近平总书记关于党史的重要论述是中国共产党党史思想的最新成果，具有鲜明的党性与科学性、历史性与时代性、理论性与实践性相统一的特质，在党史研究理论建设中具有重大创新意义。”[①]

建构“大党史”理念，拓展中共党史的学术版图。毛泽东曾提出研究中共党史的“古今中外法”，“所谓‘古今’就是历史的发展，所谓‘中外’就是中国和外国，就是己方和彼方”[②]。习近平亦多次强调树立“大历史观”，即“从历史长河、时代大潮、全球风云中分析演变机理、探究历史规律”[③]。无论是“古今中外法”，还是“大历史观”，事实上均是将中共党史置于中国历史、世界历史的横纵坐标系中加以研究。所谓“大党史”，就是要求党史研究具备更为广阔的学术视野与学术眼光。

优化中共党史学科配置，调整中共党史学科结构和布局。要根据中共党史学科的性质、特点和功能，科学谋划中共党史学科的结构和布局，对中共党史学科内部的研究方向、具体专业、研究样式等作出全面安排和科学规划。学者们曾就中共党史学科下具体研究方向、开设的专业进行过讨论。“中共党史党建学”提升为一级学科后，其下可具体设置中国共产党历史、马克思主义政党学说与执政党建设、当代中国政治与政党制度、政党比较研究、党的历史文献学、党内法规等二级学科[④]。当前，应当结合党史学习教育常态化长效化的新形势、新任务，特别是参照“五史”教育的规划，优化中共党史学科的结构。

---

① 耿化敏. 党史研究前沿及未来着力点. 新闻潮，2021 (4).

② 中共中央文献研究室. 毛泽东文集：第 2 卷. 北京：人民出版社，1993：400.

③ 习近平. 在党史学习教育动员大会上的讲话. 北京：人民出版社，2021：14.

④ 宋俭，丁俊萍. 关于中共党史学学科建设问题的思考. 中共党史研究，2008 (3).

二、推进中共党史学科的学术化、科学化

中共党史学科萌芽于中国共产党成立后，在延安时期得到发展，新中国成立以来被纳入社会主义教育体系，改革开放新时期以来成为无可替代的学术领域，如今发展成为一门具有中国特色的相对独立的学科，发挥着求真求实的学术功能和资政育人、统一全党思想的政治功能。发挥中共党史学科的特色优势，既要继承坚持中共党史学科的优良传统，也要注重将现实与改革创新相统一，进一步推进中共党史学科的学术化、科学化。

中共党史学科的学术化是中共党史学科体系建设的核心问题，要求中共党史学科在加强理论与方法的指导、做好资料准备工作、推出有学术影响的精品著作等方面下大功夫、大力量。改革开放以来，中共党史学科不再只被看作单纯强调意识形态价值的政治理论课，突破了“政史不分”的既有框架，日益重视学术化。当前，学术化是中共党史学科在中国特色哲学社会科学体系中发挥作用，与相关学科进行互动对话、交流借鉴，获得认可的重要前提。

推进中共党史学科的学术化，具体可以从以下几个方面着手。

首先，加强理论与方法的指导。以马克思主义为指导，运用辩证唯物主义与历史唯物主义的方法，最根本的是学习贯彻习近平新时代中国特色社会主义思想。特别地，应当坚持大历史观，将中共党史学科置于中国历史的长时段中和世界历史的宽视野中，这是马克思主义的具体运用，也是习近平总书记倡导的党史观的重要内容[①]。在科学党史观的指导下，运用借鉴历史学、政治学、社会学等

---

① 杨凤城. 习近平党史观与中共党史研究. 中共党史研究，2020 (1).

学科的具体方法和手段，多方面、多层次、多角度地推进党史学科体系的建设。

其次，做好资料准备工作。中共党史资料的搜集和整理为中共党史学科的学术化提供了基础和可能，为中共党史学科的发展奠定了重要基础。百年大党继往开来再出发，为中共党史资料的征集提供了重要契机。一方面，要加大中共党史资料的征集力度，用丰富的第一手新材料和权威资料为中共党史学科下一阶段的研究提供素材。在国内，应当加大力度抢救“活史料”，加紧对老同志进行口述访谈，促成中共党史研究人员与相关部门形成相关联动，全方位、多重点地搜集史料；在国外，利用青年学者外语较好的优势，搜集与中共党史相关的史料和文献，并加强翻译和出版。另一方面，要去伪存真、去粗取精，以科学的态度对党史资料进行甄别，避免历史虚无主义。

最后，推出有学术影响的精品著作。中共党史学科的学术化，需要以有质量、有声望的学术精品、学术经典来展现。中共党史学科的著作是党史研究成果的集中展示，是中共党史学科发挥价值和功能的重要载体。就中共党史著作而言，其记载和关注的是，中国共产党领导人民进行革命、建设、改革的历史，即党的不懈奋斗史、理论探索史、自身建设史，这是中共党史基本著作的主要内容和构成要素。新时代的中共党史著作，可以从纵向开展编年史、断代史的研究，也可以从横向按照不同专题、不同领域进行深化扩展。在党的重大纪念等历史性节点事件前，不但应当大力推出纪念性的学术著作，也应当相应推出其他相关学术著作。

中共党史学科的科学化，要求中共党史学科坚持问题导向。只有把中共党史研究与现实观照联系起来，回答新时代的新问题、新关切，才能真正实现中共党史学科的功能和价值。中共党史学界普遍接受意大利学者克罗齐的著名论断，即一切真正的历史都是当代史，中共党史学科同当代中国现实社会的联系尤为密切[①]。习近平总书记倡导的党史观特别重视把历史与现实、史实与理论有机结合，这在习近平总书记论及中国共产党历史、新中国历史、改革开放历史，以及五四运动、长征、抗日战争等重大历史事件时，都得以较为充分地体现[②]。新时代的中共党史学科，应当从新时代高度、新时代面临的问题出发，在尊重历史事实的基础上，打通历史与现实，将史实陈述与理论概括结合起来，加强历史研究，总结经验教训[③]，为新时代党和国家的各项事业发挥理论“蓄水池”和智库作用。另外，中共党史学科的科学化要求中共党史学科加快成果转化，利用新时代的新载体、新媒介，提升中共党史学科资政育人的能力和水平。

三、打造国际化学术发展平台

虽然中共党史学科业已形成了中共党史研究的五路大军，但是不同研究机构间缺乏行之有效的协作联系机制，这就决定了中共党史学科亟须进一步建设学术发展平台，特别是建设能够与海外研究机构有效对话的国际化学术发展平台。可以说，学术发展平台的建设，能够同时带动教学研究、师资队伍、人才培养，为中共党史学科建设的各方面提供助力和保障，使之获得相得益彰的协同发展。

中共党史学术发展平台建设，需要高素质的中共党史研究队伍作为重要支撑。中共党史研究队伍是学术发展平台的实践主体，其学术水平、研究能力决定了学术发展平台的整体质量和综合水平。加强中共党史研究队伍建设，一要培养中共党史学科教学研究的后

① 克罗齐. 历史学的理论和实际. 安斯利，英译. 傅任敢，中译. 北京：商务印书馆，2017：13.

② 杨凤城. 习近平党史观与中共党史研究. 中共党史研究，2020（1）.

③ 杨凤城. 习近平党史观与中共党史研究. 中共党史研究，2020（1）.

备力量，形成老中青三结合、结构合理的人才梯队，同时加强对中共党史学科不同领域学术带头人和领军人的培养与选拔，通过高效的科研评价体系、学术奖惩机制，调动中共党史教研队伍的积极性和创造性；二要为中共党史教研队伍的全方位提升创造条件，如加强全国党校系统、中共中央党史和文献研究院以及地方各级党史部门、高等院校、中国社会科学院、军队系统的相关研究机构间的交流与合作，为有海外学习需求的教研人员提供出国访学机会，等等。

中共党史学术发展平台建设，需要具备国际化的研究视野、格局和能力。中国特色社会主义进入新时代，意味着中国特色社会主义道路、理论、制度、文化不断发展，拓展了发展中国家走向现代化的途径，给世界上那些既希望加快发展又希望保持自身独立性的国家和民族提供了全新选择，为解决人类问题贡献了中国智慧和中国方案①。在中国共产党领导下，中国理念、中国智慧、中国方案、中国实践在国际舞台上展现出更大的影响力，在世界政党政治中发挥更重要的作用。这就决定了，中共党史学科亟须建设具备国际化研究视野、格局和能力的学术发展平台。一支具备国际化研究水平的科研队伍，通过举办国际论坛、在海外期刊发表论文、加强与海外中国问题研究机构的对话，提升中共党史学科的国际学术话语权，回应海外社会对中国问题的关切，提升中国共产党的国际形象。

总之，中共党史学术发展平台建设应当发挥特色，突出优势，创新体制机制，综合发挥教学研究、人才培养、决策咨询等作用，为新时代中共党史学科体系建设发挥作用。

（作者单位：中共中央党校（国家行政学院）党史教研部）

---

① 习近平. 习近平谈治国理政：第3卷. 北京：外文出版社，2020：8-9.

第四章
中共党史学科的人才培养和课程体系

杨凤城　刘雨亭　吴起民

人才培养是学科建设的基本任务。依托学科组织制度，人才培养就是按照一定的育人目标和培养方案实施教学科研活动的过程。课程体系又是高等学校实现人才培养目标的重要支撑。

本章主要考察中共党史学科人才培养和课程体系的现状，参考各校培养方案，分别探究本科、硕士和博士三个培养层次的学位点建设情况。从整体上看，高校、党校和社科院形成了完整的本科、硕士和博士人才培养系统和课程体系，课程设置、考核标准和管理评价等环节日渐完善。但是长期以来的学科性质模糊导致学科主体属性淡化，引发本硕博学位一体化建设不充分、师资力量不足、核心课程不突出等问题。

设立中共党史党建学一级学科，是摆脱中共党史学科人才培养困境和发挥党史资政育人功能的治本之举。

第一节　本科生阶段的人才培养和课程体系

本科是中共党史学科人才培养的基础阶段。中共党史本科专业的学科名称为“中国共产党历史”，隶属于高校本科专业的“马克思主义理论类”。中共党史本科生人才培养在培养方案和课程体系等方面体现出“厚基础、宽口径、高素质、重创新”的特征。

一、本科专业的发展概况

中华人民共和国成立后，为满足中共党史教学与研究人才培养的需要，中共党史本科专业获得初步发展。

（一）中共党史本科专业的开设历程

中国人民大学于1956年设置了隶属于历史系的中国革命史专业，并于同年开始招收四年制本科生。该校中国革命史专业于1958年扩建独立成为中共党史系，招生规模不断扩大，一直持续到1970年学校停办。1960年至1962年，武汉大学也曾设立过中共党史本科专业。随着高考制度于1977年恢复，中国人民大学中共党史系在北京师范大学恢复招收中共党史专业本科生。1978年，中国人民大学复校，中共党史系随之复建。在这一年，湘潭大学政治系和广西民族学院政治系也开始招收中共党史专业本科生。其中，1979年湘潭大学历史系从政治系中分离独立成系，中共党史专业改隶历史系。

中共党史本科专业属于“马克思主义理论类”，并有一些微小调整。1987年，《普通高等学校文科本科专业目录》包含“中国共产党党史”专业，促进了专业建设的规范化。1993年，《普通高等学校本科专业目录》在“马克思主义理论类”下面设置“中国共产党党史”和“中国革命史”。1998年，《普通高等学校本科专业目录》又将二者合并，在“马克思主义理论类”下面设置“中国革命史与中国共产党党史”。2005年，《高等学校本科专业目录设置大全》显示，中共党史专业的学科名称为“中国革命史与中国共产党党史”，并规定在师范院校，“中国革命史与中国共产党党史”专业为师范类专业。2012年，《普通高等学校本科专业目录》在“马克思主义理论类”下面设置“中国共产党历史”。

在这样一个制度规定下，中共党史本科专业获得一定程度的发展。2005年，延安大学政法学院开设中共党史本科专业。2011年，井冈山大学马克思主义学院设置中共党史本科专业。河南师范大学于2017年招收首批“中国共产党历史”专业本科生，渭南师范学院、贵州安顺学院于2018年招收首批“中国共产党历史”专业本科生，黑龙江工业学院于2020年招收首批“中国共产党历史”专业本科生。2021年12月，教育部通过了武汉大学和山东师范大学申报的“中国共产党历史”本科专业①。至此，中共党史学科有11个本科学位点。

（二）中共党史本科专业的培养平台和师资状况

中共党史本科专业隶属于“马克思主义理论类”，培养平台也主要是马克思主义学院。延安大学、广西民族大学的中共党史本科专业由于其历史渊源，培养平台是政治学院。

依托马克思主义学院的中共党史本科专业包括两种类型。一是

① 教育部关于公布2021年度普通高等学校本科专业备案和审批结果的通知.（2022－02－22）. http://www.moe.gov.cn/srcsite/A08/moe_1034/s4930/202202/t20220224_602135.html.

在学科调整中并入马克思主义学院。中国人民大学的中共党史专业原隶属于独立的中共党史系，2003 年，马克思主义学院和中共党史系合并组建成新的马克思主义学院，中共党史系、中共党史专业随之归属于马克思主义学院。湘潭大学的中共党史专业原隶属于政治系，当时政治系拥有政治、哲学、中共党史三个本科专业，1979 年政治系一分为三，分成哲学系、历史系、经济系，中共党史专业隶属于历史系。其间先后归属于历史文化学院、哲学与历史文化学院，2018 年，湘潭大学为集中力量建设马克思主义理论双一流学科，将中共党史专业归属于马克思主义学院。二是井冈山大学、河南师范大学、渭南师范学院、贵州安顺学院、黑龙江工业学院、山东师范大学等学校创设中共党史本科专业时，本校马克思主义学院已经建立，故而一直隶属于马克思主义学院。

依托政治学院的中共党史本科专业也分为两种类型。一是延安大学中共党史本科依托于政法与公共管理学院，这与马克思主义学院和政法学院二者的渊源有关，在 2005 年中共党史本科创办之时，这两个学院合署办公，是“两个牌子、一套人马”，而在之后的招生和人才培养中未作出调整。二是广西民族大学中共党史本科在设立之初即依托于政治与公共管理学院，之后多年没有招生，在 2012 年《普通高等学校本科专业目录和专业介绍》出版后，也只是改变其学科名称，而未转移至马克思主义学院。

与培养平台相适应，中共党史本科的师资力量主要来自马克思主义学院。按照学科背景，师资力量主要来源于“中共党史”和“中国近现代史基本问题研究”专业，以及“马克思主义中国化研究”“当代中国史研究”“中华人民共和国史”等相关专业；按照课程背景，师资力量主要来源于“中国近现代史纲要”和“毛泽东思想和中国特色社会主义理论体系概论”教研室。从总体上看，中共党史本科的师资力量具有多元化的知识背景和多样化的教学任务，但具有“中共党史”专业学历背景的专职教师相对较少。

二、本科生的培养框架

本部分参考各校中共党史本科生的培养方案，从招生类型、培养目标、培养要求、培养环节、课程安排、毕业要求和毕业去向等层面作出综合分析。

生源是人才培养的前提。中共党史本科招生存在直接招生和专业分流（也称“大类招生”）两种情况。河南师范大学、井冈山大学、延安大学、渭南师范学院等学校实行直接招生。中国人民大学对 2015 级至 2017 级间的中共党史本科生实行“大类招生”，即文学院、历史学院、国学院、哲学院、马克思主义学院跨口径招生，所招学生大一学年统归“人文科学试验班”培养，在大一结束后按照高考时志愿或个人兴趣进行分流。中共党史本科专业名额一般为 20 人，但经过一学年培养，分流过来的人员通常会多于 20 人，最多一年达 40 余人。而随着分流至中共党史专业的学生日渐增多，中共党史专业从 2018 级起单独招本科生。

培养目标主要是明确人才的培养方向和业务能力。为满足社会对中共党史人才的需求，中共党史本科生的培养目标是培养既能够在高等院校和中央、地方的学术研究、政策研究部门从事与本专业有关的教学、研究和理论宣传等工作，又能够在党政军机关、企事业单位从事以本专业训练为基础的党务政务管理、文字处理、秘书等实际工作的德才兼备的复合型、普适性人才。各高校对中共党史本科生的培养目标基本一致。

培养要求是对培养目标的细化。中共党史本科生培养以“厚基础、宽口径、高素质、重创新”为指导原则，在知识层面，要求扎实掌握马克思主义基础理论，学习中国革命史、中国共产党历史的基本知识，了解多学科的知识方法；在能力层面，要求掌握中共党史学科的研究方法，运用马克思主义立场、观点和方法分析中国革命的历史经验，具有初步的学术探索和创新能力；在价值观层面，要求坚定马克思主义信仰和中国特色社会主义信念。最终将学生培养成具有较高的马克思主义理论素养和党性修养、扎实的基础理论、系统的专业知识、合理的知识结构的专业理论人才。

培养环节涵盖课程教学、实践任务、学位论文答辩等要素的安排。在课程教学方面，中共党史本科生一般要进行“通识教育课”、“专业教育课”（包含学科基础课、专业核心课、专业选修课）、“素质拓展课”和“实践课程”这几种类型课程的学习。其中，“专业教育”的学分比重超过总学分的60%，能够保障学生系统学习中共党史知识和哲学社会科学知识。

中共党史本科的学制一般为4年，修业年限为3～6年。在课程安排上，一般而言，第一学年上学期多修通识教育课和公共基础课；第一学年下学期至第三学年下学期，多修学科基础课、专业核心课和专业选修课；第三学年下学期进行专业实习、教学实习和社会实践；第四学年主要是进行就业实习和毕业论文答辩等。从“通识教育课”到“学科基础课”再到“专业课”“实践课”，这样一种循序渐进的教学安排有助于本科生由浅入深地系统掌握中共党史知识，更有利于实现理论和实践的结合。

毕业要求主要包括学分和毕业论文两个方面，中共党史本科毕业授予法学学士学位。在学分方面，目前11所学校均要求学分在130学分之上。在渭南师范学院、延安大学等的培养方案中，还制定了“培养目标-毕业要求-课程对应关系矩阵”，以帮助学生明确课程学习的着力点。实践环节也有不少学分，比如中国人民大学中共党史本科专业实践课程有 21 学分，占总学分的 13.5%；河南师范大学实践课程有 25.5 学分，占总学分的 17%；渭南师范学院实践课程有 31.5 学分，占总学分的 20.2%；等等。

各校均将毕业论文列入实践课程部分，要求学生将理论知识和实践实习充分结合起来，毕业论文学分在 4 学分以上。比如井冈山大学、河南师范大学等要求在第八学期完成 6 学分的毕业论文或论文设计；湘潭大学要求在第六学期完成 2 学分的学年论文，在第八学期完成 6 学分的毕业论文；中国人民大学要求在第八学期撰写一篇毕业论文（10 000 字左右）并参加答辩（5 月中旬），计 4 学分；等等。

毕业去向是人才培养的终端环节。中共党史本科生毕业后，一类是直接进入工作岗位，比如去培养目标中列举的国企、事业单位或政府部门从事党务工作，或去中学教授历史或政治课程，或在高校从事辅导员等工作；另一类是通过考研继续深造，此类占相当大比例。据笔者了解，2021 年河南师范大学中共党史 30 名本科毕业生中只有 2 名学生工作，其余学生选择通过考研或者保研方式深造，读研率高达 95%；中国人民大学中共党史本科生也多选择本校保研或者申请“直博”项目，或保研至北京大学、清华大学等高校，就读马克思主义中国化研究、中国近现代史基本问题研究、党的建设等专业。

三、本科生的课程体系

从教学内容来看，“中国共产党历史”本科专业并不局限于党的历史知识体系，而是具有“大党史”视野，体现出“厚基础、宽口径、多选择”的特点。中共党史本科专业的课程体系主要包括“通识教育课”“专业教育课”“实践课程”这三种类型，其中，专业教育课又可以具体化为“学科基础课”“专业核心课”“专业选修课”等课程。这里需要指出的是，有些学校并未对专业教育课作出具体区分，只分为专业必修课和专业选修课。为了便于分析不同层次课程对人才培养的影响，本部分按照“学科基础课”“专业核心课”“专业选修课”的层次呈现中共党史的专业教育课。

（一）通识教育课

通识教育课在一些学校也被称为公共基础课。中共党史专业本科生的通识教育课包括基础技能课和专业技能强化课两种类型。

基础技能课包含“大学英语”“计算机基础”“大学生心理健康教育”“基础写作”“大学语文”“军事训练”等课程，以使学生掌握基本的写作交流技能等，能够借助现代信息技术手段开展文献检索和资料查询，具备从事科学研究和开展实际工作的能力。

专业技能强化课包括“思想道德与法治”“经典历史著作阅读”“科学人文与方法”“形势与政策”“中国传统文化概论”等课程，为中共党史研究提供社会科学研究方法、历史基础知识和时事政策等方面的指导。学校可开展通识教育大讲堂等系列公开讲座，向学生讲授不同学科的基础知识，充分拓宽学生的研究视野。譬如，中国人民大学中共党史学科本科生要选修 8 学分的通识核心课，其中要求在“科学与技术”“实证与推理”“生命与环境”三个模块中至少选择两个模块，修读学分不少于 4 学分。

（二）学科基础课

学科基础课在一些学校也被称为大类共同课。中共党史本科专业隶属于法学门类下的马克思主义理论一级学科，以中国共产党历史为研究对象。因此，中共党史本科专业的学科基础课主要包括马克思主义理论类课程以及法学、政治学、历史学、社会学等跨学科的基础课程。每门课一般有 2～3 学分。

其一，马克思主义理论类课程。由于思想政治理论课“毛泽东思想和中国特色社会主义理论体系概论”（简称“概论课”）和“中国近现代史纲要”（简称“纲要课”），分别直接对应中国共产党的理论创新和历史演进，各学校多将“概论课”“纲要课”作为本科生的专业课程开设。比如，“概论课”的教学内容具体化为“毛泽东思想概论”“中国特色社会主义理论概论”“习近平新时代中国特色社会主义思想概论”“中国共产党建设理论与实践”等课程。“纲要课”的教学内容具体化为“中国近代史”等课程。

由于中共党史学科本科生的培养目标要求学生具有良好的马克思主义理论修养，很多学校也将公共课“马克思主义基本原理”（简称“原理课”）作为专业课程开设，即“马克思主义哲学原理”“马克思主义政治经济学原理”“科学社会主义理论与实践”“国际共产主义运动”等。原来分别为 3 学分、3 学分、5 学分的“原理课”“纲要课”“概论课”的学分被扩展至三倍以上，这有助于本科生更为系统、深入地了解马克思主义知识和中国共产党的理论与实践。

需要指出的是，笔者在调查中发现，同一门课程在有些学校属于学科基础课，在有些学校则属于专业核心课。譬如，“马克思主义哲学原理”“毛泽东思想概论”“习近平新时代中国特色社会主义思想概论”等课程在中国人民大学、井冈山大学等学校属于学科基础课，而在湘潭大学则属于专业核心课。这在一定程度上与地方特色有关。本部分之所以将这些课程列为学科基础课，主要是因为它们是对“原理课”“概论课”“纲要课”等公共基础课的展开，且相比于中共党史专题研究等专业主干课程来说，更具有基础地位。

其二，跨学科的基础课程。比如中共党史专业本科开设“法学概论”“政治学概论”“社会学概论”“伦理学概论”“教育学概论”“心理学概论”等课程。由于中共党史学科以中国共产党这一政党的历史为研究对象，因此中共党史本科重点开设了“政治学概论”“马克思主义政党学说”“历史学概论”等课程，为学生提供史学、政治学的基础知识和研究规范。

（三）专业核心课

专业核心课在一些学校也被称为专业主干课或专业必修课。专业核心课主要为中共党史课程，辅之以马克思主义理论、政治学和历史学课程。每门课一般有 2～3 学分。

根据各校培养方案中的课程设置，中共党史学科本科生的专业核心课一般主要包括“中国共产党历史”（按照历史分期分成三个课程讲授）、“中国共产党历史文献导读”、“中共党史人物选讲”、“中共党史学概论”、“马克思主义发展史”、“政党政治原理”、“中国近现代政治思想史”、“当代中国政府与政治”、“国外中国研究名著选读（英）”、“学术论文写作”等课程。

除这些课程外，井冈山大学、山东师范大学等校还开设了“史学理论与方法”课程，渭南师范学院开设了“世界现代史”课程，湘潭大学还开设了“中国政治思想史”“西方政治思想史”“湘籍无产阶级革命家研究”“统一战线理论与实践”“党务工作理论与实践”等课程。

（四）专业选修课

专业选修课主要包括四种类型：一是社会科学知识与方法类选

修课程，二是中共党史专题类选修课程，三是反映地方红色文化的课程，四是面向实践的选修课程。每门课的学分也是2～3学分。

一是社会科学知识与方法类选修课程。比如“世界政治经济与国际关系”“当代中国社会思潮”“世界现代史”“中国哲学史”“西方哲学史”“西方马克思主义”“西方政治思想史”“西方经济学”“政治哲学”“社会科学研究方法”等中外社会科学类选修课程。

二是中共党史专题类选修课程。比如中国人民大学开设了“中国共产党与当代中国”模块课程，包括“中国共产党与当代中国经济”“当代中国文化”“当代中国社会”“当代中国统一”“当代中国宗教问题”5门课程；“中国近现代史专题”模块课程，包括“中国民主党派史”“中国妇女运动史”；“国际比较”模块课程，包括“海外中共党史研究”“中外政党比较研究”。山东师范大学、湘潭大学、渭南师范学院等学校还开设了“中共党史学术前沿与方法论”“中共党史人物选讲”“中国共产党对外关系史研究”“中国共产党思想政治教育史”“党内法规学”等中共党史专题类选修课程。

三是反映地方红色文化的课程。设置中共党史本科专业的学校多数具有浓厚的红色革命文化背景。比如井冈山大学开设了“井冈山革命根据地史”“红色文化专题研究”，湘潭大学开设了“红色旅游资源”“中国共产党革命精神概论”，延安大学开设了“陕甘宁边区史”“延安时期中共党史人物研究”“中共中央在延安十三年”“延安精神概论”“延安时期党的建设”，河南师范大学开设了“中国共产党革命精神与中原红色文化资源概论”，山东师范大学开设了“中国共产党革命精神与山东红色文化概论”，渭南师范学院开设了“渭华照金精神研究”等具有地方特色的课程。

四是面向实践的选修课程。中共党史专业本科生的培养目标是培养熟悉党务、秘书、管理等工作的专业人才。为此，学校开设了

“公务员考试制度”“管理学概论”“传播学概论”“国家公务员制度”“领导学概论”“秘书学概论”“党务工作理论与实践”等面向实践的多学科选修课程，为学生未来进入工作岗位提供了多元化的理论知识。

（五）实践课程

中共党史专业本科生的实践课程一般包括专业实践课程和发展指导课程。总学分一般为 20～40 学分。

在专业实践方面，主要包括体验式教学、走访调研、撰写学年论文、革命旧址讲解及现场授课等。譬如，中国人民大学中共党史专业本科生的实习课程要求以班集体统一组织实习和个人分散实习相结合的方式进行，累计实习时间不少于 4 周。其中，班集体统一组织轮流在学院的专业实习基地“韶山实习基地”“井冈山实习基地”“延安实习基地”“西柏坡实习基地”等进行专业实习，为期 1 周，提交一份 5 000 字左右的实习报告；个人分散实习时间不少于 3 周，提交一份 5 000 字左右的实习报告。此外，相关学生还需要参加志愿者服务和劳动教育等实践活动。河南师范大学、延安大学、井冈山大学等均在当地实习基地开展专业实践活动，并与这些基地建立合作研究项目。

为更好指导学生就业，中共党史本科专业还开设发展指导课程，如“应用文写作”“就业创业指导”“大学生创新创业训练”等课程。在一些师范类学校，还开设“教师职业技能训练”等课程。为满足学生进一步深造的需要，中国人民大学开设了“读研指导”“出国学习指导”“科研训练”“经典选读”等课程；井冈山大学开设了“史料和经典摘要抄录 300 篇次”，共 2 学分，分 4 个学期完成，每次算 0.5 分，32 学时。这两种类型的课程均属于选修课，本科生可以根据自己的就业需求进行选择。

从总体来看，中共党史本科专业的课程开设范围较为广泛，涉及政治学、历史学、法学、哲学、社会学、马克思主义理论等学科，保证本科生能够多方位获得社会科学知识，也有助于从多个角度审视中国共产党历史，为学生选择具体研究方向提供多元知识结构，体现出“厚基础、宽口径、高素质、重创新”的培养要求，但也引发了核心课程不突出、知识结构多而不专等问题。

第二节　硕士研究生阶段的人才培养和课程体系

较之于中共党史本科生“厚基础、宽口径、高素质、重创新”的培养方式，中共党史学科硕士生培养更注重对学生理论功底、研究能力和学术规范的培育。

一、硕士学位点建设概况

（一）中共党史学科硕士学位点的建设历程

最早招收中共党史专业研究生的学校是中国人民大学和中共中央党校，而这两所学校的研究生招生最初多是以培训班的形式出现，学制、课程等要素具有临时性和不稳定性。1952 年 9 月，中共中央要求“在中国人民大学创设马克思列宁主义研究班，为全国各高等学校培养一部分政治理论师资。第一期招收研究生三百人”[①]。马克

① 教育部社会科学司. 普通高校思想政治理论课文献选编（1949—2008）. 北京：中国人民大学出版社，2008：11.

思列宁主义研究班下设中共党史专业。在中共党史系成立后，1961年至1966年间中共党史系还培养了5位导师制研究生①。在党校领域，马列学院曾于1954年秋季在一部四班设置中共党史专业；1955年8月，马列学院改称为中共中央直属高级党校，在师资培训部设置中共党史专业，在1955年至1957年三年间连续招生②。“文化大革命”期间，中共党史学科的研究生教育陷入停顿。

改革开放后，《中华人民共和国学位条例》《中华人民共和国学位条例暂行实施办法》等学位管理文件相继颁布，对硕士和博士的招生条件、课程设置、论文写作与答辩、学位授予条件以及学位授予单位考核标准等作出全面规定，使各学科硕士生和博士生的培养有了明确的制度遵循。据1983年颁行的《高等学校和科研机构授予博士和硕士学位的学科、专业目录（试行草案）》显示，“中共党史”是法学门类政治学下面的一个二级学科。1990年颁行的《授予博士、硕士学位和培养研究生的学科、专业目录》，虽然仍旧将其作为政治学下面的一个二级学科，但拓展了学科内涵，把“中共党史”改为“030205 中共党史（含：党的学说与党的建设）”。这一规定在1997年《授予博士、硕士学位和培养研究生的学科、专业目录》中得以保持③。

“学位条例”和“学科专业目录”推动中共党史学科研究生教育发展。1981年，国务院批准了首批硕士学位授予单位名单，中国人民大学、北京大学、北京师范大学、吉林大学、东北师范大学、湖

① 王顺生. 改革开放新时期高校中共党史学科的建设与发展. 中共党史研究，2010（7）.

② 刘晶芳. 中央党校中共党史学科建设史. 北京：中共中央党校出版社，2019：76－78，88－92.

③ 国务院学位委员会办公室，教育部研究生工作办公室. 学位与研究生教育文件选编. 北京：高等教育出版社，1999：62，63，74，75.

南师范学院获得首批中共党史专业硕士学位授予权①。天津师范大学、杭州大学为第二批中共党史专业硕士学位授予单位②。清华大学、南开大学、辽宁师范大学、哈尔滨工业大学、华东师范大学、浙江大学、安徽师范大学、河南大学、武汉大学、华中师范大学、中南财经大学、西安交通大学、陕西师范大学、中共中央党校为第三批中共党史专业硕士学位授予单位③。

进入21世纪，随着马克思主义理论一级学科和马克思主义学院的迅速发展，中共党史学科建设面临着新挑战新机遇。

一方面，中共党史专业硕士学位点持续增加，河北师范大学、南京师范大学、山东师范大学、华南师范大学等校获得中共党史专业硕士学位授予权，一些省级党校也获得中共党史专业硕士学位授予权。截至2009年1月，据“全国中共党史博士点暨中共党史学科建设学术研讨会”介绍，全国高校中共党史专业硕士学位点增至85个④。此外，一些新创办的高等院校，如中国社会科学院大学，也获得中共党史专业硕士学位授予权。

另一方面，马克思主义理论一级学科于2005年成立，属于法学门类，把原政治学一级学科下的“030205马克思主义理论与思想政治教育”调整到新增设的“马克思主义理论”一级学科下。这对于仍属于政治学一级学科的“中共党史（含：党的学说与党的建设）”来说，首先是在政治学一级学科中的处境更加突兀，与西方政治学理论差异显著；其次是“马克思主义中国化研究”二级学科，在一

---

① 首批硕士学位授予单位及其学科、专业名单. 高教战线，1982（7），1982（8），1982（10）.

② 第二批硕士学位授予单位及其学科、专业名单. 高教战线，1984（4），1984（5）.

③ 第三批硕士学位授予单位及其学科、专业名单. 中国高等教育，1986（12）-1987（6）.

④ 耿化敏，阎茂旭. “全国中共党史博士点暨中共党史学科建设学术研讨会”纪要. 中共党史研究，2009（2）.

定程度上分割了中共党史学科的内容和功能，也吸引了一部分师资。2008 年和 2017 年，马克思主义理论一级学科分别增设“中国近现代基本问题研究”和“党的建设”二级学科，进一步分割了中共党史学科的内容和功能，加剧了师资流失，也导致中共党史学科硕士点的萎缩和边缘化。有些学校学科点还在，但是已经停止招生，更多的是招生规模急剧萎缩。

（二）中共党史学科硕士生的培养平台和师资状况

与中共党史学科本科生的培养平台相比，中共党史学科硕士生的培养平台分布更为复杂。从学科目录来看，在历次“硕士、博士学位授予专业目录”中，中共党史一直隶属于政治学一级学科，而政治学一级学科依托于政治与公共管理学院、政府管理学院、政治与行政学院等。而从学科内容来看，中共党史专业在研究对象和方法等方面与马克思主义理论一级学科更为相近，故而一些学校的中共党史学科硕士生的培养平台在马克思主义学院。

中共党史学科硕士生的培养平台分为以下五种类型：一是根据学科设置，与政治学其他二级学科一样，隶属于政治学院，如北京大学、山东大学、天津师范大学、东北师范大学等；二是根据研究内容，隶属于马克思主义学院，或者由于创立中共党史专业时其隶属于马列主义研究室或中共党史系，其后跟随学校学科调整并入马克思主义学院，如中国人民大学、湘潭大学等；三是全校取消“政治学”一级学科后，在马克思主义学院自设“党的历史与理论”学科，如北京师范大学等；四是本科生、硕士生和博士生不在同一培养平台，如河南师范大学中共党史学科本科生在马克思主义学院、硕士生在政治与公共管理学院；五是中共中央党校和地方党校中共党史学科硕士学位点在“党史党建教研部”，中国社会科学院大学依托国史系培养中共党史学科硕士生，地方社科院中共党史学科硕士生依托马克思主义研究所或者不区分系所，等等。

中共党史作为政治学一级学科下的二级学科，由于其学科性质、知识体系乃至就业导向与其他政治学二级学科差异显著，故而在政治学一级学科中边缘化程度严重。譬如，北京大学政府管理学院虽然设置了中共党史学科硕士学位授予点，但在教学计划中并无中共党史一类的课程，甚至没有配备中共党史相关专业的教师，近年来未进行招生，出现“有名无实”的状况。由此，中共党史学科出现了马克思主义学院“师资充足、需求旺盛却无学科”，政治学院“有学科却师资匮乏、发展动力不强”这一不平衡现象。

二、硕士生的培养框架

依托不同培养平台的中共党史学科硕士研究生的人才培养，在培养目标、培养方式和毕业要求等方面并没有显著差异，但在招生条件、考试科目、研究方向和培养环节等方面各具特色。

在招生条件和考试科目方面，依托马克思主义学院的中共党史专业重视考查学生对中国共产党历史与理论创新成果的掌握程度，考试科目为“中国共产党历史”和“马克思主义中国化及其理论成果”（武汉大学）、“马克思主义基本原理”和“中共党史与党建学说”（复旦大学）等。依托政治学院的中共党史专业的考试科目则有“政治学概论”和“中国特色社会主义理论与国际政治学”（东北师范大学）、“政治学原理”和“中国社会主义思想史”（山东大学）等。国防大学考察“军事学基础”和“党的建设理论”等。

在培养目标方面，各高校的培养方案均显示中共党史学科硕士生的培养目标是培养具有坚定正确的政治方向、较高的马克思主义理论水平、深厚的专业理论知识，能从事高等院校、科研机构及党政机关理论教学、理论研究、理论宣传，通晓党务政务知识且具有管理能力的高级专业人才。

在研究方向方面，除以中共党史为核心设置的研究方向外，还体现出各自特色。在学科特色上，依托政治学院的中共党史专业硕士生培养，研究方向侧重于探索政党建设规律，包括“政党学说与党的建设”（山东大学），“中国政党与政治”“基层党建”（华东师范大学）等；依托马克思主义学院的中共党史专业硕士生培养，研究方向侧重于理论创新史，如“中国共产党与中国现代思想文化”（复旦大学），“民主主义革命的理论和策略”“社会主义革命的理论与策略”（南开大学），“中国共产党与马克思主义中国化研究”“中国共产党统一战线理论与实践研究”（武汉大学）等。在学校特色上，中国政法大学增加“中国共产党法治建设的理论与实践（含马克思主义法学中国化）”“党内法规建设研究”方向，国防大学增加“军队党的领导和党的建设”研究方向。在地区特色上，延安大学、海南大学等学校增加了研究当地“红色文化”的方向。

在培养方式上，中共党史专业的硕士生实行“导师负责”与“小组集体培养”相结合的制度。硕士生在入学第一学期内，经过师生互选确定导师。在确认导师后，根据本学科的培养方案要求和研究生的个性特征、知识基础、研究方向来制订研究计划，并报学院同意。研究计划明确规定课程学习、文献阅读、科研工作预期目标、研究方向、教学实践和社会调查研究等内容。在武汉大学、中南财经政法大学、北京大学等学校，硕士生须参加培养单位组织的中期考核，合格者方可继续完成学业。

在培养环节方面，中共党史专业硕士生的学制一般为 2～3 年，主要包括课程学习、中期考核、开题报告、论文答辩等环节。二年制研究生（以中国人民大学为例）第一学年主要是学习公共课、学科基础课和专业课等课程，须修满学分和考核合格。第一学年末、第二学年初，导师和学生协商确定选题，教研室组织做开题报告；之后进入论文写作阶段；第四学期进行论文答辩。三年制研究生（以武汉大学为例）前两个学期主要是进行理论课程学习，在第三学期进行中期考核，根据研究生学习及科研情况确认其具体流向，包括硕博连读、攻读硕士学位以及退学等；第四学期举行开题报告会，并在导师指导下进行包括挂职锻炼、教学实践、社会调查、科研实习等实践；最后一学期召开论文答辩会，并开展毕业工作。

从毕业要求来看，首先要求修满培养方案规定的学分，其中公共课多为考试，专业课的考核方式多为提交学术论文。在科研方面，一些学校没有提出明确的学术论文发表要求，但鼓励学生发表，并将其作为评奖评优的标准。也有一些学校提出了明确的考核标准，如武汉大学中共党史专业要求以第一作者身份且署名单位以武汉大学为第一完成单位公开发表本专业学术论文至少 1 篇；北京师范大学要求硕士生发表 2 篇本专业论文；中南财经政法大学要求发表专业学术论文 1 篇以上，并将其作为优秀学位论文评定的参考依据。

学位论文写作是中共党史专业硕士生的重要任务。虽要求各异，但总体上均要求选题应对中共党史学科发展具有理论或实践意义，并提倡密切结合国家经济、社会、政治发展需要，字数在 3 万字左右。为保证选题有充分依据，在开题报告写作中要包含不少于 3 000 字的文献综述。毕业论文形式以学术型论文为主，亦可撰写调研报告；基本要求是政治立场鲜明、论说具有新意、文献资料恰当、体例结构和行文写作规范、观点结论正确。要求导师定期对学生毕业论文进行检查。在毕业论文评议方面，须经至少两位同行专家评审为合格后方能进入答辩。论文获 2/3 以上答辩委员通过后，答辩委员会可建议授予答辩人所申请的学位。

在毕业去向上，中共党史学科硕士生按照培养要求，进入党政部门、国企、事业单位从事党务工作，或去高中教授历史或政治课程，或在高校从事辅导员等工作。也有一部分学生通过统考和硕博连读等方式继续攻读博士学位。受年龄和学术兴趣等因素影响，中共党史学科硕士毕业生至少有一半人员进入工作岗位。

三、硕士生的课程体系

中共党史学科硕士生培养注重对学生理论功底、研究能力和学术规范的培育，课程类型一般包括公共课、学科基础课、专业课、方法课和实践课等。课程内容围绕中共党史专题研究、中共党史研究方法以及马克思主义、政治学理论和史学理论等学科的基础理论方法展开。总学分在40学分左右。

（一）公共课

在公共课方面，各校针对中共党史专业硕士生都开设了“中国特色社会主义理论与实践研究”和“外语”这两门课程。绝大部分学校开设了1学分的“马克思主义与社会科学方法论”。为培养学生以“大历史观”审思中共党史，中国人民大学针对中共党史专业硕士生还开设了“新时代中国特色社会主义理论与实践”“习近平新时代中国特色社会主义思想研究”“中国共产党100年”“社会主义500年”“中华优秀传统文化概论”等课程。南开大学、华东师范大学等还将“研究生学术规范”“研究伦理与学术规范类课程”作为中共党史专业硕士生的公共课开设。

（二）学科基础课

由于中共党史学科隶属于政治学一级学科，“政治学理论研究”“政治学理论和方法”等政治学类课程成为绝大多数学校中共党史专业硕士生的必修科目。武汉大学、山东大学等还开设了“政党理论与执政党建设”“比较政治与政治制度”等课程。

培养学生运用马克思主义立场、观点和方法分析中国共产党历史的能力，是中共党史学科硕士生人才培养的重要目标。培养方案显示，中共党史学科点均开设了马克思主义理论类课程，如“中国化的马克思主义”（中国人民大学），“马克思主义经典著作选读”（中南财经政法大学），“习近平新时代中国特色社会主义思想”（复旦大学），“马克思主义思想史”“马克思主义基本原理”（云南大学）等。

有些学校（华东师范大学、武汉大学、山东大学等）在学科基础课部分开设了“社会主义思想史”“社会主义研究”课程，让学生从社会主义发展史的角度审视中国共产党的理论与实践。另有一些学校（东北石油大学、上海师范大学等）将“中共党史专题”“中国近现代思想史”等专业课程作为学科基础课开设。

（三）专业课

从各校培养方案来看，中共党史专业硕士生的专业课虽然名称和学分并不完全一致，但均包含“中共党史专题研究”“中共党史研究理论与方法”“中共党史文献选读”“中共党史人物研究”“执政党建设研究”“政治学理论”等方面的课程。除此之外，中共党史专业还根据不同培养平台需求开设各具特色的专业课。

培养平台在政治学院的中共党史专业，侧重于使学生从政治学角度认识中国共产党的政党运行逻辑。譬如，华东师范大学将“政治学研究的领域与方法”“政治科学研究方法”作为专业必修课程。山东大学中共党史专业政治学类课程所占比重更大，开设“马克思主义政治学经典著作导读”“政治学原理与方法”“政党政治专题”“中国政治思想史”“国际政治理论”“政治文化专题”“行政理论与实践”等政治学类课程。

培养平台在马克思主义学院的中共党史专业，侧重于使学生从理论创新史角度考察中国共产党历史。譬如，武汉大学开设了“马克思主义中国化研究专题”“中国共产党统一战线理论与实践研究专题”“中国共产党与国际共产主义运动研究专题”“马克思主义经典著作选读”等专业课程；中南财经政法大学开设了“中国共产党思想史”“马克思主义中国化专题研究”“共产国际与中国共产党专题研究”“中国共产党与中国现代化研究”等课程。

也有一些学校开设了历史类和当代类课程。历史类如“史学理论与方法”（中共中央党校）、“中共党史学史”（中国人民大学）、“马克思主义史学理论”（云南大学）等课程。当代类如“当代中国经济研究”“现当代人物研究”（中国人民大学），“中国现代经济研究”“中国现代化问题研究”“中国现代政治制度研究”（中共中央党校）等课程。

（四）方法课

中共党史专业硕士生的方法课主要包括社会科学研究方法、政治学研究方法、中共党史理论与方法等方面。多数学校以公共课的形式开设了“马克思主义与社会科学方法论”“社会科学方法论”等课程，或者以专业课的形式开设了“政治科学研究方法论”“政治学研究的领域与方法”等政治学类方法论课程。有些学校开设专门针对中共党史研究的方法课。比如中国人民大学开设了“中共党史与当代中国史文献研究”“中共党史与当代中国史研究的理论与方法”课程，华东师范大学开设了“中共党史资料的阅读与使用”“中共党史研究理论与方法导论”课程，武汉大学开设了“中共党史党建学理论与方法”课程。而除这几所学校外，较少有学校专门开设中共党史研究方法论课程。

（五）实践课

中共党史专业硕士生的实践课主要包括科研实习、教学实践和社会调查等课程，旨在培养学生将理论运用于现实的能力和组织教学的能力。以武汉大学为例，中共党史专业硕士生的实践课安排在第四学期开设，要求研究生应在导师指导下进行挂职锻炼、教学实践、社会调查、科研实习等，总时间不少于三个月。研究生应在院、系和学科点统一安排下参加一定的教学实践活动，包括担任本科生有关课程的讲授、辅导、答疑、组织讨论、批改作业等。相关人员应根据实际情况安排各研究方向研究生的科研实习活动。

第三节　博士研究生阶段的人才培养和课程体系

博士是人才培养的最高层次，要求学生具备较强的科研能力、原创能力和学术交流能力。中共党史学科博士生的人才培养框架和课程体系呈现出“深层次、多专题、重前沿”的特点。

一、博士学位点建设概况

新中国成立后，高等教育的正规化、制度化经历了一个从学习苏联先进经验到自主探索的发展过程。

（一）中共党史学科博士学位点的建设历程

在中共党史学科的研究生教育方面，中国人民大学、中共中央党校曾设置过相应的研究生班，用以培训干部和培养理论教员。此后，中国人民大学等参照苏联高校关于博士、副博士的学位制度，推动过中共党史学科研究生的学位制度建设。1981 年，国务院制定的《中华人民共和国学位条例暂行实施办法》沿用这一学科门类划分方法，正式确立包含学士、硕士和博士三个层级的学位制度。

1981 年，首批博士学位授予单位及其学科、专业名单显示，中国人民大学获得中共党史学科博士学位授予权。此后，北京师范大学、东北师范大学、中共中央党校于 1986 年获得中共党史学科博士学位授予权，湖南师范大学于 1998 年获得中共党史学科博士学位授予权，武汉大学于 2000 年获得中共党史学科博士学位授予权，等等。据 2002 年 7 月召开的“中国中共党史学会学科建设专业委员会成立暨中共党史学科建设学术讨论会”介绍，此时已有 6 个博士学位授予点，即“中共中央党校、中国人民大学、北京师范大学、武汉大学、东北师范大学、湖南师范大学”[①]。21 世纪以来，中共党史学科博士学位点获得进一步发展。北京大学、华东师范大学、复旦大学、华中师范大学、南开大学、天津师范大学、湘潭大学、辽宁师范大学、山东大学、中国社会科学院大学等学校也获得中共党史学科博士学位授予权。

---

① 李庆刚．“中国中共党史学会学科建设专业委员会成立暨中共党史学科建设学术讨论会”综述．中共党史研究，2002（5）．

（二）中共党史学科博士生的培养平台和师资状况

与中共党史学科硕士生类似，高校中共党史学科博士生的培养平台分布在马克思主义学院和政治学院。中共中央党校的中共党史学科博士生由中共党史教研部培养，中国社会科学院大学的中共党史学科博士生依托国史系培养。

培养平台在政治学院的中共党史学科博士学位点有北京大学、天津师范大学、山东大学、湖南师范大学、东北师范大学等高校。由于研究内容与政治学其他二级学科相差较大，中共党史学科处于明显的边缘地位。

培养平台在马克思主义学院的中共党史学科博士学位点有中国人民大学、湘潭大学、武汉大学、南开大学、复旦大学、北京师范大学、辽宁师范大学等高校。较之政治学院，马克思主义学院的中共党史专业博士点发展相对充分，但也面临着学科制度带来的边缘化问题。中共党史学科与“中国近现代史基本问题研究”“党的建设”“马克思主义中国化研究”学科内容类似，故而一部分具有中共党史专业背景的资深教师由于学科限制，不在中共党史专业招收博士生。

二、博士生的培养框架

在招生条件方面，博士阶段以科研训练为主，要求生源具备一定的中共党史专业知识基础，因此中共党史专业的博士生一般来自中共党史、中国近现代史基本问题研究、马克思主义中国化研究或者历史学等专业。除“申请-考核制”招收外，中共党史专业的考博科目一般为外语加两门专业课，跨一级学科的考生需加试“政治学原理”和“中国特色社会主义理论与实践”等课程。近年来，中共党史专业招生日渐以“申请-考核制”为主，注重考察报考学生的科研能力和学术积累。也有一些学校的中共党史专业实行“直博制”，遴选优秀本科生直接攻读博士，学制为五年。

在培养目标方面，各校培养方案显示，中共党史专业博士生以培养高层次中共党史研究人才为目标，要求博士生坚持正确的政治方向，掌握科学的研究方法，具备扎实的中共党史和党的建设基础理论，了解国内外学术界前沿问题，具有独立开展科学研究的能力，发表较高水平的学术论文。博士生经过学习深造，毕业后成为能够胜任高等院校、社会科学研究机构以及党政决策咨询机构、宣传部门和政策研究室的教学与研究工作，或能够胜任党政机关及其他公共部门的高层次管理工作的高级专业人才。为达到这一目标，学校要求博士生恪守学术规范，系统掌握马克思主义基本理论和马克思主义中国化的最新成果，能够运用马克思主义的观点和方法研究历史与现实问题；掌握中共党史党建研究的理论与方法，熟悉中共党史党建的基本文献，能够独立从事科学研究和相关教学工作；较为熟练地掌握一门外语并能独立阅读本专业的外文资料，具备进行国际学术交流的能力。

在研究方向方面，依托马克思主义学院的中共党史专业博士生的研究方向主要为“中共党史研究”“马克思主义中国化研究”“党的学说与党的建设研究”“当代中国政治和政党研究”（中国人民大学），“中国共产党思想理论研究”“中国共产党思想政治工作与文化工作研究”“马克思主义党的学说与执政党建设研究”“中国共产党与中国政治发展研究”“中国共产党统一战线理论与实践研究”“中国共产党与当代中国研究”（武汉大学），等等。依托政治学院的中共党史专业博士生的研究方向侧重于政党理论和比较政治，如“政党理论”“中国共产党与中国社会发展”“当代国外共产党的理论与实践”“政党政治比较”（山东大学）。由于入校前已确定导师，学生的具体研究方向一般与导师的研究方向类似。

在培养方式方面，以导师负责制为主，本专业教师组成培养小组。博士生入校后，在导师指导下拟定合理的科研计划。譬如，中国人民大学、华东师范大学等均建立“学业进展汇报”制度，按照培养方案和个人培养计划推进学业。学院和导师审核博士生学业进展报告，对于不适合继续攻读博士学位的学生，结合课程学习、学科综合考试、开题报告、论文中期审核、预答辩等环节的审核，进行分流和降档培养。

在培养环节方面，中共党史专业博士生的学制一般为 3～4 年，最长为 6～8 年。第一学年和第二学年为课程学习阶段，学生需要修满培养方案规定的学分。但就目前课程设置来看，中共党史专业博士生的课程集中于第一学年，尤其是第一学年第二学期。在修满学分之后，于第二学年或第三学年上学期举行中期考核，由导师组负责。中期考核注重对学生经典文献阅读和专业前沿问题研究等的考查。譬如，武汉大学规定博士生必须阅读马克思主义经典著作和中国共产党主要领导人的著作及党的重要历史文献，每学期不得少于 5 种，并在学期学术研究进展汇报和学科综合考试中进行考核。北京大学也做出相似规定，未达到要求者不得参加论文开题和答辩。华东师范大学则要求每年进行考核。在完成中期考核后，第二学年下学期或第三学年举行开题论证会。在论文完成后，经指导教师推荐，研究生院审核批准，可进入博士学位论文评阅和答辩阶段。

直博生学制一般为五年。中国人民大学、武汉大学中共党史专业均招收直博生。以中国人民大学为例，直博生在第一学年和第二学年以课程学习为主，修满培养方案所要求的学分；参加一定数量的与本专业相关的学术讲座并做一次学术报告，将学术讲座报告综述交导师审查，在学科综合考试前完成成绩审核。在第三学年进行综合考试，在综合考试合格的基础上做开题报告。在第三至第四学年，学校鼓励博士生参与海外一流大学、一流学科的联合培养项目。第五学年举行论文答辩，其中第九学期末为论文预审查或预答辩时间。通过论文预审查或预答辩者，如已完成各项培养要求，可于第十学期申请博士论文答辩。

在博士生毕业要求和答辩方面，发表论文是硬性条件。各校对论文数量要求不同，比如：中国人民大学要求发表 1 篇核心期刊和 1 篇普通期刊；武汉大学要求在 CSSCI 来源期刊上以第一作者身份且署名以本校为第一完成单位发表 2 篇以上的学术论文；华东师范大学要求在 CSSCI 期刊上发表 2 篇论文，其中至少 1 篇为第一作者，其他篇导师可为第一作者，博士生为第二作者；东北师范大学要求在 CSSCI 来源期刊上发表 2 篇论文，其中须有一篇是博士论文的一部分；等等。

博士论文答辩包括预答辩和正式答辩两个环节。预答辩一般安排在正式答辩前三个月进行。预答辩一般由 3～5 名本学科或相关学科博士生导师或教授组成，未通过者不予答辩；通过者进入论文外审环节，成绩合格后方可进入正式答辩环节。论文答辩委员会成员由 5～7 名具有研究生指导资格的教师组成，经全体委员 2/3 以上（含 2/3）同意，论文方为通过。答辩通过后授予法学博士学位。

三、博士生的课程体系

中共党史学科博士生要掌握中共党史专业的基础理论、学术前沿和研究方法，并且根据研究方向需要掌握多学科知识。中共党史学科博士生的课程体系主要包括公共课、专业课和实践课三种类型。总学分在20学分左右，其中专业课所占比重最高。

（一）公共课

中共党史学科博士生的公共课主要包括政治理论课、外语课和研究规范类课程。

在政治理论课方面，多数学校的课程名称为“中国马克思主义与当代”或者“中国马克思主义与当代世界”，中共中央党校的该课程名称为“马克思主义与当代中国社会思潮”。在外语课方面，有些学校不仅开设了公共外语课，为国际学术交流或出国交换做准备，还开设了专业外语课或第二外语课，培养学生阅读国外文献的能力和外文论文写作能力。在研究规范类课程方面，多数学校开设了“马克思主义与社会科学方法论”“学术道德研究与规范”“研究伦理与学术规范类课程”等课程。

（二）专业课

中共党史学科博士生的专业课包括理论专题课程、主文献课程、前沿类课程和方法课这四种类型。

中共党史学科博士生的专业课多以专题形式进行理论讲授。譬如，多数学校开设了“中国共产党历史专题”“马克思主义中国化研究专题”“中国近现代史基本问题研究专题”等专题课程，由导师组成员轮流讲解。除此之外，还开设了中共党史具体理论主题的课程，如“马克思主义政党基本理论研究”“马克思主义中国化与中国现代化专题研究”“中国共产党党际关系与政党外交”“中国共产党思想理论研究”“中国共产党与中国政治研究”“中国共产党思想政治工作与文化工作研究专题”“中国共产党统一战线理论与实践研究专题”“当代中国经济研究”等课程，一般由专门研究此方向的教师负责讲授。

主文献课程主要包括“马克思主义经典著作选读”“中共党史和当代中国史主文献研读”“党的建设经典文献选读”这几类。其中，“马克思主义经典著作选读”课程主要选取马克思主义经典作家不同时期的代表性著作进行导读，使学生掌握马克思主义的发展脉络及其基本思想；“中共党史和当代中国史主文献研读”课程以中共党史和当代中国史优秀研究成果为主，适当增加一些前沿、重要的政治学与历史学方面的科研成果；“党的建设经典文献选读”课程一方面研读马克思主义经典作家、中共领导人关于党的建设的重要论述篇章，另一方面评述学术界相关代表性成果。在授课形式上，要求博士生在课前认真阅读重点文献的基础上，与同学、老师进行有针对性的交流或者主讲。

前沿类课程有“中共党史前沿问题”“中共党史党建研究前沿”课程以及“习近平关于中共党史重要论述”“习近平新时代中国特色社会主义思想专题研究”课程等。培养平台在马克思主义学院的博士生还增设“中国特色社会主义研究前沿问题”“马克思主义理论前沿”课程，培养平台在政治学院的博士生则增设“政治学前沿”课程。在教学形式上，前沿类课程以校内外学术名家讲授为主，还有学校采用“前沿讲座”或讨论班形式，由学生主讲和讨论本学科重大学术前沿问题。

方法课主要包括“中共党史理论与方法”这一学科核心方法课，要求以历史唯物主义为指导，同时吸收其他历史研究理论的思想，借鉴社会学、人类学、政治学、经济学等学科的方法，使用口述、档案查阅、心理分析、数据分析等具体的研究方法；还包括“政治学科学研究方法”课，主要介绍当代世界范围内的主要政治学流派和政治学主要方法的新发展，分析马克思主义政治学理论及其方法与它们的区别等。

一些学校还开设了“学术规范和论文写作指导”课程，讲授中英文学术论文和学位论文的撰写方法，也有导师专门开设论文指导课程，向自己指导的博士生传授写作方法和经验，并对学生撰写的论文提出修改意见。

（三）实践课

中共党史学科博士生的实践课主要包括学术交流、学术讲座、教学实践等几种类型。博士生在导师指导下，进行以提高学术表达能力和教学任职能力的教学实践，进行以科教融合、理论联系实际为目的的应用研究实践、社会实践（调查）、业务实习等，博士生在学期间被鼓励承担助教工作。比如，武汉大学要求博士生参加 8 次以上学校组织的“学术道德规范讲座”和其他专题讲座、学术报告、研究生论坛等学术研讨活动，同时还应具有不少于 1 次的国际性或全国性学术会议发言的经历，博士生每学期应在本学科点内做一次学术研究进展汇报，并提交研究报告。中国人民大学要求博士生在前三学年每学年至少参加 3 次学术会议或学术讲座，在第四学期至第六学期之间集中开展一次不少于 1 个月的社会调研等。

第四节　中共党史学科人才培养的发展方向

中共党史学科创建了从本科到硕士和博士的完整人才培养层次，形成明确规范的培养框架和丰富系统的课程体系，在人才培养的数量和质量方面取得重要进展。但是长期以来的学科性质模糊导致学科主体属性淡化，引发本硕博学位一体化建设不充分、师资力量不足、核心课程不突出等问题。中共党史党建学一级学科的设立，为中共党史学科人才培养提供新机遇，也是解决上述问题的治本之举。

一、优化中共党史学科人才培养

2022年9月，国务院学位委员会、教育部正式发布了《研究生教育学科专业目录（2022年）》，在“法学”门类下设置“中共党史党建学”一级学科。这样，中共党史学科性质模糊问题和学科制度瓶颈有望得到系统解决，对于推进中共党史学科建设、满足中共党史教学与人才培养需要具有重要作用。

（一）立足中共党史党建学一级学科，加强本硕博学位建设一体化的制度设计

中共党史党建学一级学科建设是一个系统工程，而本硕博学位建设一体化则是其中的关键环节。中共党史党建学一级学科建设从制度层面解决了以往囿于二级学科制度而带来的学科性质模糊和培养标准混乱等问题，能够在培养标准和课程设置方面贯通起来。

结合当前中共党史学科培养现状，应依托马克思主义学院进行本硕博学位一体化建设。马克思主义学院具有建设马克思主义理论一级学科的实践经验，也是高校思政课教学的平台。从学理互补层面来看，马克思主义理论和中共党史党建协同发展，既能保障中共党史学科教学与研究的宏大视野、科学方法和现实关怀，又能提升马克思主义的当代解释力，使马克思主义学院真正成为保障中国共产党意识形态安全的主阵地。

从当前实践和发展方向来看，中共党史党建学本硕博学位一体

化建设既要抓住一级学科契机，做好培养平台和师资力量的整合工作，又要从整体上确立中共党史党建学的培养方案和课程体系，做到本硕博人才培养循序渐进、逐次深入，避免重复，提升人才培养的系统性和完整性。

（二）依托中共党史党建学一级学科新框架，加强师资队伍和教材课程建设

在一级学科新框架下，可以整合中共党史和党的建设的学科优势，同时理顺其与中国近现代史基本问题研究等相近学科的关系。在此基础上，可以围绕中共党史党建学一级学科建设要求，探索构建多学科、跨部门的党史党建师资队伍合作机制与培训体系。另外，如前文所述，中共党史专业教师同时承担思政课教学工作，因此必须把思政课教学能力培养列入学位点建设的指标体系中，切实增强中共党史党建学一级学科对思政课的支撑作用。

在一级学科新框架下，中共党史学科能够形成系统完整的课程体系和教材体系。中共党史党建学一级学科设立前，中共党史在马克思主义学院和政治学院这两种培养平台中均处于边缘地位，课程内容游走于马克思主义理论、政治学、历史学等多个学科之间，而且课程讲授也多根据该学位点教师的研究专长进行，很少有学校在培养方案中列出参考书目、统一教材。中共党史党建学一级学科设立后，可以明确教材建设的主攻方向和内容架构，编写面向新时代的党史党建学科基础教材，为提升中共党史学科人才的科研基本功提供支撑。

二、优化中共党史学科课程群

从内容来看，中共党史学科并不局限于党的历史知识体系，而

是具有“大党史”视野，旨在服务于新时代中国特色哲学社会科学体系建设。这反映了新时代讲好中国共产党故事、阐释中国发展奇迹的学理对中共党史人才培养的新要求。建立中共党史党建学一级学科可以强化学科主体性，明确学科研究对象，发挥学科统合作用，避免中共党史课程内容游走于马克思主义理论、政治学、历史学等多个学科之间，可以使跨学科知识“为我所用”，从而将知识分散的劣势转化为又专又全的优势。

在学科核心课程方面，中共党史学科应建立包含中共党史学科史、学科基本理论、学科研究方法和学科主文献的课程体系。比如，各学科点应系统开设“中共党史学史”“中共党史和当代中国史前沿”“中共党史学概论”“中共党史和当代中国史主文献研读”“马克思主义党的建设文献导读”“唯物史观与中共党史研究方法”等课程，以及中共党史各个时期或各个研究主题的专题课程。

以中共党史学科核心课程为中心，建立包含马克思主义理论、政治学和历史学等学科的专业课程群。其中，设置马克思主义理论课程群，如“马克思主义发展史和国际共产主义运动史”“马克思主义中国化和中国化马克思主义研究”等，提升学生运用唯物史观分析中国共产党重大理论问题的能力；设置政治学课程群，如“政治学前沿”“政治学理论与研究方法”“政治学文献导读”等，为学生提供政治学研究规范，使之理解作为执政党的中国共产党的运作逻辑和发展规律；设置历史学课程群，如“史学理论与方法”“档案学”等，使学生掌握史学研究规范和提升甄别史料的能力。在课程教学中，应注意集中开设同一课程群的课程，使学生对每种类型的知识都能有系统了解。

马克思主义理论课程群、政治学课程群和历史学课程群三者之间并非孤立运行，而是互为补充，共同服务于中共党史研究的实践。

其中，历史学课程群可以使学生掌握丰富的历史资料并能科学甄别史料，避免中共党史学沦为空洞的口号式宣传；政治学课程群可以使学生运用政治学分析框架，认识作为执政党的中国共产党的运行逻辑和发展规律；马克思主义理论课程群可以使学生获得正确史观，树立宏大视野，既能避免孤立看待某一史料，也能避免将中共党史研究等同于一般政党史研究。

总之，中共党史学科要以中共党史党建学一级学科设立为契机，在理论与方法上强化学科主体性，建立以核心课程为中心，包含马克思主义理论、政治学和历史学等多学科知识的课程群，使学生树立“大党史观”，掌握系统的党史知识和科学的党史研究方法。一言以蔽之，健全的制度设计、充足的师资队伍、精深的专业课程等要素是人才培养的关键。

（作者单位：中国人民大学中共党史党建学院、中国人民大学马克思主义学院、清华大学马克思主义学院）

第五章
中共党史学科的话语体系

罗平汉　史泽源

话语体系在学科中的地位和作用十分重要。话语体系关乎各学科给人的第一感受，反映着学科的表达方式、语言特色与言说路径，同时还决定着学科学术交流的效果和社会价值的发挥。人们能否轻易读懂某一学科的作品，对其中的经典篇章手不释卷，从字里行间感受到催人奋进的力量，在很大程度上取决于学科话语体系的状态。相比于其他学科，中共党史学科的话语体系在易读性、理论性及前沿性方面具有一定优势，这也是党史类读物备受青睐的重要原因。

在中国特色哲学社会科学话语体系建设中，中共党史学科话语体系建设占有十分重要的地位。而在中国对外传播的国际话语构建中，中共党史学科话语体系也是其重要的组成部分。本章将在概述中共党史学科话语体系的基本构成、分析中共党史学科话语体系的与时俱进的基础上，阐述新时代中共党史学科话语体系的发展路径。

第一节　中共党史学科话语体系的基本构成

中共党史学科话语体系，是随着中国共产党历史的发展而逐步形成与不断完善的；同时，又经过了一代又一代党史研究工作者的学术创造积淀，经历了与时俱进的创新发展。

一、鲜明的政治话语

中共党史学科是具有鲜明政治性的学科，而学科本身的政治性特点，也在很大程度上决定了学科话语的政治特色。中共党史学科所体现的政治性，不同于其他历史学科，其政治性色彩更为浓厚。而中共党史学科所具有的政治性特质，又主要是通过政治话语所表现出来的。

中共党史学科话语体系所具有的政治特色，首先是由中共党史学科所承担的任务所决定的。中国共产党正式成立后不久，便开始有意识地记述和研究自身发展历程。尽管当时国内尚不存在学科意义上的中共党史研究，但在此前后产生的党史作品，却对中共党史学科后来的产生和发展，尤其是对中共党史学科话语体系的形成给予了极大的影响。在革命、建设、改革各个历史时期，中共中央始终将党史研究工作视为一项极端重要的政治任务。2010 年，中共中央党史研究室负责人在回答记者加强和改进新形势下党史工作的重要意义时指出："党史工作是党的一项具有全局意义和深远影响的工作，是党的事业的重要组成部分，在党和国家工作大局中具有不可替代的重要地位和作用……对全面推进经济建设、政治建设、文化建设、社会建设以及生态文明建设，夺取全面建设小康社会新胜利、开创中国特色社会主义事业新局面，都具有极其重要的意义。”① 这就决定了，中共党史学科的发展需要紧紧跟随党的中心工作、服务全党大局，及时总结和反映中国共产党理论创新和实践创新的最新成果，并将这些最新成果及时转化为科研成果、宣传成果、教学成果，不断推动中共党史学科的学科体系、话语体系、教学体系创新发展。由此决定了中共党史学科话语体系的鲜明政治特色。

中共党史学科的研究对象，也决定了中共党史学科话语体系的政治特色。聚焦中共党史上的重大政治问题，既是中共党史研究必须承担的使命，也是提高中共党史学科话语影响力的必要工作。无论是通史类的中共党史论著，还是专题类的中共党史论著，均普遍将重大党史事件作为研究对象。这种现象的产生有以下两个方面的原因：一方面是由于像“中国共产党的成立”“遵义会议”“十一届三中全会”等重大党史事件具有极为重要的研究价值。而且从时代发展的角度看，重大历史事件所体现的价值，不仅历久弥新，还具有与时俱进的特点。另一方面是由于党史上的重大事件也是社会关注的热点问题。一部深入解析重大党史问题的作品，很容易在社会上广为传播。这也有助于提高中共党史学科话语的传播力和影响力。

马克思主义是中共党史学科的指导思想，也对中共党史学科话语体系的形成发展产生极大影响。中国共产党人在开始编写自己的历史时，就自觉坚持以马克思主义理论作为根本指导。比如党的主要创始人之一李大钊，曾于 1920 年在《新青年》上发表《唯物史观在现代史学上的价值》一文，并呼吁：“现在已是我们世界的平民的时代了，我们应该自觉我们的势力，快赶［赶快］联合起来，应我

① 中共中央党史研究室负责人就《中共中央关于加强和改进新形势下党史工作的意见》答记者问. 人民日报，2010-09-28 (6).

们生活上的需要，创造一种世界的平民的新历史。”[①] 只有用马克思主义的历史唯物主义观点，才能解释清楚中国革命发生的深刻社会历史背景，才能深刻说明为什么中国革命只能由工人阶级及其先锋队中国共产党来领导，为什么中国革命的性质是反帝反封建的民主革命但其前途只能走向社会主义道路。同样，只有用马克思主义的历史唯物主义观点，才能解释清楚中国探索社会主义现代化建设道路，只能通过改革开放这一强国之路，最终开创中国特色社会主义道路，并创造出中国式现代化新道路、人类文明新形态，极大地拓展了发展中国家走向现代化的途径，给世界上那些既希望加快发展又希望保持自身独立性的国家和民族提供了非资本主义方式的全新选择。只有用马克思主义的历史唯物主义观点，才能在党的历史发展进程中，科学阐明坚持中国共产党领导同充分尊重和发挥人民主体作用的关系，始终坚持江山就是人民、人民就是江山的人民至上理念。只有用马克思主义的历史唯物主义观点，才能在中共党史研究中始终坚持实事求是原则，树立正确党史观，准确把握党的历史发展的主题主线、主流本质，科学评价中共党史上的重大事件、重要会议、重要人物，正确对待新中国成立后改革开放前后的两个历史时期，正确对待党在前进道路上经历的失误和曲折，从成功中积累经验，从失误中吸取教训。

紧密联系实际给现实以启迪，既是党史研究必须承担的任务，也是增强党史话语生命力的必由之路。一种话语只有同现实密切联系，方能获得生机与活力，并且获得人们的普遍关注。在革命、建设、改革的各个时期，中共党史学科一直把服务现实、为当代中国的发展与党的建设提供经验借鉴作为其根本任务。例如，党的十八

① 中国李大钊研究会．李大钊全集：第 3 卷．北京：人民出版社，2013：280.

大以来，实现中华民族伟大复兴的中国梦成为党和人民的新使命。围绕实现中华民族伟大复兴这个主题，推出了不少深受广大读者喜爱的党史著作。这些党史作品除了具有选题新颖、史料翔实及语言生动等共性外，还具有高扬革命精神的共同特点。通过阅读这些作品，读者能够从字里行间感受到磅礴的话语力量，并充分汲取投身新时代中国特色社会主义建设的精神伟力。

二、科学的学术话语

中共党史学科除了具有政治性的特点以外，还具有科学性的本色，且这种科学性主要是由学术话语所展现出来的。

中共党史学界一直存在着有关政治性与学术性的争执，个别学者甚至还提出了党史研究“去政治化”的观点。事实上，在党史研究中，政治与学术并非水火不容、非此即彼的对立关系，而是水乳交融、相辅相成的共生关系。一方面，如果只是空洞地喊政治口号，中共党史学科话语便也就失去了信服力和影响力；另一方面，如果中共党史研究脱离了党和人民立场，就注定会陷入历史虚无主义的深渊，非但丧失其资政育人的功能，而且还会损害意识形态安全。因此，中共党史研究必须“坚持政治性和学理性相统一”①。

中共党史学科的学术话语，主要由基于扎实的史料的党史叙事、观察中国共产党历史的党史视角和基于唯物史观和正确党史观的党史理论阐释所支撑。

其一，党史叙事是建立中共党史学科学术话语的基础。党史叙

① 习近平. 论党的宣传思想工作. 北京：中央文献出版社，2020：383.

事，离不开翔实的党史资料。每一位史学家，均把求真、求实作为研究历史的根本目的，而史料无疑是实现这一目的的首要依据。早期中国共产党人在编撰自身的历史时，曾深感因材料匮乏而无法保证论述的准确性。1926年，蔡和森作《中国共产党史的发展》的报告时就曾感慨："但我应先向同志们道歉的就是这个报告中很少正确的统计的实际材料，而是只凭我记忆所及而作的。"① 尽管党此后注意到了收集相关党史资料的问题，在莫斯科设立了由瞿秋白任主任的"中国党史研究室"，负责募集编写"参加党的和革命斗争的回忆录""参加重要会议的回忆录"等工作，但限于党在莫斯科的同志数量太少，国内又面临着国民党的高压统治，在此前后编撰的党史资料，不仅数量十分有限，其影响力也不大。直到延安时期，党史资料编撰工作方才步入正轨②。而延安时期恰是党史发展的第一个黄金期。延安时期党史著作无论在数量上还是在质量上同此前相比均大幅提升，这同党史资料搜集工作的进一步发展是不无关系的。新中国成立后，尤其是改革开放以来，党史资料更是日渐规范化、全面化、科学化和数字化，这为史学话语做到求真、求实、求新、求深提供了有利条件。与此同时，大量党史资料只是中共党史研究的基础和前提，还不是研究本身。在翔实可靠的党史资料的基础上，还需要对这些资料进行去粗取精、去伪存真的研究，并对党史历程、党史时期、党史事件等进行还原性研究和因果关系研究，这样才能形成科学的、实事求是的党史叙事，并逐步得到学界认可。

其二，党史视角是中共党史学科学术话语的重要组成部分。在

---

① 蔡和森. 蔡和森文集：下. 北京：人民出版社，2013：785.

② 石川祯浩，李晓倩. 中国共产党编纂党史资料的进程：1929—1955. 中共党史研究，2017（6）.

改革开放前的中共党史研究中，“革命”一直是中国共产党人审视自身发展史的主视角。因此，党史话语建构也一直遵循着革命的主旋律。党的十一届三中全会后，在思想解放的时代大潮下，中共党史研究者开始用愈来愈多、愈来愈新颖的视角审视中共党史。新的研究视角，催生了大量新的党史话语，如中共党史研究中的改革开放话语、民族复兴话语、现代化话语、伟大建党精神话语和中国共产党人的精神谱系话语等。视角的多样化，也催生了党史研究路径的多样化。选择新的视角进行中共党史研究，揭示了更多的党史研究面相，在这一过程中新的党史话语亦不断涌现。最终中共党史研究的新颖度、解释力和丰富性得到了不同程度的提升。

其三，党史理论阐释是构筑中共党史学科学术话语的骨干。“理论是系统化的知识，话语则是理论的外化。”① 一种话语能够上升到理论的高度，犹如零散的单个音符，汇聚成了完整的旋律，给人以美妙的乐感。中共党史研究自诞生之时起，便坚持以马克思主义理论为根本指导。因此，像生产力决定生产关系原理、马克思的阶级学说、列宁的帝国主义理论等经典理论学说，共同构成了早期中共党史研究的主流话语。此后，随着毛泽东思想、邓小平理论、“三个代表”重要思想、科学发展观、习近平新时代中国特色社会主义思想等马克思主义中国化理论的接续发展，中共党史研究中的主流理论话语亦不断更新。与此同时，中共党史研究中使用的理论方法，也秉持着开放创新的基本原则，即在坚持以马克思主义理论为根本指导的基础上，广泛使用各类史学理论。比如 20 世纪 90 年代初，著名党史学家张静如先生便曾提出要“以社会史为基础深化党史研究”②。近些年来，中共党史研究中采用的史学理论，更是呈现出明

---

① 陈曙光. 论中国话语的生成逻辑及演化趋势. 马克思主义研究，2016（10）.

② 张静如. 以社会史为基础深化党史研究. 历史研究，1991（1）.

显的多样化倾向。比如，使用概念史、计量史、口述史、阅读史等方法与理论的党史类作品已不再稀少，甚至一些政治学、新闻学、经济学的理论也被广泛运用于中共党史研究之中。各种理论的广泛使用，使得党史研究不再是“一家之言”，呈现出“百花齐放、百家争鸣”的新态势，党史话语也变得愈加丰富。

三、独特的民族话语

中共党史学科话语体系本身体现着鲜明的民族特色，具体表现在以下三方面。首先，中共党史学科话语体系在内容上，是一种详细记录中国共产党团结带领人民实现民族独立、人民解放、国家富强的话语；其次，在书写方式上，中共党史学科话语体系集中体现了中华优秀传统文化、革命文化和社会主义先进文化的内在融合与传承发展；最后，在呈现方式上，时代化、大众化、民族化一直是中共党史学科话语体系建构的重要准则。

中共党史学科话语体系具有极其丰富的内容，但就其核心内容来说，是围绕中国共产党团结带领中国人民实现党的初心和使命的历史进程，实现中华民族伟大复兴的历史进程，实现民族独立、人民解放、国家富强、人民幸福的历史进程展开的。这就决定了中共党史在中国近现代历史和当代中国历史上的中心地位。然而，中国共产党最初是在俄共（布）的指导和帮助下建立起来的。这使得党在记述自身发展历程时，难免会带上俄共（布）［后称联共（布）］的烙印。甚至在相当长的一段时间里，中国共产党人习惯于从俄国革命的角度，审视中共党史，而不是从本民族的具体实际出发。比如由李立三编写的《党史报告》，是较有代表性的早期党史作品之一，这本书曾突出强调：“一切正确的东西都是共产国际领导的结果，一切错误都是中国党没有听从国际指导的结果。”① 这在早期的党史话语中是一种较为普遍的现象，集中反映了当时党史研究中存在的“言必称希腊”的教条主义现象。这一问题直到延安整风时期才得到了彻底的纠正。同其他领域一样，经由延安整风，中国化的马克思主义理论成为中共党史研究的思想基础。也是自此开始，中华民族成为党构建自身话语体系的出发点和落脚点。“研究中共党史，应该以中国做中心，把屁股坐在中国身上。”“我们研究中国就要拿中国做中心，要坐在中国的身上研究世界的东西。”② 此后编写的党史研究作品，多数将中国共产党人领导群众，实现民族独立、人民解放与国家富强，作为开展研究的主线，民族视野成为中共党史研究的主视野。

中共党史学科话语体系中包含中华优秀传统文化。中共党史学科话语体系，既继承了中华优秀传统文化的思想文脉及其表达方式，又很好地继承和发展了我国古代优良的治史方法与风格。我国不仅有着悠久的治史历史，而且拥有着独树一帜的治史观念。“早在孔子时代，就提出‘良史’与‘书法’的观念，提出了事、文、义史书三要素的观念，其后，关于史书与时代之关系的认识，史书之社会功用的认识，历史撰述之历史价值的认识，‘实录’与‘信史’的观念，才、学、识之‘史才三长’的思想……”③ 历代史家也都各有论述。我国丰富的治史传统，对中共党史学科话语体系的形成与发展具有重大影响，并赋予年轻的党史话语独特的厚重感。比如党史话语以求真求实为宗旨，以资政育人为主要功能，以清晰简洁为行文习惯，实际上均体现了中共党史学科话语体系的民族特性。

---

① 张静如，唐曼珍. 中共党史学史. 北京：中国人民大学出版社，1990：48.

② 中共中央文献研究室. 毛泽东文集：第 2 卷. 北京：人民出版社，1993：407.

③ 瞿林东. 关于当代中国史学话语体系建构的几个问题. 中国社会科学，2011（2）.

中共党史学科话语体系中包含大众话语。一种话语体系是否具有影响力，归根到底取决于这种话语体系能否为群众所掌握，成为群众自己的话语。中国共产党自成立之日起，便将政治宣传作为发动群众的重要手段，从而使党的理论、政策、主张很快获得人民的认可。比如毛泽东曾在《湖南农民运动考察报告》中指出："打倒帝国主义，打倒军阀，打倒贪官污吏，打倒土豪劣绅，这几个政治口号，真是不翼而飞，飞到无数乡村的青年壮年老头子小孩子妇女们的面前，一直钻进他们的脑子里去，又从他们的脑子里流到了他们的嘴上。"① 党的宣传工作之所以能获得群众的高度认可，同中国共产党在话语上强调群众性是分不开的，如毛泽东所倡导的"新鲜活泼的、为中国老百姓所喜闻乐见的中国作风和中国气派"② 的文风。今天，人们在阅读党史作品时，愈发感到语言生动、朗朗上口。这不仅归因于国民文化素质大幅提升，还归因于中共党史学科话语体系始终朝着通俗化、大众化的方向不懈努力。

四、发展的时代话语

一种话语的建构与发展，离不开特定的时代背景，中共党史学科的话语体系也是如此。中国共产党诞生于半殖民地半封建的旧中国，党面临的首要任务是团结带领人民实现救亡图存。新民主主义革命时期中国共产党人在叙述自己的历史时亦紧紧围绕着"革命"。党的二大在全国率先提出了反帝反封建的民主革命纲领。以领导人民实现民族独立为己任的中国共产党人，时刻关注着应如何领导中国革命、中国革命将向何处去等时代性问题。中共驻共产国际代表

---

① 毛泽东. 毛泽东选集：第1卷. 2版. 北京：人民出版社，1991：34.

② 毛泽东. 毛泽东选集：第3卷. 2版. 北京：人民出版社，1991：844.

团团长蔡和森1926年应莫斯科中山大学旅俄支部邀请所作的《中国共产党史的发展》指出："中国革命及我党要如何发展及其发展的道路如何，故须明白我党的历史。"① 新民主主义革命时期的党史研究者，较好地完成了党赋予其围绕指导革命著书立说的使命。在这一过程中，中共党史学科的话语也主要围绕如何阐释中国革命、更好地发展党及实现民族独立展开。亦如1942年3月，毛泽东在《如何研究中共党史》一文中指出，研究中共党史的主要目的，"是要把党的路线政策的历史发展搞清楚。这对研究今天的路线政策，加强党内教育，推进各方面的工作，都是必要的"②。

新中国成立后，特别是在社会主义改造基本完成后，领导全国人民建设社会主义，成为党的首要工作。毛泽东在中国共产党第八次全国代表大会上指出："我们这次大会的任务是：总结从七次大会以来的经验，团结全党，团结国内外一切可能团结的力量，为了建设一个伟大的社会主义的中国而奋斗。"③ 如何鼓舞中国人民投身到社会主义建设中来，也自然成为党史学科的重要使命，学科的话语建构也同社会主义建设事业有了密切关联，像这一时期党史界频繁使用的"计划""增产""节约""反浪费"等词汇均同社会主义建设息息相关。

党的十一届三中全会以后，在改革开放的大潮下，中共党史学科紧跟时代发展步伐，在实现自身话语演进的同时，为发展中国特色社会主义事业作出了重要的理论贡献。以毛泽东同志为主要代表的中国共产党人在探索社会主义建设道路的过程中，积累了丰富的推进社会主义改革事业、发展对外交往的思想资源和经验教训，但

---

① 蔡和森. 蔡和森文集：下. 北京：人民出版社，2013：786.

② 中共中央文献研究室. 毛泽东文集：第2卷. 北京：人民出版社，1993：399.

③ 中共中央文献研究室. 建国以来重要文献选编：第9册. 北京：中央文献出版社，1994：33.

这些却长期未引起党史工作者的足够重视。20世纪八九十年代，一大批党史工作者重新对改革开放前的中共党史进行了深入研究，并产生了大量有利于坚持和发展中国特色社会主义事业的理论成果。这不仅有利于人们正确认识和看待毛泽东思想，也从实践层面助推了社会主义事业。

党的十八大以来，在以习近平同志为核心的党中央的正确领导下，中国特色社会主义进入了新时代，实现中华民族伟大复兴成为全党全国各族人民的共同奋斗目标，“复兴”也成为时代赋予中共党史学科的又一个关键词。2021年，习近平总书记在党史学习教育动员大会上说明开展党史学习教育的重大意义时首先指出：“在全党开展党史学习教育，是牢记初心使命、推进中华民族伟大复兴历史伟业的必然要求。”[①] 在此指导下，新时代的党史工作者以中华民族伟大复兴为主题，以如何实现中华民族伟大复兴为主线，对百年来党的历史进行了全面深入研究，对全面从严治党、人类文明新形态、全过程人民民主等时代课题进行了重点研究，成功以“复兴”为核心内容更新了中共党史学科的话语体系。这对于坚定中国特色社会主义道路自信、理论自信、制度自信、文化自信，推进全面建成社会主义现代化强国发挥了重要作用。总而言之，时代对于中共党史学科话语体系的生成发展有着巨大影响。“人们自己创造自己的历史，但是他们并不是随心所欲地创造，并不是在他们自己选定的条件下创造，而是在直接碰到的、既定的、从过去承继下来的条件下创造。”[②] 时代决定着中共党史学科话语的出场，而话语也将跟随时代的发展而演进。

① 习近平．在党史学习教育动员大会上的讲话．北京：人民出版社，2021：5.

② 马克思，恩格斯．马克思恩格斯文集：第2卷．北京：人民出版社，2009：470－471.

第二节　中共党史学科话语体系的与时俱进

一、现实政治的发展

中共党史学科是一门具有极强政治性的学科，而话语体系则是中共党史学科表达其政治性及为政治发展提供服务的基本方式。现实政治的发展，不仅为中共党史学科话语体系的发展标注了方向，而且也为其发展提供了持续且强劲的动力。

首先，现实政治确定了中共党史学科话语体系发展的主要方向。中共党史学科话语体系的发展总是同现实政治的发展紧密相关的。这集中表现于，在党和国家发展的各个阶段，总会出现一系列各具特色的党史话语。现在将中国共产党成立以来的百余年历史，划分为新民主主义革命时期、社会主义革命和建设时期、改革开放和社会主义现代化建设新时期、中国特色社会主义新时代四个时期。而中共党史学科话语体系也恰有不同的话语与之相对应，即以“阶级”“反帝反封建”“斗争”等为代表的革命话语，以“新中国”“五年计划”等为代表的建设话语，以“家庭联产承包责任制”“特区”“社会主义市场经济”等为代表的改革开放话语，以“新时代”、“四个全面”战略布局、“四个伟大”等为代表的新时代话语。同时，四个时期的党史话语间还存在着紧密的承继关系，正如社会主义事业在中国的接续发展一样。政治的发展也会赋予话语新的时代意涵。“革命”已不再是党和国家的工作重心。但邓小平在新时期却强调，“我们把改革当作一种革命”[①]。习近平在新时代勉励全体中国共产党员，

---

① 邓小平. 邓小平文选：第3卷. 北京：人民出版社，1993：82.

要“勇于自我革命”①。尽管发展环境发生了沧海桑田般的变更，但中国共产党人依旧强调必须发扬革命精神。在不同时期，“革命”既有相似的含义，如要敢于斗争、不怕牺牲等，同时也有加强自身建设、实现中华民族伟大复兴等新的意涵。这展现了现实政治赋予党史话语的昂扬生命力。

其次，现实政治增强了中共党史学科话语体系发展的动力和活力。学术话语的存在和发展需要内生动力。中共党史学科话语体系更新、延伸、自我完善的背后，是现实政治力量的助推与引领。同时，中共党史学科话语体系的发展，又有助于现实政治的建设与巩固。以著名的长征话语为例，其产生的动因，除了历史事实以外，离不开中共中央的组织与推动。1936 年 8 月 5 日，毛泽东等专门就《长征记》征稿一事，向参加过长征的同志发出信函，信函中指出：“现因进行国际宣传，及在国内国外进行大规模的募捐运动，需要出版《长征记》，所以特发起集体创作，各人就自己所经历的战斗、行军、地方及部队工作，择其精彩有趣的写上若干片断。文字只求清通达意，不求钻研深奥，写上一段即是为红军作了募捐宣传，为红军扩大了国际影响。”毛泽东等还于同日向各部队发出电报，电报中指出：“望各首长并动员与组织师团干部，就自己在长征中所经历的战斗、民情风俗、奇闻轶事，写成许多片断，于九月五日以前汇交总政治部。事关重要，切勿忽视。”②《长征记》编印出来后，产生了很大影响。最先将长征故事远播海内外的《红星照耀中国》等论著中引用的材料，很多来自此书。而有关长征的早期历史叙事，也确

① 习近平. 在庆祝中国共产党成立 95 周年大会上的讲话. 北京：人民出版社，2016：17.

② 中共中央文献研究室. 毛泽东年谱（1893—1949）：修订本：上卷. 北京：中央文献出版社，2013：566.

实在传播红军英勇形象、吸引爱国青年到延安及争取国内外物资援助方面发挥了重要作用。在此后的历史进程中，中国共产党不断根据现实政治需要，赋予长征以“加强政治建设”、“坚持道路自信”及“不忘初心、牢记使命”等新的政治意涵。长征“最终成为中共诠释历史、开拓进取的精神资源”①。

二、学术研究的深入

从整体上看，近些年来中共党史学科话语体系的发展呈现出资料更加丰富、视角愈加多样及理论阐释更趋专业等特点。这些成绩的取得，离不开中共党史学术研究的日趋深入。

首先，研究资料的丰富化，提升了中共党史学科话语的信服力。在 20 世纪 80 年代以前，学者们开展中共党史研究工作时，苦于找不到相关研究资料。这在很大程度上抬高了中共党史研究的门槛。当时的中共党史研究者也多为参加过革命战争的老同志，作品也多以回忆录和工作总结为主。今天，人们在进行中共党史研究时，则苦于资料繁复，必须经过艰苦的查阅，方能在浩如烟海的党史资料中确定适宜的引注。中共党史学科话语的信服力，在较大程度上取决于研究资料的真实性。然而在资料匮乏甚至是资料“唯一”的情况下，基本无法验证资料的准确性。唯有首先使研究资料丰富起来，再经过假设推理、甄别鉴证等工作，方能证明资料是否可靠。以中苏关系研究为例，20 世纪 90 年代以前，中国及世界其他学者在研究中苏关系史时，资料仅限于中苏两国公开的文件、报纸报道及领导人回忆录，整体上看资料十分有限。尽管经过相关学者的深入研究，

---

① 杨东. 概念史视野下的红军长征：兼论中共在革命道路中的实践表达. 中共党史研究，2017 (5).

中苏关系发展的基本脉络已经被勾勒出来，但由于资料有限，对于一些重大问题的解释，却不能使学界人士及读者信服。苏联解体后，大量涉及中苏关系史的苏联档案被解密，并在被译成中文后公开出版，这大大推动了相关研究。借助于苏联档案，中苏同盟的建立与解体、朝鲜出兵的来龙去脉、珍宝岛事件及中朝关系等相关研究内容变得更加充实丰富。

其次，研究视角的多样化，提高了中共党史学科话语的吸引力。正所谓“横看成岭侧成峰”，以不同的研究视角切入，得出的研究结论，往往带有更强的冲击力，并给人耳目一新的感觉。研究视角对中共党史学科话语实质上具有决定性的影响。话语在一定程度上可以理解为言语的不同排列，而视角的选定，则决定了言语排列的主顺序。唯有做到视角新颖且明确，方能使中共党史学科话语不从流俗，并切中要害。视角创新对党史研究者的素质要求较高，创新的前提是对党史研究现状具有充分的了解，并有能力提出新的观点。这也是党史大家经常能言他人之未曾言的原因。

最后，理论阐释的专业化，提高了中共党史学科话语的解释力。对于中国共产党极其丰富的百余年历史，不仅要知其然，而且要知其所以然。这就需要加强中共党史的理论阐释。近些年来，中共党史研究的理论性愈发增强，这除了源自学者们的理论自觉外，更大程度上源自现实层面的需求。随着中国的持续高速发展，党和国家面临的主要问题也正发生着巨大转变。“时代是思想之母，实践是理论之源”①。今天，时代发展的速度、实践推进的速度要快于历史上任一时期。因此，今天中共党史研究所面对的课题亦愈加复杂化和专业化，这催生了中共党史领域生态史、金融史、社区史、区域史

① 习近平. 在庆祝中国共产党成立 95 周年大会上的讲话. 北京：人民出版社，2016：9.

及交通史等新的研究方向。这些理论的产生，源于党史原有理论的发展，但更主要的还是借鉴了其他学科的相关专业理论。专业理论的运用与创新，不仅赋予了中共党史学科话语更强的专业性，也提高了其解释力。以往中共党史学科在发挥资政育人功能时，往往仅能从宏观层面提出一些方向性的建议。今天，随着中共党史研究专业化、理论化水平的提升，中共党史研究愈发能在一些专业化的热点问题上提供真知灼见，给人以深刻启迪。

三、社会大众的需求

新中国成立前后至今，中共党史一直是社会大众文化需求的关注点。这一方面是由于中国共产党在中国社会的影响力和决定作用日益凸显，使得社会大众产生深入了解中国共产党历史与现状的强烈需求；另一方面是由于中国共产党波澜壮阔而又跌宕起伏的奋斗史，本身对于社会大众来说具有很强的吸引力。社会大众需求同中共党史学科话语之间的紧密关系，主要体现在以下几个方面。

一是社会大众需求与中共党史学科话语表述内容的优化。

从传播范围来看，早期中共党史作品的宣传内容，主要面向中国共产党人，尤其是党内中高级干部群体。因此，早期党史作品在话语内容上相对集中，主要内容包括党的指导思想、发展历程与目标任务。

随着革命事业的发展，党愈发认识到宣传党史在发动群众投身革命、参加根据地建设方面的极端重要性。毛泽东等曾在 1939 年 5 月指出：“在抗战中，从我八路军、新四军的干部至战士中，涌现出许多民族英雄，表扬这些英雄及其英勇行为，对外宣传与对内教育，均有重大意义。各级政治机关应注意收集这些英雄的事迹，除在各部队报纸发表外，择其最重要者电告。此间广播及《军政杂志》今后专设八路军、新四军抗战英雄一栏，望各级政治机关供给材料。”[①]

在全民族抗战时期，中共党史研究内容变得愈加丰富起来。比如，涌现出大量记录革命英雄、劳动模范的小册子。这些作品在话语建构上注意从群众的角度看问题，用群众的语言讲述党史故事，大大推动了中共党史在人民中的传播，发挥了推动革命事业发展、团结抗战力量的巨大作用。

新中国成立后，尤其是进入改革开放和社会主义现代化建设新时期，人民对文化的需求愈发迫切，同时文化需求也呈现出多元化的趋势，有力地推动着中共党史学科话语围绕大众阅读需求进行重大革新。今天，中共党史学科话语的呈现方式愈发多元，基本上满足了各年龄、阶层社会大众的阅读需要。

二是社会大众需求与中共党史学科话语传播方式的升级。

根据群众习惯不断地转变中共党史学科话语的传播路径，既是中共党史学科话语传播的重要特点，也是中共党史学科话语能够广泛流传的重要原因。

革命年代，各类群众喜闻乐见的文艺活动是传播中共党史的重要载体，歌曲《黄河大合唱》、戏剧《穷人乐》及秧歌剧《夫妻识字》便是其中的典型代表。新民主主义革命时期，中国共产党将文艺活动作为传播中共党史的主渠道，适应了群众文化水平低、不能阅读书报的现实，同时也赋予了党史话语通俗易懂、娱乐性强及朗朗上口等特质。

新中国成立后，随着大众文化水平及印刷技术的提升，纸质媒介逐渐成为大众学习中共党史的主要途径。这一时期，包括连环画

---

① 中共中央文献研究室，中央档案馆．建党以来重要文献选编（1921—1949）：第16册．北京：中央文献出版社，2011：325.

在内的各类书刊成为大众学习中共党史的重要载体。不同于文艺载体，纸质媒介上的中共党史学科话语显得更加规范化，且承载的话语内容亦更加丰富具体。

改革开放以来，中共党史的传播载体在数量上显著增加，传播结构亦愈加立体化。如有以电视剧、电影及网络直播为代表的影像传播，以展览馆、纪念堂及博物馆为代表的情境传播，以传记、小说及通史为代表的文字传播，等等。由于各种媒介具有自身独特的传播特质，因此使用不同媒介，实际上要求对中共党史学科话语进行一定的深化加工和转化。比如，影视作品中的党史话语要更加逼真、生动，展览上的党史话语要突出重点，书籍中的党史话语要更注重逻辑性，等等。这在很大程度上推动了中共党史学科话语传播方式的多样化与个性化。

四、应对错误思潮的挑战

中共党史研究并不是在一派和谐的环境下发展起来的，它自产生之日起，便遭受着多种势力的非议和刁难。但真理总是愈辩愈明的，中共党史研究在一次次有力回击中，实现了话语成色的提升。

敌对势力通过各种错误思潮对中共党史进行的攻击，可以概括为以下几个方面。

首先，否定中国共产党的历史贡献，企图破坏中共党史学科话语的荣誉感。

中共党史本身是一部满载荣誉的光辉历史，党员在品读中共党史时，一种自豪感会油然而生，这有助于坚定共产党人的理想信念。然而，一些别有用心的人却总是故意歪曲党的历史，尤其是否定党的荣誉。例如，中国共产党是抗战的中流砥柱，有人却说中共“游而不击”；中国共产党以实现共同富裕为目标，有人却说新中国成立后的贫富差距要大于民国时期。面对上述错误思潮，中共党史研究者有义务给予针锋相对的回应。

事实上，在否定党的荣誉的谣言面前，中共党史研究者从未退缩。比如抗战时期，在国民党的大肆宣传下，中共在敌后“游而不击”的说法一度闹得沸沸扬扬。面对舆论压力，中共中央有组织地领导和引导党政军干部、报刊工作者及外国观察者，通过专题采访、公布战绩、拍摄八路军和新四军作战照片等方式，“一方面宣讲了游击战的原因和实践；另一方面以英勇的军事斗争实绩驳斥谣言”[①]。像抗战时期，由彭德怀作的《八路军七年来在华北抗战的概况》、《晋察冀日报》刊载的《抗日战争第八年 边区子弟兵战功伟大 作战六千余次收复国土二十六万余方里》及由美军延安观察组记录的大量中共抗战报告，不仅在当时有力回应了“游而不击”的谣言，也为今天我们开展中共党史研究提供了丰富的话语素材。

其次，诋毁中国共产党的领袖英雄，企图损害中共党史学科话语的信誉度。

通过断章取义、伪造史料等方式诋毁中共领袖，是反社会主义势力否定党的历史、搞乱国人思想的惯用手段。近些年来，他们造谣、玷污的对象除了高级领导干部外，还包括刘胡兰、狼牙山五壮士及雷锋等民族英雄和模范人物，大有将“民族丰碑一一推倒”之势。

面对对领袖英雄的公开诋毁，我们除了要依据法律给予严惩外，也需要拿出让人信服的党史作品，让人们从内心感受到领袖与英雄的人格魅力，清楚认识到领袖英雄到底为新中国、为人民甚至为世

① 王刘伟. 抗战时期中共对“游而不击”谣言的应对. 党的文献，2020 (4).

界作出了何等大的贡献。比如 2016 年 9 月 9 日，《人民日报》公众号在毛泽东逝世 40 周年时刊登了一篇题为《今天，我们不能忘记毛泽东!》的文章，这篇文章选取了毛泽东从 1919 年至 1976 年的 60 余张珍贵照片，并作了注解，文章发表后，立刻得到了逾 10 万的点击量，发挥了宣传毛泽东伟人事迹的作用。

在信息时代，造谣者频繁选择贴吧、微博及公众号等传播速度更快、不易监管的路径发布诋毁领袖英雄的信息。这要求中共党史工作者必须主动转变主流话语的传播方式，运用好网络平台，提高中共党史学科话语传播的广度和效率。

最后，在中国共产党的失误上大做文章，企图颠覆中共党史学科话语的真实性。

人世间没有一帆风顺的事业。综观世界历史，任何一个国家、一个民族的发展，都是跌宕起伏甚至充满曲折的。“艰难困苦，玉汝于成。”“多难兴邦，殷忧启圣。”“失败乃成功之母。”特别是在中国复杂的社会历史条件下建设社会主义，没有先例，犹如攀登一座人迹未至的高山，一切攀登者都要披荆斩棘、开通道路。

然而一些别有用心的人总是喜欢拿党的失误大做文章，他们往往不顾特定的历史背景，习惯于将中国共产党的失误完全归结为个人原因，进而达到抹黑党的形象的目的。如何及时回应和批驳这些错误思潮，决不让敌对势力否定中国共产党领导和社会主义根本制度的图谋得逞，中共中央做出的三个历史决议，为中共党史工作者做出了表率。

实际上，中共党史学科话语体系的完善和发展，在一定程度上也是在同历史虚无主义等各种错误思潮的斗争中实现的。在同历史虚无主义等各种错误思潮的斗争中，中共党史研究工作者更加深切地认识到，对历史人物的评价，应该将其放在其所处的时代和社会历史条件中进行，不能脱离对历史条件、历史过程的全面认识和对历史规律的科学把握，不能忽略历史必然性和历史偶然性的关系。不能把历史顺境中的成功简单归功于个人，也不能把历史逆境中的挫折简单归咎于个人。不能用今天的时代条件、发展水平、认识水平去衡量和要求前人，不能苛求前人干出只有后人才能干出的业绩。革命领袖是人不是神，尽管他们拥有很高的理论水平、丰富的斗争经验、卓越的领导才能，但这并不意味着他们的认识和行动可以不受时代条件限制。不能因为他们伟大就对他们像神那样顶礼膜拜，不容许指出并纠正他们的失误和错误；也不能因为他们有失误和错误就全盘否定，抹杀他们的历史功绩，陷入历史虚无主义的泥潭。

在同历史虚无主义等各种错误思潮的斗争中，中共党史研究工作者更加深切地认识到，“前事不忘，后事之师”。中国共产党对自己包括领袖人物的失误和错误历来采取郑重的态度，一是敢于承认，二是正确分析，三是坚决纠正，从而使失误和错误连同党的成功经验一起成为宝贵的财富。

第三节　新时代中共党史学科话语体系的发展路径

一、发挥话语体系的引领力

旗帜鲜明讲政治，是中共党史学科话语体系的本质属性。同时，在中共党史学科话语的视域下，讲政治并不是抽象的，而是有着特定的含义，其最核心的功效应体现在引领社会意识形态与发挥资政育人功能等方面。

第一，新时代中共党史学科要着力构建引领社会意识形态的话语体系。

从整体上看，中共党史领域恰是意识形态战场上敌对势力的主要攻击领域之一。正如习近平总书记所强调的："古人说：'灭人之国，必先去其史。'国内外敌对势力往往就是拿中国革命史、新中国历史来做文章，竭尽攻击、丑化、污蔑之能事，根本目的就是要搞乱人心，煽动推翻中国共产党的领导和我国社会主义制度。"[①] 这一论断彰显了加强党史研究，尤其是发挥党史话语维护意识形态安全效用的重要性与紧迫性。

首先，中共党史学科要构建坚持正确价值导向的话语体系。中共党史学科话语体系中的价值导向，可以进一步理解为对党的领导、社会主义制度及人民立场的维护与宣扬。中共党史研究要善于从历史本源出发，建立能够充分论证党执政的合法性、社会主义制度的优越性及中国人民的先进性的话语体系。

其次，中共党史学科要构建具有承继性的话语体系。敌对势力在中共党史研究领域扰乱意识形态安全的主要做法，就是利用改革开放前后两个时期进行互相否定，以割裂中共党史完整性的方式分化人们的思想。中共党史学科应注重从学理上建构具有内在延展性的话语体系，从理论逻辑、历史逻辑与现实逻辑等方面充分说明中共党史是一脉相承的，并不存在断裂及互相否定。

最后，中共党史学科要构建增强文化自信的话语体系。中国共产党百年历史，无论从中华民族文明史看，还是从世界文明史看，其都弥足珍贵。中国共产党的百年奋斗史，不仅是中华文明发展史中最为壮丽的篇章，而且还通过马克思主义中国化，极大地推进了

---

① 习近平. 论中国共产党历史. 北京：中央文献出版社，2021：4-5.

马克思主义基本原理同中华优秀传统文化相结合，激活了中华优秀传统文化，在中华民族伟大复兴中极大地增强了文化自信。中共党史研究工作者有责任、有义务认真挖掘和梳理五四运动以来特别是中国共产党成立以来马克思主义基本原理同中华优秀传统文化相结合的历史进程，总结这方面的成功经验，构建增强文化自信的中共党史学科话语体系。

第二，新时代中共党史学科要积极构建发挥资政育人功能的话语体系。

首先，要积极构建能够发挥理论教育功能的中共党史学科话语体系。学习和用好马克思主义理论是中国共产党人的立身之本。而一部中共党史就是一本中国共产党人认识、使用与发展马克思主义的活教材。中共党史学科话语体系建设，必须说明中国共产党人如何以马克思主义理论为根本指导，团结广大人民群众，实现了站起来的历史性飞跃，基本完成了富起来的光辉任务，迎来了强起来的伟大时代。

其次，要积极构建能够发挥历史教育功能的中共党史学科话语体系。一是用力书写对党忠诚的英雄史诗，坚定理想信念；二是用心歌颂矢志报国的奋斗故事，厚植爱国主义情怀；三是用情记录爱岗敬业的先进事迹，涵养高尚美德。

最后，要积极构建能够发挥现实教育功能的中共党史学科话语体系。尽管历史不会在同样的条件下重演，但我们却能从历史中总结经验教训，以便更从容地面对未来。增强党史话语的现实性，要求中共党史研究者在充分认识、理解现实问题，尤其是现实重大政治问题的基础上，认真回溯党的发展历程，从中总结经验教训，以便为现实发展提供经验借鉴。

二、增强话语体系的说服力

进一步深化党史研究，方能增强党史话语体系的说服力。这要求我们在夯实资料基础、突破固有思维及增强理论创新方面做足工作。

第一，夯实资料基础，说有根据的话。

提升真实性是中共党史学科增强话语体系说服力的首要任务。近些年来，党史作品市场日益火爆的同时，也出现了作品质量良莠不齐、泥沙俱下的新问题，甚至个别由权威出版社刊印的党史类书籍，也存在明显的史实错误。这严重损害了党史话语的权威性。而缺乏资料论证、话出无因，则是出现这一问题的主要原因。实际上，专家学者与社会公众越是追求与期盼党史话语的突破和创新，对研究资料的要求便越高。党史界要做到说新话，言前人之所未言，除了进行思路上的突破、理论上的创新以外，更要加强对资料的挖掘与补充。

在夯实党史研究资料基础方面，具体要做好以下几方面工作。一是提高国内档案的利用效率。档案是进行历史研究最珍贵的一手材料。事实上，近些年来党史界提出的一些新观点、新理念，均同档案资料的重新挖掘或考证有较大关联。然而，当前由于缺乏档案学人才、数字化进展较慢等，国内档案资料的开放范围与利用效率受到了较大的影响。对于这一问题，国内相关部门应给予重视，进而为党史学科的话语创新奠定异常关键的文献资料基础。二是加强国际党史材料的搜集和整理工作。国外报刊、图书及档案中记录着大量有关中共的历史，部分学者利用这类资料，已经取得了堪称重量级的研究成果，尤其是纠正了一些固有的党史错误认知，大大提高了党史话语的准确性。然而，当前对于海外党史研究资料的利用仍存在个别较为突出的问题。比较而言，英语资料的挖掘、利用相对充分，而日语、朝鲜语、德语等资料在挖掘、利用方面尚存在“空白点”问题。又因语言障碍及经费不足等，大量国际文献的“使用权”实际上只掌握在少部分人手中，这将制约党史研究的良性发展。对此，国家可以资助有实力的党史及社科研究机构，编译出版语种更为丰富、影响力较大的国际党史资料，进而为创新党史话语提供更多材料上的选择。三是完善已有党史资料的数字化工作。经过近百年的发展，国内公开出版的相关党史资料已经形成了相当大的规模，但部分党史资料，尤其是新民主主义革命时期及社会主义革命和建设时期的党史资料，由于时间久远及发行量较小，给查阅相关资料带来了很大的困难。为此，应着力加快党史资料的数字化进程。

第二，突破固有思维，说有新意的话。

“模式化”是中共党史研究的大忌。摆脱僵化思维的束缚，冲破桎梏话语的藩篱要从以下两方面进行：一方面要增强中共党史研究的问题意识。问题是中共党史研究的突破口，同时也是话语创新的切入点。从问题出发，可以使中共党史研究者冲破森林的蔽障，直达和煦的暖阳，为话语创新减轻压力，开辟新的创作空间。此外，研究者在搜索问题时，应力求在中共党史视域下，关注重大现实问题、长期未解决的问题以及新出现的问题，这将有助于提高中共党史学科话语体系创新的质量。另一方面要丰富中共党史研究的解题思路。以时间为线索推演中共党史的发展历程，是中共党史研究中最为常见的写作方式。由于中共党史学科本质上是一门历史学科，以时间为主要线索的研究方式有其学科意义上的合理性。但以时间为主要线索，并不意味着以时间为唯一线索。中共党史研究应在立足于时间线索的基础上，根据研究选题，挖掘出更多的研究线索。例如，近年来部分学者以空间变更、心理情感及政治仪式的发展演化为主要线索，对党史研究中的旧题作出了新解。这为创新党史话语提供了一定的有益借鉴。

第三，增强理论创新，说有深度的话。

在人们学历水平大幅提高、知识爆炸、信息传播效率空前提高的背景下，通识类的中共党史作品已经难以满足人们的阅读需求，尤其是一些资深党史爱好者、政府工作者及高学历群体，更是期盼理论性强的党史新作。而理论的引入与建构，也有利于增强党史话语的系统性与说服力。实际上，中共党史研究并不缺乏理论支撑。然而，中共党史研究中的理论运用方式存在着一些突出问题。一是理论的使用滞后于现实的发展。这使得中共党史研究者只能使用昨天的理论解释今天发生的事情，延缓了党史话语的更新。二是借鉴性理论多，原创性理论少。中共党史研究者多用外国学者提出的理论解释中国的发展道路，这极大地弱化了话语的本土性，而且也容易陷入话语上的“西方中心主义”。因此，中共党史研究要注重增强理论的原创性，进而增强话语的说服力。

三、提高话语体系的传播力

讲好党史故事，具有多方面的内容。我们可以通过讲好中国共产党矢志不渝践行初心使命的故事，来阐释中国共产党为什么能；通过讲好中国共产党人流血牺牲、前赴后继、英勇奋斗的故事，来阐释党的理想信念和光荣传统；通过讲好中国共产党不懈探索中国革命道路、社会主义建设道路、中国特色社会主义道路的故事，来阐释没有中国共产党，就没有新中国，就没有中华民族伟大复兴。

总之，通过讲好党史故事来阐明故事背后蕴含的道理和规律，是中共党史学科话语体系发挥自身独特优势的重要途径。

第一，巧用叙事，提升话语的可读性。

相比于党建、政治学及哲学等其他社会科学类学科，中共党史学科话语的可读性明显更强。但近年来，各学科不断在话语表达上寻找新出路，开拓新的叙事模式，中共党史学科在话语表达方面的天然优势已不断缩小。为此，中共党史学科必须进一步提升话语的可读性。

中共党史学科要努力开发新的叙事资源，提高话语的新颖度。同一事件过度叙事甚至重复叙事，是当前中共党史学科话语吸引力变小的重要原因。百年党史拥有太多值得人们去发现、去书写、去建构的话语材料。中共党史研究者要善于开发新的叙事点，这将大大减小话语创新的阻力。

中共党史学科还要重新认识已开发的叙事资源。尽管中共党史研究者已经围绕个别叙事资源开展了大量研究，如党的一大、抗美援朝战争、党的十一届三中全会等，但鉴于这些事件具有的重大政治意义，新时代的党史研究仍不可能忽略这些历史事件。中共党史研究者要善于在已有研究的基础上，通过转换思路、变换视角及创新理论，开发新的话语增长点。

第二，区分对象，提高话语的针对性。

随着社会分工的愈益精细、大众需求的愈益多元，通识类的中共党史作品已经很难满足群众的阅读需求。根据年龄、职业及地域的差异，编著更具针对性的党史作品，使用有区分性的中共党史学科话语，是提高新时代中共党史学科话语体系传播力的重要手段。

对此，中共党史工作者一方面要善于运用大数据技术及社会调查的方法，准确了解社会需求，即搞清楚党史作品的需求侧，从而为党史话语创新提供可靠参照；另一方面要进一步提高自身的创新能力，尤其是提高以不同视角审视党史、言说党史的能力，从而在明确需求的基础上，提高党史话语的供给能力。

第三，活用媒介，增强话语的扩散性。

类似的话语借用不同的传播媒介进行推广，其影响力可能有天壤之别。这一点在信息时代正变得愈加明显。在媒介频繁更新的信息时代，中共党史学科话语体系要提升自身传播力，也必须紧跟媒介发展的步伐。近些年来，中共党史研究者开始运用电视访谈、网络直播等方式拓宽话语的传播渠道，但效果却并不明显。究其原因是，中共党史研究者虽然注意到了用新媒介传播党史话语，但却并没有真正掌握新媒介的传播规律。事实证明，简单地将文字记录的党史内容或课堂上讲授的党史案例移植至新的传播媒介上，并不能产生更大的影响力，党史话语必须根据所用媒介的不同特点进行适当的转换。例如，网络直播更强调话语的互动性，微信公众号更突出话语的娱乐性，电视视频则更关注话语的画面性。唯有活用媒介，根据媒介特点量身打造党史话语，党史话语才能在新媒介上占据一席之地。

四、提升话语体系的影响力

论争是检验话语成色的基本方式之一。高质量的话语可以在论争中脱颖而出，把握社会舆论的主导权；反之，低质量的话语则会在论争中丧失发声的权利。

面对来自历史虚无主义等错误思潮的话语挑战，中共党史研究者不应胆怯和回避，而是要迎头痛击，将每一次话语斗争作为发挥主流话语引领作用的重要机会。正如毛泽东所指出的：“各种不同意见辩论的结果，就能使真理发展。对于那些有毒素的反马克思主义的东西，也可以采取这个方法，因为同那些反马克思主义的东西进行斗争，就会使马克思主义发展起来。这是在对立面的斗争中的发展，是合于辩证法的发展。”[①] 新时代中共党史研究者在捍卫话语高地的过程中，要特别注意各类热点问题，尤其是要注意回答热点问题的时机与方式，进而在争鸣中有效提升中共党史学科话语体系的影响力。

谣言与指责出现以后，迅速给予回击是解决问题的最有利时机。然而，从谣言出现到给出恰当的回击，总是存在一定的时间差。在这段时间里，来自错误思潮的话语已经在群众中引起了混乱。如果中共党史工作者未能及时发声，错过了最佳时机再去纠正观点、主导舆论，便要付出更多的精力。因此，消解谣言最有利的时机，实际上是做到防患于未然。

相同的语言从不同的人口中说出、在不同的地点流传及用不同的方式传播，所发挥的效果可能截然不同。这反映了宣传方式对话语的深刻影响。相较于自说自话，“他者”如国际知名人士的话语有时会显得更有分量，也更容易引起受众的关注。而在有关热点问题的“话语场”中，他者的言说既有正面的，也有负面的。中共党史工作者要善于因势利导，利用其中的正面话语，壮大主流话语的声势。而在缺少上述正面话语的情况下，我们还要善于主动设置议题，制造正面话语，来积极引导广大受众。总之，在游泳中学会游泳，是中共党史学科话语体系在各种话语交锋中实现自我完善、自我提升，从而有效提升影响力的有效途径。

（作者单位：中共中央党校（国家行政学院）党史教研部）

---

① 中共中央文献研究室. 毛泽东文集：第 7 卷. 北京：人民出版社，1999：279 - 280.

第六章
中共党史学科的方法论

欧阳军喜　夏　清

中共党史研究在中国共产党成立后逐渐萌发，并随着中国共产党的发展壮大而日益成熟。中共党史研究以中国共产党的历史及其理论创新和实践创新成果为主要研究对象，揭示执政党建设规律、社会主义建设规律、人类社会发展规律。中共党史学科虽然与历史学、政治学、马克思主义理论等学科紧密联系，但在议题关涉、研究方法等方面有其自身的特点。中共党史研究强调历史性与现实性、党性与科学性相统一。

中共党史学科的方法论在中共党史研究中起着统领与指导的作用，在充分发挥其以史鉴今、资政育人功能中扮演着十分重要的角色。概括地说，中共党史学科的方法论主要源自三个方面。一是作为中国共产党指导思想的有关中共党史研究方法的重要论述，特别是习近平总书记关于中共党史研究方法的重要论述。这是中共党史学科方法论的直接根据和根本遵循。二是中共党史研究方法的继承与创新。中共党史学科因党而兴、因党而荣、因党而盛，积累了成熟且丰厚的研究方法和优良传统，并能与时俱进、创新发展，使得中共党史研究既与历史学、政治学、马克思主义理论等学科紧密联系，又独具特色，具有旺盛的学术生命力。三是对新方法、新理论的自主性吸收。中共党史学科是一门开放的学科。这不仅因为它的研究对象本身就在不断发展，而且因为它的研究方法始终是在坚持唯物史观和正确党史观的前提下，不断兼收并蓄、博采众长，求得自身的完善、丰富与创新。20 世纪 80 年代以来，学界利用新方法、新理论展开了众多研究探索，极大地开拓了中共党史研究的领域与视野。

基于此，本章将集中围绕以上三个方面展开论述，以期进一步总结与提炼中共党史学科的方法特色，继而推动新时代中共党史学科的发展。

第一节　认真贯彻习近平总书记关于中共党史研究方法的重要论述

早在 2010 年 7 月 21 日，习近平同志就提纲挈领地指明了党史研究的问题意识、工作要求和方法创新。他指出："党史研究是一门研究中国共产党的历史、从中国共产党的活动揭示当代中国社会运动规律的科学"，党史研究工作者要坚持党性和科学性的统一，遵守党的政治纪律、宣传纪律和充分发挥个人创造性的统一；既要坚持和发展马克思主义史学研究的优良传统，坚持和发展党史工作积累的成功经验和方法，也要吸收借鉴古今中外史学研究的有益经验和方法，还要积极运用现代科学技术，创新党史研究的手段、方法、载体[①]。党的十八

① 习近平. 在全国党史工作会议上的讲话（摘要）. 中共党史研究，2010（8）.

大以来，习近平总书记围绕中国共产党历史发表了一系列重要论述，为新时代党史研究方法的发展提供了根本遵循。

一、正确把握出发点和立足点

《中共中央关于加强和改进新形势下党史工作的意见》指出，加强和改进新形势下党史工作，要“紧紧围绕党和国家工作大局，坚持把以史鉴今、资政育人作为根本任务，全面做好党史工作，进一步提高党史工作科学化水平，使党史工作更好为贯彻党的基本理论、基本路线、基本纲领、基本经验服务，为建设社会主义核心价值体系服务，为推进党的建设新的伟大工程服务，为坚持和发展中国特色社会主义服务”①。这指明了中共党史研究的基本出发点和立足点。

中共党史学科的研究对象是中国共产党的历史，但是中共党史学科的重要价值和基本目的在于服务现实。这是中共党史研究的出发点和立足点。习近平总书记指出：“历史是最好的教科书。对我们共产党人来说，中国革命历史是最好的营养剂。多重温我们党领导人民进行革命的伟大历史，心中就会增加很多正能量。”② 他还指出：“党的历史是最生动、最有说服力的教科书。我们党历来重视党史学习教育，注重用党的奋斗历程和伟大成就鼓舞斗志、明确方向，用党的光荣传统和优良作风坚定信念、凝聚力量，用党的实践创造和历史经验启迪智慧、砥砺品格。”③ 这为中共党史学科更好地服务于党和国家中心工作、服务于全党大局指明了方向。

准确把握中共党史研究的出发点和立足点，必须掌握历史联系

① 中共中央文献研究室. 十七大以来重要文献选编：中. 北京：中央文献出版社，2011：787.

② 习近平. 论中国共产党历史. 北京：中央文献出版社，2021：24.

③ 习近平. 在党史学习教育动员大会上的讲话. 北京：人民出版社，2021：2.

现实的基本方法，努力提高通过研究中国共产党的历史为现实服务的能力。在中共党史研究中运用历史联系现实的方法，主要有以下路径。

一是在中共党史研究中把握践行初心使命、不断推进中华民族伟大复兴历史伟业这个主题主线，不断增强历史自觉，把苦难辉煌的过去、日新月异的现在、光明宏大的未来贯通起来，在乱云飞渡中把牢正确方向，在风险挑战面前砥砺胆识，激发为实现中华民族伟大复兴而奋斗的信心和动力，开创属于我们这一代人的历史伟业。正如习近平总书记指出的："我们党的一百年，是矢志践行初心使命的一百年，是筚路蓝缕奠基立业的一百年，是创造辉煌开辟未来的一百年。在百年接续奋斗中，党团结带领人民开辟了伟大道路，建立了伟大功业，铸就了伟大精神，积累了宝贵经验，创造了中华民族发展史、人类社会进步史上令人刮目相看的奇迹。"①

二是在中共党史研究中牢牢把握理想信念这个精神支柱和政治灵魂。100多年前，中国共产党的先驱们在创建中国共产党的过程中，胸怀理想信念，形成了坚持真理、坚守理想，践行初心、担当使命，不怕牺牲、英勇斗争，对党忠诚、不负人民的伟大建党精神。100多年来，中国共产党胸怀理想信念，弘扬伟大建党精神，在长期奋斗中构建起中国共产党人的精神谱系，锤炼出鲜明的政治品格。通过理想信念教育，引导人们继续弘扬光荣传统，赓续红色血脉，永远把伟大建党精神继承下去、发扬光大。正如习近平总书记指出的："信仰信念任何时候都至关重要。对共产主义的信仰，对中国特色社会主义的信念，是共产党人的政治灵魂，是共产党人经受住任何考验的精神支柱。"②

---

① 习近平. 在党史学习教育动员大会上的讲话. 北京：人民出版社，2021：5.
② 习近平. 在党史学习教育动员大会上的讲话. 北京：人民出版社，2021：8.

三是在中共党史研究中着重阐述开辟的伟大道路、创造的伟大事业、取得的伟大成就这一中华民族几千年历史上最恢宏的史诗，引导人们深刻认识红色政权来之不易、新中国来之不易、中国特色社会主义来之不易，深刻认识中国共产党为什么能、马克思主义为什么行、中国特色社会主义为什么好，不断坚定“四个自信”，不断增强历史定力，增强做中国人的志气、骨气、底气。正如习近平总书记指出的：“经过一百年的奋斗，我们党团结带领人民在一个有着几千年封建社会历史的国家实现了最广泛的人民民主，人民真正成为国家、社会和自己命运的主人；我们在一穷二白的基础上创造了经济社会快速发展奇迹，用几十年时间走完了发达国家几百年走过的工业化历程，跃升为世界第二大经济体，综合国力、科技实力、国防实力、文化影响力、国际影响力显著提升；我国人民生活由温饱不足到全面小康，整体上彻底摆脱了绝对贫困，成为世界上中等收入人口最多的国家；我国长期保持社会和谐稳定、人民安居乐业，成为国际社会公认的最有安全感的国家之一。这次抗击新冠肺炎疫情的伟大斗争，充分彰显了党的领导和我国社会主义制度的显著优势，极大增强了全党全国各族人民的信心信念。当今世界，要说哪个政党、哪个国家、哪个民族能够自信的话，那中国共产党、中华人民共和国、中华民族是最有理由自信的!”①

四是在中共党史研究中着力揭示中国特色社会主义道路、理论、制度、文化的历史必然性和优越性，通过党史特别是改革开放史上的鲜活事例坚定“四个自信”。中共党史研究应该使广大人民群众在学习党史的过程中，深刻认识历史和人民选择中国共产党、选择马克思主义、选择社会主义道路、选择改革开放的历史必然性，增强

---

① 习近平. 在党史学习教育动员大会上的讲话. 北京：人民出版社，2021：8－9.

建设中国特色社会主义事业的信心。中共党史研究应该深入发掘更多这样的内容，以真实的内容打动人心，将思想的深度、论证的准确性和语言表达的通俗性结合，让研究成果发挥出更广泛更深入更持久的宣传教育和引导作用，通过持续不断的党史教育，引导人民树立和坚持正确的历史观、民族观、国家观、文化观，让广大人民群众清晰地了解党和国家的发展道路，认识理论的发展源流，理解制度的演变历程，感悟文化的传承创新，从而为坚定“四个自信”培育深厚的历史底蕴和情感根基，有效抵御国内国外的负面宣传，用中共党史研究者的笔触向世界讲好中华民族的故事、中国共产党的故事、中华人民共和国的故事、中国特色社会主义的故事、改革开放的故事，特别是新时代的故事。

二、整体把握历史脉络和实践逻辑

2020 年 1 月 8 日，习近平总书记在“不忘初心、牢记使命”主题教育总结大会上指出：“要把学习贯彻党的创新理论作为思想武装的重中之重，同学习马克思主义基本原理贯通起来，同学习党史、新中国史、改革开放史、社会主义发展史结合起来，同新时代我们进行伟大斗争、建设伟大工程、推进伟大事业、实现伟大梦想的丰富实践联系起来，在学懂弄通做实上下苦功夫，在解放思想中统一思想，在深化认识中提高认识，切实增强贯彻落实的思想自觉和行动自觉”[①]。这段讲话要求我们将“四史”学习与我们党领导人民的丰富实践结合起来，在实践中理解中国共产党的历史逻辑。

2021 年 5 月 25 日，中共中央办公厅印发《关于在全社会开展党

① 习近平. 在“不忘初心、牢记使命”主题教育总结大会上的讲话. 北京：人民出版社，2020：15.

史、新中国史、改革开放史、社会主义发展史宣传教育的通知》。该通知明确要求深入学习领会习近平总书记关于党史、新中国史、改革开放史、社会主义发展史的重要论述①。

2022年10月16日，党的二十大报告又进一步把“四史”教育拓展为“五史”教育。习近平总书记有关“五史”的重要论述秉持大历史观，展现出广阔宏大的历史纵深，为党史研究提供了重要的方法指导。中共党史的研究应该贯通党史、新中国史、改革开放史、社会主义发展史、中华民族发展史，既要向前看，也要向后看，明白中国共产党和中华民族伟大复兴的中国梦是从哪里来、到哪里去的。以习近平同志为核心的党中央强调“五史”学习，旨在让全党全社会全面认识中共党史，并将其放入新中国的建设历程、改革开放的巨变和社会主义事业的发展中去理解和学习，深刻领悟中国共产党历史发展的脉络和实践逻辑。

注重对中国共产党历史脉络的整体把握，是中共党史研究的一个重要方法。中国共产党的历史发展脉络，就是党领导中国人民实现从站起来、富起来到强起来的过程。因此，中共党史研究应该深入挖掘中国共产党如何领导中国人民实现新民主主义革命的胜利，创立新中国，让中国人民站起来；如何带领中国人民完成社会主义革命，并在重要历史关头果断作出改革开放的伟大决策，让中国人民富起来；如何在新时代坚持“四个全面”战略布局和“五位一体”总体布局，让中国人民和中华民族逐渐强起来这一伟大历程。新时代的中共党史研究应该以此为总问题，考察这一历史进程中的事迹，澄清史实，总结经验。

要对中国共产党的历史脉络有整体把握，就必须判断清楚中国

---

① 中办印发《通知》在全社会开展党史、新中国史、改革开放史、社会主义发展史宣传教育. 人民日报，2021-05-26 (1).

共产党历史的主流和本质。“中国有了中国共产党执政，是中国、中国人民、中华民族的一大幸事。只要我们深入了解中国近代史、中国现代史、中国革命史，就不难发现，如果没有中国共产党领导，我们的国家、我们的民族不可能取得今天这样的成就，也不可能具有今天这样的国际地位。在坚持党的领导这个重大原则问题上，我们脑子要特别清醒、眼睛要特别明亮、立场要特别坚定，绝不能有任何含糊和动摇。”[①] 中共党史研究一定要紧紧抓住、深刻揭示中共党史的主流和本质。党的历史的主流是成功的，党的初心使命是为中国人民谋幸福、为中华民族谋复兴，不应刻意遗漏党史中的伟大功绩而放大失误偏差，以偏概全。

当然，准确把握中共党史研究的主题主线、主流本质，并不妨碍研究视角的多样化和多维化。从不同角度梳理概括党的历史，有利于更好地开展多视角、多维度的研究，有力地推动中共党史学科创新发展。2021 年 2 月 20 日，习近平总书记在党史学习教育动员大会上从不同角度对中国共产党的百年历史进程做了科学概括。从党的理论发展维度，他强调：“我们党的历史，就是一部不断推进马克思主义中国化的历史，就是一部不断推进理论创新、进行理论创造的历史。”[②] 从中国与世界关系的维度，他强调：“在一百年的奋斗中，我们党始终以马克思主义基本原理分析把握历史大势，正确处理中国和世界的关系，善于抓住和用好各种历史机遇。”[③] 从践行初心使命的维度，他强调：“我们党的百年历史，就是一部践行党的初心使命的历史，就是一部党与人民心连心、同呼吸、共命运的历史。”[④] 从应对各种困难挑战的维度，他强调：“世界上没有哪个党像

① 习近平. 论党的宣传思想工作. 北京：中央文献出版社，2020：144.
② 习近平. 在党史学习教育动员大会上的讲话. 北京：人民出版社，2021：12.
③ 习近平. 在党史学习教育动员大会上的讲话. 北京：人民出版社，2021：13.
④ 习近平. 在党史学习教育动员大会上的讲话. 北京：人民出版社，2021：15.

我们这样，遭遇过如此多的艰难险阻，经历过如此多的生死考验，付出过如此多的惨烈牺牲。一百年来，在应对各种困难挑战中，我们党锤炼了不畏强敌、不惧风险、敢于斗争、勇于胜利的风骨和品质。这是我们党最鲜明的特质和特点。”①

总体而言，中共党史研究应当紧紧抓住中国共产党鲜明的特质、特点，在准确把握主流和主线的基础上，开展多维研究，注重对历史脉络的整体把握。

三、科学评价重大事件、重要会议、重要人物

如何正确认识和科学评价党史上的重大事件、重要会议、重要人物，是中共党史研究经常面对的基本问题。因此，必须坚持唯物史观和正确党史观，掌握科学的分析方法。

新时代的中共党史研究，要坚持以中国共产党关于历史问题的三个决议和党中央有关精神为依据，树立正确历史观，正确认识和科学评价党史上的重大事件、重要会议、重要人物。

首先，要始终坚持唯物史观。这是认识人类社会的唯一的科学的历史观，也是中共党史学科认识中国共产党历史、把握历史规律的根本方法。

马克思指出：“人们自己创造自己的历史，但是他们并不是随心所欲地创造，并不是在他们自己选定的条件下创造，而是在直接碰到的、既定的、从过去承继下来的条件下创造。”② 总结中国共产党百年奋斗的重大成就和历史经验，要坚持辩证唯物主义和历史唯物主义的方法论，用具体历史的、客观全面的、联系发展的观点来看

① 习近平. 在党史学习教育动员大会上的讲话. 北京：人民出版社，2021：19.

② 马克思，恩格斯. 马克思恩格斯文集：第2卷. 北京：人民出版社，2009：470-471.

待党的历史。习近平总书记也指出，中华民族 5 000 多年文明史，中国人民近代以来 170 多年斗争史，中国共产党 90 多年奋斗史，中华人民共和国 60 多年发展史，改革开放 30 多年探索史，这些历史一脉相承，不可割裂。脱离了中国的历史，脱离了中国的文化，脱离了中国人的精神世界，脱离了当代中国的深刻变革，是难以正确认识中国的[①]。因此，要把握中国共产党的历史，就必须以更广的视野考察中国的历史传统，结合党的历史发生时刻的社会经济、政治制度和文化思潮，从而在党史研究的过程中做到主观与客观相统一，形成正确的历史认识。

其次，要警惕历史虚无主义错误倾向。

习近平总书记强调，“如果历史观错误，不仅达不到学习教育的目的，反倒会南辕北辙、走入误区。现在，一些错误倾向要引起警惕：有的夸大党史上的失误和曲折，肆意抹黑歪曲党的历史、攻击党的领导；有的将党史事件同现实问题刻意勾连、恶意炒作；有的不信正史信野史，将党史庸俗化、娱乐化，热衷传播八卦轶闻，对非法境外出版物津津乐道”[②]。习近平总书记还指出：“国内国外、网上网下都有一些言论，贬低中华文化，否定中华民族的历史贡献，否定近代以来中国人民的奋斗史，歪曲中国共产党的历史、中华人民共和国的历史，歪曲改革开放的历史。这些就是负能量，增加正能量就要对着负能量去有的放矢，正面交锋。”[③]

针对国内外敌对势力不断拿中国革命史、新中国历史做文章的状况，习近平总书记以苏联解体、苏共垮台的例子揭示了意识形态

① 习近平. 出席第三届核安全峰会并访问欧洲四国和联合国教科文组织总部、欧盟总部时的演讲. 北京：人民出版社，2014：45.

② 习近平. 在党史学习教育动员大会上的讲话. 北京：人民出版社，2021：24.

③ 中共中央文献研究室. 习近平关于社会主义文化建设论述摘编. 北京：中央文献出版社，2017：34.

领域斗争的激烈性，指出敌对势力的根本目的就是要搞乱人心，煽动推翻中国共产党的领导和我国社会主义制度[①]。这就要求中共党史研究“实事求是看待党史上的一些重大问题，既不能因为成就而回避失误和曲折，也不能因为探索中的失误和曲折而否定成就”[②]。

四、用科学方法整理和编纂党的文献

中共党史研究工作的深入开展，离不开中共党史资料的搜集和整理。这就需要用科学方法加强党史资料的整理与编纂。

习近平总书记高度重视中共党史文献工作。他曾指出：“我们党在长期奋斗历程中形成的大量文献特别是党的主要领导人的重要文献，记录了党在革命、建设和改革实践中艰辛探索的奋斗历史，记录了党在不同历史条件下完成伟大艰巨任务积累的宝贵经验，记录了马克思主义中国化的理论成果和历史进程，是几代中国共产党人智慧的结晶，是我们治党治国宝贵的政治和精神财富。”[③]

党的重要文献，是党的光辉历史、理论内涵与精神传统的重要载体。习近平同志在《建党以来重要文献选编（1921—1949）》出版座谈会上指出：“我们要通过学习和研究这部文献集，进一步把握马克思主义中国化的基本规律和丰富内涵，深刻理解中国特色社会主义理论体系同毛泽东思想既一脉相承又与时俱进的内在联系，深刻理解在当代中国坚持中国特色社会主义理论体系就是真正坚持马克思列宁主义、毛泽东思想，深刻理解坚持马克思主义基本原理同中国具体实际相结合是不断丰富和发展中国特色社会主义理论体系

---

① 习近平. 论中国共产党历史. 北京：中央文献出版社，2021：4-5.

② 习近平. 在党史学习教育动员大会上的讲话. 北京：人民出版社，2021：24-25.

③ 习近平在中国中共文献研究会成立大会上强调 党的文献工作要更好地为党的思想理论建设服务. 人民日报，2009-02-26（1）.

的必然要求。在这些重大问题上认识深刻了，对于搞好党的理论武装，推进马克思主义中国化、时代化、大众化，都具有重要意义。”[①]他还强调，“从这部文献集学习和发扬党的优良传统、优良作风”。“我们党在长期革命斗争中形成了理论联系实际、密切联系群众、批评和自我批评等优良作风，形成了井冈山精神、长征精神、延安精神、西柏坡精神。这些优良传统、优良作风是几代中国共产党人流血牺牲凝聚而成的宝贵精神财富，体现了党的性质，代表了党的形象，是我们党在强敌面前勇夺胜利、在危难和困境面前化险为夷的强大武器”。“这些优良传统、优良作风是几代中国共产党人流血牺牲凝聚而成的宝贵精神财富，体现了党的性质，代表了党的形象，是我们党在强敌面前勇夺胜利、在危难和困境面前化险为夷的强大武器”[②]。

回顾中国共产党革命与建设的历史，党的文献事业从它诞生的那一天起，就同马克思主义中国化的历史进程密切相关，同中国共产党革命事业的发展前途紧密相连。通过编辑出版、学习研究党的文献来武装思想、指导实践、推动工作，就成为党的建设的重要组成部分，成为党的思想理论建设重要而富有特色的优良传统。

中国共产党在百年奋斗史上留下了丰富多彩的历史资料，亟须用科学方法加以整理和编纂。在指导五四运动史料和文物收集、整理、保护工作时，习近平总书记强调：“要抓紧把同五四运动有关的历史资料收集好、历史文物保护好。要加强对史料的分类整理和系统化研究，运用现代科技手段保护和展示五四运动史料。要加强研

---

① 习近平. 在《建党以来重要文献选编（1921—1949）》出版座谈会上的讲话. 党的文献，2011（5）.

② 习近平. 在《建党以来重要文献选编（1921—1949）》出版座谈会上的讲话. 党的文献，2011（5）.

究队伍建设，提高专业化能力，多出有深度、有分量的研究成果。”[①]在给上海市新四军历史研究会百岁老战士们回信时，习近平总书记指出：“全党即将开展党史学习教育，希望老同志们继续发光发热，结合自身革命经历多讲讲中国共产党的故事、党的光荣传统和优良作风，引导广大党员特别是青年一代不忘初心、牢记使命、坚定信仰、勇敢斗争，为新时代全面建设社会主义现代化国家而不懈奋斗。”[②] 在讲到红色资源利用问题时，习近平总书记要求：“开展系统研究。统筹研究力量，强化研究规划，积极开展革命史料的抢救、征集和研究工作，加强革命历史研究，深入挖掘红色资源背后的思想内涵，准确把握党的历史发展的主题主线、主流本质，旗帜鲜明反对和抵制历史虚无主义。”[③]

上述论述启示我们，用科学方法加强对中共党史资料的整理与编纂，收集好、保护好是前提，分类整理和系统化研究是基本方法，统筹研究力量、强化研究规划、运用现代科技手段是有效途径，提高专业化能力、多出有深度有分量的研究成果是直接目的，深入挖掘红色资源背后的思想内涵是根本要求。

明镜所以照形，古事所以知今。习近平总书记关于中共党史研究方法的重要论述，继承了我们党和国家在党史研究方面的优良传统，从新时代出发对中共党史研究方法提出了新的要求。中共党史研究工作者要深刻领悟习近平总书记关于中共党史研究方法的重要论述，结合中共党史学科自身特点奋发作为，坚持唯物史观和正确

---

① 习近平在中共中央政治局第十四次集体学习时强调 加强对五四运动和五四精神的研究 激励广大青年为民族复兴不懈奋斗. 人民日报，2019-04-21 (1).

② 习近平给上海市新四军历史研究会百岁老战士们回信时强调 多讲讲党的故事光荣传统和优良作风 引导广大党员不忘初心牢记使命坚定信仰勇敢斗争. 人民日报，2021-02-20 (1).

③ 习近平. 用好红色资源 赓续红色血脉 努力创造无愧于历史和人民的新业绩. 求是，2021 (19).

党史观，不断创新研究方法，以无愧于新时代的高质量人才和高质量成果为中华民族伟大复兴事业、为中共党史研究事业做出新贡献。

第二节　中共党史研究方法的继承与创新

中共党史研究与中国共产党领导中国革命、建设、改革和新时代的历史相伴随，积累了深厚的研究方法与优良传统。这些研究方法与优良传统，既需要接续传承，也亟须在新时代予以守正创新。

一、坚持马克思主义的指导作用

习近平总书记指出："中国共产党为什么能，中国特色社会主义为什么好，归根到底是因为马克思主义行！"[①] 中共党史研究者学习党史、分析党史、书写党史时，同样需要把握马克思主义的观点，遵循马克思主义的原则。

1. 坚持马克思主义历史观

在建党百年之际，党的十九届六中全会通过了第三个历史决议，强调："全党要坚持唯物史观和正确党史观，从党的百年奋斗中看清楚过去我们为什么能够成功、弄明白未来我们怎样才能继续成功"[②]。这既是对党的要求，同时也为党史研究提供了指导。科学把握马克思主义历史观，是以史为鉴、开创未来的重要前提。

中共党史研究必须正确把握马克思主义历史观，这是由两方面因素决定的。一方面，马克思主义为中国共产党进行革命、建设、

① 习近平. 在庆祝中国共产党成立 100 周年大会上的讲话. 北京：人民出版社，2021：13.

② 中共中央关于党的百年奋斗重大成就和历史经验的决议. 北京：人民出版社，2021：2.

改革提供了思想指导，也为中国共产党人认识社会、改造社会提供了理论工具。“唯物史观是吾党哲学的根据”①。党的十一届六中全会总结历史经验时指出：“毛泽东同志把辩证唯物主义和历史唯物主义运用于无产阶级政党的全部工作，在中国革命的长期艰苦斗争中形成了具有中国共产党人特色的这些立场、观点和方法，丰富和发展了马克思列宁主义。”② 习近平总书记也指出：“在革命、建设、改革各个历史时期，我们党运用历史唯物主义，系统、具体、历史地分析中国社会运动及其发展规律，在认识世界和改造世界过程中不断把握规律、积极运用规律，推动党和人民事业取得了一个又一个胜利。”③ 马克思主义历史观的观点、方法、立场贯穿于中国共产党各时期的工作，因此把握历史唯物主义，有助于中共党史工作者加深对中共党史的理解。

另一方面，马克思主义历史观具有高度的科学性，为中共党史研究者提供了认识世界的依据。列宁曾高度评价这一理论：“马克思的历史唯物主义是科学思想中的最大成果。过去在历史观和政治观方面占支配地位的那种混乱和随意性，被一种极其完整严密的科学理论所代替，这种科学理论说明，由于生产力的发展，如何从一种社会生活结构中发展出另一种更高级的结构，例如从农奴制中生长出资本主义。”④ 英国左翼历史学者霍布斯鲍姆也指出：到目前为止，只有他（马克思）把历史当成一个整体来发展方法论，并且只有他从一个预见的角度来解释整个人类社会进化的过程⑤。可以说，马克思主义理论中所蕴含的对历史的论述与思考应当成为党史研究遵循

---

① 中共中央文献研究室. 毛泽东书信选集. 北京：中央文献出版社，2003：11.

② 中共中央文献研究室. 三中全会以来重要文献选编：下. 北京：人民出版社，1982：832.

③ 习近平. 论党的宣传思想工作. 北京：中央文献出版社，2020：31.

④ 列宁. 列宁全集：第23卷. 2版增订版. 北京：人民出版社，2017：45.

⑤ 霍布斯鲍姆. 论历史. 黄煜文，译. 北京：中信出版社，2015：250.

的基本原则。

把握马克思主义历史观，需要中共党史工作者正确认识唯物史观的基本内涵。马克思和恩格斯在《德意志意识形态》中指出，唯物史观“从直接生活的物质生产出发阐述现实的生产过程，把同这种生产方式相联系的、它所产生的交往形式即各个不同阶段上的市民社会理解为整个历史的基础，从市民社会作为国家的活动描述市民社会，同时从市民社会出发阐明意识的所有各种不同的理论产物和形式，如宗教、哲学、道德等，而且追溯它们产生的过程”①。在此视域下，“物质生活的生产方式制约着整个社会生活、政治生活和精神生活的过程。不是人们的意识决定人们的存在，相反，是人们的社会存在决定人们的意识”②。从人的实践出发，马克思找到了人类历史活动中思想动机背后的物质动因，即生产力与生产关系、经济基础与上层建筑之间的矛盾。基于此，他发现，现实的人的物质生产实践是历史发展的重要动因。因此，人民群众才是真正的历史创造者。上述理论是各时期中国共产党认识、总结历史的基本依据之一，也是理解党的历史的重要指导。

唯物史观既是历史观又是方法论。中共党史工作者要在遵循唯物史观原则的基础上，将这些方法应用于研究中。

中共党史研究应具备整体视野，抓住核心问题。一方面，中共党史研究者应当开放视野、总揽全局，“树立大历史观，从历史长河、时代大潮、全球风云中分析演变机理、探究历史规律”③。正如列宁所说的：“如果从事实的整体上、从它们的联系中去掌握事实，那么，事实不仅是‘顽强的东西’，而且是绝对确凿的证据。如果不

① 马克思，恩格斯. 马克思恩格斯文集：第1卷. 北京：人民出版社，2009：544.

② 马克思，恩格斯. 马克思恩格斯文集：第2卷. 北京：人民出版社，2009：591.

③ 习近平. 在党史学习教育动员大会上的讲话. 北京：人民出版社，2021：14.

是从整体上、不是从联系中去掌握事实，如果事实是零碎的和随意挑出来的，那么它们就只能是一种儿戏，或者连儿戏也不如。”① 另一方面，面对复杂的历史，中共党史研究者应该厘清思路，抓住问题主干。“错综复杂”的“政治事态”就“好比一条链子”，只有“抓住主要环节”的人，才能“抓住整条链子”。② 总之，开放视野、抓住问题主干，有助于研究者正确且准确地对党史问题进行分析阐述。

中共党史研究应用历史的观点观察历史。这一理论包含如下内涵：首先，要将问题置于一定的历史范围内进行考察。列宁曾说过：“马克思主义要求我们一定要历史地来考察斗争形式的问题。脱离历史的具体环境来谈这个问题，就是不懂得辩证唯物主义的起码常识。”③ “在分析任何一个社会问题时，马克思主义理论的绝对要求，就是要把问题提到一定的历史范围之内”④。其次，要坚持普遍联系的观点，不能孤立地、碎片化地研究历史。如果以非历史的观点考察历史，忽略了基本的历史联系，那么“对伟大历史联系的合理看法就不可能产生，而历史至多不过是一部供哲学家使用的例证和图解的汇集罢了”⑤。最后，对历史上任何一种社会制度与社会运动进行认识与评估，都应当从其产生条件出发。“既然世界上没有孤立的现象，既然一切现象都是彼此联系、互相制约的，那就很明显，在估计历史上每一种社会制度、每一个社会运动的时候，不应当象历史学家常做的那样，从‘永恒正义’或其他某种成见出发，而应当从产生这种制度、这个社会运动的条件和同它们有联系的条件出

---

① 列宁．列宁全集：第 28 卷．2 版增订版．北京：人民出版社，2017：364.
② 列宁．列宁全集：第 43 卷．2 版增订版．北京：人民出版社，2017：111.
③ 列宁．列宁全集：第 14 卷．2 版增订版．北京：人民出版社，2017：2.
④ 列宁．列宁全集：第 25 卷．2 版增订版．北京：人民出版社，2017：232.
⑤ 马克思，恩格斯．马克思恩格斯文集：第 4 卷．北京：人民出版社，2009：283.

发。”[①] 在马克思主义历史观中，历史是曲折、迂回、螺旋式的，中共党史也是如此。研究者应该辩证地看待党的历史中存在的错误，把握实事求是的原则，既不应回避与淡化错误，又不应“苛求先辈、以偏概全”[②]。

毛泽东有一段指导性论述，即以“古今中外法”来研究中共党史。所谓“古今中外法”，就是“弄清楚所研究的问题发生的一定的时间和一定的空间，把问题当作一定历史条件下的历史过程去研究”。其中，“古今”指纵向的贯通。例如，要研究中国共产党的成立，就不能不去深挖马克思主义在中国的早期传播和五四运动的影响；要研究“党八股”问题的出现与解决，就不能不去了解古代老八股、老教条的问题。只有了解了问题的来龙去脉，才能研究得透彻。“中外”指横向的联结。“中外”既有中国与外国的意思，例如中国的无产阶级与世界其他国家的无产阶级，中国的反帝革命与外国的帝国主义、资本主义；同时也有我方与彼方的所指，例如“辛亥革命是‘中’，清朝政府是‘外’”“五四运动是‘中’，段祺瑞、曹汝霖是‘外’”“内战时期，共产党是‘中’，国民党是‘外’”等。如果不把彼方的情况弄清楚，也就不能明白我方的问题。基于此，毛泽东进一步提出：“为了有系统地研究中共党史，将来需要编两种材料，一种是党内的，包括国际共产主义运动；一种是党外的，包括帝国主义、地主、资产阶级等。两种材料都按照年月先后编排。两种材料对照起来研究，这就叫做‘古今中外法’，也就是历史主义的方法。”[③] 毛泽东这一论述在今天仍具有极大的指导意义。

---

① 斯大林. 斯大林文集：1934—1952 年. 北京：人民出版社，1985：205 - 206.
② 林强. 编写党史若干方法论思考. 中共党史研究，1998（5）.
③ 中共中央文献研究室. 毛泽东文集：第 2 卷. 北京：人民出版社，1993：406.

2. 坚持马克思主义无产阶级政党理论

作为马克思主义政党，中国共产党具有区别于一般政党的特殊性。这意味着，中共党史的研究不能简单套用西方的政党理论。深入把握马克思主义无产阶级政党理论，明确共产党区别于其他政党的特点，是进行中共党史研究的重要前提。

其一，应注重把握马克思主义无产阶级政党的性质。共产党具有高度的先进性和革命性。恩格斯在《美国工人运动》中指出，共产党人“在无产者不同的民族的斗争”中“强调和坚持整个无产阶级共同的不分民族的利益”，并且“在无产阶级和资产阶级的斗争所经历的各个发展阶段”“始终代表整个运动的利益”①。这种先进性与革命性决定了共产党并非宗派性质的政党，使之区别于一般的无产阶级政党和其他党派。准确呈现中国共产党的鲜明特征，是党史研究的基本要求。

其二，应进一步重视中国共产党统一领导这一重要原则。共产党是革命的无产阶级的代表与领导者。对此，列宁强调，党是“阶级的先进部队”，是“阶级的领导者和组织者”，是“整个运动及其根本和主要目的的代表”②。“无产阶级是唯一彻底革命的阶级，是唯一能够引导资产阶级民主革命取得胜利的领袖。”③ 坚持无产阶级的领导权是革命胜利的必要条件。中国革命的领导权问题贯穿于整个新民主主义革命时期，始终是党内外关注的焦点之一，对如何正确认识中国革命的性质与前途有着重要影响。因此，准确理解马克思主义政党的领导地位以及党的领导的主要内涵对深入理解中共党史大有裨益。

---

① 马克思，恩格斯．马克思恩格斯文集：第 4 卷．北京：人民出版社，2009：324.
② 列宁．列宁全集：第 10 卷．2 版增订版．北京：人民出版社，2017：1.
③ 列宁．列宁全集：第 14 卷．2 版增订版．北京：人民出版社，2017：74.

其三，应高度重视马克思主义理论之于中国共产党的基础性意义。没有革命的理论，就没有革命的政党。恩格斯明确指出：“我们党有个很大的优点，就是有一个新的科学的世界观作为理论的基础……”① 列宁也十分重视马克思主义理论对政党的指导意义：“没有革命理论，就不会有坚强的社会党，因为革命理论能使一切社会党人团结起来，他们从革命理论中能取得一切信念，他们能运用革命理论来确定斗争方法和活动方式”②。“在我们看来，没有理论，革命派别就会失去生存的权利，而且不可避免地迟早注定要在政治上遭到破产。”③ 以理论指导实践，是共产党的优良传统与优势所在。但必须明确，共产党对革命理论的重视并非教条地将马克思主义理论“看做某种一成不变的和神圣不可侵犯的东西”；相反，共产党应清楚地认识到，它“只是给一种科学奠定了基础”，而“这门科学”还需要现在的共产党人继续向前发展④。中国共产党也十分重视理论对实践的指导意义。如果不能准确把握马克思主义理论的内涵，研究者就难以真正理解党在领导革命、建设、改革的过程中出现的理论论证及其实质，更无从理解中国共产党政党文化的特殊之处。显然，把握马克思主义理论之于中国共产党的重要意义，是深化党史研究的一条通路。

其四，应准确把握共产党不同时期的政治纲领。政治纲领是“一面公开树立起来的旗帜”⑤，是外界对该党派进行评估的重要依据，对“政党的团结一致、始终一贯的活动有重大意义”⑥。共产党必须具备明确的政治纲领，否则就不能成为“全国性的党”和“实

---

① 马克思，恩格斯. 马克思恩格斯文集：第 2 卷. 北京：人民出版社，2009：599.
② 列宁. 列宁选集：第 1 卷. 3 版修订版. 北京：人民出版社，2012：274.
③ 列宁. 列宁全集：第 6 卷. 2 版增订版. 北京：人民出版社，2013：367.
④ 列宁. 列宁全集：第 4 卷. 2 版增订版. 北京：人民出版社，2013：161.
⑤ 马克思，恩格斯. 马克思恩格斯文集：第 3 卷. 北京：人民出版社，2009：415.
⑥ 列宁. 列宁全集：第 4 卷. 2 版增订版. 北京：人民出版社，2013：186.

在的党”，只能作为“地方性的党”“潜在的党”存在。“这个纲领在细节上可以因环境的改变和党本身的发展而改动，但是在每一个时期都必须为全党所赞同。”① 在马克思主义的视域下，共产党的政治纲领就是遵循阶级斗争的基本原则，通过革命建立无产阶级专政，并最终实现共产主义。这些原则贯穿于各时期中国共产党的政治纲领，对中共党史研究者理解党的路线、方针、政策有一定的帮助。

其五，应深入理解共产党的组织原则，即民主集中制。1906 年 3 月，列宁在提交俄国社会民主工党统一代表大会的策略纲领时提道：“党内民主集中制的原则是现在一致公认的原则……”② 次月，这一原则被大会载入党章。列宁强调：“无产阶级实现无条件的集中和极严格的纪律，是战胜资产阶级的基本条件之一。”③ 中国共产党在吸纳苏联经验的基础上，赋予了民主集中制新的内涵，使之更加适应中国革命、建设、改革的环境。同时，民主集中制的组织原则也保障了中国共产党党内高度的纪律性，使党的各项工作能够高效完成。充分认识党的组织原则，有助于研究者深入理解党的革命性与战斗性。

上述特点对中共党史研究者正确理解共产党本身具有重要意义。只有准确把握研究对象，明晰中国共产党区别于其他政党的特殊性，才能更好地开展党史研究。

二、坚持政治性与科学性统一

1. 坚持党史工作的党性原则

中共党史研究需要首先强调党史工作的党性原则，这是实现党

---

① 马克思，恩格斯. 马克思恩格斯文集：第 4 卷. 北京：人民出版社，2009：318.

② 列宁. 列宁全集：第 12 卷. 2 版增订版. 北京：人民出版社，2017：214.

③ 列宁. 列宁全集：第 39 卷. 2 版增订版. 北京：人民出版社，2017：4.

性原则与科学性原则高度统一的前提条件。

遵守党的决议是党性极为重要的方面。中共党史工作者在研究与写作中要处理好“追求真理和遵从决议、服从真理和服从决议”① 的关系。一方面，中国共产党的历史决议，是本着实事求是原则和民主集中制原则产生的，客观反映了历史的真实性和历史的规律性，同时也集中反映了全党意志，所以服从真理和服从决议是高度统一的；另一方面，中国共产党的历史决议所做出的历史结论，经过了长时期的、反复的实践与历史的检验，是以大量客观事实为依据，并以马克思主义唯物史观为指导写成的，这就从根本上保证了科学性与政治性的高度统一。

当然，由于从事中共党史研究的人水平有高有低，政治阅历和社会阅历有深有浅，对中共党史研究的党性原则在认识上和把握上难免会参差不齐。但是，只要“按照两个服从的要求去做，努力使党性的这两个方面求得统一”②，就可以贯彻党史工作的党性原则。

坚持党史工作的党性原则，需要牢固树立正确的党史观。“要坚持以我们党关于历史问题的两个决议和党中央有关精神为依据，准确把握党的历史发展的主题主线、主流本质，正确认识和科学评价党史上的重大事件、重要会议、重要人物。”“要旗帜鲜明反对历史虚无主义，加强思想引导和理论辨析……更好正本清源、固本培元。”③ 树立正确的党史观，才能恪守党史工作的党性原则，使得中共党史研究始终保持正确方向，推动中共党史研究推陈出新，促进中共党史学科繁荣发展。

---

① 龚育之. 党史札记. 杭州：浙江人民出版社，2002：82.

② 龚育之. 党史札记. 杭州：浙江人民出版社，2002：82.

③ 习近平. 在党史学习教育动员大会上的讲话. 北京：人民出版社，2021：24，25.

2. 坚守“党的立场”，力求“有所前进”

“党的立场”是中共党史研究应当始终坚守的大方向，在这个大前提下，中共党史研究必须有所作为，这就是力求“有所前进”。“有所前进”的着力点，是要在发掘新材料、探索新理论、开拓新视角的基础上推动中共党史研究水平的不断提高。

毛泽东曾经指出：“人类的历史，就是一个不断地从必然王国向自由王国发展的历史。这个历史永远不会完结。在有阶级存在的社会内，阶级斗争不会完结。在无阶级存在的社会内，新与旧、正确与错误之间的斗争永远不会完结。在生产斗争和科学实验范围内，人类总是不断发展的，自然界也总是不断发展的，永远不会停止在一个水平上。因此，人类总得不断地总结经验，有所发现，有所发明，有所创造，有所前进。停止的论点，悲观的论点，无所作为和骄傲自满的论点，都是错误的。其所以是错误，因为这些论点，不符合大约一百万年以来人类社会发展的历史事实，也不符合迄今为止我们所知道的自然界（例如天体史，地球史，生物史，其他各种自然科学史所反映的自然界）的历史事实。”① 这为中共党史研究和中共党史学科“有所前进”指明了正确方向。

中共党史研究和中共党史学科必须在坚守“党的立场”前提下“有所前进”，这是由两个方面的因素决定的。一是中国共产党是把为中国人民谋幸福、为中华民族谋复兴确立为初心使命的马克思主义先进政党，是具有远大理想和远大抱负的马克思主义先进政党，以自我革命不断推动社会革命的历史进程永不停息、永无止境。因此，中共党史学科和中共党史研究也必须不断与时俱进，才能紧跟中国共产党前进的步伐，发挥好以史鉴今、资政育人的作用，服务

---

① 中共中央文献研究室. 毛泽东文集：第8卷. 北京：人民出版社，1999：325.

好党的中心工作和全党大局。二是随着时代和实践的发展，人们对中国共产党历史进程、历史方位、历史分期、历史成就、历史意义、历史经验、历史规律的认识也在不断深化，中国共产党指导思想上的理论创新和理论创造也会不断出现新飞跃、进入新境界。这同样要求中共党史研究和中共党史学科必须不断与时俱进，及时将最新理论创新和实践创新成果反映在中共党史研究、宣传、教学、对外传播成果中，贯穿到中共党史学科各领域各方面。

三、以资政育人为治史目的

中国共产党善于不断回顾与总结自身奋斗历程，用历史经验指导实践。秉承这一光荣传统，中共党史工作者不断地思考和探索，在中共党史的研究与书写方法上，已经形成了以资政育人为治史目的的一系列行之有效的原则。

1. 强调历史研究、现实关怀与理论提炼三者结合

中共党史研究与一般历史研究的不同之处在于其深入观照现实且有着深度的理论关涉。因此，研究中共党史要将历史研究、现实关怀与理论提炼结合起来。

一方面，中共党史研究的书写有着深重的现实关怀。邓小平曾经指出："接受历史教训，是为了今后的工作，但不是把历史上可能做的，机械地搬到今天来运用，而要看今天的具体条件，来决定如何去做。"[①] 党的三个历史决议对我们党的重大历史问题作出了重要论断和指示，每一个历史决议的产生都有其特殊的历史背景，也饱含深刻的现实关怀。1945 年党的六届七中全会通过的《关于若干历

---

① 邓小平. 邓小平文选：第 1 卷. 2 版. 北京：人民出版社，1994：69.

史问题的决议》发表于我们党争取抗日战争胜利的关键时刻，我们党通过这个决议对建党以后的若干重大历史问题进行了总结，特别是对党的六届四中全会至遵义会议前这一时期党的历史及其经验教训进行了总结。这使得全党特别是党的高级干部对中国革命基本问题的认识达成了一致，从而增强了全党团结，为党的七大胜利召开创造了充分条件，极大地促进了中国革命事业发展。1981 年党的十一届六中全会一致通过的《关于建国以来党的若干历史问题的决议》，特别总结了社会主义革命和建设的历史经验，对一些重大事件和重要人物作出了正确评价，特别是正确评价了毛泽东同志和毛泽东思想，分清了是非，纠正了“左”、右两方面的错误观点，在关键的问题上统一了全党思想，对推动党团结一致向前看、更好推进改革开放和社会主义现代化建设产生了重大影响。2021 年党的十九届六中全会一致通过的第三个历史决议，即《中共中央关于党的百年奋斗重大成就和历史经验的决议》，更是在党成立 100 周年的重要历史时刻，在党和人民胜利实现第一个百年奋斗目标、全面建成小康社会，正在向着全面建设社会主义现代化强国的第二个百年奋斗目标迈进的重大历史关头，力图通过全面总结党的百年奋斗重大成就和历史经验，推动全党进一步统一思想、统一意志、统一行动，团结带领全国各族人民夺取新时代中国特色社会主义新的伟大胜利。可以说，每一个历史决议都体现了中共党史书写所保有的深厚现实关怀。

另一方面，中共党史研究也有着深度的理论关涉。中共党史研究的这一特点自然与中国共产党自我革命实践的特点相关。在革命实践中，怎样在中国实践马克思主义、发展马克思主义，怎样在发展中把中国的历史文化与马克思主义有机地结合起来，都是非常重大的问题。正是因为中国共产党回顾历史时需要弄清楚如何正确认识、评价这段历史，所以会涉及许多理论问题。因此，“如果没有一定的见解，就很难写好党史”[①]。这里所说的理论主要指“作为中国共产党指导思想的理论”[②]。党的理论来自党的历史，是从党领导亿万人民进行革命、建设、改革的实践中得来的；同时，理论又对党领导人民创造历史的实践活动具有指导作用，并接受历史实践的检验[③]。所以，其一，掌握理论要有历史的功底，理论不是单纯的逻辑演绎，而是深植于历史经验中的理论。胡乔木在 1985 年 11 月 4 日举行的《中国共产党历史》上卷送审本讨论会上谈道：“写一本党史涉及许多理论问题，不是系统地讲理论，而是通过党史表述这些理论”[④]。其二，历史研究要有理论的高度，中共党史研究不是叙述过程和排列事件，也不是发掘材料和考证史实，而是依据理论解读历史事件、阐释历史事实。中共党史研究也要求研究者在做好史实工作的基础上，提升理论阐释与总结的能力。

中共党史研究应该充分了解、充分把握理论与历史，将历史研究、现实关怀与理论提炼三者结合，在理清历史与关怀现实的基础上进行理论的提炼与阐释，既要坚持马克思主义唯物史观的指导，也要做出尊重史实、符合真理的历史阐释。

2. 注重对社会政治经济的大背景的书写

注重把握中共党史事件发生的社会大背景，是中共党史研究的基本方法。问题的关键，是如何科学地从各种复杂因素中分析提炼出最具有决定意义的社会历史背景。恩格斯指出：“正是马克思最先发现了重大的历史运动规律。根据这个规律，一切历史上的斗争，无论是在政治、宗教、哲学的领域中进行的，还是在其他意识形态

---

① 《胡乔木传》编写组. 胡乔木谈中共党史. 2 版. 北京：人民出版社，2015：232.

② 龚育之. 党史札记. 杭州：浙江人民出版社，2002：78.

③ 龚育之. 党史札记. 杭州：浙江人民出版社，2002：78.

④ 《胡乔木传》编写组. 胡乔木谈中共党史. 2 版. 北京：人民出版社，2015：229.

领域中进行的，实际上只是或多或少明显地表现了各社会阶级的斗争，而这些阶级的存在以及它们之间的冲突，又为它们的经济状况的发展程度、它们的生产的性质和方式以及由生产所决定的交换的性质和方式所制约。”[①] 如果缺少社会政治经济的大背景，孤零零地叙述中共党史上的某一事件，谈论某次斗争，评价某个人物，那么中共党史书写就如同无根之木、无源之水，是干瘪的，不生动的，没有说服力的，这样的历史说多了，只见树木，不见森林，“反而看不到历史”[②]。只有将历史事件放置于时代的社会政治经济大背景下，做出全面的、系统的形势分析，才能更好地认清历史事件，理解历史人物，这才是历史唯物主义应当秉持的态度。

胡乔木就《中国共产党历史》上卷修改问题与有关同志谈话时，特别强调要对“国内错综复杂的阶级斗争形势和国际斗争形势作概括性的分析”。他指出，如果离开了政治形势，只讨论那次会议作了什么决议，没有作什么决议，这种讨论是没有什么意思的。“离开政治形势，叙述党的决议，就不能正确评判党的决议，就不能评判党的决议的成败。”[③] 因此，分析中国共产党具体历史事件时，有必要将其放置于中国革命史、世界社会主义运动史、人类文明发展史的大背景中，注重对社会整体的政治经济的书写。

3. 强调党史叙述中史论结合

正是由于中共党史研究以资政育人、以史鉴今为目的，党史研究中注重对史实的解释、引导、说明、阐释便成为题中之义。因此，史论结合成为中共党史研究重要的治学原则与方法。胡乔木在评价《中国共产党的七十年》一书时特别指出，该书“既实事求是地讲出

---

① 马克思，恩格斯. 马克思恩格斯文集：第 2 卷. 北京：人民出版社，2009：469.
② 《胡乔木传》编写组. 胡乔木谈中共党史. 2 版. 北京：人民出版社，2015：61.
③ 《胡乔木传》编写组. 胡乔木谈中共党史. 2 版. 北京：人民出版社，2015：282.

历史的本然，又实事求是地讲出历史的所以然，夹叙夹议，有质有文，陈言大去，新意迭见，很少沉闷之感”[①]。这里所谓的历史的“本然”就是指真实发生的历史，是历史的本来面貌；历史的“所以然”则是指蕴藏在历史事件中的经验和教训。我们书写党史，不仅仅要讲清楚历史的“本然”，即梳理清楚历史事实，还要在此基础上，对其“所以然”做一些概括，思考历史为什么会这样发展。党史研究不是简单平白的历史叙事，也不是缺乏叙述的空谈，概括出几条历史结论，而应该做到史论结合。胡绳曾指出，党史“不能写成一部流水账，不能是一个微雕，而是要以一个段落、一个段落，说明那些需要回答的问题”[②]。不加分析统统予以记叙的大事记，最多只能成为一份档案材料。只有用历史的眼光去分析去思考去书写的历史，才会给人们以教育，才能使人们从历史中获得启迪，汲取智慧。龚育之也曾提醒，党史论述要避免叙述性的写法，“对重要问题需要多加论断性的语言”[③]。他将论断性的语言比喻为画龙点睛，“历史的叙述是‘画龙’，议论是‘点睛’之笔”[④]。逄先知在编写《毛泽东传（1949—1976）》的过程中也强调中共党史的书写要用事实说话，同时，“必要的评论，必要的分析、判断，是必不可少的”[⑤]。

如何做到史论结合呢？有扎实的史实作注解，才能做到史论结合。党史叙述中的论断必须基于史实，才能够站稳和出彩[⑥]。史论结

① 《胡乔木传》编写组. 胡乔木谈中共党史. 2版. 北京：人民出版社，2015：404.

② 金冲及. 一本书的历史：胡乔木、胡绳谈《中国共产党的七十年》. 北京：中央文献出版社，2014：45.

③ 龚育之. 党史札记. 杭州：浙江人民出版社，2002：275.

④ 龚育之. 党史札记. 杭州：浙江人民出版社，2002：86.

⑤ 逄先知. 伟大旗帜：毛泽东和毛泽东思想. 北京：生活·读书·新知三联书店，2019：267.

⑥ 逄先知. 伟大旗帜：毛泽东和毛泽东思想. 北京：生活·读书·新知三联书店，2019：267.

合在行文中往往表现为“夹叙夹议”①，既要梳理清楚历史的脉络，又要点出历史发展变化的关键。逄先知曾就编写《毛泽东传（1949—1976）》的经验指出：“点评和判断，不是凭空想出来的，而是从事实的叙述中，从对材料的分析、概括中得出来的，是经过研究和思考，对传主认识上的深化和升华。当行文到一定的时候（往往是在节骨眼儿的地方），需要点评而无点评，读者会感到缺失，感到不满足，留下一种遗憾。如果在这个地方，作一个很到位的又恰如其分的点评，读起来会感到很提神，加深对问题的理解，提高对问题的认识，或者引起更深一步的思索。这就是所谓点睛之笔、提神之笔。”②

中共党史研究正是强调这样“夹叙夹议”的论述方法，在讲清楚历史事实的基础上，传递历史的经验与教训。

4. 正确处理中共党史中“成绩”和“失误”的关系

中国共产党在领导革命、建设、改革的历程中有过辉煌的成就，也存在一些失误。在中共党史研究与写作中，需要处理好“成绩”和“失误”的关系。1980 年 3 月到 1981 年 6 月，对于如何起草《关于建国以来党的若干历史问题的决议》，邓小平多次发表意见。其中，怎样评判历史人物、处理“成绩”与“失误”的关系是重中之重。邓小平多次指出，决议应以“实事求是的分析”，对“一些负责同志的功过是非”作出“公正的评价”③。龚育之也对这一问题进行了详尽的阐述。他强调，一方面，对于成绩必须肯定，“必须刻意地如实地充分肯定、浓墨重彩地加以描绘”。他认为：“过来的人们有时对成绩也会遗忘了，淡漠了，而未曾经历的年青人对历史的辉煌

---

① 《胡乔木传》编写组. 胡乔木谈中共党史. 2 版. 北京：人民出版社，2015：281.
② 逄先知. 编写《毛泽东传（1949—1976）》的一些体会. 党的文献，2004（4）.
③ 邓小平. 邓小平文选：第 2 卷. 2 版. 北京：人民出版社，1994：292.

缺乏了解和感受，这就需要我们历史工作者把历史的辉煌如实地而不是虚夸地写出来，让淡忘的人唤起记忆、让不了解的人增加了解。”另一方面，对于过往的失误，无论是过失还是重大失误，都应该被“写进历史”，但“不是去渲染”。“付出了沉重代价的教训不去如实总结，深刻记取，回避、淡化、遗忘失误，那也不是全面的历史、真实的历史、可信的历史。”总之，“成绩要刻意写出来，失误也不能回避”[①]。

中共党史研究的重点是理清党的路线政策的历史发展。中国共产党历史上那些被实践证明是正确的路线、方针、政策，是从哪里来的呢？毛泽东说过：“在民主革命时期，经过胜利、失败，再胜利、再失败，两次比较，我们才认识了中国这个客观世界。在抗日战争前夜和抗日战争时期，我写了一些论文，例如《中国革命战争的战略问题》、《论持久战》、《新民主主义论》、《〈共产党人〉发刊词》，替中央起草过一些关于政策、策略的文件，都是革命经验的总结。那些论文和文件，只有在那个时候才能产生，在以前不可能，因为没有经过大风大浪，没有两次胜利和两次失败的比较，还没有充分的经验，还不能充分认识中国革命的规律。”[②] 因此，要理清党的路线政策的历史发展，就必须正确运用分析和比较的方法，从党的艰辛探索史中寻找“前车之覆，后车之鉴”，处理好“成绩”与“失误”的关系。只有这样，才能以史为鉴、开创未来。

5. 强调党史书写的生动性

中国共产党的历史是中国共产党领导中国人民进行革命、建设、改革的恢宏史诗，其间涌现出许多带有传奇色彩的历史事件与可歌可泣的历史人物。因此党史书写应当有生动的叙述，应当有精彩的

---

① 龚育之. 党史札记. 杭州：浙江人民出版社，2002：86－87.

② 中共中央文献研究室. 毛泽东文集：第8卷. 北京：人民出版社，1999：299.

刻画，应当有情感的渲染，应当用鲜活生动的历史本身来解释历史。党史书写是富于历史感与真实感的，不能“空话连篇，言之无物”①，更不能“用会议的决议、文件来解释历史”②。

党史书写要表现我们的满腔热情。胡乔木指出：“写党史要表现我们的满腔热情，革命经验是革命先烈用大量鲜血换来的，不能用平淡无奇的笔法，采取无动于衷的态度来写，要恰当地进行评论，笔端要常带感情。”③ 毛泽东在说明中国共产党人面对大革命失败时的英雄气概时写道：“中国共产党和中国人民并没有被吓倒，被征服，被杀绝。他们从地下爬起来，揩干净身上的血迹，掩埋好同伴的尸首，他们又继续战斗了。”④ 如此书写，中国共产党人不怕牺牲、前赴后继的革命英雄主义形象，便跃然纸上了。

党史书写应当跌宕起伏，避免平铺直叙。胡乔木就曾提道：“如果老是从头到尾平铺直叙地写下去，就很难吸引人读。一段或几段开头，要有很精彩的话把事情提纲挈领地提出来。”⑤ 百年党史是宏大但却具体生动的历史，要想写好党史，需要我们用生动鲜活的语言描绘、刻画历史事实。

四、以“古今中外”和整体的眼光研究党史

1. 从历史发展的整体脉络出发，不能只看历史的切片

中共党史研究应当注重把握整体脉络，将一个时期党的历史一脉贯通，切忌只看历史的片段切片，以偏概全、一叶障目。正如

① 毛泽东．毛泽东选集：第3卷．2版．北京：人民出版社，1991：834.
② 《胡乔木传》编写组．胡乔木谈中共党史．2版．北京：人民出版社，2015：282.
③ 《胡乔木传》编写组．胡乔木谈中共党史．2版．北京：人民出版社，2015：284－285.
④ 毛泽东．毛泽东选集：第3卷．2版．北京：人民出版社，1991：1036.
⑤ 《胡乔木传》编写组．胡乔木谈中共党史．2版．北京：人民出版社，2015：239.

毛泽东指出的那样："我们是用整个党的发展过程做我们研究的对象，进行客观的研究，不是只研究哪一步，而是研究全部；不是研究个别细节，而是研究路线和政策。"①

中共党史研究必须抓住历史发展的整体脉络，这样才能妥善处理好"宏观"与"微观"的关系。中共党史研究应当力图"深刻认识近现代中国国情和中国社会发展规律，深刻认识历史和人民选择中国共产党、选择马克思主义、选择社会主义道路、选择改革开放的历史必然性，增强励精图治、奋发图强的历史使命感和责任感，更好地继承和发扬近代以来中国人民的爱国主义精神，继承和发扬前辈共产党人建树的优良革命传统，为实现社会主义现代化和中华民族伟大复兴持续奋斗"②。偏离了这一方向，中共党史研究便会在各种历史观点、方法理论中陷入相对主义，做出诸多不切实际的历史假设和结论。

习近平总书记在庆祝中国共产党成立100周年大会上用实现中华民族伟大复兴这一主题贯通中国共产党的百年奋斗历程。习近平总书记指出："中国共产党一经诞生，就把为中国人民谋幸福、为中华民族谋复兴确立为自己的初心使命。一百年来，中国共产党团结带领中国人民进行的一切奋斗、一切牺牲、一切创造，归结起来就是一个主题：实现中华民族伟大复兴。"③ 由此出发，该讲话深刻揭示了中国共产党百年奋斗历程的四个时期的历史地位和历史贡献。新民主主义革命时期的伟大成就，为实现中华民族伟大复兴创造了根本社会条件；社会主义革命和建设时期的伟大成就，为实现中华民族伟大复兴奠定了根本政治前提和制度基础；改革开放和社会主

---

① 中共中央文献研究室．毛泽东文集：第2卷．北京：人民出版社，1993：399.

② 习近平在中央党校秋季开学典礼上强调 领导干部要读点历史．人民日报，2011-09-02 (1).

③ 习近平．在庆祝中国共产党成立100周年大会上的讲话．北京：人民出版社，2021：3.

义现代化建设新时期的伟大成就，为实现中华民族伟大复兴提供了充满新的活力的体制保证和快速发展的物质条件；中国特色社会主义新时代的伟大成就，为实现中华民族伟大复兴提供了更为完善的制度保证、更为坚实的物质基础、更为主动的精神力量。中国共产党和中国人民以英勇顽强的奋斗向世界庄严宣告，中华民族迎来了从站起来、富起来到强起来的伟大飞跃，实现中华民族伟大复兴进入了不可逆转的历史进程。这样的描述，不仅揭示了中国共产党历史发展的阶段性，更深刻揭示了中国共产党历史发展的连续性，使我们能够用历史映照现实、远观未来，从中国共产党的百年奋斗中看清楚过去我们为什么能够成功、弄明白未来我们怎样才能继续成功。只有从历史发展的整体脉络出发，才能更深入地理解和把握中国共产党的历史。

2. 国内形势分析与国际局势分析相结合

中国共产党的一个优势，就是善于从国内形势分析与国际局势分析中把握发展大势，善于抓住和用好各种历史机遇。正如习近平总书记所指出的那样："历史发展有其规律，但人在其中不是完全消极被动的。只要把握住历史发展规律和大势，抓住历史变革时机，顺势而为，奋发有为，我们就能够更好前进。"①

中共党史研究要具有世界眼光和战略思维，如此才能把中国共产党如何科学地分析国际国内形势，从而把握历史发展规律和大势，始终掌握党和国家事业发展的历史进程和历史经验讲清楚。这就需要运用"全面的历史的方法"，即"古今中外法"。"所谓'古今'就是历史的发展，所谓'中外'就是中国和外国，就是己方和彼方。"显然毛泽东所说的"外"不仅仅指"外国"，还强调对手方。他举例

① 习近平．在党史学习教育动员大会上的讲话．北京：人民出版社，2021：13.

说道：辛亥革命是“中”，清朝政府是“外”；五四运动是“中”，段祺瑞、曹汝霖是“外”……如果不把“外”弄清楚，对于“中”也就不容易弄清楚[①]。运用“古今中外法”的关键在于将中共党史研究放置于长时段的历史之中，放置于国内国际大背景之下，“弄清楚所研究的问题发生的一定的时间和一定的空间，把问题当作一定历史条件下的历史过程去研究”。在此基础上，全面理解历史事件、历史决策的发生原因、作用及影响。

在结合国内形势分析与国际局势分析的同时，也要明确“研究中共党史，应该以中国做中心”。正如毛泽东所说的，应当“坐在中国的身上研究世界的东西”，“不研究中国的特点，而去搬外国的东西，就不能解决中国的问题”[②]。中共党史研究要始终立足于中国的历史，关切中国的实际，实现资政育人的目的。

3. 正确处理党与个体的关系

党与个体的关系也是党史研究中的重要问题。中共党史书写既要关注个体，又要关注全局与整体。如果缺乏对人物个体的研究和描述，“对历史的了解也就流于抽象，显出苍白，是不能深入的”。但是“历史不能归结为一个个个人经历的集合，历史需要作整体的宏观的考察和研究”。正确处理党与个体的关系，做到党与个体的辩证统一，既看到党的整体，又看到个体的意义，这样的中共党史书写才具有生命力，这就好比摄影中要实现广角镜头与特写镜头的切换，“广角镜头可以看出全貌来，特写镜头就集中在一件事、一个人、一个情节上。两者结合，才能有概括性和生动性”[③]。

中共党史书写还要善于捕捉那些具有时代典型特征的领袖和英

---

① 中共中央文献研究室. 毛泽东文集：第2卷. 北京：人民出版社，1993：406.

② 中共中央文献研究室. 毛泽东文集：第2卷. 北京：人民出版社，1993：407.

③ 龚育之. 党史札记. 杭州：浙江人民出版社，2002：260，85.

雄模范人物，通过生动描述他们的感人业绩来从整体上反映中国共产党和人民群众的英勇奋斗历程。“党史并不只是党的文件和会议，党的领袖和英雄，而且是党员群众和人民群众斗争和命运的总体的描述，一个一个人的故事和经历未必能写进党史，而研究党史则不能不研究一个一个人的历史。”① 因此，正确处理党与个体的关系，要看到个体的历史，看到为中国革命而英勇奋斗的鲜活个体，同时也要具有整体意识，把握党史的主流与主线。

第三节 中共党史研究方法的借鉴与拓展

在中国特色哲学社会科学学科群里，中共党史学科并非孤立存在的，而是与诸多相关学科同频共振、兼收并蓄、共同发展的。因此，中共党史研究方法在对相关学科新方法、新理论的借鉴吸收中，不断焕发出新的活力。以下将以中共党史研究方法对社会史、制度史、“新革命史”、思想文化史、整体史的研究方法的吸收借鉴为例，概而论之。

一、对社会史研究方法的吸收借鉴

正如马克思所言：“现代历史著述方面的一切真正进步，都是当历史学家从政治形式的外表深入到社会生活的深处时才取得的。”② 社会史研究较早融入了党史研究学术化进程中。改革开放后，官方党史资料与民间史料大量刊布为党史研究注入了新鲜血液，使中共

① 龚育之. 党史札记. 杭州：浙江人民出版社，2002：265.
② 马克思，恩格斯. 马克思恩格斯全集：第 12 卷. 北京：人民出版社，1962：450.

党史研究同社会史研究结合成为可能。

应当说，在中共党史研究学术化进程中，社会史的研究路径较为多元。例如，有学者主张社会史应涵盖探讨中国共产党领导的社会建设和社会治理的历史①。有学者提议，中国共产党社会史应当探讨革命与生活之间复杂的辩证关系②。还有学者将社会史理解为一种将自下而上和自上而下两种视角相结合的研究思路③。此外，以陈旭麓为代表的学者坚持社会史研究“通史说”。陈旭麓延续了 1920 年代至 1930 年代社会史论战的学术传统④，主张在马克思主义指导下从整体的视角定义“社会”：“真正能够反映一个过去了的时代全部面貌的应该是通史，而通史总是社会史。马克思主义研究社会，所注重的是人们在生产中形成的、与一定生产力发展程度相适应的生产关系的总和。由此延伸出来的以经济活动为基础的种种人际关系都应当成为社会史研究的对象。”⑤ 这种坚持在马克思主义视域下定义“社会”与阐述“社会史”的学理构成的观点，在中外史学界都不是偶然现象。许多西方历史学界公认的社会史名家追认马克思为社会史研究的先行者，将马克思主义视为社会史研究的内核。例如，英国学者霍布斯鲍姆主张推动相对局部的社会史向更为整体的“社会的历史”转变，使其不限于探讨“关于穷人或下层阶级的历史”与“生活方式、习俗、日常生活”等内容⑥。在此基础上，党史学界

---

① 田居俭. 把当代社会史提上研究日程. 当代中国史研究，2007 (3).

② 满永. 革命与生活：兼及问题导向的中共历史研究. 党史研究与教学，2012 (1).

③ 李金铮. 向“新革命史”转型：中共革命史研究方法的反思与突破. 中共党史研究，2010 (1).

④ 这一传统指代探讨社会形态整体变迁的社会发展史。见白寿彝，瞿林东. 马克思主义史学在中国的传播和发展：纪念马克思逝世一百周年. 史学史研究，1983 (1).

⑤ 陈旭麓. 略论中国近代社会史研究. 华东师范大学学报（哲学社会科学版），1989 (5).

⑥ 蔡少卿. 再现过去：社会史的理论视野. 杭州：浙江人民出版社，1988：1－21.

取得了一系列重要研究成果[①]。

尽管不同学者对社会史的定义不尽相同，但在总体上，党史学界普遍认为社会史研究方法的出现，使得党史研究更为侧重对民间史料的利用，更加重视考察基层社会和普通民众，改变了以往偏重叙述政治、精英和上层的研究倾向，使党史书写更加趋近于“书写人民大众的历史”[②] 的理想。在社会史研究方法的指导下，部分学者开始关注自上而下的历史展演在多大程度上抵达了社会层面，又是如何作用于地方民众的，进而关注中国共产党的革命在不同区域与地方所呈现的不同样貌。

社会史研究方法已成为中共党史研究方法的重要组成部分，并在很大程度上改变了党史研究的观察视角。从更全面更综合的角度理解中国共产党所领导的革命、建设、改革，仍然是党史学界运用社会史研究方法的初衷。随着实现第二个百年奋斗目标新征程的开启，中共党史领域在社会主义革命和建设时期、改革开放和社会主义现代化建设新时期、中国特色社会主义新时代的社会史研究一定会有更大的发展空间。

二、对制度史研究方法的吸收借鉴

制度史研究属于历史研究的传统领域，被称为中国古代史研究的四把“钥匙”之一。以往的中国共产党史研究，特别是革命史研

① 如近年来，朱汉国主持编写的《当代中国社会史》系列作品，更加详尽地研究 1949 年之后中国的社会构成、社会建设与社会生活三方面内容。除此之外，李文主编的《中华人民共和国社会史》和宋学勤所著的《改革开放 40 年的中国社会》，也是近年来比较典型的通史性作品。

② 俞金尧. 书写人民大众的历史：社会史学的研究传统及其范式转换. 中国社会科学，2011 (3).

究，多以政治运动、政治事件为中心，较多关注中国共产党发展历程中的革命与剧变。此类研究长期积累，从整体上呈现出研究成果细密化和问题对象过于具象的状态，从而使连续的历史认识和历史思维变得破碎[①]。这一倾向致使中国共产党历史叙事上缺乏融贯的宏观历史理论的深度阐释。近年来，学界逐渐意识到应当在长时段连续性的历史进程中理解20世纪的中国，追寻影响历史进程的“内在结构机制”。相较于政治运动或政治事件的非常态特性，制度的建构和实践呈现出常态化的特点，对历史本身的影响也更为持久，因此“中国共产党制度史研究”日渐受到重视。

在当下的学术语境中倡议“中国共产党制度史研究”，并不意味着以往的中共党史研究全无对制度性因素的观照。实际上，以中国共产党组织机构沿革为内容的组织史研究，历来都是中共党史研究的重要内容，由此也产生了大量成果。问题在于，以往的组织史研究多聚焦于静态的历史表象，较少探究表象之下的动态历史实践[②]。受古代史研究传统影响，当下的中国共产党制度史研究逐渐倡导一种能够反映历史流变的“活”的制度史研究取向[③]。

中国共产党制度史研究的突破主要体现在以下几点：

第一，强调从传统意义上的“静态”研究转为“动态”研究，即不仅要关注制度建构的历史过程、制度规范，还要注意呈现制度实践及其所引起的社会反应[④]。一方面，中国史研究向来便有“探源溯流”之传统，厘清制度形成的过程和基本面貌，是制度史研究的基本所在。另一方面，任何一项制度规范，其最终目的都是付诸社

---

① 吴志军. 学术的“钟摆效应”：中共制度史研究何以可能. 中共党史研究，2019（1）.

② 满永.“中共制度史研究的现状与未来”学术座谈会综述. 中共党史研究，2018（1）.

③ 邓小南. 走向“活”的制度史：以宋代官僚政治制度史研究为例的点滴思考. 浙江学刊，2003（3）.

④ 朱英. 研究近代中国制度变迁史应该注意的若干问题. 社会科学研究，2016（4）.

会实践，否则就是一项无效的制度。因此，研究中国共产党制度史，离不开对制度实践过程以及社会反响的分析①。

第二，强调“运动”背后的内在机制，注重观照“隐性制度”和“非正式制度”因素。有学者认为，当下学界对政治运动的研究仍偏重描述运动的历史性过程，而未深究运动背后的深层因素。如果研究只是关注作为制度变革实现手段的运动过程，忽略了隐藏于表面政治运动之下的制度建构诉求，便难以理解变革的深刻性。此外，还应当意识到“隐性制度”与“非正式制度因素”对理解中国共产党制度史极为重要。“隐性制度”是指制度背后的人与事的关系，即强调研究者不能忽视制度制定与运行过程中“人”的因素。组织与人事是制度本身得以存在的两个方面，缺一不可。制定制度的人、形成制度的过程、制度的规定与实施均反映着错综复杂的利益关系，这些都值得学界深入探讨。“非正式制度因素”是指制度运行中涉及的民众习惯、文化传统、宗族关系等因素。在中国共产党制度变迁的过程中，哪些非正式制度因素始终没有变化？它们扮演了怎样的角色？“显”与“隐”相结合的研究能够将中国共产党制度史推向深入②。

第三，倡导长时段的考察视角。“中国共产党制度史”的提出，在很大程度上是对以往偏重政治运动研究之倾向的修正，本身离不开长时段思维。开展长时段的研究不仅需要研究者拥有宏观的学术视野，更要求研究者具备相当厚实的学术积累。实践趋向并不容易，首先便是如何界定符合中国共产党制度史研究的“长时段”。对此，有学者提出，以“制度时间”代替一般意义上的长时段。所谓制度

① 满永. 追寻运动中的制度：试论中共制度史研究的必要性. 中共党史研究，2019 (1).

② 何志明. 从“见物不见人”到“见物又见人”：关于深化中共制度史研究的思考. 中共党史研究，2019 (1).

时间，即以制度新陈代谢的过程作为研究时段，根据研究对象的实际情况定义的弹性时间，严格明确研究对象的边界，避免过度延伸。

三、对“新革命史”研究方法的吸收借鉴

中国革命史研究属于中共党史研究中的传统领域，也属于优势领域。但在一段时间内，由于主客观的复杂原因，中国革命史研究一度呈现衰微的趋势。这种学术发展中的“倒逼”机制，反而为“新革命史”的脱颖而出创造了条件。一些中共党史学者在反思传统革命史研究的基础上，提出了“新革命史”的倡议，主张“重新把革命请回来”“重新探索革命的历史性”，力图改变曾一度出现的“非革命化”倾向[①]。“新革命史”主张一经提出，便在学界引起反响，已成为学界关注的热点话题之一。

“把革命请回来”的提议达成共识，但对“新革命史”究竟“新”在何处，学者们的看法不尽一致。有学者指出，以往的革命史研究模式和一些认识在一定程度上遮蔽了中国共产党革命的复杂性与艰巨性，因此，应该主动运用新理念新方法，揭示中共革命的复杂性与曲折性[②]。有学者主张，在当前中国社会现实的基础上把革命带回历史现场，将研究视野扩展至整个近代社会发展演变，探寻革命实践从传统向现代转型过程中的展演轨迹，把握革命与政治、革命与社会及其变迁、革命与文化、革命与观念四个方面的问题[③]。有学者主张，从社会学的角度来研究中国革命，进而思考中国共产党

---

① 王悦之，曾代军．论“新革命史”的兴起．苏区研究，2020（1）．

② 李金铮．向“新革命史”转型：中共革命史研究方法的反思与突破．中共党史研究，2010（1）；李金铮．再议“新革命史”的理念与方法．中共党史研究，2016（11）；李金铮．“新革命史”：由来、理念及实践．中共党史研究，2018（7）．

③ 常利兵．“告别革命”论与重提革命史：兼论新革命史研究何以可能．中共历史与理论研究，2017（1）．

独特的政治支配结构、精神气质与中国传统文明和中国革命实践的关系，主张既要将中共革命追溯至欧洲共产主义文明与苏俄革命，又要看到中国国内辛亥革命、国民革命和共产主义革命三场革命的关联①。

尽管存在一些争议②，但是“把革命请回来”的提议已在中共党史学界达成一定程度上的共识。总体来说，新革命史研究存在如下特点：

其一，破除了革命史研究“神化”与“魔化”、“唯革命化”与“去革命化”的极端状态。“新革命史”研究主张在充分挖掘和细致解读史料的基础上回归史实，探寻历史本真③。

其二，观照政治之外如思想、文化、社会等革命的多重面相。“新革命史”研究对以往研究中单一的“政策-效果”模式进行了反思，更注重革命政策与具体实践的互动关系④。这一研究方法超越了以往研究单一侧重于政治范畴，关注中国革命的思想、文化、社会等诸多复杂面相，“既要跳出纯粹政治史的研究视角，又不能抽离革命最核心的‘政治’特质”⑤。

其三，力图在时间上前后贯通。“新革命史”研究应当将中共革命放置于“中国革命”长时段的历史脉络中去考量，贯通不同阶段的革命演变，主张突破单一事件的局限，贯通革命之前与革命之后

---

① 应星. 新革命史：问题与方法. 中共党史研究，2018（1）.

② 对于“新革命史”是否新、为何新等问题，学界也有反思。如：陈红民.“新革命史”学术概念的省思：何为新，为何新，如何新？. 苏区研究，2018（5）；李里峰. 何谓“新革命史”：学术回顾与概念分疏. 中共党史研究，2019（11）；王悦之，曾代军. 论“新革命史”的兴起. 苏区研究，2020（1）.

③ 李里峰. 何谓“新革命史”：学术回顾与概念分疏. 中共党史研究，2019（11）.

④ 李金铮. 向“新革命史”转型：中共革命史研究方法的反思与突破. 中共党史研究，2010（1）.

⑤ 李里峰. 何谓“新革命史”：学术回顾与概念分疏. 中共党史研究，2019（11）.

的历史发展[1]。

其四，在空间上采用全球视野。“新革命史”研究关注中共革命与世界其他国家和地区革命之间的关系，考察中国革命的国际起源与世界地位，同时辨别中共革命与其他国家革命的异同，挖掘中国革命发展的独特内在机制[2]。

其五，广泛借鉴社会学、政治学、人类学等学科的理论与方法。“新革命史”研究既要求实事求是地解读史料，严谨推论，努力推进“求真”的历史学使命，又要求超越实证化，注重个案研究与整体关怀之间的联结，强调长时段、结构性、共时性的分析[3]。

新革命史研究业已取得较为丰硕的成果，在一定程度上推动着相关研究的不断创新。

四、对思想文化史研究方法的吸收借鉴

中国共产党的百年历史是党坚持把马克思主义基本原理同中国具体实际相结合、不断探索适合中国国情的革命和建设道路、推进改革开放和社会主义现代化建设、推进马克思主义中国化、推进理论创新的历史。马克思主义的思想理论是中国共产党领导中国人民开展革命、建设、改革的根本遵循；同时，中国共产党与中国人民的百年实践又丰富与发展了马克思主义理论。因此，长期以来，思想文化史研究一直是中共党史研究的传统领域。诸多议题如马克思主义在中国的早期传播、五四运动、马克思主义中国化、社会史论战、左翼文化、重要人物思想史研究等都涌现出一大批高质量的著

---

① 李里峰. 何谓“新革命史”：学术回顾与概念分疏. 中共党史研究，2019（11）.
② 李里峰. 何谓“新革命史”：学术回顾与概念分疏. 中共党史研究，2019（11）.
③ 李里峰. 何谓“新革命史”：学术回顾与概念分疏. 中共党史研究，2019（11）.

述，取得了极为丰厚的成果。

近年来，随着史学理论的发展，思想文化史研究领域受此影响进一步拓展，在以下方面表现突出。

第一，强调思想的历史语境，关注经典文本[①]、重要观念产生的历史过程。

近年来，中共党史领域出版了大量档案文件汇编，为研究者提供了诸多便利，与此同时，研究者也面临着如何突破表层阅读、准确解读文献并运用史料这一研究挑战。

每个时代都有自己特定的问题与焦虑。在这一意义上，中国共产党的历史也可以被视作不断回应时代之问的历史。《中国革命和中国共产党》《新民主主义论》等之所以被作为党的经典文献，正是因为这些文本对时代之问作出过强有力的回应。这些文本往往架构了中国共产党史的基本样貌，标定了党在特定历史时期的理论飞跃，是深入探讨党史的重要入口。其重要意义自然毋庸讳言。

任何文本总是针对当时社会业已存在的某一话题或主张采取某种确定的立场。“如果我们试图理解某一命题本身，就须知道为什么要提出这一命题。”[②] 为达成对某一文本的深度理解，便要找出这一命题试图回答的问题所在。而经典文本往往是以辩论的形式干预时代冲突的，是“战斗”的组成部分。因此，要注重回到具体的历史语境中，把握中国共产党最关切的问题，这样才能在历时性层面叩问经典文本的生成。学界对此已经产生了不少研究成果，回答了诸多党的重大理论问题，在此基础上达成对中国共产党革命、建设、

---

① 李捷. 毛泽东著作及版本研究的意义与方法. 毛泽东研究，2020 (1). 经典文本的特点：第一，有思想性，对思想方法、工作方法有指导，而不是一般地解决问题；第二，揭示一定的规律，或者说具有理论的独创性；第三，对实践有指导意义；第四，有代表性，即在马克思主义中国化过程中具有里程碑意义。

② 丁耘. 什么是思想史. 上海：上海人民出版社，2006：151.

改革实践的深度理解[①]。

第二，精确考释理清中国共产党历史中基本概念、核心概念及其历史意蕴。

历史沉淀于特定概念。概念以极为凝练的方式提示后人铭记过往的历史。中国共产党百年的历史产生了大批具有标识性的概念与表述。系统梳理分析这些对中国现代政治与社会产生了重要影响的概念，对深化中共党史研究具有重要意义。

概念史研究主要关注的是特定概念发展演化的历史，聚焦于特定历史时空中的政治和社会思想在特定概念话语意涵中的延续、转变和革新。不同研究者对哪些概念应当被纳入中国共产党概念史的考察中有不同的认识。有学者认为，首先要探究那些构成中国共产党历史底色的核心概念，这些概念对中国共产党历史进程发挥着不可替代的作用；此外还应当关注诸如价值性概念、制度性概念、本土化概念等[②]。也有学者主张应将如下三类纳入考察视野中：一为在时代转换过程中消解与重生的概念，二为跨文化过程中移植与嬗变的概念，三为中国共产党在话语争夺过程中重新创制的概念[③]。当前学界已经出版了大量论著，对中共党史领域内一些重要的概念诸如“革命”“人民”“群众”“新文化运动”“长征”“阶级”“统一战线”等进行了探讨。

经过一段时间的探索，中国共产党概念史研究逐渐形成了一套较为完整的研究方法。其一，应当看重概念的历史感，即把概念放到特定的历史情境中去考察，而不能以今天的眼光去理解历史上的

---

① 逄先知，李捷．一篇重要的马克思主义理论著作的诞生：《关于正确处理人民内部矛盾的问题》形成过程．党的文献，2002（4）（5）（6）；李捷．李捷自选集．北京：学习出版社，2009：336；蔡乐苏，刘超．《新民主主义论》语境研析．社会科学论坛，2017（4）．

② 李里峰．中共党史研究的概念谱系刍议．中共党史研究，2017（11）．

③ 陈红娟．中共党史领域概念史的研究对象与方法思考．中共党史研究，2017（11）．

概念；其二，应当注重研究的层次感，不能停留于词汇和语义变化的表层，而应关注同一词汇在能指、所指与话语三个层面的表意；其三，应当时刻关注概念自身的张力感，即不能想当然地把文本内容当作历史事实，而要关注概念的“名与实”，概念之名与不同使用者之间的张力关系①。

总体说来，中国近代以来大量西方思潮涌入，多种思想观念碰撞、相互交融又相互吸收，思想领域异常繁复的同时，同一概念所表达的思想、制度体系也存在很大的差别。理清概念背后的历史渊源，扫除团聚于概念之上的层层迷雾，进而揭示隐藏于一些关键概念背后的“逻辑陷阱”②，将为新时代中共党史研究的理论与话语创新打下坚实的基础。

第三，探讨思想的流通媒介与传播过程，关注思想理论为民众掌握与接受的过程。

中国共产党从来不将思想作为纯粹的书斋讨论的内容，而是将其作为用以认识世界、改造世界的武器。“思想”如果不能转化为“文化”，便难以突破小圈子的共鸣，在更大范围内影响整个社会的变革。只有在它成为“文化”，下渗至社会各层，并成为普遍共识、凝结集体心灵后，“思想”才具有力量③。基于此，学界近年来展开了有关思想载体的研究，例如书籍印刷史、出版史、发行史等的研究。书史研究是融合了印刷史、出版史、发行史、阅读史等各种研究的交叉研究，以书籍为中心，关注其创作、生产、阅读、流传等各环节及参与者，一般以探索书籍与周遭社会文化环境间的关系为

① 李里峰. 中共党史研究的概念谱系刍议. 中共党史研究，2017（11）.

② 李捷. 警惕学术概念背后的逻辑陷阱. 求是，2006（21）.

③ 唐小兵. “新革命史”语境下思想文化史与社会文化史的学术路径. 中共党史研究，2018（11）.

主旨[①]。需注意的是，由于书籍这一媒介兼具物质性与精神性，因此书史研究既要关注书籍的样式、版本等物质层面的问题，同时又要兼顾其思想下渗、文化塑造等精神层面的问题[②]。在书史的视域下，中国共产党书籍报刊的生产、传播、阅读等环节都具有较大的研究价值。目前已有不少学者对此进行了深入研究[③]。

五、对整体史研究方法的吸收借鉴

改革开放以来，中共党史研究经历了一段时间的发展，形成了一大批丰硕的成果，极大地深化了对过往历史的理解。但正如前所述，研究内容“碎片化”“只见树木，不见森林”等状况层出不穷；部分研究只见地方“特殊性”，缺少对全国“普遍性”的关注，造成中共党史研究成果的解释力有所下降[④]。由此，学界呼吁以整体史的视野观照中共党史研究。

一些学者从多个层面论述了整体史研究的构想。有学者认为，要实现“总体史”研究追求，应当以鲜明的问题意识，以历史学为本位开展多学科交叉研究，同时重视“长时段”，以此破除区域社会史的“碎片化”倾向[⑤]。另有学者认为，没有思想引领的区域化研究

---

① 芬克尔斯坦，麦克利里．书史导论．北京：商务印书馆，2012：6.

② 李唯梁．书史研究的“西方视角”：读《书史导论》．现代出版，2013（6）.

③ 如李孝迁．革命与历史：中国左派历史读物．中共党史研究，2017（5）；李里．中共文件印发机制探析：1927—1931．中共党史研究，2020（6）；卢毅．二十世纪三十年代左翼文学兴盛原因再考察．中共党史研究，2020（3）；张雅倩．中共领导下的战时书报供应所：1938—1940．党的文献，2020（3）；李金铮．读者与报纸、党政军的联动：《晋察冀日报》的阅读史．近代史研究，2018（4）.

④ 碎片与整体：历史体系的构建．历史研究，2019（6）；徐进．“地域史研究的回顾、反思与展望”学术座谈会综述．中共党史研究，2017（5）；李金铮．整体史：历史研究的“三位一体”．近代史研究，2012（5）.

⑤ 行龙．克服“碎片化” 回归总体史．近代史研究，2012（4）.

不能带来学科知识的实质性进步，从事社会史研究的学者有必要秉持“总体史”的问题意识，以发掘区域的研究意义为目的，审视“人”的主体性，进而寻求可资对话的“中层理论”，从繁杂琐碎的地方史料中找寻思想的“在场”，如此才能为书写有思想、有灵魂的大历史奠定坚实的基础①。总而言之，中共党史研究既要关注微观层面的具体问题，又要破除区域的桎梏，充分观照宏观层面的全局性问题。

空间意识拓展了研究视野，在整体史研究的关切下，部分学者引入世界维度、全球视野来理解中国共产党的历史。有学者指出，立足中国又融入世界，是中国共产党的重要经验，不妨以全球视野审视中国共产党的历史，从世界范围看，中国共产党受国际局势变动的影响。一方面立足中国，从本国国情出发，确定自己的任务和目标；另一方面又积极融入世界，学习外国长处，努力追赶世界潮流②。有学者强调采用总体性的研究范式审视世界社会主义运动发展对中国社会主义发展史、国际共产主义运动对中国共产党的整体影响，从而将中共党史研究融入人类命运共同体发展的历史进程研究③。回顾中国共产党的百年历程，中国共产党始终以马克思主义基本原理分析把握历史大势，正确处理中国和世界的关系，善于抓住和用好各种历史机遇。我们党的诞生就是顺应世界发展大势的结果。十月革命的胜利，社会主义的兴起，就是当时的世界大势。中国共产党就是从这个世界大势中产生，走在了时代前列。百年来，中国共产党既为中国人民谋幸福、为中华民族谋复兴，也为人类谋进步、

---

① 宋学勤，李晋珩．思想“在场”：当代中国社会史研究的基点．史学理论研究，2017（4）．

② 欧阳军喜．立足中国与融入世界：全球史视野下的中国共产党 90 年．思想理论教育导刊，2011（11）；欧阳军喜．全球史视野下的改革开放及其历史书写．中共党史研究，2018（1）．

③ 王广义．时间·空间·学科：新时代中共党史研究的三重视域．史学集刊，2021（1）．

为世界谋大同，以自强不息的奋斗深刻改变了世界发展的趋势和格局。在全球视野下深化中国共产党历史研究，将更为彰显中国共产党总是将自身发展、中国发展同世界发展相统一的大党担当。

上面以五个例证说明中共党史学科对若干新方法、新理论的自主性吸收。这些新方法、新理论在中共党史研究中的运用还属于初步的、尝试性的。如何更好、更规范地将新方法、新理论运用于中共党史研究，还需要不断研讨、改进、完善。这种现象本身就足以表明，中共党史学科作为一个因党而兴、因党而荣、因党而盛的学科，在新时代依然保持着旺盛的学术活力和学术生命力，始终以一种海纳百川的胸怀对待一切有利于中共党史研究健康持续发展的新方法、新理论，不断守正创新。

（作者单位：清华大学马克思主义学院）

第七章
中共党史学科的文献学

欧阳军喜　张牧云

中共党史文献学是一门研究如何对中共党史文献进行搜集、整理、考证、校勘、编纂的学问。中共党史上新民主主义革命时期的许多文献，是在严酷的斗争环境中留存下来的。这些资料在流通、整理和保存的过程中，难免存在原稿遗失、传抄失真、版本不一等现象，甚至还会有以讹传讹的个别情况。因此，对党史文献进行科学严谨的鉴别和考证，是中共党史学科一门重要的基础性学问，也是中共党史研究工作者的一项基本功。

中共党史文献学的形成，经历了一个过程。改革开放后，实事求是的正确思想路线重新确立。中共党史学界得以自觉运用历史学科（特别是实证史学）的方法和规范，对党的历史文献进行比较系统的整理、考证，陆续出版了若干中国共产党历史文献集和专题文献集。到20世纪90年代初，郭军丽撰文主张建立中共党史文献学，认真开展“去粗取精，去伪存真”的工作①。此后不久，毛昨非主编

① 郭军丽. 党史文献学刍议. 中共党史研究，1990 (2).

的《中共党史党建文献检索》初步阐述中共党史文献的类型、特点、检索方式，但其在学理层面着墨不多[①]。有感于党史学界在此领域尚无体系化的学理阐释，周一平在《中共党史文献学》中较为系统地论述这门学科的研究对象、内容、目的、任务、方法等内容，并着重讨论中共党史文献的概念、性质、特点、类型、价值、功能等问题[②]。这部专著在新世纪初的问世可被视为中共党史文献学从萌芽走向成熟的关键节点。从 20 世纪 80 年代发展至今，张注洪、李勇、张学见等学者已从不同的视角进一步完善这门学科的学理构成，为中共党史文献的校勘、考证与编纂提供了坚实的学理依据[③]。

中共党史文献学的学术意义，不在于引导中共党史学界钻进故纸堆里作乾嘉史学式的考据学问，而是要求中共党史学界坚持“论从史出”的原则，对于任何事件与人物的评价，都应建立在充分可靠的文献基础之上。这是中共党史研究与教学保持客观性与科学性的基本前提。

第一节　中共党史文献的类型、特性与考证校勘

按照中共党史学界通行的看法，中共党史文献是指记录中共党

---

① 毛昨非. 中共党史党建文献检索. 长春：长春出版社，1992.

② 周一平. 中共党史文献学. 上海：华东师范大学出版社，2002.

③ 张注洪. 党史文献资料的搜集、考证、整理和利用. 中共党史研究，1988 (2)；李勇. 中共党史文献编纂中的作者考证. 中国档案，1994 (1)；李勇. 论中共党史文献编纂中时间的考证. 档案学研究，1994 (2)；张注洪. 中共党史史料学的属性、源流和形成. 北京党史，1999 (4)；张学见. 改革开放以来党史文献资料的出版状况、影响及建议. 出版发行研究，2014 (3)；张学见. 当代民间史料的基本样态及其史料价值——兼论党史研究中的民间史料利用. 江汉论坛，2018 (12)；周良书. 中共党史研究的“史料”问题. 党史研究与教学，2021 (1).

史知识和信息的一切载体[①]。这里需要就“中共党史文献”这个概念的内涵和外延、时限范围、载体这三个问题加以说明。

首先，中国共产党的历史具有宽领域、开放性的特点。因此，中共党史学界虽然必须关注中国共产党自身的话语、纲领与组织在历史上的形成与演变，但同样认为中国共产党的历史理应涵括中国共产党领导革命、建设、改革和新时代的一切内容，事关政治、经济、文化、民生、军事、外交等各个方面。因此，中共党史文献学不宜将视野局限在党的自身建设史，而应具有一定的开放性。

其次，中国共产党的创建是一个完整的历史阶段。尽管中国共产党诞生于 1921 年 7 月，但党史学界始终重视将中国共产党的成立与中国工人阶级的发展壮大、马克思主义在中国的广泛传播、中国共产党创始人的思想转变等历史内容联系起来。这使得中共党史文献学不宜将“中共党史文献”的时间上限固定在中国共产党宣告成立的那一刻。

最后，在信息数字化、全媒化和网络化的时代，对中共党史文献载体的界定也在不断拓展。中共党史文献的载体不局限于书面形式，讲话录音、实况录像乃至遗迹文物同样是记录中共党史的重要形式。

一、中共党史文献的类型

中共党史文献可以依据不同标准进行分类。

在载体形式上，中共党史文献可划分为印刷型与非印刷型，其

---

① 周一平. 中共党史文献学. 上海：华东师范大学出版社，2002：42.

中印刷型文献又可分为档案、文件、文稿、报刊、回忆录、文艺作品、图像、图表等多种形式。

在内容上，中共党史文献又可被划入通史、断代史、专题史、地域史、事件史、人物史等不同范畴。

在形成时间上，中共党史文献又可划分为新民主主义革命时期、社会主义革命和建设时期、改革开放和社会主义现代化建设新时期与中国特色社会主义新时代等不同时期的文献。

在加工程度上，中共党史文献又至少可以分为未经加工的原始资料、对于原始资料考订编纂的文献汇编、对于上述两者加以利用的研究论著、对于以上三者加以整理而形成的索引目录。

在来源上，中共党史文献有些源于修订“正史”的需要，有些源于学界的研究需求，有些则源于民间的自发兴趣。此外，党、政、军等不同系统在搜集文献时关注的内容各有侧重，中央机关与地方单位整理得出的资料也不尽相同。此外，中国港澳台地区与国外多家机构同样搜集、整理与编纂了许多与中共党史相关的文献资料。

二、中共党史文献的特性

中共党史文献既有一般历史文献的共性，也有自身的特性。就共性而言，它们都是在历史中产生，并成为历史记录的一部分。因此，一般历史文献的处理方法，如搜集、整理、考证、校勘、编纂等，同样适用于中共党史文献。

与一般的历史文献相比，中共党史文献具有明显的革命性、政治性与现实性。在中国共产党的历史上，研究党的历史文献是克服教条主义与指导革命斗争的思想武器。毛泽东在《反对本本主义》

中强调：中国共产党领导中国革命必须“要靠中国同志了解中国情况”[①]。在《如何研究中共党史》一文中，毛泽东强调研究党史不是如书斋里的学者那般考订党史上的各种细节，而是要“把党的路线政策的历史发展搞清楚”，克服各种“左”倾和右倾的错误[②]。因此，中共党史学界应确立“以史鉴今”的原则，利用所收录的文献观照现实，揭示历史上的经验教训。在考证的基础之上，中共党史学界需要尽可能厘清这些文献诞生于何种现实情境，了解它们是否存在明显或潜在的对话对象，并实事求是地看待它们的贡献与局限。

简言之，中共党史学界搜集、整理与编纂中共党史文献，不仅是在做类似于修复文物的工作，更是通过文献架构起历史与现实对话的桥梁。

三、中共党史文献的考证与校勘

在中共党史文献学中，搜集、整理与编纂文献并非工作的全部。中共党史学界必须就文献本身加以考证与校勘，方能以此为据，写出“信史”。有时因为一字之差，一篇文献的内涵便可差之千里。因此，考证与校勘是一项极为严肃的工作，不仅需要在文字表达层面做些订正错字、病句的功夫，或者提供一些便于读者理解文意的补充说明，还要力求还原文献的生成过程，起到鉴别真伪、纠正讹误、解决疑难的功效。考订重要文献的真实作者、形成时间、流传过程、版本更迭，往往可以从根本上澄清许多争议。同理，忽视对于文献的细致考订而任由误用，或许会加深中共党史学界的种种误读误判。

---

① 毛泽东. 毛泽东选集：第1卷. 2版. 北京：人民出版社，1991：115.

② 中共中央文献研究室. 毛泽东文集：第2卷. 北京：人民出版社，1993：399－400.

中共党史文献的考证与校勘，必须奉行实事求是、尊重原件、讲求证据、敢于存疑的原则。即使文献原件存在某些文字上或史实上的错误，也应如实记述，再做订正。就同一文献的不同版本，也需考订源流，比照异同，再作收录。文献原件有被删改或订正的痕迹，也应如实誊录。对于文献中的转述或译文，同样应如实记录，再同其转引或翻译的原文逐字比照。如文献中有不实的内容，需要采取对校、本校、他校、理校等不同办法辨明真伪。在难寻确证的情况下，则应如实陈列相关证据，给出合理推测，切勿妄下评判。

在探讨考证、校勘和编纂的意义与原则的同时，上述方法的具体运用也值得关注。考证、校勘和编纂是中国传统的史学方法，具有去伪存真、集英荟萃的重要作用，是中国史学传统方法的瑰宝。在编研中共党史文献的过程中，研究者在历史唯物主义的指导下，积极运用考证、校勘和编纂等中国传统史学方法，根据文献特点，本着实事求是的态度对中共党史文献进行处理，对恢复党史文献原貌、展现党史整体面貌能起到非常重要的作用。

校勘，指对保存或流传中文本的讹误进行纠正，使之符合历史文献本来面貌。这些讹误有可能是文献传播环节造成的，如传抄导致词句错植、内容改变。有些讹误则产生于保存过程中，如纸张朽坏导致语句缺漏或不清。中共党史文献校勘的对象一般分为以下几种：标点、行款与分段、文字、文本内容。随着文献介质的多样化与文献搜集广度的扩展，照片及视听内容也成为校勘的对象。

中共党史文献的校勘方法主要有以下几种：对校法、理校法、他校法、本校法、物校法、实校法。对校法指将文献的不同版本进行对照，理校法指根据是否合理来判断校勘是非，他校法指与其他文献所载内容进行对证，本校法指通过上下文背景、与上下文对照检视文本内容的做法，物校法指用实物、视听文献来校正纸本文献之误，实校法则指通过实地走访、调研、口述等方式来校勘纸质文献。有时上述方法也可结合使用，提高校勘的准确度。随着时代的不断发展，文献种类不断增加，中共党史文献的校勘方法也在不断发展与更新。校勘的一般流程，包括广泛搜集底本和确定底本、熟悉文献、校勘及写作校勘记，上述步骤往往缺一不可，以体现校勘的严谨性。

相较于校勘着眼于文献内容，考证则更为重视文献整体。考证一般需对文献的真伪、版本、制作者、制作时间、史实等进行推敲，关注文献本身的可靠性、文献所载史实的可靠性。考证在方法上与校勘较为相近，包括书证、理证、物证、人证等具体方法。书证指与其他文献进行对照，理证则要求符合历史逻辑和生活逻辑，物证则与现实中的物品遗存、影音资料相关，人证重视与口述、回忆的对照。有时，还需结合著录者个人写作风格、文献的传播状况等，对文献真伪与所载史实的可靠性进行考证。

中共党史文献的编纂，立足于当代实际，需在唯物史观和正确党史观的指导下进行，并与历史文献的编纂经验相结合。编纂过程需体现实事求是、为现实服务和内外有别的原则，以更科学、更有效地进行编纂。尽管编纂形成成果的体裁多样，包括编年、纪传、纪事本末、著录甚至光盘数据库等体裁，但编纂过程的基本方法有共性。首先应当确定选题，根据具体需要确定选题种类与方向，根据可行性确定选题范围，并进行充分的选题调研。之后确定编纂体例，在格式版式、文献来源、时间地点人物、文字语言等方面统一规定，在方便编纂的同时，也利于读者的阅读。后续还需编订提纲、制定计划、选取材料并整理加工、编排目录，使编纂成果清晰可读。

第二节　中共党史文献的编纂情况

以中国共产党三个历史决议和习近平总书记关于中国共产党历史的重要论述为指导，党和政府各级相关部门高度重视对中共党史文献的搜集、整理与编纂工作。中国共产党历来注意开展与党史相关的文献编纂工作，特别是在改革开放之后，党中央成立了专门的编研机构，领导国内多家单位陆续出版了一大批用于指导党史学界研究与教学的纲领性文件、重要文件汇编与重要领导人文稿。党的十八大以来，根据习近平总书记关于中国共产党历史的重要论述，党史学界的文献编纂工作有了新的进展。近年来，国内陆续出版了一批用于指导党史学界研究与教学的纲领性文件、重要文件汇编、重要领导人文稿、与重大事件和重要会议相关的文献，以及与党史相关的口述史料。此外，在中宣部等单位指导下，一批高质量的数据库相继建成，标志着中共党史文献的数字化、信息化工作取得显著进展。

一、中共党史文献编纂工作的历程

中国共产党自成立以来，就以高度的历史自觉，对中共党史的相关文献进行保存、整理与编纂。按照石川祯浩的考证，1929 年前后，旅苏的中国共产党人在瞿秋白等人的号召下曾组织征集回忆录等党史资料，并进行了一些中共党史的教学活动①。

① 石川祯浩. 中国共产党编纂党史资料的进程（1929—1955）. 李晓倩，编译. 中共党史研究，2017（6）.

1931年，中华苏维埃中央革命军事委员会发布通令，决定在参谋部设立编辑委员会，任命叶剑英为总编辑。编辑委员会的任务是搜集红军斗争的历史材料并进行整理，整理后的这些资料“具备中国红军战史的雏形”[①]。这一决定揭开了中央苏区党史军史资料整理编纂的序幕。

同年，在周恩来的主持下，由瞿秋白起草了《文件处置办法》，要求对中央文件进行分类，按时间编排，以备未来的党史委员会所用，自此形成了位于上海的“中央文库”[②]。“中央文库”历经18年的接力保管，最终于1949年上海解放后上交给党中央，为中共党史编纂和研究提供了宝贵的文献材料[③]。

红军长征到达陕北后，中共党史文献的征集、整理和编纂工作被重新提上日程。1937年5月10日，中革军委发出通知，征集红军的历史材料，指定徐梦秋、张爱萍、陆定一、丁玲等人组成“红军历史征编委员会”，号召全体红军指战员把历史“写出来”，并规定所有稿件及纪念品均有“五角至二十元的现金酬报”。征集内容包括各种体裁：历史、战史、史略、报纸、宣传品、书籍、剧本、日记、歌曲、像片、旗帜、奖章、文件、法令等[④]。这一征集活动为《军事文献》的出版提供了文献基础[⑤]。1941年，中共中央秘书处材料科制定了《党务材料管理法》，规定党务材料先按组织系统分，再按工

---

① 中央档案馆．中共文书档案工作文件选编（一九二三—一九四九）．北京：档案出版社，1991：47.

② 中央档案馆．中共文书档案工作文件选编（一九二三—一九四九）．北京：档案出版社，1991：48-50.

③ 中央档案馆．中共文书档案工作文件选编（一九二三—一九四九）．北京：档案出版社，1991：86-193.

④ 中央档案馆．中共文书档案工作文件选编（一九二三—一九四九）．北京：档案出版社，1991：60-61.

⑤ 费云东．中共档案文献征集．北京：中国档案出版社，2004：117.

作分，每类以年月时间排列[①]。中共中央秘书处更规定了机要材料的整理抄存及阅览办法，对党的机要材料的抄写范围、制度、阅览密级等设置了严密的规定[②]。这一制度对新中国成立后的中共党史文献整理及阅览工作有着深远影响。

延安时期的中共党史文献工作，不仅在征集和整理方面取得了一定成绩，也在编纂方面实现了重要发展，有意识、有目的地对中共党史文献进行利用。在整风运动期间，为对党的历史问题进行彻底清算，毛泽东主持编纂了《六大以来》《六大以前》《两条路线》等文件集，收录党的六大前后关于政治问题、组织问题、军事问题、锄奸问题、职工运动等各方面的重要文件，用以向党内领导干部说明两条路线斗争的实质，帮助党内高级领导干部认清机会主义路线的危害，实现思想统一。在认真系统研读中共党史文献汇编的基础上，党的高级领导干部统一了思想，深化了对机会主义路线的认识，为党的六届七中全会通过《关于若干历史问题的决议》提供了文献基础和思想基础。

解放战争时期，中国共产党进一步规范中共党史文献整理工作。1946 年，中共中央秘书处出台《中央秘书处地方文件处理工作细则》，除对文件收录归档有所规定外，更要求在登记文件后对有参考价值的内容“编写简报”，以供各部门参阅[③]。1947 年 1 月 20 日，中共中央秘书处材料科出台工作条例，指出材料科的重要任务之一就

---

① 中央档案馆．中共文书档案工作文件选编（一九二三—一九四九）．北京：档案出版社，1991：72－78.

② 中央档案馆．中共文书档案工作文件选编（一九二三—一九四九）．北京：档案出版社，1991：79－81.

③ 中央档案馆．中共文书档案工作文件选编（一九二三—一九四九）．北京：档案出版社，1991：98－99.

是“发行党内文件”，另一重要任务则是“整编与研究各种材料”[①]，显示出此时中国共产党对党史文献已有相当的编研自觉性，而非仅仅简单收集归档。1947年6月11日，中共中央秘书处处长曾三在对中共中央秘书处的材料工作进行总结时指出，收集与保存材料的目的之一就是“供将来编修党史的参考”，并批评了过去只负责保管而不加以整理研究的作风[②]。1948年11月，曾三在给裴桐的信中，再次强调要实现“保管与运用”的统一[③]。总体而言，解放战争时期中国共产党对中共党史文献编纂工作的重要性有了进一步的认识，但在战争时期暂时还无法大规模着手进行。

新中国成立前后，中共党史文献的编纂工作在党的集中统一领导下进行。1948年11月22日，中共中央向华东局发出指示，要求中央重要文献的出版权必须统一在中央手中，避免出现出版无政府状态[④]。1949年10月11日，中共中央宣传部发出通知，要求搜集革命历史文物以设立革命博物馆，其中也包括重要文献材料。1951年起，中央革命博物馆会同中共中央办公厅秘书局二处（档案处）征集珍贵党史文献资料并收藏、展出[⑤]。除中央革命博物馆以外，1951年起，新设立的党史资料室也开始“有系统地研究、收集和保存党史资料”，并编纂出版了《党史资料》丛书[⑥]。1954年11月国家档案局成立后，相继发出《中共中央办公厅关于收集党的历史档案的

---

① 中央档案馆. 中共文书档案工作文件选编（一九二三—一九四九）. 北京：档案出版社，1991：100.

② 中央档案馆. 中共文书档案工作文件选编（一九二三—一九四九）. 北京：档案出版社，1991：112-113.

③ 中央档案馆. 中共文书档案工作文件选编（一九二三—一九四九）. 北京：档案出版社，1991：170.

④ 中央档案馆. 中共文书档案工作文件选编（一九二三—一九四九）. 北京：档案出版社，1991：171.

⑤ 费云东. 中共档案文献征集. 北京：中国档案出版社，2004：180-181.

⑥ 费云东. 中共档案文献征集. 北京：中国档案出版社，2004：186.

通知》《中央办公厅、国家档案局关于收集革命历史档案的办法的通知》《关于集中革命历史档案资料的通知》《关于收集毛主席手稿工作中几个问题的通知》等文件，对包括党史文献在内的革命历史档案征集范围、征集重点等问题作了详细说明，指出老一辈革命家的文稿是征集重点。《毛泽东选集》的出版，是这一时期党史文献编纂的重要成果①。

党的十一届三中全会后，中共党史文献的编纂工作在拨乱反正中重新走上正轨。在中共中央文献编辑委员会的主持下，《周恩来选集》《刘少奇选集》《朱德选集》等关于老一辈革命家的选集相继出版。各部门各地区也对本部门所负责工作的党史文献进行了编修，出版了《中共中央青年运动文件选编》《川陕革命根据地历史文献选编》《中国共产党宣传工作文献选编》等种类多样的部门性、地区性党史文献集。中共党史文献的编纂工作呈现百花齐放的格局。

党的十一届三中全会后的中共党史文献编纂工作，在成果日趋丰富的同时，也体现出组织化、系统化的趋势。1979 年 11 月 19 日，中央档案馆向中共中央办公厅、中共中央宣传部提交题为《关于联合访问老革命同志和征集革命历史文件资料的几点意见》的报告，该报告后由中共中央办公厅转发，由此展开了全国范围内访问老同志、征求回忆录的大规模活动。1979 年 11 月 20 日，中央档案馆形成《关于处理已故老革命同志所遗文物和文件资料的几点意见》，要求将已故老同志的文献资料移交给各级档案馆，该报告也由中共中央办公厅转发全国执行②。1980 年 1 月，中共中央决定成立中央党史委员会和中央党史编审委员会，负责审定党史编写计划和审定全书的工作，同时成立了中央党史研究室以负责研究和编写党史。同

① 费云东. 中共档案文献征集. 北京：中国档案出版社，2004：190－194.
② 费云东. 中共档案文献征集. 北京：中国档案出版社，2004：46－47.

年5月，中央党史资料征集委员会成立，负责党史资料征集工作，并于次年12月制定了《中共党史资料征集参考提纲》。与此同时，中央书记处第十九次会议讨论并报中央政治局常委同意，决定成立中央文献编辑出版委员会，同时决定将原中央毛泽东著作编辑出版委员会办公室改名为中央文献研究室，作为中央文献编辑出版委员会的办事机构。1981年开始，中央党史资料征集委员会先后召集了多次全国党史资料征集工作会议，落实邓小平、陈云、胡耀邦等人关于党史资料征集编纂工作的指示，总结了党史资料的征集现状，确定了党史资料的征集内容、范围与方式，推动了党史资料的编纂①。

二、近年来中共党史文献的编纂、出版与数据库建设

1. 中国共产党领导人文稿与重要文件汇编

2011年，由中共中央文献研究室和中央档案馆合作编辑的《建党以来重要文献选编（1921—1949）》正式出版。这套文献集共26册，其内容覆盖中国共产党成立以后至新中国成立以前各个历史时期形成的重要文献，其中多篇文献为首次公开发表。这些重要文献比较全面地反映了中国共产党领导人民进行新民主主义革命、创建中华人民共和国、实现马克思主义中国化、形成和发展毛泽东思想的历史进程及其基本经验。

2013年，由中央档案馆和中共中央文献研究室联合编辑的大型档案汇编《中共中央文件选集（1949年10月—1966年5月）》正式出版。全套选集共50册，另附总目录一份，涵盖新中国成立以后到“文化大革命”前夕中共中央政治局、中共中央书记处、中共中

① 纪念马石江同志文集编辑组. 用火写在天空的生命 纪念马石江同志文集. 北京：中共党史出版社，2002：292-310.

央重要会议等作出的决议、决定、指示、通知、电文等，以及中共中央与其他机构联合发出的文件。部分与中央文件有直接关系的文电作为附件一并收入。该选集的出版有助于广大党员和人民群众深入了解党领导全国各族人民进行社会主义革命和建设的历史。

除上述文献外，党和国家重要领导人的文章、讲话、书信等文献也得到进一步整理出版。中共中央党史和文献研究院对 20 世纪 80 年代及 90 年代编辑出版的《建国以来毛泽东文稿》（内部发行）进行增补和修订，公开出版了 20 卷本《建国以来毛泽东文稿》。《建国以来刘少奇文稿》《建国以来周恩来文稿》等文献集，陆续得以整理成册。这为中共党史学界深入开展领袖人物的思想和生平研究提供了可靠的文献基础。《毛泽东邓小平江泽民胡锦涛关于中国共产党历史论述摘编》一书收录毛泽东、邓小平、江泽民、胡锦涛的讲话、报告、批示和书信等重要文献，其中部分论述是第一次公开发表。

2. 新时代有关习近平新时代中国特色社会主义思想的文献

党的十八大以来，有关习近平新时代中国特色社会主义思想的文献大量出版。2013 年，中共中央文献研究室选取习近平同志 2012 年 11 月 15 日至 2013 年 11 月 2 日期间涉及中国梦的讲话、演讲、谈话、书信、批示等 50 多篇重要文献共计 146 段论述，编纂《习近平关于实现中华民族伟大复兴的中国梦论述摘编》一书，展现了中华民族伟大复兴中国梦的丰富内涵。

2014 年，国务院新闻办公室会同中共中央文献研究室、中国外文出版发行事业局编辑的《习近平谈治国理政》一书以多语种出版发行。该书收入了习近平总书记在 2012 年 11 月 15 日至 2014 年 6 月 13 日这段时间内的讲话、谈话、演讲、答问、批示、贺信等 79 篇，分 18 个专题；还收入了习近平总书记各个时期的照片 45 幅。党的十八大以来，习近平作为党和国家的最高领导人，围绕治国理政发表了大量讲话，提出了许多新思想、新观点、新论断，深刻回答了新的历史条件下党和国家发展的重大理论和现实问题，集中展示了党的新一届中央领导集体的治国理念和执政方略。该书的出版有助于国际社会增进对中国发展理念、发展道路、内外政策的认识和理解。同年出版的《习近平关于全面深化改革论述摘编》收录了习近平总书记关于深化改革、扩大开放的一系列重要论述，有助于我们深刻理解全面深化改革的重要性、艰巨性、历史必然性和现实紧迫性，系统把握全面深化改革的内在规律和重点任务。《习近平关于党的群众路线教育实践活动论述摘编》一书的出版对以为民务实清廉为主要内容的党的群众路线教育实践活动在全党的深入开展具有重要指导意义。

2015 年，为贯彻落实党的十八届四中全会精神，中共中央文献研究室编辑了《习近平关于全面依法治国论述摘编》，书中收录习近平同志围绕全面依法治国的一系列重要论述。此外，《习近平关于协调推进“四个全面”战略布局论述摘编》《习近平关于党风廉政建设和反腐败斗争论述摘编》也于同年由中央文献出版社出版。人民出版社则出版了多部习近平总书记重要讲话的单行本，包括《习近平在纪念中国人民抗日战争暨世界反法西斯战争胜利 70 周年系列活动上的讲话》《习近平在对美国进行国事访问时的讲话》《习近平在联合国成立 70 周年系列峰会上的讲话》等。

2016 年出版的《习近平关于严明党的纪律和规矩论述摘编》收录了习近平总书记关于加强党的建设、坚持全面从严治党、严明党的纪律和规矩的一系列重要论述。中央文献出版社还出版了《习近平关于科技创新论述摘编》《习近平关于全面建成小康社会论述摘编》《习近平关于全面从严治党论述摘编》。《习近平总书记系列重要讲话读本（2016 年版）》由人民出版社出版发行。

2017 年，《习近平谈治国理政》第二卷由外文出版社面向海内外发行。该卷收录的是习近平总书记在 2014 年 8 月 18 日至 2017 年 9 月 29 日期间的重要讲话、谈话、演讲、批示、贺电等 99 篇，全书分为 17 个专题。同年，中共中央文献研究室陆续编写了《习近平关于社会主义经济建设论述摘编》《习近平关于社会主义政治建设论述摘编》《习近平关于社会主义生态文明建设论述摘编》《习近平关于社会主义社会建设论述摘编》《习近平关于社会主义文化建设论述摘编》《习近平关于青少年和共青团工作论述摘编》，由中央文献出版社出版。

此外，中共中央党校组织编写了《以习近平同志为核心的党中央治国理政新理念新思想新战略》。习近平总书记重要讲话单行本《决胜全面建成小康社会 夺取新时代中国特色社会主义伟大胜利——在中国共产党第十九次全国代表大会上的报告》《习近平在庆祝中国人民解放军建军 90 周年大会上的讲话》《习近平在出席金砖国家领导人厦门会晤时的讲话》《习近平主席在出席世界经济论坛 2017 年年会和访问联合国日内瓦总部时的演讲》由人民出版社出版。

2018 年，曾于 2014 年出版的《习近平谈治国理政》改称《习近平谈治国理政》第一卷，面向海内外再版发行。2018 年，由中共中央党史和文献研究院编纂的《十八大以来重要文献选编》下册出版，收入了自 2015 年 10 月党的十八届五中全会后至 2017 年 10 月党的十九大召开前这一段时间内的重要文献 72 篇。《习近平关于总体国家安全观论述摘编》《论坚持推动构建人类命运共同体》《论坚持全面深化改革》《习近平扶贫论述摘编》陆续由中央文献出版社出版。为庆祝改革开放 40 周年，人民出版社出版了《习近平改革开放思想研究》。该书是第一部系统阐释习近平总书记关于改革开放思想的理论著作，书中系统梳理了习近平改革开放思想形成的历史背景、理论渊源，深入阐释了习近平改革开放思想的重大理论贡献，并重点对与“五位一体”总体布局密切相关的重要改革开放思想进行了分析研究①。由人民出版社、学习出版社出版的《习近平新闻思想讲义（2018 年版）》，对习近平新闻思想进行了全面深入的阐释。人民出版社还出版了《在纪念刘少奇同志诞辰 120 周年座谈会上的讲话》《在庆祝改革开放 40 周年大会上的讲话》《在北京大学师生座谈会上的讲话》《在纪念马克思诞辰 200 周年大会上的讲话》《在庆祝海南建省办经济特区 30 周年大会上的讲话》《在纪念周恩来同志诞辰 120 周年座谈会上的讲话》《习近平主席在出席亚太经合组织第二十六次领导人非正式会议时的讲话》等关于习近平讲话的单行本。

2019 年，为配合开展第二批“不忘初心、牢记使命”主题教育，中共中央党史和文献研究院、中央“不忘初心、牢记使命”主题教育领导小组办公室联合编写的《习近平关于“不忘初心、牢记使命”论述摘编》正式出版。2019 年 9 月，中共中央党史和文献研究院编写的《十九大以来重要文献选编》上册由中央文献出版社出版，收入自 2017 年 10 月党的十九大召开至 2019 年 3 月十三届全国人大二次会议闭幕这段时间内的重要文献 65 篇。这本文献选编是深入学习贯彻习近平新时代中国特色社会主义思想和党中央大政方针的重要教材。此外，中央文献出版社出版了《习近平关于“三农”工作论述摘编》《论坚持党对一切工作的领导》。人民出版社出版了《在庆祝中华人民共和国成立 70 周年大会上的讲话》《习近平总书记在出席庆祝中华人民共和国成立 70 周年系列活动时的讲话》《在中央政协工作会议暨庆祝中国人民政治协商会议成立 70 周年大会上的讲话》《在“不忘初心、牢记使命”主题教育工作会议上的讲话》《在

---

① 中共广东省委宣传部，广东省社会科学院．习近平改革开放思想研究．北京：人民出版社，2018.

纪念五四运动100周年大会上的讲话》等关于习近平讲话的单行本。

2020年，《习近平谈治国理政》第三卷出版，该卷收入了习近平总书记在2017年10月18日至2020年1月13日期间的报告、讲话、谈话、演讲、批示、指示、贺信等92篇，分为19个专题，同时收入习近平总书记这段时间内的图片41幅，系统展现了党的十九大以来习近平总书记在领导推进新时代治国理政的实践中发表的一系列重要论述，提出的许多具有原创性、时代性、指导性的重大思想观点。此外，中共中央党史和文献研究院陆续编写了《习近平关于中国特色大国外交论述摘编》《习近平关于力戒形式主义官僚主义重要论述选编》《习近平关于防范风险挑战、应对突发事件论述摘编》《习近平关于统筹疫情防控和经济社会发展重要论述选编》，习近平的《论党的宣传思想工作》《论坚持全面依法治国》由中央文献出版社相继出版。人民出版社出版的关于习近平总书记重要讲话的单行本有《在浦东开发开放30周年庆祝大会上的讲话》《在深圳经济特区建立40周年庆祝大会上的讲话》《在纪念中国人民志愿军抗美援朝出国作战70周年大会上的讲话》《在纪念中国人民抗日战争暨世界反法西斯战争胜利75周年座谈会上的讲话》《在全国抗击新冠肺炎疫情表彰大会上的讲话》《在"不忘初心、牢记使命"主题教育总结大会上的讲话》《习近平在亚太经合组织第二十七次领导人非正式会议上的讲话》《携手抗疫 共克时艰——在二十国集团领导人特别峰会上的发言》《习近平在联合国成立75周年系列高级别会议上的讲话》《守望相助共克疫情 携手同心推进合作——在金砖国家领导人第十二次会晤上的讲话》等。

2021年，中央党史和文献研究院编写了《论中国共产党历史》一书，书中收录了党的十八大以来习近平总书记围绕中国共产党历史发表的一系列重要论述。这些重要论述系统回顾了中国共产党团结带领中国人民不懈奋斗的光辉历程，深入总结了党在各个历史时期创造的理论成果、积累的宝贵经验、铸就的伟大精神，深刻阐明了中国共产党为中华民族作出的伟大贡献、为解决人类问题提供的中国智慧和中国方案，展望了党和人民事业发展的光明前景。此外，人民出版社还陆续出版发行了《习近平重要讲话单行本（2020年合订本）》以及《在全国脱贫攻坚总结表彰大会上的讲话》《在党史学习教育动员大会上的讲话》《在“七一勋章”颁授仪式上的讲话》《在庆祝中国共产党成立100周年大会上的讲话》等关于习近平讲话的单行本。

3. 与重大历史事件和重要会议相关的文献

除了上述按照文献生成时间顺序编纂的体例，各相关单位同样重视搜集、整理与党史上的重大事件和重要会议相关的文献资料，并集结成册。近年来，关于中国共产党的成立、红军长征、抗日战争敌后战场、改革开放等内容的文献编纂工作取得了较为显著的突破性成果。

（1）关于中国共产党的创建。上海中共一大纪念馆利用日本外务省外交史料馆所藏日文档案，选取中国共产党创建前后几年日本当局对在日本居住的具有社会主义、共产主义思想倾向的人的行为记录、调查等资料，编纂《中共建党前后革命活动留日档案选编》一书。日文史料的发掘对国内现有的中国共产党成立史史料形成有益补充。

（2）关于长征。时逢红军长征胜利80周年之际，由中共中央党史研究室编纂的历史文献资料集《红军长征纪实丛书》在2016年正式出版。该套丛书收录了自1936年8月毛泽东同志号召撰写和编集《长征记》到2016年党和国家纪念红军长征胜利80周年前夕在海内外已公开出版和发表的相关史料，并收录部分红军长征亲历者的回忆录、长征日记以及一些未曾公开发表的口述资料（如中央党史研究室等部门的采访记录，地方党史、文史部门和军队研究机构搜集的口述史料），以求全面、真实地反映红军长征的历史。

（3）关于抗日战争敌后战场。在近年来关于中国共产党领导抗日战争敌后战场与抗日根据地建设的文献编纂成果中，值得关注的作品有《中国共产党关于抗战大后方工作文献选编》《敌后战场的战略基地：中国共产党领导抗日民主根据地纪事》等。为纪念中国人民抗日战争暨世界反法西斯战争胜利75周年，中共中央党史和文献研究院等部门在系统整理亲历者抗战口述史料、回忆录的基础上，精选其中一些篇目，编纂形成《口述抗战（全6册）》和《抗日战争回忆录（全3册）》两部作品，为存续民族精神、弘扬爱国主义留下宝贵的历史记忆。此外，各单位在近年来陆续整理出版《抗日战争时期中国人口伤亡和财产损失调研丛书》《抗日战争时期八路军人员伤亡和财产损失档案选编》《抗日战争时期全国重大惨案》等作品，同样值得党史学界关注。

（4）关于改革开放。欧阳淞、高永中主编的《改革开放口述史》（2014年发行）在2018年由中国人民大学出版社再版。此书精选改革开放历程中具有代表性的重大决策和重大事件，通过对万里、陈锦华、谷牧、龚育之等约60位老领导、老同志进行访谈，以口述史的形式，展现改革开放40年中诸多重大决策出台的过程，全面回顾改革开放进程中重大事件的许多鲜为人知的细节。书中既有对事实的回顾，也呈现了亲历者的心路历程，为改革开放史研究提供一手资料[①]。与之类似，2019年出版的《改革开放四十年口述史》同样记录了不同亲历者对改革开放重大决策出台过程的回顾。此外，聚

① 欧阳淞，高永中．改革开放口述史．北京：中国人民大学出版社，2018.

焦某一省份（自治区、直辖市）的多部地方改革开放口述史研究成果，在2018年之后也相继出版。

新民主主义革命时期中国共产党召开的历次全国代表大会，同样是相关单位搜集和整理中共党史文献时关注的重要内容。2014年至2015年，中共中央党史研究室和中央档案馆联合编写《中国共产党第一次全国代表大会档案文献选编》《中国共产党第二次全国代表大会档案文献选编》《中国共产党第三次全国代表大会档案文献选编》《中国共产党第四次全国代表大会档案文献选编》《中国共产党第五次全国代表大会档案文献选编》《中国共产党第六次全国代表大会档案文献选编》《中国共产党第七次全国代表大会档案文献选编》等图书，涵盖新民主主义革命时期中国共产党历次全国代表大会的相关文件，同时编有部分参会代表的回忆录，另有部分收录共产国际方面的相关文件。《中国共产党第一至第六次全国代表大会代表名录（增订本）》也于2014年出版。这套名录出版以后，可同2005年出版的《中国共产党第七次全国代表大会名录》一并作为中共党史学界研究新民主主义革命时期党的历次全国代表大会出席人员的重要文献依据。

4. 中共党史文献数据库

在中宣部等单位的指导下，一批高质量的数据库相继建成，标志着中共党史文献的数字化、信息化工作取得显著进展。其中，中国共产党思想理论资源数据库、中共党史·中国国史数据库、延安时期中共中央机关报全文数据库、人民数据库·人民日报图文数据库等数据库在中共党史文献的编纂方面作出较为突出的成绩。

（1）中国共产党思想理论资源数据库。在中央领导同志的亲切关怀和中宣部、新闻出版广电总局的指导下，该数据库由人民出版社开发建成，被党政干部和专家学者称为“用科学技术传播中国化马克思主义的重大创新工程”。目前收入图书分为14个子库，13 000多册。在内容上实现了“四个全覆盖”，即完整系统收入了党的思想理论主要著作文献，内容覆盖我国出版的所有马列经典著作；覆盖党和国家主要领导人所有著作；覆盖公开发表的所有中央文件文献；覆盖国家所有法律法规。除此之外，该数据库还有代表性地收入了大量研究性著作、党史和国际共运史著作、重要人物资料，以及革命战争年代出版的部分重要图书等。该数据库选取的内容规范性、权威性强，电子书达到引用标准。数据库以经典著作、重要文件文献、法律法规、学术名著为核心内容，图书主要由人民出版社等著名出版机构出版，编校质量高。图书数字化采用三万分之一的差错率标准进行校对，保留了纸质图书的原版原式。

（2）中共党史·中国国史数据库。该数据库是一款权威、系统、全面地介绍中共党史和中华人民共和国史的数据库产品，包括中共党史经典文献数据库和中华人民共和国国史数据库两个部分。中共党史经典文献数据库包含以党的重要历史文献档案，历次党代会重要文献，中央领导人及老一辈革命家的著作、自传、年谱、手稿，党和国家重大决策和重大事件一手文献记录，党的十二大至十八大以来重要文献汇编，十一届三中全会以来重要一手文献资料选编等为主要内容。数据库共收录图书200余卷，总体量约1.8亿字，是正确总结历史经验的权威性党史资源数据库。中华人民共和国国史数据库涵盖《当代中国丛书》《中华人民共和国国史编年》《当代中国城市发展》丛书等近年来难得一见的珍贵文献，收录图书近300卷、2亿余字，10万余幅插图，时跨1921年7月至20世纪末近80年，是研究新中国成立以来各历史时期的经济、社会、文化和政治发展等方面的权威官方史志资源总集。

（3）延安时期中共中央机关报全文数据库。该数据库包括中共中央到达陕北后复刊的《红色中华》以及其后的《新中华报》和《解放日报》，共有 14 034 个版面、8 508 万字、11 万多篇文章，涵盖延安时期政治、军事、社会、经济、文化等方方面面。该数据库便于党史学界考察党在延安时期在新闻宣传方面的诸项工作。

（4）人民数据库·人民日报图文数据库。2004 年，人民网自主研发了全国唯一的大型党政、时政资料信息平台——“人民数据”。“人民数据”是人民网以《人民日报》及人民网有关内容为基础，并与中央各部委紧密合作，整合信息、资料综合而成的大型党政时政数据平台，信息采集渠道权威，具有较高的科学性和实用性。该库是各级用户及时、准确、全面掌握国内外形势政策、党和国家方针路线的重要工具，是广大人民群众学习、研究政法领域、社科领域、党史领域知识的重要途径。全库共约 500 万篇文章，40 余万张图片，约 500 段视频，是党政信息数字化建设以来第一次编选最全面、内容最翔实、信息最丰富的党政数字化资源总汇。“人民日报图文数据库”收入《人民日报》自 1946 年创刊至今 70 多年来的新闻报道，是一座大型的、纪实的、珍贵的资料库。它忠实地记录了中国共产党和中华人民共和国走过的风雨历程，见证了半个多世纪以来我国人民艰苦奋斗的建设历史。

（5）抗日战争与近代中日关系文献数据平台（简称“抗战文献数据平台”）。该平台包含档案、图书、报纸、期刊、图片、音频、视频、研究性著作等不同类型的近代中国历史研究资料。该平台已经上线的千余种报纸不仅囊括了近代中国大部分主流报纸，如近代中国的四种“大报”——《申报》《大公报》《益世报》《民国日报》，也涵盖近代上海出版的各类小报、画报，如《福尔摩斯》等。此外，该平台还上线了大量地方报纸，如《徽州日报》（安徽屯溪）、《嘉陵江日报》[四川巴县（今重庆市巴南区）]、《新民日报》（河南许昌)、《新民日报》(安徽贵池)等。平台还特别推出红色文献专题数据库，包含近200种红色文献，其中既有抗战时期各根据地编印的图书，也有《红色中华》《解放日报》《晋绥日报》等红色报刊。目前，该平台已与上海交通大学战争审判与世界和平研究院实现了资料对接。东京审判研究中心向该平台提供了东京审判的庭审记录、证据文献和询问记录等八万件/页档案文献，远东国际军事法庭的大量庭审记录也收录其中。

(6) 全国报刊索引数据库。该库收录的资源包括晚清及民国时期出版的大部分期刊和部分报纸，内容涵盖政治、经济、外交、军事等各方面的资料。其中，“中国近代期刊资源全库”收录了1833年至1949年的2万多种期刊，包括“晚清期刊全文数据库”、“晚清期刊全文数据库（增辑）”和“民国时期期刊全文数据库”的全部内容；“中国近代报纸数字文献全库”收录了1850年至1951年间的4 000份中英文报纸，包括“中国近代中文报纸全文数据库”(1872—1949)、“中国近代英文报纸全文数据库”(1869—1949)；“中国近代报纸资源全库”完整收录了《申报》《大公报》《中央日报》《民国日报》《北华捷报/字林西报》等知名中英文大报，同时收录了近千种小报。这些期刊和报纸是了解和研究近代中国的珍贵史料。

(7) 中国历史文献总库·红色文献数据库。“红色文献数据库”是“中国历史文献总库”的一个专题库，包含红色图书、红色期刊、红色报纸三个子库。红色图书子库包含6 300多种红色文献，其中包括马克思主义的早期译本和经典著作，毛泽东《论持久战》的各种版本，太行、太岳、晋察冀、山东等地新华书店和解放社、东北书店、大众书店等出版的政策文件、宣传读物和文艺作品等。红色期刊子库既包括延安出版的《北方红旗》《共产党人》《八路军军政杂志》等刊物，也包括“左联”等革命团体在国统区出版的进步刊物。

这些刊物反映了从中国共产党创建到新中国成立的全过程。红色报纸子库包含 70 多种报纸，既有《解放日报》《新华日报》等知名报纸，也有各解放区、根据地出版的《冀中导报》《冀热察导报》《冀晋日报》等稀见报纸，特别收藏了新中国成立前后各地短暂出版的《邯郸日报》《豫西日报》《新洛阳报》等。

此外，多个英文数据库也收录了大量有关中国共产党历史的文献资料。

（1）ProQuest 数据库平台。该平台的 ProQuest 历史报纸：近现代中国英文报纸库（ProQuest Historical Newspapers：Chinese Newspapers Collection，1832—1953）收录了从 1832 年到 1953 年间出版发行的 12 份关于近现代中国的英文报纸。这些报纸从独特的视角报道了中国近现代史上的多个重大事件，如辛亥革命、抗日战争、二战期间的中日关系等。12 份报纸分别是：*The Chinese Repository*《中国丛报》（1832—1851）、*The North—China Herald*《北华捷报》/《字林西报》（1850—1941）、*The Chinese Recorder*《教务杂志》（1868—1941）、*Peking Daily News*《北京日报》（1914—1917）、*The Shanghai Times*《上海泰晤士报》（1914—1921）、*Peking Gazette*《京报》（1915—1917）、*The China Weekly Review*《密勒氏评论报》（1917—1953）、*Peking Leader*《北京导报》（1918—1919）、*The Canton Times*《广州时报》（1919—1920）、*The Shanghai Gazette*《上海新报》（1919—1921）、*The China Press*《大陆报》（1925—1938）、*The China Critic*《中国评论周报》（1939—1946）。

（2）Gale Scholar 数据库平台。该平台的两个子数据库“中国从帝制到共和”（China from Empire to Republic）和“珍稀原始典藏档案”（Archives Unbound）收录了大量涉及中国近代历史的档案文献。这些档案大部分是外国人员或机构观察中国的记录。“中国从帝制到共和”数据库分为两部分。第一部分“传教士、汉学与文化期刊 1817—1949”收录从 1817 年到 1949 年新中国成立前的 17 种在中国出版或与中国相关的英文期刊，涉及辛亥革命、抗日战争、国共内战等中国近代史上的重大事件，呈现了中国知识分子、西方传教士和外交官对中国的看法。第二部分“中国海关档案 1854—1949”展现了 1854 年至 1949 年间全球的经济环境及中国在其中的地位，突出了外籍员工的作用及他们在中国社会和政治历史上的地位与影响力。“珍稀原始典藏档案”数据库收录了来自美国国家档案馆、美国国会图书馆、美国国务院图书馆等机构的档案，其中部分内容涉及近代中国与中美关系，例如“中国旧海关：《海关公报》，1869—1913 年”（*China Maritime Customs Service*：*The Customs' Gazette*，1869—1913），“中国：美国国务院档案，1940—1944 年”（*China*：*Records of the U. S. Department of State*，1940—1944），“中国内战和中美关系：美国国务院中国事务处档案，1945—1955 年”（*The Chinese Civil War and U. S.—China Relations*：*Records of the U. S. State Department's Office of Chinese Affairs*，1945—1955）等。

（3）AMD 历史与文化珍稀史料数据库集成。该套数据库由英国 AMD（Adam Matthew Digital）学术出版社推出，包含大量珍贵档案和珍稀史料。其中，“英国外交部档案：中国，1919—1980”数据库收录的档案源自英国国家档案馆（The National Archives，UK）的珍贵原始档案馆藏，涵盖中国 20 世纪 20 年代至 80 年代重要历史事件；“海外收藏的中国近代史珍稀史料文献库，1793—1980”收录了中国近现代海关史、反侵略斗争史、改革开放历程、对外政策、外交关系等珍贵史料。

5. 中共党史文献重要编研机构

中共党史文献的编研工作得以顺利开展，离不开若干重要机构多年的辛勤耕耘。长久以来，中央档案馆与国家博物馆等机构承担保管、整理及编纂党在革命、建设和改革历程中保存下来的重要文献，其工作成果在中共党史学界的教学与研究工作中起到显著的引领及示范作用。在各省、自治区、直辖市，还有许多党史陈列馆、展览馆及纪念馆（如上海中共一大纪念馆、韶山毛泽东同志纪念馆、鄂豫皖革命纪念馆等）也为中共党史文献的编研工作作出重要贡献。2017 年以后，中国人民大学、北京师范大学等高校相继成立中共党史党建研究院，又为中共党史文献的编研工作带来新的活力。2021 年，中国共产党历史展览馆竣工落成，并于同年 7 月面向社会公众开放，其馆藏展品既包括新民主主义革命时期的文物，也包括如神舟十二号所搭载的党旗这样更为晚近出现的藏品。限于篇幅，此处仅就中央档案馆与国家博物馆的馆藏情况加以介绍。

（1）中央档案馆。中央档案馆是中共中央、国务院直属的管理党和国家的重要档案、资料，进行史料的考证和研究，编纂出版档案文献的部门。中央档案馆收藏档案资料的范围包括：1）自 1919 年五四运动起至 1921 年 7 月中国共产党成立期间，中国新民主主义革命的先驱在从事新文化运动、在中国传播马克思主义、组织共产主义小组、筹建中国共产党等伟大革命活动中所形成的档案和有关的文献资料。2）自 1921 年 7 月中国共产党成立以来，中共中央及其所属机构和派出机关在各个革命斗争时期的活动中形成的档案和有关的文献资料。其中包括中国共产党历次全国代表大会、代表会议、特别会议，历届中央全会的档案文献；中共中央发布的各种决议、决定、指示、通告等；中国共产党与共产国际联系的来往文电；等等。这些档案文献中，有许多是党和国家的领导人以及老一辈无产阶级革命家撰写、批改、处理过的手稿和原件。3）自土地革命战争起，相继在各地成立的苏维埃红色政权（如中华苏维埃中央政府、陕甘宁边区政府等)、抗日民主政权(如晋察冀边区政府、晋冀鲁豫边区政府等)、解放区民主政权(如华北人民政府等)形成的档案和有关的文献资料。4)自1949年10月中华人民共和国成立以来,全国人民代表大会常务委员会、国务院及其各部委、各直属机构、最高人民法院、最高人民检察院形成的档案和有关的文献资料。其中包括筹备召开中国人民政治协商会议、成立中华人民共和国而形成的文件;历次全国人民代表大会常务委员会会议、最高国务会议形成的文件;全国人民代表大会及其常务委员会通过、颁布的各种法律法令,包括历次制定和修改《中华人民共和国宪法》形成的文件;国务院发布的决议、决定、指示、命令以及国家制定的国民经济计划;等等。5)中国人民政治协商会议全国委员会、中华全国总工会、中华全国妇女联合会、共青团中央等全国性人民团体形成的档案和有关的文献资料。6)党和国家主要领导人以及老一辈无产阶级革命家、著名社会活动家的手稿、书信、日记等档案和文献资料等①。

(2)国家博物馆。2003年,中国国家博物馆在中国历史博物馆和中国革命博物馆两馆基础上正式组建。在此之前,中国革命博物馆已收藏许多同党史相关的藏品,并于20世纪70—80年代开展"党史陈列"等工作②。通过捐赠、寄存、收购等征集方式,原中国革命博物馆已获得来自政府部门及文博机构拨交的文物2 221件(套),并以此构成其馆藏一级近现代藏品的主题。在这些文物中,绝大多数是于1949年至1960年入馆,所占比例达到72.98%③。在国家博物馆的现有藏品中,同样还有1978年以来的重要文物,如1984年11月上海飞乐音响第一批上市的股票、2001年11月11日晚

① 国家档案局. 中国档案馆名录. 北京:档案出版社,1990:2.

② 刘建美. 1979年"党史陈列"的修改历程. 中国国家博物馆馆刊,2012(5).

③ 何志文. 中国国家博物馆一级近现代藏品来源研究:以1982年评定的原中国革命博物馆一级近现代藏品为例. 中国国家博物馆馆刊,2015(8).

签署生效的中国加入世界贸易组织协定书等。

第三节　中共党史文献的地方馆藏情况举例

由于历史原因，中共党史文献的原始资料大量分布在全国各地的档案馆，形成丰富的中共党史文献地方馆藏。考察这些文献将有助于党史学界从地方的视角深入考察革命根据地建设、土地改革、地下党敌后工作等内容。

一、北京市档案馆

1. 大革命时期历史档案（1924—1927 年，全宗号 G1）

组织建设类。共青团北京地委成立、选举主要负责人，发展北京地区团组织的文件材料；共青团北京地委工作大事记，团员名册；平津地区共青团活动及工作报告；北京学联、学生会组织状况；中共南口地委党组织发展的工作报告；北京大学成立马克思学说研究会概况；北京、天津成立总工会及国际工人救济会在中国设立分会的文件材料。

党团活动类。中共北方区委反对军阀割据，反对帝国主义统治的文件材料；中共北京地委介绍四一二反革命政变后北方时局变化的文章；共青团北京地委召开全国工、农、商、学代表大会的情况报告、工作报告；召开共青团代表大会决议事项；新团员的教育情况及党的刊物发行统计表；共青团北方区委经费使用情况报告。

工运类。京汉铁路大罢工情形报告，中国劳动组合书记部支援京汉铁路工人罢工斗争的文件材料，二七工会会员证章、邓中夏照片；省港《罢工画报》，组织反帝大同盟通告，中共北京地委为上海总工会被查封事告全国同胞书。

学运类。北京地方青年运动纲要，全国学生军组织大纲，全国学生总会会务纪要，学生运动报告，三一八惨案报告，援助汉口等地学生运动通告，抗议段祺瑞镇压学生运动的文件材料。

2. 土地革命战争时期历史档案（1927—1937 年，全宗号 G2）

组织建设类。中共中央关于中国共产党组织决议案，北方局关于京、津、唐组织决议案；关于顺直省委改造路线的指示及周恩来的注释材料；北平市委组织工作报告和改组工作报告；河北军委会整顿组织工作的报告；新顺直省委名单；顺直省委、北平市委关于党员重新登记工作的报告；中共中央关于开除唐真愚党籍及输送工人参加红军的通知；北平市委关于北平党团员统计表；河北省委和北平市委组织遭破坏的经过的报告；等等。

党团工作类。中国共产党党章、入团须知；中共八七会议告全体党员书；中共中央对北方党当前任务的指示；中共顺直、河北省委、北平市委工作方针；关于唐山矿、平绥路、津浦、邢台、北平、青岛等地下斗争情形的报告；良乡县委关于良乡的历史、组织状况和斗争状况的报告；门头沟特支工作报告；顺直省委关于进行五一纪念活动情况的报告；关于秘密工作总检查情况、各地党组织状况及今后工作方向问题的报告；对北平二二五运动的批评和指示；对进步党工作、士兵工作和群众工作的指示；对北平党的工作批评与建议；对北平市委工作的检查；刘少奇关于白区职工运动工作提纲给中央的一封信；等等。

工运类。中共中央关于“一・二八”事变的决议；党的六大关于职工运动的决议案；中央职工部关于职工运动的总结；中央政府关于土地斗争中一些问题的决定；中共顺直、河北省委、北平市委关于邮务工人斗争、五矿斗争、五卅纪念活动、职工运动的计划；人力车夫斗争经过与现状、进行九七大示威活动及组织八一罢工、罢耕、罢岗斗争，组织纪念十月革命活动情况的文件材料；北平反帝大同盟关于上海事变的宣言；北平反帝党团对二七斗争的经过和批评报告；平汉路长辛店工友伟大的斗争、长辛店铁路工人状况；等等。

武装暴动类。中共中央关于农村暴动失败后的工作方法及组织地方暴动中心策略的指示，中共顺直、河北省委号召准备武装暴动、驱逐军阀、推倒国民党、建立苏维埃政权的指示，关于“广暴”纪念活动的宣言、行动纲领和工作报告，《关于农民自发暴动与共产党的任务，坚决组织地方暴动、消灭军阀战争》的文章，等等。

反帝反蒋斗争类。中共中央《政治宣传大纲》；年关组织失业工人斗争的决定；关于华北事变日本帝国主义进攻热河、河北号召民众武装保卫平津与华北扩大民族革命战争的紧急通知和指示；顺直、河北省委、北平市委关于驱逐军阀、打倒国民党、建立苏维埃的指示；反对阎锡山建立北平政府，组织群众进行双十节拥护苏维埃大示威活动的文件材料；反对日本帝国主义吞并满洲及南京国民党政府屠杀示威学生群众的指示和报告；关于九一八事变纪念活动的决议；关于抵制日货、发动平津游击战争情况报告；中共北平市委反对四一二国民党屠杀工农宣言；关于打破对国民党的一切幻想、两广事变的教训、对于西安事变的基本认识、西安事变的意义及以后的形势的文章；河北省委关于反对国民党军队盗卖故宫文物进攻红军的材料；关于反对帝国主义、国民党进攻苏区、拥护红军的文章及《为争取苏维埃政权在长江流域几个主要省区的首先胜利宣言》；京东苏维埃筹备会征求红军布告；等等。

3. 解放战争时期历史档案（1945—1949 年，全宗号 G4）

北平城市工作类。中央关于平津沪学生运动的指示，北平概况、北平工作简报，叶剑英关于北平市政府工作给毛主席的报告、佘涤清关于学生工作委员会工作的报告以及彭真、赵振声、肖明等人关于进入北平准备工作等问题的指示、报告，关于任命刘仁、武光、周小舟、甘春雷等为北京市委书记的通知，关于北平工人斗争情况的文件材料及北平电信局饿工斗争史略，华北大学农学院成立过程及其教育方针、组织机构、人员编制、教学大纲、工作总结、报告及学生思想汇报、会议记录、教职员及学生名册，等等。

4. 中共中央华北局城市工作部档案（1944—1949 年，全宗号 G5）

综合类。中共中央关于土地改革中各社会阶级的划分及待遇的规定，刘少奇、彭真、聂荣臻、吴玉章、薄一波、刘仁、刘澜涛关于城市工作、经济工作的报告，晋察冀中央分局、北平市委关于形势的报告及工作任务指示、会议记录和工作汇报，城工部下属各委员会工作总结、报告、会议记录，北平市政府及所属机构调查报告、组织系统表，有关驻平的国民党、三青团、宪兵、特务等组织的文件材料及国民身份证件等。

学运类。佘涤清、张大中、杨伯箴关于学运的工作报告，北平学生工作委员会工作计划、工作报告和会议记录，北京大学“孑民”图书馆、九三学社简介，北京大学、清华大学、辅仁大学、师范大学、中法大学、朝阳学院、中国大学等学校学运情况和组织工作报告，等等。

地下党类。华北局各部委及中共北岳、冀热察、冀晋、冀中、冀察、冀东、察哈尔、冀南、太岳、太行等区党委及华中、华东、晋绥等中央局关于城市工作的汇报、总结、会议记录，北平地下组织关系统计表，北平城工关系情况及监察、派遣人员名单、党员登记表，地下党组织被破坏情况报告[①]。

二、上海市档案馆

解放前中共上海地下党组织及其领导下的工会、青年团、妇联等组织在革命斗争中形成的文件材料。它们当中有会议记录、传单、各种指示、工作计划和报告，以及进步书刊，统称“革命历史档案资料”。其中，反映五卅运动、上海工人三次武装起义、抗日救亡运动和里应外合迎接上海解放的材料较多。

解放后上海市党政机关形成的档案。主要有 1949 年至 1997 年间，中共上海市委、上海市政府、市级各委办局形成的档案，以及市级临时机构、撤销机构的档案，包含有关解放、接管上海的计划和各项准备工作的文件，对上海进行城市改造、政权建设的有关文件，国民经济恢复时期以及社会主义建设其他历史阶段中有关政治、经济、文化等方面的档案。

华东大区一级行政机关形成的档案。有华东军政委员会、华东行政委员会及其所属各机构的档案。这些档案记载了土改、民主改革、增产节约、“三反”、“五反”等运动的情况，反映了华东地区在解放初期建设和发展的历史面貌[②]。

三、天津市档案馆

1944 年至 1949 年中共天津地下党组织以及中共北方局形成的档案。革命历史档案是在抗日战争时期和解放战争时期，中共地下党

① 北京市档案馆. 北京市档案馆指南. 北京：中国档案出版社，1996：484－492.

② 上海市档案馆. 上海市档案馆指南. 北京：中国档案出版社，1999：4－5.

组织与国民党反动政府、日本帝国主义进行斗争的重要历史记录，主要内容有：中共天津地下党组织系统、党员关系和派遣情况，中共地下党组织领导天津学运、工运、民运以及进行统战工作和开展革命斗争等的文件材料。

新中国成立以后的档案，共有 168 个全宗、36 万余卷，包括天津解放后天津市党政机关、群众团体及撤销机关、企事业单位的档案。馆藏的这部分档案各全宗均较为系统、完整。档案内容能清楚地反映新中国成立以来天津的政治、经济、文化、城市建设等各个方面的发展概貌。主要全宗有：天津市军事管制委员会（1949—1952 年），中共天津市委（1949—1966 年）；天津市人民政府（1949—1967 年），天津市革命委员会（1967—1978 年）。这部分档案集中地反映了天津解放以来党对天津市接管工作的方针政策，以及恢复生产、稳定社会秩序、保障人民生活等方面的工作和国民经济恢复时期对农业、手工业、资本主义工商业进行社会主义改造的全过程，还可以看到新中国成立初期历次政治运动和推进社会主义经济建设过程中的经验教训。这些档案是天津社会主义改造和社会主义建设时期的重要历史财富，极富研究价值和借鉴作用。此外，天津市计划委员会、天津市财政经济委员会、天津市建设委员会、天津市经济委员会等档案全宗，也都是研究新中国成立以后天津历史的重要史料①。

四、黑龙江省档案馆

1. 中共合江省委员会档案（1945—1949 年，全宗号　革字 208）

综合类。省委工作总结和关于工作问题给东北局的报告以及合

---

① 天津市档案馆. 天津市档案馆指南. 北京：中国档案出版社，1996：10－11.

江省第一届人民代表会议总结，陈云给张闻天（洛甫）的信、高岗给张闻天的信以及张启龙给省委的信，张启龙、李范五、李延禄关于省委工作问题的来往信件，各县委书记及军队领导给张闻天、李范五的信及复信，李范五请求到基层工作给张闻天的信，省委会、省委扩大会、高干会、县书联席会和群众工作会及县以上干部会议记录。

组织人事类。干部任免、调转、人员编制、精减机构的文件、方案及干部名册，各县委书记、县长名单，省委关于建党工作的指示和建党工作总结，省委和各地县干部配备情况及整编后保留的干部名册，省委对犯错误干部处分的规定及各县组织部长会议的有关文件，机关、部队清洗工作的文件。

宣传类。省委关于作好宣传工作的指示和宣传工作报告以及省委有关领导的讲话记录（如张闻天在全省宣传部长联席会议上的报告记录）等。

军事类。省委扩军、剿匪和支前工作的计划与决定，匪情事件的检查、战役总结、战勤调查和扩军统计数字等材料，合江军区和军区解放教导团月份工作总结，合江军区各团编制草案，对国特、敌伪分子和土匪处理的决定，川军概况，成立军事部的报告，等等。

土改类。省委关于发动群众斗争恶霸及深入土地斗争的指示信；土改中“煮夹生饭”的调查及深入开展土改运动的报告；各县平分土地和群众运动总结报告及统计材料；省委关于纠偏工作总结、情况报告和划分阶级的指示及重划阶级后的情况报告；阶级政策和斗争策略以及确定阶级成分的规定等；对地主、富农的处分及管理条例、决定；群众工作总结及六月份群众工作会议总结，各阶层的思想动态和典型调查报告；农村政权组织与保障民权条例。

生产建设类。张平之关于秋收工作的指示及给各县委的信，省委关于春耕生产、副业生产、组织大生产和征粮及农业生产预算等问题的文件，生产调查、换工小组情况及有关数字统计，1948年经济建设计划和召开的有关会议文件，鹤岗、双鸭山矿的生产、铁路问题、伐木工作和工矿企业劳动以及采伐公司的管理等问题的文件。

工商业类。恢复发展、保护工商业的文件，劳资合作、企业管理、工商业发展情况以及侵犯私营工商业情况等的文件材料和工商工作有关统计表，等等。

工青妇类。张闻天关于青年知识分子出路的报告、李立三关于职工运动的指示以及省委关于青年团和妇女工作的指示，职工运动、工人工作、工代会工作等有关文件，青年工作、建团工作、青年调查提纲、青工会的调查等的文件材料，妇代会试点工作和妇女参加农业生产的报告，等等。

其他类。公安工作、群众工作、民运工作、粮食工作和荣军工作的文件以及对朝鲜族工作的方针，合江税收与处理债务的原则办法。

2. 中共嫩江省委员会档案（1945—1949年，全宗号　革字209）

综合类。省委会议（扩大）和群众工作会议记录，领导同志在各种会议上的讲话及省委工作报告等。

组织工作类。干部培养、选拔、任免以及组织机构设置等问题的文件，建党整党的文件，组织工作会议的有关文件。

宣传工作类。宣传教育计划，党报办报方针、党报发行工作的文件，时局宣传解释与动员工作的方针，领导同志的讲话，节日纪念活动方面的文件材料，共青团建设、青年教育、妇女解放等问题的文件。

军事工作类。补充与组织新的主力、建立民兵团等问题的文件，战勤工作方面的文件，支前统计表，剿匪、除奸、反特问题的文件。

土地改革类。组织工作团、发动群众、清算斗争、煮“夹生饭”、挖坏根起浮产、平分土地、划阶级等问题的文件，分配斗争果实、评地发照等问题的文件。

建政工作类。改造政权、村选建政试点等问题的文件，基层政权选举条例，全省户数、人口、行政区划的统计资料，贫代会材料，等等。

生产建设工作类。农业生产政策性文件，组织插犋换工问题的文件，农业生产、灾情等问题的统计表，春耕夏锄、秋收及冬季生产问题的文件，嫩江省工业概况，工业会议文件，发动生产竞赛、召开劳模大会的有关文件及劳模统计表，等等。

工商业工作类。保护与发展工商业方针政策的文件，私营工商业纠偏材料，工商业管理、工商业状况、动态等问题的文件材料[①]。

五、吉林省档案馆

自1923年至1949年的革命历史档案30个全宗。主要有党、团满洲省委，南满、吉东、北满省委，部分特委、地委、县委、区委、特支的档案；东北各地工会、农会、妇救会、反帝大同盟、抗日救国会等革命群众组织的档案；东北人民革命军、东北抗日联军总司令部、各路军及其所属军、师、支队及野营时期、东北党委会时期的档案；在抗日战争胜利后中国共产党建立和巩固东北革命根据地并开展解放战争活动中形成的档案。其中，有老一辈无产阶级革命家刘少奇、陈潭秋、罗登贤、谢觉哉等和抗日民族英雄杨靖宇、魏拯民、周保中、赵尚志、李兆麟等人的手稿，周保中

---

① 黑龙江省档案馆．黑龙江省档案馆指南．北京：中国档案出版社，1994：109－112．

日记等。

中华人民共和国时期档案共158个全宗，主要有中共吉林省委、吉林省人民政府及其所属各委、办、厅、局的档案，吉林省总工会、共青团吉林省委、吉林省妇联、吉林省科学技术协会、吉林省文学艺术联合会等群众团体的档案，吉林省百货公司、吉林省保险公司、吉林省地方工业研究所、吉林省第三产业报社、吉林省图们进出口商品检验局等企业事业单位的档案。其中有科技档案和人口普查、工业普查、财会、新闻、狱政、疫情等专门档案4万卷，内容涉及全省政治、经济、军事、外事、科学、文化、教育、民族、宗教等各方面，反映了新中国成立后吉林省人民在中共吉林省委、吉林省人民政府的领导下，开展社会主义革命和建设的历史过程①。

六、辽宁省档案馆

辽宁省档案馆馆藏的新中国成立以前的档案包括两个部分：一是属于东北地下党、抗日联军及其他革命群众组织活动的档案资料，包括文件、传单、刊物、布告等；二是东北光复后，为在东北建立巩固的革命根据地，中共党政机关与国民党反复较量、巧妙周旋，打败国民党、解放全东北过程中所形成的文件资料，包括中共辽东分局、中共西满分局，辽宁、安东、辽吉、辽南、辽北等省（区）党委和政府以及朝阳、喀左、绥中、锦西等县委共51个全宗，内容主要有摧毁敌人政权、建立民主政权、除奸剿匪、土地改革、支援战争、拥军优属、发展生产等。

新中国成立以后省级党政群机关档案是又一主要部分，包括三

① 吉林省档案馆. 吉林省档案馆指南. 北京：中国档案出版社，1996：147-439.

个时期，即辽东、辽西时期，辽宁时期和“文化大革命”时期，共有 326 个全宗，10 万多卷。年代一般是从 1949 年至 1978 年，少数撤销机关有到 1983 年和 1984 年的，涉及政治、经济、文教、卫生、民政、司法、党务、群运等方方面面。

辽东、辽西档案。共有 85 个全宗，5.3 万多卷。档案全面记载了辽东、辽西党政领导机关从 1949 年到 1954 年并省前领导辽东、辽西两省人民恢复生产、发展经济以及进行镇反、“三反”、“五反”、抗美援朝等各项政治运动的情况。

辽宁档案。中共辽宁省委和辽宁省人民政府（后改为省人民委员会）成立于 1954 年 8 月，其所属部门都在此之后陆续成立。档案一般地接收到 1978 年。其中，“文化大革命”期间的档案不多，只有辽宁省革命委员会、辽宁省革委会建委、辽宁省五七干校等几个全宗的文书档案和干校财会档案。1976 年 10 月“四人帮”被粉碎后，省委、省政府陆续恢复。档案中对发生在辽宁的重大政治事件以及经济、文化等各项事业的发展，均有详尽的记载。

此外，该馆所藏东北大区档案，即属东北行政委员会（包括东北人民政府）及其直属部门在这一时期所形成的档案，共有 106 个全宗。本馆还保存中共中央东北局（1960—1967 年）档案，比较完整齐全，全面地反映和记述东北局在这一时期贯彻执行党中央路线、方针、政策以及领导东北地区各项工作活动的情况①。

七、山东省档案馆

山东省档案馆馆藏的革命历史资料是由中共中央华东局、中共

① 辽宁省档案馆. 辽宁省档案馆指南. 北京：中国档案出版社，1994：6－7.

中央山东分局（含山东省委）、山东省政府、山东各战略区区党委、行署及各地委、专署在1936年至1950年间形成的。在长期的保管利用过程中，这部分资料渐次形成了“资料01目录”、“资料02目录”和“报纸”三部分。

资料01目录收入的资料包括各种文件汇编、工作手册、文选、统计材料、会议文件、刊物等，按其内容可分为：

综合类。主要是中共中央山东分局及所属胶东、渤海、鲁中、鲁南、滨海、鲁中南等区党委，山东省政府（前称省战工会、省战委会）及所属胶东、渤海等行署形成的综合性资料，具体包括综合性的文件汇集、工作手册等，如中央书记处编的《抗战以来重要文件汇集》（1942年7月）；综合性的会议材料，如《山东省各界救国联合大会材料汇编》（1940年7月）；关于形势、方针、任务的综合性的工作报告，如冀鲁边区党委《冀鲁边区1943年工作总结及今后工作任务》；综合性的调查研究材料，如山东分局政策研究室编的《调查研究》（1942年第1期）；政府通报性刊物，如山东省政府（省战工委）编的《山东民主导报》（1944—1947年）；重要领导人毛泽东、陈毅、彭德怀、叶剑英、杨尚昆及山东解放区党政军领导人黎玉、罗荣桓等同志的讲话、报告、文章和照片集等。

组织类。主要是山东分局及所属胶东、渤海等区党委和大众日报社等形成的关于组织建设方面的文件汇编、会议文件、丛书和刊物等，主要涉及以下内容：关于党的建设发展问题，如中共中央华东局发布的《新解放区党的发展问题》（1946年）；关于整党问题，如渤海行署的《整风材料》（1945年5月）；关于支部建设问题，如中共中央北方局发布的《根据地农村支部建设的经验教训与今后支部工作的意见》（1943年6月）；关于党员干部教育、审查、鉴定问题，如渤海区党委的《整风审干总结》（1945年5月）；关于组织状况统调工作，如山东分局组织部的《鲁中南1949年统调工作总结》（1949年12月）。

宣传教育类。主要是华东局宣传部，山东分局宣传部，胶东、渤海等区党委宣传部，大众日报社等关于宣传、教育、文化、新闻工作方面的资料，具体包括：关于宣传教育工作综合性的资料，如渤海区党委编的《宣传工作手册》（1948年10月）；关于节日、战役纪念活动的宣传资料，如胶东联合社的《七·一纪念文献》（1944年）；关于政策和时事宣传工作的文件材料，如山东分局宣传部的《时事问题解说》（1945年11月）；关于各类教育（包括战时教育、农村教育和初、中级教育）的文件资料，如山东教育社编的《山东教育》（1945—1947年）；关于文化工作的文件资料，如山东省文协编的《山东文化》（1943—1945年）；关于新闻工作、党报建设工作的资料，如新华社胶东分社编印的《新闻业务指导》（1949年5月）。

群众工作类。主要是中共中央华东局、山东分局、北方局及所属部分区党委、地委关于群众工作的文集、专论、刊物和会议资料等，具体包括：关于群众工作综合性的文件资料，如山东分局宣传部编印的《群众工作指南》（1942年6月）；关于青年运动及青年团工作的文件资料，如山东青救联总会编印的《国际青年节特载》（1941年9月）；关于妇女工作的文件资料，如胶东妇联编印的《妇女问题通俗讲话》（1941年5月）；关于工人运动及工会工作的文件资料，如山东省总工会编印的《工运文集》（1946年6月）。

对敌斗争类。主要是山东省党政军机关关于开展对敌斗争问题的文件资料，具体包括：关于对敌斗争问题综合性的资料，如山东分局的《关于对敌斗争问题》（1944年5月10日）；关于开展边沿区、敌占区工作的资料，如中共北方局的《关于敌占区、接近敌占区工作的指示》（1941年3月）；关于反蚕食、反扫荡工作的文件资料，如肖华著的《我们是怎样获得反蚕食斗争的胜利》（1944 年 7 月）；关于开展政治攻势的文件资料，如胶东区党委宣传部的《全面展开对敌政治攻势参考材料之一》（1947 年）；关于情报工作的文件资料及有关敌情资料，如胶东区党委的《情报工作参考材料》。

军事武装类。主要是华东军区、华东野战军、山东军区及胶东、渤海、鲁中、鲁南等军区、武装部等关于军事武装建设方面的文件材料，具体有：关于军事工作综合性的资料，如山东军区新四军政治部编的《军政周报》（1946—1948 年）；关于军队政治工作的文件资料，如肖华的《怎样进行战时政治工作》（1941 年）；关于战役、战斗的部署、总结及表彰材料，其中有 1947 年 2 月 6 日毛泽东同志为莱芜战役拟定的电文手迹（照片）；军事理论研究专论，如渤海军区司令部、政治部的《反敌重点主义研究》（1948 年 3 月）；战斗英雄事迹及有关立功运动的资料，如八路军联防政治部编的《保卫山东的英雄们》（1944 年）；关于拥政爱民工作的文件资料，如山东军区政治部、宣传部编的《拥爱好榜样》（1944 年）。

支前工作类。主要是华东支前委员会、山东支前委员会及所属胶东、渤海、鲁中支前委员会等形成的关于支前工作（包括民工管理、教育）的文件汇集、手册、通报，如华东支前总结委员会的《济南、淮海、渡江京沪三大战役支援工作总结》（1949 年 11 月）、山东支前委员会编印的《支前导报》（1947 年 1～13 期）等。

农村工作类。主要包括以下两方面的材料：减租减息与土地改革问题，如鲁中区党委的《土改调查材料》（1947 年 12 月）；农业生产与生产救灾问题，如胶东区党委宣传部编的《农业生产文选》（1949 年 4 月）。

资料 02 目录所收录的文献主要为中共中央北方局、华东局、山东分局及所属胶东、渤海、鲁中、鲁南、滨海、鲁中南等区党委编印的党内刊物，主要有：中共中央华东局编的《斗争》（1947—1954年）、中共中央北方局编的《党的生活》（1939—1943年）、中共中央山东分局编的《斗争生活》（1940—1944年）、中共胶东临时工委会编的《战斗》创刊号（1936年12月）、中共胶东特委宣传部编的《党的生活》（1938年12月）、中共中央山东分局第三区党委编的《斗争》（1940—1946年）、渤海区党委编的《工作通讯》（1946—1947年）、鲁中区党委编的《工作通讯》（1945—1947年）。

报纸有《大众日报》（1939年1月—1942年6月，1948年6月—1949年2月）、《渤海日报》（1948年6月—1950年2月）、《渤海大众报》（1948年7月—12月）、《鲁中南报》（1948年9月—1949年12月）、《冀鲁豫日报》（1948年6月—1949年8月）、《群力报》（1948年12月—1949年11月）、《新潍坊报》（1948年7月—12月）、《新民主报》（1948年11月—1949年2月）、《新徐日报》（1948年12月—1949年2月）①。

八、山西省档案馆

山西省档案馆珍藏的革命历史档案最早形成于1922年，其中大多是在1937年至1949年间形成的，主要是关于在中国共产党领导下的晋察冀、晋冀鲁豫、晋绥三大革命根据地在山西境内党、政、军、群、团各级各类机关单位的活动情况。

政治方面。各分局地委、行署不同时期的重要会议报告、总结、记录，重要领导的讲话、文章、指示，如《毛泽东关于太原失守后华北战略部署的意见》（1939年10月13日）、《刘少奇给朱瑞并冀豫

① 山东省档案馆．山东省档案馆指南．济南：山东人民出版社，1995：10－112，472－479．

晋省委的指示信》(1938 年 8 月 18 日)、《邓小平就太行区情况答复毛主席的十大询问》(1944 年)、《彭德怀讲述民主政治与三三制政权的组织形式》(1941 年 3 月 29 日)、薄一波的《纪念抗战一周年检讨牺盟》(1938 年 6 月 19 日)、《巩固和建设晋西北的施政纲领》(1942 年 10 月 19 日)、续范亭给罗贵波和杨万选的两封信等,还有抗日战争前中共山西省委形成的早期文件。

军事方面。重大战役的部署总结、人民武装的组织活动等材料,如朱瑞的《论建立晋冀豫抗日根据地》(1939 年 1 月 11 日)、太行军政委员会发布的《太行军区的组织及其工作纲要》(1939 年 7 月 9 日)、刘伯承和邓小平的《上党战役总结》(1945 年 10 月 13 日)、周士第的《晋绥军区司令部军事报告》(1942 年 10 月)、晋冀豫区党委编印的《敌伪材料记录》(1942 年 9 月)、太岳军分区政治部印的《决死队的过去和现在》(1944 年 1 月)、《中共中央贺太原解放电》(1949 年 4 月)、《中共中央北方局关于接管太原的决定》、太原战役总结以及徐向前题词等原件。

党的建设。党的各级组织建设、思想建设、干部工作材料,如《晋豫边区组织概况》(1938 年 10 月 24 日)、《晋察冀党的建设总结》(1940 年)、《三年来晋绥边区党的组织工作》(1941 年 1 月 30 日)、杨献珍的《介绍北方局地委会议整风学习经验》(1943 年 11 月)、《晋察冀边区行政干部任免考核奖惩暂行办法》(1939 年)、《中共晋冀豫区党委组织部给北方局的工作报告》(1940 年 8 月)。除此之外,还有大量的组织机构、干部名册等资料。研究这部分档案对如今加强党的建设仍有重大意义。

经济建设。在解放区开展工业生产、备荒救灾、商业、金融、税务等方面的材料,如黄镇的《关于晋冀豫区经济建设问题的报告》(1939 年 11 月 20 日)、《关于经济建设问题的决议》(1939 年)。

文化教育。主要是反映根据地、解放区为适应战争发动群众，在艰苦的环境下开展大众文化活动和教育工作等方面的材料，如《晋冀豫边区一年来文化活动总结》（1941 年）、《晋西北文化建设与出版事业》（1942 年）、《太岳行署关于中学教育的规定》（1945 年）等。

除了上述内容，革命历史档案中还有各种关于群团活动情况、土改运动、减租减息、人权条例等方面的材料。

中华人民共和国时期档案，主要是在新中国成立至 1976 年期间中共山西省委、山西省人民政府、山西省人大、山西省政协及其省直属党、政、群众团体和一些企事业单位形成的档案，系统地反映中共山西省委和省人民政府在党中央、国务院的领导下，组织领导全省人民进行政权建设、党的建设、经济建设、科技发展、文化教育、人民武装、外事往来等方面的实践活动。

1949 年 8 月至 1952 年的档案主要有反映政权开创、土地改革、没收官僚资本、恢复经济、抗美援朝、镇压反革命、取缔反动会道门事件、开展“三反”“五反”运动，以及党内整风、改进干部作风等内容的材料。

1953 年至 1956 年的档案主要涉及执行党中央提出的过渡时期总路线的情况；在农村开展互助合作，发展互助组、初级农业生产合作社、高级农业生产合作社的情况；城市个体手工业和资本主义工商业的社会主义改造情况。其中，1956 年 7 月召开的中共山西省第一次代表大会和 1954 年 9 月召开的山西省第一届人民代表大会的会议材料保存较为完整。

1956 年至 1966 年的档案材料主要反映反右派斗争、“大跃进”、人民公社化运动、反右倾、农村“四清”、城市社教运动、农业学大寨等内容。其中，1965 年 8 月召开的中共山西省第二次代表大会和 1958

年 12 月召开的山西省第二届人民代表大会的会议材料保存较为完整。

1966 年 5 月至 1976 年 10 月的档案主要反映“文化大革命”时期的基本情况，其中包括各级党组织的基本状况、党政领导干部的批斗情况、造反派非法夺权过程、革命委员会的成立、党的核心小组的建立、工农业生产和社会秩序遭受破坏的情况、中央对于山西问题的解决、省级领导调整以及 1971 年 4 月召开的中共山西省第三次代表大会的情况①。

九、河北省档案馆

河北省档案馆馆藏的新民主主义革命历史资料主要是 1920 年至 1949 年间中共顺直省委、中共河北省委的档案，以及热河省、察哈尔省的档案，还有晋察冀、晋冀鲁豫、冀热辽及所属冀南、冀中、冀东、冀晋、太行、渤海等革命根据地的档案。这一时期的档案内容多是反映在革命战争年代党的方针政策、政权建设、整党建党、统一战线、拥军优抚、战争勤务、对敌斗争、军事建设、工农业生产、财政税收、工商贸易、土地改革等内容，主要包括以下几类：

经济类。解放区农业生产、土地、春耕、水利、农村调查、农村生产与负担、公粮征收、大生产、合作社、劳动互助的计划、总结、经验、典型事例、参考材料；工商业保护、工商管理、税收、财经、金融、会计、外汇管理、晋察冀边区进出口贸易的文献汇编、条例、办法、统计表；公营工厂经营管理、私营工业调查、邮政、电讯、蒋管区经济、华北敌伪经济、游击区经济的资料、参考材料；对抗战中的中国经济、农村经济、中国工业与中国资产阶级、近代

① 山西省档案馆. 山西省档案馆指南. 北京：中国档案出版社，1996：4－9.

中国地租等问题的论述文章。其中重要的有《华北农业生产统计资料》、《冀中冀晋七县九村国民经济人民负担能力调查材料》、《华北财政经济会议文献》、《经济工作文件汇集》、《晋察冀经济情况通报》、《经济要讯》、《经济通报》、《生产通讯》、《税工通讯》、《商情通报》、董必武的《在晋察冀边区财政会议上的讲话》等。

历史地理类。中国革命史、冀中抗战史、世界通史、职工运动史；敌后抗日根据地建设与概况、反蚕食斗争、土地政策、纪念七七事变的文件、参考资料、纪念册；杜聿明与萧克的往来信件；萧克、李运昌与石觉的往来函；毛泽东、周恩来、朱德画像册；晋冀鲁豫烈士英名录、名单；追悼“四·八”烈士纪念册；英雄传；国民党特务罪行材料。其中重要的有聂荣臻的《抗日模范根据地晋察冀边区》、杨尚昆的《论华北抗日根据地的建立与巩固》、林伯渠的《边区民主政治的新阶段》、叶剑英的《中共抗战一般情况介绍》、林彪的《关于东北解放区民主政权建设总结》、《八年来日本法西斯摧毁太行区人民的概述》、《日本法西斯八年来在边区的暴行》、《纪念一·二九特辑》等。

综合类。包括《华北政报》《冀中导报》《冀东日报》《冀南日报》《晋察冀日报》《解放日报》《平原日报》《新华日报》《辽东日报》《校园时报》《群众日报》《大众日报》《河北日报》等。

河北省档案馆馆藏中华人民共和国时期档案包括中共河北省委、省政府等各部门1949年以来的档案，和先后接收的察哈尔省、热河省及通县专区、定县专区等撤销机关档案。这一部分档案全面反映了河北省1949年以来的政治、经济、文化发展历史以及各机关的职能活动[①]。

---

① 河北省档案馆. 河北省档案馆指南. 北京：中国档案出版社，1998：71-462，477-487.

十、河南省档案馆

河南省档案馆馆藏的革命历史资料起止时间为1933年至1949年。这部分资料共22个大类，具体内容如下。

中共中央：关于党的建设、整党整风、全国形势、解放战争、土地改革的文件、文选，第十八集团军政治部编辑的《前线月刊》、雪枫报社编辑的《活页文件选》等。

北方局：抗战以前、抗战以来文件选集，《党的生活》与《中州评论》等。

晋冀鲁豫中央局：土地改革、群众游击战争、反奸斗争、财政经济工作的条例、办法、报告、通讯、文件选辑等。

晋冀鲁豫边区政府：《邓小平解答时局与任务中几个问题的报告》《边区政报》《边府通讯》《晋冀鲁豫边区法令汇编》及土地改革、太行区经济建设、冀南银行业务的布告、办法、制度、参考材料，冀鲁豫军区、冀南军区第一部抗战时期干部、战士烈士英名录等。

华北局：关于当前形势宣传、党的建设、解放城市、土地改革的指示、决定、报告、参考材料等。

华北人民政府：《入城纪律条例》《高树勋将军邯郸起义特辑》及华北区农村经济、华北银行业务的制度、规程、期刊等。

中原局：《中原通讯》《政策汇编》及城市工作、党组织建设、减租减息、工商业、银行业务的纲领、决定、报告等。

中原军区：《军敢往来》《人民战士》《人民解放战争两周年俘毙蒋军将级军官名单》等。

华中局：《华中通讯》《真理》及组织工作、群众工作、支前工作、金融工作、新区工作的指示、通知、规定、通讯等。

冀鲁豫区党委：张玺《在区党委游击战争会议上的总结报告》《工作通讯》《宣教通讯》《通讯工作》及党的建设、土地改革、群众运动、形势宣传、保卫工作、民间艺术的指示、报告、函等。

冀鲁豫行署：《法令汇编》、地图、形势图及关于支前工作、参战工作、形势宣传、战场敌情、财政工作、金融工作的指示、办法、条例等。

太行区党委：《1943—1949 年太行党的文件选辑》《太行党六年来文件选辑》《太行党史料辑存》《战斗》及关于党的建设、土地改革的报告、意见等。

太行行署：《政权建设》《工作通讯》《太行工业》及参议会、人民武装建设、经济建设、财政工作、工商工作、银行工作的资料，太行第五军分区政治部编辑的《烈士英名录》等。

太岳区党委：关于党的建设、整党整风、财经工作的材料等。

太岳行署：关于财政工作、支前工作、银行业务的材料等。

豫皖苏区党委：彭雪枫的《三十三天反扫荡战役述略》《雪枫通讯》，吴芝圃的《个人主义的发展规律》等。

豫皖苏行署：《前卫通讯》《秋季农业税征收手册》等。

豫西区党委：《豫西通讯》及豫西区所属地委、洛阳市委的工作通讯、参考资料等。

豫西行署：土地改革、财政工作、经济工作的材料等。

桐柏区党委：关于城市工作、形势宣传工作的材料等。

桐柏行署：《军政导报》及关于时事学习的材料等。

淮北苏皖边区：1943 年至 1946 年间的《拂晓杂志》等。

河南省档案馆馆藏的中华人民共和国时期资料起止时间为 1949 年至 2000 年，这部分资料按其内容划分为党务类、政务类、组织纪检劳动人事类、统战外事类等各部分[①]。

十一、湖北省档案馆

湖北省档案馆馆藏的革命历史资料起止时间为1916年至1988年，主要包括中国共产党创立至全国解放后各级党组织、党领导下的人民政府、人民军队、群众组织颁布和形成的政策法令、报告总结、宣言决议等文献汇集，反映党、政、军在新民主主义革命时期艰苦斗争历程的报纸、杂志，毛泽东、陈独秀等领导人的讲演、报告、文集，新中国成立以后研究党史、军史的专门书刊等，主要内容如下：

党的文献。《中共中央文件选编》（第1～10册，中央档案馆编），《秋收起义》（中央档案馆1982年编），《黄麻起义》（红安县委党史资料征编办公室1987年编），《1926年湖北全省总工会成立宣言和章程》，《中华苏维埃共和国中央政府文件选编》，《湘鄂赣革命根据地文献资料选辑》（第1、2、3辑，湖南、湖北、江西省档案馆等合编），《湘鄂西第二次工农兵贫民代表大会的宣言、决议及总结》，《共青团鄂西第四次扩大会政治任务决议案》，阳新、房县苏维埃政府土地分配证、税收证，抗战时期关于统一战线、根据地建设、延安整风等问题的文件汇集，《抗日战争时期军事文献集》，《关于保护工商业政策文献》（中共中央中原局编），《鄂豫通讯》（鄂豫区党委1949年4月编）等。

党史资料。《湖北党的组织发展简史》（湖北省委党校1985年编），《党在湖北地区革命斗争史资料》（湖北省革命史资料编写组

---

① 河南省档案馆，于薇．河南省档案馆指南．北京：中国档案出版社，2003：72-436.

1961年编)，《第一次国内革命战争湖北革命史资料》(初稿)，《中国共产党湖北省组织史资料》，《湖北农民》(1927年2月湖北省农民协会出版)，《湖北妇女》(1927年3月湖北省妇女协会出版)与《湖北妇协活动大事记》，《京汉工人流血记》(1923年出版、1963年郑州市总工会翻印)，《军政导报》(1949年编印)，《新华文摘》(第5、6、7期，江汉报社1948年9月出版)，《访问贺龙、陈少敏、钱瑛、郑位三同志记录》，萧楚女编著的《中国民族革命运动史讲授大纲》(1927年)，《独秀文存》(1922年上海亚东图书馆印行)，《党在武汉地区革命史资料》(初稿，湖北省党史调查组武汉小组1960年编)，《武汉城工史料》(第1、2、3辑，武汉市委党史资料征编办公室编)，《解放战争时期武汉工人运动概况》(湖北省总工会、武汉市总工会1982年合编)，《武汉党史通讯》(第1、2期，武汉市委党史资料征编办公室编)，《鄂豫皖革命根据地大事年表》及《鄂豫皖革命根据地党史参考资料(之一)》，《红四方面军战史资料汇编》(第5、6、11卷，红四方面军战史编委会编)，《党在鄂东北地区革命斗争史资料》，《鄂东北革命根据地大事记资料》(湖北省党史调查组1959年编)，《战斗在鄂豫边区》(第1、2辑，鄂豫边区革命史编辑部编)，《鄂豫边区抗日根据地历史资料》(1、2、4辑，鄂豫边区革命史编辑部1984年编)，《新四军五师抗战历程》(鄂豫边区革命史编辑部1985年编)，《党的生活》(1943年鄂豫区党委编印)，《挺进》杂志(第13期)，鄂豫边区临时参议会第一次会议宣言、决议，《中原突围》(第1、2辑，鄂豫边区革命史编辑部1983年编)，《伟大的历史转折》(黄冈地委党史资料征编办公室编)，《鄂豫皖苏区历史研究会第一、第二届年会论文选集》和红安等县的党史资料，《湘鄂西苏区历史简编》，《湘鄂西革命根据地史》(1987年编)，《中国共产党在鄂西北地区革命斗争历史史料》，《鄂西地区革命史资料》，《湖北省鄂西地区革命斗争史大事记》(湖北省党史编写组鄂西地区编写小组 1960 年编),《中国共产党在鄂北的斗争史》(襄阳专署民政局 1963 年编),《沮漳风暴》(当阳县委党史资料征编办公室 1987 年 9 月编),《洪湖革命史》(中共洪湖县委、湖北省党史调查团华师分团 1958 年合编),《神农架地区土地革命斗争史》(神农架林区地方志办公室编),《湘鄂赣革命根据地回忆录》(湖南、湖北、江西省档案馆等合编),《鄂南革命斗争简史(初稿)》和《鄂南抗日战争史》等。此外,沙市、谷城、长阳、远安、巴东、宜昌、荆门等县市相关单位同样保存整理了部分革命斗争史资料[①]。

十二、湖南省档案馆

湖南省档案馆馆藏的革命历史资料主要记述 1919 年至 1949 年间中共中央、中共湘区执行委员会,中共湖南省委及其领导下的湖南地方党团组织、进步群众团体、各革命根据地进行艰苦卓绝的民主革命斗争的历史,主要内容有:

综合类。中共中央、中共湘区区委、中共湖南省委(省工委)、中国社会主义青年团湖南区委、湘鄂西中央分局、湘鄂西省委、湘赣省委、湘鄂赣省委、湘鄂川黔省委、湘鄂赣边特委、湘鄂西特委、湘北特委以及工、青、妇等进步革命团体有关农运、工运、青运、妇运、军事、教育等方面的文献资料。毛泽东、刘少奇、周恩来、朱德、彭德怀、贺龙、任弼时、瞿秋白、罗瑞卿、林伯渠、谢觉哉、李维汉、郭亮、邓中夏、徐特立等革命领导人的讲演、报告、论著等,其中有毛泽东批阅过的《伦理学原理》一书、毛泽东发起成立

---

① 湖北省档案馆. 湖北省档案馆指南. 北京:中国档案出版社,1994:206-271,754-760.

的新民学会的会务报告、毛泽东发动并创办的《湖南学生联合会周刊》等。此外，还有 1926 年 12 月《湖南全省第一次工人代表大会和全省第一次农民代表大会日刊》，革命烈士遗书、遗照，杨昌济的《达化斋日记》及其他著述等。

专题类。包含各种文件汇集、战史、烈士传记、革命斗争史稿。文件汇集主要有：《湖南现代革命史料汇集》《湖南革命史资料集》《湖南革命历史文件汇集》《湘赣革命根据地文件集》《中央根据地文献集》《湘鄂西苏区革命历史文件汇集》《湘鄂川黔苏区文献集》《红军长征在湖南史料选编》《抗日战争时期湖南地下党历史文献选编》《湖南工运史料选编》《湖南青运史料选编》《湖南妇女运动史料选编》等文献集。战史资料主要有：《第二次国内革命战争时期湖南地区战史资料汇集》《第三次国内革命战争时期战史》《红二方面军战史资料》等。烈士传记主要有向警予、何叔衡、邓中夏、左权、杨开慧、夏明翰、夏曦、郭亮、赵世炎、柳直荀、杨展、陈佑魁、罗亦农、黄爱、黄公略、蔡和森等著名烈士的生平介绍、遗书、日记、照片等；此外还有《湖南省革命烈士英名录》《湖南革命烈士传》《中国工农红军第二方面军烈士名录》等。革命回忆录主要汇集、整理、收藏韶山、长沙等 30 多个地县老一辈革命者的回忆录，共计约 350 册。

书刊类。系 1919 至 1949 年间由中国共产党及湖南各级党的机关、各革命根据地以及党领导下的进步群众团体主办的报纸杂志，其中保存比较完整的有《红色湘赣》《湘鄂西苏维埃三日报》等。此外，由湖南地方党团组织及进步群众团体创办的地方刊物主要有：毛泽东于 1919 年创办的《湘江评论》，湖南自修大学刊物《新时代》，夏明翰、陶铸、郭亮等人于 1923 年组织的湖南外交后援会刊物《救国》周刊，湖南地方党团组织先后创办的《战士》周报、《湖南工人》、《湖南青年》，等等。此外，还有湘赣、湘鄂赣、湘鄂西各苏区在 1928 年至 1931 年编辑印发的教育识字课本，如《教学法》《政治常识读本》《常识课本》《自然课本》《初级列宁读本》《红军读本》《国语读本》等。

新中国成立以后的资料主要有中共中央、国务院、中南局、湖南省委、湖南省人委、湖南省人民政府、湖南省人大、湖南省政协以及所属各部门编印的各种法令汇编、文件汇集、统计资料、大型工程的文件资料汇编，还有省志、县志、地名志、厂矿志、乡镇志等各种史志资料，如《中南政报》《湖南政报》、各种版本的《湖南省志》及《湖南年鉴》等①。

十三、甘肃省档案馆

1. 中共甘肃省工作委员会（全宗号 82）

中共甘肃省工作委员会全宗档案起止时间为 1933 年至 1969 年，主要内容有：

西北局文件。西北局对甘肃工作的决定、指示、讨论记录，西北局兰州扩大会议关于若干问题的决议，西北局关于与仁达同志的谈话记录以及西北局讨论民盟问题记录，西北局关于城市工作报告制度的规定，等等。

中共甘肃省工作委员会及各地工作委员会文件，其中包括：其一，总类。中共甘肃省工作委员会对各地工作委员会的指示，今后工作计划摘要，工作报告、敌区工作简报、总结报告，宁县工作情况报告、平东工作检讨及布置情形报告、陇渭工作检讨布置概况报告、海固工作结束报告、皋榆工作情况座谈记录、皋榆工作情况报

① 湖南省档案馆. 湖南省档案馆指南. 北京：中国档案出版社，1996：194－400.

告等材料。其二，组织发展。中共甘肃省工作委员会关于地下党几个问题处理的暂行规定，党员干部成分调查、地下党分布情况、人员名单，干部思想检讨工作会议记录、座谈新区干部训练问题会议记录、培养和训练干部报告，干校干部教育配备情况报告，新训班支部工作总结报告，干部鉴定，武都地下党总结，整党报告以及其他党员情况及干部登记方面的材料。其三，军事斗争。武装工作方针，关于陇南、海固、华平武装工作的检讨总结报告，组织地下军、进行武装斗争的其他材料。其四，统战工作、情报工作。中共甘肃省工作委员会对任谦、周祥初等进行统战工作的材料，甘肃敌人兵力、陇东地方武装、敌区近况调查材料，甘肃行政区划、人事、工矿业、公路、煤矿调查材料以及对兰州市、天水、秦安、徽县、临洮、平凉、泾川、固原、西峰、清水、张家川等地的调查材料。

陇东地委、关中地委文件。陇东地委、关中地委关于形势、战况、对敌斗争、统战、拥军支前、对外工作、春耕救灾、培训干部、宣传扩兵、接管新区以及党团组织等方面的规定、决定、通报、通知、指示、意见。

其他。陕甘宁边区政府关于干部任免、征收农业税等方面的文件，毛泽东致邓宝珊信（复制件），中华人民共和国成立后形成的关于地下党组织问题的专案调查材料。

2. 中国工农红军西路军（全宗号 83）

中国工农红军西路军全宗档案资料起止时间为 1933 年至 1984 年，主要内容有：

党和国家领导人的信函及题词。原西路军军政委员会副主席兼总指挥徐向前关于西路军情况给中共张掖地委的信函（抄件），原西路军三十军政治委员李先念给安西县的题词（复制件）。

档案文献。反映红军长征经过临潭、岷县、漳县、渭源、天水、临洮、通渭、庄浪、静宁、会宁等地及国民党甘肃省政府、各县政府防阻堵截红军长征档案（复制件），国民党甘肃省政府、第六区行政督察专员公署、民乐县政府、陆军一百师步兵第三百旅司令部、西北行辕祁连山侦察组、陆军骑兵第五师特务团、武威县电报局等关于组织民团及防阻、搜查、押送红西路军人员的训令、函、电。

照片。原张掖专区公安处军管会提供的中华人民共和国成立前遗留下来的反映红西路军情况的照片一组，从国民党兰州市警察局刑警队长范宗湘处查获的反映红西路军被俘人员情况的照片一组。

专题调查材料。中共张掖地委，武威、古浪、永昌、民勤、山丹、民乐等县委五人小组关于西北军阀及民团残害红西路军人员的专题调查报告，西路军流落人员名册、登记表、基本情况及奖励名单、访问记录，保护红西路军有功人员单行材料，召开红西路军流落人员座谈会议的通知、会议记录及情况报告，红西路军在青海有关情况调查材料汇编，红西路军经过肃南地区路线图。

书刊资料。摘抄自国民党《河西日报》《青海日报》《民国日报》反映红西路军的部分资料，中共张掖地委编印的《河西志》上编，中共张掖地委党史办编印的《红西路军史料》，国民党马步芳部所编写的《剿匪概述》中编（复印件）。

回忆录。关于红五军进驻高台的回忆材料，红军战士忆西征。

其他。国民党甘肃省第六区行政督察专员公署、民乐县政府关于推销《河西日报》的函件等。

3. 革命历史档案汇集（全宗号 84）

革命历史档案汇集共 790 卷（册），主要由从中共甘肃省委党校征集、从中央档案馆和陕西省档案馆复制所得的文献资料汇总组成，其中中共甘肃省委党校征集的革命历史档案主要内容有：毛泽东对西北局兰州会议的指示；西北局对敌军工作、边区形势、党的任务、培养教育青年等方面的指示；西北局对甘肃工作的决定指示，关于整顿后方的决定；讨论洛川特委工作记录；地下武装统计表；陕甘区工作计划；王世泰、张仲良、张秀山等人在高干会议上关于陕北党史问题的发言；陕西省委被破坏情况的调查材料。中共甘宁青特委活动情况材料，中共甘肃工委关于统战、武装等工作的规定、决定、指示、计划、检讨、报告及所属各地工委工作计划、报告，甘肃民变、政变、兵变材料，其他反映党在甘肃活动历史、组织情况的调查回忆材料。甘肃政治、经济、军事、社会情况的调查材料，甘肃地震、灾情、鸦片流行、商会、盐务、抗日宣传方面的材料，玉门油矿、西北纺织厂材料，学运材料，苏联援助中国抗战及日本飞机轰炸武威、永昌两城的材料，红军长征情况材料，兰州战役材料。陕甘宁边区政府条例、决定、指示、计划、总结、通知及其活动历史材料。抗日战争时期创建敌后根据地、反“扫荡”形势图、要图，解放战争时期战略防御形势图及辽沈、淮海、平津等战役要图①。

十四、陕西省档案馆

陕西省档案馆馆藏的革命历史档案主要包括：陕甘宁边区政府及所属各厅、局的档案，各行政专员公署、高等法院的档案，新中国成立前中共陕西省委及各地委、特委、县委等部门的档案，中共中央西北局所属部门的档案，中原局所属如陕南行政公署等部门的档案，中国人民解放军西安市军事管制委员会的档案。

陕甘宁边区政府及其所属机构的档案，是馆藏最完整、最珍贵

① 甘肃省档案馆. 甘肃省档案馆指南. 修订版. 兰州：甘肃文化出版社，2018：158-165.

的档案史料。档案真实地记录陕甘宁边区政府作为模范的民主抗日根据地政府在执行抗日民族统一战线政策、领导边区军民发展生产、支援前线、保卫边区、粉碎国民党军队的进犯、迎接新中国诞生过程中的伟大实践活动，诸如民主建政、减租减息、土地改革、精兵简政、发展生产、整风运动、支援前线、参军参战、武装民众、拥军优属、拥政爱民、进军西北、锄奸防特、国防教育、民政救济、金融管理、干部任免、司法建设、债权债务处理、合作社事业等。

中共陕西省委等部门形成的档案，是陕西早期革命历史的记录。它记载着五四运动后马列主义在全国各地的传播及在陕西地区的反响，记载着中国共产党、共产主义青年团陕西地方组织由小组到支部，到县委、地委、区委、省委的从创建到发展壮大的光辉历程；也记载着其所进行的反帝反封建运动、土地革命运动、创建革命军队、建立苏维埃红色政权及革命根据地的实况。这些档案如实反映出陕甘宁边区建立的历史背景和陕甘区委、陕甘边区特委、陕甘晋省委、陕甘省委、陕北省委及共青团陕西省委的活动情况。

西北局、中原局所属部门的档案和西安军管会形成的档案，反映了巩固陕甘宁边区、向西北扩大政治影响、立足陕南、挺进国统区内腹、占领省城、建立革命新政权的历史壮举，是迎接陕西全境解放和扩大政权建设的恢宏历史写照。

在革命历史档案中，较为珍贵的有毛泽东、朱德、周恩来、彭德怀、贺龙、叶剑英、徐向前、王稼祥、董必武、李富春、萧劲光、徐海东、李维汉、习仲勋、王震、林伯渠、谢觉哉、伍修权、周扬、李鼎铭以及林彪、王明、高岗、张国焘等的电报、报告、发言、讲话、指示、信函、谈话记录、手稿、照片，北伐战争期间陕西政治、军事情况的报告，中华苏维埃人民共和国中央政府驻西北办事处的有关文件，陕甘宁边区政府施政纲领，国共两党第二次合作时期的往来信函，整风运动和大生产运动的有关文件以及苏维埃国家银行发行的钱币等。

新中国成立以后部分的档案包括西北大区一级机关、中共中央西北局以及陕西省省级机关的档案。西北大区一级机关是指西北军政委员会和西北行政委员会，其职责是统一领导陕西、甘肃、宁夏、青海、新疆五省及西安市的政权建设和经济、文化、科学发展工作。这批档案直接记录和反映新中国成立初期西北五省人民在建立和巩固新生政权、进行土地改革、“三反”、“五反”、镇压反革命、安定社会秩序、恢复与发展经济、抗美援朝运动等社会实践中的历史原貌。

中共中央西北局是中共中央在西北地区的派出机构，其工作活动中形成的档案反映了西北各族人民在中共中央、中央西北局的领导下进行经济建设、战胜自然灾害、开展“社教”运动和备战备荒、三线建设等方面的活动，其中比较重要的档案有周恩来、邓小平、彭德怀、杨尚昆、薄一波等视察西北、蹲点的重要指示、讲话和谈话记录，以及指导各项事业的规章制度、决议、决定、条例等。

陕西省省级机关的档案，包括省委和省政府及所属部门、中央驻陕单位形成的档案。这些档案比较全面、系统地反映本省党、政、群系统的各种社会实践活动，诸如土改、镇反、抗美援朝、“三反”、“五反”、恢复与发展经济、社会主义改造、反右运动、“大跃进”、人民公社化运动、社会主义教育运动、“文化大革命”及改革开放等。这批档案中较为重要的文件包括省历次党代会、人代会所形成的文件，以及重要法规、决议、决定及领导同志的重要讲话等①。

---

① 陕西省档案馆. 陕西省档案馆指南. 西安：西北大学出版社，1998：131－530.

十五、浙江省档案馆

浙江省档案馆馆藏的革命历史资料主要是1919年至1949年间党、政、军部门和进步新闻机构、群众团体组织编辑出版的各类书籍、期刊、报纸等，其中期刊类包含党、政、军的宣传、政治部门和进步新闻机构、群众团体组织编辑出版的全国性和浙江地方的各类革命和进步期刊100余种，主要有《火曜》（第1～15期，1925年）、《浙江潮》（1938—1944年）、《战斗》（1938—1940年）、《浙江妇女》（1940—1942年）、《文献与资料》（1944—1945年）等。报纸类涵盖馆藏革命根据地报纸30余种（主要有《战斗报》《新浙东报》等），以及新中国成立后的报纸200余种（主要有《浙江日报》《浙江工人报》等）。

浙江省档案馆馆藏的新中国成立后的资料是浙江省委各部、委、办，省政府各个局，以及编史部门编印的内部、公开发行的参考资料，主要包括浙江省委、省委各部委编印的反映党的组织、纪检、宣传、统战等工作的机关内部期刊、文件汇编、统计材料、简报、简介等，如《浙江土地改革文献》、《浙江通讯》（1954—2001年）、《中共浙江省委文件选编》（1949—2002年）、《中共温州地（市）委文献选编》、《中共七届六中全会（扩大）文集》等[①]。

十六、福建省档案馆

福建省档案馆馆藏的革命历史资料共2 566册（本），起止时间

① 浙江省档案馆．浙江省档案馆指南．杭州：浙江大学出版社，2013：135－137，452－454．

为1905年至1949年，主要包括：

党务、党史。武安九区试行整党民主填补运动的点滴经验；政治工作演讲集；有关党员训练的大纲、讲义、讲授提纲；中国共产党七届二中全会关于今后工作重点的决议；有关支部组织与支部工作问题提要；抗战期间福建省委、组织、党员、干部状况；中共闽北分区委1931—1949年学习文件；等等。

苏区建设。苏维埃教育法规；江西省苏维埃政府没收与分配土地条例；苏维埃土地红军问题讲授提纲；论苏维埃政权与民众政权（闽粤赣苏区省委编印）；区苏维埃怎样工作（张闻天、毛泽东著）；怎样做乡苏工作（闽浙赣省苏维埃政府编）；苏维埃政权、运动以及建设问题的讲义、讨论大纲。

军事。中国工农红军政治工作暂行条例（1935年颁布）；红军第四军各级政治工作纲领（红四军政治部1930年编印）；红军教育与管理（中国工农红军福建军区1932年编印）；平时及战时政治工作；闽浙赣人民游击队行动纲领；游击队政治工作参考材料；游击战争的基本战术；闽南红军游击第二支队政治部周年纪念告群众书；新四军二支队答闽西南群众慰劳信；新四军一年来抗战经验教训；南方三年游击战争经验对当前抗战的教训（项英著）；抗日战争时期闽西人民的游击战争（刘永生的回忆录）；1941—1943年国民党向闽浙赣三省边区发动进攻的作战方案、部署、计划等有关资料；华中局对开展游击战争问题给曾镜冰的指示；等等。

群众运动。中国罢工史（世界书局1927年出版）；福建工人运动史；群众运动讲授大纲；省港罢工工人代表大会第一百次纪念册；福建工人对于现在政局的方针；为二七纪念告福建工友；孙中山先生对农民之训词；中国农民问题研究；土地与农民；广东第二次农民代表大会之重要决议案；海丰农民运动；农村工作讲话；如何进行农村调查；怎样动员农民群众；等等。

期刊、报纸。《新青年》《向导》《前锋》《中国妇女》《中国青年》《中国农民》《新建设》《革命先锋》《新晋》《红旗》《青年实话》《前线旬刊》《红色中华》《红色闽北》《老实话旬刊》《红星》《苏区工人》《厦门工人》《福建白话报》《龙岩苏维埃小报》《闽西红报》《上杭红旗小报》《永定列宁青年》《工农报》《曙光报》《大众报》《解放快报》等革命报刊、期刊①。

十七、云南省档案馆

云南省档案馆馆藏的革命历史档案是中国共产党及其领导的人民武装、政权机关、群众团体在新民主主义革命中活动的历史记录，主要包括：中共云南地下党组织及其领导的人民武装的活动、发展情况；王复生烈士日记、书信；王德三烈士日记、书信；中国人民解放军西南服务团云南支队形成的部分档案。

云南地方党组织及其武装方面的档案占馆藏革命历史档案的大多数，主要有：中共云南地下党关于云南社会形势、党组织建设、武装斗争、党组织人事、经费、联络、宣传等工作方面形成的报告、意见、请示和与中共中央来往的文电、信函等；省工委书记郑伯克解放前夕撰写的《云南地方党组织报告》；中国人民解放军粤赣湘边、闽赣粤边、桂滇黔边纵队成立宣言；桂滇黔边行政公署成立布告；边纵党委形成的部分文件，如干部简历、给养制度、征收公粮草案；迎接大军南下与争取滇军起义等方面的指示、战报、宣传材料；云南省委关于与云南地下党及边纵部队会师的报告；卢汉与

① 福建省档案馆. 福建省档案馆指南. 北京：中国档案出版社，1997：554-555.

毛泽东、刘伯承等中共领导人有关昆明起义的往来文电；昆明保卫战作战计划及战斗情况报告；昆明起义布告、通电；起义部队的改造、整编；云南和平解放后政权交接、昆明市军管会各接管部工作报告、人员及财产移交清册；昆明市军管会公安部对国民党特务杀害杨虎城、李公朴、闻一多等进步人士的公审材料等。在中国人民解放军西南服务团云南支队的档案中，包含邓小平动员干部去大西南工作的讲话；宋任穷关于进军云南的方针与任务的讲话；曹荻秋、柯庆施、饶漱石等有关接管文教、公安、少数民族工作的讲话；云南支队行军路线、供给办法、人员名册、武器弹药统计表；中共华东局、中原局、南京市军管会等机构关于西南服务团工作的文件。

云南省档案馆馆藏中华人民共和国时期档案涉及云南省在新中国成立以来政治、经济、军事、国防、科技、文教、卫生等国民经济和社会发展各个方面，集中反映云南各族人民在中国共产党领导下进行社会主义革命和社会主义建设的情况[①]。

十八、四川省档案馆

四川省档案馆馆藏的革命历史资料内容主要包括重要文件汇集、党内刊物、报纸杂志等。

1. 重要文件汇集

中共中央书记处和中共中央办公厅、政策研究室编印的《两条路线》《六大以前》《六大以来》《中国共产党第六次全国代表大会决议案》《中共中央关于反对敌人五次“围剿”的总决议》《列宁

① 云南省档案馆. 云南省档案馆指南. 北京：中国档案出版社，1997：35－41，258－472.

斯大林共产国际论中国》《四十四个必读文件》《政策汇编》《七大文献》《整风文献》《抗战以来重要文件汇集》《最近国共谈判的两个文件》。

中国人民解放军总政治部编印的《中国人民解放战争军事文集》《抗日战争史》，红四方面军战史编委编印的《红四方面军大事记》（初稿），第二野战军政治部编印的《干部学习文件》《下乡工作手册》《关于少数民族工作的指示》，中共中央晋绥分局编印的《新区工作学习文件》《土改工作手册》。中共中央统战部编印的《关于接管城市工作的重要文件及经验介绍》。

2. 党内刊物

中共中央政策研究室编印的《党内资料》，中共中央北方局编印的《党的生活》《调查研究》，东北局编印的《党的工作》《城市工作研究》，西北局编印的《党内通讯》《资料汇编》，华北局编印的《建设》，中原局编印的《中原通讯》，华中局编印的《华中通讯》《工作资料》，华东局编印的《斗争》《斗争生活》《党内资料》，晋绥分局编印的《党内生活》。

3. 报纸杂志

《新青年》（1917—1925 年），《每周评论》（1918—1919 年），《共产党》（1920—1921 年），《向导》（1922—1927 年），《先驱》（1922—1923 年），《前锋》（1923—1924 年），《中国工人》（1924—1940 年），《人民周刊》（1926 年），《布尔塞维克》（1929—1932 年），《实话》（1930—1931 年），《红旗》（1928—1930 年），《红旗日报》（1930—1931 年），《红旗周报》（1931—1932 年），《斗争》（1933—1934 年），《红色中华》（1934—1937 年），《转变》（1933 年），《四川晓报》（1934 年），《群众》（1937—1947 年），《八路军军政杂志》和《八路军》（1939—1942 年），《解放日报》（1941—1947 年），《新华

日报》(1943—1947 年),《人民日报》(1946—1948 年)[①]。

十九、青海省档案馆

青海省档案馆馆藏的革命历史资料主要反映中国共产党成立前期,即 1915 年至 1919 年五四运动,建党后历次革命战争,至 1949 年 10 月 1 日革命胜利后 35 年间党的理论建设及宣传工作情况,主要有《新青年》《向导》《红旗》《红旗周报》《红色中华》《新中华报》《斗争》《八路军军政杂志》《解放日报》《布尔塞维克》《新华日报》《人民日报》《无产青年》《中国工人》《农民运动》等报刊。

新中国资料分为三大类:青海地方文献资料,主要内容有各项法规政策汇编、党代会、人代会及各种文件汇编;青海地方报刊及各类统计资料,主要有《青海日报》《青海群众》《青海工人报》《青海铁道》《祁连山报》及财政、税收、贸易、农林、工交、人口、文教卫生等方面的统计资料汇编;青海地方志,主要包括各种新编地方志、文史资料、专业志、行业志、地名志、党史资料、组织史资料、少数民族史、少数民族自治州、自治县概况、少数民族历史丛书等 130 多种。

青海省档案馆保存的中华人民共和国成立后的档案,共 149 个全宗,是馆藏中数量最多、内容最丰富、最系统完整的部分。档案的起止时间为 1949 年至 1976 年。这部分档案涉及青海的政治、经济、科学技术、文化、教育、卫生、民政、司法、民族、群众团体等方面的各个不同历史时期的情况,反映了青海社会主义革命和建设的概貌。主要内容包括:

---

① 四川省档案馆. 四川省档案馆指南. 成都:四川人民出版社,2015:699 - 701.

中共青海省委及其直属机构的档案，有中共青海省历次代表大会、历届历次委员会议及扩大会议和工作会议的文件；省委在贯彻执行党和国家各个时期的路线、方针、政策中关于组织、宣传、纪检、政法、工交、农牧、财贸、统战等工作的指示、决定、通知；省委关于建政、民族区域自治、剿匪反霸平叛、减租减息、土地改革、镇反、肃反、抗美援朝、“三反”“五反”和农牧业、手工业、私营工商业社会主义改造以及整风反右、“大跃进”、人民公社、社会主义教育、“文化大革命”等历次政治运动部署的指示、决定、报告；省委各部门的机构设置、人员编制、整党建党、干部训练、职务任职、调配、审查和中央、省委各项政策、形势宣传、政治理论教育和学习情况的材料；省委各部门执行民主人士、高级知识分子、少数民族、宗教人士、华侨、侨眷、藏胞政策方面的情况和对台工作、防空、支前工作方面的材料；省委关于对三线建设、南水北调、引大济湟、柴达木开发、石油勘探、青藏铁路、公路、兰青铁路建设等重大工程的指示、决定等。

新中国成立后的档案主要以党政机关的文书档案居多，也有反映经济建设和科学研究的科技档案及专门档案、照片、音像档案，均具有青海地方特色，既反映了青海各族人民在党的正确路线指引下取得的重大成就，也反映了在“左”的错误思想指导下所造成的失误①。

二十、台湾和香港地区相关文献情况

台湾地区中共党史文献情况。台湾地区的中共党史研究源于

---

① 青海省档案馆．青海省档案馆指南．西宁：青海人民出版社，2002：86－207.

1949年以前国民党当局的“中共问题”研究。1949年以后，台湾当局、高校及民间更加重视中共党史文献的收集、整理及编研工作。台湾当局这些研究对于推进台港中共党史研究、当代中国史研究作用之巨大，是毋庸置疑的。据称研究机构所存资料甚巨，如“国史馆”就有400余万件，“荟庐资料研究中心”少说也有中共资料30万至40万件。除此之外，台湾地区还保存着陈诚的石叟资料室收藏的江西革命根据地的资料，已制成缩微胶卷发行。《中共年报》按一年中大陆发生的重大事件分为10篇至12篇，从1967年开始，每年出版一辑。《中共研究》和《中共年报》编的《中共文化大革命重要文件汇编》一书，收录“文化大革命”时期文件、批示、讲话等。这些是开展党史研究与教学的珍贵资料①。

香港地区中共党史文献情况。被称为“当代中国资料收集中心”的香港在中国共产党研究中处于特殊地位。香港地区非常注重对中共党史的研究，在高等教育系统设置了许多以中共党史为重要课题的研究机构，除了香港中文大学、香港大学之外，香港科技大学、香港岭南大学、香港理工大学、香港城市大学、香港浸会大学也有很多学者参与研究，主要机构有香港科技大学人文社会科学院、香港中文大学当代中国文化研究中心等。尤其值得关注的是，近年来，香港出版了大量重要的党史资料、传记、回忆录，这些史料对于还原历史细节、论证有关党史研究的结论具有不可忽视的作用。例如，陈公博的《苦笑录》在解答“中山舰事件”的研究问题中起到了重要作用，还有《胡耀邦年谱资料长编》等，这些自述、回忆录和档案资料的出版，有力地推动了中共党史研究的进展。内地也对其中的一些著作进行了出版，如“现代稀见史料书系”，其中包括王凡西

---

① 莫岳云，郭铁鎗. 台湾地区中共党史、当代中国史研究状况. 中共党史研究，2011(1).

的《双山回忆录》等[①]。

第四节　中共党史文献的海外馆藏情况

中共党史文献不只存于国内，同样见于海外。考察这些文献或许有助于党史学界从全球的视角深入考察中国共产党的对外交往历程。限于篇幅，本节仅就美国藏新民主主义革命时期中国共产党的对外交往档案加以重点介绍[②]。如需了解俄国、日本、法国、英国、澳大利亚、韩国、蒙古、缅甸、印度尼西亚等国的馆藏情况，可参考《中共党史研究》近年来的相关评介[③]。

埃默里大学斯图尔特・A. 罗斯手稿、档案、善本图书馆收藏了菲利普・贾菲[④]（Philip J. Jaffe）的文件，其中有贾菲在延安采访毛泽东、周恩来、朱德等中共领导人的手写笔记。贾菲与旅美中共党员冀朝鼎关系密切。他整理的冀朝鼎相关文献就包括冀朝鼎于1930年、1932年在美国出版的小册子《军阀混战与中国革命》（*Militarist Wars and Revolution in China*）和《苏维埃的中国》（*Soviet China*）等。该

---

① 李宇莹. 香港地区中共党史研究状况述评. 西部学刊，2021（17）.

② 张牧云. 美国藏新民主主义革命时期中共对外交往文献评介. 中共党史研究，2020（4）；张虹. 美国密苏里大学特藏馆所藏斯诺文献概况及其学术价值. 中共党史研究，2016（9）.

③ 白林. 蒙古国外交部中央档案馆馆藏中蒙关系档案资料评介. 中共党史研究，2018（1）；彭永福. 澳大利亚国家档案馆馆藏冷战时期中国与新马印（尼）关系档案评介. 中共党史研究，2018（4）；董洁. 韩国外交史料馆馆藏对华关系类档案评介. 中共党史研究，2018（9）；白林. 蒙古国档案总局馆藏中蒙关系档案评介. 中共党史研究，2019（1）；奚庆庆. 英国国家档案馆馆藏中国台湾问题档案评介. 中共党史研究，2019（2）；陈洪运. 缅甸国家档案馆馆藏当代中缅关系档案资料评介. 中共党史研究，2019（6）；高艳杰. 印尼华文报刊在中印关系研究中的史料价值. 中共党史研究，2019（6）.

④ 菲利普・贾菲是美国左翼新闻人士、商人，参与创建美共中央中国局外围组织“中国人民之友社”（American Friends of the Chinese People），担任《今日中国》（*China Today*）杂志与《美亚》（*Amerasia*）杂志主编，1937年曾访问延安。

批档案中还包含白求恩致美国援华会的书信、抗日根据地国际和平医院的报告、抗日根据地接收海外援助的收据和医疗问题会议纪要等资料。该馆还收藏了油印版《中国工人通讯》(*Chinese Workers' Correspondence*)。

纽约公共图书馆收藏有1990年至1993年陆续移交的全宗档案莫德·拉塞尔（Maud Russell）的文件。1946年初，拉塞尔开始担任美国民主远东政策委员会（Committee for a Democratic Far Eastern Policy）执行理事。这批档案中存有1945年至1952年拉塞尔与该委员会成员间的往来书信、会议纪要，以及该委员会出版的刊物《信息公报》(*Information Bulletin*) 和《远东聚焦》(*Far East Spotlight*)。

哥伦比亚大学巴特勒图书馆下设的善本及手稿图书馆收藏有太平洋国际学会（Institute of Pacific Relations）档案。20世纪30—40年代，中共党员陈翰笙、冀朝鼎、徐永煐先后进入该机构工作，这批档案保存有这三个人的档案。这批档案中还包含宋庆龄、陈翰笙、马海德、贝特兰等为敌后抗日根据地募款的往来信件。

胡佛研究所档案馆、图书馆。关于尼姆·威尔斯（Nym Wales）的文件于1958年后陆续移交胡佛研究所。尼姆·威尔斯为海伦·斯诺的笔名。档案中包含海伦·斯诺采访毛泽东、董必武等中共领导人的笔记。该批档案还涉及中共与多个国际民间组织如美国民主远东政策委员会、工会组织和保卫中国同盟（China Defense League）的交往文献。关于中共对外交往史的珍稀报刊，胡佛研究所图书馆收藏有1938年至1939年在纽约出版的《救国时报》，1940年第1～8、13、18、19期的《远东通讯》(*Far East Bulletin*)，1936年3月15日至1937年8月1日的《中国呼声》(*The Voice of China*)。

杨百翰大学哈罗德·B. 李图书馆。L. 汤姆·佩里保存着1997

年至1998年分两批移交杨百翰大学的全宗档案海伦·斯诺的文件，涉及工合组织、保卫中国同盟和美国援华会。

加州大学伯克利分校民族研究图书馆。该图书馆收藏有全宗档案麦礼谦的文件，其中包括美国联邦调查局对“衣联会”[①] 的调查文件。关于中共对外交往史珍稀报刊，该馆保存有美共中央中国局机关刊物《先锋报》1932年9月1日到1938年7月28日的缩微胶片、1940年7月至1949年12月《美洲华侨日报》的缩微胶卷。

密苏里大学档案馆所藏的埃德加·斯诺的文件分为七个部分：私人和工作信件，日记笔记、手稿和访谈记录，文章和书籍草稿，剪报和书评，研究材料，图片，磁带和录像。斯诺与他人的往来英文信函包括：1936年讨论去往延安的计划的书信以及在红色地区的经历；1938年与《西行漫记》相关的信件；1971年关于尼克松（Richard Nixon）访华给周恩来和毛泽东的信件；等等。档案中有斯诺于1960年和1966年访问中国期间的日记；1970年访华期间的随行笔记；斯诺的已刊著作如《西行漫记》《为亚洲而战》《复始之旅》《今日红色中国》《大河彼岸》等；未刊手稿《核试验之后的中国》。档案中还包括照片、磁带和录像，照片有1928年至1937年斯诺在日本、中国和东南亚各地旅行的所见；1928年至1936年在苏区和延安拍摄的毛泽东、周恩来、邓颖超、彭德怀、邓发、林彪等人的照片；1937年至1945年抗日战争时期相关的照片；1960年、1965年以及1970年访问中国时在北京、上海、内蒙古、陕西、重庆和广东等地拍摄的照片。斯诺还将两次访问新中国的拍摄镜头汇集成纪录片《人类的四分之一》。

---

① “衣联会”创立于1933年，在华人社区的政治事务中起着重要作用。抗战时期，该会提出“救国自救”的组织原则，支持抗日救国活动与在美华侨反歧视、反剥削斗争。美共中央中国局与“衣联会”保持密切关系，中国局成员唐明照曾任该会英文干事。

近年来，中共党史学界在文献编纂和馆藏资料信息收集方面已经取得长足进步。在有关部门和学界的共同努力下，经过系统考订的文献陆续汇编成册，使党史学界在研究与教学过程中的文献利用愈加便利。基于国内地方档案与海外馆藏资料而形成的学术成果同样越来越丰富。相比之下，党史学界在中共党史文献学领域的学理探讨近年来略显不足，这是中共党史学科文献学今后发展应重点关注的方向。目前，中共党史文献学的发展还存在一些亟待解决的问题。在学理方面，党史文献的分类方法、版本研究、校勘方法等问题都有进一步的研究与总结空间，党史文献学与计算机、信息资源管理等学科的跨学科交叉发展有待推进；在文献方面，党史文献的发掘、整理和编纂工作仍需党史文献学研究者继续推进。

中共党史文献学对于中共党史的研究具有重要意义。党史文献浩如烟海，何处可以找到所需党史文献，怎样选用可靠文献进行论证，都是党史研究者面对的重要问题。中共党史文献学对这两个突出问题进行了回应。通过对党史文献的类型、收藏机构以及收藏机制进行梳理，研究者可以知晓到哪里获取所需文献；而通过对文献生成及流转历史的交代、对文献版本的校勘与辨析，研究者可以辨别文献的可靠性，从而去粗取精，得出符合历史真相和历史规律的结论。中共党史学科文献学不仅将视野投诸国内，更将视野投向海外，遍查海外党史文献收藏及编纂情况，从而便利研究者的使用，拓宽研究者的视野。在中共党史文献学的推动下，研究者可避免因寻找文献造成的时间消耗和因使用可靠性低的文献造成的结论错误。总之，中共党史文献学的进一步发展，可使中共党史研究在方法上更加科学合理，在文献上更加充分丰富，在结论上更加笃定有力。

中共党史文献学的发展不仅有利于中共党史研究的发展，也有利于党史教育资源的充分运用。通过红色文献可以实现资政育人功能，更好地总结党的历史经验，更好地指导实践、推动工作；还应在中共党史文献中发现党的初心使命，使之成为强大的精神武器，使党的形象更加丰满立体。在新时代，中共党史文献学的发展具有重要意义且大有可为。

（作者单位：清华大学马克思主义学院）

第八章
中共党史学科的资政育人功能

肖贵清　车宗凯

“中国产生了共产党，这是开天辟地的大事变。”[①] 中国共产党的百年历史是坚持真理、坚守理想的百年史，是践行初心、担当使命的百年史，是不怕牺牲、英勇斗争的百年史，也是对党忠诚、不负人民的百年史。习近平在党史学习教育动员大会上指出：“全面宣传党的历史，充分发挥党的历史以史鉴今、资政育人的作用，是党和国家工作大局中一项十分重要的工作。”[②] 作为以中国共产党及其历史为教学科研对象的中共党史学科，承载着资政育人的重要功能。面向新的百年，深刻认识中共党史学科资政育人功能，进而深刻思考如何更好发挥其服务治国理政、服务教学科研的实际作用，具有十分重要的现实意义。

---

① 毛泽东．毛泽东选集：第4卷．2版．北京：人民出版社，1991：1514.

② 习近平．在党史学习教育动员大会上的讲话．北京：人民出版社，2021：4.

第一节　资政育人与党和国家工作大局

突出强调中共党史学科的资政育人功能，实际上体现的是一种大历史观；从这种大历史观出发，强调的是历史对现实的启示作用和教育作用。习近平指出："历史是最好的教科书，也是最好的清醒剂"[①]。从这种大历史观出发，还强调历史与现实的不可分割的内在联系。"一切真历史都是当代史"[②]，这是意大利资产阶级唯心主义哲学家贝纳戴托·克罗齐（Benedetto Croce，1866—1952）在《历史学的理论和实际》一书中提出的重要观点。这一观点认为，历史和当代具有紧密的联系。

在中国马克思主义史学产生之初，许多先进知识分子就是从现实的角度来看待历史研究的。例如，李大钊就抱着"煽扬吾人向历史中寻找人生、寻找世界、寻找自己的兴趣"[③] 的宗旨，写作了《史学要论》一书。

从新民主主义革命时期起，中国共产党就高度重视中共党史教育，引导广大党员干部从党史中汲取工作的智慧、前行的动力。中共党史学科的创建，深受中国共产党高度重视党史教育这一光荣传统的影响，同时也体现了中共党史教育的鲜明特色。与其他历史时段相比，中共党史是"正在发生的历史"，不仅有"过去时"，还有"现在时"和"现在进行时"，因而更具有启迪性、现实性与指引性。因此可以说，中共党史学科以中共党史作为研究与教学的对象，资

---

① 习近平．在纪念全民族抗战爆发七十七周年仪式上的讲话．人民日报，2014－07－08（2）．

② 克罗齐．历史学的理论和实际．安斯利，英译．北京：商务印书馆，2009：2．

③ 中国李大钊研究会．李大钊文集：第4卷．北京：人民出版社，1999：426．

政育人既是党和国家赋予这一学科的功能定位，也是这一学科本身所具有的鲜明特色。

一、资政育人是中国共产党的光荣传统

中国共产党历来重视党史学习教育，“注重用党的奋斗历程和伟大成就鼓舞斗志、明确方向，用党的光荣传统和优良作风坚定信念、凝聚力量，用党的实践创造和历史经验启迪智慧、砥砺品格”①。从中共中央领导人关于中共党史的系列论述中，我们能够看出，中共中央领导人多从资政育人角度看待党史学习教育的重要作用。

毛泽东是一位有着宽广历史视野与历史胸怀的领导人。毛泽东对于历史问题的认识与思考，通常都是同革命的现实问题联系起来的。例如，1926 年 3 月，他在《纪念巴黎公社的重要意义》一文中就结合中国革命的问题，深刻总结了巴黎公社的几点教训；1939 年在谈到“一二·九”运动的伟大意义时，他指出：“我们应该进一步了解：它是在什么政治环境下产生的呢？它有什么政治意义呢？它给中国政治上一个什么样的影响呢？明白了这些问题，就会知道现在中国的情况跟过去大大地不同了，现在的事情不是比过去难办，而是比过去好办多了。”② 延安时期，毛泽东曾在中央学习组上就如何研究中共党史这一问题谈过自己的思考与认识。在这篇讲话中，他认为：“如果不把党的历史搞清楚，不把党在历史上所走的路搞清楚，便不能把事情办得更好。”“这对研究今天的路线政策，加强党内教育，推进各方面的工作，都是必要的。我们要研究哪些是过去

---

① 习近平. 在党史学习教育动员大会上的讲话. 北京：人民出版社，2021：2.
② 中共中央文献研究室. 毛泽东文集：第 2 卷. 北京：人民出版社，1993：251.

的成功和胜利，哪些是失败，前车之覆，后车之鉴。”[①] 在这里，毛泽东特别强调了如何认识党史及其作用的重要意义。正是在延安时期，中国共产党通过全党范围内的整风运动，在党内开展党史的学习与研究，系统总结了党史上正反两方面经验，并形成《关于若干历史问题的决议》，对党内若干重大的历史问题作出了正确的结论，使全党尤其是党内高级干部对中国民主革命的基本问题的认识达到在马克思列宁主义基础上的一致。

新中国成立后，毛泽东继续从总结经验教训的角度看待党史学习教育，尤其是特别强调党员干部要树立历史的思维，具备总结经验的基本能力。1956 年 4 月，他在审阅《人民日报》编辑部的文章《关于无产阶级专政的历史经验》时提出：“我们党的历史经验，也是在自己同各种错误路线作斗争的过程中使自己获得了锻炼，因此取得了伟大的革命胜利和建设胜利的。”[②] 1961 年在中共中央工作会议上，毛泽东在总结社会主义建设经验时说：“我们是历史主义者，给大家讲讲历史，只有讲历史才能说服人。”[③] 在毛泽东看来，研究与学习党史，关键在于总结历史经验，以服务于革命和建设事业。

党的十一届三中全会后，以邓小平同志为主要代表的中国共产党人同样从资政育人的角度强调党史学习教育的重要意义。1978 年 6 月，邓小平在全军政治工作会议上就指出：“我们的革命导师马克思、列宁、毛泽东同志历来重视具体的历史条件，重视从研究历史和现状中找出规律性的东西来指导革命。那种否定新的历史条件的观点，就是割断历史，脱离实际，搞形而上学，就是违反辩证法。”[④]

---

① 中共中央文献研究室. 毛泽东文集：第 2 卷. 北京：人民出版社，1993：399.
② 中共中央文献研究室. 毛泽东文集：第 7 卷. 北京：人民出版社，1999：19.
③ 中共中央文献研究室. 毛泽东文集：第 8 卷. 北京：人民出版社，1999：276.
④ 邓小平. 邓小平文选：第 2 卷. 2 版. 北京：人民出版社，1994：121.

同时，面对“文化大革命”结束后如何评价毛泽东与毛泽东思想的问题，邓小平提出：“对建国三十年来历史上的大事，哪些是正确的，哪些是错误的，要进行实事求是的分析，包括一些负责同志的功过是非，要做出公正的评价。”① 对于《关于建国以来党的若干历史问题的决议》的起草，他认为“决议中最核心、最根本的问题，还是坚持和发展毛泽东思想。党内党外、国内国外都需要我们对这一问题加以论证，加以阐述，加以概括”②。改革开放后，邓小平常常在不同场合讲述党史，以历史经验教育党员干部。他认为，之所以要讲党史，是因为“我们现在的路线、方针、政策是在总结了成功时期的经验、失败时期的经验和遭受挫折时期的经验后制定的”③，历史上成功的经验和失败的经验同样都是宝贵财富，“这样来制定方针政策，就能统一全党思想，达到新的团结”④。

改革开放 40 多年，几代中国共产党人始终以冷静、辩证的思维看待党史。新中国成立 40 周年之际，江泽民指出：“我们必须科学地历史地总结经验，客观地全面地认识现实。”⑤ 1996 年，在谈到建设高质量干部队伍的问题时，他指出：“今天的中国是历史的中国的发展，作为当代中国的领导干部，如果不了解中国的历史，特别是中国的近代史、现代史和我们党的历史，就不可能认识和把握中国社会发展的客观规律，继承和发扬我们党在长期斗争中形成的光荣传统，也就不能胜任领导建设有中国特色社会主义的职责。”⑥ 胡锦涛也深刻指出：“只有铭记历史，特别是铭记我们党领导人民创造的中

① 邓小平．邓小平文选：第 2 卷．2 版．北京：人民出版社，1994：292.

② 邓小平．邓小平文选：第 2 卷．2 版．北京：人民出版社，1994：296.

③ 邓小平．邓小平文选：第 3 卷．北京：人民出版社，1993：234.

④ 邓小平．邓小平文选：第 3 卷．北京：人民出版社，1993：235.

⑤ 江泽民．江泽民文选：第 1 卷．北京：人民出版社，2006：67.

⑥ 中共中央文献研究室．十四大以来重要文献选编：下．北京：中央文献出版社，2011：60.

国革命史，才能深刻了解过去、全面把握现在、正确创造未来。”①透过几代领导人的论述，我们能看出党史学习教育资政育人作用在改革开放和社会主义现代化建设事业中的体现。

二、资政育人是新时代对党史学科的迫切要求

中国特色社会主义进入新时代，以习近平同志为核心的党中央站在党和国家战略全局的历史高度看待党史学习与教育，习近平更是在不同场合提出了许多要求。党的十八大闭幕不久，习近平和中央政治局常委就来到国家博物馆，参观《复兴之路》展览。在参观过程中，他指出：“《复兴之路》这个展览，回顾了中华民族的昨天，展示了中华民族的今天，宣示了中华民族的明天，给人以深刻教育和启示。”②

习近平高度重视党员领导干部的党史学习与教育，2013 年在中央党校建校 80 周年庆祝大会暨 2013 年春季学期开学典礼上，他就要求各级领导干部认真学习党史、国史，他认为：“这对正确认识党情、国情十分必要，对开创未来也十分必要，因为历史是最好的教科书。”③

值得一提的是，党的十八大以来，习近平到地方考察调研的许多行程，都包括瞻仰对我们党具有重大历史意义的革命圣地、红色旧址、革命历史纪念场所。例如，2012 年在河北省阜平县考察扶贫开发工作时，他曾回顾我党我军在阜平创建晋察冀根据地的历史；

---

① 胡锦涛在中共中央政治局第三十三次集体学习时强调 坚持不懈地学习中国革命史 发扬光大党的光荣革命传统. 人民日报，2006-07-26 (1).

② 中共中央文献研究室. 十八大以来重要文献选编：上. 北京：中央文献出版社，2014：83.

③ 习近平. 习近平谈治国理政：第 1 卷. 2 版. 北京：外文出版社，2018：405.

2013年在河北调研指导党的群众路线教育实践活动时，他来到西柏坡革命旧址，感悟“赶考”初心；2014年他提议在古田召开全军政治工作会议，一起重温党领导创建新型人民军队的峥嵘岁月；2015年他主持召开陕甘宁革命老区脱贫致富座谈会，强调“我们永远不能忘记自己是从哪里走来的，永远都要从革命的历史中汲取智慧和力量”①；……党的十八大以来，几乎每一年习近平都要前往革命圣地、红色旧址、革命历史纪念场所瞻仰、参观，并发表重要讲话。这体现出习近平对于党史、革命史教育的高度重视。他说：“每到一地，重温那一段段峥嵘岁月，回顾党一路走过的艰难历程，灵魂都受到一次震撼，精神都受到一次洗礼。每次都是怀着崇敬之心去，带着许多感悟回。”②

2021年中国共产党成立100周年之际，党中央在全党范围内部署开展党史学习教育，这是党的十八大以来党中央在全党范围内开展的第五次集中教育。习近平指出，在全党开展党史学习教育，是“牢记初心使命、推进中华民族伟大复兴历史伟业的必然要求”③，“坚定信仰信念、在新时代坚持和发展中国特色社会主义的必然要求”④，也是“推进党的自我革命、永葆党的生机活力的必然要求”⑤。由此可见，党的十八大以来，习近平对于党史学习教育的认识，也是从资政育人的角度出发的。

2021年召开的党的十九届六中全会是在中国共产党成立100周年之际，党领导人民在实现第一个百年奋斗目标、向着实现第二个

① 习近平春节前夕赴陕西看望慰问广大干部群众 向全国人民致以新春祝福 祝祖国繁荣昌盛人民幸福安康. 人民日报，2015-02-17 (1).

② 习近平在中共中央政治局第三十一次集体学习时强调 用好红色资源赓续红色血脉 努力创造无愧于历史和人民的新业绩. 人民日报，2021-06-27 (1).

③ 习近平. 在党史学习教育动员大会上的讲话. 北京：人民出版社，2021：5.

④ 习近平. 在党史学习教育动员大会上的讲话. 北京：人民出版社，2021：8.

⑤ 习近平. 在党史学习教育动员大会上的讲话. 北京：人民出版社，2021：9.

百年奋斗目标迈进的重大历史关头召开的一次具有历史意义的会议。习近平在《关于〈中共中央关于党的百年奋斗重大成就和历史经验的决议〉的说明》中指出："总的是要按照总结历史、把握规律、坚定信心、走向未来的要求，把党走过的光辉历程总结好，把党团结带领人民取得的辉煌成就总结好，把党推进革命、建设、改革的宝贵经验总结好，把党的十八大以来党和国家事业砥砺奋进的理论和实践总结好。"① 在全会第二次全体会议上，习近平要求各级党委（党组），"把学习宣传贯彻全会精神作为当前和今后一个时期的重大政治任务，广泛深入开展宣传宣讲和研究阐释，用全会精神统一思想、凝聚共识、坚定信心、增强斗志"，"以学习全会精神为重点巩固党史学习教育成果，引导广大党员、干部群众准确把握党的历史发展的主题主线、主流本质，进一步做到学史明理、学史增信、学史崇德、学史力行，达到学党史、悟思想、办实事、开新局的目的"②。

纵观中国共产党百年奋斗历程，可以清晰地看到中国共产党人对发挥党史的资政育人功能有着高度自觉的领悟。这集中体现在以下两方面：

第一，重视历史经验的总结与阐释。党在领导革命、建设、改革和开创新时代的过程中的历史经验是我们的宝贵财富，对于这一笔宝贵财富，我们党始终高度重视。1945 年党的六届七中全会通过的《关于若干历史问题的决议》在争取抗日战争最后胜利的关头增强了全党的团结，为党的七大胜利召开创造了充分条件；1981 年党的十一届六中全会通过的《关于建国以来党的若干历史问题的决议》

---

① 中国共产党第十九届中央委员会第六次全体会议文件汇编．北京：人民出版社，2021：110.

② 习近平．以史为鉴、开创未来 埋头苦干、勇毅前行．求是，2022（1）.

站在改革开放新时期总结历史经验，统一全党思想，对推动党团结一致向前看、更好推进改革开放和社会主义现代化建设产生了重大影响；2021 年，在中国共产党成立 100 周年的历史节点，党中央在全党范围内深入开展党史学习教育，党的十九届六中全会审议通过《中共中央关于党的百年奋斗重大成就和历史经验的决议》，全面总结党的百年奋斗重大成就和历史经验特别是改革开放 40 多年来的重大成就和历史经验，“推动全党增长智慧、增进团结、增加信心、增强斗志”①。纵观党领导革命、建设、改革和开创新时代的历史进程，党始终都将总结正反两方面的历史经验放在极其重要的位置上。由此可见，我们党对于党史学习与研究，并不是单纯从“过去时”的维度来认识的，而是从“现在进行时”的维度来认识的。

第二，注重党的历史、党的精神、党的经验的教育意义。无论是在革命时期还是在建设和改革时期，我们党始终将党史、革命史作为教育党员干部的重要素材。党的领导人也经常使用党的历史故事来教育干部群众，说明朴素而深刻的道理，以党的历史经验启迪人心。正如习近平指出的，“总结历史是为了使全党从历史进程中洞察历史发展规律和时代发展大势，提高认识水平和辨别能力，增强锚定既定奋斗目标、意气风发走向未来的勇气和力量，更加清醒、更加坚定地办好当前的事情”。“学习和总结党的历史，就要从中增强道路自信、理论自信、制度自信、文化自信，咬定青山不放松，风雨无阻向前进。”②

以上这两个特点反映出，无论在哪个历史时期，中国共产党人都始终从资政和育人的两个角度思考和认识党史的学习、研究、教

---

① 中国共产党第十九届中央委员会第六次全体会议文件汇编．北京：人民出版社，2021：112.

② 习近平．以史为鉴、开创未来 埋头苦干、勇毅前行．求是，2022（1）.

育工作，这也说明党史的资政育人政治功能是与生俱来的，也是一以贯之的。以中共党史作为主要研究对象的中共党史学科，也自然会彰显出中共党史的鲜明特征。

第二节　以治国理政为导向的资政功能

中共党史学科是一门特殊的历史科学。相对于其他历史研究方向而言，中共党史研究具有更强的现实指向，即通过研究和学习党的历史，为党的自身建设、党的经验总结、党的理论路线方针提供滋养与支撑。胡乔木认为："历史科学满足政治需要的正确理解应该是，历史向社会也向政治提供新的科学研究的成果，而社会和政治，则利用这种成果作为自己活动的向导。"① 这一论点在中共党史学科上得到了充分印证。

一、为党的自身建设提供经验支撑

党的自身建设是中国共产党的永恒课题。作为"百年大党"，中国共产党更需要从自身的百年奋斗历程中汲取智慧和力量。而中共党史学科就为中国共产党的自身建设提供了深厚的历史经验支撑。总的来看，主要体现在两个方面。

一是中国化马克思主义的经验支撑。中国共产党的百年历史，也是一部马克思主义同中国革命、建设、改革和新时代实际相结合的历史。作为用马克思主义武装起来的工人阶级政党，指导思想对

---

① 林永匡. 中国史学会代表大会在北京举行：胡乔木同志就发展我国历史科学问题作了重要讲话. 历史教学，1980（6）.

于中国共产党而言至关重要。马克思主义必须同中国的实际相结合，才能够产生出巨大的生命力。1938 年，在党的扩大的六届六中全会上，毛泽东第一次提出了马克思主义中国化这一具有深远意义的理论命题。毛泽东指出："马克思列宁主义的伟大力量，就在于它是和各个国家具体的革命实践相联系的。对于中国共产党说来，就是要学会把马克思列宁主义的理论应用于中国的具体的环境。"① 毛泽东思想、邓小平理论、"三个代表"重要思想、科学发展观、习近平新时代中国特色社会主义思想就是按照中国的特点去应用马克思主义的理论成果。中国化马克思主义的理论成果都是不同时期中国共产党关于革命、建设、改革和新时代实际经验的正确总结，具有一脉相承又与时俱进的理论品质。而中国化马克思主义的理论成果正是中共党史学科研究的重要问题，是指导百年党史发展走向的重要动力。从这个维度看，中共党史学科对于中国化马克思主义的研究，有利于我们更加深刻地掌握马克思主义与中国实际相结合的历史规律，推动马克思主义同当代中国实际相结合，推动党的理论创新进程。

二是党的自身建设的客观规律总结。在党的历史上，中国共产党在加强党的自身建设过程中形成了许多好的经验做法。毛泽东曾将党的建设看成克敌制胜的"三大法宝"之一。例如，土地革命战争时期，党就形成了将党支部建在连上、确立党对军队的绝对领导等经验做法，总结出"三大纪律六项注意"等党的纪律要求，并形成了请示报告制度的基本雏形；抗日战争时期，党不断加强一元化领导，维护党中央的权威地位，并在实践中形成了批评与自我批评等工作方法，党的纯洁性大大增强，毛泽东更是将党的建设称为

① 毛泽东. 毛泽东选集：第 2 卷. 2 版. 北京：人民出版社，1991：534.

“伟大的工程”①；解放战争时期，党中央发出包括《关于建立报告制度》《将全国一切可能和必须统一的权力统一于中央》在内的一系列指示文件，极大增强了党中央的权威地位，并形成了制度化的明确规定，同时毛泽东等中国共产党人提出的“两个务必”等告诫与要求也对这一时期党的自身建设起到了定海神针的作用。这里总结的只是新民主主义革命时期党的自身经验的一些做法和经验。在新中国成立后、改革开放以来，党在领导社会主义革命和建设、推动改革开放和社会主义现代化建设及开创新时代的过程中，也形成了许多好的经验做法。

总的来说，党的自身建设有其客观规律，而中共党史学科的作用就在于通过对党的自身建设历史的系统梳理，深刻总结这些客观规律，并为当前党的自身建设提供经验参考。“通过总结历史经验教训，着眼于解决党的建设的现实问题，不断提高党的领导水平和执政水平、增强拒腐防变和抵御风险能力，确保我们党在世界形势深刻变化的历史进程中始终走在时代前列，在应对国内外各种风险挑战的历史进程中始终成为全国人民的主心骨，在坚持和发展中国特色社会主义的历史进程中始终成为坚强领导核心。”②

二、为党的经验总结提供基础支撑

中国共产党向来重视党的历史经验总结，党的历史研究也是伴随着党对自身历史经验的总结而生长发展起来的。建党之初，陈公博、蔡和森、瞿秋白、李立三等人曾围绕党的历史经验写作了《共产主义运动在中国》、《中国共产党史的发展》、《党的机会主义史》、

① 毛泽东. 毛泽东选集：第2卷. 2版. 北京：人民出版社，1991：602.

② 习近平. 在党史学习教育动员大会上的讲话. 北京：人民出版社，2021：18.

《中国共产党历史概论》和《党史报告》等具有党史研究色彩的论著。其核心要义归结到一点，就是总结党的历史经验，为党内思想统一提供历史与理论的支撑。服务党的历史经验总结，是中共党史学科在资政育人功能方面的重要体现。

中国革命、建设历程的曲折性决定了经验总结的必要性。中国共产党是马克思列宁主义同中国工人运动相结合的成果。但是，近代中国半殖民地半封建的社会性质具有特殊性，这决定了中国共产党的革命历程必然艰难而曲折。在探索革命道路的过程中，中国共产党也曾走过不少弯路。在新民主主义革命时期，中国共产党就曾先后出现了多次“左”的和右的错误，给党和革命队伍带来了巨大的损失。因此，系统总结党的历史经验，成为统一全党思想、树立党中央权威的必要之举。党的六届四中全会在提出“必须召集党的第七次全国大会”的同时，还指出，“要有对于苏维埃运动经验的郑重的总结的可能，要有对于工业中心党的工作经验的郑重的总结的可能”①。新中国成立后，中国共产党同样面对着许多未知的课题。毛泽东说：“我们熟习的东西有些快要闲起来了，我们不熟习的东西正在强迫我们去做。这就是困难。”② 如何在一个东方大国建成社会主义，是马克思主义发展史上不曾遇到过的难题，对于中国共产党人来说更是如此。在建设一个新世界的过程中，党既有成功的经验积累，也有曲折的道路探索。在改革开放之初，如何总结和评价新中国成立以来党在社会主义道路探索上的经验和教训，同样成为党必须要解决的思想问题。党的历史研究，或党的历史经验总结，虽然总结的是“过去”，但面向的却是“未来”，解决的是当下的实际

---

① 中共中央文献研究室，中央档案馆. 建党以来重要文献选编（1921—1949）：第 8 册. 北京：中央文献出版社，2011：20.

② 毛泽东. 毛泽东选集：第 4 卷. 2 版. 北京：人民出版社，1991：1480.

问题。

党的经验总结是由革命、建设、改革和开创新时代的现实需要所决定的，党的经验总结有助于统一党的思想、明确党的方向。在党的历史上，有三个具有深远意义的“历史决议”，它们都起到了统一党内思想、推动事业大发展的重要作用。

第一个“历史决议”是延安时期的党的六届七中全会通过的《关于若干历史问题的决议》。延安时期，党领导发起了自上而下的整风运动。其中，党的历史是延安整风时期党员干部的必学内容。延安整风期间，毛泽东主持编辑了《六大以来》《六大以前》《两条路线》等“党书”，为党的干部学习了解党的历史经验和教训提供了重要参考。对此，胡乔木曾回忆：“当时中央并不是为了编印《六大以来》这么一本书，而是为召开七大准备材料。因为预定于 1941 年上半年召开的七大的一个重要议程就是总结党的第六次代表大会以来的历史经验。”① 事实证明，通过党内的党史学习教育，许多党员干部对于党的历史上的正反两方面经验有了更加清晰准确的认识。1945 年党的六届七中全会通过的《关于若干历史问题的决议》，对革命时期党的历史尤其是路线斗争历史作了系统深刻的总结，统一了党的思想，为党的七大的胜利召开准备了思想条件。

第二个“历史决议”是改革开放之初党的十一届六中全会通过的《关于建国以来党的若干历史问题的决议》。这个“历史决议”对新中国成立以来党的重大历史问题作出了正确的结论，对一些重大历史事件和重要历史人物作出了实事求是的评价，科学总结了新中国成立以来社会主义革命和建设的历史经验，标志着党在指导思想上拨乱反正的完成，为改革开放的顺利推进奠定了重要思想基础。

---

① 胡乔木. 胡乔木回忆毛泽东. 北京：人民出版社，1994：174.

在起草《关于建国以来党的若干历史问题的决议》的过程中，邓小平指出："通过这个决议对过去的事情做个基本的总结。""争取在决议通过以后，党内、人民中间思想得到明确，认识得到一致，历史上重大问题的议论到此基本结束。"① 这两个"历史决议"虽然出台的历史时期不同，但是解决的都是全党的思想问题，目的都在于通过历史经验的总结，纠正错误的思想倾向，结束党内思想纷争的局面，实现党的思想统一。

2021年11月，党的十九届六中全会通过的《中共中央关于党的百年奋斗重大成就和历史经验的决议》，是党的历史上的第三个"历史决议"，全面系统深刻地总结了中国共产党百年历史，特别是重点总结了党的十八大以来中国特色社会主义新时代取得的历史性成就、发生的历史性变革，深刻阐明党确立习近平同志党中央的核心、全党的核心地位，确立习近平新时代中国特色社会主义思想的指导地位的重大意义，深刻总结了中国共产党百年奋斗的历史意义和历史经验，"思想含量、知识含量十分丰富，政治性、理论性、战略性、指导性都很强"，是一篇马克思主义的纲领性文献。总结中国共产党百年奋斗的历程、成就和经验，目的是要勿忘昨天的苦难辉煌，无愧今天的使命担当，不负明天的伟大梦想，以史为鉴、开创未来，埋头苦干、勇毅前行，为实现第二个百年奋斗目标、实现中华民族伟大复兴的中国梦而不懈奋斗，"体现了我们党重视和善于运用历史规律的高度政治自觉，体现了我们党牢记初心使命、继往开来的自信担当"②。

因此，中共党史学科为什么要将党的经验总结放在学科功能定位上的原因不言自明。总的来说，中共党史学科通过学理学术的系

① 邓小平. 邓小平文选：第2卷. 2版. 北京：人民出版社，1994：292.
② 习近平. 以史为鉴、开创未来 埋头苦干、勇毅前行. 求是，2022（1）.

统研究，为党的经验总结提供坚强的支撑和参考，为党的思想统一、党中央权威地位的确立提供理论基础与学术支持。

三、为党和国家大政方针提供历史支撑

蔡和森曾在《中国共产党史的发展（提纲）》中写道："我们又要知道中国革命及我党要如何发展及其发展的道路如何，故须明白我党的历史。""同志们都是要做一个好党员，忠实的无产阶级的先锋队，所以第一必须明白自己的责任。但如何才能明白呢？那就必须亲切的深刻的知道党的历史了。"[①] 蔡和森的这段话道出了党史学习和研究的重要意义——以历史的视角看待今天的发展道路。这一观点毛泽东在延安时期也曾提到，他指出："我们要用这样的研究来使我们对今天的路线和政策有更好的认识，使工作做得更好，更有进步。"[②] 因此，中共党史学科的资政育人功能还体现在其为党和国家的方针政策提供丰厚的思想资源。总体来说，可从两个方面来理解。

一方面，资政育人功能体现在方针政策的制定层面，即通过党史研究，分析党和国家所处的历史方位。

毛泽东曾说："中国社会的性质，亦即中国的特殊的国情，这是解决中国一切革命问题的最基本的根据。"[③] 在毛泽东看来，解决中国的革命问题，首先需要了解近代中国的特殊国情。国情是一个国家社会历史文化的综合概念，具有现实和历史两个维度，而党史研究的视域也恰恰涵盖了近代以来中国的国情研究。换言之，中共党

---

① 蔡和森. 蔡和森文集：下. 北京：人民出版社，2013：786.

② 中共中央文献研究室. 毛泽东文集：第2卷. 北京：人民出版社，1993：399-400.

③ 毛泽东. 毛泽东选集：第2卷. 2版. 北京：人民出版社，1991：646.

史学科通过对中国近现代历史的研究，增进对近现代中国国情的了解，为党和国家方针政策的制定准备条件。

党和国家的许多战略判断，既源于对现实情况的重大判断，更源于对历史方位和历史进程的深刻把握。党的十三大站在社会主义建设和发展历程的高度提出“正确认识我国社会现在所处的历史阶段，是建设有中国特色的社会主义的首要问题，是我们制定和执行正确的路线和政策的根本依据”。在此基础上，这次大会提出了“我国正处在社会主义的初级阶段”的重要论断。党的十九大又进一步提出：“经过长期努力，中国特色社会主义进入了新时代，这是我国发展新的历史方位。”① 同时，党中央又根据国内国际形势的变化进一步提出“新发展阶段”的概念。2020 年 8 月，习近平在经济社会领域专家座谈会上指出：“‘十四五’时期是我国全面建成小康社会、实现第一个百年奋斗目标之后，乘势而上开启全面建设社会主义现代化国家新征程、向第二个百年奋斗目标进军的第一个五年，我国将进入新发展阶段。”② 习近平深刻指出：“正确认识党和人民事业所处的历史方位和发展阶段，是我们党明确阶段性中心任务、制定路线方针政策的根本依据”③。这体现出，面对新时代中国的实践发展，中国共产党人对党和国家所处的历史方位形成了更加清晰的认识，作出了更加准确的研判。

总的来说，对于党情、国情的研究是中共党史学科的使命所在。这些研究将帮助党和国家更好判断党和国家所处的历史方位，更加清晰地判断方针政策应该如何制定。

---

① 中共中央党史和文献研究院. 十九大以来重要文献选编：上. 北京：中央文献出版社，2019：7.

② 中共中央党史和文献研究院. 十九大以来重要文献选编：中. 北京：中央文献出版社，2021：662－663.

③ 习近平. 把握新发展阶段，贯彻新发展理念，构建新发展格局. 求是，2021 (9).

另一方面，资政育人功能体现在方针政策的实施层面，即通过党史研究，明确实施方针政策的经验依据。

党和国家的政策从制定出台到落地实践，需要经历一个判断、论证的过程。而党史研究就为党和国家方针政策的论证实施提供了重要的经验依据和实践参考。这一点从党和国家领导人在阐释党和国家的方针政策时的表述方式就可以看出。

1954 年 6 月，毛泽东在中央人民政府委员会第三十次会议上说明“五四宪法”的相关问题时，就从“总结了历史经验”[①] 的角度，梳理了近代以来中国的宪法发展历史，论证了“五四宪法”的进步意义。

党的十一届三中全会后，党也正是通过对以往党的历史的梳理和总结，为中国特色社会主义道路的开创提供了经验依据。邓小平在党的十二大上指出：“把马克思主义的普遍真理同我国的具体实际结合起来，走自己的道路，建设有中国特色的社会主义，这就是我们总结长期历史经验得出的基本结论。”

习近平高度重视从历史经验角度阐释党的方针和政策，例如，2013 年他在河北调研指导时就将党在西柏坡时期的历史经验同党的群众路线教育实践活动联系起来，指出：“党的优良作风具有很强的历史影响力，开展教育实践活动具有很强的现实必要性。”[②] 党的十八大以来，习近平在许多场合都将党的光辉历史作为论证当前党和国家大政方针的重要经验依据。在党的十九届六中全会上，习近平提出，要把党的历史经验作为“正确判断形势、科学预见未来、把握历史主动的重要思想武器”，作为“想问题、作决策、办事情的重要遵循”，作为“判断重大政治是非的重要依据”，作为“加强党性

① 中共中央文献研究室. 毛泽东文集：第 6 卷. 北京：人民出版社，1999：325.

② 习近平. 论中国共产党历史. 北京：中央文献出版社，2021：24.

修养的重要指引”[①]。

总的来说，这种阐述方式凸显出党和国家领导人的历史思维，凸显出他们对于党的历史研究和经验总结的高度重视，更是从一个侧面显示出党的历史能够为党和国家当前的政策和方针提供重要的经验依据。一方面，这种经验来自党的历史上的实践，已经经过实践的充分检验，因而能够为政策和方针的实施提供充足的历史依据。另一方面，这种经验的“表达”能够帮助广大干部群众从历史的视角理解当前党和国家的方针与政策，也能够使广大干部群众增强对于党和国家当前方针和政策的信心。

同理，中共党史研究以及党史学科各项工作的开展，也能够为党和国家方针政策的制定、实施提供有效的经验依据。正如邓小平所言：“因为我们现在的路线、方针、政策是在总结了成功时期的经验、失败时期的经验和遭受挫折时期的经验后制定的。历史上成功的经验是宝贵财富，错误的经验、失败的经验也是宝贵财富。这样来制定方针政策，就能统一全党思想，达到新的团结。这样的基础是最可靠的。”[②]

第三节　以明理增信崇德力行为导向的育人功能

习近平指出，“对我们共产党人来说，中国革命历史是最好的营养剂”[③]，要“学史明理、学史增信、学史崇德、学史力行”[④]。这些

① 习近平．以史为鉴、开创未来 埋头苦干、勇毅前行．求是，2022（1）．
② 邓小平．邓小平文选：第3卷．北京：人民出版社，1993：234－235．
③ 习近平．论中国共产党历史．北京：中央文献出版社，2021：24．
④ 习近平．学史明理 学史增信 学史崇德 学史力行．求是，2021（13）．

论述，深刻而全面地阐明了中共党史的育人功能。

中共党史学科通过学科自身的教学和科研活动，产生对党员干部、青少年群体、专业队伍乃至全社会的教育作用。这种教育作用对于塑造过硬的党员干部队伍、锻炼堪当大任的建设者和接班人、培育党史研究的专业队伍、形成全社会的良好社会风貌都具有重要意义。

一、发挥好面向党员干部的育人功能

党员干部既是党史的学习者，也是党史的参与者。从新民主主义革命时期开始，党就高度重视干部队伍的党史学习教育，党员干部的党史学习教育成为党的光荣传统。

蔡和森、瞿秋白、李立三、张闻天等党的历史早期研究者，也将党史研究与教育的重点放在共产党的党员干部层面。1930 年 2 月，李立三在《党史报告》中这样说："党史对于目前政治路线和革命前途有绝大关系，我们必须有明确的认识"[①]。

延安时期，党高度重视党员干部队伍的教育与锻炼，而党员干部对于党的历史传统、经验、精神的学习就成为党员干部教育的一项重要内容。毛泽东在《〈共产党人〉发刊词》中指出："我们现在要建设这样一个党，究竟应该怎样进行呢？解决这个问题，是同我们党的历史，是同我们党的十八年斗争史，不能分离的。"[②] 毛泽东严厉批评了那种"对于自己的历史一点不懂，或懂得甚少，不以为耻，反以为荣"的现象，在他看来，这种现象"为害相当地大，不

① 中国社会科学院现代史研究室，中国革命博物馆党史研究室."一大"前后：中国共产党第一次代表大会前后资料选编：三. 北京：人民出版社，1984：89.

② 毛泽东. 毛泽东选集：第 2 卷. 2 版. 北京：人民出版社，1991：603.

可等闲视之的”[①]。因此，党的历史成为延安时期尤其是延安整风期间党员干部的必学内容。围绕学习党的历史，党中央对广大党员干部提出了明确要求，毛泽东更是针对如何学习和研究中共党史，在中央学习组发表了题为《如何研究中共党史》的讲话，他指出：“现在大家在研究党的历史，这个研究是必须的。”[②]

新中国成立后，毛泽东十分重视党员干部的党史学习问题。例如，1961 年他在中央工作会议上就指出：“我今天讲的就是总结经验，我下回还要讲。我们是历史主义者，给大家讲讲历史，只有讲历史才能说服人。”[③]

改革开放后，邓小平同样高度重视党员干部学习党史的问题，他认为那些否定新的历史条件的观点，“就是割断历史，脱离实际，搞形而上学，就是违反辩证法”[④]。江泽民指出：“要努力学习中国历史特别是中国近现代历史和党的历史，并通过这种学习努力掌握和发扬中华民族的优良传统和党的优良传统”，他认为“这一点对于各级领导干部也是十分重要的”[⑤]。他还曾指出：“不读点历史，不了解中国历史和外国历史，不知道历史和现实的联系，不掌握中外历史上的成功和失败、经验和教训，怎么治理社会、治理国家啊?”[⑥] 胡锦涛强调：“要通过开展各种纪念教育活动，促进广大中青年干部进一步学习党的知识和党的历史，深入了解党的优良传统和作风，不断增强党的意识，更加坚定自觉地为党的事业而奋斗。”[⑦]

党的十八大以来，习近平在不同场合要求党员干部学习党史，

---

① 毛泽东. 毛泽东选集：第 3 卷. 2 版. 北京：人民出版社，1991：798，799.

② 中共中央文献研究室. 毛泽东文集：第 2 卷. 北京：人民出版社，1993：399.

③ 中共中央文献研究室. 毛泽东文集：第 8 卷. 北京：人民出版社，1999：276.

④ 邓小平. 邓小平文选：第 2 卷. 2 版. 北京：人民出版社，1994：121.

⑤ 江泽民. 论党的建设. 北京：中央文献出版社，2001：93.

⑥ 江泽民. 江泽民文选：第 3 卷. 北京：人民出版社，2006：13.

⑦ 胡锦涛. 胡锦涛文选：第 1 卷. 北京：人民出版社，2016：479.

他强调："学习党的历史，是坚持和发展中国特色社会主义、把党和国家各项事业继续推向前进的必修课，这门功课不仅必修，而且必须修好。"[①] 由此可见，党中央对党员干部学习党史的要求是一以贯之的，围绕党员干部的党史教育也为不同时期中共党史学科的发展提供了契机。

在党的历史上，围绕党员干部的党史学习教育，中国共产党积累了许多宝贵的历史经验。将党史纳入党员干部教育培训的课程内容始于革命时期。1939 年 2 月，《第十八集团军政治部关于加强干部教育的训令》中就将中共党史同民族统一战线及新阶段、中国革命史及三民主义、马列主义概论、社会科学概论、政治经济学、辩证法唯物论与历史唯物论、党建、政工等内容一并列为学员学习的科目[②]。1940 年 1 月，《中共中央书记处关于干部学习的指示》将干部学习的课程"依据由浅入深由中国到外国的原则"，划分为初级、中级、高级、时事政治、军事学习等课程类别。其中，中国近代革命史、中国革命与中国共产党被列入初级课程内容，联共党史被列入中级课程内容，历史唯物论与辩证唯物论、近代世界革命史被列入高级课程内容[③]。由此可见，中共党史是干部学习教育的基础课程，足见党中央对干部党史教育的高度重视。同年 3 月，《中共中央书记处关于在职干部教育的指示》中也将中国革命与中国共产党（党建）、中国问题等列入了各类干部的教育内容中[④]。

这个传统一直延续到新中国成立后。1954 年 12 月，《中共中央

① 习近平. 在党史学习教育动员大会上的讲话. 北京：人民出版社，2021：3.

② 中共中央文献研究室，中央档案馆. 建党以来重要文献选编（1921—1949）：第 16 册. 北京：中央文献出版社，2011：116.

③ 中共中央文献研究室，中央档案馆. 建党以来重要文献选编（1921—1949）：第 17 册. 北京：中央文献出版社，2011：1.

④ 中共中央文献研究室，中央档案馆. 建党以来重要文献选编（1921—1949）：第 17 册. 北京：中央文献出版社，2011：222.

关于轮训全党高、中级干部和调整党校的计划》中，将中共党史与苏共党史、政治经济学和经济问题、辩证唯物论和历史唯物论、党的建设等内容列入马列学院的课程中。同样，在中级党校的课程中，也包括中共党史（包括党在过渡时期的总路线）等内容。党史教育成为新中国成立后干部队伍培训教育的必修课程。2010 年，时任中共中央政治局常委、国家副主席的习近平就曾在全国党史工作会议上强调“要以各级党员领导干部为重点，把党史教育纳入干部教育培训的必修课”[①]。

党的十八大以来，以习近平同志为核心的党中央也对将党史学习课程纳入干部培训课程的问题作出了许多重要指示。例如，2015 年 12 月，习近平在全国党校工作会议上强调，各级党校要把党性教育作为教学的主要内容，“深入开展党史国史教育、革命传统教育”[②]等等。2021 年 9 月，习近平在 2021 年秋季学期中央党校（国家行政学院）中青年干部培训班开班式上要求党员干部“勤学苦练、增强本领”，其中就特别指出，要“学习党史、新中国史、改革开放史、社会主义发展史”[③]。在党的十九届六中全会上，习近平强调：“要把党的历史经验作为加强党性修养的重要指引，善于运用贯穿其中的马克思主义立场、观点、方法，改造主观世界，坚定理想信念，不断提高广大党员、干部特别是领导干部的政治觉悟、思想境界、道德水平。”[④] 正是有这样的实践基础，中共党史学科才能在各级党校和干部培训学院当中形成学科基础。

以党员干部为主体的党史教育，重点在于培养与锻炼党员干部。

---

① 董宏君，李章军，刘建生. 全国党史工作会议在京举行. 人民日报，2010 - 07 - 22 (1).

② 习近平. 论党的宣传思想工作. 北京：中央文献出版社，2020：157.

③ 习近平. 努力成为可堪大用能担重任的栋梁之才. 求是，2022 (3).

④ 习近平. 以史为鉴、开创未来 埋头苦干、勇毅前行. 求是，2022 (1).

面向党员干部的党史教育，有几个方面的目的考量。一是通过党史教育，使党员干部充分了解党的历史，尤其是了解党的光荣传统、精神品质，从而增强党员干部的党性修养，这一点是与其他场域下的育人实践不同的。二是通过党史教育，使党员干部充分了解党的历史经验，尤其是正反两方面的经验教训，从而形成历史的思维，对党的政策和路线形成更为准确的认识。三是通过党史教育，使党员干部充分了解党的理论史、思想史，尤其是对党史上的思想争锋、政治斗争有更为清晰的认识，从而通过党史学习统一党员干部的思想，将力量集中到党的革命、建设、改革和开创新时代的事业上来，正如邓小平在谈到《关于建国以来党的若干历史问题的决议》时所说的："总结过去是为了引导大家团结一致向前看。争取在决议通过以后，党内、人民中间思想得到明确，认识得到一致，历史上重大问题的议论到此基本结束。"① 这句话道出了党史教育在统一党内思想上的重要作用。

二、发挥好面向青少年群体的育人功能

"青少年阶段是人生的'拔节孕穗期'，这一时期心智逐渐健全，思维进入最活跃状态，最需要精心引导和栽培。"② 长期以来，我国广大青少年都是党史教育的重点群体。对于青少年群体来说，党的光辉历史是学习党的光荣传统、赓续红色血脉的生动教材。

新中国成立之后，我们党就高度重视全国青少年的党史教育。新中国成立之初，党就将"中国革命常识"等列入中学教学计划，在对各大学专科学校课程调整的过程中增加了"新民主主义论"（后

① 邓小平. 邓小平文选：第 2 卷. 2 版. 北京：人民出版社，1994：292.
② 习近平. 论党的宣传思想工作. 北京：中央文献出版社，2020：372－373.

更名为“中共党史”）、“辩证唯物论与历史唯物论”等作为各校的重要课程。其中，作为中国共产党创办的第一所新型正规大学，中国人民大学在成立之初就设置了直属校部的“中国革命问题研究室”，后来调整为“中国历史与中国革命史教研室”，并在教研室中下设中国历史、中国革命史、新民主主义原理等教研组，从事革命史、党史的教学科研工作①。同时，党还针对教学主体进行党史教育。对此，习近平曾在学校思想政治理论课教师座谈会上回忆起自己中学时学到的政治课本《做革命的接班人》，他指出，这种教育“影响了我们这一代人的理想信念和人生选择”②。

改革开放后，邓小平在对起草《关于建国以来党的若干历史问题的决议》的意见中指出：“也要学点历史。青年人不知道我们的历史，特别是中国革命、中国共产党的历史。”③ 党的十一届三中全会后，“中共党史”课程在各大高校开设，各大高校面向大学生群体讲授党的历史。在随后的历次改革中，虽然“中共党史”课程的名称几经变化，但是其核心内容都融入了“毛泽东思想和中国特色社会主义理论体系概论”“中国近现代史纲要”等思政课程中，这些思政课程分别面向高校学生讲述马克思主义中国化的历史进程与理论成果、“四个选择”等中共党史的核心内容。除高校外，在全国中小学的课程设置中，在“道德与法治”等思政课程中也涉及中共党史、中国革命史的内容。

党的十八大以来，习近平高度重视思政课建设，尤其是重视思政课对于青少年历史观的塑造问题，他强调思政课教师要有历史视野，“思政课教师的历史视野中，要有五千多年中华文明史，要有五

---

① 刘辉. 中国人民大学与建国初高校“新民主主义论”、“中国革命史”课程的开设. 教学与研究，2008（11）.

② 习近平. 论党的宣传思想工作. 北京：中央文献出版社，2020：373.

③ 邓小平. 邓小平文选：第2卷. 2版. 北京：人民出版社，1994：304.

百多年世界社会主义史，要有中国人民近代以来一百七十多年斗争史，要有中国共产党近一百年的奋斗史，要有中华人民共和国七十年的发展史，要有改革开放四十多年的实践史”①。2021 年 4 月 19 日，习近平在清华大学考察时强调：“广大青年要爱国爱民，从党史学习中激发信仰、获得启发、汲取力量，不断坚定‘四个自信’，不断增强做中国人的志气、骨气、底气，树立为祖国为人民永久奋斗、赤诚奉献的坚定理想。”②

思政场域下的中共党史学科以及党史教育，以青少年为教育主体，以思想政治教育为主要目的。总体来说，这种场域下的中共党史学科的育人功能主要体现为三个方面。一是通过党史学习，学习革命历史，树立远大理想，坚定理想信念。党的历史是坚定理想信念的重要源泉。换言之，要让青少年坚定“四个自信”，关键就在于让青少年知道“中国共产党为什么能”，而学习百年党史，就是领悟党之所以“能”的密码所在。“只要我们深入了解中国近代史、中国现代史、中国革命史，就不难发现，如果没有中国共产党领导，我们的国家、我们的民族不可能取得今天这样的成就，也不可能具有今天这样的国际地位。”③ 1987 年，面对资产阶级自由化思潮的影响，邓小平在会见外国客人时冷静分析，深刻指出：“了解自己的历史很重要。青年人不了解这些历史，我们要用历史教育青年，教育人民。”④ 因此，思政场域下的中共党史学科承载着帮助青少年树立正确历史观、党史观的重要功能。二是通过党史学习，正确了解世情、国情、党情、民情。了解世情、国情、党情、民情对于青少年

① 习近平. 论党的宣传思想工作. 北京：中央文献出版社，2020：381.

② 习近平在清华大学考察时强调 坚持中国特色世界一流大学建设目标方向 为服务国家富强民族复兴人民幸福贡献力量. 人民日报，2021-04-20 (1).

③ 习近平. 论党的宣传思想工作. 北京：中央文献出版社，2020：144.

④ 邓小平. 邓小平文选：第 3 卷. 北京：人民出版社，1993：206.

群体思考人生和规划未来、确立人生志向十分重要。中共党史涵盖了近代以来中国的发展变化，尤其是讲述了以中国共产党为主体的道路探索史，有助于帮助学生从纵向维度理解当代中国。换言之，要了解世情、国情、党情、民情，首先必须学习党史。因此，思政场域下的中共党史学科承载着帮助青少年树立世界观、人生观、价值观的重要功能。三是通过党史学习，为青少年的专业技能学习提供知识补充。要了解中国，必须了解中国共产党及其历史。同样地，青少年群体要掌握一门“真本领”，就要系统了解党的历史。党史学习，尤其是高等院校开设的党史学习课程，很大程度上能够为非中共党史相关学科的青年人掌握本专业知识提供一定的知识补充，帮助其从更宽广的历史视野看待自己的专业学习。从这个意义上说，思政场域下的中共党史学科与其他学科一同构成了完整的育人链条。总的来说，思政场域下的中共党史学科承载着培育社会主义时代新人的功能，有助于帮助青少年树立正确的历史眼光、宽广的历史胸怀、系统的历史思维。

三、发挥好面向后备人才队伍的育人功能

早在新民主主义革命时期，党就开始着手建立一支以中共党史为研究内容的教学科研团队。特别是新中国成立后，学习党史蔚然成风。以胡乔木《中国共产党的三十年》为代表的一系列党史研究成果在全社会产生广泛影响。在这样的背景下，党史研究的党政专门机构、高等院校专业等先后产生。在党政专门机构方面，1951 年 7 月，《中共中央关于收集党史资料的通知》要求“在中央宣传部下设一党史资料室，由该室负责编印一种党内的不定期刊，名为《党史资料》，搜集刊载有关党史的各种资料、文件、文稿、回忆、传

记、图片等，印发若干份，供党内高级干部参考”，同时“在北京故宫武英殿设一革命博物馆筹备处”①。在党中央的关心和倡导下，一批研究革命史、党史的专业人才队伍开始成长起来。

党的十一届三中全会后，中共党史学科开始恢复和发展，中共党史人物研究会、中国中共党史学会等以党史为主要研究对象的学会先后建立。1980 年 5 月，中共中央决定将“毛泽东主席著作编辑出版委员会办公室”改组为中央文献研究室，以党的主要领导人的思想生平为主要研究内容；1980 年 7 月，中共中央党史研究室正式成立，并于 1988 年在撤销中央党史研究室、中央党史资料征集委员会的基础上，组建了新的中央党史研究室。在高等院校专业方面，从根据地时期的陕北公学、马列学院、华北联合大学、华北大学等关于中国革命史、中国共产党党史的相关课程，到新中国成立后以中国人民大学为代表的高等院校设置中国革命史教研室、中共党史教研室、中共党史系或中国革命史和中国共产党党史专业，培养了一大批党史教学科研人才，产生了一大批党史研究成果，如胡华主编的《中国革命史讲义》、李新等人主编的《伟大的开端》、彭明所著的《五四运动史》等，这些党史研究大家为中共党史学科的人才培养、学科建设作出了巨大贡献，为党史教学与研究锻造了源源不断的生力军。同时，一些科研院所、党校系统也承担着中共党史专业人才的培养工作。综合来看，上述机构日常教学和科研工作的开展都离不开中共党史学科培育的专门研究或教学人才。

专业教育场域下的中共党史学科，以高校相关专业学生为主要教育对象，其“育人”功能具体体现在三个方面。一是通过党史的专业教育，培养研究党史的专门人才，锻造从事党史研究的党政专

---

① 中央档案馆，中共中央文献研究室. 中共中央文件选集（1949 年 10 月—1966 年 5 月）：第 6 册. 北京：人民出版社，2013：347.

门机构、科研院所、高等院校专业后备人才。从党开展党史研究的历史可以看出，党史研究具有专业性、学术性、政治性，需要有一支具备过硬政治素质、专业水准、学术能力的人才队伍来从事相关研究工作。新中国成立以来，我国部分高等院校、科研院所、党校系统等都开设了中共党史或革命史专业，为党政专门机构、高等院校专业培养了从事党史研究的后备人才。二是通过党史的专业教育，为党政机关、国有企业等单位培养、输送党史党建理论人才。不只是专门从事党史党建研究的党政专门机构和科研院所需要党史党建专业人才，一些党政机关、国有企业等单位，乃至一些非公有制企业也同样需要相关人才从事党史党建的相关工作，如承担机关内的党务、干部教育培训等工作。这说明，中共党史学科所培养的党史党建专业人才具有较为广泛的社会需求。三是通过党史的专业教育，进一步推动中共党史研究的深化与发展。中共党史专业教育有利于培养党史研究的新生力量，能促进更多具备专业知识的教师与学生共同思考党史问题，产生更多高质量的党史研究成果。尤其是高校师生在教与学、教与研的过程中，互相促进、相互支撑，有力推动了中共党史研究的进一步深化。综合看来，专业教育场域下的中共党史学科具有更集中的受众范围，但同时也对教育的精细化、专业化提出了更高的要求，这是这一“育人场域”相对于其他场域的不同之处。

四、发挥好面向广大人民群众的育人功能

新中国成立后，在全国范围执政的中国共产党在重视干部、青年党史教育的同时，也同样高度重视广大人民群众的党史宣传教育问题。例如，1951 年 5 月，《中共中央关于纪念中国共产党成立三十

周年办法的通知》明确指出："应当将党的三十周年纪念，形成以党为中心的群众运动"，"同时陆续在党的支部中和劳动群众中进行关于党的历史的宣传"，并要求党所领导的报刊陆续大量刊登党史相关内容[①]。1959年，《教育部党组关于进一步开展农村扫除文盲和业余教育工作的请示报告》指出，农民业余学校的教育内容应对政治教育、文化教育和技术教育作全面安排，其中"在有条件的地方，还可以讲解一些有关哲学、党史、政治经济学的常识"[②]。

改革开放后，党中央高度重视社会主义精神文明建设，将中共党史教育作为社会主义精神文明建设的一项重要内容。党的十二大提出，"要在广大人民群众中，首先是干部和青年中，加强马克思列宁主义、毛泽东思想的教育，加强祖国历史特别是近代史的教育，加强党的纲领、党的历史和党的革命传统的教育"[③]。改革开放以来纷繁复杂的国际国内形势，对人民群众的思想教育问题提出了新的时代要求。胡锦涛曾指出："在改革发展任务艰巨繁重的新形势下，在深刻变化的国际环境中，我们要更加注重用中国历史特别是中国革命史来教育干部和人民。"[④]

党的十八大以来，习近平同样倡导"广大党员、干部和人民群众要很好学习了解党史、新中国史，守住党领导人民创立的社会主义伟大事业，世世代代传承下去"[⑤]。习近平尤其重视人民群众的历

---

① 中央档案馆，中共中央文献研究室. 中共中央文件选集（1949年10月—1966年5月）：第6册. 北京：人民出版社，2013：170.

② 中央档案馆，中共中央文献研究室. 中共中央文件选集（1949年10月—1966年5月）：第32册. 北京：人民出版社，2013：290.

③ 中共中央文献研究室. 十二大以来重要文献选编：上. 北京：中央文献出版社，2011：31.

④ 胡锦涛在中共中央政治局第三十三次集体学习时强调 坚持不懈地学习中国革命史 发扬光大党的光荣革命传统. 人民日报，2006-07-26（1）.

⑤ 习近平在吉林考察时强调 坚持新发展理念深入实施东北振兴战略 加快推动新时代吉林全面振兴全方位振兴. 人民日报，2020-07-25（1）.

史观塑造，在谈到尊重英雄的问题时，他曾经这样说："对中华民族的英雄，要心怀崇敬，浓墨重彩记录英雄、塑造英雄，让英雄在文艺作品中得到传扬，引导人民树立正确的历史观、民族观、国家观、文化观，绝不做亵渎祖先、亵渎经典、亵渎英雄的事情。"①

宣传教育场域下的中共党史学科，以广大人民群众为主要教育对象，其"育人"功能具体体现在以下几个方面。一是以党史教育，增进人民群众对国情党情的了解和认识。我国是社会主义国家，面向人民群众进行党史教育，有利于帮助人民群众更好了解近代以来中国的历史，帮助人民群众更好认识中国共产党、理解中国特色社会主义道路。二是以党史教育，增强人民群众对共产主义最高理想和中国特色社会主义共同理想的认同，进而坚定道路自信、理论自信、制度自信、文化自信。"我国工人阶级和广大劳动群众是国家的主人，要加强政治理论学习，加强党史、新中国史、改革开放史、社会主义发展史学习，自觉做中国特色社会主义的坚定信仰者、忠实实践者。"② 党的历史就是一部践行初心、担当使命的历史，人民群众只要深入了解党的历史，自然就能够理解"马克思主义为什么行""中国特色社会主义为什么好"等问题。三是以党史教育，在全社会树立正确的历史观，形成尊重历史、学习历史的良好社会风貌。面对无孔不入的历史虚无主义和各种错误社会思潮，党的百年历史是最有说服力的论据。面向人民群众讲好党的历史，能够帮助人民群众辨析各种形式的历史虚无主义，从核心观点上分辨历史观的"对"与"错"，从逻辑线索上把握历史发展的"主流"与"支流"，从而树立正确的历史观。总之，中共党史学科承载着面向人民群众

---

① 中共中央党史和文献研究院. 十八大以来重要文献选编：下. 北京：中央文献出版社，2018：476.

② 习近平. 在全国劳动模范和先进工作者表彰大会上的讲话. 北京：人民出版社，2020：6.

讲好中国共产党及其历史的重要功能，对于在全社会营造良好的社会风气、形成积极向上的民族品格具有十分重要的意义。

第四节　在新时代更好发挥资政育人功能

“回望过往的奋斗路，眺望前方的奋进路，我们必须把党的历史学习好、总结好，把党的成功经验传承好、发扬好。”[①] 总而论之，中共党史学科的资政育人功能是同中共党史学科的产生和发展一脉相承的，是与不同时期的历史特点紧密联系的。资政育人功能充分体现出中共党史学科不是一门简单意义上的以学术为志业的历史科学，同样也不是一个简单意义上的以宣传为目标的政治活动，而是兼具学术性与政治性的综合性学科，既有理论价值更有深刻的实践价值。中国特色社会主义进入新时代，中华民族伟大复兴曙光在前、前途光明。但是，我们也要深刻认识到，我们在面临难得机遇的同时也面临着严峻挑战，“在这个关键当口，容不得任何停留、迟疑、观望，必须不忘初心、牢记使命，一鼓作气、继续奋斗”[②]。新时代的中共党史学科同样需要适应新的时代发展要求，进一步发挥资政育人功能。

一、厘清影响资政育人功能发挥的主要因素

经过几代人的共同努力，中共党史学科已经逐渐成为系统完整的学科体系，拥有一大批具备扎实专业基础、过硬研究能力的老中

① 习近平. 在党史学习教育动员大会上的讲话. 北京：人民出版社，2021：5.
② 习近平. 在党史学习教育动员大会上的讲话. 北京：人民出版社，2021：7.

青研究者。但是，同新时代的要求和期待相比，还有一些影响和制约中共党史学科充分发挥资政育人功能的因素。

一是一定程度上存在重“学术”不重“大局”的现象。片面追求中共党史的学术性，不重视中共党史学科服务党和国家工作大局的本质要求。通过上文的论述，我们可以清楚地知道，中共党史学科具有特殊的学科属性，既不是单纯的历史科学，也不是政治科学，而是一门综合性的学科。但是，不可忽视的是，当前中共党史学科的研究中存在着过分强调学术性，而忽视党史研究本身政治属性的倾向。这种倾向容易导致中共党史学科“资政”功能的弱化。

二是一定程度上存在重“宣传”不重“学理”的现象。片面理解中共党史的宣传功能，缺乏必要的学理支撑。与过分强调学术性相对的另一个“极端”，是过于突出宣传意义，只是“灌水”式、空洞无物的文字表达，没有通过学理性的分析去探讨党史的内在逻辑问题。这种现象容易导致中共党史学科的学理性弱化，同样对于学科“资政”功能的发挥没有益处。

三是一定程度上存在重“史实”不重“理论”的现象。片面强调历史史实，忽视马克思主义中国化的理论逻辑，就党史谈党史，而忽视党史背后的理论线索。这种现象容易导致研究者和学习者只禁锢在史实的“故纸堆”中，而没有形成理论的系统思维，不能准备把握百年党史背后的理论“密码”。

四是一定程度上存在重“专业”不重“通俗”的现象。中共党史党建研究脱离教育对象，缺乏吸引力、说服力、传播力。对于党史教育来说，“对症下药”，面向不同教育对象采取不同的教育方式，同样十分重要。不同的教育对象在教育程度、教育背景、接受程度、兴趣偏好等方面都有不同，如果无法在教育方式上做到“因人而异”，“一服药包打天下”，难免会出现“消化不良”，使教育效果大打折扣。

总的来看，以上这几种现象，主要在于没有处理好党史研究与政治属性的关系，没有处理好中共党史学科资政与育人的问题，没有处理好史实研究与理论研究的关系，没有处理好专业研究与普及传播的关系，因而影响和制约了中共党史学科资政育人功能的有效发挥。

二、进一步发挥资政育人功能的基本路径

从 2021 年 2 月起，党史学习教育在全党范围内开展，习近平出席党史学习教育动员大会并发表重要讲话。习近平指出："要更好应对前进道路上各种可以预见和难以预见的风险挑战，我们必须从历史中获得启迪，从历史经验中提炼出克敌制胜的法宝。"在谈到在全党开展党史学习教育的意义时，习近平用三个"必然要求"加以概括，即"牢记初心使命、推进中华民族伟大复兴历史伟业的必然要求"①，"坚定信仰信念、在新时代坚持和发展中国特色社会主义的必然要求"②，"推进党的自我革命、永葆党的生机活力的必然要求"③。从三个"必然要求"来看，党史学习教育的开展具有很强的现实意义。中共党史学习资政育人功能的发挥，也正是学科现实功能性的鲜明体现。因此，加强中共党史学科建设，充分发挥其资政育人功能显得格外重要。总体而言，主要有以下几个着力点。

一是胸怀"两个大局"，以党史研究服务党和国家中心工作。在中国特色社会主义新时代，"我国发展面临着前所未有的风险挑战，

① 习近平．在党史学习教育动员大会上的讲话．北京：人民出版社，2021：5.
② 习近平．在党史学习教育动员大会上的讲话．北京：人民出版社，2021：8.
③ 习近平．在党史学习教育动员大会上的讲话．北京：人民出版社，2021：9.

既有国内的也有国际的，既有政治、经济、文化、社会等领域的也有来自自然界的，既有传统的也有非传统的，‘黑天鹅’、‘灰犀牛’还会不期而至”[①]。对于党史研究者而言，必须深刻认识中共党史学科的特殊功能定位，尤其是对于党史学科的学术性与政治性的关系必须有深刻的把握。增强党史研究的政治性，胸怀世界百年未有之大变局和中华民族伟大复兴战略全局，以服务党和国家中心工作为重点谋划自己的研究方向与研究领域。

二是树立学理思维，提升党史研究的学术性和理论性。作为一门综合性的学科，中共党史学科的安身立命之本在于学术性和理论性。换言之，如果失去了学术性和理论性，中共党史学科就无法为党和国家的中心工作提供学理学术支撑。提升中共党史学科的学术性和理论性，关键就在于把握党史研究的重点内容，即马克思主义中国化的思想史、百年历史发展的规律和大势、党的性质和宗旨、党应对风险挑战的历史经验、党的革命精神、党的团结和集中统一等内容。这些内容为纵向的历史维度提供了横向的坐标系，为我们研究和学习党的历史提供了重要参考和新的视角。新时代的中共党史学科要紧抓研究重点，不断提升学术学理性，善于综合运用多学科的研究方法和思维方式，从多角度剖析解读党的历史，尤其是为党的历史经验总结提供更多扎实的学理和学术依据。

三是敢于直面斗争，树立正确党史观。面对历史虚无主义和资产阶级自由化等错误社会思潮，中共党史学科必须发挥资政育人的功能，敢于“亮剑”，敢于运用中共党史学科的研究基础、学术优势，对关键问题及时澄清、对错误思想及时批驳、对否定唯物史观的错误方法及时纠正。尤其是要以党的历史上关于历史问题的历史

---

① 习近平. 在党史学习教育动员大会上的讲话. 北京：人民出版社，2021：17.

决议和党中央有关精神为依据，准确把握党的历史发展的主题主线、主流本质，正确认识和科学评价党史上的重大事件、重要会议、重要人物，形成实事求是评价党史的学术氛围和学科传统，以“更好正本清源、固本培元”[①]。

2021 年 11 月党的十九届六中全会通过的第三个历史决议，在阐述总结党的百年奋斗重大成就和历史经验，同党的中心工作和全党大局的关系时指出：“总结党的百年奋斗重大成就和历史经验，是在建党百年历史条件下开启全面建设社会主义现代化国家新征程、在新时代坚持和发展中国特色社会主义的需要；是增强政治意识、大局意识、核心意识、看齐意识，坚定道路自信、理论自信、制度自信、文化自信，做到坚决维护习近平同志党中央的核心、全党的核心地位，坚决维护党中央权威和集中统一领导，确保全党步调一致向前进的需要；是推进党的自我革命、提高全党斗争本领和应对风险挑战能力、永葆党的生机活力、团结带领全国各族人民为实现中华民族伟大复兴的中国梦而继续奋斗的需要。”[②]

上述这段论述，也为找准新时代推动中共党史学科资政育人功能发挥的基本路径指明了方向。它启示我们：

第一，在新时代发挥好中共党史学科的资政育人功能，需要坚持唯物史观和正确党史观，通过深入阐释党的百年奋斗重大成就和历史经验，从党的百年奋斗中看清楚过去我们为什么能够成功、弄明白未来我们怎样才能继续成功，从而更好地开启全面建设社会主义现代化国家新征程、在新时代坚持和发展中国特色社会主义。

第二，在新时代发挥好中共党史学科的资政育人功能，需要通

---

① 习近平. 在党史学习教育动员大会上的讲话. 北京：人民出版社，2021：25.

② 中国共产党第十九届中央委员会第六次全体会议文件汇编. 北京：人民出版社，2021：20.

过阐释中国共产党百年光辉历程，讲清楚保证党的团结和集中统一是党的生命，保证全党服从中央，维护党中央权威和集中统一领导，是党的政治建设的首要任务，“两个确立”对新时代党和国家事业发展、对推进中华民族伟大复兴历史进程具有决定性意义，从而增强政治意识、大局意识、核心意识、看齐意识，坚定道路自信、理论自信、制度自信、文化自信，做到坚决维护习近平总书记党中央的核心、全党的核心地位，坚决维护党中央权威和集中统一领导，确保全党步调一致向前进。

第三，在新时代发挥好中共党史学科的资政育人功能，需要通过阐释中国共产党百年的光荣传统和优良作风，讲清楚伟大建党精神是中国共产党的精神之源，要在新时代使中国共产党人的精神谱系、政治品格代代相传，为立党兴党强党提供丰厚滋养，从而不断推进党的自我革命，提高全党的斗争本领和应对风险挑战的能力，永葆党的生机活力，使党团结带领全国各族人民为实现中华民族伟大复兴的中国梦而继续奋斗。

（作者单位：清华大学马克思主义学院）

第九章
中共党史学科的国际视野与国际交流

陈金龙　杨　亮

中国共产党历史的发生与发展，有其深刻的国际背景。中国共产党是受十月革命影响，并在共产国际帮助下成立的。中国革命、建设、改革和开创新时代的实践，都是在一定国际环境下进行的。同时，中国共产党百年奋斗的重大成就，深刻影响了世界历史进程，改变了世界发展格局和趋势。党的十九届六中全会通过的第三个历史决议指出："党的百年奋斗深刻影响了世界历史进程。党和人民事业是人类进步事业的重要组成部分。一百年来，党既为中国人民谋幸福、为中华民族谋复兴，也为人类谋进步、为世界谋大同，以自强不息的奋斗深刻改变了世界发展的趋势和格局。党领导人民成功走出中国式现代化道路，创造了人类文明新形态，拓展了发展中国家走向现代化的途径，给世界上那些既希望加快发展又希望保持自身独立性的国家和民族提供了全新选择。党推动构建人类命运共同体，为解决人类重大问题，建设持久和平、普遍安全、共同繁荣、开放包容、清洁美丽的世界贡献了中国智慧、中国方案、中国力量，成为推动人类发展进步的重要力量。”[①] 中国共产党百年奋斗对人类社会产生如此广泛而深刻的影响，是世所罕见的。正因为如此，海外关注中国共产党的学者越来越多，中共党史研究日益成为国际“显学”。新时代中共党史学科的发展，迫切需要进一步拓宽国际视野、强化国际交流。一要善于从国际视野研究和评价中共党史，深化对党的百年奋斗重大成就、历史意义、历史经验的认识和把握。有学者认为，“如果不是把中共党史作为国际共产主义运动史的一个组成部分来研究，不是把中国共产党领导中华人民共和国的历史联系于当代世界的全局和国际事务来研究，而只是孤立地记述党走过的历史道路，只是注意历史事件的具体情节的探讨，那是根本不符合中国共产党的全部活动在世界现代史上和国际共运史上应有的地位和作用的”[②]。二要善于借鉴国际学术界关于中共党史的研究成果、研究范式和研究方法，促进中共党史研究方法的创新，推动中共党史学科体系、学术体系、话语体系的建构，推进中共党史学科的科学化发展。三要积极开展中共党史研究的国际合作与交流，使中共党史文献整理、研究成果翻译和人才培养等学科建设工作更加国际化。

第一节　拓宽中共党史研究的国际视野

世界历史发展是多维立体的，只有把历史放在不同维度的多层次时空背景下去认识和把握，才能认清历史的多维面相与深远意义。

① 中国共产党第十九届中央委员会第六次全体会议文件汇编. 北京：人民出版社，2021：93.

② 王仲清. 中共党史学概论. 杭州：浙江人民出版社，1991：117－118.

中共党史是世界社会主义发展史的重要部分，也是世界现代史的重要组成部分，中国共产党团结带领中国人民创造的人类文明新形态，为人类文明发展进步作出了重要贡献。深化中共党史国际意义的认识，需要把中共党史置于世界社会主义发展史、世界现代史、人类文明发展史的高度进行审视和评价。

一、从世界社会主义发展史的视野深化研究

从 1516 年英国人托马斯·莫尔发表《乌托邦》至今，社会主义已有 500 多年的历史。在这 500 多年历史进程中，社会主义历经从空想到科学的飞跃、从理论到实践的转变、从一国到多国的演进、从单一模式到多样化的探索。社会主义不仅是美好的理想更是系统完备的科学理论，不仅是思想潮流更是无产阶级的社会运动，不仅是理论观点更是新制度体系的构建和新发展道路的探索。社会主义性质的变革和创新性发展，得益于无产阶级思想家、革命家及各国无产阶级政党的求索和奋斗。中国共产党作为无产阶级政党，在推动世界社会主义发展过程中扮演了极其重要的角色，中国共产党领导中国人民进行的革命、建设、改革为世界无产阶级运动作出了重要贡献。中国社会主义运动是世界社会主义运动的重要组成部分，中共党史是世界社会主义运动史的重要组成部分。因此，有必要从中国共产党与世界社会主义运动互动的视角研究和评价中共党史。

（一）深化世界社会主义运动对中国共产党成立与发展影响的研究

近代世界政治是政党政治。社会主义由理论变为实践，无产阶级要掌握政权；共产主义要取得胜利，首先要建立社会主义政党。

1847 年，在改组正义者同盟的基础上成立了世界第一个共产主义政党——共产主义者同盟。1848 年，马克思、恩格斯为共产主义者同盟起草的《共产党宣言》发表，社会主义由此变为系统的科学理论。以科学社会主义为指导，社会主义运动领袖开展了各种形式的革命斗争，力图通过掌握政权建立社会主义国家。共产主义者同盟解散后，国际性的共产主义政党第一国际、第二国际先后成立。在共产主义者同盟和第一国际、第二国际的领导下，欧美国家先后成立社会主义政党，并领导无产阶级开展了广泛的社会主义运动。例如，1871 年的巴黎公社革命，初步建立了无产阶级政权，但由于寡不敌众，只维持了 72 天。随着社会主义运动不断发展，社会主义思想在世界范围内的影响越来越大。1895 年恩格斯逝世后，世界社会主义运动中心由西欧逐渐转向俄国。1917 年在俄国布尔什维克党的领导下，十月革命取得胜利，第一个社会主义国家在俄国建立起来，社会主义由理想变为具体实践。1919 年在布尔什维克党的号召和组织下，共产国际（第三国际）在莫斯科成立。在共产国际的领导和帮助下，世界社会主义运动蓬勃发展，社会主义先后在东欧、东亚的一些国家取得成功。中国共产党正是在世界社会主义运动蓬勃发展的背景下成立的，世界社会主义运动对马克思主义在中国的传播、中国共产党的成立和发展产生了重要影响。

一是早期社会主义思想传播和社会主义运动对中国共产党成立的影响。19 世纪 70—90 年代，《万国公报》就有关于社会主义思想及其运动的报道。20 世纪初，关于社会主义、马克思主义的报道文章和著作增多。例如，广智书局出版了《近世社会主义》《社会党》《社会主义》三本关于社会主义思想的论著。随着社会主义思想在中国的传播，社会主义是否适用于中国的论争也随之兴起。冯自由在《中国日报》发表《民生主义与中国政治革命之前途》一文，论述了民生主义与社会主义革命思想结合的问题。在社会主义思想影响下，1911年11月，江亢虎组建了第一个以社会主义思想为纲领的政党，即中国社会党。然而，江亢虎的中国社会党奉行的不是科学社会主义，而是无政府主义、改良主义等思想的大杂烩。“十月革命一声炮响，给我们送来了马克思列宁主义。”[①] 十月革命后，马克思主义逐渐在中国得到广泛传播，先进知识分子开始尝试运用马克思列宁主义分析和解决中国革命问题。从世界社会主义思想传播角度对比中国共产党与中国社会党等政治团体的异同，可以发现，不同社会主义思想流派传播导致成立的政治团体不同，社会主义思想是否科学、理论是否彻底、它们能否适用于中国实际，直接影响政治团体的政治主张和前途命运。显然，民主社会主义、无政府主义、工团主义等社会主义思潮，无法解释和解决中国问题，其建立的政治团体松散无力。因此，非科学的社会主义政治团体在中国不可能长期存在和发展，其在中国逐渐消亡是历史必然。早期共产主义知识分子坚信马克思主义的科学社会主义，坚持马克思主义建党原则，使中国共产党得以成立并逐渐发展壮大。这是社会主义思想传播和世界社会主义运动给中国社会主义运动带来的直接影响，由此进一步彰显马克思主义的思想魅力和无产阶级建党原则的极端重要性。

二是共产国际和苏联对中国共产党历史的影响。在世界社会主义运动发展历程中，对中国共产党成立和发展影响最大的，无疑是共产国际和苏联。这种影响有两个方面：一方面是积极影响，共产国际和苏联为中国共产党成立与发展提供了思想、物资、人才培养等方面的支持，苏联在很长一段时间内是中国共产党奋斗的旗帜和榜样，直接推动了新民主主义革命和社会主义革命的发展。另一方

① 毛泽东. 毛泽东选集：第4卷. 2版. 北京：人民出版社，1991：1471.

面是消极影响，共产国际和苏联对中国共产党及其革命的指导，存在一定程度的僵化和脱离实际的情况，导致中国革命遭受挫折。20世纪60年代，中苏两党的论战、对立和冲突直接影响中国共产党对世界社会主义运动及国际形势的判断，也给中国共产党探索社会主义建设道路带来了消极影响。深化这方面的研究，不但可以进一步厘清中国共产党与共产国际、苏联之间的关系，而且可以进一步阐明共产国际、苏联对中国革命、建设事业的具体影响。

三是东欧等社会主义国家及马克思主义政党对中国共产党历史的影响。社会主义思想流派众多，除了马克思主义的科学社会主义，还有社会党的社会民主主义、蒲鲁东的资产阶级社会主义、巴枯宁的无政府主义和市场社会主义、生态社会主义等。不同的社会主义潮流在具体社会政治环境中，将形成不同的社会主义政党。既有马克思主义政党，也有社会党、工党等。这些政党的主张、政策差别很大，即使同为坚持科学社会主义的马克思主义政党，其建立和建设社会主义的方式也存在一些差别。各个社会主义国家及马克思主义政党与中国共产党或多或少、或直接或间接都存在一定的联系，这些政党的主张、政策及国家的改革与发展，对中国共产党产生了一定影响。例如，东欧等社会主义国家马克思主义政党与中国共产党的关系、东欧等社会主义国家的建设和改革对中国社会主义建设和改革的影响。深化这方面的研究，可以进一步呈现中国共产党与国外马克思主义政党的关系，也可以明晰其他马克思主义政党及其执政的政策、措施对中国社会主义事业的影响。

（二）深化中国共产党与其他国家社会主义政党的比较研究

世界社会主义运动的推进和发展最终是通过各国社会主义运动展开的。各个国家经济发展水平、社会状况、文化习俗不同，社会主义革命和建设道路也存在差别。事实上，世界社会主义运动史上，思想主张与革命道路的分野早已存在。第一次分野是，坚持用暴力革命推翻现有政权还是通过议会斗争掌握政权。在坚持暴力革命的阵营中，最初大多走的是俄国革命道路，即以城市为中心的革命道路。中国共产党早期也尝试走以城市为中心的革命道路，但城市的敌人过于强大，南昌起义、广州起义都先后失败。后来，在毛泽东的领导下，起义部队调整革命思维和行动方向，才开辟了农村包围城市、武装夺取政权的革命道路。新中国成立后，中国共产党领导的社会主义革命、建设、改革也与其他社会主义国家有所不同。事实表明，在世界社会主义运动发展过程中，各国所走的道路千差万别，各国社会主义建设道路也存在差异。因此，有必要把中共党史与其他国家的共产党、工人党、社会党的历史进行比较，在比较中深入分析和把握中国共产党历史。

（三）深化中国共产党领导的社会主义实践对世界社会主义运动的贡献研究

中国共产党成立百年来，团结带领广大中国人民“浴血奋战、百折不挠，创造了新民主主义革命的伟大成就；自力更生、发愤图强，创造了社会主义革命和建设的伟大成就；解放思想、锐意进取，创造了改革开放和社会主义现代化建设的伟大成就；自信自强、守正创新，创造了新时代中国特色社会主义的伟大成就”[①]。四个伟大成就集中体现了中国共产党对世界社会主义运动的突出贡献。

第一，中国共产党开创了无产阶级革命新道路，为落后的殖民地半殖民地国家进行无产阶级革命提供了新的选择。马克思主义经

① 中国共产党第十九届中央委员会第六次全体会议文件汇编. 北京：人民出版社，2021：20.

典作家设想的无产阶级革命发生在生产力比较发达的资本主义国家，没有为落后的殖民地半殖民地国家的无产阶级革命指明具体道路。俄国虽然生产力不如西欧资本主义国家发达，但资本主义也有一些发展，工人阶级有一定的力量，并有一定的阶级觉悟。中国革命是在半殖民地半封建社会中展开的，无产阶级力量相当弱小。中国共产党领导中国人民经历艰苦探索、浴血奋战，开辟了农村包围城市、武装夺取政权的革命道路。这条道路是党团结带领中国人民走向革命胜利的道路。中国共产党开创了世界无产阶级革命的新道路，为世界无产阶级革命作出了新的贡献。

第二，中国共产党开创了社会主义革命新道路。新中国成立后，中国共产党带领中国人民在政治上建立和巩固了工人阶级领导的、以工农联盟为基础的人民民主专政的国家政权；在经济上稳定物价，统一财经工作，完成土地改革；在社会上进行各方面的民主改革，实行男女权利平等，镇压反革命，开展“三反”“五反”运动；在军事上肃清各类反革命和土匪，统一中国大陆，赢得抗美援朝战争的胜利。在国民经济得到一定恢复和稳定后，中国共产党并没有等到资本主义取得相当发展后再过渡到社会主义，而是于 1953 年正式提出党在过渡时期的总路线，即“在一个相当长的时期内，逐步实现国家的社会主义工业化，并逐步实现国家对农业、对手工业和对资本主义工商业的社会主义改造”[1]。在改造的方式上，采取了从低级到高级的方式，对资本主义工商业还采取了灵活的赎买政策。由于党的正确领导，加上地方政府广泛动员和广大人民群众的积极参与，历经三年基本完成了社会主义改造。在这一过程中，虽然存在要求过急、改变过快、形式过于简单划一等问题，但社会主义改造总体

① 中央档案馆，中共中央文献研究室. 中共中央文件选集（1949 年 10 月—1966 年 5 月）：第 14 册. 北京：人民出版社，2013：499.

上是成功的，我国建立起社会主义基本经济制度，为社会主义建设奠定了重要基础。在中国这样一个经济文化极其落后的国家建立社会主义，存在不少困难，中国共产党把马克思主义基本原理和中国具体实际结合起来，创造性地建立了社会主义基本制度，从而开创了落后国家走向社会主义的新道路。

第三，中国共产党开创了中国特色社会主义新道路。苏联模式曾一度成为社会主义建设的唯一模式。中国社会主义改造完成后，以毛泽东同志为主要代表的中国共产党人，力图探索中国自己的社会主义建设道路，但由于国内外各种因素的影响，并没有摆脱苏联模式的束缚。1978年12月党的十一届三中全会召开后，以邓小平同志为主要代表的中国共产党人，团结带领人民深刻总结新中国成立以来正反两方面的经验，坚持解放思想、实事求是，作出把党和国家工作重点转移到社会主义现代化建设上来、实施改革开放的历史性决策，围绕什么是社会主义、怎样建设社会主义这一根本问题进行了艰辛探索，深刻揭示社会主义的本质，确立社会主义初级阶段的基本路线，明确提出走自己的路、建设中国特色社会主义，科学回答了建设中国特色社会主义的一系列基本问题，制定了到21世纪中叶分三步走、基本实现社会主义现代化的发展战略，成功开创了中国特色社会主义。党的十三届四中全会以后，以江泽民同志为主要代表的中国共产党人，成功把中国特色社会主义推向21世纪。党的十六大以后，以胡锦涛同志为主要代表的中国共产党人，成功在新形势下坚持和发展了中国特色社会主义。党的十八大以来，以习近平同志为核心的党中央领导全党全军全国各族人民砥砺前行，全面建成小康社会目标如期实现，党和国家事业取得历史性成就、发生历史性变革，彰显了中国特色社会主义的强大生机活力。中国特色社会主义在中国共产党人的接续奋斗中，不断取得新的伟大成就。

中国特色社会主义的成功实践证明，苏联解体、东欧剧变并不是社会主义的失败，而是苏联模式的失败。中国共产党开创和发展的中国特色社会主义，使社会主义在21世纪重现生机与活力，世界上认同和信仰马克思主义的人越来越多，世界社会主义展现出光明前景。

二、从世界现代史的视野深化研究

中国是世界的重要组成部分，中国作为历史悠久的世界大国，其内政、外交、国防对世界政治、经济、军事产生了深刻影响，中国的兴衰成败也深刻影响世界历史发展进程。有学者指出，“世界历史进程中的不少问题，若脱离开中国历史，很难进行深入的、有说服力的阐释，反之亦然。中国历史是世界历史的有机组成部分，没有中国历史的世界史，是不完整的世界历史”①。中国共产党既为中国人民谋幸福、为中华民族谋复兴，也为人类谋进步、为世界谋大同。中国共产党百年奋斗取得的伟大成就，深刻改变了中国人民和中华民族的面貌，也深刻影响了世界现代史发展进程。研究和评价中共党史要有世界历史视野，也就是从中国共产党与世界历史的互动之中，厘清中国共产党与世界历史的相互作用、相互影响，把握中国共产党对世界和平与发展的巨大贡献。

（一）结合两次世界大战史研究和评价中国共产党历史

在世界近现代史上，对世界影响最大的两次世界大战与中国共产党有间接或直接联系。第一次世界大战后期，十月革命取得胜利，

---

① 于沛. 关于“世界现代史”主线和体系的理论思考. 史学理论研究，2010（1）：31-42.

第一个社会主义国家建立，打破了资本主义一统天下的局面，世界现代史由此开端。十月革命也引起了中国先进知识分子的关注，促进了马克思主义在中国的传播。1919 年巴黎和会召开，中国作为战胜国却在巴黎和会上遭遇失败，直接导致五四运动的爆发。在五四运动中，中国工人阶级开始作为独立的政治力量登上历史舞台。中国早期共产主义知识分子进一步把马克思列宁主义同中国工人运动相结合，成立了中国共产党。第一次世界大战为世界无产阶级夺取政权提供了空间，间接促进了中国共产党的诞生。如果说第一次世界大战与中国共产党联系还不是十分紧密，对中国共产党的作用不是十分明显，那么第二次世界大战与中国共产党之间则存在直接联系。一方面，中国是第二次世界大战的东方主战场，中国共产党为世界反法西斯战争胜利付出了巨大牺牲、作出了巨大贡献。1931 年九一八事变发生后，面对日本帝国主义发动的侵华战争，中国共产党先后发表《中国共产党为日本帝国主义强暴占领东三省事件宣言》《中国共产党为日本帝国主义强占东三省第二次宣言》《中国共产党为反抗帝国主义国民党一致压迫与屠杀中国革命民众宣言》，痛斥日本帝国主义对中国的侵略，揭露蒋介石的投降政策，号召中国民众团结起来，打倒日本帝国主义。九一八事变后，日本不断挑起战端，妄图通过野蛮侵略强占中国。面对日本侵华战争，中国共产党主张积极抗日。对于蒋介石的不抵抗政策，中国共产党先是制定"反蒋抗日"政策，后来根据国内局势发展改为"逼蒋抗日"政策。1936 年 12 月西安事变爆发后，中国共产党以国家大局和民族大义为重，积极与多方进行沟通协商，最终和平解决西安事变，并随之提出了"联蒋抗日"的主张。中国共产党抗日的决心、勇气、谋略和灵活政策是全国团结抗战形成的关键。同时，中国共产党领导的八路军、新四军等人民军队和各种形式的人民抗日武装力量，在正面战场和敌后战场给日本侵略者以沉重打击。中国共产党不仅为抗日民族统一战线的建立做了大量工作，促成了全国各党派和广大人民团结抗日，而且直接领导了抵抗和打击日本侵略者的斗争。另一方面，中国共产党在抗日战争时期提出的抗日方针和政策，彰显了中国共产党对国家、民族的担当和责任，体现了中国共产党的领导力、战斗力和凝聚力，赢得了国内外的广泛认同。国内外有识之士普遍认识到中国共产党是抗击日本侵略者的中坚力量，是进步的政治力量，是代表中国前进方向和希望的政党。受此影响，国内不少知识青年奔赴延安，大批外国记者也来到延安采访考察。外国记者的采访报道，向国际社会传递了中国共产党的主义、主张和政策，真实报道了中国共产党及其领导的边区政府、军队的情况，纠正了外界对中国共产党的种种错误看法，提升了中国共产党的国际形象，为中国共产党的发展奠定了群众基础、拓展了生存空间。

（二）将中共党史置于和平与发展视域下进行研究和评价

战争与和平是世界现代史的两大主题，而革新与发展则是世界现代史的主要趋势。中国共产党是世界和平的坚定维护者，是世界发展的强力推动者。中国共产党从成立起就深知，帝国主义对中国人民的侵略、剥削和压迫是中国一切灾难和祸患的总根源，世界不和平的最主要根源在于资本主义国家的内外矛盾。不打破旧世界就无法建立新世界，更无法维护稳定和平与发展的国际国内环境。因此，中国共产党领导中国人民进行新民主主义革命，推翻帝国主义、封建主义、官僚资本主义反动统治，为中国和世界的和平与发展奠定了重要政治基础。新中国成立后，中国共产党团结带领中国人民进行了抗美援朝等战争。这些战争维护了国家的主权、尊严和领土完整，维护了亚洲地区总体和平，提升了中国的国际威望和国际影响力。正如毛泽东指出，如果我们不抗美援朝，中国的和平建设就很困难，“我们对朝鲜问题，如果置之不理，美帝必然得寸进尺，走日本侵略中国的老路，甚至比日本搞得还凶……‘打得一拳开，免得百拳来。’我们抗美援朝，就是保家卫国”[①]。除了以自卫战争方式维护世界和平外，中国共产党还提出和平共处五项原则。1953 年 12 月 31 日，周恩来在中印谈判中首次提出和平共处五项原则。1955 年 4 月召开的万隆会议上，中国代表团始终秉持求同存异、平等协商的精神，向各国代表详尽阐述五项原则的基本内容、重要作用和伟大意义，赢得了与会各方的广泛认同和高度赞扬。会议通过的《亚非会议最后公报》引申和发展了和平共处五项原则，提出和平共处、友好合作的十项原则。改革开放后，邓小平基于世界格局的重大变化，提出和平与发展是时代主题的重要判断。在中国共产党领导下，中国政府坚定维护世界和平，推动世界各国共同发展。中国也是世界和平与发展的受益者，紧紧抓住和平与发展的机遇，推动自身快速发展。

（三）将中共党史置于世界格局变化发展视域下进行研究和评价

世界现代史以十月革命为开端。自十月革命打破资本主义一统天下的局面后，社会主义和资本主义的斗争就成为世界历史的主线，社会主义取代资本主义成为世界现代史的基本趋势。中国共产党自成立起，就成为世界社会主义运动的重要角色，中国革命、建设、改革和开创新时代成为世界社会主义运动的重要组成部分，中国共产党团结带领中国人民建立社会主义国家，使世界社会主义力量大

① 中共中央文献研究室. 毛泽东年谱（1949—1976）：第 1 卷. 北京：中央文献出版社，2013：230.

大增强，也使社会主义与资本主义的斗争有了更多资源和优势。20世纪80年代至90年代，苏联解体、东欧剧变，世界社会主义运动遭遇严重挫折。“历史终结论”和“社会主义失败论”在国际上大行其道。在这一背景下，中国共产党既没有走改旗易帜的“邪路”，也没有走封闭僵化的“老路”，而是坚持和发展中国特色社会主义道路。21世纪中国特色社会主义的发展推动世界社会主义取得巨大进展，使“历史终结论”和“社会主义失败论”不攻自破，使世界上认同社会主义的人越来越多，也使世界格局越来越有利于社会主义发展。

三、从人类文明发展史的视野深化研究

中华民族创造了辉煌灿烂的古代文明，为人类文明发展作出了重大贡献。但近代以来，中国逐渐落后于资本主义文明的发展，资本主义的扩张侵略，使中国长期处于落后挨打的境地。习近平在庆祝中国共产党成立100周年大会上指出：“中华民族是世界上伟大的民族，有着5 000多年源远流长的文明历史，为人类文明进步作出了不可磨灭的贡献。1840年鸦片战争以后，中国逐步成为半殖民地半封建社会，国家蒙辱、人民蒙难、文明蒙尘，中华民族遭受了前所未有的劫难。”[①] 从那时候起，实现中华民族伟大复兴，就成为广大仁人志士的责任和使命。中国共产党从成立起，就肩负为中国人民谋幸福、为中华民族谋复兴、为世界谋大同的历史使命。中国共产党掌握全国政权至今，仅用70多年时间，就使积贫积弱、一盘散沙的中国变为世界第二大经济体、第一大工业国、第一大贸易国、第

---

① 习近平. 在庆祝中国共产党成立100周年大会上的讲话. 北京：人民出版社，2021：2.

一大外汇储备国。中国共产党不仅改变了中国、改变了世界，而且创造了人类文明新形态。要从人类文明发展史的高度来研究和评价中国共产党的百年苦难辉煌史，科学认识和评价中国共产党对人类文明发展史的伟大贡献。习近平在庆祝中国共产党成立100周年大会上指出："我们坚持和发展中国特色社会主义，推动物质文明、政治文明、精神文明、社会文明、生态文明协调发展，创造了中国式现代化新道路，创造了人类文明新形态。"① 要从中国共产党与人类文明的互动关系中，进一步分析和把握中国共产党对人类文明发展的作用和贡献。

（一）深入研究中国共产党与人类文明发展的关系

马克思主义是在批判资本主义文明基础上创立的，其目的就是要打破资本主义对人类的压迫、束缚和剥削，力图建立理想的共产主义社会，从而创造新的人类文明。中国共产党是马克思主义政党，从成立起就坚持用马克思主义立场、观点、方法分析和解决中国问题，以挽救民族危亡。中国共产党百年奋斗历程，面对的是古今中外各种文明形态和文明成果，有中华传统文明成果，有传统社会主义文明成果，还有西方资本主义文明成果。中国共产党在不同历史时期对文明的态度和采取的措施并不完全相同。因此，一方面要从历史维度，梳理中国共产党对不同文明的态度和对不同文明采取的措施，深入分析态度和措施异同的历史原因。另一方面，要从理论与逻辑的维度，厘清中国共产党与不同文明的思想文化、体制制度之间的双向互动关系，深入分析中国共产党对各个文明的吸收借鉴及其对中国共产党的影响，同时要反向阐明中国共产党对其他文明

---

① 习近平．在庆祝中国共产党成立100周年大会上的讲话．北京：人民出版社，2021：13-14.

发展的深刻影响。

（二）深入研究中国共产党开创人类文明新形态的历程与意义

中国共产党带领中国人民奋力推进物质文明、政治文明、精神文明、社会文明、生态文明建设，走出了中国式现代化道路，创造了人类文明新形态。人类文明新形态的创造不是一蹴而就的，而是经历较长时间的探索和总结。从人类文明发展史角度研究中共党史，应该深入研究中国共产党探索和开创新文明形态的历史进程。例如，各个历史时期对人类文明新形态的追求和对创造人类文明新形态道路的探索，中国特色社会主义道路和中国式现代化道路的关系是什么，中国式现代化道路如何推动人类文明新形态的创造。中国共产党开创的人类文明新形态吸收借鉴了世界文明的优秀成果，但并不是某种文明形态的照抄照搬。这种人类文明新形态既有别于苏联模式的社会主义文明，又与资本主义文明截然不同，它是对传统社会主义的创新发展，又是对资本主义的突破超越。人类文明新形态是人类文明发展的新样态，对于人类文明发展具有引领意义。

（三）多维度研究中国共产党对人类文明发展作出的历史性贡献

研究中共党史，要站在人类文明发展的角度阐述中国共产党对人类文明的贡献。第一，为人类减贫事业作出的巨大贡献。中国是世界人口第一大国，但近代以来中国人民长期处于忍饥挨饿的状态。新中国成立后，中国共产党团结带领中国人民从根本上变革了生产关系，同时通过兴修水利、培育良种、改进耕作方式等措施，推进农业取得巨大发展，解决了长期困扰中国人民的吃饭问题。在解决温饱的基础上，又全面建成了小康社会，使全国所有贫困人口全部脱贫，从而在占全世界人口近1/5的中国彻底消灭了绝对贫困，提前十年实现了《联合国2030年可持续发展议程》的减贫目标，为人类社会发展作出了巨大贡献。第二，为人类和平发展提供的保障。西方资本主义国家是靠殖民统治和侵略掠夺发展起来的，发展起来后一直凭借经济、军事优势维持霸权主义和强权政治。西方国家秉持“二元对立”“国强必霸”“文明冲突”的观点，认为中国的发展必然导致中华文明与西方文明的冲突，中国强大之后必然要侵略其他国家。中国改革开放以来的事实和实践证明，中国的发展是和平发展，中国的发展不但不会危害其他国家，而且会给世界其他国家的发展带来更多机遇。中国共产党团结带领中国人民创造的人类文明新形态不但不会造成不同文明之间的冲突，而且会为构建人类命运共同体提供文明基础和保障。第三，为人类社会发展提供多样化的选择。中国是从极端落后、极度不平衡的状态逐渐发展起来，成为在政治、经济、文化、社会、生态等方面都具有世界影响力的国家。中国走的是一条不同于西方资本主义的发展道路，这为发展中国家走向现代化提供了有别于资本主义的新方案，也为人类社会发展提供了新的选择。

第二节　加强对国际学术界研究成果的吸收借鉴

中国共产党从成立起就广受国际社会的关注，不仅与中国共产党成立直接相关的共产国际密切关注中国共产党，而且敌视共产主义的资本主义国家也极为关注中国共产党。例如，日本警察厅曾密切监视早期共产主义知识分子在日本的活动，并且获得1921年6月末上海共产主义组织召集各地代表在上海开会的情报。中国共产党成立后，联共（布）和共产国际的领导人开始分析和研究中国共产党领导无产阶级革命的形势、政策与战略问题。莫斯科东方大学和莫斯科中山大学的一些教学人员由于教学的需要，也开始研究中国共产党革命运动中的政策和策略问题[①]。随着中国共产党的革命活动影响增大，尤其是在大革命和土地革命的影响下，欧美国家的记者开始关注中国共产党及其领导的革命运动，撰写、出版了一批纪实性和文学性作品。由此，开启了国际社会对中国共产党的报道、分析和研究。新中国成立后，尤其是改革开放后，国际上研究中共党史的学者及其成果逐渐增多。国际学术界的中共党史研究既是“一面镜子”，也是“一座桥梁”。所谓“一面镜子”，是指通过对比国际学术界的中共党史研究，可以映照国内中共党史研究的整体状况、成就、问题和不足。所谓“一座桥梁”，是指通过评价、分析、借鉴和吸收国际学术界中共党史研究的成果和方法，搭建国际国内对话、沟通、交流的渠道和平台。虽然国外没有严格意义上的和国内完全相对应的中共党史学科和中共党史研究，但国际学术界的“汉学”和“中国学”及其相关的历史、政治、经济、社会、文化等方面的研究都与中国共产党密切相关。由此产生了两个路向的研究：一是以中国共产党历史及其相应的实践活动为对象的研究，二是研究中国历史及其政治、经济、社会、文化、外交等具体内容时论及中国共产党历史。无论哪一种研究，从广义维度看都是中共党史研究。故而，国际学术界中共党史研究的学者相对较多，他们研究所秉持的价值立场是多元的，研究视角和方法是多样的，研究对象是多层次的。因此，整体把握国际学术界中共党史研究成果，既需要跟踪、关注国际学术界中共党史研究的进展，又需要正确分析、评价国际

---

① 梁怡，李向前. 国外中共党史研究述评. 北京：中共党史出版社，2005：28－29.

学术界中共党史研究的成果，还需要合理借鉴国际学术界中共党史研究的观点与方法。

一、关注国际学术界中共党史研究的新进展

随着中国前所未有地走近世界舞台中心，国际上研究中共党史的组织机构和人员日益增多，新史料、新范式、新观点不断涌现。强化中共党史研究的国际视野，增强中共党史研究的主动性，提升中共党史学科的话语权，需要关注国际学术界中共党史研究成果，尤其要跟踪国际学术界的最新研究进展和研究趋势。只有这样，才能获取中共党史研究的前沿信息，了解国际学术界在研究什么、是怎么研究的、研究到了什么程度，在此基础上建立国际学术交流的共同话题和同质话语，为讲好中国共产党的故事、传播中国共产党的声音奠定基础。一般来说，关注国际学术界中共党史研究的进展有直接和间接两种方式。所谓直接方式，就是通过国际网络或到国外图书馆、档案馆、研究机构直接查找相关外文文献。参与国际上举办的相关学术会议、研究论坛等也是直接获知研究进展和最新研究成果的方式。所谓间接方式，就是通过阅读国外相关著作和论文的简介、评述、索引或国内的全译、节译、简介、述评、文摘等，获知相关研究成果和研究进展。总体来说，关注国际学术界中共党史研究的进展须重点追踪和掌握中共党史文献史料、最新研究成果和最新研究动态。

（一）全面掌握国际中共党史文献史料

中共党史文献史料是中共党史研究的基础，没有史料作支撑，中共党史研究就是无源之水。没有扎实史料支撑的理论观点既不能

说服人，也无法推动中共党史学科发展。国内公开的相关史料为中共党史研究提供了基本文献支撑，如能获取国际上与中共党史相关的史料，则有利于拓宽史料来源。事实上，国际上拥有丰富的中共党史文献史料，既包括中国共产党的各类文件、决议、领导人的讲话稿、报刊等，也包括中国共产党与其他党派、地区、国家、国际组织交往过程中产生的电报、会谈记录、会议记录等，还包括一些人士参与或见证中国革命、建设和改革形成的见闻录、回忆录等。中国共产党的成立和发展与国际社会息息相关，加上国际社会和相关人士对中国共产党的关注，国际上众多国家、地区和档案馆、研究机构拥有中共党史资料。本书第七章已对海外中共党史文献作了详细介绍，此处不再赘述。研究者既要全面挖掘和整理前文所述海外的中共党史文献史料，又要及时跟踪和掌握最新公布的史料，将有较高文献价值的档案史料及时翻译和介绍到国内。改革开放以来，国内相关部门和单位已经组织公开出版了大量国际中共党史文献。例如，中共党史出版社出版了 21 卷本的《共产国际、联共（布）与中国革命档案资料丛书》，其中收录共产国际、联共（布）俄文档案 900 余份，这套丛书对研究中共党史具有极高的史料价值。

（二）及时掌握国际最新研究成果

关注国际中共党史研究最新进展，主要是及时掌握最新研究成果。国外研究成果一般包括著作、论文、学会会报等。著作是海外学者呈现研究成果的主要方式之一。著作的研究一般较为全面、系统、深入，能够比较全面地反映国外学者对中共党史的认识，也能够比较系统地呈现作者的思想、观点和研究方法。在国际上影响较大的中共党史研究著作有埃德加·斯诺的《红星照耀中国》、爱泼斯坦的《中国未完成的革命》、本杰明·I. 史华慈的《中国的共产主义与毛泽东的崛起》、M. 迈斯纳的《李大钊与中国马克思主义的起源》、沈大伟的《中国共产党：收缩与调适》、傅高义的《邓小平时代》、石川祯浩的《中国共产党成立史》等，这些著作涉及中共党史各个方面的内容。从时间来看，国际学者关于中共党史的研究，贯穿新民主主义革命时期、社会主义革命和建设时期、改革开放和社会主义现代化建设新时期、中国特色社会主义新时代。从研究对象来看，既有对中共领袖人物及其思想的研究，如毛泽东、刘少奇、周恩来、邓小平等，也有对中共重大历史事件的研究，如南昌起义、红军长征、抗日战争、西安事变、“文化大革命”、改革开放等，还有对中共自身发展和建设的研究。论文是海外学者呈现中共党史研究成果的又一重要方式，包括期刊论文、报纸论文、会议论文等。论文一般篇幅比较短小，但能及时反映国际上中共党史研究的最新成果。国际上刊发中共党史研究论文较多的刊物有《中国季刊》《中国杂志》《当代中国》《中国研究杂志》《哈佛亚洲研究杂志》《美国东方学会杂志》《研究中国》《中国：国际期刊》《当代中国事务》《当代中国杂志》等。除关注期刊论文外，还要关注知名报纸的相关论文、知名学术研究机构和学术团体的研究报告以及学位论文。著作、论文是海外研究成果的最主要载体和呈现方式，及时追踪和掌握海外中共党史研究的著作和论文，也就把握了国际中共党史研究的主要成果。

（三）密切关注国际最新研究动态

国际上关于中共党史的研究根据形势变化而不断转换。例如，2021 年是中国共产党成立 100 周年，国外关于中国共产党成立及其历史性成就的研究相应增加。关注国际学术界中共党史研究的进展需要把握国际中共党史研究的动态和趋势。一般来说，各个学术机构举办的学术年会或专题研讨会是观察国际研究动态和趋势的最主要方式。因此，需要关注国际上主要中共党史研究机构和学术组织，并注重搜集这些组织机构的会议主题、研讨内容及会议整理的论文集、报告等。当然，最有效的方式是直接参加相关研究机构举办的学术会议，以获得第一手材料，掌握最新研究动态。

二、客观评价国际学术界中共党史研究成果

中国共产党成立100多年来，国际学术界中共党史研究产出了海量成果。对于这些研究成果，既不能置之不理，也不能盲目认可，更不能不加区分，一概排斥，而要客观科学地分析和评价。这是借鉴国际中共党史研究观点和方法的前提条件，也是推进中共党史研究科学化的必然要求。所谓客观科学分析国际学术界中共党史研究成果，是指全面分析成果的形成背景、价值立场、理论观点、内在逻辑、研究范式、研究方法等，此外，还要重点辨别、分析其使用的文献、资料、数据的真实性和可靠性。

（一）厘清文献史料的真实性和全面性

史料是中共党史研究的基础，客观评价国际学术界中共党史研究成果的基础是厘清成果的文献使用情况。如果文献史料全面而且真实，那么这类中共党史研究成果就有扎实的文献史料基础，基于全面且真实文献史料进行的分析和得出的结论，才有可信度和科学性。反之，史实不清或史料不实，其逻辑分析和观点也就难以成立并令人信服。正如有学者指出的，“史实是论断的基础，也是判断观

点是否正确的主要标准和依据"[①]。厘清文献史料的真实性和全面性要从两个方面着手：一是文献史料的真伪，二是文献史料的全面性。考究文献史料的真伪，首先要掌握海外文献史料的基本情况，然后对照国内外相关的佐证材料，严谨细致地考辨其真伪。一般来说，海外藏有的原始档案、原始报刊以及权威机构整理、编辑、出版的档案文件汇编等原始记录文献，能够比较真实地还原历史情况，相对而言可信度高，学者也大多以此为研究基础。例如，日本学者竹内实 20 世纪七八十年代搜集、整理、编辑了 20 卷的《毛泽东集》。这部文献全部直接使用当时能够搜集到的原始资料，不少国外学者基于竹内实的《毛泽东集》对毛泽东思想进行深入研究。改革开放后，国际上一些学者也根据中国整理、编辑的文献汇编作了大量研究。例如，美国学者沈大伟的《中国共产党：收缩与调适》一书，运用了中国相关部门和机构编写的《宣传动态：1989—1990 年选编本》《宣传动态：1990 年选编本》等资料。对于亲历者、参与者、旁观者的回忆录、访谈录、口述史等文献则应该谨慎对待，毕竟这些是若干年前的历史，由于个人记忆能力、价值立场、情感情绪、具体背景等方面的影响，不一定能够完全还原历史的真实情况，尤其对历史细节还原的难度更高，甚至有些人出于某些原因，故意歪曲历史事实或选择性还原历史。极个别海外华人、华裔对中共党史的回忆有明显歪曲历史或背离真实历史的情况，这些文献史料以及基于这些文献史料的研究成果也就失去了客观性、科学性和学术价值。文献史料的全面性，就是论证观点要有全面广泛且直接的史料支撑，否则难以论证观点。例如，日本学者石川祯浩的《中国共产党成立史》一书，充分运用日、中、俄、美等国的资料，其中既有大量原始的文件、

---

① 金春明. 评《剑桥中华人民共和国史》. 武汉：湖北人民出版社，2001：629.

报刊、档案等史料，也有时人的日记、回忆录等文献作为佐证。正因为如此，有学者把这部著作称为“一部精心考证的创新之作”①。

（二）分析理论观点和研究范式的科学性

客观评价国际学术界中共党史研究的成果，最关键的是科学分析成果的理论观点和研究范式。所谓科学分析成果的理论观点，就是从相应成果中梳理出作者研究所得出的结论性观点，运用科学的理论和方法进行分析与评价。例如，美国学者费正清在《剑桥中华人民共和国史》一书中提出，讨论中华人民共和国史的最好出发点就是“王朝循环的理论与实践”。纵观整部著作，作者秉持的基本观点也是“王朝循环”观。对于这一观点，《评〈剑桥中华人民共和国史〉》第一章的作者孙慧荣认为，“王朝循环”只是一种历史现象，并非“历史发展的内在规律”，而且以这种观点看待和分析新中国史是不妥当的，因为“封建王朝的更迭并不是简单的循环，而是一种螺旋式上升或下降的过程”，中华人民共和国和过去的封建王朝在经济基础、政治制度、社会结构等方面有本质的区别②。这是运用科学方法对国外学者的观点进行的正确评析。所谓科学分析成果的研究范式，就是运用科学的方法与工具，分析国际学者研究中共党史所运用的理论、研究的对象和问题。在国际学术界，学者一般会将特定的研究范式作为工具，而研究范式决定了研究所运用的理论体系和分析框架，因此有必要对成果的研究范式进行分析。例如，海外中共党史研究的范式，包括“历史分析范式”“比较共产主义范式”“制度结构范式”“威权主义范式”“官僚政治范式”“政治精英范式”

---

① 占善钦. 一部精心考证的创新之作：评石川祯浩《中国共产党成立史》一书. 中共党史研究，2006（4）：126－129.

② 金春明. 评《剑桥中华人民共和国史》. 武汉：湖北人民出版社，2001：4－6.

“非正式组织范式”等[①]。不同分析范式，代表不同研究对象及其分析问题的理论及方法。例如，“政治精英范式”的理论前提是，人类社会的“政治权利总是集中在一少部分精英手中”，政治精英通过制定并执行公共政策决定社会资源分配[②]。所以这种研究范式主要聚焦对中共领导人的背景、性格、偏好、行为模式、任职经历等进行描述和分析，以探究中国共产党运作的内在机制。海外学者施拉姆的《毛泽东集》就是运用这种范式进行研究的成果。

（三）考察价值立场和研究背景的导向性

客观评价国际学术界研究成果，还要注重考察作者及其研究成果的价值立场和研究背景。海外学者的价值立场和研究背景对研究成果有直接影响。例如，国外有的学者研究中共党史秉持的是“西方中心论”，有的学者研究中共党史是为西方资本主义霸权服务的，还有学者对社会主义具有天然的恐惧或排斥。一旦有错误的或非科学的价值立场与研究预设，必然把研究结论导向无学术价值的方向。考察价值立场就是要从研究者的研究成果中爬梳其所内隐的价值取向、所处的位置和所持有的态度。考察研究背景主要考察学者的求学历程、从业经历、现有身份、研究动机等。从这些方面详细考察作者的价值立场和研究背景，既有助于理解相关研究成果的来龙去脉，也有利于进一步科学评价相关研究成果。

三、合理借鉴国际学术界中共党史研究的观点与方法

国内外学者研究中共党史存在较大差别。一般来说，国内学者

---

① 管永前. 中国共产党研究的基本范式. 国外社会科学，2021（2）：13－19.

② 管永前. 中国共产党研究的基本范式. 国外社会科学，2021（2）：13－19.

大多以马克思主义唯物史观为指导，对中国共产党的重要人物、重大历史事件、重大历史问题、重大历史决策、主要思想理论等进行正向研究，可以运用的文献史料相对权威且丰富。海外学者一般从各类研究范式出发，善于运用不同学科的方法对中国共产党的运行机制、人物关系、执政方式等进行研究，加上海外学者价值立场、政党情感、学术经历与环境等因素的影响，其学术观点与国内有较大差异。正是这种差异的存在，为合理借鉴国际学术界中共党史研究成果提供了空间。事实上，推动中共党史学科的国际化和科学化，需要借鉴国际学术界中共党史研究成果的合理观点和研究方法。

所谓合理借鉴中共党史研究成果，就是在客观评价国际学术界中共党史研究成果的基础上，对科学且学术水平较高的研究观点充分借鉴和吸收，进而推进中共党史相关专题的研究。例如，美国学者傅高义的《邓小平时代》一书第七章认为，1978 年中国存在三个转折点：第一个是谷牧率代表团访问欧洲和国务院务虚会，第二个是中央工作会议，第三个是党的十一届三中全会。这一观点强调的是那段历史的转折经历了一系列重要事件，是一个历史过程，而不是中国学术界所指明的党的十一届三中全会的突然转变①。傅高义的这一观点值得国内学者借鉴，学者们可以进一步深入研究从“文化大革命”到改革开放的历史转折过程。再如，日本学者石川祯浩的《中国共产党成立史》一书，通过翔实的史料考证和逻辑推理，认为陈独秀与李大钊、李汉俊等早期马克思主义信仰者不同，陈独秀一开始接受的是列宁式的马克思主义，因此在陈独秀身上发生了“奇妙的颠倒”，即正式研究马克思主义是在接受布尔什维克主义之后②。

---

① 章百家. 一部为公众而写的学术著作——读邓小平时代有感. 中共党史研究，2013（8）：120－124.

② 李丹阳，刘建一. 新视野下的中国共产主义运动起源研究——石川祯浩著《中国共产党成立史》评介. 近代史研究，2006（5）：65－70.

而这种现象产生的原因以及带来的影响需要党史研究者在借鉴这一观点的基础上进一步研究。又如，美国学者侯小佳的《中国农村的协商式社会主义：毛泽东、农民和山西地方干部 1949—1953》一书，通过考察山西农村土地从私有到互助组再转向集体合作化的过程，揭示了中央、省级、基层政权和农民间的相互作用及其与国家政策运行之间的关系，进而认为“1953 年，随着互助组的成功实验，山西省带头开展一个针对互助组情况的广泛调查，这些调查报告受地方干部影响，夸大了农村集体化未来的前途，山西省领导同志则走得更远，开始把互助组扩大到更广泛的农业生产合作社的实验，而这些报告也让中央认为农村合作化方向符合逻辑地成为党的路线的下一个步骤”①。也就是说，中国共产党逐步向集体化转变的政策，既与毛泽东和其他领导人的认识有关，也与山西省关于推动农业集体化的调查报告有很大关系。这一观点对进一步研究农业社会主义改造和人民公社化运动有借鉴和启发意义。

所谓合理借鉴国际学术界中共党史研究的方法，就是在全面分析国际学术界所运用的研究范式和研究方法的基础上，借鉴国际学术界科学的研究方法，以推进中共党史研究。当前，国际中共党史研究逐渐从革命范式、现代化范式、“西方中心论”范式等传统范式脱离出来，取而代之的是实证研究范式、权力斗争研究范式、人性假设范式、预测研究的范式、精英理论范式等②。这些研究范式包含的一些具体研究方法值得国内学者借鉴，如跨学科的综合分析法、历史逆向考察法、心理史学法、社会史学法、个案研究法、计量史学法、预测研究法等。借鉴这些研究方法有利于从更宽广的视角和

---

① 乔君，陈鹤，翟亚柳. 二〇一六年国外中共党史研究述评. 中共党史研究，2017 (12)：103－112.

② 韩强，牛晴苇. 辩证认识海外对中国共产党研究的价值与不足. 南京政治学院学报，2017 (4)：16－20.

不同历史层次把握中共党史研究的发展态势。

第三节　积极开展中共党史研究的国际交流

中共党史研究要取得新的更大成就，需要博采众长，不断加强国际交流与合作。习近平在全国哲学社会科学工作座谈会上指出："要鼓励哲学社会科学机构参与和设立国际性学术组织，支持和鼓励建立海外中国学术研究中心，支持国外学会、基金会研究中国问题，加强国内外智库交流，推动海外中国学研究。"[①] 所谓中共党史研究的国际交流与合作，是指中外相关组织、机构及其学者在中共党史文献整理、专题研究、成果翻译、平台建设等方面进行对话、沟通与协作。加强中共党史研究的国际交流与合作，既有利于丰富中共党史的文献史料，也有利于拓展中共党史研究的国际视野，提升中共党史学科的话语权。

一、中共党史文献整理的国际合作

进行中共党史研究最基本的就是要有文献史料。国内有承载中国共产党历史的海量文献史料，海外也有丰富的中共党史文献史料，有些文献国内已经遗失，但海外尚有保存。例如，中国共产党第一次全国代表大会通过的《中国共产党第一个纲领》，在国内没有原始文献保存，现在能够查到的只有原来保存在共产国际档案馆的俄文版和保存于美国哥伦比亚大学陈公博学位论文附录的英文版。因此，

---

① 习近平. 习近平谈治国理政：第2卷. 北京：外文出版社，2017：346.

有必要加强中共党史文献整理的国际合作。事实上，国内学者希望获得更多更有价值的海外中共党史文献史料，国外学者也想获得国内全面海量的中共党史文献史料。也就是说，加强文献整理的国际合作是国内外学者的共同期待。总体来看，进行文献整理的国际合作，比较可行的方式有三种。

（一）中外相关组织机构合作整理海外文献史料

海外藏有丰富的中共党史文献史料，但如何进一步挖掘、搜集和整理是关键。目前，海外有关机构已经在这方面做了一些有价值的工作。例如，俄罗斯科学院远东研究所、俄罗斯国家社会政治史档案馆和柏林自由大学东亚研究所合作编辑了《共产国际、联共（布）与中国革命档案资料丛书》。当然，中国相关机构和学者也搜集、整理了部分海外中共党史文献。例如，沈志华主编的《俄罗斯解密档案选编：中苏关系》，共收集 1945 年至 1991 年间的文献 2 625 件，包括中苏两党两国领导人的往来电报、信函、照会等重要文献史料。虽然中外学界已经整理了部分国外文献史料，但数量还远远不够，尤其是专门针对中共党史的文献史料的整理比较缺乏。因此，中外相关组织机构可以在搜集、整理国外中共党史文献史料方面进一步加强合作。例如，有些档案馆管理非常严格，只允许极少数本国研究人员进行查阅，国外学者很难进入相关档案馆，而与档案所在国学者合作可以提供一些便利。此外，中方学者在文献史料搜集方法和文献史料解读方面与国外学者有所不同，中外学者可以互相借鉴。比如，中共中央党史和文献研究院、中国社会科学院、中国人民大学、北京大学等研究机构和高等院校，可以与俄罗斯、美国、日本、法国、英国等国相关档案机构、研究中心（所）、高等院校合作，中外双方可以共同提供人员、经费、设备等，从档案馆、图书馆等文献史料相对集中的地方，全面搜集、整理海外能够挖掘的中共党史文献史料。再如，中国学者可以与美国中共党史研究学者合作，对胡佛研究所“现代中国档案和特别收藏部”的开放档案进行挖掘和搜集，以整理与中国共产党相关的文献史料。中外共同合作搜集、整理文献史料后，在条件允许的情况下可以公开出版发行。如果条件不允许，中外双方可以各自以纸质版和电子版方式保存，以备中外学者查阅和使用。

（二）中外相关组织机构合作整理国内文献史料

中国革命、建设、改革和新时代形成的文献史料绝大部分在中国，国内有关组织机构、研究单位和学者搜集、整理了大量中国共产党的文献史料，如《建党以来重要文献选编（1921—1949）》《建国以来重要文献选编》《中共中央文件选集（1949年10月—1966年5月）》《毛泽东选集》《毛泽东文集》《红藏》《马藏》《列宁主义在中国早期传播史料长编（1917—1927）》等。国内文献史料的整理取得了很大成就，但仍然存在部分未被挖掘、搜集和整理的文献史料，而且国内学者在文献整理方面也还存在一些不足。而国外学者在文献挖掘、搜集和整理方面与国内学者多有不同，一定程度上能够提供新的视角或方法。因此，有必要邀请海外相关组织、机构共同搜集、整理国内已经开放的文献史料。对于合作整理的国内文献史料，应该有意识地引导海外学者科学解读和运用。

（三）中外相关组织机构协同整理专题文献史料

中外关于中共党史的文献史料具有互为补充、互相印证、互相支撑的作用。有些文献只保存在国内，有些文献史料则只在海外保存，还有些文献史料中外都有保存。这种情况下，中外相关组织机构可以协同整理专题文献史料。针对特定专题，中外学者可以在各自国家搜集文献史料。例如，对中国共产党成立早期的文献史料，俄罗斯学者可以到俄罗斯联邦国家档案馆、俄罗斯国家档案馆、俄罗斯国家社会政治史档案馆、俄罗斯联邦对外政策档案馆等搜集文献史料，美国学者可以到美国国家档案馆、胡佛研究所、总统图书馆等搜集文献史料，日本学者可以到日本国立史料馆、国立公文书馆、外务省外交史料馆等搜集文献史料。全世界不同国家的学者可以共同努力，全面呈现中共党史早期的文献史料。搜集、整理的专题文献可以在国内外出版发行，以便共同推动相关专题研究。

二、中共党史专题研究的国际合作

虽然国内外学者在研究中共党史的背景、立场、范式、方法等方面有所差异，但不断深化、拓展中共党史研究是国内外学者的共同期望，而研究的差异也为中外合作研究提供了空间。因此，中外学者可以在中共党史专题研究方面进行国际合作，优势互补，共同推进中共党史研究。具体来说，可以尝试以下两种合作方式。

第一种合作方式是课题研究。中外学者可以围绕中共党史研究存在的问题进行充分探讨，然后共同设计一些中外学者都感兴趣且学术价值较高的课题，每个课题在国内外各选 1～2 个研究团队进行研究。相关研究成果力争在国际权威刊物发表，以扩大中共党史研究的国际影响。研究结束后对中外学者的研究方法、文献和成果进行全面探讨、分析和评价，以厘清中外学者在分析问题、查找文献、形成结论等方面的异同。通过这种分析比较，可以全面呈现中外中共党史研究的异同，推动中共党史研究中外优势互补。

第二种合作方式是协同研究。所谓协同研究就是中外学者共同对某个专题进行深度合作研究。学者们在广泛征求选题，并充分讨论的基础上，确定一个中外学者参与意愿高且有较高研究价值的选题，然后组建中外研究小组。中外研究小组围绕选题进行全方位的合作，包括文献搜集整理、文献解读、研究方法、观点论证、成果撰写等。研究小组成员既要分工又要合作，可以通过正式会议或非正式活动沟通研究中的各种问题，以推进专题研究。最终研究成果可以在海内外公开发表，以便扩大研究成果的国际影响。通过这种方式推动中共党史研究，有利于中外学者互相深入了解，也有利于通过课题设置、研究范式和方法借鉴等推动中共党史学科发展。

三、中共党史研究成果翻译的国际合作

中共党史研究要融通中外就要互相吸收借鉴各国研究成果。但由于语言障碍，很多成果难以被不同国家的学者准确了解和把握，因此需要加强中共党史研究成果翻译的国际合作。中共党史研究成果的翻译是双向度的：一方面是把国内中共党史研究成果翻译成外文，以便让更多的国外学者更加全面了解和把握中国学术界中共党史研究的情况和进展；另一方面是把国外学者的中共党史研究成果翻译成中文，以便国内学者掌握国外的研究动态。事实上，新中国成立后，相关组织机构和学者在这方面做了大量工作。例如，1949年至1959年，中苏两党分别派出翻译人员合作翻译《毛泽东选集》前三卷俄文版。再如，改革开放后，中央党史研究室编译出版了《国外中共党史中国革命史研究译文集》（第一、二集）等国外研究成果。《中国的共产主义与毛泽东的崛起》《李大钊与中国马克思主义的起源》《邓小平时代》《中国共产党成立史》等国外著作也被翻译介绍到国内。客观来看，中共党史研究成果的翻译已经取得明显

进展，为推动中共党史研究作出了重要贡献，但还存在两个方面的问题：一是成果互相翻译过程中，由于语言和语境的障碍，存在翻译不准确，甚至歪曲作者原意的情况；二是中国对国外研究成果的翻译相对较多，而国外学者把国内党史研究成果翻译成外文的相对较少，也就是说国内中共党史优秀研究成果“走出去”亟待加强。所以，需要进一步加强中共党史研究成果翻译的国际合作。具体来说，这种合作方式主要有两种：

第一，把国外中共党史研究成果准确翻译成中文的合作。国外中共党史研究成果丰富，既有著作，也有论文，而且涉及的学科、领域较多，语种也多样。因此，要把海外有价值的中共党史研究成果全面准确翻译成中文困难较多。中外合作翻译成果是目前较为有效的解决这种困难的方式。一般来说，翻译国外中共党史研究成果要征得作者同意并获得授权，所以在翻译过程中最好有作者直接参与。如作者不擅长中文，可邀请该国研究中国问题且擅长中文的学者共同参与。国内参与翻译的人员既要有中共党史方面的专业知识，也应该精通相应的外语，还应该邀请专业外语翻译进行指导。简单来说，就是由作者、精通双语的研究者、专业翻译人员共同组成翻译团队进行准确翻译。例如，中共中央党史和文献研究院、中国社会科学院、新华社、中国人民大学、北京师范大学、北京联合大学、北京外国语大学等国内组织机构、高等院校可与国外相关研究机构、高等院校进行结对合作，组建高水平的中共党史成果专业翻译团队，把国外研究水平较高的中共党史研究成果及时准确译介到国内来。

第二，共同合作把国内中共党史研究成果准确翻译成外文。国内中共党史对外翻译的最大成果是把中共领导人的文献全面准确翻译成了外文。例如，《毛泽东选集》《邓小平文选》《江泽民文选》等领导人著作被翻译成多语种出版发行。再如，2012 年至 2020 年，中共中央宣传部会同中共中央党史和文献研究院与中国外文局、外文出版社编辑、翻译、出版了多语种的《习近平谈治国理政》第一、二、三卷①。领导人著作的翻译是必要的，而且也取得了显著成就，但还需要进一步把国内学术界中共党史研究成果翻译成外文。因为中共党史研究成果不但是诠释和把握领导人著作的重要支撑，而且是讲好中国共产党故事的基础，还是提升中共党史学科国际话语权的关键。因此，需要进一步加强国际合作，把国内高水平有价值的研究成果准确翻译成外文。这方面的合作具体来说有两种合作方法。其一，动员国外学者主动翻译。可以通过举办国际学术研讨会的方式，向国外学者系统推介国内高水平中共党史研究成果。创造机会深入讨论和交流，以提升国外学者对国内相关研究成果的认可，使国外学者主动翻译国内中共党史研究成果。中国相关组织机构应该主动为国外学者提供翻译所需资源和便利。成果作者也可以予以指导和帮助，以便全面准确翻译研究成果。其二，国内主动与国外合作翻译国内中共党史研究成果。由于人力、物力、利益、立场、文化、语境等因素影响，国外学者主动大量翻译国内中共党史研究成果难以短时间内实现，因此，国内相关组织机构可以主动走出去，积极与俄罗斯、美国、日本、法国、德国等国家的研究机构和高等院校合作。中方提供高水平的论文和著作，并给予人员、物资等方面的支持，国外相关组织机构派出相关专业人员和专门翻译人员，共同把国内中共党史研究成果翻译成外文。条件允许的情况下，在准确翻译的基础上，还应该积极出版发行多语种版本。以上两种方式都可以充分利用现有国家级研究平台和项目来推动。例如，在“国家社科基金中华学术外译项目”“经典中国国际出版工程”“中国

---

① 孙宁. 新中国中央文献对外译介事业的发展历程与特点. 中国翻译，2021（4）：43-48.

文化著作对外翻译出版工程”“丝路书香出版工程”等国家级翻译项目和出版工程中设立“党史专项”，以吸引学术界对党史成果翻译和出版的关注，从而整体推动党史成果的对外翻译和出版工作。只有通过推介、翻译、出版，国内中共党史研究成果才能大规模“走出去”，才能进一步增强中共党史学科的国际话语权和影响力。

四、中共党史研究国际交流平台的搭建

国际交流平台是融通中外、推动交流的重要载体，加强中共党史研究的国际交流，需要搭建相应的交流平台。国际交流平台应该包括人才培育平台、文献互通交流平台和学术研讨交流平台。

（一）搭建人才培育平台

人才培育是中共党史学科的基础工程和重要工作，要开阔中共党史研究的国际视野，关键是培育具有国际视野的研究人才。培育具有国际视野的中共党史研究人才，比较好的方式是使其走出国门，学习国外的经验和研究方法。因此，中外相关研究机构和高等院校应该合作搭建人才培育平台，以互相吸收借鉴对方在党史研究方面的人才培养优势。一般来说，可以搭建两种平台。一是搭建合作培养本科生和研究生的平台。招收中共党史及相关专业学生的高校可以主动与俄罗斯、美国、日本、法国、德国等国的高校合作。中外人才培养机构可以共同制定人才培养计划、专业课程、考核要求等，然后共同招收、培养学生。例如，四年制中共党史专业博士研究生可以在国内高校学习两年，到国外高校学习两年，国外相应的博士在本国高校学习两年，到中国高校学习一至三年，专业课程和学分互认，博士论文由中外导师团队共同指导、审核和评议，最后中外

培养机构共同颁发毕业证书和学位证书。二是搭建培养青年学者的平台。大多数中共党史研究学者对全世界范围内的文献史料、研究范式、主要成果了解不够，如果能身临其境去相关国家查阅文献史料、感受研究氛围、考察研究范式，则有助于推动国际中共党史研究走向深入。尤其是国外中共党史研究学者，如果能够到中国来查阅文献史料、体验中国文化、了解中国实际情况、感受中国的研究方法，将对文献史料有更深刻的解读，对中国革命、建设、改革和开创新时代也会有更贴合实际的理解和把握。因此，中外相关组织机构可以共同搭建学者培养平台，以平台为基础定期互派学者进行一至三年的访学，双方互相为学者的学习、研究提供资源和便利，以推动中共党史研究国际人才培养。要大力支持和鼓励到国外学习的人员充分利用相关学习资源和研究平台，提升专业外语能力，积极在国际相关权威刊物发表中共党史研究成果，提高国内中共党史研究成果的国际表达能力，推动国内中共党史研究走向国际化。

（二）搭建文献互通交流平台

前文已对文献整理国际合作进行了充分阐释，但为进一步提升文献的使用和交流，需要搭建文献互通交流平台。中外相关组织机构和高等院校可以建立文献互通交流平台，定期以视频会议方式探讨文献方面的进展，以电子邮件或资料快递等方式互相分享最新挖掘和整理的文献史料。

（三）搭建学术研讨交流平台

学术研讨交流有助于分享研究观点，拓宽研究视野，提升研究质量。中外相关组织机构和高等院校可以搭建一些学术研讨交流平台。这种交流平台既可以定期举行学术研讨会，也可以不定期举办学术专题交流会。例如，中共中央党史和文献研究院与中国社会科学院可以牵头建立国际中共党史研究学会，学会每季度至少举办一次专题学术研讨会，每一年举办一次年会，以此促进中外学者中共党史研究的学术交流。建立国际中共党史研究学会后，可以逐渐在各国成立分会，并建立联络合作办公室，搭建集文献整理、成果翻译、人才培养、学术研讨、成果呈现于一体的综合性国际交流平台，为开展中共党史研究的国际交流与合作提供全方位、立体性的支持。要鼓励国内中共党史研究人员积极参与国际平台的建设和维护，敢于在国际平台发出声音，勇于在国际平台发表成果，善于在国际平台把握话语权和领导权。

学术在交流中发展，在互鉴基础上创新。中共党史学科的国际视野和国际交流，是推动中共党史学科发展的重要力量。拓展中共党史研究的国际视野，有效开展中共党史研究的国际交流，是中共党史学界应尽的责任。

（作者单位：华南师范大学马克思主义学院、
华南农业大学马克思主义学院）

图书在版编目（CIP）数据

新时代中共党史党建学科基本理论问题研究. 中共党史学科 / 李捷主编. -- 北京：中国人民大学出版社，2025. 6. --（中共党史党建学科研究丛书）. -- ISBN 978-7-300-34009-8

Ⅰ. D23；D26

中国国家版本馆 CIP 数据核字第 20250VD539 号

中共党史党建学科研究丛书

新时代中共党史党建学科基本理论问题研究　中共党史学科

主编　李　捷

Xinshidai Zhonggong Dangshi Dangjian Xueke Jiben Lilun Wenti Yanjiu

出版发行	中国人民大学出版社		
社　　址	北京中关村大街 31 号	**邮政编码**	100080
电　　话	010－62511242（总编室）		010－62511770（质管部）
	010－82501766（邮购部）		010－62514148（门市部）
	010－62511173（发行公司）		010－62515275（盗版举报）
网　　址	http://www.crup.com.cn		
经　　销	新华书店		
印　　刷	北京联兴盛业印刷股份有限公司		
开　　本	720 mm×1000 mm　1/16	**版　　次**	2025 年 6 月第 1 版
印　　张	23.75 插页 3	**印　　次**	2025 年 6 月第 1 次印刷
字　　数	286 000	**定　　价**	498.00 元（全三册）

| 中共党史党建学科研究丛书 |

新时代中共党史党建学科基本理论问题研究

党的建设学科

| 主编 |
李 捷

中国人民大学出版社
· 北京 ·

目　　录

第一章
党的建设学科的形成和发展

肖贵清　王赟鹏

党的建设学科，是研究关于中国共产党建设理论与实践特别是党的建设规律的学科，以解决建设什么样的党、怎样建设党，建设什么样的长期执政的马克思主义政党、怎样建设长期执政的马克思主义政党等重大理论和现实问题。作为按照民主集中制原则组织起来的马克思主义政党，中国共产党自成立之日起就始终高度重视加强自身建设，特别注重开展对自身建设规律的研究，强调从理论高度认识和把握自身发展建设规律，这为党加强自身建设，领导全国革命走向胜利并在全国范围内开展社会主义建设提供理论指导和实践指南。

中国共产党自成立之日起就始终按照马克思主义政党的标准严格要求自己，同时根据马克思主义建党学说的一般原理，结合中国革命实际和自身的具体情况探索研究自身发展建设规律，为自身的发展壮大、为锻造中国革命事业的坚强领导核心提供了理论指南。中国共产党的中央领导集体在长期领导革命的实践中逐步深化对党的建设基本原理的科学把握，明确了党的建设应当遵循的内在规律，为党建学科提供了逻辑起点和理论基石。党的领导集体在长期实践中对党的建设内在规律的科学把握，作为基于新鲜实践经验的理论提升和科学认知，实现了由感性认识到理性认识的飞跃，为后续进一步的党建研究提供了理论支撑和实践基础，为党建学科的蓬勃发展提供了源头活水，因而党的中央领导集体围绕党的建设所进行的理论创新和实践创新，也构成了党的建设学科的重要内容和组成部分。

第一节 党的建设学科的奠基（1921—1949 年）

中国共产党的建设以中国共产党的成立为起点，在革命战争时期形成了丰富的党的建设思想理论。中国共产党自成立之日起就高度重视自身建设，把明确党的性质、制定党的最高纲领和民主革命纲领、制定党的章程作为加强自身建设的关键环节。

1921 年召开的中国共产党第一次全国代表大会明确指出，“本党定名为‘中国共产党’”，“承认无产阶级专政，直到阶级斗争结束，即直到消灭社会的阶级区分”，“并承认党的根本政治目的是实行社会革命”①。党的一大对党的性质的科学把握和准确表述确定了中国共产党作为无产阶级政党的根本属性，并且确立了党的最高革命纲领，为党的建设提供了根本指针。1922 年党的二大制定通过的《中国共产党第二次全国代表大会宣言》明确了党在民主革命时期的任务是“消除内乱，打倒军阀，建设国内和平”，“推翻国际帝国主义

① 中共中央文献研究室，中央档案馆. 建党以来重要文献选编（1921—1949）：第 1 册. 北京：中央文献出版社，2011：1.

的压迫，达到中华民族完全独立”[①]。同时通过的《中国共产党章程》作为“中国共产党的第一个章程”[②] 在党员、组织、会议、纪律、经费等方面就党的组织问题作出了明确规定[③]。民主革命时期最低革命纲领的提出标志着党对自身所肩负的政治使命有了更加明确和具体的认识，党的第一个章程的订立标志着党中央对党自身组织结构和内部运行规范的认识达到了新的层次。这都表明伴随着建党任务的最终完成，党中央对自身建设的研究和认识水平得到了不断提升，这为党的建设课程开展提供了初步的理论基础、思想保证和内容支持。

一、党的建设课程的开设

大革命时期，随着中国共产党党员人数和活动领域的不断扩大，急需培养大批党的干部，因此，创办党校的工作被提上日程。1925 年中央批准由李大钊提出的“北方区委创办党校的计划，同意罗亦农在京主持党校的工作”[④]。随着中共北方区委党校的创办，党的建设便成为干部培训的重要课程。党校创办后，陈乔年负责讲授党的建设课程[⑤]。1926 年 3 月、6 月，中共上海区委举办的第一期、第二期党校也开设“党的组织及纪律”“党的组织”课程。

---

① 中共中央文献研究室，中央档案馆. 建党以来重要文献选编（1921—1949）：第 1 册. 北京：中央文献出版社，2011：133.

② 中共中央文献研究室，中央档案馆. 建党以来重要文献选编（1921—1949）：第 1 册. 北京：中央文献出版社，2011：164.

③ 中共中央文献研究室，中央档案馆. 建党以来重要文献选编（1921—1949）：第 1 册. 北京：中央文献出版社，2011：164－169.

④ 中共北京市委党史研究室. 北京革命史回忆录：第 1 辑. 北京：北京出版社，1991：198.

⑤ 中共北京市委党史研究室. 北京革命史回忆录：第 1 辑. 北京：北京出版社，1991：201.

一系列党的建设课程的开设，标志着中国共产党对于自身建设认知的起步。

二、党的建设学科的萌生

大革命失败后，中国共产党的组织遭到极大破坏，但在十分艰难的情况下，在干部培训中进行党的建设课程教育的做法坚持下来，并在中央苏区和延安时期发扬光大。

1929 年，周恩来在上海主持筹办党的干部训练班与特别训练班，审定讲课提纲并讲授党的建设。在中央苏区时期，“一九三三年十月十三日，为了纪念马克思逝世（三月十四日）五十周年，宣布成立‘马克思共产主义学校’，即中央党校。校址设在江西瑞金”①。李维汉等讲授党的建设课程。红军长征胜利到达陕北后，马克思共产主义学校得以恢复，并正式定名为中共中央党校。李维汉和“董必武、廖志高等讲党的建设”②。“党中央也在这里设了一个‘党与群众工作研究室’。”③ 除中央党校外，党的各级地方也陆续建立各级各类党校，并将党的建设作为一门专门课程加以开设。随着党的建设作为一门固定课程加以开设，在广大干部学员中进行讲授，党内对于党的建设的认识也更为清晰和明确。“当时提出，党的建设就是马克思、恩格斯、列宁和斯大林论党的学说，是无产阶级革命理论同无产阶级革命行动有机统一的学说；……党建研究是‘认识和把握布尔什维克的规律，改善党的建设工作’；研究的基本精神是‘理论与实践的一致，将党的建设的脚本与无限丰富的活的教材相联系’”④，

---

① 李维汉. 回忆与研究：上. 北京：中共党史资料出版社，1986：385.

② 李维汉. 回忆与研究：上. 北京：中共党史资料出版社，1986：388.

③ 李维汉. 回忆与研究：上. 北京：中共党史资料出版社，1986：388.

④ 周逸. 关于党建学科建设的几个问题. 党建研究，1992（5）.

从而明确了党的建设学科就是研究讲授马克思主义政党建设学说的学科，其基本内容是研究和把握党的建设内在规律，以期将党建设成为富有战斗力的马克思列宁主义政党。

党的建设学科萌生之初就被认为是理论与实际相结合的学科，而非单纯的理论研究。党的建设要求将马克思主义建党学说和中国共产党建设的实际情况相结合，将理论研究与正在解决的实际问题相结合，以期实现学以致用、知行合一，从而将党的建设理论与党的建设实践有机统一起来。特别是经过延安整风运动，全党范围内进一步破除了经验主义和教条主义的影响，使理论与实际相结合的党建学科发展思想更加明确。在这种认识的影响下，毛泽东、刘少奇、陈云等领导同志，多次去党校就党的建设问题发表演讲，以党的建设鲜活经验丰富发展党的建设学科，推进了马克思主义建党学说中国化的历史进程。其中，《改造我们的学习》《整顿党的作风》《反对党八股》《学习和时局》《论共产党员的修养》等篇目成为党的建设学科史上的经典著作，为党的建设学科长远发展奠定了坚实丰厚的中国化马克思主义党建理论基础。

伴随着中国共产党领导人民开展革命斗争的历史进程不断推进，党对自身建设的研究和认识也不断深化，对党的建设内在规律的把握更加全面，这为指导全党加强自身建设、锻造领导中国革命的坚强核心提供了理论支撑。其中的基本内容集中体现在党的七大制定通过的《中国共产党党章》之中。

党的七大党章在党的历史上第一次设立了总纲，将党的主要政治主张以简明的形式加以列举和阐释，为党的一切行动提供了基本指南。党的七大党章的总纲开宗明义地指出："中国共产党，是中国工人阶级的先进的有组织的部队，是它的阶级组织的最高形式。中国共产党代表中国民族与中国人民的利益。它在现阶段为实现中国的新民主主义制度而奋斗。它的最终目的，是在中国实现共产主义制度。”① 展现出党的七大对党的根本性质和党的使命任务的科学把握，为党不断加强自身建设、争取抗日战争和人民解放战争的最终胜利提供了科学指南。

同时，党的七大党章系统全面地就党的组织规范作出了规定，就党员，党的组织机构，党的中央组织，党的省及边区之组织，党的地方、县、市及区之组织，党的基础组织，党的地下组织，党的监察机关，党外组织中的党组，奖励与处分，经费等方面作出了全面、详细、具体的规定。党的七大党章明确指出：“党的组织机构，是按照民主的集中制建设起来的。民主的集中制，即是在民主基础上的集中和在集中领导下的民主。”② 这表明党中央对党应当遵循何种组织规则，特别是如何将民主集中制的组织原则落实到具体的组织活动中有了更加深刻的认识。党的七大党章关于党的政治主张和组织规范的集中阐述，体现出经过长期革命斗争的实践锻炼，党中央对党的建设内在规律有了更加全面和深刻的认识，这既是民主革命时期党中央对党的建设开展研究得出的重要成果，又是以后开展党的建设研究的重要遵循，是党的建设学科发展的重要组成部分。

三、党的建设学科的形成

新民主主义革命时期党中央对党的建设应如何开展的理论研究和实践探索构成了这一时期党的建设学科发展的主要线索，就其具体内容而言，这一时期党的建设学科研究确定了党的建设学科基本

---

① 中共中央文献研究室，中央档案馆. 建党以来重要文献选编（1921—1949）：第22册. 北京：中央文献出版社，2011：533.

② 中共中央文献研究室，中央档案馆. 建党以来重要文献选编（1921—1949）：第22册. 北京：中央文献出版社，2011：538.

原理，明确了党的领导理论，发展了党的自身建设理论，形成了党的建设学科话语体系，构建了党的建设教学体系，为后续党的建设学科不断发展壮大奠定了坚实基础。

在这些党的建设研究成果的形成过程中，毛泽东发挥了最为重要的作用。这不仅体现在作为党的第一代中央领导集体的核心，其领导党开展革命斗争和加强自身建设的丰富实践成为党的建设理论研究的源头活水，更体现在其撰写的《中国共产党红军第四军第九次代表大会决议案》《反对自由主义》《中国共产党在民族战争中的地位》《〈共产党人〉发刊词》《改造我们的学习》《整顿党的作风》《反对党八股》《学习和时局》《关于健全党委制》《党委会的工作方法》等一系列文章所提出的理论观点和科学论断将马克思主义建党学说与中国党的建设具体实际有机结合，系统总结了中国共产党在长期革命斗争中行之有效的实践经验，初步形成了具有中国共产党独特风格、适合中国共产党自身建设实际情况的党的建设科学理论体系。

正如《关于建国以来党的若干历史问题的决议》所指出的，毛泽东特别着重于从思想上建设党，提出党员不但要在组织上入党，而且要在思想上入党，经常注意以无产阶级思想改造和克服各种非无产阶级思想。他指出，理论和实践相结合的作风，和人民群众紧密地联系在一起的作风，以及自我批评的作风，是中国共产党区别于其他任何政党的显著标志。他针对历史上党内斗争中存在过的“残酷斗争、无情打击”的“左”倾错误，提出“惩前毖后、治病救人”的正确方针，强调在党内斗争中要达到既弄清思想又团结同志的目的。他创造了在全党通过批评与自我批评进行马克思列宁主义思想教育的整风形式。新中国成立前夕和新中国成立以后，鉴于我们党成为领导全国政权的党，毛泽东同志多次提出要继续保持谦虚谨慎、戒骄戒躁、艰苦奋斗的作风，警惕资产阶级思想的侵蚀，反对脱离群众的官僚主义[①]。这一系列被长期建党实践证明行之有效的理论探索和政策主张，成功助力了“在无产阶级人数很少而战斗力很强，农民和其他小资产阶级占人口大多数的国家，建设一个具有广大群众性的、马克思主义的无产阶级政党”[②] 这个极其艰巨的历史任务的完成，丰富和发展了马克思主义建党学说。邓小平曾说：“把列宁的建党学说发展得最完备的是毛泽东同志。在井冈山时期，即红军创建时期，毛泽东同志的建党思想就很明确。大家看看红军第四军第九次党代表大会的决议就可以了解。他的完整的建党学说，是经过实践在延安整风时期建立起来的。毛泽东同志对于建立一个什么样的党，党的指导思想是什么，党的作风是什么，都有完整的一套。正是因为毛泽东同志在延安整风中建立了完整的建党学说，并且用这个学说来教育我们全党、全军和人民，使我们建立了这么一个好的党，所以才取得抗日战争、解放战争的彻底胜利。”[③] 毛泽东思想中关于党的建设的科学理论构成了中国共产党加强自身建设所遵循的基本原理，同时也是党的建设学科的基本原理，至今仍然是党的建设学科研究的重要基础和主干内容，对党的建设学科的理论框架建构和学科体系形成产生了深远而持久的影响。

除思想内容外，这一时期党的建设学科进展还体现在以毛泽东同志为核心的党的第一代中央领导集体在研究中逐渐凝练形成了一套完整的党的建设学科话语体系，为党的建设理论确立了恰当有效的大众化的表达方式。建党之初，中国共产党的建设如何开展受共

---

① 中共中央文献研究室. 三中全会以来重要文献选编：下. 北京：人民出版社，1982：832.

② 中共中央文献研究室. 改革开放三十年重要文献选编：上. 北京：中央文献出版社，2008：208.

③ 邓小平. 邓小平文选：第2卷. 2版. 北京：人民出版社，1994：44.

产国际和苏联共产党的影响较大，这也无可避免地体现在党的建设话语体系上。党的第二次全国代表大会通过了《中国共产党加入第三国际决议案》，并将共产国际制定通过的《第三国际加入条件》作为附件加以接受，其中关于党的建设的表达话语带有鲜明的苏联特色，那时尚未形成从中国党的建设实践出发的自主话语体系。经过长期建党的实践，中国共产党的党的建设思想理论学说也不断推进，特别是随着马克思主义建党学说的中国化不断推进，不仅形成和提出了一系列具有中国特色、符合中国共产党建党实际的党的建设理论原则，而且形成了一整套具有中国特色、体现中国气派和中国风格的话语表达方式。其中“为人民服务”“毫不利己、专门利人”“实事求是”“理论和实践相结合”“密切联系群众”“批评和自我批评”“个人服从组织，少数服从多数，下级服从上级，全党服从中央”“惩前毖后、治病救人”等话语表达，不仅将马克思主义建党学说的原理和要求进一步通过合乎中国语言习惯和广大党员的认知习惯的方式加以表达，而且彰显了党在加强自身建设过程中形成的新的思想理念和科学观点，使得党的建设学科的思想内容获得了与之相适应的有效话语表达，从而实现了内容与形式、思想与表达的内在统一。这种话语体系的有效建立，不仅使得党的建设思想理论找到了恰当的表达形式，使其能够得到正确理解和有效传播，更好地发挥对党的建设的指导作用，而且其本身作为马克思主义建党学说中国化的组成部分，渗透着中国传统文化和思想观念对建党理论的影响，将马克思主义建党学说与中国传统文化中的政治观念和修身意识等结合起来，使得中国共产党的建党理论更加具有中国特色和中国气派。新民主主义革命时期以毛泽东同志为核心的党的第一代中央领导集体在探索党的建设内在规律的过程中逐渐提出并构建的党的建设话语，在革命斗争中发挥了重要作用，其中脍炙人口的经典表达和精辟论述至今仍然具有鲜明的价值，彰显了其持久的历史意义与时代意义。

第二节　党的建设学科的曲折发展（1949—1978年）

新中国成立后，伴随中国共产党成为中国的执政党，建设一个什么样的党、怎样建设党的问题更具体地体现为建设一个什么样的执政党、怎样建设好一个执政党的现实政治问题。与此相对应，党的建设学科发展更密切地与加强党的执政能力建设、提升党在执政条件下的生机活力相联系，产生了一系列新的理论认识和行之有效的实践政策，为党的建设学科发展提供了重要支撑。

一、探索执政条件下党的建设内在规律

在中国革命战争即将胜利之际，以毛泽东同志为核心的党的第一代中央领导集体就高度重视取得政权以后的自身建设问题。毛泽东在党的七届二中全会上提出："务必使同志们继续地保持谦虚、谨慎、不骄、不躁的作风，务必使同志们继续地保持艰苦奋斗的作风。"① "两个务必"的提出和党的七届二中全会对党的建设提出的要求都体现出毛泽东等中央领导人对"进京赶考"的重视，力图通过不断加强自身建设，推动全党能够始终保持蓬勃朝气和革命斗志，努力跳出治乱兴衰的历史周期率。

---

① 毛泽东. 毛泽东选集：第4卷. 2版. 北京：人民出版社，1991：1438－1439.

新中国成立后，党中央又多次召开组织工作会议，开展整党运动，推动党的建设稳步前进，使党员队伍的素质符合党所肩负的建设任务。为增强党内团结，党的七届四中全会制定通过了《关于增强党的团结的决议》，就党内生活的有序开展提出了六点要求①，特别是就维护党的团结统一和反对个人崇拜、维护党的民主集中制等内容作出了明确规定，对这一时期党的建设起到很强的推动作用。

1956 年召开的党的八大揭开了全面开展社会主义建设的序幕，其不仅对党在社会主义建设时期的总路线作出了详细论证，而且对社会主义建设中如何加强和改进执政党建设提出了明确和系统的论述，集中体现在邓小平就党章修改所作的报告中。

邓小平在报告中明确指出："执政党的地位，很容易使我们同志沾染上官僚主义的习气。脱离实际和脱离群众的危险，对于党的组织和党员来说，不是比过去减少而是比过去增加了。而脱离实际和脱离群众的结果，必然发展主观主义，即教条主义和经验主义的错

---

① 党的七届四中全会提出的六点要求是："（一）党的团结的利益高于一切，因此应当把维护和巩固党的团结作为指导自己言论和行动的标准，即有利于党的团结的话就说，不利于党的团结的话就不说，有利于党的团结的事就做，不利于党的团结的事就不做。（二）党是工人阶级先进分子的统一的集中的组织，党的团结的唯一中心是党的中央，因此，必须把任何地区、任何部门的党的组织及其工作看作是在中央统一领导下的整个党及其工作的不可分割的一部分，反对任何派别思想、小团体习气、地方主义、山头主义和本位主义，反对任何妨碍中央统一领导、损害中央的团结和威信的言论和行动。（三）党的团结的重要保证之一是严格遵守民主集中制，严格遵守集体领导的原则，因此必须坚决反对分散主义和个人主义，反对把自己领导的地区和部门当作独立王国，反对把个人放在组织之上，反对不适当地过分地强调个人的作用，反对骄傲情绪和个人崇拜。（四）全党高级干部的重要的政治活动和政治意见应经常向所属的党的组织报告和反映，其关系特别重大者则应直接向党中央的政治局、书记处或中央主席报告和反映；如果避开党的组织和避开中央来进行个人的或小集团的政治活动，避开党的组织和避开中央来散布个人的或小集团的政治意见，这在党内就是一种非法活动，就是违反党的纪律、破坏党的团结的活动，就必须加以反对和禁止。（五）全党高级干部应根据增强党的团结的原则来检查自己的言论和行动，凡是不利于党的团结的言论和行动都必须改正。（六）对于任何有损党的团结的言论和行动应当进行批评和斗争。"（中共中央文献研究室. 建国以来重要文献选编：第 5 册. 北京：中央文献出版社，1993：129－130.）

误。”[①] “执政党的地位，还很容易在共产党员身上滋长着一种骄傲自满的情绪。”[②] 他强调了党在执政条件下所面临的脱离人民群众的挑战，同时提出，为克服这一问题，“党除了应该加强对于党员的思想教育之外，更重要的还在于从各方面加强党的领导作用，并且从国家制度和党的制度上作出适当的规定，以便对于党的组织和党员实行严格的监督”，既“需要实行党的内部的监督，也需要来自人民群众和党外人士对于我们党的组织和党员的监督”[③]。针对党在执政后容易脱离群众的问题提出的这一警示和针对性的解决措施，是党在新中国成立后关于自身建设内在规律的新认识，体现出时代和形势对党的建设的新要求，也体现出党对自身建设认识的与时俱进，为党的建设学科理论发展增添了新的内容。

二、丰富执政条件下党的建设理论内涵

党的八大之后，随着社会主义建设的全面展开，党的建设随之深入推进。从内容上看，新中国成立后党的建设学科在革命战争年代形成的建党思想的基础上产生了许多新的认识。邓小平指出：“建国以后，党内生气勃勃，生动活泼。毛泽东同志的建党学说以后又有新的发展。”[④] 这特别体现在对执政条件下党的建设实际需要和内在特点有了更加深入和充分的认识，丰富和发展了党的建设思想理论，进一步实现了在社会主义建设条件下马克思主义建党学说的与

① 中共中央文献研究室. 建国以来重要文献选编：第 9 册. 北京：中央文献出版社，1994：120.

② 中共中央文献研究室. 建国以来重要文献选编：第 9 册. 北京：中央文献出版社，1994：121.

③ 中共中央文献研究室. 建国以来重要文献选编：第 9 册. 北京：中央文献出版社，1994：121.

④ 邓小平. 邓小平文选：第 2 卷. 2 版. 北京：人民出版社，1994：44.

时俱进。

新中国成立后，党的工作重点逐步转移到社会主义现代化建设上来。在领导社会主义现代化建设的过程中，以毛泽东同志为核心的党的第一代中央领导集体高度重视发挥党的领导核心作用，毛泽东明确指出："领导我们事业的核心力量是中国共产党。指导我们思想的理论基础是马克思列宁主义。"① "工、农、商、学、兵、政、党这七个方面，党是领导一切的。党要领导工业、农业、商业、文化教育、军队和政府。"② 他强调党对于各级各类社会组织的领导核心作用，从而使得党始终在现代化建设中居于核心地位。

为保证党在执政条件下继续保持革命年代为人民服务的光荣传统，党中央经常强调为人民服务的重要性。"共产党就是要奋斗，就是要全心全意为人民服务，不要半心半意或者三分之二的心三分之二的意为人民服务。"③ 毛泽东强调，必须比以往任何时候都更加注重充分发挥党的群众路线的优势，以期能够严格区分敌我两类性质的矛盾并正确处理人民内部矛盾。"所谓正确处理人民内部矛盾问题，就是我党从来经常说的走群众路线的问题。共产党员要善于同群众商量办事，任何时候也不要离开群众。党群关系好比鱼水关系。如果党群关系搞不好，社会主义制度就不可能建成；社会主义制度建成了，也不可能巩固。"④ 中国共产党作为执政党，既不能因为曾经领导人民夺得政权，为人民立下功劳就沾沾自喜，更不能因为握有政权就恣意妄为，违法乱纪，而要更加自觉更加充分地发挥群众路线的优势，在执政治国中体现人民群众的意愿，实现党的领导与

① 中共中央文献研究室．毛泽东年谱（1949—1976）：第2卷．北京：中央文献出版社，2013：283.

② 中共中央文献研究室．毛泽东文集：第8卷．北京：人民出版社，1999：305.

③ 中共中央文献研究室．毛泽东文集：第7卷．北京：人民出版社，1999：285.

④ 中共中央文献研究室．毛泽东年谱（1949—1976）：第3卷．北京：中央文献出版社，2013：192.

人民当家作主的有机统一。

新中国成立后，党中央明确了党的建设目标，提出了党内政治生活的标准，为党的建设提供了方向性指引。党中央针对国际共产主义运动中出现的波折和国内个别地方的群体性事件，对如何营造健康活泼的政治氛围展开了深入思考，特别是对于如何正确开展党内政治生活、如何确保民主集中制得以有效运行进行了多方面探索。毛泽东指出："我们的目标，是想造成一个又有集中又有民主，又有纪律又有自由，又有统一意志、又有个人心情舒畅、生动活泼，那样一种政治局面。"[①] 这不仅对当时党内政治生活的正常开展有着鲜明的指导意义，而且对此后直至当前的党内政治生活的正常开展和党的建设不断加强都有着重要指导意义。

三、党的建设学科化特征更加凸显

这一时期，党的建设学科在教学方面获得了更加稳定的发展条件，在课程方面有了较大发展。以中央党校为代表的党校系统和以中国人民大学为代表的高校系统开设党的建设课程，并设立相应的教研室，为党的建设学科发展提供了课程依托和组织平台。

为贯彻第二次全国组织工作会议精神，1954 年中央制定下发了《关于轮训全党高、中级干部和调整党校的计划》，该计划要求对全党的高中级干部进行轮训，并要求马列学院和中级党校均开设党的建设课程，要求将其作为重点课程建设好。该计划指出："政治经济学、辩证唯物论和历史唯物论和党的建设等三门课程，对提高干部思想水平，武装他们以社会主义经济建设的理论知识，

---

① 中共中央文献研究室. 毛泽东年谱（1949—1976）：第 3 卷. 北京：中央文献出版社，2013：192.

增强党性锻炼，都是极关重要的，目前应列为学习重点。”[①] 该计划强调了党的建设课程对于提高干部思想水平、增强党性锻炼的重要意义，明确要求把党的建设课程作为高级干部学习的重点课程加以开设。

为提高党的建设授课效果，中央党校积极开展党的建设学术研究。“当时主要从学习经典著作入手，刻苦攻读马列著作和毛泽东著作中有关党的建设理论，一本一本地读，提出疑难问题，定期组织讨论，在此基础上组织写文章，通过这样的办法来培养提高教师的党建理论研究基本功。”[②] 通过仔细阅读经典，深入总结马克思主义经典作家和中国化马克思主义经典作家的党的建设相关论著，总结提炼其中蕴含的建党思想，既提高了党的建设授课教师的理论水平，又为党的建设学科持续发展奠定了理论基石。

在此期间，为提高党的建设课程授课水平，中央党校专门编写了党的建设教材，“编写的教材定名为《党的建设讲义》，以党章内容为主来设专题，包括党的性质、党的纲领、党的民主集中制、党的团结和统一、党员、党的干部等”[③]。此外，中央党校还于“1961年举办了一期党建专业理论班，学制为三年”[④]。后因“文化大革命”中央党校停办，党的建设学科发展也因此中断。

总的来说，新中国成立后，党的建设学科在新民主主义革命时期已经取得成绩的基础上又有了进一步的发展。在党的建设学科内容上，随着中国共产党成为中国的执政党，如何确保党在执政条件下始终保持革命时期的优良传统作风，同时不断提升党的执政能力

---

① 中共中央文献研究室. 建国以来重要文献选编：第5册. 北京：中央文献出版社，1993：698.

② 卢先福. 党校党建学科的建立和发展. 中国浦东干部学院学报，2019（5）：86-89.

③ 卢先福. 党校党建学科的建立和发展. 中国浦东干部学院学报，2019（5）：86-89.

④ 卢先福. 党校党建学科的建立和发展. 中国浦东干部学院学报，2019（5）：86-89.

和水平，成为党的建设研究的重点所在。围绕这一重点，以毛泽东同志为核心的党的第一代中央领导集体进行了积极的探索，在推进党的建设实践不断发展的同时，丰富和发展了党的自身建设理论，实现了党的建设学科的与时俱进。除了党的建设的理论体系不断得到发展，党的建设学科的教学体系、教材体系、师资队伍建设也都有了长足的进步，为改革开放后党的建设学科继续发展奠定了初步的基础。同时，受这一时期日益严重的“左”倾指导思想的影响，这一时期党的建设学科的教学体系和教材体系的发展也遇到一些曲折，留下了深刻的教训，促使党在总结正反两方面历史经验的基础上进一步加深对自身建设规律的认识，为改革开放后党的建设学科进一步向纵深发展提供了丰富的思想资源。

第三节 党的建设学科的日臻完善（1978—2012 年）

随着“文化大革命”的结束和拨乱反正的全面展开，党的建设学科的发展也逐步回归正轨。改革开放后的党的建设学科的发展，一方面，纠正了新中国成立后党对自身建设认识中的“左”倾思想，恢复了党的建设中的科学理论和优良传统；另一方面，有效抵制了资产阶级自由化思潮的冲击，坚持和维护了四项基本原则，加强和改善了党的领导。党的建设学科伴随着改革开放和社会主义现代化建设事业的展开，特别是随着中国特色社会主义的成功开创而日臻完善，有力地推动了学科体系、教学体系的迅速发展。

一、党的建设的拨乱反正和创新发展

“文化大革命”结束后，以邓小平同志为主要代表的中国共产党人着力开展拨乱反正，纠正“左”倾错误思想对党的建设的影响，将党对自身建设的认识再次统一到实事求是的正确路线上来。这首先体现在恢复毛泽东建党思想的本来面貌上。在长期革命斗争和建设实践中，以毛泽东同志为主要代表的中国共产党人将马克思主义建党学说的基本原理与中国具体实际相结合，创造出了一套完整的建党学说和理论，指导党的建设蓬勃开展。邓小平指出：“要好好学习毛泽东同志在党的建设这个领域里的思想。”[①] 涤清党的建设领域的“左”倾错误，需要用完整准确的毛泽东建党学说来指导中国共产党的建设。

随着党的十一届三中全会的胜利召开，党的工作重点转移到社会主义现代化建设上来，党的建设要紧密结合现代化建设的主要任务而展开，为社会主义现代化建设服务。为适应这一要求，应当推进党和国家领导制度改革，在党内政治生活中切实实行民主集中制和集体领导。邓小平指出：“从党和国家的领导制度、干部制度方面来说，主要的弊端就是官僚主义现象，权力过分集中的现象，家长制现象，干部领导职务终身制现象和形形色色的特权现象。”[②] 加快推进党和国家领导制度改革就是要克服这些弊端，使得我国政治上层建筑更加适应经济基础的需要，适应建立社会主义市场经济、推进改革开放事业的需要。为确保党的政治路线得到顺利实施，需要有相应的组织路线加以保障，特别是要建立一支符合现代化建设要

① 邓小平. 邓小平文选：第 2 卷. 2 版. 北京：人民出版社，1994：45.
② 邓小平. 邓小平文选：第 2 卷. 2 版. 北京：人民出版社，1994：327.

求的干部队伍，“使我们的干部队伍年轻化、知识化、专业化”[①]，建立领导人退休制度，解决突出存在的领导干部老化问题，为党的建设提供年轻、可靠、专业的干部队伍。同时，随着改革开放的不断推进，以邓小平同志为主要代表的中国共产党人面对经济社会环境发生的巨大变化，突出强调了党员领导干部要加强党风廉政建设，要在全党范围内持续开展反腐败斗争，锻造清正廉洁的党员干部队伍。

以邓小平同志为主要代表的中国共产党人基于改革开放新的历史条件下党的建设现实需要提出了一系列新论断新思路，深化了对执政党建设规律的认识和把握，为改革开放新时期党的建设学科不断发展奠定了坚实基础。

二、执政党建设理论的重大创新

党的十三届四中全会以后，以江泽民同志为主要代表的中国共产党人，成功应对国际国内局势变幻，将中国特色社会主义事业成功推向 21 世纪。在这一过程中，“建设什么样的党、怎样建设党”的问题成为党的理论创新的关注点和着力点，“三个代表”重要思想对这一理论和实践问题作出了明确回答。“中国共产党是中国工人阶级的先锋队，同时是中国人民和中华民族的先锋队，是中国特色社会主义事业的领导核心，代表中国先进生产力的发展要求，代表中国先进文化的前进方向，代表中国最广大人民的根本利益。”[②] 这是对“三个代表”重要思想的集中概括，也是对其所蕴含的建党理论

---

① 邓小平. 邓小平文选：第 2 卷. 2 版. 北京：人民出版社，1994：361.

② 中共中央文献研究室. 十六大以来重要文献选编：上. 北京：中央文献出版社，2005：45.

的集中概括，集中体现了“三个代表”重要思想对党的建设内在规律的科学认识和准确把握。

在党的根本性质上，“三个代表”重要思想强调党的两个先锋队性质，既是工人阶级的先锋队，又是中国人民和中华民族的先锋队，“党既要为工人阶级利益而奋斗，又要为中国人民和中华民族的利益而奋斗”①；在党的奋斗纲领上，“三个代表”重要思想强调党主张最高纲领与最低纲领相统一，“既要树立共产主义的远大理想，坚定信念，以高尚的思想道德要求和鞭策自己，更要脚踏实地地为实现党在现阶段的基本纲领而不懈努力，扎扎实实地做好现阶段的每一项工作，把最低纲领和最高纲领统一于建设中国特色社会主义的实践”②；在党的阶级基础和群众基础上，“三个代表”重要思想主张，改革开放以来我国的社会阶层发生了深刻变化，党员发展应当切实以能够贯彻落实党的纲领和路线、为党的事业自觉奋斗为标准，“把承认党的纲领和章程、自觉为党的路线和纲领而奋斗、经过长期考验、符合党员条件的其他社会阶层的先进分子吸收到党内来，增强党在全社会的影响力和凝聚力”③。

贯彻“三个代表”重要思想，核心在于坚持党的先进性，时代在发展，社会在进步，党要引领时代潮流，不断巩固领导和执政地位，就要始终保持先进性。“党的先进性是具体的、历史的，必须放到推动当代中国先进生产力和先进文化的发展中去考察，放到维护和实现最广大人民根本利益的奋斗中去考察，归根到底要看党在推动历史前进中的作用”④。“三个代表”重要思想既作为党的建设理论创新成果指导和推动了党的建设实践进程，又作为中国特色社会主

---

① 中共中央宣传部.“三个代表”重要思想学习纲要.北京：学习出版社，2003：99－100.
② 中共中央宣传部.“三个代表”重要思想学习纲要.北京：学习出版社，2003：100－101.
③ 中共中央宣传部.“三个代表”重要思想学习纲要.北京：学习出版社，2003：102.
④ 中共中央宣传部.“三个代表”重要思想学习纲要.北京：学习出版社，2003：102－103.

义理论创新的重要成果对中国特色社会主义事业全局发挥着重要指导作用，丰富和发展了中国化马克思主义党建理论。

三、执政党建设理论的进一步发展

随着改革开放事业的不断深入，以胡锦涛同志为主要代表的中国共产党人，针对党的建设新的需要提出了一系列创新理论，丰富了党的建设学科的科学理论，进一步推进了马克思主义建党学说中国化的历史进程。

胡锦涛针对党的建设新的历史形势明确指出："新形势下，党面临的执政考验、改革开放考验、市场经济考验、外部环境考验是长期的、复杂的、严峻的，精神懈怠危险、能力不足危险、脱离群众危险、消极腐败危险更加尖锐地摆在全党面前。"① 为了应对这些考验、克服这些危险，党中央强调要不断加强执政能力建设，强调党的执政能力建设是党在执政条件下的一项根本性建设，只有不断加强执政能力建设才能确保党应对前进道路上的风险挑战，肩负起历史使命。

一是要坚持将理想信念作为思想和行为的"总开关"。胡锦涛指出："理想的滑坡是最致命的滑坡，信念的动摇是最危险的动摇。"② 他强调了理想信念建设在党的建设中的重要地位，认为应以理想信念建设推动党的建设。二是要继承和发扬党的优良传统。党的优良传统是党的建设的重要内容，在执政条件下，特别要注重继承和发扬密切联系群众的优良传统与作风，"全党同志必须牢记，密切联系

---

① 胡锦涛. 胡锦涛文选：第3卷. 北京：人民出版社，2016：653.

② 中共中央文献研究室. 十六大以来重要文献选编：下. 北京：中央文献出版社，2008：176.

群众是我们党的最大政治优势，脱离群众是我们党执政后的最大危险”①。三是要进一步发扬民主。党内民主是党的生命。胡锦涛指出：“对一个马克思主义政党来说，党内民主建设的进程和质量，不仅直接影响和决定整个党的建设的进程和质量，而且事关党和人民事业的兴衰成败。”② 将党内民主的重要性提高到一个新高度，为不断发展党内民主，推动党在执政条件下进一步发扬民主，以更好担负起现代化建设的历史使命提供了理论指导。

以胡锦涛同志为主要代表的中国共产党人在新的历史条件下进一步继承发展了马克思主义建党学说，丰富和发展了中国化马克思主义党建理论，为党的建设实践提供了有效理论指引，也为党的建设学科科学发展添砖加瓦。

四、党的建设学科体系初步确立

进入改革开放新时期以来，党的建设学科的教学科研体系逐渐得到恢复，并随着改革开放和党的自身建设的推进而不断发展。1977 年 10 月 5 日，《中共中央关于办好各级党校的决定》下发。该决定明确规定，“各级党校都必须以整风精神搞好党的建设这门课程的学习”③。在恢复党校正常教学授课的同时，明确强调党的建设课程在党校培训中的重要地位，强调将党的建设作为一门重要课程。

与党的建设课程授课得到恢复相适应，党的建设教材编写工作逐渐起步。1982 年，中共中央党校党建教研室编写出版了《党的建

① 胡锦涛. 胡锦涛文选：第 3 卷. 北京：人民出版社，2016：532.
② 中共中央宣传部. 科学发展观学习纲要. 北京：学习出版社，2013：123.
③ 中共中央关于办好各级党校的决定. 人民日报，1977－10－10（1）.

设教学大纲》，这是改革开放以后的第一部党建教材[①]，后陆续编写了多部辅导教材，使得党的建设教材体系建设取得较大进展。

党的建设的学科定位开始明晰。国务院学位委员会 1983 年、1990 年、1997 年、2011 年公布的四个学科专业目录中列有“中共党史（含党的学说与党的建设）”，将党的建设明确作为一门学科加以建设，推动了党的建设获得更加全面系统的发展。与此相适应，中央党校 1983 年开始设立党的建设硕士点，1987 年设博士点[②]，其他各级党校和教育机构也陆续开设党的建设学科点，为党的建设培养人才。

在全国范围内，党的建设的研究机构也纷纷成立，其中最有代表性的是全国党的建设研究会。全国党的建设研究会成立于 1991 年 8 月，由中央纪委、中央组织部、中央宣传部、中央政策研究室、中央党校 5 家单位发起，多年来为推进党的建设研究工作作出了重要贡献。

总体而言，随着改革开放和社会主义现代化建设的顺利开展，党的建设学科也逐渐走上正轨，教学体系逐渐建立，体系化程度不断提高，与教学相适应的教材编写、人才培养和学术研究不断推进，特别是建制化的学科体系得以初步确立。依托党校和国民教育的系统化专业化，党的建设的学科建设得以开展，这使得改革开放以后的党的建设学科获得了更加专业、更加系统、更加全面的发展，党的建设学科逐渐成为系统全面的成熟学科。

---

① 韩强，李剑. 建党以来党的建设的学科化发展及其理论贡献. 北京联合大学学报（人文社会科学版），2021（1）.

② 韩强，李剑. 建党以来党的建设的学科化发展及其理论贡献. 北京联合大学学报（人文社会科学版），2021（1）.

第四节　党的建设学科的繁荣发展（2012 年至今）

党的十八大以来，以习近平同志为核心的党中央总揽中国特色社会主义事业发展全局，统筹推进伟大斗争、伟大工程、伟大事业、伟大梦想，将党的建设新的伟大工程作为中国特色社会主义事业的坚强保障。习近平指出：“要把新时代坚持和发展中国特色社会主义这场伟大社会革命进行好，我们党必须勇于进行自我革命，把党建设得更加坚强有力。”[①] 要坚持全面从严治党，推进党的政治建设、思想建设、组织建设、作风建设、纪律建设，把制度建设贯穿其中，深入推进反腐败斗争。习近平在加强和推进党的建设领域提出了一系列新理论、新思想、新论断，进一步深化了对中国特色社会主义新时代建设什么样的长期执政的马克思主义政党、怎样建设长期执政的马克思主义政党的理论认识和实践探索，丰富和发展了党在执政条件下对加强自身建设内在规律的认识，实现了马克思主义建党学说在新时代的与时俱进，推动了党的建设学科在中国特色社会主义新时代的繁荣发展。

一、新时代党的建设的新思想新观点新论断

党的十八大以来，以习近平同志为核心的党中央将马克思主义建党学说基本原理与中国特色社会主义新时代党的建设实际相结合，

① 习近平. 习近平谈治国理政：第 3 卷. 北京：外文出版社，2020：515.

坚持党要管党从严治党，针对管党治党存在的实际问题提出了一系列行之有效的方针政策和理论学说。习近平总书记关于党的建设的重要思想，是习近平新时代中国特色社会主义思想在党的建设领域的集中体现，它既与马克思列宁主义、毛泽东思想、邓小平理论、“三个代表”重要思想、科学发展观关于党的建设学说一脉相承，又突出体现了中国特色社会主义新时代党的建设新思想、新举措、新论断，是马克思主义建党学说中国化的最新理论成果。党的十八大以来，中国特色社会主义进入了新时代，党的建设实践和党的建设学科发展也进入了新时代，学习好、领会好、宣传好、落实好习近平新时代中国特色社会主义思想，是党的建设学科发展在新时代的核心要义。

办好中国的事情关键在党，关键在党要管党、从严治党，关键是党的建设新的伟大工程要开创新局面。为此，党的十九大提出：“新时代党的建设总要求是：坚持和加强党的全面领导，坚持党要管党、全面从严治党，以加强党的长期执政能力建设、先进性和纯洁性建设为主线，以党的政治建设为统领，以坚定理想信念宗旨为根基，以调动全党积极性、主动性、创造性为着力点，全面推进党的政治建设、思想建设、组织建设、作风建设、纪律建设，把制度建设贯穿其中，深入推进反腐败斗争，不断提高党的建设质量，把党建设成为始终走在时代前列、人民衷心拥护、勇于自我革命、经得起各种风浪考验、朝气蓬勃的马克思主义执政党。”① 集中体现了党中央在中国特色社会主义新时代对党的建设内在规律的新认识、新把握。

围绕贯彻落实新时代党的建设总要求，以习近平同志为核心的

① 习近平. 习近平谈治国理政：第3卷. 北京：外文出版社，2020：48.

党中央提出了一系列管党治党的具体要求，推动党的建设总要求落到实处。旗帜鲜明讲政治是马克思主义政党的根本性要求，政治建设居于党的建设首位，把政治建设纳入党的建设总体布局并摆在首位，明确了政治建设在新时代党的建设中的战略定位，抓住了全面从严治党的根本性问题，加强和改进党的建设要坚守正确的政治方向、坚持正确的政治立场、营造良好的政治生态、锻炼党员干部的政治能力，不断增强领导干部的政治判断力、政治领悟力、政治执行力；思想建设是党的基础性建设，坚定理想信念是思想建设的首要任务，加强思想建设就是要倡导革命理想高于天，解决好世界观、人生观、价值观的“总开关”，补足共产党员精神上的“钙”；正确政治路线要靠正确的组织路线来保障，新时代加强党的组织建设就是要贯彻好党的组织路线，全面贯彻习近平新时代中国特色社会主义思想，“以组织体系建设为重点，着力培养忠诚干净担当的高素质干部，着力集聚爱国奉献的各方面优秀人才，坚持德才兼备、以德为先、任人唯贤，为坚持和加强党的全面领导、坚持和发展中国特色社会主义提供坚强组织保证”①；党的作风就是党的形象，关系人心向背，关系党的生死存亡，新时代加强党的作风建设，要持之以恒地贯彻党的群众路线，坚决反对形式主义、官僚主义、享乐主义和奢靡之风；严明党的纪律是全面从严治党的治本之策，加强党的纪律建设要把党的纪律摆在更加突出的位置，特别要坚决遵守以“两个维护”为首要的政治纪律，绝不允许在重大政治原则问题上、大是大非问题上同党中央唱反调；制度建设是全面从严治党的重要保障，加强党的制度建设要坚持思想建党与制度治党相结合，将权力关进制度的笼子，健全权力的制约监督体系，加快形成覆盖党的

① 习近平. 在全国组织工作会议上的讲话. 北京：人民出版社，2018：11.

领导和党的建设各方面的党内法规制度体系；腐败是党面临的最大危险，深入开展反腐败斗争要坚持标本兼治，要着力构建不敢腐、不能腐、不想腐的体制机制，通过不懈努力换来海晏河清、朗朗乾坤。

二、党的建设学科地位作用显著提升

进入新时代，党的建设学科的学科定位也更加明确。2014 年公布的国务院学位委员会学科专业目录中，原有的“中共党史（含党的学说与党的建设）”继续作为政治学一级学科下属的二级学科，但更名为“党的建设和中共党史”，使党的建设学科发展的重要性再次得到确认。

2016 年 5 月 17 日，习近平在哲学社会科学工作座谈会上指出：“马克思主义理论体系和知识体系博大精深，涉及自然界、人类社会、人类思维各个领域，涉及历史、经济、政治、文化、社会、生态、科技、军事、党建等各个方面”①，“中国特色哲学社会科学应该涵盖历史、经济、政治、文化、社会、生态、军事、党建等各领域”②。将党的建设与历史、经济、政治等哲学社会科学并列，有利于推动更具有独立性的党建学科的建立。2016 年底，中共中央、国务院印发的《关于加强和改进新形势下高校思想政治工作的意见》明确指出，“强化马克思主义理论学科的引领作用，优化学科布局，以马克思主义哲学、政治经济学、科学社会主义等相关学科为支撑，不断完善马克思主义学科体系。支持有条件的高校在马克思主义理

① 习近平．在哲学社会科学工作座谈会上的讲话．北京：人民出版社，2016：11．
② 习近平．在哲学社会科学工作座谈会上的讲话．北京：人民出版社，2016：22．

论一级学科下设置党的建设二级学科”[①]。

与党的十八大以来党的建设学科定位调整相适应，党的建设学科点也有了较为快速的增加。“2017 年全国共设置 12 个党建学科点，且大部分学科点于 2018 年招生。2018 年全国共设置 16 家党建学科点，并进一步扩大招生规模。2019 年全国共设置 31 家党建学科点，学科数量倍增。”[②] 学科点数量的增加必然伴随党的建设研究生培养规模的扩大，为党的建设学科繁荣发展提供更加充分的人才支持和保证。

与学科建设的顺利推进相适应，党的建设学术研究也进入了前所未有的繁荣发展时期。在学术研究领域，自 2013 年以来，国家社科基金每年立项的课题中，党史、党建学科均超过 100 项，其中涉及党的建设学科研究的方方面面和最新要求最新进展，有力推动了党的建设全面、系统发展。

党的十八大以来出版了《习近平关于全面从严治党论述摘编》《论坚持党对一切工作的领导》《新时代党的建设十五讲》《党内法规学》《大道之行：中国共产党与中国社会主义》等政治、学术著作，这些著作从学理和学术层面系统阐释了中国共产党加强和改进自身建设的内在规律和巨大成就，既有理论价值和学术意义，又受到党内外群众的热烈欢迎，对加强和改进党的建设产生了积极影响。特别是 2021 年，为庆祝中国共产党成立 100 周年，全国党的建设研究会编写了权威读本《中国化的马克思主义党建理论体系概论》[③]，成为新时代党的建设学科理论体系创新的代表作。

---

① 中共中央党史和文献研究院. 十八大以来重要文献选编：下. 北京：中央文献出版社，2018：484.

② 李向勇，丁俊萍. 2019 年全国党的建设学科发展状况述论. 学校党建与思想教育，2020（21）.

③ 全国党的建设研究会. 中国化的马克思主义党建理论体系概论. 北京：党建读物出版社，2021.

在学术著作之外，期刊也为推动党的建设学科学术研究提供了重要平台。其中由中共中央宣传部主管主办的《党建》杂志和中共中央组织部主管主办的《党建研究》杂志作为专门刊登党建文章的杂志，在全国具有重要影响。此外，中国人民大学复印报刊资料《中国共产党》杂志，每期都会选刊20篇左右的文章，其选编文章的范围往往达到400篇以上，而马克思主义理论类、政治学类和综合性社科杂志为这些文章的发表提供了平台。

2022年9月，国务院学位委员会第三十七次会议审议通过《研究生教育学科专业目录（2022年）》，正式将中共党史党建学确立为法学门类下的一级学科。中共党史党建学科发展迎来新的发展机遇。

纵观中国共产党成立以来100多年的历史，在革命、建设、改革的各个时期，中国共产党都十分注重加强和改进自身建设，提出了一系列党的建设学说、理论和观点，既将马克思主义建党学说基本原理应用于中国共产党自身建设实际，推动党的建设新的伟大工程不断发展，又总结提炼党的建设实践经验，将行之有效的政策主张上升为科学概念表达的理论体系，丰富和发展马克思主义建党学说，推进马克思主义建党学说中国化。推进党的建设学科在中国特色社会主义新时代进一步繁荣发展，就要始终坚持以习近平新时代中国特色社会主义思想这一马克思主义建党学说中国化的最新理论成果为指导，针对党的建设现实问题，总结党的建设实践经验，遵循学科建设的内在规律和自身要求，推进党的建设学科沿着系统科学的发展道路不断发展，为把中国共产党始终建设成为朝气蓬勃的马克思主义政党提供学理支撑和实践智慧。

（作者单位：清华大学马克思主义学院、
北京科技大学马克思主义学院）

第二章
新时代党的建设理论创新和实践创新

刘宝东　王懂棋　张海涛

中国特色社会主义最本质的特征是中国共产党领导，中国特色社会主义制度的最大优势是中国共产党领导。2017 年 10 月，党的十九大部分修改了《中国共产党章程》，将“党政军民学，东西南北中，党是领导一切的”写入“总纲”之中，进一步凸显了坚持和加强党的全面领导的根本要求。2018 年，十三届全国人大一次会议通过了宪法修正案，将“中国共产党领导是中国特色社会主义最本质的特征”写入宪法第一条，明确了“党的领导”的宪法依据，丰富了坚持和加强党的全面领导的法权依据。在 2018 年十九届中央纪委二次全会上，习近平强调，“坚持和加强党的全面领导，关系党和国家前途命运，我们的全部事业都建立在这个基础之上，都根植于这个最本质特征和最大优势”。“党的十八大以来，我们采取一系列重大措施，纠正了一个时期以来的模糊和错误认识，扭转了一些地方和部门存在的党的领导弱化、党的建设缺失现象，使党的领导得到全面加强”[①]。2022 年 10 月，党的二十大报告指出：“全面建设社会主义现代化国家、全面推进中华民族伟大复兴，关键在党。”[②]

第一节　直面问题勇于自我革命

打铁必须自身硬，办好中国的事情，关键在党，关键在党要管党、全面从严治党。只有坚持自我革命，才能始终勇立时代潮头，领导进行伟大斗争，抵御各种风险考验、诱惑侵蚀，确保党不变质、不变色、不变味。

一、中国共产党最鲜明的品格和最大的优势

2018 年 1 月 5 日，在学习贯彻党的十九大精神研讨班开班式上，习近平深刻指出：“勇于自我革命，从严管党治党，是我们党最鲜明的品格，全面从严治党永远在路上。”[③]

党的十八大以来，习近平多次论及党的自我革命。在 2015 年和 2016 年中央全面深化改革领导小组的两次会议上、2016 年底中央政治局民主生活会上、2017 年初省部级主要领导干部学习贯彻十八届六中全会精神专题研讨班开班式上，习近平都强调要勇于自我革命。党的十九大报告更是创造性地将“勇于自我革命，从严管党治党，是我们党最鲜明的品格”作为一个重要论断写入其中。在十九届中央政治局常委会见中外记者的讲话中，习近平又再次强调：“中国共

① 习近平. 论坚持党对一切工作的领导. 北京：中央文献出版社，2019：222.
② 习近平. 习近平著作选读：第 1 卷. 北京：人民出版社，2023：52.
③ 习近平. 习近平谈治国理政：第 3 卷. 北京：外文出版社，2020：71.

产党能够带领人民进行伟大的社会革命，也能够进行伟大的自我革命。”①

自我革命，就是通过自我反省、自我批评、自我教育、自我纠错从而增强党自我净化、自我完善、自我革新、自我提高能力的认识与实践过程。毋庸讳言，勇于自我革命是我们党最鲜明的品格和最大优势。

勇于自我革命是中国共产党最鲜明的品格。马克思主义政党以实现人的自由全面发展和解放全人类为己任，为了持之以恒实现如此崇高的光荣使命，就需要始终保持自身的先进性和纯洁性，就不能在解决和克服自身问题上有一刻放松，这就要求通过彻底的自我革命来推动深刻的社会革命。无产阶级革命同其他革命的重要区别在于，它自己批评自己，并靠批评自己壮大起来。中国共产党作为马克思主义政党，从百余年奋斗历程来看，贯彻始终的是勇于革命的鲜明品格。不谋私利才能谋根本、谋大利，才有资格、有底气敢于直面问题、勇于自我革命。中国共产党在不断自我批评、自我革命中发展壮大、走向成熟，一次次拿起手术刀革除自身弊病，一次次靠自己解决自身问题，克服了不同历史进程中各种各样的艰难险阻、坎坷不平。百余年党史的辉煌历程，经验和教训让我们铭记，必须坚持进行自我革命，同一切影响党的先进性、弱化党的纯洁性的问题坚决作斗争，不断实现自我净化、自我完善、自我革新、自我提高，才能永葆党的生机和活力，保持旺盛的生命力和战斗力。

党的十八大以来，习近平以对党的政治属性的深刻理解、对党的优良传统和红色基因的深刻把握、对党在新时代面临风险与挑战的深刻认识、对全面从严治党的深刻自信，阐述并形成了关于党的

① 习近平在十九届中共中央政治局常委同中外记者见面时强调 新时代要有新气象 更要有新作为 中国人民生活一定会一年更比一年好. 人民日报，2017-10-26 (2).

自我革命思想，体现了理论逻辑、历史渊源、现实依据和实践路径的统一，为新时代一以贯之推进党的建设新的伟大工程了提供了重要遵循。

自我革命传承了马克思主义政党与生俱来的政治基因。中国共产党是以马克思主义理论为指导的政党，具有与生俱来的勇于自我革命的政治基因。马克思主义是具有彻底批判精神的革命理论，以推翻资本主义实现共产主义为目标，以实现人的自由而全面的发展为己任，既要以革命的批判精神改造客观世界，也要以自我批判精神改造主观世界。马克思主义认为，人们在改造客观世界和主观世界的过程中，在认识真理的过程中，发生错误和偏差是不可避免的。根据马克思主义的唯物辩证法原理，任何事物都是在矛盾的相互作用下、在自我扬弃和自我否定的过程中实现螺旋式上升的。只有敢于承认错误、敢于自我否定、勇于修正错误的马克思主义政党，才能走得更远、成就更大。习近平提出“勇于自我革命，是我们党最鲜明的品格，也是我们党最大的优势”的重要论断，正是立足于建党以来中国共产党始终如一地正视自身问题，检讨反思错误、不断进行历史总结。以自我革命的勇气，为人民的利益而坚持真理、修正错误，是中国共产党的革命本色，是马克思主义政党与生俱来的政治基因，是中国共产党成为最高政治领导力量的关键所在。

自我革命是中国共产党应对时代挑战的自觉选择。中国特色社会主义进入新时代，我们仍然需要继续保持革命斗志，传承和弘扬自我革命精神。习近平指出：“要把新时代坚持和发展中国特色社会主义这场伟大社会革命进行好，我们党必须勇于进行自我革命，把党建设得更加坚强有力。”① 回看走过的路、比较别人的路、远眺前

---

① 中共中央党史和文献研究院．习近平关于全面从严治党论述摘编（2021年版）．北京：中央文献出版社，2021：29.

行的路，自我革命是我们党应对时代挑战的自觉选择。如果放弃了自我革命精神，毛泽东和黄炎培在延安谈到的“其兴也勃焉，其亡也忽焉”的“历史周期率”问题就可能出现，我们必须吸取苏联和东欧国家亡党亡国的历史教训。

勇于自我革命应对时代挑战，必须坚持以问题为导向，着力解决党自身存在的突出问题。列宁说过，“过去所有灭亡了的革命政党之所以灭亡，就是因为它们骄傲自大，看不到自己力量的所在，也怕说出自己的弱点”①。党的十八大以来，我们加大党的建设力度，很多“四风”问题被曝光，一大批领导干部因违纪违法问题相继被查处。这一方面反映了我们解决党内问题的决心和信心，另一方面也反映了党内存在问题的严重程度。在党的十九大报告中，习近平进一步指出：“党内存在的思想不纯、组织不纯、作风不纯等突出问题尚未得到根本解决。”② 这种强烈的自我革命精神和革命行动，迄今为止，只有中国共产党能够做到。党能够如此坦诚地反思自身存在的问题，并且勇于直面问题，敢于刮骨疗毒，消除一切侵蚀自身健康肌体的病毒，消除一切损害自身先进性和纯洁性的因素。

全面从严治党是新时代党的自我革命。坚定不移推进全面从严治党，不断提高党的执政能力和领导水平，是打铁必须自身硬的显著举措，是党在新时代的自我革命。党的十八大以来，党中央高度重视全面从严治党，并将其提到战略高度，提出了新时代党的建设的总要求，强调要牢牢把握加强党的长期执政能力建设、先进性和纯洁性建设这条主线，为新时代全面从严治党作出了战略部署。

---

① 列宁．列宁全集：第43卷．2版增订版．北京：人民出版社，2017：119.
② 习近平．习近平著作选读：第2卷．北京：人民出版社，2023：50.

二、以伟大自我革命引领伟大社会革命

2018年1月5日，习近平对“进行伟大社会革命”作出深刻阐述，强调：“新时代中国特色社会主义是我们党领导人民进行伟大社会革命的成果，也是我们党领导人民进行伟大社会革命的继续，必须一以贯之进行下去。”① 他从历史和现实相贯通、国际和国内相关联、理论和实践相结合这三个维度论证了“社会革命”问题，有历史脉络的梳理、有理论实践的贯通、有国内国际两个大局的统筹。

社会革命是一个重大理论问题，也是一个重大实践问题。马克思和恩格斯的论述十分丰富。在《共产党宣言》中，涉及社会革命的专有名词就有：1848年革命、欧洲革命、俄国革命、法国革命、巴黎革命、工人革命、西方无产阶级革命、社会主义革命、共产主义革命、工业生产的革命、国际革命、公开的革命、不断地进行革命、整个社会革命化，等等。马克思、恩格斯在科学应用这些“革命”范畴的基础上，形成了丰富的“社会革命”思想和实践方略。

随着实践的发展，对社会革命思想的误解也随之而来。比如，有的把社会革命等同于政治革命，认为革命就是夺取政权，一个阶级推翻另一个阶级的革命是一次性的，无产阶级夺取政权以后不再存在社会革命了；有的把革命与执政、革命党与执政党完全割裂和对立起来，认为中国共产党取得政权成为全国范围内的执政党后，就不再是革命党了，就不能再提革命、再讲斗争了，要“告别革命”“避免斗争”，谁要是提革命、讲斗争，谁就是“左”；有的蓄意误解

---

① 习近平在学习贯彻党的十九大精神研讨班开班式上发表重要讲话强调 以时不我待只争朝夕的精神投入工作 开创新时代中国特色社会主义事业新局面. 人民日报，2018-01-06(1).

中国改革的方向，否认改革的革命性，否认它在革命性质、方向上与社会主义革命的一致性，错误地把改革定义为走西方资本主义道路，妄图改变我国社会主义制度性质和党的领导地位。这些错误观点和认识有一个共同特点，就是对社会革命的基本内涵、发展阶段、实现途径、长远目标的理解有偏差、有错误。

习近平用“进行伟大社会革命”对中国共产党波澜壮阔的光辉探索历程和为中华民族作出的伟大历史贡献进行了高度概括，大大拓展了社会革命的内涵。社会革命不仅局限于一个阶级推翻另一个阶级的阶级斗争、一种社会制度代替另一种社会制度的制度更替，还应包括生产关系方面的改革与完善及生产力方面的革命性变革。政治革命胜利后，社会革命还将继续，还体现为改革束缚生产力发展或不适应生产力发展要求的体制机制，进而引起经济生活、社会生活、工作方式和精神状态的一系列深刻变化和进步。习近平强调：“新时代中国特色社会主义是我们党领导人民进行伟大社会革命的成果，也是我们党领导人民进行伟大社会革命的继续，必须一以贯之进行下去。”① 这一关于社会革命的重要论述，涵盖了中国共产党一以贯之推进的社会革命发展历程。把中国共产党领导的新民主主义革命、社会主义革命和建设、改革开放和社会主义现代化建设、中国特色社会主义新时代等的伟大实践都贯通起来，成为伟大社会革命持续不断的整个历史进程。

习近平用“进行伟大社会革命”宣示了新时代以什么样的精神状态推进中国特色社会主义，赋予社会革命新的时代特征和实践形式。中国共产党领导的不同时期的伟大社会革命，由于革命目标、对象和任务不同，都有其特定的基本实践形式。以习近平同志为核

① 习近平. 习近平谈治国理政：第3卷. 北京：外文出版社，2020：69-70.

心的党中央领导的新时代伟大社会革命，在以往伟大社会革命的基础上，体现出新的实践形式。

“四个伟大”构成新时代伟大社会革命的基本实践。党的十八大以来，新时代中国特色社会主义这场伟大社会革命，由伟大斗争、伟大工程、伟大事业、伟大梦想的基本实践所构成。习近平指出，“历史和现实都告诉我们，一场社会革命要取得最终胜利，往往需要一个漫长的历史过程”①。在进行具有许多新的历史特点的伟大斗争中，中国共产党人必须秉承进行伟大社会革命的斗争精神，要敢于斗争、善于斗争，团结带领人民进行有效应对重大挑战、抵御重大风险、克服重大阻力、解决重大矛盾的基本实践。党的建设新的伟大工程是以党的自我革命来推动伟大社会革命的基本实践。党的十八大以来，中国共产党勇于直面问题，敢于刮骨疗毒，不断增强党的领导力保证伟大社会革命的方向正确，不断增强党的思想引领力为伟大社会革命提供科学指导，不断增强党的群众组织力保证伟大社会革命的领导核心，不断增强党的社会号召力确立伟大社会革命的行为楷模。推进中国特色社会主义伟大事业是改革开放伟大社会革命在新时代的展开、深化和丰富。实现中华民族伟大复兴是近代以来中华民族最伟大的梦想，是中国共产党进行伟大社会革命的初心和使命。

解决新的社会主要矛盾提供了进行伟大社会革命的动力和目的。中国特色社会主义进入新时代，我国社会的主要矛盾已经转化为人民日益增长的美好生活需要和不平衡不充分的发展之间的矛盾。我国社会主要矛盾的变化，从主要需要看，是人民需要的层次发生了历史性变化；从发展状况看，是经济社会发展状况发生了历史性变

---

① 习近平. 习近平谈治国理政：第3卷. 北京：外文出版社，2020：70.

化。着力解决好新的社会主要矛盾，贯通于新时代伟大社会革命的各个领域和各个层面。社会主要矛盾的转化表明，解决矛盾的方向、重点、途径、机制等都有了新的内涵和要求，解决发展不平衡不充分问题已经成为国家治理的主要任务。在推进伟大社会革命的进程中，我们在创新实践、思想理论、基本方略、战略安排、行动纲领上都需要寻找新路径，寻找新突破。

统筹推进“五位一体”总体布局和协调推进“四个全面”战略布局构成实现伟大社会革命的基本途径。推进伟大社会革命既是一个漫长的过程，也是一项系统性工程；必须立足新时代中国社会发展的具体实际，坚持以问题为导向，解决党和国家发展中的重大问题。“五位一体”总体布局和“四个全面”战略布局直面当代中国的基本问题，旨在完善和发展中国特色社会主义制度，推进国家治理体系和治理能力现代化，为伟大社会革命的深入推进提供顶层设计和具体战略举措。包括中国特色社会主义经济建设、政治建设、文化建设、社会建设、生态文明建设在内的“五位一体”总体布局，以全新的视野深化了对共产党执政规律、社会主义建设规律、人类社会发展规律的认识，从战略高度回答了新时代中国特色社会主义发展的“总依据”与“总任务”的实现路径，为国家社会发展问题的解决提供系统性、整体性和协同性规划。包括全面建设社会主义现代化国家、全面深化改革、全面依法治国、全面从严治党在内的“四个全面”战略布局，既有战略目标又有战略举措，既统揽全局又突出重点。全面建设社会主义现代化国家是战略目标，全面深化改革、全面依法治国、全面从严治党是一个都不能缺的三大战略举措，为全面建设社会主义现代化国家提供动力源泉、法治保障和政治保证。“四个全面”战略布局的提出，为伟大社会革命的当代实践指明了关键环节、重点领域和主攻方向，闪耀着马克思主义基本原理同中国具体实际相结合的新思想，开启了伟大社会革命的新征程。

第二节　坚定不移全面从严治党

党的十九大通过的党章修正案将党的建设必须坚决实现的基本要求由四项扩充为五项，首次在党章中创造性地写入“坚持党要管党、全面从严治党”，强调“要把严的标准、严的措施贯穿于管党治党全过程和各方面”。这为应对和化解新形势下党所面临的长期性、复杂性、严峻性的执政考验、改革开放考验、市场经济考验、外部环境考验，以及更为尖锐地摆在全党面前的精神懈怠危险、能力不足危险、脱离群众危险、消极腐败危险提供了治本之策。

一、把政治建设摆在首位

党的政治建设，是指马克思主义政党为保持自身的先进性和纯洁性，为实现自己的政治主张和政治目标而在政治方面进行的一系列建设，包含制定和坚持正确的政治路线，坚持党的政治领导、坚定政治信仰、提高党的政治能力、涵养党内政治生态等内容，是党的根本性建设①。党的十八大以来，以习近平同志为核心的党中央统筹推进党的建设新的伟大工程，强调以党的政治建设为统领，全面推进党的政治建设、思想建设、组织建设、作风建设、纪律建设，把制度建设贯穿其中，深入推进反腐败斗争，全面提高党的建设科学化水平。党的十九大报告明确提出党的政治建设这个重大命题，

---

① 全国党的建设研究会. 中国化的马克思主义党建理论体系概论. 北京：党建读物出版社，2021：258.

是马克思主义建党学说的重大创新，把政治建设摆在首位也是新时代我们党实现从严治党的必然要求。

旗帜鲜明讲政治是马克思主义政党的根本要求。以无产阶级和全人类的解放为己任，把鲜明的政治观点写在自己的旗帜上，是马克思主义政党区别于其他政党的显著特点。中国共产党具有政党的一般属性，是特定阶级的代表，有着自身的政治使命和价值追求；同时，中国共产党作为马克思主义政党，又不断彰显着崇高的政治理想和伟大的政治追求，始终为人民的利益而接续奋斗。中国共产党的先进性首先就体现在政治上的先进性，并以此保持自身的纯洁性和生机活力，这也是我们党强调把政治建设摆在首位的根本原因。从党的百余年奋斗历史来看，我们党之所以能够始终保持团结统一，显示出凝聚力、号召力、战斗力，历经挫折而不断奋起，也恰恰是因为我们党始终要求先从政治上把党建设得更加顽强、更加牢固。

党要管党首先要从党内政治生活管起，从严治党首先要从党内政治生活严起。习近平指出，“全面从严治党，既需要全方位用劲，也需要重点发力。加强和规范党内政治生活、加强党内监督就是重点发力的抓手。严肃党内政治生活是全面从严治党的基础”。2016 年发布的《关于新形势下党内政治生活的若干准则》与时俱进、开拓创新，阐明了我们党关于开展严肃认真的党内政治生活的原则和立场，总结了我们党长期以来在开展党内政治生活方面形成的宝贵经验，对新形势下如何加强和规范党内政治生活提供了规范依据和行动指南。加强党的政治建设，最重要的是要做到“两个维护”，要在思想上政治上行动上自觉同以习近平同志为核心的党中央保持高度一致，不断提高政治判断力、政治领悟力、政治执行力，始终沿着正确的政治方向驰而不息、接续奋斗。

二、坚定理想信念

理想信念是共产党人精神上的“钙”。习近平强调：“对马克思主义的信仰，对社会主义和共产主义的信念，是共产党人的政治灵魂，是共产党人经受住任何考验的精神支柱。”① 信念不牢，地动山摇。没有理想信念、理想信念不坚定，精神上就会“缺钙”，就会得“软骨病”。在政治实践和现实生活中，一些党员、干部出现这样那样的问题，说到底就是信仰迷茫、精神缺失。坚定理想信念，始终是共产党人安身立命的根本②。

中国共产党没有任何自己的特殊利益，始终为了国家、民族、人民的利益而奋斗。“政党”（party）一词源自西方，本义是指“部分”，所以政党的词源在创设之初就是指一部分特定的人为着特定的共同利益而结合在一起，是一种特殊利益集团。如果用传统政党概念理解中国共产党，是错误的、不准确的。作为马克思主义执政党，中国共产党有着自身的伟大光荣使命，不是为自己谋利益，而是为人民谋幸福、为民族谋复兴，有着坚定理想信念。可以说，正是因为有着坚定的理想信念，并通过理想信念不断凝聚塑造党的团结统一，才使得中国共产党能够历经沧桑而愈发有力量、愈发有斗志。苏联解体、东欧剧变，一个个反面教材生动说明了坚定的理想信念对于一个政党是何等重要。苏联共产党在拥有 20 万党员时夺取了全国政权，在拥有 200 万党员时又打败了希特勒及其法西斯，但在拥有 2 000 万党员时却失去了政权、解散了政党，其根本原因就是缺

---

① 中共中央党史和文献研究院. 习近平关于全面从严治党论述摘编（2021 年版）. 北京：中央文献出版社，2021：159.

② 中共中央党史和文献研究院. 习近平关于全面从严治党论述摘编（2021 年版）. 北京：中央文献出版社，2021：159.

少坚定的理想信念。精神上一旦缺了“钙”，身体上一旦患上了“软骨病”，再强大的政党也难以为继。

正因如此，中国共产党自诞生之日起就注重理想信念的建设，党的十八大以来更是强调坚定理想信念对于执政党自身发展的重要意义。建党之初，我们党就把实现共产主义确立为最高理想，将马克思主义写在自己的旗帜上，共产党人不怕艰难困苦、不惜流血牺牲，形成了“坚持真理、坚守理想，践行初心、担当使命，不怕牺牲、英勇斗争，对党忠诚、不负人民”的伟大建党精神，成为中国共产党人精神谱系的源头根脉；革命时期，“革命理想高于天”成为共产党人理想信念的生动写照；“宁肯少活 20 年，拼命也要拿下大油田”，是和平时期共产党人的理想信念。进入新时代，在全面从严治党的顶层部署下，习近平向全党强调：“全面从严治党，既要注重规范惩戒、严明纪律底线，更要引导人向善向上，发挥理想信念和道德情操引领作用。”[①] 正是在坚守理想信念、坚持高标准和守底线相结合的管党治党要求下，我们党在新时代迸发出新的生机活力，党的建设新的伟大工程更加坚实有力。

思想建设是党的基础性建设，坚定理想信念是党的思想建设的首要任务。我们党始终坚持思想建党、理论强党，深入学习马克思主义基本理论，特别是深入学习习近平新时代中国特色社会主义思想，不断补足精神之“钙”，保持对远大理想和奋斗目标的清醒认知和执着追求，牢牢占据真理和道义的制高点。习近平强调，有了坚定的理想信念，就能坚持正确政治方向。当年，革命前辈为了社会主义、共产主义理想，可以抛头颅、洒热血，随时经历血与火、生与死的考验。同那时相比，现在党员、干部铸就理想信念的途径和

---

① 中共中央党史和文献研究院. 习近平关于全面从严治党论述摘编（2021 年版）. 北京：中央文献出版社，2021：168.

方式有很大不同，冲击和干扰理想信念的因素也有很大差异，权力、金钱、美色等对理想信念的考验也是很经常很现实的。抓党的建设，要把抓理想信念贯穿始终，对新党员要抓，对老党员也要抓；对普通党员要抓，对党员领导干部更要抓[①]。正因如此，坚定不移推进全面从严治党，首先要从思想建设入手，共产党员应时刻绷紧从严自我约束的心中戒尺，不断强化自身的理想信念，提升思想和理论水平。

三、贯彻新时代党的组织路线

党的力量来自组织。党的组织路线，是党在一定历史时期，根据政治路线和思想路线而规定的关于组织工作的根本方针和准则[②]。党的全面领导、党的全部工作要靠党的坚强组织体系去实现。习近平在 2018 年全国组织工作会议上鲜明提出了新时代党的组织路线：全面贯彻新时代中国特色社会主义思想，以组织体系建设为重点，着力培养忠诚干净担当的高素质干部，着力集聚爱国奉献的各方面优秀人才，坚持德才兼备、以德为先、任人唯贤，为坚持和加强党的全面领导、坚持和发展中国特色社会主义提供坚强组织保证。坚持全面从严治党，离不开党的组织队伍的落实与保障，更加需要新时代党的组织路线的引领与指航。总的来看，新时代组织路线的内在逻辑突出了一个“全面贯彻”的根本方针、“两个坚持”的目标发展导向，并明确了路线建设的三个基本着力点，形成了内容完整、结构清晰、逻辑严密的有机统一整体，这为新时代加强党的建设、

① 习近平．论中国共产党历史．北京：中央文献出版社，2021：98－99.

② 全国党的建设研究会．中国化的马克思主义党建理论体系概论．北京：党建读物出版社，2021：213.

推进全面从严治党、做好党的组织工作提供了根本遵循。

以习近平新时代中国特色社会主义思想为核心，落实一个“全面贯彻”的根本方针。习近平新时代中国特色社会主义思想是加强党的自身建设、不断做好组织工作的根本方针。围绕全面从严治党落实好新时代党的组织路线，毫无疑问应当把习近平新时代中国特色社会主义思想学懂弄通做实，这也是我们党加强全面领导的关键所在。

以“两个坚持”为目标导向，强调德才兼备、以德为先、任人唯贤的选人用人标准，突出坚持和加强党的全面领导、坚持和发展中国特色社会主义的重要要求。习近平指出：“选人用人是党内政治生活的风向标，用人上的不正之风和腐败现象对政治生活危害最烈，端正用人导向是严肃党内政治生活的治本之策。”① 只有抓好选人用人的这个导向，才能加大正向激励力度，引导广大干部保持良好精神面貌，激发党组织活力和干事创业的劲头。更为重要的是，党组织路线应当体现坚定的政治立场，要以坚持和加强党的全面领导为起点，以坚持和发展中国特色社会主义为重要指向，才能确保始终沿着正确政治方向不断发展。

“以组织体系建设为重点，着力培养忠诚干净担当的高素质干部，着力集聚爱国奉献的各方面优秀人才”②，是新时代组织路线的三个基本着力点。百余年来，我们党形成了严密的组织体系，凝聚形成了无与伦比的坚强组织力量，这是我们党不断发展壮大的组织密码、制度精髓。加强组织体系建设，关键是坚持民主集中制，形成上下贯通、各司其职、步调一致的组织优势。同时，贯彻新时代

---

① 中共中央党史和文献研究院．习近平关于全面从严治党论述摘编（2021 年版）．北京：中央文献出版社，2021：271.

② 习近平．习近平谈治国理政：第 3 卷．北京：外文出版社，2020：517.

党的组织路线，培养忠诚干净担当的高素质干部是关键。党要管党，首先是管好干部；从严治党，关键是从严治吏。我们党历来重视选贤任能，注重打造一支纪律严明、作风正派、能力突出、为民服务的干部队伍，在革命战争年代，从“才德兼备、任人唯贤”到“又红又专”，在和平发展时期，从“革命化、年轻化、知识化”到“德才兼备、以德为先、任人唯贤”，始终把选人用人作为关乎党和人民事业的关键性、根本性问题来抓。进入新时代，习近平多次围绕“怎样是好干部”“怎样成为好干部”“怎样把好干部用起来”，尤其是如何重点做好干部的教育、选拔、管理、使用工作进行了深刻阐述，同时对新时代干部队伍提出了“信念坚定、为民服务、勤政务实、敢于担当、清正廉洁”的标准和要求。全面从严治党，要落实从严治吏，关键是要抓住领导干部这个“关键少数”，从严管好各级领导干部。除此之外，着力集聚爱国奉献的各方面优秀人才，是我们党不断壮大、组织建设愈发有力的重要保障。始终坚持党管人才的原则，以更加宽阔的视野、海纳百川的气度、精准务实的举措，最广泛凝聚各方力量、汇聚各方智识，为推动新时代中国特色社会主义发展提供人才支撑。

四、作风建设永远在路上

作风问题根本上是党性问题。党的作风是党的性质和宗旨在党的实践活动中的具体体现，是全党在思想、政治、组织、工作、生活等各方面表现出来的一贯态度和行为①。作风反映的是形象和素质，体现的是党性，起决定性作用的也是党性。自党的十八大以来，

① 全国党的建设研究会. 中国化的马克思主义党建理论体系概论. 北京：党建读物出版社，2021：351.

从制定和执行中央八项规定开始，全党上下纠正“四风”取得了重大成效，但形式主义、官僚主义在一定程度上仍然存在。习近平多次强调，作风建设永远在路上，我们党必须把力戒形式主义、官僚主义摆在突出位置，驰而不息、持之以恒地抓下去、抓到底。全面从严管党治党，必须从党的作风建设入手，只有不断营造风清气正的良好风气，才能形成更强的凝聚力、战斗力。应当说，作风问题关系人心向背，关系党的生死存亡。

在 2012 年 12 月 4 日召开的中共中央政治局会议上，习近平就对党的作风建设问题提出要求：“党风廉政建设，要从领导干部做起，领导干部首先要从中央领导做起。正所谓己不正，焉能正人。最重要的就是要防微杜渐，不要‘温水煮青蛙’。现在，有些形式主义、官僚主义的东西，有些铺张浪费、豪华奢侈的东西，上上下下都有些表现，我们不能安之若素、司空见惯、见怪不怪。”[①] 在不同场合，习近平反复强调，改进工作作风的任务非常繁重，中央八项规定是一个切入口和动员令。正是在党中央对改进作风建设的严格要求之下，进入新时代以来，党内的作风建设有了明显改善，重新焕发了良好精神面貌。

历史经验深刻反映出，作风问题最容易反弹，如果不紧紧抓住，一些已经初步压下去的问题很可能会死灰复燃。我们必须清醒认识到，作风问题具有顽固性和反复性，形成优良作风后不可能一劳永逸，克服不良作风也不可能是一蹴而就的。尤其是形式主义和官僚主义在一些地方和部门仍然突出，积习难改。比如，以知行不一、文山会海、弄虚作假为典型的形式主义，以脱离群众、漠视现实、自我膨胀为典型的官僚主义等。这些问题在根子上背离了党性，丢

---

① 中共中央党史和文献研究院. 习近平关于全面从严治党论述摘编（2021 年版）. 北京：中央文献出版社，2021：305.

掉了宗旨。习近平指出，形式主义背后是功利主义、实用主义作祟，官僚主义背后是官本位思想、价值观走偏、权力观扭曲。形式主义、官僚主义是我们党的大敌、人民的大敌。要克服形式主义、官僚主义等反复涌现的作风建设问题，就要发挥“头雁效应”，一把手等主要领导干部要承担主要责任、履行主要职责，以上率下、以身作则，一级带一级、一级做给一级看，既要形成良好的带头示范作用，又要履行好惩治作风问题的主要责任。同时，还应当激励干部实干担当，通过形成规范科学的考核评价体系，以此监督和督促干部重实际、说实话、办实事，克服浮躁情绪、抛弃私心杂念。

党的作风是党的形象，是观察党群干群关系、人心向背的晴雨表。党的作风正，人民的心气就会顺，党和人民就能同甘共苦。作风建设永远在路上，永远没有休止符，既不可以蜻蜓点水，也不能虎头蛇尾，更不可以只是一阵风，否则难以从根本上解决问题。实现全面从严治党，作风建设必须毫不动摇、牢牢抓住、时刻推进。

五、加强纪律建设

党的纪律是党的生命线，是党的各级组织和全体党员必须遵守的行为规则，是维护党的团结统一、完成党的任务的保证[①]。要时刻把纪律的螺丝拧得紧而又紧。新时代推进全面从严治党，必须以铁的纪律为推进抓手，严格的纪律性是保持党的创造力、凝聚力、战斗力的重要保障。中国共产党成立百余年，历久弥坚，始终保持生机盎然、充满活力，带领全国各族人民砥砺奋进，取得革命、建设、改革事业的一次次伟大胜利，这离不开我们党自身严明公正的组织

① 全国党的建设研究会. 中国化的马克思主义党建理论体系概论. 北京：党建读物出版社，2021：375.

纪律、严密完善的组织制度，这是马克思主义政党的优势所在、力量所在。

纪律严明是维护党的团结和集中统一的重要保证。早在 1938 年 9 月，鉴于张国焘严重破坏纪律的行为，毛泽东在中共扩大的六届六中全会上就重申了党的四项基本纪律：个人服从组织，少数服从多数，下级服从上级，全党服从中央。新中国成立前夕，1948 年 9 月，党内建立了请示报告制度，有力推进了党的作风和纪律建设，保证了政令军令畅通，为解放战争胜利提供了重要保障。历史经验证明，一个松松垮垮、马马虎虎、稀稀拉拉的队伍是不能干事也干不成事的。正因如此，党组织必须严格执行和维护党的纪律，共产党员必须自觉接受党的纪律的约束。党的各级纪律检查委员会是党内监督专责机关，负责维护党的章程和其他党内法规，检查党的路线、方针、政策和决议的执行情况，协助党的委员会推进全面从严治党、加强党风建设和组织协调反腐败工作。

人不以规矩则废，党不以规矩则乱。习近平强调，“我们党的党内规矩是党的各级组织和全体党员必须遵守的行为规范和规则。党的规矩总的包括什么呢？其一，党章是全党必须遵循的总章程，也是总规矩。其二，党的纪律是刚性约束，政治纪律更是全党在政治方向、政治立场、政治言论、政治行动方面必须遵守的刚性约束。其三，国家法律是党员、干部必须遵守的规矩，法律是党领导人民制定的，全党必须模范执行。其四，党在长期实践中形成的优良传统和工作惯例”①。总体而言，以上不同类别的党内规矩都是广义上党的纪律的具体表现形式，都是各级党组织和全体党员需要严格遵守的行为准则。而从微观狭义的角度来看，党的纪律又主要包括政

① 中共中央党史和文献研究院．习近平关于全面从严治党论述摘编（2021 年版）．北京：中央文献出版社，2021：324.

治纪律、组织纪律、廉洁纪律、群众纪律、工作纪律、生活纪律，这是我们党百年来凝练的纪律要求。

加强纪律建设是全面从严治党的治本之策。党要管党、从严治党，靠什么管？凭什么治？说到底，就是要靠严明的纪律和规矩。无论我们党所面临的形势多么复杂，所肩负的任务多么艰巨，我们始终要把纪律建设摆在更加突出的位置，始终要严格执纪。说到底，就是要坚持严字当头、一严到底，如此才能始终确保知敬畏、存戒惧、守底线，让全体党组织和党员适应受约束、受监督的严格环境。

六、全方位扎紧制度笼子

推进全面从严治党，必须坚持思想建党和制度治党同向发力，把制度建设贯穿其中，全方位扎紧制度笼子。党的制度是党的各级组织和全体党员必须共同遵守的行为规范和办事规程①。党的十八大以来，我们党坚持依法治国与制度治党、依规治党统筹推进、一体建设，坚持用制度治党、管权、治吏。

制度建设是全面从严治党的重要保障。制度问题更带有根本性、全局性、稳定性和长期性，具有一套严密完善的党内制度是确保我们党长期执政的根本所在。

中国共产党的制度建设是从制定党的章程开始的。从1921年中共一大通过的《中国共产党纲领》，到1922年中共二大制定的第一部《中国共产党章程》，再到2022年党的二十大所修正的党章，重视并不断加强党的制度建设是中国共产党的历史经验和优良传统。

党章“总纲”明确了以党的政治建设为统领，全面推进党的政

---

① 全国党的建设研究会. 中国化的马克思主义党建理论体系概论. 北京：党建读物出版社，2021：394.

治建设、思想建设、组织建设、作风建设、纪律建设，把制度建设贯穿其中，深入推进反腐败斗争，全面提高党的建设科学化水平。

制度治党是全面从严治党的“牛鼻子”，全面从严治党在根本上要靠制度治党，而制度治党的核心是依规治党。中国共产党坚持依规治党，构建完善的党内法规制度体系，做到有规可依、有规必依、执规必严、违规必究。党的十八大以来，党内法规制度体系不断完善、日益健全，成为中国特色社会主义法治体系的重要组成部分，党的制度建设进入了新的历史发展阶段。2021 年 7 月 1 日，习近平在庆祝中国共产党成立 100 周年大会上宣布，我们党坚持依规治党，形成比较完善的党内法规体系。截至 2021 年 7 月 1 日，全党现行有效的党内法规共 3 615 部。这一制度建设重大成果来之不易，是我们党 100 年来持续推进建章立制特别是十八大以来全面深化党的建设制度改革的结果，具有重要的里程碑意义。

如何制约和监督权力，是制度建设的关键问题，也是推进全面从严治党的要害所在。我们应当时刻谨记，中国共产党来自人民、紧紧依靠人民，又深深扎根人民。没有监督的权力必然导致腐败，这是一条铁律。党内既不存在免罪的“丹书铁券”，也不存在“铁帽子王”。各级党组织和党员领导干部应当时刻谨记手中权力是党和人民赋予的，是姓公的不是姓私的。要把权力关进笼子里，就要全方位扎紧制度笼子，这首先就要不断完善制度之笼，也就是进一步健全以党内法规体系为核心的党内制度体系。要坚持权责法定，科学配置权力，明晰权力的边界，强化权力制约的效果。与此同时，还要注重时刻修缮制度之笼，这就要健全党和国家的监督制度，不断坚持党和国家的监督体系。杜绝出现监督上级怕穿“小鞋”、监督同级怕伤“和气”、监督下级怕丢“选票”的不敢监督、不愿监督、抵制监督的不良现象、不正之风。正因如此，党的十八大以来，我们探索走出了一条长期执政条件下解决自身问题、跳出历史周期率的成功道路，构建起一套行之有效的权力监督制度和执纪执法体系。

治国必先治党，治党务必从严，从严必依法度。归根结底，推进全面从严治党需要这个“法度”作为制度抓手，而这个“法度”就是以党内法规体系为主干形成的一整套系统完备的党的制度，这是“中国之治”的一个独特治理密码，在世界上是独一无二的。

七、持续开展反腐败斗争

以零容忍态度惩治腐败。腐败是社会毒瘤，也是我们党当前面临的重大威胁，反腐败关系着党和国家的前途命运，深入推进反腐败斗争是我们党的一项长期而艰巨的任务。习近平强调，“坚定不移惩治腐败，是我们党有力量的表现，也是全党同志和广大群众的共同愿望。我们党严肃查处一些党员干部包括高级干部严重违纪问题的坚强决心和鲜明态度，向全党全社会表明，我们所说的不论什么人，不论其职务多高，只要触犯了党纪国法，都要受到严肃追究和严厉惩处，决不是一句空话。”[①] 由此便可以看出党中央对于严厉惩治腐败的坚决态度，对于持续开展反腐败斗争的决心信心，对于坚决打击贪腐行为、推进全面从严治党的强硬底气。毋庸置疑，反腐败既不是“一阵风”，也不是“耳旁风”，而是“四季风”。正因如此，我们党深刻把握党风廉政建设和反腐败斗争规律，明确提出一体推进不敢腐、不能腐、不想腐，这是新时代以来推进全面从严治党的重要方略。

---

① 中共中央党史和文献研究院. 习近平关于全面从严治党论述摘编（2021 年版）. 北京：中央文献出版社，2021：357.

党的十八大以来，党和国家大力推进党内法规制度建设和反腐败国家立法。先后制定或修订了党内政治生活若干准则、党内监督条例、纪律处分条例、党内问责条例等一批标志性、关键性、基础性的法规制度。从实践来看，党内反腐败的力度不断加大，仅 2019 年，中央纪委国家监委立案审查调查中管干部 45 人，全国纪检监察机关立案 61.9 万件，有 10 357 人主动投案①。

深入推进反腐败、持续开展反腐败斗争，是我们党新时代以来长期坚持的一项重大管党治党措施。习近平指出："我们党反腐败不是看人下菜的'势利店'，不是争权夺利的'纸牌屋'，也不是有头无尾的'烂尾楼'"②。所以，他指出，要实现不敢腐，就要"坚决遏制腐败现象滋生蔓延势头。只要谁敢搞腐败，就必须付出代价。……惩治腐败这一手必须紧抓不放、利剑高悬，坚持无禁区、全覆盖、零容忍"③。我们既要坚持以习近平新时代中国特色社会主义思想为指导，坚持党的集中统一领导，坚持重遏制、强高压、长震慑，又要坚持以人民为中心、紧紧依靠人民，一体推进不敢腐、不能腐、不想腐。毋庸置疑，反腐败斗争是一场"输不起的斗争"，要毫不动摇地坚持"老虎""苍蝇"一起打，不断强化不敢腐的震慑；始终扎紧反腐败的制度笼子，构建不能腐的约束机制，从制度上压减权力设租寻租空间；持续筑牢拒腐防变的思想道德防线，增强不腐败的自觉，从根本上消除党员、干部腐败的动机。

---

① 中共中央宣传部. 习近平新时代中国特色社会主义思想学习问答. 北京：学习出版社，2021：223-224.

② 中共中央党史和文献研究院. 习近平关于全面从严治党论述摘编（2021 年版）. 北京：中央文献出版社，2021：374.

③ 习近平. 习近平谈治国理政：第 2 卷. 北京：外文出版社，2017：166.

第三节 把党建设得更加坚强有力

党的十八大以来，以习近平同志为核心的党中央提出并坚决贯彻全面从严治党战略方针，管党治党宽松软状况得到根本扭转，反腐败斗争取得压倒性胜利并全面巩固，消除了党、国家、军队内部存在的严重隐患，使党得到革命性锻造，极大地推动了新时代党的建设理论创新和实践创新。

一、开辟马克思主义建党学说新境界

马克思主义是不断发展的开放的理论，始终站在时代前沿。马克思主义理论不是教条，而是行动指南，必须随着实践的变化而发展。恩格斯深刻指出，我们的理论“是一种历史的产物，它在不同的时代具有完全不同的形式，同时具有完全不同的内容”。马克思主义永葆生机活力的关键就在于始终与时代同步伐、与人民共命运。而中国共产党勇于推进实践基础上的理论创新，这是我们党的优良传统和鲜明品格。纵观中国共产党领导人民进行革命、建设、改革的不同历史阶段，我们党始终能够解放思想、实事求是，又与时俱进地推进马克思主义中国化，百余年来形成了一系列重大理论成果，这是我们党始终坚持和发展马克思主义的重要表现。推进实践基础上的理论创新，就要着眼于马克思主义理论的运用，着眼于对实际问题的理论思考，着眼于新的实践和新的发展，及时对时代之问、人民之惑作出回应，明晰阻碍实践发展的理论迷思，为党和国家事业发展提供科学理论指导。

习近平新时代中国特色社会主义思想是当代中国马克思主义、21 世纪马克思主义，开辟了马克思主义的崭新境界。习近平新时代中国特色社会主义思想作为马克思主义中国化最新成果，坚持和运用马克思主义基本原理，对马克思主义哲学、政治经济学、科学社会主义作出了许多重大原理性创新。习近平新时代中国特色社会主义思想，是在新的时代和新的实践发展阶段作出的理论创新，深刻把握了共产党执政规律、社会主义建设规律、人类社会发展规律，是马克思主义在中华大地上的新的飞跃、创造性发展。习近平总书记关于党的建设的重要思想，是习近平新时代中国特色社会主义思想中最具中国特色、最具原创性的理论创新和实践创新成果，极大地丰富和发展了马克思主义建党学说，把中国化马克思主义党建理论体系推向了一个新境界。

勇于自我革命和全面从严治党开辟了马克思主义建党学说的新境界，拓展了新时代党的理论和实践主题，开创了党的建设新局面。总的来看，勇于自我革命是百年大党风华正茂的成功秘诀，它以马克思主义政党先进性纯洁性的要求来驱动自我革命，表征着我们党坚持用崇高的理想激励党员，用科学的思想理论教育党员，用严格的组织纪律规范党员，用严肃的政治生活锤炼党员，是实现共产党人政治追求与道德追求有机统一的重要理论创新。同时，我们党以伟大事业坚强领导核心的目标谋划自我革命，既凸显党的领导的根本地位，确保能够坚决维护习近平总书记党中央的核心、全党的核心地位，坚决维护党中央权威和集中统一领导，不断提高党的领导能力。此外，勇于自我革命将“严”的主基调贯通上下内外，在严的主基调中不断自我净化、自我完善、自我革新、自我提高，严出了习惯、严出了正气、严出了形象、严出了干事创业的精气神，实现管党治党从宽松软向严紧硬的根本性转变。最后，以化解党内突出问题聚力自我革命。党的十八大以来，党中央先后组织开展了党的群众路线教育实践活动、“三严三实”专题教育、“两学一做”学习教育、“不忘初心、牢记使命”主题教育、党史学习教育、学习贯彻习近平新时代中国特色社会主义思想主题教育、党纪学习教育。这些教育活动，不仅筑牢了信仰之基、补足了精神之钙、净化了党内政治生态，而且为自我革命注入强大内生动力，为新时代党的建设开辟新的理论境界。

全面从严治党深刻诠释了自我革命的内在要求。全面从严治党的核心是加强党的领导，基础在全面，关键在严，要害在治。“全面”就是要求管全党、治全党，面向全体党员、党组织，覆盖党的建设各个领域、各个方面、各个部门，重点是抓住“关键少数”。“严”就是真管真严、敢管敢严、长管长严。“治”就是从党中央到省市县党委，从中央部委、国家机关部门党组（党委）到基层党支部，都要肩负起主体责任，党委书记要把抓好党建当作分内之事、必须担当的职责；各级纪委要担负起监督责任，敢于瞪眼黑脸，勇于执纪问责。进入新时代，习近平着眼长远，创造性提出“全面从严治党”的时代命题，为我们党的未来发展明确了管党治党方向，将全面从严治党的不懈努力聚焦到强化党的自我净化、自我完善、自我革新、自我提高能力上来，聚焦到提高党的领导能力和执政能力上来，聚焦到如何保持党的先进性和纯洁性上来，彰显我们党勇于自我革命的精神品格，真正实现从宽松软转变为严紧硬。可以说，全面从严治党这一时代命题深化和诠释了自我革命，也真正能够确保我们党始终成为中国特色社会主义的坚强领导核心，巩固执政地位，提升执政威信。

实践没有止境，理论创新也没有止境。世界每时每刻都在发生变化，中国也在时时刻刻发展。中国共产党必须在理论上和实践上紧跟时代、引领时代，与时俱进认识发展规律，做到不断推陈出新，推动理论创新、实践创新、制度创新、文化创新，让马克思主义理论在中国大地上不断焕发新的生机活力，不断开辟马克思主义建党学说新境界。

二、取得新时代党的建设实践新突破

1. 深刻把握党的建设规律，构建党的建设新布局

纵观百余年党史，党的建设如何布局，都是由我们党所处的特殊历史环境、所面对的不同考验挑战、所肩负的时代任务、所需要解决的自身建设问题而决定的。正因如此，不同历史阶段，党的各方面建设也会呈现出不同的鲜明特点。进入新时代以来，我们党根据面对的世情、国情、党情的新形势、新挑战、新特点，深刻认识和把握党的建设自身规律，构建新时代党的建设总体布局。在这个总体谋划中，我们党首次将政治建设摆在了党的建设的首要位置，起到了统领作用，形成了全面推进党的政治建设、思想建设、组织建设、作风建设、纪律建设，把制度建设贯穿其中，深入推进反腐败斗争这样一个“5＋2”的党建布局。作为一个具有先进性追求的政党，中国共产党肩负着为人民谋幸福、为民族谋复兴的伟大光荣使命。可以说，政治建设始终是中国共产党自身建设的核心主题。而长期以来，党的政治建设一直内含于、体现在党的其他领域建设之中。但进入新时代，我们党所面对的党内新情况新问题，使得加强党的政治建设成为更迫切、更必要的现实要求。尤其是一段时间以来，党的政治生活、政治生态方面出现了政治不纯的隐患，对如何保持党的先进性和纯洁性产生了直接挑战、造成了严重威胁，以利益关联为纽带的团团伙伙、人身依附、相互勾结等问题严重污染

了党内政治环境。党内出现的阳奉阴违、欺上瞒下、耍两面派等现象更是严重违反了党内的政治纪律和政治规矩。也正是在这样的背景下，加强党的政治建设，以党的政治建设统领各领域的自身建设就显得尤为必要，这也是适应解决党内这些突出问题而提出的新举措，体现了党的建设内在规律的根本要求。围绕党的政治路线来进行党的建设，是我们党的一贯要求，也是自身建设取得成功的重要经验。

2. 准确判断新的历史方位和时代要求，提出新时代党的建设新目标

党的十八大以来，把党建设成为一个什么样的党，是一个关系到党和国家发展的根本性问题。

党的十九大在科学分析、准确研判的基础上，依据实现全面建成小康社会、全面建成社会主义现代化强国、实现中华民族伟大复兴的使命要求，与时俱进地提出了党的建设的新目标，就是“把党建设成为始终走在时代前列、人民衷心拥护、勇于自我革命、经得起各种风浪考验、朝气蓬勃的马克思主义执政党”。

首先，我们党必须始终站在时代发展前列，认真处理好党的自身建设和时代发展要求之间的关系。在革命、建设、改革的历史进程中，我们党之所以能够不断取得胜利，正是因为我们党能够顺应时代潮流，不断完善自身建设、改革创新发展方式。

其次，我们党始终保持与人民群众的血肉联系。中国共产党来自人民、依靠人民，又时刻为了人民而不懈奋斗，这是我们党能够始终得到人民群众衷心拥护的根本所在。可以说，过去革命是这样、建设是这样、改革是这样，新时代的发展依然是这样，永不改变。

再次，自我革命是我们党永葆生机活力的制度密码。作为执政党，我们党的执政地位和领导环境，决定了我们党必须能够时刻保持自我革命的精神品格，不断克服和解决好自身发展过程中面对的挑战，而全心全意为人民服务的根本宗旨也内在要求我们党必须能够实现自我净化、自我提升，确保为民服务的能力和水平。

最后，经得起风浪考验，提升防范化解风险挑战的能力，是对中国共产党这样一个肩负重大历史使命的执政党的内在要求，也是未来中国共产党领导人民迈向新的胜利的必然要求。

3. 科学回答重大现实问题，形成一系列党的建设重大理论创新成果

在强化党的自我革命、推进新时代全面从严治党的过程中，我们党形成了一系列马克思主义建党学说中国化的重大理论成果，集中体现为习近平总书记关于党的建设的重要思想。其中，把党的政治建设作为党的根本建设任务、把抓好党的建设作为最大政绩、形成党内良好的政治生态、严守党的政治纪律和政治规矩、思想建党和制度治党同向发力、加强党的组织体系建设、把纪律挺在前面、坚持对腐败问题零容忍等重要判断、论述、观点，正是对新时代以来党的建设理论成果的最新总结凝练，是马克思主义建党学说最新的理论成果，也是我们党的历史经验和实践探索的有机统一。总的来看，新时代开辟了党的建设新境界，其重要体现就是中国共产党关于党的建设新的指导理论体系的形成，这既是新时代的实践结晶，也是新时代的思想结晶。

全面从严治党永远在路上，党的自我革命任重而道远。时代巨变和国际国内的形势任务都要求中国共产党人秉承勇于革命的精神，回应时代之变。从国内形势和任务看，我们面临着改革发展稳定任务依然繁重、经济领域的转型升级与结构调整压力集聚并存、社会领域的民生建设与利益调整任务复杂繁重、国防和军队改革与军事斗争准备十分紧迫、意识形态领域斗争形势依然尖锐复杂、管党治党工作出现新老问题交织等多种情况。对此，我们决不能丢失那种敢于直面矛盾、敢于攻坚克难的精神状态，敢于尽职尽力、敢于善作善成的实际行动。要在改革发展稳定工作中坚定不移、较真碰硬，啃下硬骨头、涉过深水滩，满怀信心推进中国特色社会主义不断取得一个又一个新胜利。

从国际形势和任务看，正如习近平主席在 2017 年达沃斯世界经济论坛上所指出的："今天，我们也生活在一个矛盾的世界之中。一方面，物质财富不断积累，科技进步日新月异，人类文明发展到历史最高水平。另一方面，地区冲突频繁发生，恐怖主义、难民潮等全球性挑战此起彼伏，贫困、失业、收入差距拉大，世界面临的不确定性上升。"

当今世界正经历百年未有之大变局。一方面，社会生产力发展和经济繁荣富庶"百年未有"，科技创新和产业变革密集活跃"百年未有"，不同文明的交流碰撞"百年未有"，国际力量对比的变化"百年未有"；另一方面，二战之后美国主导的世界秩序正在衰落之中，出现了以自由化为支撑的地区化和全球化的一种逆势。与此同时，今日之世界，走到了一个历史的十字路口，各种力量交锋、各种思潮激荡、各种治理主张登场，单边主义、保护主义愈演愈烈，多边主义和多边贸易体制受到严重冲击。世界历史发展告诉我们，人类文明进步历程从来没有平坦的大道可走，人类就是在困难的斗争中前进的。

今日之中国，正处于一个发展的关键时期，既是日益走近世界舞台中央、不断为人类作出更大贡献的时期，又是应对和化解霸权主义对我们施加强大压力的时期。波诡云谲的国际形势、复杂敏感的周边环境、艰苦繁重的改革发展任务，需要我们敢于变革、勇于革命，务必保持进行伟大斗争的精神状态和奋斗姿态，积极面对许多富有新的历史特点、富有新的时代内涵的斗争，牢牢掌握自己的"国运"，为世界提供"中国方案"。

（作者单位：中共中央党校（国家行政学院）党的建设教研部）

第三章
党的建设学科的基本理论

张志明　李俊伟　姬旭辉

党的建设是一门系统科学，党的建设学科是中国共产党把马克思列宁主义政党学说的普遍原理运用到自身建设中而发展起来的一门学科，是党在领导革命、建设、改革伟大斗争中发展探索出的一门与时俱进的科学。在中国共产党的百余年建设实践中，形成了党的建设学科的基本理论，包括党的性质、宗旨和初心使命，坚持和加强党的全面领导，新时代党的建设总要求等方面内容。

第一节　党的建设是一门系统科学

党的建设学科是政治的科学与科学的政治，是中国特色哲学社会科学的重要组成部分，必须始终坚持马克思主义指导，必须把马克思主义建党学说与各国共产党的党建实践结合起来。在当代中国，党的建设学科是源自中国共产党伟大历史实践的产物，是一门立足中国本土、研究中国共产党的特色之学，是一门党性与科学性高度统一的要害之学，体现了政治性与实践性的高度统一。

一、党的建设的研究对象

党建研究是一项重大的系统工程，涉及的内容十分广泛，归结起来，就是运用马克思主义建党学说的基本原理研究和回答建设什么样的党、怎样建设党的问题，不断深化对共产党执政规律和党的自身建设规律的认识。

中国共产党作为执政党，党的建设同领导活动是紧密联系在一起的。因此，党的建设的研究对象，既包括党的自身建设问题，又包括党如何领导的问题。中国近现代发展的全部历史已经证明，“没有中国共产党，就没有新中国，就没有中华民族伟大复兴。历史和人民选择了中国共产党”①。我们党是中国革命、建设、改革的领导核心，是中国特色社会主义事业的领导核心。它不仅要领导国家政权，而且要领导经济、政治、文化和其他社会事务。因此，对于中国共产党来说，如何领导的问题，实际上就是科学地领导中国特色社会主义伟大事业，从理论与实践上回答和解决好什么是社会主义、怎样建设社会主义的问题。具体来说，它包括研究党的纲领及其实现途径、党的领导水平和执政能力、党的领导方式和执政方式，巩固党的执政地位等。

党的领导是党的建设的目的和依据，决定着党的建设的方向；党的建设是党的领导的基础和前提，党的建设水平决定着党的领导水平。二者内在地统一于党领导的伟大事业。只有把党的领导和党

---

① 习近平．在庆祝中国共产党成立100周年大会上的讲话．人民日报，2021－07－02（2）．

的建设紧密地结合在一起，既着眼于党的领导审视党的建设，又抓好党的建设保障党的领导，党的事业才能成功。在革命、建设、改革的各个历史时期，中国共产党围绕实现和巩固党的领导、坚持和改善党的领导、坚持和加强党的全面领导，深入思考、接续推进党的建设新的伟大工程，既着重从政治上、思想上建设党，又注重从组织上、作风上、纪律上、制度上建设党，开展反腐败斗争，保证了党的先进性和纯洁性，确保了党始终成为伟大事业的领导核心。

二、党的建设的学科特征

1. 学科归属

关于党的建设学科的学科归属，党建学科长期属于政治学一级学科下设二级学科“中共党史（含党的学说与党的建设）”，在专业名称上与中共党史属于同一专业。党的建设学科没有获得独立学科地位，不利于学科的长期发展。

2022 年 9 月，国务院学位委员会、教育部印发的《研究生教育学科专业目录（2022 年）》，首次将“中共党史党建学科”列为“法学”之下的一级学科。这标志着新时代中共党史党建学科正式获得一级学科的地位。从此，党建学科作为与党史学科并驾齐驱、融合发展的一级学科的地位正式奠定。这既是习近平总书记和党中央高度重视、亲切关怀的结果，也是一代又一代党建研究工作者接续奋斗、不懈努力的结果。

2. 学科框架

党的建设学科的框架可以概括为以下四个方面：

第一，研究对象：党的领导和党的建设。

第二，遵循三大规律：党的领导规律、党的执政规律、党的建设规律（包括党务工作规律）。

第三，反映三大关系：党群关系、党与国家和社会的关系、党内关系。

第四，包含四个范畴：党论、党的领导论、党的建设论、党务工作论。其中，党论是基础，研究党的性质、宗旨、纲领、初心使命等基本问题，揭示马克思主义政党的本质；党的领导论是核心，主要研究党的全面领导、党的领导方式方法、坚持和完善党的领导制度体系、新型政党制度等领域；党的建设论是主体，既包含中国共产党的建设史，也包含执政党自身建设，即“5＋2”党建布局；党务工作论是实务，在以上三个范畴的基础上解决“怎么做”的问题，其研究内容更加侧重具体的知识性、操作性、程序性。

3. 学术框架

党的建设学科，是一门具有独立学科体系的成熟学科。但同时，党建与其他哲学社会科学形成交叉学科的态势越来越明显，已经在学术界形成了使用频率较高且具有一定共识的学术框架。

（1）马克思主义使命型政党。中国共产党将为中国人民谋幸福、为中华民族谋复兴设定为自身的初心与使命，将始终代表人民整体利益、长远利益和根本利益作为党长期执政和有效执政的基础与基石，凸显了其使命型政党的核心内涵与精神特质。

（2）党领导国家体制。中国共产党是最高政治领导力量，但不是最高权力机关。党依照党章党规党纪运行，国家按照宪法法律法规运行，党通过法定程序使党的意志上升为国家意志，形成法律，并通过法律法规保障党的政策有效实施，把党的领导贯彻到党和国家所有机构履行职责全过程，推动各方面协调行动、增强合力。

（3）党领导社会治理。党根据社会形态和生产生活方式的变革，不断调整基层党组织的设置；党将开展多种服务项目导入基层政党组织化过程；党将社会治理重心下移，统合各区域内多元主体力量与资源；党运用协商民主的形式，组织拥有不同利益、不同理念的相关主体进行商讨与对话。

（4）党的领导力。中国取得的巨大成就离不开党强大的领导力。党的政治领导力、思想引领力、群众组织力、社会号召力，四者形成一个有机的整体来促进中国共产党整体的号召力和战斗力的形成。

（5）新型政党制度。新型政党制度根据时代的发展不断被赋予新的内涵，并通过制度化、程序化、规范化的安排集中各种意见和建议，从而拓宽了民意表达的渠道，促进了决策的科学化民主化。

（6）选贤任能制度。选贤任能制度既根植于中华民族选贤任能的文化传统，也来源于“党管干部”“党管人才”的实践创新，是中国选拔任用干部的重要保障。

（7）党的自我革命。在新时代伟大社会革命进程中，党面临着长期执政和改革开放条件下出现的各种风险考验，党只有勇于自我革命，确保自身始终过硬，始终走在时代前列，始终保持先进性和纯洁性，才能始终成为中国人民的坚强领导核心。

除此之外，在党的建设中长期形成了诸如党的政治建设、思想建设、组织建设、作风建设、纪律建设、制度建设、反腐败斗争、党的建设科学化、党的组织体系、党的领导制度体系、民主集中制原则、党的建设质量、党的基层组织建设、干部人事工作、党和国家监督体系等基本的理论框架。

三、推动马克思主义建党学说中国化

马克思列宁主义，是我们立党立国的根本指导思想，它包含着内容丰富的党的建设理论。马克思、恩格斯、列宁关于无产阶级政党的一系列相互联系的基本思想观点，回答了建设什么样的党、怎样建设党的问题，构成了马克思主义建党基本原则。

在新民主主义革命时期、社会主义革命和建设时期，以毛泽东同志为主要代表的中国共产党人，结合中国实际正确处理了党的建设与国情党情的关系、党的建设与党的领导的关系、党的建设与党的性质的关系、党的建设与党的政治路线的关系、党的建设的内部关系等一系列党的建设重大问题，科学总结正反两方面经验，形成了一整套有中国特色的建党原则。如：把马克思列宁主义普遍真理同中国革命的具体实践相结合；密切联系党的政治任务和政治路线来建设党；把党的思想建设放在首位；以群众路线作为党的根本工作路线；在基层单位建党；发扬理论联系实际、密切联系群众、批评与自我批评的优良作风；坚持独立自主、自力更生的方针；正确处理党内矛盾，用整风等形式进行马克思主义自我教育；重视培养党的事业的接班人；等等。中国共产党正是遵循毛泽东建党学说，在长期的斗争实践中，把自己锻炼成了一个有纪律的、有马克思列宁主义的理论武装的、采取自我批评方法联系人民群众的党，成了全国各族人民坚强的领导核心，最终取得新民主主义革命胜利，建立了新中国，并开始成为马克思主义执政党，领导社会主义革命和建设取得重大成就。

党的十一届三中全会以后，以邓小平同志为主要代表的中国共产党人，重新恢复和发展了马克思主义实事求是的思想路线，在改革开放的历史条件下，科学回答了中国“如何建设社会主义、如何巩固和发展社会主义”，并围绕着“建设一个什么样的党、怎样建设党”的时代课题，形成了关于执政党建设的一系列创新理论，丰富和发展了马克思主义建党学说，使党的建设新的伟大工程在实践层面也不断顺利向前推进。党的十三届四中全会以后，以江泽民同志为主要代表的中国共产党人，加深了对什么是社会主义、怎样建设社会主义和建设什么样的党、怎样建设党的认识，形成了“三个代表”重要思想，推进党的建设新的伟大工程，成功把中国特色社会主义推向21世纪。党的十六大以后，以胡锦涛同志为主要代表的中国共产党人，深刻认识和回答了新形势下实现什么样的发展、怎样发展等重大问题，形成了科学发展观，推进党的执政能力建设和先进性建设，成功在新形势下坚持和发展了中国特色社会主义。

随着中国特色社会主义进入新时代，以习近平同志为核心的党中央始终高度重视思想建党、理论强党、制度治党，不断开辟当代中国马克思主义、21世纪马克思主义的新境界，创立了习近平新时代中国特色社会主义思想，就新时代坚持和发展什么样的中国特色社会主义、怎样坚持和发展中国特色社会主义，建设什么样的社会主义现代化强国、怎样建设社会主义现代化强国，建设什么样的长期执政的马克思主义政党、怎样建设长期执政的马克思主义政党等重大时代课题，提出一系列原创性的治国理政新理念新思想新战略，是马克思主义中国化的最新理论成果。其中针对如何管好党、治好党，习近平总书记以高远的政治站位提出坚持和加强党的全面领导、新时代党的建设总要求、全面从严治党、依法治国与依规治党统筹推进、“不忘初心、牢记使命、永远奋斗”的精神、健全党和国家监督体系等一系列党建新思想、新观点、新论断，为新时代坚持党的全面领导、加强党的建设提供了根本遵循，是中国化马克思主义建党学说的最新成果，是新时代全面加强党的领导和党的建设的行动指南。习近平总书记关于党的建设的重要思想，是加强新时代党的建设学科建设的根本指导思想。

第二节 中国共产党的初心和使命

中国共产党的初心和使命，是党的建设学科所要重点研究的基本理论问题。这是由党的初心和使命在党的建设中的核心地位决定的。

党的初心和使命是党的性质宗旨、理想信念、奋斗目标的集中体现，是党的建设学科中最基本的理论。正是由于始终坚守这个初心和使命，我们党才能在极端困境中发展壮大，才能在濒临绝境中突出重围，才能在困顿逆境中毅然奋起。

因此，党的初心和使命研究，与对党的性质和宗旨、理想信念和指导思想的研究，是紧紧联系在一起的。

一、党的性质和宗旨

中国共产党的性质，可以用“两个先锋队、一个核心、三个代表”来概括，即党章“总纲”所规定的：“中国共产党是中国工人阶级的先锋队，同时是中国人民和中华民族的先锋队，是中国特色社会主义事业的领导核心，代表中国先进生产力的发展要求，代表中国先进文化的前进方向，代表中国最广大人民的根本利益。”① 这从党的阶级性、先进性、党的宗旨以及党在社会主义事业中的地位和作用等方面科学说明了我们党的性质。

“中国共产党是中国工人阶级的先锋队”，深刻揭示了党的阶级

---

① 中国共产党章程. 北京：人民出版社，2017：1.

性和先进性。任何政党都是阶级的组织。中国共产党是建立在中国工人阶级基础之上的，是马克思列宁主义同中国工人运动相结合的产物。工人阶级不是一个固定不变的社会群体，而是一个与时俱进的阶级。随着改革开放和社会主义现代化建设事业的发展，我国工人阶级的外延、内涵及其自身特点都发生了很大变化。现在我国工人阶级主要包括产业工人阶层、知识分子阶层、国家公务员阶层等。中国工人阶级始终是推动中国先进生产力发展的基本力量，工人阶级是国家的领导阶级没有变，工人阶级是中国共产党的阶级基础没有变，工人阶级主人翁的地位没有变，工人阶级主力军的作用没有变，这“四个没有变”是中国共产党以工人阶级作为阶级基础的理论依据和现实依据。

中国共产党“同时是中国人民和中华民族的先锋队”，深刻揭示了中国共产党的代表性和群众性。中国共产党自身没有任何私利，不仅代表工人阶级的利益，而且代表中国人民和中华民族的利益。实现国家富强、民族振兴、人民幸福，不仅符合中国工人阶级的根本利益，也是中国人民和中华民族的根本利益所在。在实现中华民族伟大复兴的进程中，我们党必须把最广大人民群众紧密地团结起来，把整个民族的力量充分凝聚起来，最大限度地调动和发挥一切积极因素，才能不断为推进社会主义现代化建设增添新的力量，不断巩固党的阶级基础，扩大党的群众基础。

中国共产党“是中国特色社会主义事业的领导核心”，科学概括了党的地位和作用，昭示了中国共产党的历史使命。中国共产党的领导核心地位是在长期的革命、建设、改革中逐渐形成的，是中国社会历史发展的必然要求，是中国人民的正确选择。我们党领导人民完成了新民主主义革命，建立了新中国，奠定了在中国建设社会主义的政权基础；完成了社会主义革命，建立了社会主义制度并取得了社会主义建设的巨大成就；进行了改革开放新的伟大革命，成功开创和发展了中国特色社会主义。历史充分证明，没有共产党的领导，就没有新中国，就没有中国特色社会主义，就没有中国今天的繁荣和富强。坚持党的领导，是当代中国最高政治原则。把新时代中国特色社会主义推向前进，归根到底，要靠党的领导。办好中国的事情，关键在党，关键的关键在坚持和加强党的全面领导。

“三个代表”是党的性质的重要内容。中国共产党要始终代表中国先进生产力的发展要求，就是党的理论、路线、纲领、方针、政策和各项工作，必须努力符合生产力发展的规律，体现不断推动社会生产力的解放和发展的要求，尤其要体现推动先进生产力发展的要求，通过发展生产力不断提高人民群众的生活水平。中国共产党要始终代表中国先进文化的前进方向，就是党的理论、路线、纲领、方针、政策和各项工作，必须努力体现发展面向现代化、面向世界、面向未来的，民族的科学的大众的社会主义文化的要求，促进全民族思想道德素质和科学文化素质的不断提高，为我国经济发展和社会进步提供精神动力和智力支持。中国共产党要始终代表中国最广大人民的根本利益，就是党的理论、路线、纲领、方针、政策和各项工作，必须坚持把人民的根本利益作为出发点和归宿，充分发挥人民群众的积极性、主动性、创造性，在社会不断发展进步的基础上，使人民群众不断获得切实的经济、政治、文化利益①。

中国共产党的根本宗旨是全心全意为人民服务。党除了工人阶级和最广大人民群众的利益，没有自己特殊的利益。人民性是马克思主义最鲜明的品格。马克思主义认为，“在无产阶级和资产阶级的斗争所经历的各个发展阶段上，共产党人始终代表整个运动的利

① 江泽民. 江泽民文选：第3卷. 北京：人民出版社，2006：272-273，276，279.

益”，“他们没有任何同整个无产阶级的利益不同的利益”[①]，而是要为绝大多数人谋利益，为建设共产主义社会而奋斗。共产党的纲领，是“在全世界面前树立起可供人们用来衡量党的运动水平的里程碑”[②]。始终同人民在一起，为人民利益而奋斗，是马克思主义政党同其他政党的根本区别。中国共产党作为马克思主义政党，党性和人民性从来都是一致的和统一的，全心全意为人民服务是我们党一切行动的根本出发点和落脚点。

二、党的理想信念和指导思想

中国共产党作为马克思主义政党，其最高理想和最终目标是实现共产主义。中国共产党人追求的共产主义远大理想，只有在社会主义充分发展和高度发达的基础上才能实现。邓小平指出，“巩固和发展社会主义制度，还需要一个很长的历史阶段，需要我们几代人、十几代人，甚至几十代人坚持不懈地努力奋斗”。历代中国共产党人的努力以及将来多少代中国共产党人的持续努力，都是朝着最终实现共产主义这个大目标前进的。同时，我们必须认识到，实现共产主义是一个非常漫长的历史过程，我们必须立足党在现阶段的奋斗目标，脚踏实地推进社会主义现代化建设事业。

党在现阶段新世纪新时代的奋斗目标是，到建党一百年时，全面建成小康社会（该目标已实现）；到新中国成立一百年时，全面建成社会主义现代化强国。这是我们党在对我国现阶段国情的深刻认识的基础上做出的重要判断。党的十三大首次系统论述了社会主义初级阶段理论，并以此为根据明确概括和全面阐发了党在社会主义

---

① 马克思，恩格斯. 马克思恩格斯文集：第 2 卷. 北京：人民出版社，2009：44，44.

② 马克思，恩格斯. 马克思恩格斯文集：第 3 卷. 北京：人民出版社，2009：426.

初级阶段的基本路线。党的十五大进一步明确提出了党在社会主义初级阶段的基本纲领。我国正处于并将长期处于社会主义初级阶段，我们党在社会主义初级阶段的基本路线是：领导和团结全国各族人民，以经济建设为中心，坚持四项基本原则，坚持改革开放，自力更生，艰苦创业，为把我国建设成为富强民主文明和谐美丽的社会主义现代化强国而奋斗①。

我们要坚持党的最低纲领和最高纲领的统一，要深刻认识共产主义远大理想和中国特色社会主义共同理想的辩证关系，既不能离开发展中国特色社会主义事业、实现中华民族伟大复兴的现实工作而空谈远大理想，也不能因为实现共产主义是一个漫长的历史过程就讳言甚至丢掉远大理想。如果丢失了我们共产党人的远大目标，就会迷失方向，变成功利主义、实用主义。中国特色社会主义是党的最高纲领和基本纲领的统一。中国特色社会主义的基本纲领就是建立富强民主文明和谐美丽的社会主义现代化国家。这既是从我国正处于并将长期处于社会主义初级阶段的基本国情出发的，也没有脱离党的最高理想。我们既要坚定走中国特色社会主义道路的信念，也要胸怀共产主义的崇高理想，矢志不移贯彻执行党在社会主义初级阶段的基本路线和基本纲领，做好当前每一项工作。

作为中国共产党的指导思想，马克思列宁主义、毛泽东思想、邓小平理论、“三个代表”重要思想、科学发展观、习近平新时代中国特色社会主义思想是中国共产党的行动指南。其中，毛泽东思想、邓小平理论、“三个代表”重要思想、科学发展观、习近平新时代中国特色社会主义思想，是马克思主义中国化的理论成果。

马克思主义是马克思、恩格斯在总结工人运动的经验和人类自

① 中国共产党章程. 北京：人民出版社，2017：5.

然科学、社会科学优秀成果的基础上创立的，它主要包括马克思主义哲学、马克思主义政治经济学和科学社会主义三个组成部分。马克思主义哲学是辩证唯物主义和历史唯物主义，它是无产阶级的世界观和方法论，是马克思主义的理论基础。马克思主义政治经济学是研究生产关系即经济关系的科学，它论证了劳动价值理论，创立了剩余价值学说，揭示了资本主义生产方式产生、发展和灭亡的客观运动规律。科学社会主义是关于无产阶级解放运动发展规律的科学，它指明了无产阶级解放斗争的性质、条件和一般目的，是把马克思主义哲学、马克思主义政治经济学应用于无产阶级解放斗争实践的理论。马克思主义正确地揭示了客观世界特别是人类社会的发展规律，是工人阶级最科学、最完备的世界观和方法论，是工人阶级解放运动的旗帜。

19 世纪末 20 世纪初，资本主义发展到帝国主义阶段。列宁在新的历史条件下，以马克思主义基本理论为指导，科学地分析了帝国主义的本质特征，指明了无产阶级革命和无产阶级专政的理论和策略，坚持、丰富和发展了马克思主义。主要是：发展了马克思主义关于无产阶级政党的理论与实践；提出了关于无产阶级在资产阶级民主革命中的领导权的原理，论证了在民主革命与社会主义革命中的工农联盟理论；捍卫了马克思主义世界观，发展了马克思主义认识论；提出了关于帝国主义的理论和社会主义可能首先在一个或者几个国家内胜利的学说；发展了马克思主义国家学说和无产阶级专政理论；探索了俄国在资本主义包围条件下如何建设社会主义的途径和方针；发展了马克思的殖民地理论。列宁主义是帝国主义和无产阶级革命时代、从资本主义向社会主义过渡时代的马克思主义。

以毛泽东同志为主要代表的中国共产党人，把马列主义的基本原理同中国革命的具体实践相结合，创立了毛泽东思想。“毛泽东思想是马克思列宁主义在中国的创造性运用和发展，是被实践证明了的关于中国革命和建设的正确的理论原则和经验总结，是马克思主义中国化的第一次历史性飞跃。”① 毛泽东思想在关于新民主主义革命、关于社会主义革命和社会主义建设、关于革命军队的建设和军事战略、关于思想政治工作和文化工作、关于政策和策略、关于党的建设等方面，都以独创性的理论丰富和发展了马克思列宁主义。毛泽东思想的活的灵魂是贯穿于各个组成部分的立场、观点、方法，体现为实事求是、群众路线、独立自主三个基本方面，为党和人民事业发展提供了科学指引。毛泽东思想是马克思列宁主义在中国的运用和发展，是被实践证明了的关于中国革命和建设的正确理论原则和经验总结，是中国共产党集体智慧的结晶，是中国共产党的宝贵精神财富。

党的十一届三中全会以后，以邓小平同志为主要代表的中国共产党人，总结新中国成立以来正反两方面的经验，解放思想，实事求是，实现全党工作中心向经济建设的转移，实行改革开放，开辟了社会主义事业发展的新时期，逐步形成了建设中国特色社会主义的路线、方针、政策，阐明了在中国建设社会主义、巩固和发展社会主义的基本问题，创立了邓小平理论。邓小平理论是马克思列宁主义的基本原理同当代中国实践和时代特征相结合的产物，是毛泽东思想在新的历史条件下的继承和发展，是马克思主义在中国发展的新阶段，是当代中国的马克思主义，是中国共产党集体智慧的结晶，引导着我国社会主义现代化事业不断前进。

党的十三届四中全会以后，以江泽民同志为主要代表的中国共产党人，团结带领全党全国各族人民，坚持党的基本理论、基本路

① 中共中央关于党的百年奋斗重大成就和历史经验的决议. 北京：人民出版社，2021：13.

线，加深了对什么是社会主义、怎样建设社会主义和建设什么样的党、怎样建设党的认识，积累了治党治国新的宝贵经验，形成了“三个代表”重要思想。“三个代表”重要思想是对马克思列宁主义、毛泽东思想、邓小平理论的继承和发展，反映了当代世界和中国的发展变化对党和国家工作的新要求，是加强和改进党的建设、推进我国社会主义自我完善和发展的强大理论武器，是中国共产党集体智慧的结晶，是党必须长期坚持的指导思想。始终做到“三个代表”，是我们党的立党之本、执政之基、力量之源。

党的十六大以后，以胡锦涛同志为主要代表的中国共产党人，坚持以邓小平理论和“三个代表”重要思想为指导，根据新的发展要求，深刻认识和回答了新形势下实现什么样的发展、怎样发展等重大问题，形成了以人为本、全面协调可持续发展的科学发展观。科学发展观是同马克思列宁主义、毛泽东思想、邓小平理论、“三个代表”重要思想既一脉相承又与时俱进的科学理论，是马克思主义关于发展的世界观和方法论的集中体现，是马克思主义中国化重大成果，是中国共产党集体智慧的结晶，是发展中国特色社会主义必须长期坚持的指导思想。

中国共产党在改革开放和社会主义现代化建设新时期，“从新的实践和时代特征出发坚持和发展马克思主义，科学回答了建设中国特色社会主义的发展道路、发展阶段、根本任务、发展动力、发展战略、政治保证、祖国统一、外交和国际战略、领导力量和依靠力量等一系列基本问题，形成中国特色社会主义理论体系，实现了马克思主义中国化新的飞跃”①。

党的十八大以来，以习近平同志为核心的党中央统筹把握中华

---

① 中共中央关于党的百年奋斗重大成就和历史经验的决议．北京：人民出版社，2021：17－18.

民族伟大复兴战略全局和世界百年未有之大变局，团结带领中国人民勇于探索、勇于实践、勇于总结，使马克思主义与中国特色社会主义实践不断结合，使得马克思主义中国化的理论成果不断涌现，创立了习近平新时代中国特色社会主义思想。这一思想回答了当前我国面临的重大时代课题，是马克思主义中国化的最新理论成果。党的十九大把习近平新时代中国特色社会主义思想同马克思列宁主义、毛泽东思想、邓小平理论、“三个代表”重要思想、科学发展观一道确立为党的行动指南，把习近平新时代中国特色社会主义思想写入党章，是全党共同的意志、人民共同的意愿，体现了鲜明的时代特色，反映了时代要求，实现了与时俱进。“习近平新时代中国特色社会主义思想是当代中国马克思主义、二十一世纪马克思主义，是中华文化和中国精神的时代精华，实现了马克思主义中国化新的飞跃。党确立习近平同志党中央的核心、全党的核心地位，确立习近平新时代中国特色社会主义思想的指导地位，反映了全党全军全国各族人民共同心愿，对新时代党和国家事业发展、对推进中华民族伟大复兴历史进程具有决定性意义。”①

习近平新时代中国特色社会主义思想的内涵十分丰富，涵盖新时代坚持和发展中国特色社会主义的总目标、总任务、总体布局、战略布局和发展方向、发展方式、发展动力、战略步骤、外部条件、政治保证等基本问题，并根据新的实践对经济、政治、法治、科技、文化、教育、民生、民族、宗教、社会、生态文明、国家安全、国防和军队、“一国两制”和祖国统一、统一战线、外交、党的建设等各方面作出理论分析和政策指导。其中最核心的内容是“十个明确”和“十四个坚持”。

---

① 中共中央关于党的百年奋斗重大成就和历史经验的决议. 北京：人民出版社，2021：26.

“十个明确”是：明确中国特色社会主义最本质的特征是中国共产党领导，中国特色社会主义制度的最大优势是中国共产党领导，中国共产党是最高政治领导力量，全党必须增强“四个意识”、坚定“四个自信”、做到“两个维护”；明确坚持和发展中国特色社会主义，总任务是实现社会主义现代化和中华民族伟大复兴，在全面建成小康社会的基础上，分两步走在本世纪中叶建成富强民主文明和谐美丽的社会主义现代化强国，以中国式现代化推进中华民族伟大复兴；明确新时代我国社会主要矛盾是人民日益增长的美好生活需要和不平衡不充分的发展之间的矛盾，必须坚持以人民为中心的发展思想，发展全过程人民民主，推动人的全面发展、全体人民共同富裕取得更为明显的实质性进展；明确中国特色社会主义事业总体布局是经济建设、政治建设、文化建设、社会建设、生态文明建设五位一体，战略布局是全面建设社会主义现代化国家、全面深化改革、全面依法治国、全面从严治党“四个全面”；明确全面深化改革总目标是完善和发展中国特色社会主义制度、推进国家治理体系和治理能力现代化；明确全面推进依法治国总目标是建设中国特色社会主义法治体系、建设社会主义法治国家；明确必须坚持和完善社会主义基本经济制度，使市场在资源配置中起决定性作用，更好发挥政府作用，把握新发展阶段，贯彻创新、协调、绿色、开放、共享的新发展理念，加快构建以国内大循环为主体、国内国际双循环相互促进的新发展格局，推动高质量发展，统筹发展和安全；明确党在新时代的强军目标是建设一支听党指挥、能打胜仗、作风优良的人民军队，把人民军队建设成为世界一流军队；明确中国特色大国外交要服务民族复兴、促进人类进步，推动建设新型国际关系，推动构建人类命运共同体；明确全面从严治党的战略方针，提出新时代党的建设总要求，全面推进党的政治建设、思想建设、组织建设、作风建设、纪律建设，把制度建设贯穿其中，深入推进反腐败斗争，落实管党治党政治责任，以伟大自我革命引领伟大社会革命。这些战略思想和创新理念，是党对中国特色社会主义建设规律认识深化和理论创新的重大成果①。

“十四个坚持”分别是：坚持党对一切工作的领导，坚持以人民为中心，坚持全面深化改革，坚持新发展理念，坚持人民当家作主，坚持全面依法治国，坚持社会主义核心价值体系，坚持在发展中保障和改善民生，坚持人与自然和谐共生，坚持总体国家安全观，坚持党对人民军队的绝对领导，坚持“一国两制”和推进祖国统一，坚持推动构建人类命运共同体，坚持全面从严治党②。

在党的十九届六中全会通过的第三个历史决议中，从十三个方面分领域总结了新时代党和国家事业取得的成就，并重点概括了其中的原创性的理念和思想，是对习近平新时代中国特色社会主义思想的重要补充。

三、党的初心和使命

中国共产党人的初心和使命，就是为中国人民谋幸福，为中华民族谋复兴。这个初心和使命是激励中国共产党人不断前进的根本动力。中华民族近代以来 180 多年的历史、中国共产党成立以来 100 多年的历史、中华人民共和国成立以来 70 多年的历史都充分证明，没有中国共产党，就没有新中国，就没有中华民族的伟大复兴。

中国共产党在救国救民救亡的新民主主义革命伟大奋斗中，成

---

① 中共中央关于党的百年奋斗重大成就和历史经验的决议. 北京：人民出版社，2021：24-25.

② 习近平. 习近平谈治国理政：第 3 卷. 北京：外文出版社，2020：16-21.

长为中国革命事业的坚强领导核心，领导人民浴血奋战、百折不挠，经过北伐战争、土地革命战争、抗日战争、解放战争，以武装的革命反对武装的反革命，推翻了帝国主义、封建主义、官僚资本主义三座大山，建立了人民当家作主的中华人民共和国，实现了民族独立、人民解放，为实现人民幸福和民族复兴创造了根本社会条件。

在社会主义革命和建设时期，党领导人民自力更生、奋发图强，进行了社会主义革命，消灭了在中国延续几千年的封建剥削压迫制度，建立了社会主义制度，推进了社会主义建设，战胜了帝国主义、霸权主义的颠覆破坏和武装挑衅，实现了中华民族有史以来最为广泛而深刻的社会变革，实现了一穷二白、人口众多的东方大国大步迈进社会主义社会的伟大飞跃，取得了社会主义革命和建设的伟大成就，为实现人民幸福和民族复兴奠定了根本政治前提和制度基础。

在改革开放和社会主义现代化建设新时期，党领导人民解放思想、锐意进取，实现了新中国成立以来党的历史上具有深远意义的伟大转折，确立了党在社会主义初级阶段的基本路线，坚定不移推进了改革开放，战胜来自各方面的风险挑战，开创、坚持、捍卫、发展了中国特色社会主义，实现了从高度集中的计划经济体制到充满活力的社会主义市场经济体制、从封闭半封闭到全方位开放的历史性转变，实现了从生产力相对落后的状况到经济总量跃居世界第二的历史性突破，实现了人民生活从温饱不足到总体小康、奔向全面小康的历史性跨越，创造了改革开放和社会主义现代化建设的伟大成就，为实现人民幸福和民族复兴提供了充满新的活力的体制保证和快速发展的物质条件。

在中国特色社会主义新时代，党领导人民坚持和加强党的全面领导，统筹推进“五位一体”总体布局、协调推进“四个全面”战略布局，坚持和完善中国特色社会主义制度、推进国家治理体系和治理能力现代化，坚持依规治党，形成比较完善的党内法规体系，战胜了一系列重大风险挑战，实现了第一个百年奋斗目标，明确实现第二个百年奋斗目标的战略安排，党和国家事业取得历史性成就、发生历史性变革，为实现中华民族伟大复兴提供了更为完善的制度保证、更为坚实的物质基础、更为主动的精神力量。中华民族迎来了从站起来、富起来到强起来的伟大飞跃，实现中华民族伟大复兴进入了不可逆转的历史进程①。

第三节　坚持和加强党的全面领导

坚持和加强党的全面领导是党的建设理论的核心内容，也是党的建设学科需要不断深入研究的基本理论课题。

“党政军民学，东西南北中，党是领导一切的。”② 中国共产党要团结带领人民进行伟大斗争、推进伟大事业、实现伟大梦想，必须毫不动摇坚持和完善党的领导，必须毫不动摇把党建设得更加坚强有力。以习近平同志为核心的党中央，对党的领导的科学内涵做出了全面概括，对党的领导的制度安排做出了科学布局，对党的领导的原则问题做出了系统廓清，对于切实保证党对一切工作的领导，保证党的长期执政和国家长治久安，具有重大而深远的意义。

---

① 习近平. 在庆祝中国共产党成立 100 周年大会上的讲话. 人民日报，2021-07-02 (2).

② 习近平. 论坚持党对一切工作的领导. 北京：中央文献出版社，2019：10.

一、中国特色社会主义最本质的特征

办好中国的事情，关键在党。历史和人民选择了中国共产党。中国共产党领导是中国特色社会主义最本质的特征，是中国特色社会主义制度的最大优势，是党和国家的根本所在、命脉所在，是全国各族人民的利益所系、命运所系。

中国共产党的领导是历史和人民的选择。中国共产党是中国工人阶级的先锋队，同时是中国人民和中华民族的先锋队，在中国革命、建设、改革中一直发挥着领导核心作用。历史告诉我们，“中国有了中国共产党执政，是中国、中国人民、中华民族的一大幸事”[①]。没有用先进理论武装起来的中国共产党的领导，没有中国共产党顺应历史潮流，勇担历史重任，敢于做出巨大牺牲，中国人民就无法打败压在自己头上的各种反动派，中华民族就无法改变被压迫、被奴役的命运，我们的国家就无法团结统一、在社会主义道路上走向繁荣富强，也不可能具有今天这样的国际地位。历史和人民选择中国共产党领导中华民族伟大复兴的事业是正确的，必须长期坚持、永不动摇。我国宪法以根本法的形式反映了党带领人民进行革命、建设、改革取得的成果，反映了在历史和人民选择中形成的党的领导地位，任何人以任何借口否定中国共产党领导和社会主义制度，都是错误的、有害的，都是绝对不能接受的，也是从根本上违反宪法的。在坚持党的领导这个重大原则问题上，我们脑子要特别清醒，眼睛要特别明亮，立场要特别坚定，绝不能有任何含糊和动摇。

中国共产党是中国特色社会主义事业的领导核心。党的领导是

① 习近平. 论党的宣传思想工作. 北京：中央文献出版社，2020：144.

决胜全面建成小康社会、夺取新时代中国特色社会主义伟大胜利的根本保证。党是最高政治领导力量。党政军民学、东西南北中，党是领导一切的。党的领导是战胜一切困难和风险的“定海神针”。中国最大的国情就是中国共产党的领导。

党的全面领导，就是党对一切工作的领导，主要强调党的领导的全面性、系统性和整体性。通过加强党的全面领导解决党的领导和党的建设宽松软问题，确保新时代党的领导全面系统、集中统一、坚强有力。新时代提出坚持党对一切工作的领导，具有鲜明的问题导向，即破解党的领导“宽松软”问题。因此，必须在新时代切实坚持和加强党对一切工作的领导，彻底改变党的领导“宽松软”的状况，确保新时代党做到政治过硬、本领高强、全面领导。

党的全面领导，是党对改革发展稳定、内政外交国防、治党治国治军等国家治理的各领域各方面各环节等一切工作的领导，是党按照总揽全局、协调各方的原则，在同级各级组织中发挥领导核心作用。党的领导核心作用，形象地说是“众星捧月”，这个“月”就是中国共产党。在国家治理体系的大棋局中，党中央是坐镇中军帐的“帅”。

党的全面领导，就是要完善党对人大、政府、政协、监察机关、审判机关、检察机关、武装力量、人民团体、企事业单位、基层群众性自治组织、社会组织的领导，确保党在各种组织中发挥领导作用。就是要把党的领导落实到统筹推进“五位一体”总体布局、协调推进“四个全面”战略布局各方面。就是要把党的领导贯彻到党和国家所有机构履行职责全过程，推动各方面协调行动、增强合力。

二、党的全面领导的最高原则

古往今来，世界上的大国崩溃或者衰败，其中一个普遍的原因就是中央权威丧失，国家无法集中统一。我们党作为领导 14 亿多人口大国的大党，走前人没有走过的道路，党中央必须有权威，党的总书记必须有权威。党中央必须能够做到一锤定音、定于一尊。这是全党团结统一和行动一致的根本保证，是党的正确决定能够得到快速有效贯彻执行的根本保证，是党的全面领导能够得到落地生根的强大政治资源和政治优势。坚决维护党中央权威和集中统一领导，是党的领导的最高原则，任何时候任何情况下都不能含糊、不能动摇。这决不是一般问题和个人的事，而是方向性、原则性问题，是党性，是大局，关系党和国家前途命运。

领导核心权威历来都是中国共产党战胜困难克敌制胜的重要法宝，是我们党从胜利走向胜利的重要保证，决不能在这个重大原则问题上犯颠覆性的错误。习近平总书记在党中央和全党的领导核心地位，是在新的伟大斗争实践中形成的，是党和人民的郑重选择，是党和国家之幸、人民之幸、中华民族之幸。坚决维护习近平总书记党中央的核心、全党的核心地位，必须成为全党同志的高度政治自觉。坚决维护习近平总书记党中央的核心、全党的核心地位，不是个人崇拜和个人迷信。领袖权威和个人崇拜是性质完全不同的两个问题，个人崇拜表现在领导方式和执政方式上的取向是人治，表现在活动方式上靠的是群众运动，表现在决策方式上是随意、武断、非理性。而党的领袖权威表现在领导方式和执政方式上靠的是依宪治国、依法治国和依法执政，表现在活动方式上是靠制度治党、依规治党，表现在决策方式上是民主决策、科学决策、调查研究和群众路线。

维护领导核心权威应有权责对等的制度安排。领导核心不是党内的荣誉称号，其权威必须有宪法法律和党章党规赋予最高领导者的法定职权作保障，必须是权责对等的制度安排，必须集党政军最高领导权于一身。当然，党的领导核心必须要接受宪法法律和党章党规的监督，并且必须成为依宪执政、依法执政和制度治党、依规治党的示范者和引领者。

维护党的领导核心的权威与维护党中央的权威高度一致。党的领导核心权威，是对党、对国家、对人民的最大责任和担当，是为了党和人民的事业刀山敢上、火海敢闯的大无畏精神，是以身许党、以身报国的赤子忠心，是我将无我、不负人民的伟大情怀，是人民领袖的思想魅力、人格力量、丰功伟绩、崇高威望，是与民主集中制高度一致的权威。领导核心的权威和形象，对外就代表了全党的权威和形象，就代表了党中央的权威和形象；维护领导核心的权威，就是维护党中央的权威，就是维护全党的权威。

维护领导核心的权威，宣传工作的作用直接而巨大。好的宣传会对维护领导核心权威起到事半功倍的正向作用；而庸俗化低俗化的宣传，不仅不能起到维护领导核心权威的积极作用，反而会损害领导核心权威，特别是一定要坚决杜绝所谓的“高级黑”和“低级红”现象。鉴于国际共运和我们党的历史上都有过个人崇拜和个人迷信的沉痛教训，特别是改革开放以后对这些教训的深刻反省，在全党和全国人民心目中早已经达成了高度共识。因此，一些低俗庸俗的做法会很容易引起误会和担忧，我们就更应该倍加注意反对和规避这些非理性的做法。只有这样，才能引导全党更好地做到“两个维护”。

三、完善坚持党的全面领导的体制机制

把完善坚持和加强党的全面领导的制度作为深化党和国家机构改革的首要制度安排。

必须健全党中央集中统一领导重大工作的体制机制。中央委员会、中央政治局、中央政治局常委会，是党中央的领导决策核心。党中央决策议事协调机构在中央政治局及其常委会领导下开展工作。要优化党中央决策议事协调机构，负责重大工作的顶层设计、总体布局、统筹协调、整体推进。这一改革要求在深化党和国家机构改革方案中得到体现。例如：组建中央全面依法治国委员会，就是为了加强党中央对法治中国建设的集中统一领导，健全党领导全面依法治国的制度和工作机制，更好落实全面依法治国基本方略，为全面依法治国提供重要保障。组建中央审计委员会，就是为了加强党中央对审计工作的领导，构建集中统一、全面覆盖、权威高效的审计监督体系，更好发挥审计监督作用。组建中央教育工作领导小组，就是为了加强党中央对教育工作的集中统一领导，全面贯彻党的教育方针，加强教育领域党的建设，做好学校思想政治工作，落实立德树人根本任务，深化教育改革，加快教育现代化，办好人民满意的教育。再如，为加强党中央对涉及全局的重大工作的集中统一领导，强化决策和统筹协调职责，将中央全面深化改革领导小组、中央网络安全和信息化领导小组、中央财经领导小组、中央外事工作领导小组分别改为委员会，负责相关领域重大工作的顶层设计、总体布局、统筹协调、整体推进、督促落实。加强和优化党对深化改革、依法治国、经济、农业农村、纪检监察、组织、宣传思想文化、国家安全、政法、统战、民族宗教、教育、科技、网信、外交、审

计等工作的领导。其他方面的议事协调机构，要同党中央决策议事协调机构的设立调整相衔接，保证党中央政令畅通和工作高效。各地区各部门党委（党组）要坚持依规治党，完善相应体制机制，提升协调能力，把党中央的各项决策部署落到实处。

要健全维护党的集中统一的组织制度，形成党的中央组织、地方组织、基层组织上下贯通、执行有力的严密体系，实现党的组织和党的工作全覆盖。要强化党组织在同级组织中的领导地位。理顺党的组织同其他组织的关系，更好发挥党总揽全局、协调各方的作用。在国家机关、事业单位、群团组织、社会组织、企业和其他组织中设立的党委（党组），接受批准其成立的党委统一领导，定期汇报工作，确保党的方针政策和决策部署在同级组织中得到贯彻落实。加快在新型经济组织和社会组织中建立健全党的组织机构，做到党的工作进展到哪里，党的组织就覆盖到哪里。

要更好发挥党的职能部门作用。优化党的组织、宣传、统战、政法、机关党建、教育培训等部门职责配置，加强归口协调职能，统筹本系统本领域工作。优化设置各类党委办事机构，可以由职能部门承担的事归由职能部门承担。优化规范设置党的派出机关，加强对相关领域、行业、系统工作的领导。按照精干高效原则设置各级党委直属事业单位。各级党委（党组）要增强抓落实能力，强化协调、督办职能。

要统筹设置党政机构。根据坚持党中央集中统一领导的要求，科学设定党和国家机构，准确定位、合理分工、增强合力，防止机构重叠、职能重复、工作重合。党的有关机构可以同职能相近、联系紧密的其他部门统筹设置，实行合并设立或合署办公，整合优化力量和资源，发挥综合效益。

要推进党的纪律检查体制和国家监察体制改革。深化党的纪律检查体制改革，推进纪检工作双重领导体制具体化、程序化、制度化，强化上级纪委对下级纪委的领导。健全党和国家监督体系，完善权力运行制约和监督机制，组建国家、省、市、县监察委员会，同党的纪律检查机关合署办公，实现党内监督和国家机关监督、党的纪律检查和国家监察有机统一，实现对所有行使公权力的公职人员监察全覆盖。完善巡视巡察工作，增强以党内监督为主、其他监督相贯通的监察合力。

要严格执行向党中央请示报告制度，政治局同志向党中央和总书记述职、各党组向常委会和政治局报告工作、及时向党中央请示报告重大事项决定和突发重大问题等。

要坚持和完善党的领导制度体系，提高党科学执政、民主执政、依法执政水平。健全总揽全局、协调各方的党的领导制度体系，把党的领导落实到国家治理各领域各方面各环节。要建立不忘初心、牢记使命的制度，完善坚定维护党中央权威和集中统一领导的各项制度，坚持党的全面领导制度，健全为人民执政、靠人民执政的各项制度，健全提高党的执政能力和领导水平制度，完善全面从严治党制度。

第四节　新时代党的建设的总要求

党的建设总要求，集中反映了中国共产党面对时代和实践发展的客观要求，不断深化对执政党建设规律的认识、不断完善自身建设、不断加强自身建设的新水平、新发展、新举措。因此，党的建设学科历来高度重视对党的建设总要求及相关领域、相关内容、相关理论的研究。

在不同的历史时期，我们党都提出过党的建设的任务和要求，回答了“建设什么样的党、怎样建设党”的问题，并据此来进行党的建设的工作部署。党的十九大报告在总结历史经验特别是过去五年全面从严治党经验的基础上，提出了新时代党的建设总要求，系统阐述了党的自身建设的主体理论。

一、总目标和根本原则

党的十九大在党的建设的总要求中，提出了五句话的目标，即“把党建设成为始终走在时代前列、人民衷心拥护、勇于自我革命、经得起各种风浪考验、朝气蓬勃的马克思主义执政党”[①]。这五句话是一个统一的整体，彰显了我们党作为马克思主义执政党的时代性和与时俱进的品格，表明了我们和其他任何政党的根本区别，也强调了我们党的自我革命精神和应对风险的能力。

具体来说，第一，中国共产党始终是走在时代前列的政党。解放思想、实事求是、与时俱进，始终走在时代前列，我们的党就能始终保持旺盛的活力和蓬勃的朝气，始终成为团结带领人民全面建成小康社会、实现中华民族伟大复兴的坚强领导核心。第二，“人民衷心拥护”说出了中国共产党和广大人民群众的关系。中国共产党在革命、建设、改革征途中，之所以能够战胜各种困难、风险和挑战，关键在于紧密地和最广大人民联系在一起，赢得了人民群众的信赖、拥护和支持。第三，“勇于自我革命”是我们党最鲜明的品格。共产党人必须随时准备坚持真理，因为任何真理都是符合于人民利益的；共产党人必须随时准备修正错误，因为任何错误都是不

① 习近平. 习近平谈治国理政：第3卷. 北京：外文出版社，2020：48.

符合于人民利益的。坚持全心全意为人民服务的观点，就能够敢于直面问题，坚持真理，修正错误。对那些影响党群关系的问题，对那些人民群众反映的突出问题，对那些在党内政治生活和党内监督中出现的问题，必须及时发现、及时解决，以实际成效取信于民。第四，把“经得起各种风浪考验”作为党的建设的目标，彰显了中国共产党人的忧患意识和担当精神。中国共产党人的忧患意识，就是忧党、忧国、忧民意识，这是一种责任，更是一种担当。第五，建设朝气蓬勃的马克思主义执政党，也是新时代党的建设的目标，一个政党只有朝气蓬勃，才能赢得未来。

新时代党的建设的根本原则是坚持和加强党的全面领导。党的领导的实质就是帮助人民群众认识自己的利益，在此基础上把群众组织起来、团结起来为自己的利益奋斗。坚持和加强党的全面领导指明了新时代加强党的建设的目的和根本原则，是我们战胜一切困难和风险的“定海神针”。党的领导必须是全面的，如果哪个方面、哪个领域、哪个环节缺失了、弱化了，都会损害党的事业和人民利益。党的十八大以来，针对党的领导在一段时间内被忽视、淡化、弱化的状况，以习近平同志为核心的党中央坚持和加强党的全面领导，着力提高党把方向、谋大局、定政策、促改革的能力和定力，保证了政治稳定、经济发展、民族团结、社会稳定，坚定了全党和全国人民对中国特色社会主义的信心。

二、主线、统领、根基和着力点

党的十九大报告提出：新时代党的建设要“以加强党的长期执政能力建设、先进性和纯洁性建设为主线，以党的政治建设为统领，以坚定理想信念宗旨为根基，以调动全党积极性、主动性、创造性为着力点”①。

1. 以加强党的长期执政能力建设、先进性和纯洁性建设为主线

党的执政能力，就是党提出和运用正确的理论、路线、方针、政策和策略，领导制定和实施宪法和法律，采取科学的领导制度和领导方式，动员和组织人民依法管理国家和社会事务、经济和文化事业，有效治党治国治军，全面建设社会主义现代化国家的本领。加强党的执政能力建设是党的建设伟大工程的主线。究其原因，根本在于我们党是执政党。因此，党作为执政党是否合格，党的执政地位能否巩固，就是由党的执政能力来决定的。在新的形势面前做到执政并长期执政，我们必须不断研究新情况、解决新问题、创建新机制、增长新本领，使党的执政方略更加完善，执政体制更加健全，执政方式更加科学，执政基础更加巩固。

保持党的先进性和纯洁性是马克思主义政党自身建设的根本任务和永恒课题。马克思主义政党是由工人阶级和其他社会阶层中的先进分子所组成的，必须使党的理论、路线、纲领和方针政策符合社会发展规律，必须通过全体党员高度的思想觉悟和奉献精神来体现其先进性。只有这样，马克思主义政党才能始终高擎引导和推动社会发展的旗帜，才能始终得到人民群众的拥护和支持。加强党的先进性和纯洁性建设，就是要确保我们党在世界形势深刻变化的历史进程中始终走在时代前列，在建设中国特色社会主义的历史进程中始终成为坚强的领导核心。

2. 以党的政治建设为统领

能否搞好党的政治建设，直接关系到中国共产党举什么旗、走什么路、朝什么方向的问题，决定着中国共产党的性质和执政地位，

---

① 习近平. 习近平谈治国理政：第 3 卷. 北京：外文出版社，2020：48.

关系到党的前途命运和国家的长治久安，直接决定着党在政治上的先进性和成熟程度。

新时代，我们党所肩负的历史任务是极其光荣而艰巨的，我们党所处的环境发生了重大变化，为确保党始终成为中国特色社会主义事业的领导核心，就必须以党的政治建设为统领，以政治建设带动党的各方面建设。以党的政治建设为统领是新时代中国特色社会主义党的建设新的伟大工程中首先要处理好的问题，体现了对党的建设规律和党的建设科学化的深刻把握。

3. 以坚定理想信念宗旨为根基

坚定理想信念，坚守共产党人精神追求，始终是共产党人安身立命的根本。对马克思主义的信仰，对社会主义和共产主义的信念，是共产党人的政治灵魂，是共产党人经受住任何考验的精神支柱。形象地说，理想信念就是共产党人精神上的“钙”，没有理想信念，理想信念不坚定，精神上就会“缺钙”，就会得“软骨病”。理想信念动摇是最危险的动摇，理想信念滑坡是最危险的滑坡。党员、干部要坚定马克思主义、共产主义信仰，脚踏实地为实现党在现阶段的基本纲领而不懈努力，扎扎实实做好每一项工作。只有抓紧解决党员干部队伍中存在的突出问题，教育引导广大党员、干部坚定理想信念，大力保持党员、干部思想的纯洁性，才能真正把党建设成为带领广大人民群众建设中国特色社会主义的坚强领导核心。

4. 以调动全党积极性、主动性、创造性为着力点

以调动全党积极性、主动性、创造性为着力点，强调的是在建设中国特色社会主义的过程中，必须尊重党员的主体地位和首创精神，最大限度调动广大党员干部积极性、主动性、创造性，推动形成想作为、敢作为、善作为的良好风尚。党内民主是党的生命，中国共产党要经受长期执政、改革开放和发展社会主义市场经济的考验，始终保持先进性，发展党内民主是必须认真解决的一个重大课题。发展党内民主，关键是保障党员基本权利的正常行使，进一步扩大党员在党内事务中的知情权、参与权、决策权。调动全党积极性、主动性、创造性要求广大党员领导干部必须严格遵守党章和中央的规定，牢记习近平总书记对党员干部提出的新要求，在中国特色社会主义新时代不忘初心、牢记使命，敢于担当、有所作为。

三、总体布局

党的十九大报告在总结历史经验特别是过去五年全面从严治党经验的基础上，提出了新时代党的建设总体布局，即“全面推进党的政治建设、思想建设、组织建设、作风建设、纪律建设，把制度建设贯穿其中，深入推进反腐败斗争，不断提高党的建设质量”①。

1. 全面推进党的政治建设、思想建设、组织建设、作风建设、纪律建设

党的政治建设是指无产阶级政党为保证其在政治上的先进性和纯洁性，实现既定的政治目标，而进行的政治上的一系列政治方面的建设，历来是党的建设的根本问题。无论在革命时期还是社会主义建设时期，党一直把政治建设放在极为重要的位置，并且根据不同时期党所处的历史环境和中心任务确定政治建设的主要内容。当前，中国特色社会主义进入了新时代，加强党的政治建设，就是要使党在政治上更加成熟，始终坚持正确的政治方向和政治路线，实施正确的政治领导，巩固党的执政地位，确保党始终成为中国特色社会主义事业的领导核心。

---

① 习近平. 习近平谈治国理政：第3卷. 北京：外文出版社，2020：48.

思想是行动的先导，理论是实践的指导。加强党的思想建设就是坚持把马克思主义作为立党立国的根本指导思想，紧密结合我国国情和时代特征大力推进理论创新，在实践中检验真理、发展真理，用发展着的马克思主义指导新的实践，这是党和国家事业取得胜利的思想保证。

中国共产党是按照民主集中制原则建立起来的有组织的先进部队，而不是单个党员的简单相加。组织建设得坚强，会使单个的党员形成强大的战斗力和凝聚力。加强党的组织建设，要坚持和完善民主集中制，发扬党内民主，实行正确的集中。要贯彻新时代党的组织路线，以组织体系建设为重点，着力培养忠诚干净担当的高素质干部，着力集聚爱国奉献的各方面优秀人才，坚持德才兼备、以德为先、任人唯贤，为坚持和加强党的全面领导、坚持和发展中国特色社会主义提供坚强组织保证。

党的作风是指在党的活动中表现出来的态度和行为，是党的性质、宗旨和世界观在党的活动中的表现。党的作风建设就是要端正党员领导干部和党的各级组织的思想作风、学风、工作作风、领导作风和干部生活作风，树立与党的性质、宗旨相适应的良好风尚。党的作风是党的形象，是党的性质、宗旨、纲领、路线的重要体现，是党的创造力、凝聚力和战斗力的重要内容。加强党的作风建设，要求我们坚决克服各种不良风气，大力弘扬党的优良作风。必须使广大党员特别是各级领导干部牢固树立马克思主义群众观点，模范贯彻党的群众路线，真正把群众放在自己心中最高的位置。

加强党的纪律建设是全面从严治党的治本之策。党的纪律是党的各级组织和全体党员干部都必须遵守的行为规范，是维护党的团结统一、完成党的任务的重要保证。在不同的时期，党都依据党的生活的实际，从不同的角度和领域制定党员必须遵守的行为规范。

《中国共产党纪律处分条例》对违反政治纪律、组织纪律、廉洁纪律、群众纪律、工作纪律和生活纪律等六类违纪行为，开列负面清单。在党的纪律体系中，政治纪律是最重要的纪律，政治纪律关系到党的命运和人民的根本利益，是保证党在政治上高度统一的重要保证。

2. 把制度建设贯穿其中

党的制度，即党内法规和制度，是党在长期革命和建设实践中，以文件形态或习惯传统形态传承下来的，是各级党组织和全体党员共同遵守的办事规程和行为准则。建党百余年来，我们党始终重视党内制度建设，为我们党不断取得革命、建设、改革的一个又一个胜利提供了有力的保障。

中国共产党的建设是在党的建设的实践中不断创新的过程。从思想建党、理论强党，再到制度治党，中国共产党党的建设这条线索非常清晰。新时代我们要推进全面从严治党，而制度治党是全面从严治党的应有之义，是全面从严治党的有效方式，也是党的十九大后党的建设总体布局的重要内容。全面从严治党，制度治党是长效机制。制度治党是政党治理的重要途径和方式，我们要用完善的制度推动全面从严治党向纵深发展，使我们党永葆先进性和纯洁性，始终成为中国特色社会主义事业的坚强领导核心。

党的十八大以来，党中央从立规矩开始，首先制定了中央八项规定，随后出台了一系列具体制度。比如《中国共产党党员领导干部廉洁从政若干准则》《中国共产党纪律处分条例》《中国共产党巡视工作条例》等。同时，健全选人用人管人制度，加强领导干部监督和管理，完善国有企业监管制度，加强党对国有企业的领导，加强对国企领导班子的监督，搞好对国企的巡视，加大审计监督力度，等等。中央始终坚持纪严于法、纪在法前，坚持高标准与守底线相结合、依规治党与以德治党相结合，实现了党内法规制度的与时俱进。

党的十九届四中全会提出了坚持和完善中国特色社会主义制度、推进国家治理体系和治理能力现代化的任务。其中的第一项任务，就是坚持和完善党的领导制度体系，提高党科学执政、民主执政、依法执政水平。这充分体现了党的领导制度体系在国家治理体系中的统摄性地位。而党的领导制度体系，又包括“不忘初心、牢记使命的制度”“坚定维护党中央权威和集中统一领导的各项制度”“坚持党的全面领导的制度”“为人民执政、靠人民执政的各项制度”“提高党的执政能力和领导水平的制度”“全面从严治党制度”等等。党的制度建设、党的领导制度体系建设，都要体现到制度治党上来，使制度的优势发挥出治党的效能来。

3. 深入推进反腐败斗争

要坚持无禁区、全覆盖、零容忍，坚持重遏制、强高压、长震慑，坚持受贿行贿一起查，坚决防止党内形成利益集团。坚决反对腐败，是党必须始终抓好的重大政治任务。必须充分认识反腐败斗争的长期性、复杂性、艰巨性，把反腐倡廉建设放在更加突出的位置。只有以反腐败永远在路上的坚韧和执着，深化标本兼治，保证干部清正、政府清廉、政治清明，才能跳出历史周期率，确保党和国家长治久安。反腐败斗争永远在路上，不能有任何喘口气、歇歇脚的念头，坚定不移、驰而不息地把反腐败斗争引向深入，夺取反腐败斗争的压倒性胜利，为实现中华民族伟大复兴的中国梦提供坚强的政治保证。

4. 不断提高党的建设质量

党的建设从来都是围绕党的中心任务而展开的。不断提高党的建设质量，要求我们在推进党的建设的伟大实践中，坚持协调推进、统筹推进、一体推进。做到管党有方、治党有力、建党有效。党的建设是一项复杂的系统工程。不断提高党的建设质量，必须坚持以习近平新时代中国特色社会主义思想为指导，贯彻落实新时代党的建设总要求，着眼目标、遵循规律、注重规范、坚持创新。

提高党的建设的质量，关键是做到思想建党和制度治党的统一。正如党的十九大报告指出的，必须以党章为根本遵循，把党的政治建设摆在首位，思想建党和制度治党同向发力，统筹推进党的各项建设。2018 年，在十九届中央纪委二次全会上，习近平总书记进一步强调，要尊崇党章、依规治党，把制度建设贯穿到党的各项建设中，不断扎紧制度笼子，督促全党同志加强党性锻炼，更加自觉地为实现新时代党的历史使命不懈奋斗。

（作者单位：中共中央党校（国家行政学院）党的建设教研部）

第四章
党的建设学科的学科体系

丁俊萍　李向勇

依据《辞海（第七版）》，“学科”是指“一定科学领域或一门科学的分支”。党的建设具有广义和狭义之分。我们通常意义上讲的是狭义的党的建设，它是指马克思主义政党特别是中国共产党在马克思主义政党学说指导下进行的领导国家、社会和提高自身生机与活力的理论和实践活动。

尽管党的建设实践活动和理论创新自 1921 年中国共产党成立就开始了，但党的建设作为一门独立的二级学科发展则是 2017 年以来的事情。从建党之初到改革开放之前，在干部教育层面和普通高校系统，党的建设主要作为一门课程而存在。

改革开放和社会主义现代化建设新时期，随着我国学位与研究生教育事业的恢复发展，党的建设在较长一段时间里主要是作为政治学一级学科下属二级学科“中共党史（含党的学说与党的建设）”的研究方向或者“半个”二级学科而存在。

在新时代，党的建设学科地位作用得到高度重视，有了很大提升。2017年下半年起，依据全国高校思想政治工作会议精神、党和国家有关文件精神，全国主要高校、党校、社会科学院等单位在马克思主义理论一级学科下自主设置党的建设二级学科（简称党建学科），开始在国民教育序列单独进行党建学科建设和人才培养。经过近五年的建设，党建学科目前呈现出外延扩展与内涵提升并重的发展态势，区域布局、方向设置、生源质量、培养方案、师资队伍、学术研究、社会服务、对外交流等方面逐步规范，取得了较大成绩，学科体系、学术体系、话语体系初步构建。其中构建科学完善的学科体系是学科建设的重要任务和关键环节。特别是在2022年9月，传来了“中共党史党建学”正式成为法学门类下的一级学科的好消息。党的建设学科迎来了高质量发展的新机遇。

第一节 党的建设学科体系的定位和内涵

各个学科以其研究对象所具有的特殊性而同其他学科区分开来，成为具有独立性的学科，同时又因其对象在特殊性中包含着普遍性而相互连接起来，构成一个包括多个学科的更高层级的学科或学科群。从纵向看，有不同类别的学科；从横向看，一个学科又由多个子学科构成，逐级形成具有多层次的学科体系①。因此，学科体系即一个学科的构成及其子要素。研究某个学科的学科体系，首先应明确其学科属性和学科定位。构建科学完善的学科体系是党建作为独立学科地位的重要标志。

① 田心铭. 学科体系、学术体系、话语体系的科学内涵与相互关系. 光明日报，2020-05-15 (11).

党的十八大以来，随着党的建设理论和实践的推进，党建学科体系建设问题受到学术界和理论界的重点关注，引发热烈讨论。

一、关于党建学科定位的讨论

关于党建学科是否属于一个单独学科，目前学术界和理论界已经达成高度共识，认为其是一个单独学科，但对党建学科的学科属性和学科定位，仍存在不同看法。主要有以下几种观点：

第一种观点认为党建学科应为单独的学科门类或者一级学科。

2016 年 5 月 17 日，习近平总书记在哲学社会科学工作座谈会上指出："中国特色哲学社会科学应该涵盖历史、经济、政治、文化、社会、生态、军事、党建等各领域，囊括传统学科、新兴学科、前沿学科、交叉学科、冷门学科等诸多学科"[①]。这就明确提出党建与历史、经济、政治、社会、军事等具有同等的学科地位。按照我国目前的学科分类，历史学、经济学、军事学属于大的学科门类，政治学、社会学属于法学学科门类下的一级学科，生态学属于理学学科门类下的一级学科。因此，"党建"和"文化"作为习近平总书记提出的中国特色哲学社会科学的"重要领域"，应参照其他几个"重要领域"学科建制，单独设置为大的学科门类或者一级学科。

第二种观点认为党建学科是中共党史党建学一级学科的重要组成部分，其学科地位介于一级学科和二级学科之间。

依据 2022 年 9 月国务院学位委员会颁布的《研究生教育学科专业目录（2022 年）》，我国新设立了中共党史党建学一级学科。2024

---

① 习近平. 在哲学社会科学工作座谈会上的讲话. 北京：人民出版社，2016：22.

年，国务院学位委员会进一步明确了中共党史党建学一级学科下设中共党史党建学理论、中国共产党历史、党的领导和党的建设、党务工作理论与实践等四个二级学科。这实际上明确了党建是新的“中共党史党建学”一级学科的重要组成部分。党的建设学科在新设立的中共党史党建学一级学科中，实际上处于“半个一级学科”或者准一级学科的地位。

第三种观点认为党建是马克思主义理论一级学科下属的二级学科。目前，我国高校、党校、社科院设置的党建学科大多隶属于马克思主义理论一级学科，按照马克思主义理论学科规范开展学科建设和人才培养。

以上三种观点表明，构建科学完善的党建学科体系，推动新时代党建学科建设和高质量发展，必须尽快明确党建学科属性和学科定位。不同的学科属性和学科定位，决定党建学科体系不同的内涵与外延，进而影响学科的发展。

二、关于党建学科体系构成的讨论

尽管目前理论界、学术界关于党建学科的学科属性和学科定位尚未达成共识，但并未影响学者们围绕党建学科及其子系统构成开展较为深入的探讨。主要有以下几种观点：

第一种观点认为党建学科体系即党建学科构成。有学者认为，学科体系是一个学科构成的问题。党建学科体系研究党的建设学科应该由哪些次级学科构成，其具体包括中共党建的历史研究、中共党建的理论与实践研究、中共党建的中外比较研究。三个方面的学科体系相互依存、密切相关。党的建设需要历史、理论、实践、国际的多视角、多领域的支撑，只有用体系化、系统化的思维去加强党的建设，把三个方面的学科体系紧密结合起来，才能使党的建设沿着正确的方向积极健康地向前发展①。

第二种观点认为党建学科体系是一个由理论体系、专业体系、课程体系、人才培养体系等组成的系统整体，其中理论体系是核心，专业体系、课程体系、人才培养体系则是理论体系的展开与运用②。

第三种观点认为党建学科包括三个子学科，即马克思主义政党基本理论、中国共产党建设基本问题、中国共产党建设实务③。

第四种观点认为党建学科体系有广义和狭义之分。狭义的党建学科体系是指学科的内在理论体系，广义的党建学科体系是一个由理论体系、专业体系、课程体系、人才培养体系等组成的系统整体，其中理论体系是核心，只有理论体系中研究对象明确、概念准确、内容科学、结构合理、逻辑严密，才能增强理论的解释力和说服力，才能称其为学科，才能更好地指导实践④。

第五种观点认为党的建设学科体系是指以研究中国共产党的领导规律、党的建设规律、党的执政规律等三大规律为重点的科学体系。它大致分为四个范畴：马克思主义政党基本理论、中国共产党领导理论、中国共产党建设理论、中国共产党建设实务⑤。

由上述五种代表性观点可以看出，目前学者们关于党建学科体系的内涵和构成分歧较大，甚至同一个学者在不同时间段的主张也

---

① 韩强. 关于加强党建学科建设的几个问题. 中共云南省委党校学报，2013 (5).

② 韩强. 建党以来党的建设的科学化发展及其理论贡献. 北京联合大学学报（人文社会科学版），2021 (1).

③ 姚桓. 把握党建学科构建四要点. 理论探索，2017 (4).

④ 李剑. 关于党的建设学科体系建设研究//全国党的建设研究会. “党的建设学科建设研究”专题研讨会报告集（2020 年 10 月）（内部版）. 2020：192 - 193.

⑤ 李剑. 关于党的建设学科体系建设研究//全国党的建设研究会. “党的建设学科建设研究”专题研讨会报告集（2020 年 10 月）（内部版）. 2020：207 - 213.

不尽相同。其中既有狭义的党建学科体系，主要指党建学科的次级学科和研究方向，又有广义的党建学科体系，即包括党建学科理论体系、次级学科、方向设置、课程体系、人才培养等。

三、对党建学科体系构成的展望

党建学科体系是指由子学科、研究方向、课程体系等要素构成的系统整体。因此本章主要从党建学科的子学科、研究方向、课程体系三个方面考察分析党建学科的学科体系。其原因在于不少学科都是依据“课程—研究方向—学科”演进轨迹发展而来的。

比如，党的建设先是作为一门干部培训课程而存在的，20 世纪 80 年代起开始作为“中共党史（含党的学说与党的建设）”学科下辖的研究方向，直至 2017 年单独设置为二级学科。

但是，即使党的建设学科作为中共党史党建学一级学科设置以后，党建学科内部的多个子学科（研究方向）整体上仍分别以“中共党史党建学理论”“党的领导和党的建设”“党务工作理论与实践”学科身份“蜗居”在这三个二级学科内，并没有充分展开形成一个党建学科群。当然，我们确信，随着学科建设的迅速发展，这种暂时的状况一定会得到根本性的改观。因此，全面系统地把握党建学科体系现状和未来发展趋势，就必须重点考察其子学科、研究方向、课程体系等构成要素。

依据全国党的建设研究会编著的《中国化的马克思主义党建理论体系概论》（简称《概论》），作为中共党史党建学一级学科构建起来的党建学科体系，应当至少包括以下内容：

《概论》按照“理论渊源与发展历程”“建设什么样的党”“怎样建设党”“坚持和改善党的领导”“中国共产党与世界”的逻辑关系，

设计了五大板块。第一板块“理论渊源与发展历程”，包含了马克思主义党建理论体系概论、中国化马克思主义理论体系概论。第二板块“建设什么样的党”，包含了中国共产党的性质、指导思想、纲领、宗旨、路线，相当于中国共产党学的主干内容。第三板块“怎样建设党”，以新时代党的建设总要求为纲，包含了政治建设、思想建设、组织建设、作风建设、纪律建设、制度建设、反腐败斗争，即传统意义上的党的建设学的基本内容。第四板块“坚持和改善党的领导”，包含了党的领导是中国特色社会主义事业的领导核心、坚持党的全面领导、健全完善党的领导制度和领导方式、加强党的执政能力建设，相当于党的领导学的主干内容，也是当今所说的“大党建”向外拓展部分。第五板块“中国共产党与世界”，包含了中国共产党与国外政党的交往与合作和中国共产党的世界胸怀与世界眼光，也是“大党建”的组成部分。

《概论》提出的这一党建学科体系框架，对在中共党史党建学一级学科设立后党建学科体系的发展有重要的启示作用。

为了更好地对党建学科体系的建构提出科学合理可行的建议，课题组围绕一级学科背景下的党建学科体系如何构建问题展开深入研讨，达成了以下共识：

关于党建学科体系建设遵循的原则。一是要抓住学科体系建设的根和魂，坚持学科体系建设的正确方向。党建学科体系建设的根，是实践的需要，特别是党的十八大以来全面从严治党、自我革命、全面加强党对一切工作的领导的实践。党建学科体系建设的魂，是学科建设的目标、定位和实质，同时还要兼具知识体系和价值体系的统一。二是学科体系建设要兼顾宽和深。要有问题意识，要形成一系列完整的概念与逻辑，解决好“跟着讲”与“接着讲”的问题，走内涵式的发展道路。三是学科体系建设要服务于目标任务，实现分解性和系统性的结合，二级学科建设和课程设计不能“因人设课”“跑马占地”，而要服从统一的目标和主题。四是学科体系建设要把握好守和创的关系，坚守基本原则和基本原理，在内容和形式上创新，建立独具特色的中国共产党党建学科体系。五是学科体系建设要实现稳定性和动态性的结合。

关于党建学科体系建设的基本构想。一是马克思主义政党基本理论。包括马克思、恩格斯的建党学说，列宁的建党理论，中国化马克思主义党建理论体系，马克思主义执政党建设原理，还包括马克思主义建党学说发展史、中国化马克思主义党建理论体系发展史。二是中国共产党建设基本问题。包括思想建设史、组织建设史、执政党建设史（可以细分为新民主主义革命时期、社会主义革命和建设时期、改革开放和社会主义现代化建设新时期、中国特色社会主义新时代）、领导学（包括党政关系、党群关系、党的群众工作学、党内关系等）、党的自身建设（包括政治建设、思想建设、组织建设、作风建设、纪律建设、制度建设、反腐败斗争）。三是中国共产党领导学。包括领导制度研究、执政能力研究、决策能力研究、统一战线研究、党的群团工作研究等。四是党建实务（党内管理学）。以党章党规为主，包括干部队伍、纪检工作、基层组织建设、组织生活、统一战线等。五是党内法规学。主要从党的建设角度来研究党内法规学，同法学所设党内法规学研究的角度不同，但两者并不冲突。六是党内监督学。包括纪检监察工作等。七是世界政党比较研究。主要包括四类：西方资产阶级政党、社会民主党、民族主义政党、共产党，通过国际比较阐明中国共产党的各方面优势。

同时，要高质量推进中共党史党建学一级学科建设，不能搞“拼盘”，而要以全面从严治党、全面加强党对一切工作的领导为中心，推动重新整合基础上的融合发展。在此基础上形成新的党史党建学科群。

第二节　党建学科体系的建设现状

学科布局是指对学科的构成要素或组成单元的全面规划和安排。有学者认为，党建学科布局主要包括三个层次：（1）学科门类、一级学科、二级学科的层次布局、研究方向布局、课程设置布局。它属于学科布局的核心层和基础层，对学科存在和发展起着决定性作用。（2）本科、硕士、博士不同层次的人才培养布局。它属于学科布局的功能层和作用层，决定着学科的发展能力和水平。（3）行业布局和区域布局。它是学科布局的条件层和支撑层[①]。党建学科布局反映党建学科建设现状。因此，本节将通过考察党建学科布局来揭示新时代党建学科体系建设状况。

一、学科设置基本情况

自 2017 年党的建设作为一个独立二级学科设置与建设以来，截至 2023 年，全国先后有 49 个单位在马克思主义理论一级学科下面设立党的建设二级学科或者研究方向，详见表 4－1、表 4－2。2022 年，国务院决定在法学学科门类下增设中共党史党建学一级学科。2024 年，国务院明确中共党史党建学一级学科下设中共党史党建学理论、中国共产党历史、党的领导和党的建设、党务工作理论与实

---

①　广东省委党校. 关于党的建设学科布局研究//全国党的建设研究会. “党的建设学科建设研究”专题研讨会报告集（2020 年 10 月）（内部版）. 2020：457.

践四个二级学科。其中“党的领导和党的建设”“党务工作理论与实践”两个二级学科属于党建学科体系的重要组成部分，“中共党史党建学理论”也包含有党建学科相关内容。截至 2024 年 7 月底，全国共有 14 家单位设立中共党史党建学一级学科博士点，29 家单位设立中共党史党建学一级学科硕士点，详见表 4 - 3。经过近 8 年的建设，党建学科体系建设取得了显著成绩，学科区域布局渐趋合理，研究方向设置逐步规范，课程体系趋于成熟。但同时，仍存在一些问题，制约着党建学科高质量发展。

表 4 - 1 全国马克思主义理论一级学科下设党的建设学科硕士点情况（2017—2023 年）

序号	设立年份	数量	单位
1	2017	12	北京大学、清华大学、中国人民大学、北京师范大学、南开大学、吉林大学、东北师范大学、复旦大学、武汉大学、兰州大学、山东大学、中国社会科学院大学
2	2018	4	大连理工大学、浙江大学、中山大学、四川大学
3	2019	15	天津师范大学、河北经贸大学、辽宁大学、东北大学、长春理工大学、延边大学、华东师范大学、河海大学、华中科技大学、中南民族大学、暨南大学、广州大学、西南财经大学、延安大学、中共四川省委党校
4	2020	6	首都师范大学、湖北民族大学、三峡大学、武汉纺织大学、华南师范大学、中南大学
5	2021	4	西南大学、南昌大学、江西财经大学、吉林农业大学
6	2022	2	扬州大学、广西师范大学
7	2023	6	天津大学、福建农林大学、山东师范大学、郑州大学、贵州师范大学、陕西师范大学
总计		49	

资料来源：国务院学位委员会历年公布的《学位授予单位（不含军队单位）自主设置二级学科名单》及各招生单位硕士、博士研究生招生专业目录。

表 4-2　全国马克思主义理论一级学科下设党的建设学科博士点情况（2017—2023 年）

序号	设立年份	数量	单位
1	2017	12	北京大学、清华大学、中国人民大学、北京师范大学、南开大学、吉林大学、东北师范大学、复旦大学、武汉大学、兰州大学、山东大学、中国社会科学院大学
2	2018	3	大连理工大学、浙江大学、四川大学
3	2019	5	辽宁大学、华东师范大学、河海大学、华中科技大学、中山大学
4	2020	0	无
5	2021	0	无
6	2022	3	西南大学、扬州大学、广西师范大学
7	2023	8	西南财经大学、首都师范大学、华南师范大学、天津大学、山东师范大学、郑州大学、贵州师范大学、陕西师范大学
总计		31	

资料来源：国务院学位委员会历年公布的《学位授予单位（不含军队单位）自主设置二级学科名单》及各招生单位硕士、博士研究生招生专业目录。

表 4-3　全国党的建设学科设置情况（截至 2024 年）

序号	类型	数量	马克思主义理论一级学科下设党的建设二级学科（研究方向）	中共党史党建学一级学科下设党建相关学科单位
1	一级学科博士点	34	20 个：北京师范大学、南开大学、武汉大学、兰州大学、大连理工大学、浙江大学、四川大学、辽宁大学、河海大学、华中科技大学、西南大学、扬州大学、广西师范大学、西南财经大学、首都师范大学、华南师范大学、天津大学、郑州大学、贵州师范大学、陕西师范大学	14 个：清华大学、中国人民大学、华东师范大学、复旦大学、中山大学、北京大学、山东大学、吉林大学、中国社会科学院大学、中共中央党校（国家行政学院）、东北师范大学、南京师范大学、山东师范大学、湘潭大学

续表

序号	类型	数量	马克思主义理论一级学科下设党的建设二级学科（研究方向）	中共党史党建学一级学科下设党建相关学科单位
2	一级学科硕士点	46	17 个：天津师范大学、河北经贸大学、东北大学、长春理工大学、延边大学、中南民族大学、暨南大学、广州大学、延安大学、湖北民族大学、三峡大学、武汉纺织大学、中南大学、南昌大学、江西财经大学、吉林农业大学、福建农林大学	29 个：中国政法大学、上海师范大学、中共山东省委党校、西南政法大学、中共北京市委党校、上海大学、中南财经政法大学、中共重庆市委党校、河北师范大学、中共上海市委党校、湖北省社会科学院、西南石油大学、燕山大学、淮阴师范学院、中共湖南省委党校、中共四川省委党校、太原科技大学、中共浙江省委党校、广东技术师范大学、云南农业大学、中共辽宁省委党校、安徽科技学院、广西民族大学、榆林学院、长春师范大学、江西科技师范大学、海南师范大学、河西学院、黑龙江大学

资料来源：国务院学位委员会历年公布的《学位授予单位（不含军队单位）自主设置二级学科名单》及各招生单位硕士、博士研究生招生专业目录。

该处统计范围为：除去截至 2024 年 7 月，在马克思主义理论一级学科下党的建设二级学科（方向）等相关学科基础上设立中共党史党建学一级学科的单位，仍在马克思主义理论一级学科下招生的党的建设二级学科（方向）的单位。

由表 4－1、表 4－2、表 4－3 可以看出全国党建学科点设置呈现如下特点：

第一，全国党的建设学科总量适中，区域布局合理。

由表 4－3 可以看出，马克思主义理论和中共党史党建学两个一级学科设置有 34 个党建学科博士点，分布在北京（7 个）、天津（2 个）、辽宁（2 个）、吉林（2 个）、上海（2 个）、江苏（3 个）、浙江（1 个）、山东（2 个）、湖北（2 个）、湖南（1 个）、广东（2 个）、重庆（1 个）、四川（2 个）、广西（1 个）、河南（1 个）、贵州（1 个）、陕西（1 个）、甘肃（1 个），共 18 个省（区、市）。党建学科博士点主要分布在双一流高校。这反映出党建学科点既没有全面开花、大规模扩张，又保证了其在全国主要省份和重要城市的区域布局。

目前在马克思主义理论和中共党史党建学两个一级学科设置有 46 个党建学科硕士点，分布在北京（2 个）、天津（1 个）、河北（3 个）、山西（1个）、辽宁（2个）、黑龙江（1个）、吉林（4个）、上海（3个）、江苏（1个）、浙江（1个）、安徽（1个）、江西（3个）、福建（1个）、山东（1个）、湖北（6个）、湖南（2个）、广东（3个）、广西（1个）、海南（1个）、重庆（3个）、四川（1个）、云南（1个）、陕西（2个）、甘肃（1个），共24个省（区、市）。党建学科硕士点主要分布在全国8所代表性的党校和普通类高校中，反映出党建学科点在硕士层次覆盖面更为广泛。目前，全国除内蒙古、宁夏、青海、西藏、新疆等地外，26个省（区、市）均设立了党建学科。

第二，党建学科点发展呈现出存量调整增设和新设立并存态势。

由表4-1、表4-2、表4-3可以分析得出，部分原来在马克思主义理论一级学科下的党建学科点单位，基于增设新的中共党史党建学一级学科需要，通过学科调整组合，转入了新的中共党史党建学一级学科，支撑“党的领导和党的建设”“党务工作理论与实践”等二级学科（研究方向）发展。比如，在中共党史党建学现有的14个一级学科博士点中，有11个是由原马克思主义理论一级学科调整而来的；中共中央党校（国家行政学院）党建学科实力雄厚，长期以“中共党史”学科为类别，招收党建学科研究生和开展人才培养；南京师范大学、湘潭大学的党建学科属于新设立的二级学科，隶属于中共党史党建学一级学科。

新设立的中共党史党建学一级学科硕士点单位，大部分原来没有单独设立党建二级学科，正是抓住中共党史党建学一级学科建设的重大机遇，通过内部挖潜和有效整合，新设立了党建二级学科（研究方向）。伴随着中共党史党建学一级学科建设的制度化和规范化，以及马克思主义理论一级学科自身调整的深入，现在隶属于马克思主义理论一级学科的党建二级学科的发展和走向，值得相关部门关注并制定合理措施。

第三，党建学科点依托单位种类较多，差别较大。

全国目前有 34 个党建学科博士点和 46 个党建学科硕士点，共有 80 个建设单位。其中，高校 70 个（含中国社会科学院大学），党校 9 个，社科院 1 个。党建学科点建设所依托的 70 所高校，学校类型和平台资源状况差别较大。其中，原 985 高校 19 所，原 211 高校 15 所，其他高校 36 所。除中国人民大学外，其他 69 所高校均依托马克思主义学院开展党建学科建设，其中 30 所为全国重点马克思主义学院（见表 4－4）。这反映出全国重点马克思主义学院在党建学科建设中发挥着示范引领和关键带头作用。

表 4－4　全国高校党建学科点所在马克思主义学院基本情况

学校名称	高校类型	是否为全国重点马克思主义学院	学科点层次	所属一级学科
北京大学	原 985	是	博士	中共党史党建学
清华大学	原 985	是	博士	中共党史党建学
中国人民大学	原 985	是（依托中共党史党建学院建设）	博士	中共党史党建学
吉林大学	原 985	是	博士	中共党史党建学
东北师范大学	原 211	是	博士	中共党史党建学
复旦大学	原 985	是	博士	中共党史党建学
山东大学	原 985	是	博士	中共党史党建学
中国社会科学院大学		是	博士	中共党史党建学
中山大学	原 985	是	博士	中共党史党建学
华东师范大学	原 985	是	博士	中共党史党建学
南京师范大学	原 211	是	博士	中共党史党建学
山东师范大学		是	博士	中共党史党建学
湘潭大学		否	博士	中共党史党建学
中国政法大学	原 211	否	硕士	中共党史党建学
上海师范大学		否	硕士	中共党史党建学
西南政法大学		否	硕士	中共党史党建学

续表

学校名称	高校类型	是否为全国重点马克思主义学院	学科点层次	所属一级学科
上海大学	原 211	否	硕士	中共党史党建学
中南财经政法大学	原 211	否	硕士	中共党史党建学
河北师范大学		是	硕士	中共党史党建学
西南石油大学		否	硕士	中共党史党建学
燕山大学		否	硕士	中共党史党建学
淮阴师范学院		否	硕士	中共党史党建学
太原科技大学		否	硕士	中共党史党建学
广东技术师范大学		否	硕士	中共党史党建学
云南农业大学		否	硕士	中共党史党建学
安徽科技学院		否	硕士	中共党史党建学
广西民族大学		否	硕士	中共党史党建学
榆林学院		否	硕士	中共党史党建学
长春师范大学		否	硕士	中共党史党建学
江西科技师范大学		否	硕士	中共党史党建学
海南师范大学		是	硕士	中共党史党建学
河西学院		否	硕士	中共党史党建学
黑龙江大学		否	硕士	中共党史党建学
北京师范大学	原 985	是	博士	马克思主义理论
南开大学	原 985	是	博士	马克思主义理论
武汉大学	原 985	是	博士	马克思主义理论
兰州大学	原 985	是	博士	马克思主义理论
大连理工大学	原 985	是	博士	马克思主义理论
浙江大学	原 985	是	博士	马克思主义理论
四川大学	原 985	是	博士	马克思主义理论
辽宁大学	原 211	是	博士	马克思主义理论
河海大学	原 211	否	博士	马克思主义理论
华中科技大学	原 985	否	博士	马克思主义理论

续表

学校名称	高校类型	是否为全国重点马克思主义学院	学科点层次	所属一级学科
西南大学	原 211	是	博士	马克思主义理论
扬州大学		否	博士	马克思主义理论
广西师范大学		是	博士	马克思主义理论
西南财经大学	原 211	否	博士	马克思主义理论
首都师范大学		是	博士	马克思主义理论
华南师范大学	原 211	是	博士	马克思主义理论
天津大学	原 985	否	博士	马克思主义理论
郑州大学	原 211	是	博士	马克思主义理论
贵州师范大学		是	博士	马克思主义理论
陕西师范大学	原 211	是	博士	马克思主义理论
天津师范大学		是	硕士	马克思主义理论
河北经贸大学		否	硕士	马克思主义理论
东北大学	原 985	否	硕士	马克思主义理论
长春理工大学		否	硕士	马克思主义理论
延边大学	原 211	否	硕士	马克思主义理论
中南民族大学		否	硕士	马克思主义理论
暨南大学	原 211	否	硕士	马克思主义理论
广州大学		否	硕士	马克思主义理论
延安大学		否	硕士	马克思主义理论
湖北民族大学		否	硕士	马克思主义理论
三峡大学		否	硕士	马克思主义理论
武汉纺织大学		否	硕士	马克思主义理论
中南大学	原 985	否	硕士	马克思主义理论
南昌大学	原 211	否	硕士	马克思主义理论
江西财经大学		否	硕士	马克思主义理论
吉林农业大学		否	硕士	马克思主义理论
福建农林大学		否	硕士	马克思主义理论

资料来源：作者由相关资料和信息整理制作而成。

二、研究方向设置基本情况

研究方向是学科的子要素和重要构成，是支撑学科的“四梁八柱”，反映学科的发展方向和趋势。学科发展史显示，不少学科是在研究方向基础上经过长期积累成长成熟为单独学科。比如，2017年之前，“党的学说与党的建设”长期作为“中共党史（含党的学说与党的建设）”学科的研究方向而存在，并放在“中共党史”后面的括号里加以强调。2005年之前，“思想政治教育”作为马克思主义理论与思想政治教育二级学科的研究方向而存在，但在二级学科的名称上有显著区分。2014年国务院学位办公布的学科目录显示，“中共党史（含党的学说与党的建设）”更名为“党的建设与中共党史”，仍属于政治学一级学科中的一个二级学科。2024年公布的中共党史党建学一级学科建设方案，原隶属于党建学科研究方向的党务管理研究方向，以“党务工作理论与实践”成为新的二级学科。因此，科学把握党建学科的学科体系和发展趋向，必须系统考察党建学科研究方向设置。由于马克思主义理论一级学科下属的党建二级学科目前处于调整和变动之中，未来不会再有新的增加，考察和借鉴意义较小。因此，本节重点考察中共党史党建学一级学科下设“党的领导和党的建设”二级学科研究方向设置情况（见表4-5、表4-6）。

表4-5　中共党史党建学一级学科下设“党的领导和党的建设”博士点研究方向设置情况（截至2024年12月底）

招生单位	研究方向
北京大学	尚未以中共党史党建学为一级学科招生
中国人民大学	一级学科招生，下设党的领导和党的建设、党内法规学、党务工作理论与实践三个研究方向

续表

招生单位	研究方向
清华大学	一级学科招生，下设党的建设、党的建设实务两个研究方向
中共中央党校	以一级学科招生，下设党的长期执政能力建设研究、马克思主义政党理论研究、党的领导和党的建设重大理论和实践问题研究、党的长期执政能力建设研究、中共党建史、中国共产党领导的历史与现实研究、党的建设原理、企业党建理论与实践、马克思主义政党理论与党的建设、党的作风建设、纪律建设、反腐败斗争研究、党内法规制度研究、党建基础理论、干部队伍建设、党的纪律建设研究、健全全面从严治党体系研究多个研究方向
中国社会科学院大学	以党的领导和党的建设二级学科招生，下设执政党建设理论与实践研究方向
南京师范大学	一级学科招生，下设党的领导和党的建设研究方向
湘潭大学	一级学科招生，下设党的领导和党的建设、党务工作理论与实践两个研究方向
山东师范大学	一级学科招生，下设党的领导和党的建设研究方向
吉林大学	一级学科招生，下设党的领导和党的建设理论和实践研究方向
中山大学	一级学科招生，下设党的领导和党的建设研究方向
山东大学	一级学科招生，下设习近平总书记关于党的建设的重要思想研究、马克思主义政党原理研究、党的领导和党的建设研究三个研究方向
东北师范大学	尚未以中共党史党建学一级学科招生
复旦大学	一级学科招生，下设马克思主义政党理论研究、党的领导和党的建设研究、党内法规制度研究、党务工作理论与实践研究四个研究方向
华东师范大学	一级学科招生，不区分研究方向

资料来源：由各中共党史党建学一级学科点公布的2025年博士研究生招生方案整理而成。

表4-6　中共党史党建学一级学科下设“党的领导和党的建设”硕士点研究方向设置情况表（截至2024年12月底）

招生单位	研究方向
北京大学	尚未以中共党史党建学为一级学科招生

续表

招生单位	研究方向
中国人民大学	一级学科招生，下设党的领导和党的建设、党内法规学、党务工作理论与实践三个研究方向
清华大学	一级学科招生，下设党的建设、党的建设实务两个研究方向
中共中央党校	未查询到具体信息
中国社会科学院大学	仍在马克思主义理论一级学科下招生
南京师范大学	一级学科招生，下设党的领导和党的建设、党务工作理论与实践两个研究方向
湘潭大学	一级学科招生，下设党的领导和党的建设、党务工作理论与实践两个研究方向
山东师范大学	一级学科招生，下设党的领导和党的建设研究方向
吉林大学	仍在马克思主义理论一级学科下招生
中山大学	一级学科招生，下设党的领导和党的建设、党务工作理论与实践两个研究方向
山东大学	一级学科招生，下设习近平总书记关于党的建设的重要思想研究、马克思主义政党原理研究、党的领导和党的建设研究三个研究方向
东北师范大学	一级学科招生，下设党的领导和党的建设研究方向
复旦大学	一级学科招生，下设党的领导和党的建设、党内法规制度、党务工作理论与实践研究三个研究方向
华东师范大学	一级学科招生，不区分研究方向
中国政法大学	尚未以中共党史党建学为一级学科招生
上海师范大学	一级学科招生，下设党的领导和党的建设、党务工作理论与实践两个研究方向
中共山东省委党校	一级学科招生，下设马克思主义政党理论研究、党的建设历程及基本经验研究、中外执政党建设比较研究、基层党的建设理论与实践四个研究方向
中共北京市委党校	一级学科招生，下设党的领导和党的建设研究方向
上海大学	一级学科招生，下设党的领导和党的建设、党务工作理论与实践两个研究方向
中南财经政法大学	一级学科招生，下设党的领导和党的建设、党务工作理论与实践两个研究方向

续表

招生单位	研究方向
中共重庆市委党校	一级学科招生，下设党的领导和党的建设研究方向
河北师范大学	一级学科招生，下设党的领导和党的建设研究方向
中共上海市委党校	未查询到相关信息
湖北省社会科学院	一级学科招生
西南石油大学	一级学科招生，下设党的领导和党的建设研究方向
燕山大学	一级学科招生
淮阴师范学院	一级学科招生，下设党的领导和党的建设研究方向
中共湖南省委党校	一级学科招生，下设党的领导和党的建设、党务工作理论与实践两个研究方向
中共四川省委党校	一级学科招生，下设党的领导和党的建设研究方向
太原科技大学	一级学科招生，下设党的领导和党的建设研究方向
中共浙江省委党校	一级学科招生，下设党的领导和党的建设、党内法规制度研究两个研究方向
广东技术师范大学	一级学科招生，下设党的领导和党的建设、党务工作理论与实践两个研究方向
云南农业大学	一级学科招生，下设党的领导和党的建设研究方向
中共辽宁省委党校	一级学科招生
安徽科技学院	一级学科招生
广西民族大学	一级学科招生
榆林学院	一级学科招生
长春师范大学	一级学科招生，下设党的领导和党的建设、党务工作理论与实践两个研究方向
江西科技师范大学	一级学科招生
海南师范大学	未查询到相关信息
河西学院	一级学科招生，下设党的建设研究方向
黑龙江大学	一级学科招生，下设党的领导和党的建设、党务工作理论与实践两个研究方向

资料来源：由各中共党史党建学一级学科点公布的2025年硕士研究生招生方案整理而成。

由表4－5、表4－6可以得出，目前设有中共党史党建学一级学科的14个博士点，均按照一级学科招生，大部分学科点下设1～2个党建研究方向，主要为“党的领导和党的建设”“党务工作理论与实践”两个研究方向。一些学科点由于实力雄厚，设置了多个党建研究方向。比如，中共中央党校（国家行政学院）设置了17个研究方向，有待进一步合并和优化。复旦大学在博士层面设有马克思主义政党理论研究、党的领导和党的建设研究、党内法规制度研究、党务工作理论与实践研究四个研究方向，硕士层面则取消了“马克思主义政党理论研究”研究方向，体现了硕博一体、螺旋上升的学科建设原则与思路。

目前设有中共党史党建学一级学科的43个硕士点，除了少数单位未查询到相关信息外，大部分学科点均按照一级学科招生，下设1～2个研究方向，其中“党的领导和党的建设”“党务工作理论与实践”两个研究方向为必设方向。个别单位虽然获批一级学科硕士学位点，但由于各种主客观原因，2025年尚未招生。一些学科点结合自身研究特长和实际状况，开设了党建领域特色研究方向。比如，中国人民大学设有党内法规学研究方向，复旦大学设有党内法规制度研究方向。山东大学开设了习近平总书记关于党的建设的重要思想研究、马克思主义政党原理研究等研究方向。中共山东省委党校设立了马克思主义政党理论研究、党的建设历程及基本经验研究、中外执政党建设比较研究、基层党的建设理论与实践四个研究方向。

马克思主义理论一级学科下党的建设二级学科方向设置较为多样复杂、有待规范，中共党史党建学一级学科下党建研究方向设置较为规范，但略显单一，特色不够鲜明。这固然与中共党史党建学作为新兴一级学科发展尚未成熟有关，但同时也反映出部分学位点特别是硕士学位点建设基础薄弱、经验不够的实际状况。因此，拓展和深化二级学科（研究方向）建设将成为中共党史党建学一级学科内涵式发展的关键任务。

探讨党建学科（研究方向）设置，还需要从本硕博一体化角度来考察和分析。除了关注硕士和博士层次基本状况，还需要关注本科层面相关专业党建研究方向和课程的开设情况。依据 2020 年版《普通高等学校本科专业目录》，“中国共产党历史”“马克思主义理论”两个本科专业与党建学科高度相关，党建类课程是其专业必修课程。据统计，目前全国高校设置“中国共产党历史”本科专业的有 11 所、设置“马克思主义理论”本科专业的有 59 所（见表 4-7）。

表 4-7 全国马克思主义理论类相关本科专业设置单位情况表

学校名称	设有马克思主义理论本科专业	设有中国共产党历史本科专业	设有党的建设硕士点	设有党的建设博士点
北京大学	是	否	是	是
清华大学	是	否	是	是
中国人民大学	是	是	是	是
首都师范大学	是	否	是	否
北京体育大学	是	否	否	否
中国人民公安大学	是	否	否	否
南开大学	是	否	是	是
天津大学	是	否	否	否
天津师范大学	是	否	是	否
河北师范大学	是	否	否	否
内蒙古大学	是	否	否	否
内蒙古师范大学	是	否	否	否
辽宁大学	是	否	是	是
大连理工大学	是	否	是	是
吉林大学	是	否	是	是
长春师范大学	是	否	是	否
东北林业大学	是	否	否	否

续表

学校名称	设有马克思主义理论本科专业	设有中国共产党历史本科专业	设有党的建设硕士点	设有党的建设博士点
黑龙江工业学院	否	是	否	否
复旦大学	是	否	是	是
同济大学	是	否	否	否
华东师范大学	是	否	是	是
南京大学	是	否	否	否
南京师范大学	是	否	是	是
河海大学	是	否	是	是
南京理工大学	是	否	否	否
浙江大学	是	否	是	是
安徽师范大学	是	否	否	否
厦门大学	是	否	否	否
福建师范大学	是	否	否	否
江西师范大学	是	否	否	否
井冈山大学	否	是	否	否
山东大学	是	否	是	是
山东师范大学	否	是	是	是
齐鲁师范学院	是	否	否	否
山东农业大学	是	否	否	否
郑州大学	是	否	是	是
河南师范大学	是	是	否	否
武汉大学	是	是	是	是
华中师范大学	是	否	否	否
武汉科技大学	是	否	否	否
湖南大学	是	否	否	否
湘潭大学	是	是	是	是
华南理工大学	是	否	否	否

续表

学校名称	设有马克思主义理论本科专业	设有中国共产党历史本科专业	设有党的建设硕士点	设有党的建设博士点
华南师范大学	是	否	是	是
广西师范大学	是	否	是	是
广西民族大学	否	是	否	否
重庆大学	是	否	否	否
西南大学	是	否	是	是
贵州师范大学	是	否	是	是
贵州财经大学	是	否	否	否
遵义医科大学	是	否	否	否
安顺学院	否	是	否	否
四川大学	是	否	是	是
云南大学	是	否	否	否
云南农业大学	是	否	是	否
昆明城市学院	是	否	否	否
西安交通大学	是	否	否	否
陕西师范大学	是	否	是	是
延安大学	否	是	是	否
渭南师范学院	否	是	否	否
兰州大学	是	否	是	是
新疆大学	是	否	否	否
新疆师范大学	是	否	否	否
新疆政法学院	是	否	否	否
塔里木大学	是	否	否	否
中国社会科学院大学	是	否	是	是

资料来源：由作者根据相关资料和信息整理而成。

“中国共产党历史”本科专业课程涵盖了党史和党建两大部分，可以与党建学科构成科学完整的本硕博一体化学科体系。目前，全国高校仅有中国人民大学、武汉大学、湘潭大学同时拥有“中国共产党历史”“马克思主义理论”本科专业，以及党的建设硕士点、博士点，具备完整的党建本硕博一体化学科体系。其中，武汉大学还设有思想政治教育本科专业。“马克思主义理论”本科专业含有党的建设相关课程，是党建学科硕士生的重要来源专业，可以与党建学科构成相对完善的本硕博一体化学科体系。目前，北京大学、南开大学、辽宁大学、大连理工大学、吉林大学、复旦大学、华东师范大学、南京师范大学、河海大学、浙江大学、山东大学、四川大学、兰州大学、中国社会科学院大学等设置有“马克思主义理论”本科专业和党的建设硕士点、博士点，已经形成了相对完善的党建本硕博一体化学科体系。除上述单位外，目前全国还有 2/3 的党建学科点未建立本硕博一体化学科体系。因此，一方面有待加强在本科层面的学科和专业布局，尤其是加大“中国共产党历史”“马克思主义理论”专业的设置力度，为党建学科提供高质量的研究生生源。另一方面条件成熟的高校应抓住设立中共党史党建学一级学科的重要机遇，积极增设党建学科点。

三、课程体系设置基本情况

课程建设是学科建设的关键环节，决定着学生培养的质量，影响着学生的发展和未来。因此，课程体系是学科体系的重要组成部分，学科体系决定课程体系的内容，课程体系反映学科建设的质量。关于各个学科研究生课程体系，国务院学位委员会一般会在学科建设较为成熟的基础上予以明确，以便规范和指导课程建设。目前，国务院学位委员会尚未公布中共党史党建学一级学科课程体系，大部分中共党史党建学一级学科尚没有毕业生，课程体系处于建设之中。因此，本节重点考察马克思主义理论一级学科下党建二级学科（研究方向）课程体系建设情况。

依据国务院学位委员会2018年4月发布的《“党的建设”二级学科博士、硕士学位研究生培养方案》，党建学科博士阶段应开设的课程主要有：马克思主义理论前沿、马克思主义基本文献研究、马克思主义理论研究方法、马克思主义政党理论专题研究、中国共产党历史专题研究、党的建设前沿问题研究、党的建设基本文献研读、党的政治建设专题、中外政党政治比较研究、党的基层组织建设研究、国外政党治理研究、党内法规制度建设专题研究等。党建学科硕士阶段应开设的课程主要有：马克思主义经典著作选读、马克思主义基本原理专题研究、马克思主义发展史、马克思主义理论学科研究方法、马克思主义政党理论研究、中国共产党历史研究、中国共产党建设史研究、党的建设重要文献选读、党建理论与实践专题、当代中国政党制度研究、海外中国共产党研究、执政党建设研究、全面从严治党专题研究、党务管理专题研究、党的思想政治工作专题研究等。

由上述两个课程体系可以看出，党建学科课程体系主要分为三个层次：一是学位基础课，主要是马克思主义理论学科一级学科通开课程。比如“马克思主义基本文献研究”（博）、“马克思主义经典著作选读”（硕）、“马克思主义发展史”（硕）等。二是学位专业课，主要是党的建设学科核心课程。比如“马克思主义政党理论专题研究”（博）、“党的建设前沿问题研究”（博）、“中国共产党建设史研究”（硕）、“党的建设重要文献选读”（硕）、“党建理论与实践专题”（硕）。三是学位选修课程，主要是党建学科的辅助课程或者拓展课程。比如“中外政党政治比较研究”（硕或博）、“当代中国政党制度研究”（硕）、“海外中国共产党研究”（硕）。其中第二个层次的“核心课程”是典型的党建学科课程，对应党建学科的相应研究方向。根据学科发展规律，不少学科的最初形态即为一门课程，进而隶属相关学科成为研究方向，最后单独设置为二级学科甚至是一级学科。因此，重点考察各个党建学科点开设的核心课程，既有助于检验各个学科点建设质量和规范化程度，又能够掌握和预测学科发展动态与趋向。

以武汉大学为例，其党的建设学科课程体系详见表 4－8。武汉大学党建学科硕士、博士层次课程，既严格按照国务院学位委员会相关规定开设了系列专业必修课程，又遵循课程建设规律，结合自身研究特长，开设了一些特色鲜明的选修课程。

表 4－8　武汉大学党的建设学科课程体系

学位层次	学科通开课	研究方向必修课	专业选修课
硕士	马克思主义经典著作导读 马克思主义基本原理专题研究 马克思主义发展史 马克思主义中国化研究 思想政治教育原理和方法	马克思主义政党领导理论 马克思主义政党建设重要文献选读 中国共产党历史专题 党务工作专题 专业英语 马克思主义党建学说史 中国共产党建设史 新时代党的建设理论与实践	当代中国政党制度专题 基层党组织建设专题 党内法规制度发展史研究专题 中外政党比较 科学社会主义与国际共产主义运动史
博士	马克思主义经典著作研读 马克思主义理论前沿问题 马克思主义研究方法 思想政治理论课教学与研究	党的建设经典文献研读 马克思主义政党基本理论研究专题	党务工作研究 国外执政党建设研究 党内法规制度研究专题 中国特色社会主义前沿问题研究 中共党史党建研究前沿问题

再如，复旦大学党建学科开设的硕士课程有：“党的建设理论与实践专题”“党的建设经典文献选读”“党内法规与政党治理”“马克思主义政党学说史”“党史党建史料和方法”“法学理论专题研究”

“党的建设史专题研究”“中外政党政治比较专题研究”“网络治理与政党建设”“中国政党制度专题研究”；博士课程有：“党的建设前沿问题专题研究”“马克思主义政党理论研究”“世界政党治理与政党发展前沿问题研究”“党的建设理论与实践专题”“党内法规与政党治理”“中国共产党执政理论研究”“中国政治与治理”“党的基层组织建设和社会治理”“海外中国共产党研究”“中国特色社会主义现代化道路研究”①。复旦大学的课程体系凸显出该校鲜明的政治学研究底蕴和特长。

从国务院学位委员会、武汉大学、复旦大学的三套课程方案，可以看出党建学科课程体系中孕育着不少学科新的增长点或者发展趋向。比如“中国共产党建设史”“党内法规制度建设研究”“党务工作专题”“海外中国共产党研究”等等，就呈现出党建学科体系发展的学理性和生命力。正是在马克思主义理论一级学科的长期涵育下，产生了“党务工作专题”“党内法规制度建设研究”等课程，并逐渐发展为党建学科下属的研究方向，甚至成为新的中共党史党建学一级学科下属的研究方向。

第三节　推动新时代党建学科体系创新发展

当前党建学科发展迎来了一个重要战略发展机遇期，要求党和国家相关部门、有关高校、党校、社科院、学术界和理论界等通过体制机制创新，加快构建党建学科体系，把党建学科建设成为政治方向正确、理论基础厚实、学科特色鲜明、理论联系实际的优势学

① 四川大学课题组. 新形势下“党的建设”学科建设的探索与思考//全国党的建设研究会.“党的建设学科建设研究”专题研讨会报告集（2020年10月）（内部版）. 2020：373，389.

科。加快构建党建学科体系，必须明确党建学科体系的内涵和外延，遵循学科建设规律，推动党建学科高质量发展。

一、明确党建学科体系的内涵和外延

根据党和国家有关规定，中共党史党建学成为法学学科门类下属一门新的一级学科。这一规定不是简单地把中共党史二级学科从政治学一级学科中调整出来，把党的建设二级学科从马克思主义理论一级学科中调整出来，成为由“党史”＋“党建”组成的一个拼盘式的新一级学科；而应理解为，在新的中共党史党建学一级学科中应该包含有若干个党建二级学科（研究方向）。党建作为中国特色哲学社会科学的八个重要领域之一，其学科定位应如历史学、经济学、军事学、政治学、社会学、生态学等，成为一个单独的一级学科或者准一级学科。事实上，目前国务院学位委员会公布的二级学科方案里，包含“党的领导和党的建设”“党务工作理论与实践”两个二级学科，党建学科在中共党史党建学一级学科中至少是准一级学科的地位。

新时代党建学科应该是一个由若干二级学科构成的系统科学的准一级学科。鉴于党建学科发展历史、现状、未来趋势，党建学科的科学体系可以分为以下三个层面。

一是宏观层面的党建学科体系。主要包括七个二级学科：马克思主义政党理论、中国共产党建设史、习近平总书记关于党的建设的重要思想、党内法规制度、党务管理、中国新型政党制度、比较政党研究。其中马克思主义政党理论重点探讨马克思主义政党建设的学说、理论、原理、规律等；中国共产党建设史重点探讨中国共产党把马克思主义政党学说与中国共产党建设实际相结合，坚持和加强党的全面领导，推进党的建设的历史进程和基本经验等；习近平总书记关于党的建设的重要思想重点探讨党的十八大以来以习近平同志为核心的党中央坚持和加强党的全面领导，全面从严治党，推进党的建设新的伟大工程的重大理论与实践问题；党内法规制度重点探讨中国共产党加强党内法规制度体系建设的历史进程、主要内容、基本经验等；党务管理重点探讨新时代中国共产党通过依规治党，开展党务管理，加强基层党组织建设等；中国新型政党制度重点探讨中国共产党领导的多党合作、参政党建设等；比较政党研究重点探讨国外执政党开展自身建设、领导国家和社会的方式方法和经验教训，从而为中国共产党的建设提供国际借鉴和有益启示。这七个二级学科紧密联系、相互配合，共同致力于建构内涵丰富、系统完善的党建学科。宏观层面的党建学科属于一级学科建制。其优点在于，它是理想状态的党建学科体系，体现了党建学科是历史与现实、理论与实践、宏观与微观、立足本土与国际镜鉴相结合的最具中国特色的哲学社会科学。其不足在于，基于我国目前党建学科发展状况，除了中共中央党校（国家行政学院）外，很少有单位能够同时建设包含上述七个二级学科的大党建学科体系。

二是中观层面的党建学科体系。主要包括四个二级学科：马克思主义政党理论、中国共产党建设史、党的领导和党的建设、党务工作理论与实践。其中党的领导和党的建设旨在研究坚持和加强党的全面领导重大理论和实践问题，以及党自身建设的根本目的、基本方针、战略布局、重点任务、实践要求等问题。党务工作理论与实践旨在研究党务工作理论与实践的基本问题，研究党务工作的基本方法，总结党务工作的基本经验，揭示党务工作的基本规律。中观层面的党建学科属于准一级学科建制，是四个二级学科的集合体。其优点在于，目前我国党建学科初步构建，正处于规模扩张和质量提升的关键阶段。该方案既能够满足党建学科拓展学科平台和加强阵地建设的发展需要，又能够避免摊大饼式的无序扩张。其不足在于，目前仅有少数单位的党建学科能够按照学科集群方式来建设，具备分化为 3～5 个二级学科建设的实力。比如中国人民大学、复旦大学、山东大学、武汉大学等。

三是微观层面的党建学科体系。目前主要是指以单独一个二级学科（研究方向）形式建设的党建学科体系。其优点在于，以单个学科建制开展党建学科建设，有助于凝聚师资队伍，聚焦研究方向，发挥集中力量办大事的优势。其不足在于，按照单个学科（研究方向）建设的党建学科，适合学科初创阶段，但不利于学科长远发展，尤其会限制新增党建学科或者研究方向的成长与发展。

上述三个层面的党建学科体系不是相互矛盾的，由微观到中观再到宏观，呈现出党建学科由初创到基本形成再到完善的演进轨迹。基于我国党建学科区域布局和发展现状，新时代推进党建学科发展，必须结合各个地区的实际情况设置党建学科，避免简单化和一刀切。具体可以分为三种情况：（1）学科历史悠久、实力雄厚的单位可以按照宏观党建学科体系来规划和建设党建学科。这种情况适用于中共中央党校（国家行政学院）等极少数单位。（2）学科基础扎实、实力较强的单位可以现有党建学科为基础，按照准一级学科或者学科群模式建设党建学科。发挥现有党建学科二级学科“孵化器”作用，在条件成熟的情况下，增设新的中观层面的其他党建二级学科。比如，复旦大学可以设置“比较政党研究”学科，山东大学可以设置“中国新型政党制度”学科，武汉大学可以设置“党内法规制度”学科等。（3）全国大部分单位应以设立和巩固党建二级学科为目标，加快党建学科建设。本节将重点围绕第三种情况进行分析和探讨。

二、实现新时代党建学科高质量发展

当前加强党建学科体系建设，既要继续鼓励和支持现有党建学科走规模扩张与内涵并重道路，实现高质量发展，又要以增设新的党建学科为重点，扩大党建学科覆盖面，完善党建学科体系，为全面建设社会主义现代化国家提供有力的党建理论和智力支持。

1. 坚持外部扩张与内部调整相结合，完善党建学科区域布局

构建党建学科体系既要注重其内部要素构成，又要注重其区域布局，适度扩大党建学科数量和覆盖面。党和国家有关部门要继续支持、督促有条件的单位，尤其是高校设置党建学科。

当前要在统筹考虑新增中共党史党建学一级学科的条件下，协调与相关学科关系尤其是在马克思主义理论一级学科的基础上，通过多种途径与方法增设党建学科。

一是调整转设模式，即以现有的马克思主义理论一级学科下的党建学科为基础，联合政治学一级学科下的中共党史二级学科，整合相关资源，设立中共党史党建学一级学科，并下设若干新的党建二级学科（研究方向）。这种方式适用于党史、党建学科均实力较强的单位。比如，14 个设立中共党史党建学一级学科的单位中的 11 个单位的中共党史党建学一级学科即由此模式调整发展而来。因此，尚未设立中共党史党建学一级学科的武汉大学、四川大学、兰州大学、南开大学、北京师范大学等高校，应通过学科调整，加快中共党史党建学一级学科申报和建设力度，推动党建学科建设高质量发展。

二是整合增设模式。这种模式适用于目前没有单独设置党建学科，但拥有一定党史党建研究实力的单位。它主要是通过调配、整合所在单位党史党建的师资力量和研究方向，增设新的中共党史党建学一级学科硕士点。比如，首批29个中共党史党建学一级学科硕士点，不少所在单位尚未设立马克思主义理论一级学科硕士点，通过整合力量率先设立中共党史党建学一级学科硕士点，实现了学科建设的新突破。这类单位设置党建学科不仅有利于完善所在单位哲学社会学科体系，而且能够为推进党的建设新的伟大工程提供学理支撑和人才保障。这种模式实施难度较大、要求较高，既要保证原有的马克思主义中国化研究、中国近现代史基本问题研究、思想政治教育、政治学理论、中外政治制度等相关学科在调整中不被弱化，又要确保新设立的党建学科及所从属的中共党史党建学一级学科设置科学，而非简单拼凑、因人因事设置。

除了增设党建学科硕士点、博士点外，目前还需要通过增设“中国共产党历史”“马克思主义理论”本科专业，构建本硕博一体化的党建学科体系。一是实现“中国共产党历史”或者“马克思主义理论”本科专业在全国重点马克思主义学院的全覆盖。二是实现中共党史党建学一级学科硕士点及党建学科硕士点在全国重点马克思主义学院的全覆盖。三是要适当增加中共党史党建学一级学科博士点数量，以满足社会对党建高层次人才的需要。只有率先实现全国重点马克思主义学院党建学科本硕博一体化设置，才能发挥其示范引领作用，推动纵向层面不同学段之间党建学科体系的科学构建和有机衔接。

2. 坚持统一性与特殊性相结合，规范党建学科研究方向设置和课程体系建设，培育党建学科新的增长点

研究方向和课程体系是学科体系的重要组成部分，是孕育和生长新的学科的依托与支撑。由于历史和现实原因，目前党建学科实际上含括了不少已经具备学科特征的研究方向，开设了不少具备成长为独立学科前途的学位课程。因此，当前构建党建学科体系，要重点关注学科研究方向设置和课程体系建设。依据国务院学位委员会颁布的《“党的建设”二级学科博士学位研究生培养方案》《“党的建设”二级学科硕士学位研究生培养方案》，党建学科应设置的研究方向为：马克思主义政党理论研究、党的建设历程及基本经验研究、党的建设重大理论与实践问题研究、中外执政党建设比较研究、基层党的建设研究。这就为各个党建学科点科学设置研究方向提供了基本遵循，但并非所有单位的党建学科点都有实力和条件设置上述全部研究方向。据考察，目前设置有以上五个或者相近研究方向的党建学科点主要有北京大学、山东大学、武汉大学、中共中央党校（国家行政学院）等少数单位。对此，一方面，各个学科点要严格规范方向设置，坚持成熟一个设置一个，不追求大而全、大而多；另一方面，各个学科点可以根据自身研究特长、区位优势、行业特征自主设置特色研究方向。这些特色研究方向必须是党的建设研究内容和重要课题，避免因人因事因课题设置研究方向。特色研究方向设置，可以借鉴其他学科研究方向，充分吸纳其他学科的研究力量，形成新的学科合力与增长点。比如，党内法规制度体系建设是党的建设的重大理论与实践课题，党建学科点可以联合法学、政治学、社会学等多学科研究力量，设置党内法规制度研究方向。据不完全统计，目前北京大学、复旦大学、华东师范大学、武汉大学、华南师范大学、中共中央党校（国家行政学院）、中国社会科学院大学等单位的党建学科点已经设置了党内法规研究方向。我们有理由相信，党建学科点通过规范设置研究方向，经过长期发展和积累，有望孵化出若干二级学科，从而有力地支撑中共党史党建学一级学科建设。

课程也是学科孕育和发展的重要增长点。当前加强党建学科课程体系建设，同样需要坚持统一性和特殊性相结合的原则。一方面要按照国务院学位委员会关于党建学科博士、硕士培养方案要求的课程体系，科学规范地开设党建学科相关课程。另一方面要根据自身研究特长，重视开设特色研究课程。特色研究课程往往蕴藏着学科发展的潜力，是党建学科未来发展的增长点。据不完全统计，目前一些党建学科点开设的“习近平总书记关于党的建设的重要思想研究”“党务管理理论与实务”“网络治理与政党建设”“党务工作专题”“党内法规制度建设专题”“海外中国共产党研究”等课程，均有可能发展成为党建学科的研究方向乃至二级学科。

3. 妥善处理党建学科与相关学科关系，理顺学科外部关系

基于目前党建学科分属于马克思主义理论一级学科和中共党史党建学一级学科的状况，推动党建学科高质量发展，必须妥善处理党建学科与中共党史党建学一级学科、马克思主义理论一级学科的关系，厘清学科边界，理顺学科外部关系，成为当前科学构建党建学科体系、实现党建学科高质量发展的必要举措。

一是要明确划分“党的建设”学科与“中共党史”学科的边界。“党的建设”学科与“中共党史”学科是学缘关系，二者最为亲密。中共党史党建学一级学科设立后，国务院学位委员会把原在政治学一级学科下的“中共党史（含党的学说与党的建设）”二级学科，调整为中共党史党建学一级学科下设的二级学科，并更名为“中国共产党历史”。这不是简单地去掉括号以及其中“党的学说与党的建设”内容，而是要在新的中共党史党建学一级学科下，为“党的领导和党的建设”“党务工作理论与实践”“中国共产党历史”三个二级学科划出相对明确的学科边界。它们不是简单的相加关系，而是要达到实质性融合。

二是要构建党建学科与马克思主义理论一级学科的“协作关系”。有学者认为，党建学科为马克思主义理论一级学科和其他六个二级学科提供领导主体、保障条件，引领发展走向[①]。一级学科调整

① 罗心欲. 对新设党的建设二级学科定位的思考. 岭南学刊，2018（4）.

后，党建学科必须妥善处理好与马克思主义理论一级学科的关系，尤其是与马克思主义基本原理、马克思主义中国化研究、思想政治教育等学科的关系。马克思主义党的学说是马克思主义基本原理中科学社会主义的重要组成部分，中国化马克思主义党建理论与实践是马克思主义中国化研究的重要课题，思想政治教育能够为党的建设提供方法论指导。因此，党建学科尽管从马克思主义理论一级学科调整出来，但其建设毫无疑问仍然需要以马克思主义理论为指导，运用马克思主义理论、观点、方法开展学术研究。

三是要借鉴政治学学科的相关理论与研究方法。政治学是一门历史悠久的传统社会科学。“党的建设”曾以一种特殊形式隶属于政治学，在这一学科大家庭中“逗留”长达 20 多年。政治学为“党的建设”提供了理论渊源、滋养和指导，推动了它的产生和发展[①]。因此，一级学科调整后，党建学科仍要继续借鉴政治学的理论与方法进行学科建设和学术研究。中国政党制度、党的领导制度、中国政治体制改革、中国政党关系、世界政党政治等，既是政治学研究的重要内容，又是“党的建设”学科的重要借鉴与参考，有的甚至直接就是党建学科的研究内容，如党的领导制度、中国新型政党制度等。因此，党建学科要在充分借鉴政治学学科理论与方法中推动自身高质量发展，并孕育和发展出学科新的增长点。

4. 加快构建党建学术体系、话语体系，为加强和完善党建学科体系建设提供支撑

习近平总书记在哲学社会科学座谈会上提出，要加快构建中国特色哲学社会科学学科体系、学术体系、话语体系。党建作为中国特色哲学社会科学体系的重要领域，作为最具中国特色的哲学社会

---

① 罗心欲．对新设党的建设二级学科定位的思考．岭南学刊，2018（4）．

科学，更加有必要加快构建学科体系、学术体系、话语体系。学科体系、学术体系、话语体系三者既有区别，又有联系。学科体系是指由子学科、研究方向、课程体系等要素构成的系统整体。“学术体系是揭示本学科对象的本质和规律的成体系的理论和知识；话语体系是理论和知识的词语表达，是学术体系的表现形式和语言载体。”①学术体系和话语体系不可分割，它们体现和反映学科体系，推动学科体系的创新与发展。同一学科体系，在不同时空范围内，可以呈现出不同的学术体系和话语体系。当前，加强和完善党建学科体系，要善于发掘运用党建学术体系和话语体系，推动已经相对成熟系统的学术体系、话语体系相关内容，进入党建学科课程体系，发展成为党建学科研究方向，甚至形成新的党建二级学科。比如，21 世纪以来，“党的执政能力建设”“全面从严治党”“党内法规制度体系”等成为中国特色执政党建设理论体系和话语体系的重要内容，伴随着党建学科的单独设立，它们已经成为不少学科点的研究方向。因此，新时代加强党建学科体系建设，一方面要明确党建学科体系、学术体系、话语体系的区别与联系；另一方面要以构建学术体系、话语体系为基础，推动党建学科体系构建与创新。

除了上述问题外，党建学科还需要进一步发挥支撑高校思想政治理论课的作用。当前探讨党的领导和党的建设相关内容融入和支撑思想政治理论课教学，将成为党建学科建设的重要内容与研究方向，甚至不排除设立专门隶属党建学科的子学科来支撑高校思想政治理论课建设。

（作者单位：武汉大学马克思主义学院、
中共党史党建系、政党研究所）

① 田心铭. 学科体系、学术体系、话语体系的科学内涵与相互关系. 光明日报，2020-05-15 (11).

第五章
党的建设学科的教学体系

刘红凛　谭雅丹　刘　莹

党的建设教学体系建设，无论是在党建学科建设还是在党史党建学科建设中，都占有重要地位。它以党的建设学科体系为基础和支撑，并依照教育规律、认知规律和不同对象的认知特点，将党的建设理论体系、学科体系、学术体系、知识体系、话语体系等有效地转化为党的建设教学体系，以形成不同位阶、不同类别的党的建设课程体系、教材体系、人才培养体系、教学效果评价体系等，为培养高质量的党建人才服务。

中国共产党作为马克思主义政党，其自身建设、领导、执政、发展始终是相辅相成的。因此，从根本上看，党的建设学科建设是以马克思主义为指导思想，以马克思主义政党理论为理论基础，以中国共产党百余年发展为实践基础，以“党的自身建设理论、法规制度与实践”“党的领导理论、制度与实践”“党的执政理论、体制机制与实践”“党的发展理论、制度与实践”等为研究对象与基本内容，揭示党的自身建设规律、党的领导规律、党的执政规律、党的发展规律的一门交叉性、综合性、独具中国特色的社会科学。政治性、理论性、现实性（相对于历史性）、实践性、科学性、规律性这“六性”，乃党的建设学科的显著特点。然而，任何一个学科教学体系，都既有一个历史发展与继承问题，又有一个立足学科发展规律、适应时代发展要求而进行科学建构问题。从历史形成与发展角度看，党的建设学科的教学体系与党的建设学科的产生、发展密切相关，与党的建设学科体系的时代状况相辅相成。

党的十八大以来，以习近平同志为核心的党中央高度重视党的建设学科建设与发展。2022 年 1 月 21 日，在全国党的建设研究会第七次会员代表大会召开之际，习近平总书记对党的建设研究工作作出重要指示，要求“深入研究推进新时代党的建设新的伟大工程面临的重大理论和实践问题，加强对党建理论最新成果的研究，加强对全面从严治党的研究，在理论上拓展新视野、作出新概括，加深对新时代党的建设规律的认识，不断完善党的建设学科体系、学术体系、话语体系，继续为推进新时代党的建设贡献智慧和力量”①。2021 年 12 月 20 日，在全国党内法规工作会议召开之际，习近平总书记对党内法规建设作出重要指示，强调“我们党历来重视党内法规制度建设，注重运用党内法规管党治党、提高党的执政能力和领导水平”，要求“增强依规治党的自觉性和坚定性，把牢政治方向，提高政治站位，扛起政治责任，紧紧围绕党和国家工作大局继续推进党内法规制度建设。要发挥好党内法规在维护党中央集中统一领导、保障党长期执政和国家长治久安方面的重大作用，在推进新时代党的建设新的伟大工程、落实全面从严治党方面的重大作用，确保党在坚持和发展中国特色社会主义的历史进程中始终成为坚强领

① 习近平对党的建设研究工作作出重要指示强调 加深对新时代党的建设规律的认识 继续为推进新时代党的建设贡献智慧和力量. 人民日报，2022-01-22 (1).

导核心，为全面建设社会主义现代化国家、实现中华民族伟大复兴的中国梦提供坚强政治保证”①。这些重要论述，为在进一步加强党的建设学科创新发展基础上，大力推进新时代党的建设学科教学体系发展指明了方向。

第一节 党的建设学科教学体系的缘起与发展

中国共产党有着思想建党、理论强党、人才兴党的光荣传统。从党的建设教学体系的产生和发展历程看，党的建设教学体系的问世，同中国共产党的党员干部教育培训与人才培养方式紧密相关。

在新民主主义革命时期，党的建设教学在党员干部培训学校（党校）中萌芽与形成；新中国成立以后，党的建设教学在党校干部教育中得到发展；改革开放以来，党课教程作为入党积极分子的培训课在高校得以普及，党的建设课程在相关高校研究生培养中也有所设置，但党的建设学科体系与教学体系主要是以中央党校为代表、在党的建设研究生培养过程中得到建立与形成的。纵观中国共产党百年发展史，党的建设学科教学体系的形成与发展，客观上存在从新民主主义革命时期、社会主义革命和建设时期党员干部教育中的“一堂课”“一门课”，到改革开放以来以中共中央党校（国家行政学院）为代表、在党的建设硕士生博士生培养过程中初步建立学科体系与教学体系，再到党的十九大以来以重点高校为代表、在党的建设专业硕士生与博士生规模化培养中进一步完善学科体系与教学体系的历史发展过程。

---

① 习近平作出重要指示强调 发挥好党内法规在维护党中央集中统一领导 保障党长期执政和国家长治久安方面的重大作用. 人民日报，2021-12-21 (1).

一、在新民主主义革命时期的发端与发展

在新民主主义革命时期，党的建设教学从最初的党校党员干部教育中孕育而生，在延安时期成为党校教育的专门课程。

1921 年中共一大召开，标志着中国共产党的正式成立，也标志着党的建设历史进程的发端。1921 年，中共一大通过《中国共产党纲领》，在明确提出党的纲领基础上，对吸纳党员的基本标准与程序、党的组织体系等作出基本规定，要求党员入党前要“与那些与我们的纲领背道而驰的党派和集团断绝一切联系”，党员必须对党忠诚、保守党的秘密、加强党对财物与派出人员的监督，“每个地方，凡是有党员五人以上时，必须成立委员会”[①]。1922 年，中共二大通过了《中国共产党章程》，这是党史上的第一部比较完整正式的章程，明确把党界定为“无产阶级中最有革命精神的大群众组织起来为无产阶级之利益而奋斗的政党，为无产阶级做革命运动的急先锋”，明确提出要到群众中去“组成一个大的‘群众党’”的基本建党目标，明确提出“党的一切运动都必须深入到广大的群众里面去”的基本要求[②]；强调党既要紧靠工人阶级的力量，也要密切联系占中国人口绝大多数的农民，还要团结大多数组成“民主联合战线”。

党的建设因党而兴，党建教学因需而生。从中共三大开始，我们党开始注意到党员教育、党内人才培养的重要性，要求成立党校以加强党员教育、培养人才。1923 年 6 月，陈独秀在中共三大报告

① 中央档案馆，中共中央文献研究室. 中共中央文件选集：第 1 册. 北京：中共中央党校出版社，1989：3-4.

② 中央档案馆，中共中央文献研究室. 中共中央文件选集：第 1 册. 北京：中共中央党校出版社，1989：90.

中指出："我们忽略了党员的教育工作。"① 1924 年 5 月，中央执行委员会第一次扩大会议通过了《党内组织及宣传教育议决案》，在党的历史上第一次提出并着力强调"党内教育的问题非常重要，而且要急于设立党校养成指导人才"②。1925 年 1 月，中共四大明确提出要执行使党群众化的组织路线③，要求"扩大党的数量，实行民主的集权主义，巩固党的纪律"④；要求充分发挥支部的作用，认为"支部的工作，不能仅限于教育党员，吸收党员，并且在无党的群众中去煽动和宣传，帮助他们组织俱乐部，劳动学校，互助会……"⑤；要求党的宣传要深入群众、加强政治教育、发挥党支部在党员教育中的作用。从中共四大开始，中国共产党开始实现从最初的"组织宣传小队"向无产阶级"群众性政党"的历史性跨越。在中共四大执行了使党群众化的组织路线、扩大党的数量以后，我们党加强多元发展，党员人数得到较快增加，短短半年，党员人数从中共四大召开时的 994 人发展到 3 000 人，到 1926 年 9 月党员已达 13 281 人⑥。

随着各地党校的设立与开办，"党的建设"或"党的组织建设"开始成为各级党校的一门基本课程，这历史性地成为党建教学的发端。1925 年 9 月，中央批准了由李大钊提出的"北方区委创办党校

---

① 中央档案馆，中共中央文献研究室. 中共中央文件选集：第 1 册. 北京：中共中央党校出版社，1989：171.

② 中央档案馆，中共中央文献研究室. 中共中央文件选集：第 1 册. 北京：中共中央党校出版社，1989：245.

③ 中央档案馆，中共中央文献研究室. 中共中央文件选集：第 1 册. 北京：中共中央党校出版社，1989：379－380.

④ 中央档案馆，中共中央文献研究室. 中共中央文件选集：第 1 册. 北京：中共中央党校出版社，1989：380.

⑤ 中央档案馆，中共中央文献研究室. 中共中央文件选集：第 1 册. 北京：中共中央党校出版社，1989：380－381.

⑥ 中共中央党史研究室. 中国共产党历史：第 1 卷（1921—1949）：上册. 北京：中共党史出版社，2011：187－188.

的计划”，“同意罗亦农在京主持党校的工作”[①]；该“北京党校”创办后，由陈乔年负责讲授“党的建设”课程[②]，成为在党校党员干部教育中开设“党的建设”课程的历史开端。1925年10月，中共中央扩大执行委员会会议进一步要求，要广泛吸收工人、农民等革命的积极分子入党，在极短的时间内将党“从小团体过渡到集中的群众政党”[③]；要到群众中进行鼓动和宣传，会议认为，要做到这一点，“一定要有一种鼓动和宣传的人才”[④]，并且认为“开办各地党校确是一种重要的工作”[⑤]。该会议决定，要开办针对普通工人党员的“普通党校”和针对党员干部的“高级党校”。在此之后，1926年3月与6月，中共上海区委举办了第一期、第二期党校，开设“党的组织及纪律”“党的组织”课程。1929年，周恩来在上海主持筹办党的干部培训班与特别训练班，审定讲课提纲并讲授“党的建设”等课程。

从党校设立与培训班开设、参加培训人员与培训时间看，从1925年9月“北京党校”创办到1933年3月13日中共中央局在苏区创办马克思共产主义学校这一段时间内，各地党校的培训班一般都是短期、非固定化的；党的建设作为培训课程，往往是作为“一门课”乃至“一堂课”来开设的。

1927年四一二反革命政变与大革命失败以后，中央对党的建设的认识与重视得到进一步提升。1927年6月，中央政治局会议修改通过的《中国共产党第三次修正章程决案》（“五大党章”），明确把“党的

① 中共北京市委党史研究室. 北京革命史回忆录：第1辑. 北京：北京出版社，1991：198.

② 中共北京市委党史研究室. 北京革命史回忆录：第1辑. 北京：北京出版社，1991：201.

③ 中央档案馆，中共中央文献研究室. 中共中央文件选集：第1册. 北京：中共中央党校出版社，1989：475.

④ 中央档案馆，中共中央文献研究室. 中共中央文件选集：第1册. 北京：中共中央党校出版社，1989：481.

⑤ 中央档案馆，中共中央文献研究室. 中共中央文件选集：第1册. 北京：中共中央党校出版社，1989：481.

建设”作为党章的第二章进行专章论述，这在党的历史上可谓首次使用“党的建设”概念，并对党的建设提出 9 条（党章第 12～20 条）明确要求①。然而，复杂的革命形势与动荡的革命环境，使得党校无论是开办培训班，还是开设党建课程，都难以成为“常态化”工作。

直到“南昌起义”“秋收起义”之后，在农村革命根据地如雨后春笋般建立起来以后，才有条件成立中央党校，进行相对稳定的党建教学。1933 年 3 月 13 日，中共中央局在苏区创办了马克思共产主义学校，即中央党校的前身，这正如李维汉回忆所言：“为了纪念马克思逝世（三月十四日）五十周年，宣布成立‘马克思共产主义学校’，即中央党校。校址设在江西瑞金。”② 马克思共产主义学校成立以后，党的建设成为一门基本课程，李维汉等在党校讲授党建课程③。在这一时期建立的红军大学、苏维埃大学中，也开始开设党的建设方面的课程。

在红军长征胜利到达陕北后，马克思共产主义学校得以恢复，1935 年正式定名为“中共中央党校”，当时主要开设哲学、政治经济学、党的建设、中国革命问题、马列主义和游击战争等五门课。李维汉、董必武、廖志高等负责讲授党的建设④。

1940 年 2 月，《中央关于办理党校的指示》明确规定党校教学的基本内容，将党校教学内容划分为初级、中级、高级三类课程，“党的建设”被规定为初级课程必修课。

---

① “五大党章”第二章共 9 条，明确规定“党部的指导原则为民主集中制”，要求“按照民主集中制原则在一定区域内建立这一区域内党的最高机关”，要求“党部之执行机关概以党员大会或代表大会选举，上级机关批准为原则”，规定各级党部最高的机关为“全体党员大会及代表大会”，确立了全国—省—市/县—区—生产单位的党的五级组织系统等。从“五大党章”的内容来看，此时“党的建设”一词还不具备现在的含义，在很大程度上与“党的组织原则和组织系统”更为贴近。“六大党章”将这一章改为“第三章——党的组织系统”。

② 李维汉. 回忆与研究：上. 北京：中共党史资料出版社，1996：385.

③ 卢先福. 党校党建学科的建立和发展. 中国浦东干部学院学报，2019 (5).

④ 李维汉. 回忆与研究：上. 北京：中共党史资料出版社，1996：388.

在延安时期，中国共产党对党的建设的认识更加清晰、更加深刻；同时，对党建教学与党建研究的认识也进一步清晰，明确提出“党的建设就是马克思、恩格斯、列宁和斯大林论党的学说，是无产阶级革命理论同无产阶级行动有机统一的学说”；认为党的建设研究是“认识和把握布尔什维克的规律，改善党的建设工作”；明确把“理论和实践的一致，将党的建设的教本与无限丰富的活的教材相联系”作为党建研究的基本精神①。在延安时期，中共中央党校被定位为“培养地委以上及团级以上具有相当独立工作能力的党的实际工作干部及军队政治工作干部的高级与中级学校”②；同时，“党中央也在这里设了一个‘党与群众工作研究室’”③，专门进行党的建设研究与教学工作。在延安整风时期，中央要求党校或干部学校“除正确地教授马列主义的理论之外，同时必须增加中国历史与中国情况及党的历史与党的政策的教育”④，党的建设被当作领导干部教育的必修课⑤。除了在延安的中共中央党校在干部培训中开设党建课程外，在敌后抗日根据地，各级地方党组织也陆续建立了各级党校，举办党员干部培训班（学习时间 1～3 个月不等），并将党建作为一门专门课程加以开设。

二、在新中国成立后的发展

新中国成立后，党的建设继续成为党校干部教育中的重要课程，

---

① 周逸. 关于党建学科建设的几个问题. 党建研究，1992（5）.

② 中共中央文献研究室，中央档案馆. 建党以来重要文献选编（1921—1949）：第 18 册. 北京：中央文献出版社，2011：762.

③ 李维汉. 回忆与研究：上. 北京：中共党史资料出版社，1996：388.

④ 中共中央文献研究室，中央档案馆. 建党以来重要文献选编（1921—1949）：第 18 册. 北京：中央文献出版社，2011：761.

⑤ 周逸. 关于党建学科建设的几个问题. 党建研究，1992（5）.

并开始进入党建课程建设与教材建设的探索阶段。但是，在改革开放之前的很长一段时间里，党建教学始终没有在高等教育体系中获得独立发展地位，相关内容包含在“新民主主义论”、“中国革命史”或“中共党史”之中。在高等教育学校的党建教学与研究方面，除了1958年中国人民大学成立中共党史系，1960年在中共党史系设立党的建设教研组、开设党建课程外，其他高校基本没有党的建设机构与课程设置。

从1950年开始，全国高校开始开设“新民主主义论”政治课。1953年6月将“新民主主义论”课程改为“中国革命史”，成为高校公共政治必修课。1961年“中国革命史”课程改名为“中共党史”。改革开放初期，高校恢复“中共党史”这一公共政治必修课。1986年又将“中共党史”课程更名为“中国革命史”。尽管在上述课程中，部分地涉及党的建设的相关内容，但所占比重较少，也不系统。

就党校干部教育中的党建课程设置而言，在新中国成立之初，为贯彻第二次全国组织工作会议精神，1954年中央制定下发了《关于轮训全党高、中级干部和调整党校的计划》，该计划指出：“政治经济学、辩证唯物论和历史唯物论和党的建设等三门课程，对提高干部思想水平，武装他们以社会主义经济建设的理论知识，增强党性锻炼，都是极关重要的，目前应列为学习重点。”① 为了提高党建授课效果，以中央党校为代表，开始设立相应的教研室，积极开展党建教学与研究，当时“主要是从学习经典著作入手，刻苦攻读马列著作和毛泽东著作中有关党的建设理论，一本一本地读，提出疑难问题，定期组织讨论，在此基础上组织写文章，通过这样的办法

---

① 中共中央文献研究室. 建国以来重要文献选编：第5册. 北京：中央文献出版社，1993：698.

来培养提高教师的党建理论研究基本功”[①]。

受 1957 年反右派斗争扩大化的影响，中央党校一度停办。1959 年秋，党中央决定“中央党校复课，党建学科建设重新开始”[②]。在此期间有一个标志性的进展，就是中央党校编写了专门教材《党的建设讲义》，主要以党章内容设立专题，包括党的性质、党的纲领、党的民主集中制、党的团结和统一、党员、党的干部等。这部《党的建设讲义》，开启了党建教材建设序章。

此时，党的建设在党校教育中也曾经发展为专业教育。如 1961 年，中央党校举办了一期党建专业理论班，学制为三年[③]，开启了党校党建教学体系与学科体系建设的新探索。以中央党校为龙头，党校系统逐渐培养了一批从事党建教学和研究的教师队伍。后来，中央党校在“文化大革命”中被迫停办，党建课程教学与学科建设因此而中断。

三、改革开放以来的发展完善

1977 年 10 月 5 日，《中共中央关于办好各级党校的决定》出台，该决定明确规定，“各级党校都必须以整风精神搞好党的建设这门课程的学习”[④]。由此开启了党的建设教学体系建设发展的新阶段。1982 年，中央党校编写出版了《党的建设教学大纲》，成为党的历史上第一部党建专业教材。

改革开放后，党和国家的工作中心转移到经济建设上来，哲学

---

① 卢先福. 党校党建学科的建立和发展. 中国浦东干部学院学报，2019（5）.

② 卢先福. 党校党建学科的建立和发展. 中国浦东干部学院学报，2019（5）.

③ 卢先福. 党校党建学科的建立和发展. 中国浦东干部学院学报，2019（5）.

④ 张树军，高新民. 中共十一届三中全会历史档案：上. 北京：中国经济出版社，1998：297.

社会科学体系建设与学位点建设逐渐走向正规化、规模化。1981年，经国家计委和教育部同意，中央党校开始招收首批学位研究生，在全国统一招生考试录取了首批28名硕士研究生，并按国家统一标准，以导师制方式进行培养，开启了中央党校学位研究生教育的初步尝试。

1983年，教育部《高等学校和科研机构授予博士和硕士学位的学科、专业目录（试行草案）》发布，在法学门类政治学一级学科下设立政治学理论、政治思想史、政治制度史、科学社会主义、中共党史（含党的学说与党的建设）等五个二级学科。

根据中央有关文件要求，1983年中央党校面向全国开始单独招收硕士研究生，当年招生122名，从此开启了中央党校党的建设教研部面向全国统招党的建设专业硕士生的先河。

改革开放以来，党建教材建设有了长足发展。中央党校作为党校系统党建教学的引领者，在进行党建专业方向硕士生和博士生的培养过程中，为适应教学需要，在20世纪90年代末期，曾以“中央党校教材”名义，由中共中央党校出版社出版了《党的领导和党的建设》（陈登才、张文正、卢先福，1997年）、《马克思主义党的学说史纲》（卢先福、赵云献，1998年）、《党的领导概论》（张文正，1999年）、《世界政党比较概论》（王长江，2003年），以及党的建设经典文献选读等一系列教材。

在这一时期，全国党的建设研究机构开始建立。1991年8月，由中央纪委、中央组织部、中央宣传部、中央政策研究室、中央党校5家单位发起成立了全国党的建设研究会；1992年1月，全国党的建设研究会在北京召开第一次会员代表大会，当时的业务主管部门为中央党校，办事机构设在中央党校党的建设教研部；1995年，全国党的建设研究会主管部门改为中央组织部，办事机构改设在中央组织部党建研究所。根据全国党的建设研究会章程，研究会主要从事以下工作，即贯彻、宣传、研究中共中央关于加强党的建设的重大决策和要求，研究党的建设中的新情况、新问题，提出对策性建议；在全国范围内，组织和促进党的建设问题的调查研究及学术交流活动；积极为党的建设工作做好咨询服务；向有关领导机关反映会员、党员和广大干部群众对加强党的建设的意见和建议；等等。

就这一时期党校的党建教学体系而言，主要呈现出两个方面的特点：一方面，就党建教研机构设置而言，在中共中央党校党的建设教研部，逐步设立起党的建设原理、马克思主义党的学说史、党章与党内法规、统一战线、廉政建设、世界政党比较、党的领导与领导科学、思想政治教育等 8 个教研室，各教研室承担着党校领导干部培训班的相关专题课程与研究生（硕士与博士）的相关教学。而在省级党校，一般设有“党的建设教研部”作为基本教学单位，教研部人员 8～15 人不等；还有的设有政党研究所，但政党研究所一般与党的建设教研部是“一套人马，两块牌子”；在党的建设教研部下基本再无具体的教研机构设置。另一方面，就党建教学体系而言，在中共中央党校各领导干部班次，一般是结合中央党的建设精神与要求，进行“全面从严治党”“加强党性修养”“党风廉政建设”“提高领导能力”等专题性授课（专题课基本为 2.5 小时）；对党建专业硕士生、博士生而言，中央党校党的建设教研部一般开设“党的领导概论”“党的建设概论”“党的建设学说史”“党的建设经典著作选读”“世界政党与政党比较概论”等主干课程。对省级党校而言，其领导干部培训班次与硕士研究生的课程设置，一般是参照中共中央党校党的建设教研部的课程设置，具体视本校的师资力量而定。

第二节　党的建设学科教学体系的创新发展

新时代党建学科教学体系的创新发展，从三个方面获得了前所未有的强大动力。一是习近平总书记关于加强党对一切工作的全面领导、全面从严治党、全面推进新时代党的建设新的伟大工程的重大决策部署，极大地提升了党建学科及其教学体系在党和国家大局中的地位作用；二是习近平总书记关于构建中国特色哲学社会科学学科体系、学术体系、话语体系的重大决策部署，极大地提升了党建学科及其教学体系在中国特色哲学社会科学创新发展中的地位作用，也对党建学科及其教学体系创新发展提出了更高要求；三是习近平总书记关于加强高校党的领导、思想政治工作、思政课建设的重大决策部署，极大地提升了党建学科及其教学体系在高校中的地位作用。

在以习近平同志为核心的党中央决策部署下，2017 年 2 月，中共中央、国务院印发《关于加强和改进新形势下高校思想政治工作的意见》（简称《意见》），提出要加强哲学社会科学学科体系建设，积极构建中国特色、中国风格、中国气派的哲学社会科学学科体系，强化马克思主义理论学科的引领作用，支持有条件的高校在马克思主义理论一级学科下设置党的建设二级学科，实施高校马克思主义理论人才支持培养计划，积极推进学术话语体系创新[①]，首次明确提出了在高校中加强党建学科建设的重要任务。《意见》发出后，国务院学位委员会印发了《关于推进部分学位授予单位设置

① 中共中央党史和文献研究院. 十八大以来重要文献选编：下. 北京：中央文献出版社，2018：484.

“党的建设”二级学科的通知》，“党的建设”正式成为马克思主义理论一级学科下的独立二级学科，实现了从政治学一级学科下的“中共党史（含党的学说与党的建设）”中的“半二级学科”到马克思主义理论一级学科下的独立二级学科的时代转变，迎来了创新发展的新阶段。

一、高校党的建设二级学科的设置与发展

2018年是全国高校在马克思主义理论一级学科下自主设置党的建设二级学科、进行硕士生和博士生招生的“元年”，因而载入了新时代党建学科和教学体系创新发展史册。

根据中共中央、国务院《关于加强和改进新形势下高校思想政治工作的意见》与国务院学位委员会《关于推进部分学位授予单位设置“党的建设”二级学科的通知》精神，第一批全国重点马克思主义学院率先在马克思主义理论一级学科下自主设置“党的建设”二级学科。2017年6月15日，山东大学召开自主设置“党的建设”二级学科工作会议，在马克思主义理论一级学科（学科代码：0305）下设置党的建设二级学科，成为全国范围内首个独立设置党建二级学科的高校。随后，北京大学、中国人民大学、北京师范大学、复旦大学等高校也陆续设置了党的建设二级学科。截至2017年底，北京大学、清华大学、中国人民大学、复旦大学、武汉大学、北京师范大学、南开大学、吉林大学、山东大学、东北师范大学、兰州大学、中国社科院大学等共12所高校，在马克思主义理论一级学科下自主设置了党的建设二级学科（或研究方向），并于2018年开始招收硕士生和博士生。

根据教育部《学位授予单位（不含军队单位）自主设置二级学

科和交叉学科名单》（简称《名单》）① 统计，截至 2019 年 5 月 31 日，国内自主设置党的建设二级学科的高校共有 30 所；2020 年 6 月前增加 6 所，2021 年 6 月前增加 5 所，2022 年 6 月前增加 8 所，2023 年 6 月前增加 2 所。截至 2024 年 6 月 30 日，国内共有 51 所高校（含党校）在马克思主义理论一级学科下自主设置了党的建设二级学科（见表 5－1），其专业代码大多为 0305Z1。近年来，党建学科依托马克思主义理论一级学科招收“党的建设”专业硕士生和博士生，已经初步形成了一定规模；在党的建设博士点设置与招生规模方面，已经超过了既有的“中共党史（含党的学说与党的建设）”学科；但在硕士点设置方面，与既有的“中共党史（含党的学说与党的建设）”学科还有一定差距。2017 年，列入教育部招生计划的中共党史学科硕士点有 64 所高等院校、党校和科研院所②。据有关统计资料，截至 2024 年底，全国共有中共党史党建学一级学科博士点 14 个，硕士点 30 多个③。

表 5－1 2017—2024 年自主设置党的建设二级学科的高校名单及数量

截止时间	高校名单	高校数量
2017 年底	北京大学、中国人民大学、清华大学、北京师范大学、南开大学、吉林大学、东北师范大学、复旦大学、山东大学、武汉大学、兰州大学、中国社会科学院大学	共计 12 所

① 2019 年起，教育部每年发布《学位授予单位（不含军队单位）自主设置二级学科和交叉学科名单》，截至目前已发布 2019 年、2020 年、2021 年、2022 年、2023 年、2024 年六个版本的名单。

② 欧阳淞. 建好高校“党的建设”学科的看法和建议. 马克思主义理论学科研究，2017（4）.

③ 2023 年 9 月，教育部正式批准中国人民大学、清华大学、复旦大学、华东师范大学、中山大学共 5 家单位自主设置中共党史党建学一级学科博士点；2024 年 9 月评审新增中共中央党校（国家行政学院）、中国社科院大学、东北师范大学、南京师范大学、湘潭大学、山东师范大学等 6 家单位；2024 年 11 月正式批复北京大学、吉林大学、山东大学 3 家单位自主设置中共党史党建学一级学科博士点。截止到 2024 年 12 月底，全国共有 14 家单位正式设置中共党史党建学一级学科博士点。

续表

截止时间	高校名单	高校数量
2019年5月31日	天津师范大学、辽宁大学、大连理工大学、东北大学、延边大学、长春理工大学、华东师范大学、河海大学、浙江大学、华中科技大学、中南民族大学、中山大学、暨南大学、四川大学、西南财经大学、延安大学、广州大学、河北经贸大学	新增18所，共计30所
2020年6月30日	首都师范大学、武汉纺织大学、湖北民族大学、华南师范大学、三峡大学、中共四川省委党校	新增6所，共计36所
2021年6月30日	吉林农业大学、南昌大学、江西财经大学、中南大学、西南大学	新增5所，共计41所
2022年6月30日	扬州大学、福建农林大学、山东师范大学、郑州大学、贵州师范大学、天津大学、陕西师范大学、广西师范大学	新增8所，共计49所
2023年6月30日	重庆工商大学、华东政法大学	新增2所，共计51所
2024年6月30日	无	新增0所，共计51所

注：2019年至2024年均以教育部发布的《学位授予单位（不含军队单位）自主设置二级学科和交叉学科名单》为准，其中，大连理工大学所设置的二级学科名称为“马克思主义党的学说与党的建设研究”。

从全国高校设立“党的建设”二级学科的马克思主义学院情况看，2024年教育部发布的《名单》中的全国51个党的建设二级学科，有27个属于全国重点马克思主义学院，有24个不在全国重点马克思主义学院（见表5－2）。其中，在前三批37所全国重点马克思主义学院中，首批9所全国重点马克思主义学院均已设置党建二级学科，第二批12所中8所已设置，第三批16所中8所已设置；其余暂未设置党建二级学科的全国重点马克思主义学院中，亦有部分设置了党建“准二级学科”或相关研究方向。

从开设“党的建设”二级学科的学校情况来看，在《名单》中列出的51所设置党的建设二级学科的高校中，有31所是“双一流”

建设高校或建设学科[①]（见表 5－2）。值得注意的是，在 7 个马克思主义理论一流建设学科中，除新疆大学[②]之外，其余 6 所高校均已设置了党的建设二级学科。

表 5－2　设置党的建设二级学科的高校类型分析

标准	类型	所在高校	数量
是否为全国重点马克思主义学院	已设党建二级学科重点马克思主义学院	第一批（9 所）：北京大学、清华大学、中国人民大学、南开大学、吉林大学、复旦大学、山东大学、武汉大学、兰州大学 第二批（8 所）：北京师范大学、大连理工大学、东北师范大学、华东师范大学、浙江大学、中山大学、四川大学、郑州大学 第三批（8 所）：首都师范大学、天津师范大学、辽宁大学、华南师范大学、西南大学、山东师范大学、贵州师范大学、广西师范大学 第四批（2 所）：中国社会科学院大学、陕西师范大学	25 所
	已设党建二级学科其他马克思主义学院	东北大学、延边大学、长春理工大学、吉林农业大学、河海大学、南昌大学、江西财经大学、华中科技大学、武汉纺织大学、湖北民族大学、中南民族大学、中南大学、暨南大学、西南财经大学、延安大学、三峡大学、广州大学、河北经贸大学、中共四川省委党校、扬州大学、福建农林大学、天津大学、重庆工商大学、华北政法大学	24 所
	暂时未设党建二级学科重点马克思主义学院	第二批（4 所）：南京大学、福建师范大学、西安交通大学、新疆师范大学 第三批（8 所）：河北师范大学、哈尔滨师范大学、同济大学、南京师范大学、安徽师范大学、江西师范大学、华中师范大学、湖南大学	12 所

① 根据 2022 年 2 月 11 日教育部、财政部、国家发展改革委联合发布的《关于公布第二轮“双一流”建设高校及建设学科名单的通知》，全国 147 所高校入选。

② 截至 2022 年 2 月，新疆大学马克思主义理论一级学科（自定一流建设学科）尚未设置党的建设二级学科。

续表

标准	类型	所在高校	数量
是否为“双一流”建设高校或建设学科	已设党建二级学科“双一流”建设高校	**北京大学**、**中国人民大学**、**清华大学**、北京师范大学、南开大学、大连理工大学、吉林大学、**复旦大学**、华东师范大学、浙江大学、山东大学、**武汉大学**、华中科技大学、中南大学、中山大学、四川大学、兰州大学、东北大学、首都师范大学、辽宁大学、延边大学、东北师范大学、河海大学、南昌大学、暨南大学、华南师范大学、西南大学、西南财经大学、天津大学、郑州大学、陕西师范大学	31所
	已设党建二级学科其他高校	天津师范大学、长春理工大学、吉林农业大学、江西财经大学、武汉纺织大学、湖北民族大学、中南民族大学、延安大学、三峡大学、广州大学、河北经贸大学、中国社会科学院大学、中共四川省委党校、扬州大学、福建农林大学、山东师范大学、广西师范大学、贵州师范大学、重庆工商大学、华东政法大学	20所

注：表中上一轮“双一流”建设高校中，加粗的高校的马克思主义理论为一流建设学科。

除教育部《名单》内高校外，还有部分高校也在马克思主义理论一级学科下设置了“党的建设”研究方向，如华中师范大学、湖南大学等，成为“准二级学科”。在目前暂未将党建设置为二级学科或独立研究方向的高校中，部分高校在马克思主义理论一级学科或其所属二级学科下有所涉及党建研究方向，如南京大学马克思主义理论一级学科下有数个研究方向与党建相关；在二级学科中，较为常见的是在马克思主义中国化研究（030503）、中国近现代史基本问题研究（030506）中设置党建研究方向，也有少数高校将其设置在马克思主义发展史（030502）、国外马克思主义研究（030504）、思想政治教育（030505）等二级学科中。除了在马克思主义理论一级学科下设置党建二级学科，如以中共中央党校（国家行政学院）为代表的党校系统依然沿袭旧制，将党建列为政治学一级学科（0302）下的中共党史二级学科（030204）的研究方向。

二、党建二级学科教学体系的积极探索

教学体系是指围绕培养目标与教学目的，以课程教材为基本内容，在教学活动中各种教学要素所形成的一个整体。从一般意义上看，党建学科的教学体系与学科体系、人才培养体系相辅相成，是由教学目标、研究方向、课程体系、教材体系、人才培养体系等组成的系统整体。为了避免与本书前后所述的学科体系、人才培养体系相重复，在本章，主要就党建二级学科的课程体系与教材体系来谈教学体系。本节内容主要通过访谈调查、文献及网络资料搜索的方式搜集了北京大学、清华大学、中国人民大学、复旦大学、武汉大学、中山大学、四川大学、兰州大学、浙江大学等十余所高校的全国重点马克思主义学院党建专业的研究生培养方案，主要就学分要求与课程设置加以分析，借此以观当前高校党建学科教学体系现状。

课程与学分设置是人才培养的核心环节，是培养方案和培养目标的具体体现。通过对所搜集到的高校中党建专业课程设置和课程大纲的分析，可以看到，党建专业课程体系一般遵循思想政治理论课与专业理论学习相结合的原则。从学分要求看，目前党建专业同其他学科其他专业一样，在研究生培养过程中均采用学分制。根据所搜集到的数据统计，目前党的建设专业硕士生学分要求一般为30～32 学分，博士生学分要求一般为 23～25 学分[①]。

就党建专业课程设置而言，全国高校基本一致，一般分为必修课和选修课两类。其中，必修课分为思想政治理论课、第一外语课、专业必修课。思想政治教育公共课要求研究生较好地掌握马列主义、

---

① 根据所搜集到的院校中党的建设专业培养方案所要求的学分要求，分别计算得出硕士和博士的平均学分要求。

毛泽东思想、邓小平理论、“三个代表”重要思想、科学发展观、习近平新时代中国特色社会主义思想、党和国家的路线方针政策，并指导学习和研究工作，主要是通过听课、课堂讨论、阅读原著、写读书报告等方式学习。其中，硕士生公共理论课一般包括“自然辩证法”“新时代中国特色社会主义理论与实践”两门课程；博士生公共理论课一般为“中国马克思主义与当代”课程。第一外语为必修课，要求研究生能够熟练地阅读本专业的外文文献资料，具有较好的写作能力和听说能力。

就党建专业课程开设情况看，目前相关高校一般涉及以下几个方面的内容：一是专业基础理论课，包括党建基本理论、党建研究方法类课程；二是经典文献研读类课程，如马克思主义党的学说经典文献选读、党的建设经典著作选读等课程；三是党的建设学说史与发展史类课程，如马克思主义政党学说史、中国共产党建设的基本历程等；四是党的建设实践类课程，如基层党建研究等；五是关于政党的比较研究，如中外政党制度比较、海外中国共产党研究等课程；六是适应学科交叉、跨学科的课程，包含政治学、法学、社会学等相关课程。目前相关高校党的建设专业课程开设情况，详见表 5-3、表 5-4。

表 5-3　相关高校党的建设专业课程开设分类统计情况

<table>
<tr><th>课程类别</th><th colspan="2">课程开设</th></tr>
<tr><td rowspan="2">基础理论类</td><td>基础理论</td><td>马克思主义基础理论研究
马克思主义政党理论研究
政党政治基本理论研究
中国共产党的建设原理
中国共产党的建设基本理论研究
党的建设前沿问题专题研究
中国共产党执政理论的研究
党的领导理论和领导科学基本问题
习近平总书记关于党的建设的重要思想研究
新时代党的建设理论与实践创新研究</td></tr>
<tr><td>党内法规</td><td>党内法规与政党治理
党内法规与立法建设研究</td></tr>
</table>

续表

课程类别	课程开设	
基础理论类	基本方法	马克思主义理论研究方法 马克思主义与社会科学方法论 党史党建研究方法 中共党史党建学理论与方法
文献研读类	马克思主义经典著作选读 政党学说经典著作导读 党的建设经典文献选读 中共中央文献选读	
学说史与发展史类	马克思主义党的建设学说史 中国共产党建设的历史与经验 中共执政史研究 共产党执政规律与政党建设研究	
党的建设实践类	党的基层组织建设和社会治理 网络治理与政党建设 党的执政能力建设研究 党的群众路线与群众工作 党务管理研究专题 中国共产党廉政治理专题	
比较研究类	海外中国共产党研究 世界政党治理与政党发展前沿问题研究 中外政党制度比较专题研究 中外政党政治比较研究 世界政党比较和新型政党制度研究	
学科交叉类	马克思主义政治学原理 当代中国政治制度研究 比较政治与政治制度 领导学概论 中国共产党与社会变迁史 政治发展理论与实践研究 国家治理现代化专题研究	

资料来源：根据各高校课程设置整理。

表 5－4　相关高校党的建设主干学科专业课程简介

课程名称	主要教学内容
中国共产党的建设原理	以马克思主义党的学说为指导，研究中国共产党产生、发展及自身建设的客观规律，比较研究中国共产党在不同历史条件下加强党的建设的不同方式方法，着重探讨新时代党的执政方式变革的时代背景及鲜明特征

续表

课程名称	主要教学内容
习近平总书记关于党的建设的重要思想研究	主要研究其形成发展的时代背景、基本脉络、主要内容、深远影响，坚定中国特色社会主义道路自信、理论自信、制度自信、文化自信，更加自觉地在以习近平同志为核心的党中央坚强领导下，不断推进新时代党的建设伟大工程，以伟大自我革命推动伟大社会革命
党的建设理论与实践	主要研究马克思主义政党理论及其在中国的运用、创新和发展，包括中国共产党的政治建设、思想建设、组织建设、作风建设、制度建设等方面的内容，同时对现代中外政党的形成及各自的基本特点与运作机制进行比较研究，总结中国共产党的执政特点和优势
政党政治基本理论研究	包括政党的产生、功能、政党与国家权力、政党与社会、政党与媒体等基本理论的学习，了解政党政治的发展规律，为研究中国共产党建设的基本理论与实践打下基础
马克思主义经典著作选读	属于面向马克思主义学院全体学生的院级必修课，主要包括了马克思和恩格斯相关著作选读、列宁相关著作选读、毛泽东相关著作选读、中国特色社会主义相关著作选读，了解不同时期马克思主义的发展及创新，加深对马克思主义理论科学性和先进性的基本认知
马克思主义党的建设学说史或思想史	主要讲授马克思、恩格斯和列宁党建学说的形成与发展，以及中国共产党在革命、建设、改革历史进程中马克思主义政党建设思想的创新和发展，从而掌握马克思主义政党学说形成发展的历史背景、基本脉络、主要内容和深远影响
中国共产党建设史	是研究中国共产党在马克思主义政党学说指导下的自身建设实践及其规律的历史科学。总结中国共产党在创建时期、大革命时期、社会主义革命和建设时期、土地革命战争时期、抗日战争时期、解放战争时期、新中国成立初期、改革开放和社会主义现代化建设新时期、新时代进行自身建设的内容、经验、教训，揭示中国共产党如何以马克思主义政党学说为指南进行政治建设、组织建设、思想建设、理论建设等各项建设的历史特点及内在的联系，从而探求其建设发展的规律
中国近现代政党研究	主要研究政党政治在近现代中国的产生、发展，政党对近现代中国历史发展的作用，阐明中国共产党领导的多党合作和政治协商制度产生的历史必然性，并探讨在新的历史条件下，如何完善具有中国特色的政党制度
中国共产党与中国现代化	主要研究中国共产党为实现中国现代化而制定的路线、方针、政策及其实施，中国社会现代化对中国共产党自身建设提出的要求
中外政党政治比较研究	主要研究中外政党制度的形成及各自的基本特点和运行模式，分析现代政党同议会、政府、司法、人事、军事以及社会的关系，并对中外政党政治的发展趋势进行探讨和展望

续表

课程名称	主要教学内容
中国近现代政治思想史	主要讲授 1840—1949 年时限内，中国社会各阶级、党派、社会集团在国家观方面的理论和主张，阐明这些理论主张产生的社会历史条件、内容，及其对中国社会发展所产生的影响
中国共产党与中国社会变迁史	从政党、政权与民间社会互动的视角，讲授和研讨苏维埃时期、抗日根据地时期、解放战争时期以及集体化时期、改革开放以来中国共产党及其政权的发展道路、方针政策，从基层社会的侧面诸如人口、家庭、民族、阶级、社会生活、社会关系等，揭示中共历史变迁的重大理论问题

资料来源：根据各高校培养方案和课程设置摘录整理。

根据相关数据统计，我们可以得知目前相关院校党建专业课程设置基本呈现以下特点：

第一，党建专业作为马克思主义理论一级学科下的二级学科，在课程设置上要求学习马克思主义基本理论相关课程，从而系统掌握马克思主义基本原理和马克思主义中国化的最新理论成果。因此，相关高校马克思主义学院一般将马克思主义经典著作导读、马克思主义发展史专题研究、马克思主义基本原理问题研究、马克思主义中国化基本问题研究等课程，纳入党建专业的公共必修课程当中。

第二，党建专业相关课程与招生研究方向大致契合。通过对比研究生学院公布的招生目录和党的建设专业课程开设情况可以发现，后者主要是依照招生研究方向来开设的；但在实际教学中，则明显存在一定的选择性；有些课程列出了，但由于师资问题迟迟没有开课的情况也不鲜见。

第三，当前相关高校党建专业课程的开设在很大程度上取决于学院的师资力量，即党建专业师资队伍力量强、专业性强，则党建专业开设的相关课程就比较多、比较专业。这导致相关高校党建专业开设课程方向与数量差异较大。根据访谈调查，目前还有少数学校由于师资不足，并未单独安排党建专业课程，而是直接按照马克思主义理论一级学科统一授课和培养。

总的来说，相关高校党建专业基本课程设置，实乃近年来教学探索之“新事物”，“因人而设”特点非常明显，即根据马克思主义学院现有的师资力量、教师的研究专长而开设相关课程，相关课程往往以“专题课”进行，整个党的建设学科课程设置的系统性、专业性、科学性明显不足。

一是开设的党建专业核心课程极为有限。由于党建二级学科设立时间不长且师资有限，部分高校并未单独安排党建专业课程，而是与马克思主义理论一级学科下属的其他二级学科统一培养和授课，开设党建专业核心课程极其有限，这严重制约着党建专业人才的培养与发展。

二是党建专业课程设置上明显存在理论与实际脱节现象。从课程设置与相关教学看，党的建设是一门理论性、实践性很强的社会科学，既要使学生掌握党的建设基本理论、基本知识，又要理论联系实际、教学联系实践，使学生了解中国共产党在现实中是怎样运行的、怎样发展的等基本实践问题，克服与避免党建教学“形而上”的局限。

三是在马克思主义基础理论课程同党建专业课程紧密结合上存在明显的短板。实践证明，加强党建学科建设与教学体系建设，必须进行科学规划，既要有马克思主义理论一级学科人才培养的通识课程，如“马克思主义经典著作导读”“马克思主义理论与方法”等；也要有党建专业课程，如“马克思主义党的建设学说史”“党的建设经典文献研读”“中国共产党的建设的理论与实践”“共产党执政理论体系研究”“基层党的建设研究”“比较政党与政治”等。既要让学生系统地掌握党的建设的基本理论、基本原理，也要开设相应的“党务工作”或“党务管理”等实践性课程。既要注重党建学科的专业性，也要注意党建专业作为交叉学科的基本特点与知识要求。

总之，新时代党建学科教学体系业已取得的成绩，是进一步推动党建学科大发展与创新发展的新动力；而现存的短板和不足，则明示了党建学科大发展与创新发展的努力方向。对此我们要增强自信，奋发有为。

三、党的建设学科教材体系现状

教材是教学的基本依据和重要载体，直接关系到教学目标的实现；同时，教材建设也是检验学科建设、人才培养质量的重要指标之一。习近平总书记指出："培养出好的哲学社会科学有用之才，就要有好的教材。经过努力，我们在实施马克思主义理论研究和建设工程的过程中，教材建设取得了重要成果，但总体看这方面还是一个短板。要抓好教材体系建设，形成适应中国特色社会主义发展要求、立足国际学术前沿、门类齐全的哲学社会科学教材体系。"① 而学科体系和教材体系建设的基础和关键，就在于理论体系、知识体系的建构与"术语的革命"②，就在于以此为基础的知识体系与学术话语权的形成和发展。因此，无论是从学科体系建设、知识体系建设、话语权建构的角度，还是从人才培养角度，编写具备高质量的专业教材，是党建教学与学科发展的坚实基础。

就党建学科现有的教材情况看，随着党的十八大尤其是十九大以来党的建设成为热点问题，相关专著如雨后春笋般出现。其中就有两部具有统编性与代表性的著作。

一本是全国党的建设研究会组织编写的《中国化的马克思主义

---

① 习近平．论党的宣传思想工作．北京：中央文献出版社，2020：234－235.

② 顾海良．新时代高校哲学社会科学教材建设的指导思想和基本遵循．中国大学教学，2019（7）.

党建理论体系概论》(党建读物出版社 2021 年版)。该著是由全国党的建设研究会为贯彻 2016 年 3 月习近平总书记对全国党的建设研究会第六次会员代表大会的重要指示编写而成的，即全国党的建设研究会要为“构建中国化的马克思主义党建理论体系”作出新的更大贡献。全国党的建设研究会组织全国相关之力，历经 3 年多时间才完成。全书内容结构完整、全面，从“理论渊源与发展历程”“建设什么样的党”“怎样建设党”“坚持和完善党的领导”“中国共产党与世界”5 个方面展开，对中国化的马克思主义党建理论体系产生的历史背景、理论渊源、发展历程、内在逻辑、主要内容等，分 21 章按照不同专题进行了全面的阐释和系统的梳理。

另一本是由中国法学会、中共中央办公厅法规局组织编写的《党内法规学》(高等教育出版社 2020 年版)，该书从法学视角出发，按照党内法规基础理论知识、党内法规制度体系、党内法规运行三大板块，比较系统地阐述了党内法规理论和实践的基本问题，初步构建了党内法规概念体系、知识体系、理论体系的基本框架。该书被列入马克思主义理论研究和建设工程项目，可以视为国内第一部党内法规统编教材，但存在很大的学科局限性。

纵观改革开放以来党的建设的相关教材或具有教材性质的相关著作，具有一定代表性的大约有 50 部，按照基础理论类、党建历史类、文献研读类、政党政治类、党内法规类五种类别，梳理为表 5 - 5“改革开放以来党的建设专业相关教材或著作”。

表 5 - 5　改革开放以来党的建设专业相关教材或著作

类别	教材名称(按照出版时间先后简要梳理)
基础理论	中共中央党校党建教研室：《党的建设教学大纲》，中共中央党校出版社 1982 年版。 金春明、孙敬勋：《执政党建设初论》，辽宁人民出版社 1983 年版。 中共中央党校党建教研室：《执政党建设的基本问题》，中共中央党校出版社 1984 年版。

续表

类别	教材名称（按照出版时间先后简要梳理）
基础理论	刘夏帆：《党的建设基本原理》，广东人民出版社 1985 年版。 蔡长水、叶梧西：《党的建设简明教程》，南开大学出版社 1985 年版。 张庆祝、张景太、毕风祥：《执政党建设基本原理》，江西人民出版社 1985 年版。 周逸：《马克思主义党的学说和党的建设》，中共中央党校出版社 1986 年版。 杨世钊、李振亚：《党的建设原理》，南开大学出版社 1986 年版。 范仁珊：《党的建设基本原理》，上海人民出版社 1988 年版。 张文正：《党的领导概论》，中共中央党校出版社 1991 年版。 戴修长、尹书博：《党的领导和党的建设》，河南人民出版社 1991 年版。 陈登才、张文正、卢先福：《党的领导和党的建设》，中共中央党校出版社 1997 年版。 范平：《新时期党的建设教程》，中共中央党校出版社 1998 年版。 卢先福、赵云献：《马克思主义党的学说史纲》，中共中央党校出版社 1999 年版。 卢先福、端木婕：《中国执政党建设研究》，上海人民出版社 2002 年版。 中共中央党校：《执政党建设若干问题研究》，中共中央党校出版社 2004 年版。 虞云耀：《党的建设研究》，中共中央党校出版社 2004 年版。 李剑：《党的领导概论》，山东人民出版社 2005 年版。 吴美华：《马克思主义党的学说和党的建设》，中国人民大学出版社 2007 年版。 刘红凛：《新时代党的建设的理论与实践创新研究》，人民出版社 2019 年版。 全国党的建设研究会：《中国化的马克思主义党建理论体系概论》，党建读物出版社 2021 年版。 欧阳淞：《中国共产党党的建设基本问题研究》，人民出版社 2021 年版。 吴辉：《党的建设原理》，中国财政经济出版社 2022 年版。
党建历史	陈至立：《中国共产党建设史》，上海人民出版社 1991 年版。 朱汉国：《中国共产党建设史》，四川人民出版社 1991 年版。 石昆仑：《中国共产党建设史纲》，甘肃人民出版社 2001 年版。 肖东波：《中国共产党理论建设史纲》，中共党史出版社 2004 年版。 高新民、张希贤：《中国共产党建设史》，中共中央党校出版社 2009 年版。 李君如：《中国共产党建设史》（上、下册），福建人民出版社 2011 年版。 王炳林：《党的历史与党的建设研究》，人民出版社 2016 年版。 宋学勤：《中国共产党社会思想史》，中共党史出版社 2022 年版。 杨凤城等：《中国共产党文化思想史》，中共党史出版社 2023 年版。

续表

类别	教材名称（按照出版时间先后简要梳理）
文献研读	中共中央文献研究室：《毛泽东 邓小平 江泽民论党的建设》，中共中央党校出版社 1998 年版。 张荣臣：《马克思主义党的学说史》，中共中央党校出版社 2016 年版。 张荣臣：《党的建设经典著作和文献导读》，中共中央党校出版社 2017 年版。 陈登才、梁言顺：《马克思主义经典作家关于马克思主义政党建设的基本观点研究》，人民出版社 2017 年版。
政党政治	王长江：《世界政党比较概论》，中共中央党校出版社 2003 版。 梁琴、钟德涛：《中外政党制度比较》，商务印书馆 2000 年版。 周淑真：《政党和政党制度比较研究》，人民出版社 2001 年版。 李金河：《社会主义国家政党制度研究》，九州出版社 2006 年版。 高鹏怀：《比较政党与政党政治》，知识产权出版社 2008 年版。 刘红凛：《政党治理与政党规范》，上海人民出版社 2010 年版。 王韶兴：《政党政治论》，山东人民出版社 2011 年版。
党内法规	宋功德：《党规之治》，法律出版社 2015 年版。 李忠：《党内法规建设研究》，中国社会科学出版社 2015 年版。 王振民、施新州：《中国共产党党内法规研究》，人民出版社 2016 年版。 王振民：《党内法规制度研究》，清华大学出版社 2018 年版。 王勇：《党内法规教程》，中共中央党校出版社 2019 年版。 章志远：《党内法规学原论》，中国法制出版社 2020 年版。 宋功德：《党规之治：党内法规一般原理》，法律出版社 2021 年版。 宋功德、张文显：《党内法规学》，高等教育出版社 2020 年版。 刘练军：《党内法规学讲义》，北京大学出版社 2024 年版。

根据形势发展要求，从目前党建学科建设与教材建设情况看，缺乏一套全国统编的、规范的、稳定的、学术性较强的、适合党建学科硕士生和博士生学习的专业权威教材，这是目前党建学科建设面临的最为突出的问题之一。

就当前情况看，20 世纪 90 年代末期，颇具代表性的、中共中央党校以“中央党校教材”名义组织编写的相关党建教材，已经有 20 多年的历史，其中的一些内容已经落后于时代发展与形势要求。目前相关高校在党建教学中，绝大多数是相关教师根据自身专业情况自编讲义或指定参考书目。党建学科发展，迫切需要组织编写权威、全面、高质量的专业核心课程教材，如“党的建设概论”“党的领导概论”“马克思主义政党学说史”“党的建设史”“党内法规概论”“政党比较概论”等课程相关的教材。

需要指出的是，加强党建专业教材建设，必须注重建立与完善党的建设的概念体系、内容体系、话语体系、学术体系、理论体系，必须加强党的建设基本理论、基本概念、基本研究方法等基础性研究；同时，党建教材应具有一定的前瞻性、稳定性、系统性，必须注意构建完善党建学科的基本概念、基本理论、基本范畴与基本内容框架。

第三节　加强党的建设学科教学体系建设

新时代，加强党建学科教学体系建设的最大亮点，是以 2022 年 9 月国务院学位委员会颁布《研究生教育学科专业目录（2022 年）》为标志，正式设立中共党史党建学一级学科。因此，新时代加强党建学科教学体系建设，必须提高站位，从“办好中国的事情，关键在党，关键在党要管党、全面从严治党”高度重新定位与认识党建学科的基本内容与基本范畴，破除传统的对党建学科的“狭隘定位”，以“大党建”视野来构建“大党建”学科教学体系，以推动新时代党建学科创新发展。

一、科学定位“大党建”学科教学体系

就党的建设而言，有“大党建”与“小党建”之别。所谓“小党建”，即人们经常所言的党的自身建设。所谓“大党建”，是从“打铁必须自身硬”角度去讲的，即从党的自身建设、党的领导、党的执政、党的发展相辅相成的高度来看待党的建设；“大党建”内

容，既包括党的自身建设，也包括党的领导、党的执政等基本内容。“大党建”的学科定位，是对传统的学科思维或学科意识的突破，集中体现了中共党史党建学成为一级学科后对党建学科创新发展的新要求。

从学科发展角度看，根据传统的学科思维或学科意识无法有效建构新时代大党建学科。在传统的学科思维或学科意识中，有的把马克思主义政党理论、无产阶级政党建设等视为马克思主义三大组成部分之一“科学社会主义”的重要组成部分，在“科学社会主义与国际共产主义运动”二级学科之下设置党的建设研究方向①；有的把党的建设视为“中共党史（含党的学说与党的建设）”二级学科的组成部分，在中共党史二级学科之下设置党的建设研究方向；有的把马克思主义学院的马克思主义理论仅仅视为意识形态教育，主要从事“两课”教学。

从传统学科设置看，无论是“科学社会主义与国际共产主义运动”还是“中共党史（含党的学说与党的建设）”，都是属于政治学一级学科之下的二级学科；党的建设作为其中的一个研究方向，自然归属于政治学一级学科之下。在现实中，2018 年在马克思主义理论一级学科之下设立党的建设二级学科以前，全国相关高校基本如此；即使在 2018 年以后，全国党校系统设置的党建学科仍然隶属于政治学一级学科之下的“中共党史（含党的学说与党的建设）”二级学科范畴；即使在 2018 年以后，相关高校在马克思主义理论一级学科下设置党建二级学科，也往往是从加强“马克思主义”“意识形态教育”角度来设置相关课程的。

随着中国特色社会主义进入新时代，随着全面加强党对一切工

① 韩强．加强党建学科构建的重大意义．理论探索，2017（4）．

作的领导、全面从严治党，特别是以党的自我革命引领社会革命的深入推进，党的建设在党和国家大局中的地位作用显著提升，中国共产党的国际影响力显著增强，党的建设的内涵与外延也随之发生了深刻变化。新时代、新形势、新阶段、新格局，都要求我们必须以更加宽广的领域、更加深邃的学术视野来重新审视党的建设学科定位。特别是中共党史党建学正式成为一级学科后，更需要我们以前所未有的大格局来重新审视党的建设学科定位，牢固树立“大党建”“大学科”意识，以此推动新时代党的建设教学体系的创新发展。

首先，从党建学科在构建中国特色哲学社会科学中的地位和作用看。习近平总书记不仅明确把党的建设纳入中国特色哲学社会科学，强调“中国特色哲学社会科学应该涵盖历史、经济、政治、文化、社会、生态、军事、党建等各领域”①；而且明确要将党的执政能力建设纳入我国哲学社会科学之中，要求“加强对改革开放和社会主义现代化建设实践经验的系统总结，加强对发展社会主义市场经济、民主政治、先进文化、和谐社会、生态文明以及党的执政能力建设等领域的分析研究，加强对党中央治国理政新理念新思想新战略的研究阐释，提炼出有学理性的新理论，概括出有规律性的新实践”②。通过习近平总书记的相关论述可见，党的建设（包括党的执政能力建设）是中国特色哲学社会科学中相对独立、不可或缺的重要组成部分。

其次，从党的建设在中国特色社会主义理论体系与实践中的地位作用看。“什么是社会主义、怎样建设社会主义”是中国特色社会主义理论体系的“总课题”，而“什么是马克思主义执政党、怎样建

① 习近平. 论党的宣传思想工作. 北京：中央文献出版社，2020：233.
② 习近平. 论党的宣传思想工作. 北京：中央文献出版社，2020：233.

设马克思主义执政党”（包括党的领导与执政规律）则是与中国特色社会主义理论体系的“总课题”相辅相成的、具有相对独立性的另一个重大时代课题。进入新时代，党的十九届六中全会明确把“新时代坚持和发展什么样的中国特色社会主义、怎样坚持和发展中国特色社会主义，建设什么样的社会主义现代化强国、怎样建设社会主义现代化强国，建设什么样的长期执政的马克思主义政党、怎样建设长期执政的马克思主义政党”作为习近平新时代中国特色社会主义思想的主题，其中，“建设什么样的长期执政的马克思主义政党、怎样建设长期执政的马克思主义政党”是习近平新时代中国特色社会主义思想主题内容的三大组成部分之一。众所周知，中国特色社会主义的总体布局是经济建设、政治建设、文化建设、社会建设、生态文明建设的“五位一体”，党的建设（包括党的领导）是中国特色社会主义建设的政治保障，是与中国特色社会主义实践相辅相成的重要部分，是中国特色社会主义理论与实践最为丰富、最为关键的内容之一，也是最具中国特色、中国风格、中国气派的哲学社会科学之一。从学科建设角度看，与经济建设相对的经济学、与政治建设相对的政治学、与文化建设相对的文化学、与社会建设相对的社会学、与生态文明建设相对的生态学等，早已成为相对独立的一级学科；而党的建设学迟迟未能纳入相对独立学科的建设范畴，理应成为一个相对独立的重要学科。进一步而言，从马克思主义理论与实践角度看，马克思主义指导思想与马克思主义政党建设始终是密不可分的，始终是相伴而生的；只有将马克思主义与政党（党的建设）紧密结合起来，才能使马克思主义成为指导实践、改变现实的伟大力量。因此，把党的建设（含党史）学科作为与马克思主义理论并列的一级学科，能够有效实现“主义”与“政党”的有机结合，能够使马克思主义理论通过马克思主义政党来改造世界。

因此，从“大党建”视域来定位大党建学科的教学体系，必须突破传统的“小党建”（党的自身建设）视野局限，从“大党建”视角，即从党的领导、依法执政、党的建设、党的发展相统一高度，来建构大党建学科的教学体系。

1. 从学科定位看教学体系

党建学科是以马克思主义政党理论为基础，立足于中国共产党百年发展的理论与实践，以研究党的领导理论与实践、执政理论与实践、自身建设理论与实践、党的发展理论与实践等为基本内容，揭示党的建设规律、党的领导规律、党的执政规律、党的发展规律的一门交叉性、综合性、本土化的社会科学。由此决定了党的建设教学体系，是紧紧围绕党的领导、依法执政、党的建设、党的发展，紧密结合党的百年发展的理论与实践，为深刻阐发党的建设规律、党的领导规律、党的执政规律、党的发展规律服务的教学体系。

2. 从学科特点看教学体系

政治性（党性）、理论性、现实性、实践性、科学性、规律性，是党的建设学科的基本特点。由此决定了党的建设教学体系，在其各个环节都应把正确政治导向、政治立场放在第一位，都要把理论与实践、关注学术与关注现实紧密结合起来，努力做到党性与学术性、科学性的高度统一。

3. 从四大基本课题看教学体系

新时代的党的建设学科，始终以四大基本课题研究为己任。党的建设教学体系同样要以阐释好这四大基本课题为中心环节。这四个基本课题是：“什么是马克思主义政党、怎样建设马克思主义政党”，“什么是马克思主义执政党、怎样建设长期执政的马克思主义执政党”，“什么是党的领导，怎样坚持、加强与改善党的领导”，“共产党为何执政、如何执政、怎样才能长期执政”，等等。

4. 从研究对象看教学体系

党的建设学科以党的领导理论与实践、党的执政理论与实践、党的自身建设理论与实践、党的发展历程与发展规律等作为研究对象。党建教学体系，则要通过课程体系、教材体系、教学体系的构建，使学员或学生（研究生）深入地、系统地、科学地认知党的建设规律、党的领导规律、党的执政规律、党的发展规律，以及党的领导理论与实践、党的执政理论与实践、党的自身建设理论与实践、党的发展历程与发展规律等。

5. 从基本关系看教学体系

党建学科是深入研究党内关系、党与政权关系、党与社会关系、党与其他政党关系的科学。因此，党的建设教学体系，要自觉地将对上述关系的研究阐发纳入课程体系、教材体系、教学体系的构建之中，多维度地、系统地深入阐释上述关系。

6. 从基本规律看教学体系

党建学科围绕党的领导规律、党的执政规律、党的建设规律（包括党务管理规律）、党的发展规律（党建发展史）进行历史与现实、理论与实践的研究。党建教学体系，需要在学科研究的基础上，紧紧围绕深刻阐发党的建设规律、党的领导规律、党的执政规律、党的发展规律等，与时俱进地推进课程体系、教材体系、教学体系建设，力求与新时代党的建设学科创新发展同向发力、同频共振。

7. 从基本原则和基本方法看教学体系

由学科属性所决定，党建学科和党建教学体系，遵循同一基本原则和方法。其基本原则是：实事求是、正本清源、守正创新、目标导向、价值归依。其基本方法是：定性与定量、质化与量化研究相结合，综合性社会科学研究方法。

在构建“大党建”学科教学体系过程中，必须正确处理以下几个方面的关系：

（1）正确处理马克思主义理论一级学科与中共党史党建学一级学科的关系。马克思主义理论与马克思主义政党理论密切相关、相辅相成；但党建学科是一门交叉性、综合性的社会科学，可以归属于广义的马克思主义理论，与人们经常所言的“狭义的马克思主义理论”“马克思主义意识形态”明显有所不同，因为党的建设主要研究党的领导理论与实践、党的执政理论与实践、党的自身建设理论与实践、党的发展理论等基本内容，是一个开放的、具有学科交叉性质的社会科学。

（2）正确认识党的建设的广义与狭义之分、“大党建”与“小党建”之别。狭义的党建或“小党建”主要是就中国共产党的自身建设而言的；而广义的党建或“大党建”，则不仅包括党的自身建设，也包括党的领导理论、党的执政理论、党的发展理论等。从“大党建”学科建设角度看，毫无疑问，应该从党的自身建设—党的领导—党的执政—党的发展等相辅相成的角度来谋划党建学科建设；其中，打铁必须自身硬，党的自身建设即“小党建”，始终是整个“大党建”学科的基础与核心内容。

（3）正确认识党的建设学科建设与党建实务、党建工作之间的关系。理论密切联系实际，是党的建设学科的显著特点；然而，理论与实践之间显然有一定的区别，党的建设学科建设并不等于人们常言的党的建设实务工作。从根本上看，党的建设学科建设与党建实务工作（党建工作）之间既有密切联系，又有明显不同。党的建设学科建设来自实践，又高于实践；党的建设学科建设不仅要关注现实、加强调查研究，而且要注重党的建设的整体性、系统性、科学性研究，深入探讨党的领导规律、党的执政规律、党的建设规律

(包括党务管理规律)、党的发展规律（党建发展史）。因此，加强党的建设学科建设，绝不能就事论事，不能用党的建设实践、党建工作代替党的建设理论研究与学科建设，党的建设学科更不应沦为党建实务的“婢女”。

（4）正确认识党的建设学科与中共党史、科学社会主义之间的关系。从相关性角度看，中共党史、科学社会主义与国际共产主义运动等相关课程，是研究党的建设的必不可少的基础知识与基础课程；从这一角度看，科学社会主义与国际共产主义运动可以作为中共党史党建学下的一个二级学科来设立。需注意的是，党的建设与中共党史、科学社会主义在问题聚焦与研究方法方面，明显有所不同。其中，中共党史研究主要注重中国共产党的发展脉络、重大历史事件与重要人物的研究，且多以文本研究、文献研究、规范性研究为主，科学社会主义则主要研究世界各国社会主义理论与国际共运的理论与实践；而党建研究的重点则是中国共产党的自身建设规律、党的领导规律、党的执政规律、党的发展规律，以及现实的党的建设理论与实践创新问题；无论在研究内容与研究方法上，党的建设都属于一门交叉性、综合性社会科学。其中，在研究方法上，党的建设研究既需要文献研究、文本研究，但更需要调查研究、案例研究、比较分析等多种社会科学研究方法。

二、对“大党建”学科教学体系的初步探索

当前，一些高校已经开始对“大党建”学科的教学体系进行积极探索，并取得了可喜的成效。这里，我们以复旦大学的初步探索为例，目的是帮助人们深入了解“大党建”学科教学体系探索的基本情况。

复旦大学马克思主义学院作为首批全国重点马克思主义学院之一，于2017年下半年论证成立“复旦大学党的建设学科点”，2018年9月正式招收第一批硕士生、博士生。近年来，复旦大学党建学科从“大党建”高度来设立、论证党建学科的教学体系，已经初步探索形成比较完善的“大党建”教学体系。

从复旦大学党建专业的课程设置看，主要包括学位基础课、学位专业课、专业选修课与跨一级学科选修课。其中，学位基础课主要是马克思主义理论学科整体性的课程，包括：“马克思主义经典文献导读”“马克思主义发展史专题研究”“习近平新时代中国特色社会主义思想研究”。学位专业课主要包括：“党的建设理论与实践专题”“党的建设前沿问题专题研究”“世界政党治理与政党发展前沿问题研究”“马克思主义政党理论研究”“党内法规与政党治理”“马克思主义政党学说史”“党的建设经典文献选读”“党的建设理论与实践专题”。专业选修课主要包括：“海外中国共产党研究”“法学理论专题”“政党与传播”“马克思主义基础理论研究”“党的建设史专题研究”“党史党建史料和方法”“网络治理与政党建设”“中国政党制度专题研究”“中外政党制度比较专题研究”“中国政党与治理”“党的基层组织建设和社会治理”“中国特色社会主义现代化道路的研究”“中国共产党执政理论的研究”等。为开阔研究视野，复旦大学党建专业在硕士和博士培养计划中还开设跨一级学科选修课，以突破本学科的局限性，综合运用多学科知识进行科学研究；若硕士和博士研读阶段的专业属不同二级学科，可在博士研读阶段加修“党的建设理论与实践”“党内法规学”两门本院开设的硕士生课程。

复旦大学党建专业课程设置可分为三个层面：第一层是党的建设“核心课程”，这是学生掌握党的建设基本知识、基本理论的基础与主干课程，主要包括“党的建设理论与实践专题”“党内法规学”

“党的建设经典文献选读”“马克思主义政党理论研究”“党的建设史专题研究”“党的建设前沿理论问题研究”等。第二层是党的建设“重要课程”，主要包括“中共党史研究”“国际共产主义运动史专题研究”“中国政治制度”“海外中国共产党研究”“政党比较研究”“世界政党治理与政党发展前沿问题研究”等课程。第三层是党的建设“辅助课程”，主要涉及法学、政治学、传播学、社会学等多学科的知识，主要包括“法学基本理论”“党史党建史料和方法”“网络治理与政党建设”“中国政党制度专题研究”“中国政党与治理”“党的基层组织建设和社会治理”等。这三个层面的关系可用一个同心圆表示（见图 5－1），其外延不断扩大，涵盖党建理论、“党内法规”、“党建史论”、“政党比较”等“古今中外”四大层面的基本教学内容。然而，由于受党建师资力量的限制，一些课程设置需要按照中共党史党建学一级学科建设的要求进一步完善。

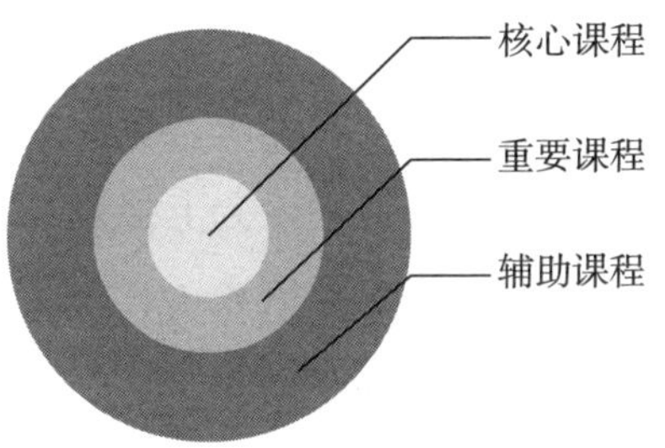

图 5－1　复旦大学党的建设专业课程设置结构

三、构建“大党建”学科教学体系的基本设想

2021 年 12 月，国务院学位委员会发布了新的《博士、硕士学位授予和人才培养学科专业目录（征求意见稿）》，在法学门类下设置“中共党史党建”一级学科，党建学科迎来了更加广阔的发展前景。

从“大党建”学科视野来科学谋划党建学科的学科体系与教学体系，则成为时代之必需与当务之急。

从中共党史党建学一级学科下的党的建设教学体系的科学建构看，党的建设学科的教学体系应该适应新时代坚持和加强党的全面领导、全面从严治党、建设长期执政的马克思主义政党的时代要求，紧紧围绕党的建设科学的建设目标、人才培养目标来进行。

党的建设学科教学体系应该坚持以下三大基本遵循：

（1）坚持政治性与原则性。坚持正确的政治性与原则性，是马克思主义政党与党建学科的本质要求，是推进党建学科建设和发展的基本前提。所谓政治性与原则性，即党建学科具有很强的政治性，必须坚持马克思主义政党原则；党建学科既姓“党”，又姓“马”。这要求，在党建学科教学内容方面，必须坚持以马克思主义为指导，坚持党的政治立场和政治方向，坚持党的路线方针政策，树立政治意识、大局意识、核心意识、看齐意识，坚决做到“两个维护”，致力于培养一支政治信念笃定的管党治党人才队伍。习近平总书记在2019年学校思想政治理论课教师座谈会上强调：“要全面贯彻党的教育方针，解决好培养什么人、怎样培养人、为谁培养人这个根本问题。”[①] 在2016年全国高校思想政治工作会议上，习近平总书记明确指出：“我国高等教育发展方向要同我国发展的现实目标和未来方向紧密联系在一起，为人民服务，为中国共产党治国理政服务，为巩固和发展中国特色社会主义制度服务，为改革开放和社会主义现代化建设服务。”[②]

（2）坚持理论性与实践性相结合。相较于党史学科乃至马克思主义理论学科，党建学科更加突出强调理论与实践的有机统一，更

① 习近平．论党的宣传思想工作．北京：中央文献出版社，2020：377－378.

② 习近平．习近平谈治国理政：第2卷．北京：外文出版社，2017：376－377.

加突出强调实践性。因此，在党建学科教学设计中，必须遵循理论性与实践性相结合的原则，既要关注现实，加强调查研究，也要注重理论研究，探究党的建设与党的领导规律；既要关注党的建设理论，也要关注党的建设实践与实务，设置“党务工作”“基层党建”“党建社会调查与实践”等实践性课程。只有将党的建设理论与实践紧密结合起来，才能真正发挥党的建设学科的现实作用。这正如习近平总书记所言，“要弘扬理论联系实际的学风，紧密联系党和国家事业发生的历史性变革，紧密联系中国特色社会主义进入新时代的新实际，紧密联系我国社会主要矛盾的重大变化，紧密联系‘两个一百年’奋斗目标和各项任务，自觉运用理论指导实践，使各方面工作更符合客观规律、科学规律的要求”①。

（3）坚持现实性、发展性与科学性相统一。与党史学科关注史料不同，党的建设学科更具现实性，注重研究当下中国共产党的建设规律、领导规律、执政规律、发展规律以及当下的理论与实践创新。坚持党的建设的现实性、发展性与科学性相统一，要求党建学科研究与课程设计必须紧紧围绕党正在进行的中心任务开展；必须增强现实关怀，关注当下党的建设的理论与实践问题，必须致力于为现实党的建设服务。这正如习近平总书记所言，要“坚持解放思想、实事求是、与时俱进、求真务实，坚持辩证唯物主义和历史唯物主义，紧密结合新的时代条件和实践要求，以全新的视野深化对共产党执政规律、社会主义建设规律、人类社会发展规律的认识”②。

从上述三大基本遵循出发，才能对党的建设学科教学体系的教学任务、内容结构、课程设置等做出科学合理规划。

一是关于党的建设学科教学体系的教学任务和内容结构。从

---

① 习近平．论党的宣传思想工作．北京：中央文献出版社，2020：289－290.

② 习近平．习近平谈治国理政：第 3 卷．北京：外文出版社，2020：15.

"大党建"学科来设置教学体系，必须紧紧围绕"什么是马克思主义政党、怎样建设马克思主义政党""什么是马克思主义执政党、怎样建设长期执政的马克思主义执政党""什么是党的领导，怎样坚持、加强与改善党的领导""共产党为何执政、如何执政、怎样才能长期执政"这四大课题而展开。围绕这四大课题，党建学科体系与基本研究方向可以用"四面八方"或"四梁八柱"来概括。其中，"四面"指党的建设研究的四大课题；"八方"指围绕党的建设的四大课题而形成的八个基本研究方向，即马克思主义政党论、党的领导论、党的执政论、党的自身建设论、党务工作（党务管理）论、党内法规论、政党制度论、政党治理与政党比较论。

二是关于党的建设学科教学体系的课程设置。紧紧围绕"什么是马克思主义政党、怎样建设马克思主义政党""什么是马克思主义执政党、怎样建设长期执政的马克思主义执政党""什么是党的领导，怎样坚持、加强与改善党的领导""共产党为何执政、如何执政、怎样才能长期执政"这四大课题，来设计规划党建教学体系。具体说来，"大党建"学科的教学体系与课程设置，可以用"史、论、建、治、比、研"来概括，这六个字分别代表着党的建设学科的课程类型。其中，"史"主要包括马克思主义政党发展史、中国共产党发展史、党的自身建设史（含党内法规制度建设史）等；无论是党的建设研究还是学科建设，都必须以这"三史"为基础。"论"主要是指以马克思主义政党理论、党的自身建设理论、党的领导理论、党的执政理论、党的建设研究方法论为主。这"五论"应该成为党的建设研究与学科体系建设的重点内容。"建"主要是就党的自身建设而言的，党的自身建设应该以党的政治建设、思想建设、组织建设、作风建设、廉政建设、纪律与党内法规制度建设等为基本内容。"治"主要是指党的建设应该坚持依章治党、依纪治党、制度治党、依规治党、以德治党等，充分借鉴现代政党治理理论，着力探索管党治党规律。“比”主要是指政党与政党建设比较、中外政党制度比较、中外政党执政比较、中外政党治理比较等比较研究类课程；只有通过比较研究，才能深化认识，提高研究能力。“研”主要是针对研究生尤其是博士研究生开设的“前沿问题研究”类课程，如“党的自身建设前沿问题研究”“党的领导前沿问题研究”“党的执政前沿问题研究”“政党治理前沿问题研究”“党内法规前沿问题研究”等；只有通过相关前沿问题研究，才能提高党建专业博士生发现问题、解决问题、进行科学研究的意识与能力。总之，只有开设上述基本课程，才能使学生正确认识“政党与主义”“党的历史与现实”“党的领导与中国政治实践”“世界政党共性与个性”“党内民主与国家民主”“依规治党、依法治国与依法执政”等重大问题。

紧紧围绕“什么是马克思主义政党、怎样建设马克思主义政党”这一基本课题，至少需要开设“马克思主义政党理论”“科学社会主义与国际共产主义运动”“马克思主义党的学说经典文献导读”三门主干课程。通过这三门主干课程的教学，使学生掌握基本的马克思主义政党理论、马克思主义政党观、马克思主义政党的产生与历史发展，深刻认识马克思主义政党的性质、地位与作用、责任与使命等。

紧紧围绕“什么是马克思主义执政党、怎样建设长期执政的马克思主义执政党”这一基本课题，结合中国共产党自身建设理论与实践，至少需要开设“中国共产党发展史”“党的建设史论”“党的建设概论（理论与实践）”“党内法规概论”“党的建设经典文献选读”“党的建设方法论”六门主干课程。通过这六门主干课程的教学，使学生基本掌握中国共产党的发展壮大基本历程、百年党建的基本经验、党的建设的基本理论与基本内容、党内法规建设的基本理论与基本内容、党的建设研究的理论与方法等相关知识。

紧紧围绕“什么是党的领导，怎样坚持、加强与改善党的领导”这一基本课题，至少需要开设“党的领导概论”“中国特色政党制度概论”“中国政治制度与政治体制”“中外政党与政党制度比较”四门主干课程。通过这四门主干课程的教学，使学生掌握基本的有关马克思主义党的领导理论、党的领导权的本质、党的领导体制与领导方式、党的领导对象与领导关系、党的领导能力与领导水平等的理论知识。

紧紧围绕“共产党为何执政、如何执政、怎样才能长期执政”这一基本课题，至少需要开设“依宪执政与依法执政概论”“政党执政规律研究”两门主干课程。通过这两门主干课程的教学，使学生基本掌握与马克思主义政党依宪执政、依法执政，党的执政体制与执政方式、党的执政能力与执政水平等相关的基本理论问题。

另外，从理论联系实际和培养党务工作者的角度看，“大党建”学科还需要开设党建实务、基层党建创新研究等相关课程。

（作者单位：复旦大学党的建设研究院、马克思主义学院）

第六章

党的建设学科的话语体系

曾　毅　赵航怡　杜开鑫

学科体系、学术体系和话语体系三者是辩证统一的。学科体系是基础，学术体系是核心，话语体系则是其他二者外化的具体表现。就党建话语体系而言，它是中国共产党的党建思想理论和知识体系的话语呈现或表达形式，用以表达中国共产党人的思想观念和价值追求，不仅是传播党的执政理念的语言表达工具，更关系到党在民众心目中的形象与党的对外话语权。可以说，党建学科构建的根本诉求与最终目的就是建立内涵丰富、独立自主的话语体系，将党的实践优势转化为话语优势，从而彰显党的政治优势，提升党的政治向心力。

第一节　新时代党建学科话语体系建设的意义

加强党建学科话语体系建设，是新时代的要求。党建学科话语体系建设，分为对内对外两个方面。对内，是要不断推进话语体系创新，使党建学科话语体系紧跟新时代理论创新和实践创新步伐，更加精准全面系统地表达新时代党的建设新的伟大工程的最新成果和最新经验，筑牢意识形态阵地。对外，是要不断提高从党的建设视角讲好中国共产党故事的国际传播能力，牢牢掌握对外传播中的话语权。

一、整合百年中国共产党党建话语

历史是最好的教科书，对于拥有百余年历史的中国共产党更是如此。经过百余年不懈奋斗，中国共产党向人民、向历史交出了一份优异答卷。党的十八大以来，习近平反复强调“实现中华民族伟大复兴是中华民族近代以来最伟大的梦想”，而中国共产党便是这一伟大梦想的承载者。

2021 年 7 月 1 日，习近平在庆祝中国共产党成立 100 周年大会上的讲话中指出：“一百年来，中国共产党团结带领中国人民进行的一切奋斗、一切牺牲、一切创造，归结起来就是一个主题：实现中华民族伟大复兴。”① 2021 年 10 月 9 日，在纪念辛亥革命 110 周年大会上，习近平指出：“中国共产党一经诞生，就把为中国人民谋幸福、为中华民族谋复兴确立为自己的初心和使命，点亮了实现中华民族伟大复兴的灯塔。中国共产党人是孙中山先生革命事业最坚定的支持者、最忠诚的合作者、最忠实的继承者。”② 第三个历史决议围绕实现中华民族伟大复兴这一主题，对百年党史四个历史阶段的主要任务、重大成就和历史经验进行了总结。

---

① 习近平. 在庆祝中国共产党成立 100 周年大会上的讲话. 北京：人民出版社，2021：3.

② 习近平. 在纪念辛亥革命 110 周年大会上的讲话. 北京：人民出版社，2021：4.

这些重要论述为新时代党建话语体系建构提供了根本遵循。

一是从战略定位上为新时代党建话语体系建构提供了根本遵循，启发我们在讲述中国共产党的故事时不仅仅就党建实践工作来谈党的建设，也不仅仅分门别类地就党的政治建设、思想建设、组织建设、作风建设、纪律建设、制度建设等来谈党的建设，而是将中国共产党同中华民族伟大复兴密切联系起来，将党的自我革命同党领导的社会革命紧密联系起来，构建一个兼具理论性与实践性的党建话语体系。其中，“说理”在新时代党的建设话语体系中至关重要。要讲清楚中国共产党的初心与使命，讲清楚中国共产党在伟大斗争、伟大工程、伟大事业、伟大梦想上的战略定位，讲清楚党的领导、党的事业、党的建设之间的辩证关系，等等。

二是从历史观上为新时代党建话语体系建构提供了根本遵循，启发我们在讲述中国共产党的故事时要对不同历史阶段进行整合。具体而言，要在民族复兴这一奔涌不息的历史主流下，正确认识不同历史阶段党的实践探索之间的继承关系，而不能将彼此相割裂，陷入历史虚无主义的误区。例如，要正确认识改革开放前和改革开放后两个历史时期，“这是两个相互联系又有重大区别的时期，但本质上都是我们党领导人民进行社会主义建设的实践探索”[①]。再如，“伟大建党精神”源于百年前先驱者的探索，在百年历史长河中薪火相传，构建起中国共产党人的精神谱系，是对中国共产党精神家园的整合与提炼。事实上，新时代党建话语体系的这种整合性，体现在多重历史维度上。正如习近平所说，我们的“历史视野中，要有五千多年中华文明史，要有五百多年世界社会主义史，要有中国人民近代以来一百七十多年斗争史，要有中国共产党近一百年的奋斗

① 习近平. 论中国共产党历史. 北京：中央文献出版社，2021：3.

史，要有中华人民共和国七十年的发展史，要有改革开放四十多年的实践史，要有新时代中国特色社会主义取得的历史性成就、发生的历史性变革”[①]。只有这样，才能解释中国共产党为什么“能”，马克思主义为什么“行”，中国特色社会主义为什么“好”。因此，立足中国、胸怀世界、守正创新的中国共产党的血液里流淌着文明的基因，记载着革命的传统，铭刻着奋斗的印记。只有将这些不同半径的历史整合起来，才能建构起立体、丰满、可亲、可信的新时代党建话语体系。

党建话语作为中国化马克思主义党建理论体系构成的基本要素，记录和指导着中国共产党领导百年革命、建设、改革的全过程。新民主主义革命时期，中国共产党人坚持以马克思主义为指导构建革命话语体系，并以此为依托，与国民党进行了激烈的话语权博弈，论证了自身革命道义的合理性。这不仅对于组织群众起到了非常重要的作用，而且对于打倒反动派，夺取政权，建立新中国，乃至建设和捍卫新中国，都起到了不可低估的作用。毛泽东指出：“在我们为中国人民解放的斗争中，有各种的战线，就中也可以说有文武两个战线，这就是文化战线和军事战线。”[②] “我们还要有文化的军队，这是团结自己、战胜敌人必不可少的一支军队。”[③]

建党之初，中国共产党的党建话语主要源自共产国际和联共（布）。随着中国共产党将马克思列宁主义基本原理同中国革命具体实践相结合，党根据自身实践提炼出一系列具有中国特色的党建话语。“灵活地运用和发挥马克思列宁主义”[④] 口号的提出，标志着马

① 习近平. 论中国共产党历史. 北京：中央文献出版社，2021：11-12.

② 毛泽东. 毛泽东选集：第3卷. 2版. 北京：人民出版社，1991：847.

③ 毛泽东. 毛泽东选集：第3卷. 2版. 北京：人民出版社，1991：847.

④ 中共中央文献研究室，中央档案馆. 建党以来重要文献选编（1921—1949）：第20册. 北京：中央文献出版社，2011：318.

克思主义政党话语中国化建构已成为中国共产党党建话语发展的方向。新中国成立是中华民族走向复兴的历史开端，也是党建话语体系建设新的里程碑。新中国成立 70 多年来，党和国家各项事业取得辉煌成就，中国人民实现了从站起来、富起来到强起来的伟大历史性飞跃，领导党和国家事业的中国共产党也形成了一整套系统、完整、稳定的党建概念范畴和基本观点。

如何整合百年来不同历史阶段的党建话语？首先，随着时代的发展，有些话语应始终继承发扬。比如作为党的根本组织原则的“民主集中制”，比如体现马克思主义认识论和群众史观的“群众路线”。其次，有些话语的内涵经历了演变。比如“革命”的含义，在新民主主义革命时期，“革命”指党领导全国人民为夺取全国政权而进行的武装革命斗争；在社会主义革命和建设时期，“革命”指对生产资料私有制的社会主义改造；在改革开放和社会主义现代化建设新时期，“革命”指解放和发展社会生产力，强调“改革也是一场革命”；在全面深化改革的中国特色社会主义新时代，“革命”指党领导的伟大社会革命和党的自我革命，即“两个伟大革命”①。最后，还有些话语在百年历程中不断创新发展。比如“两个先锋队”一词，党的二大提出中国共产党应是“所有阶级觉悟的无产阶级分子的组合，是无产阶级的先锋军”②。1935 年 12 月，中共中央政治局讨论通过的瓦窑堡会议决议指出：“中国共产党是中国无产阶级的先锋队……同时中国共产党又是全民族的先锋队。”③ 将党的性质从“一个先锋军”发展为“两个先锋队”。2001 年，江泽民在庆祝中国共产

① 赵绪生，孙进宝．论新时代党建话语体系建设．中共中央党校（国家行政学院）学报，2020（5）．

② 中共中央文献研究室，中央档案馆．建党以来重要文献选编（1921—1949）：第 1 册．北京：中央文献出版社，2011：154．

③ 中央档案馆．中共中央文件选集：第 10 册．北京：中共中央党校出版社，1991：620．

党成立 80 周年大会上明确指出，“我们党要始终成为中国工人阶级的先锋队，同时成为中国人民和中华民族的先锋队”①。党的十六大报告重申了“两个先锋队”的思想，并将其写入党章。

需要注意的是，党建话语体系在演进的过程中也存在一些误读与曲解。一个典型的例子是“从革命党向执政党转变”的说法。一段时间以来流行着这样一种论调，就是我们党已经从“革命党”转变成了“执政党”，现在只是“执政党”而不再是“革命党”了。在庆祝中国共产党成立 80 周年大会的讲话中，江泽民提出关于党的历史方位“两个历史性转变”的重大判断，即“我们党已经从一个领导人民为夺取全国政权而奋斗的党，成为一个领导人民掌握着全国政权并长期执政的党；已经从一个在受到外部封锁的状态下领导国家建设的党，成为在全面改革开放条件下领导国家建设的党”②。第一个历史方位的转变便被一些专家学者简化表述为“从革命党向执政党转变”。习近平总书记对此正本清源：“我们党是马克思主义执政党，但同时是马克思主义革命党，要保持过去革命战争时期的那么一股劲、那么一股革命热情、那么一种拼命精神，把革命工作做到底。”③ 讲我们党是马克思主义革命党，侧重的是党的宗旨使命和奋斗目标；讲我们党是马克思主义执政党，侧重的是党的领导地位和执政方式。两者不可分割，也绝不能分割。

总之，新时代党建话语体系构建面临的一个重要任务就是守正创新，在回顾历史中继承传统，在新的实践中开拓创新。对于一些老话语要坚定传承，对于另一些老话语则要赋予其新的时代内涵，还要与时俱进提炼一些新话语。新话语来源于实践，并用以指导新的实践。

---

① 江泽民．江泽民文选：第 3 卷．北京：人民出版社，2006：292.

② 江泽民．江泽民文选：第 3 卷．北京：人民出版社，2006：282.

③ 中共中央党史和文献研究院，中央“不忘初心、牢记使命”主题教育领导小组办公室．习近平关于“不忘初心、牢记使命”论述摘编．北京：中央文献出版社，2019：170.

中国特色社会主义进入新时代，以习近平同志为核心的党中央从历史长河中汲取丰富营养，从时代大潮中把握发展规律，从全球风云中分析演变机理，推动新时代党的建设话语体系与时俱进、创新发展。一方面，党的领导的重大意义被提到前所未有的历史高度，可谓对中国语境下政党—国家关系的正本清源。党的十九大报告庄严宣告："中国特色社会主义最本质的特征是中国共产党领导，中国特色社会主义制度的最大优势是中国共产党领导"；另一方面，将全面从严治党纳入"四个全面"战略布局，充分发挥全面从严治党的引领保障作用。在探索全面从严治党的实践过程中，中国共产党构建了一整套创新的党建话语体系。

二、以党建话语体系建设筑牢意识形态阵地

习近平指出："必须把意识形态工作的领导权、管理权、话语权牢牢掌握在手中，任何时候都不能旁落，否则就要犯无可挽回的历史性错误。"[①] 掌握意识形态工作话语权，就是要通过主动发声影响社会思想舆论，掌控意识形态的走向，在多元中立主导，在多样中谋共识，着力巩固马克思主义在意识形态领域的指导地位[②]。

党的十八大以来，以习近平同志为核心的党中央高度重视意识形态工作，反复强调意识形态工作是党的一项极端重要的工作，关乎旗帜、关乎道路、关乎国家政治安全，一刻也不能放松和削弱意识形态工作[③]。意识形态安全是党的执政安全的重要构成部分。巩固主流意识安全对于提升执政党的政治合法性，促进国家与社会稳定

① 中共中央党史和文献研究院．习近平关于社会主义精神文明建设论述摘编．北京：中央文献出版社，2022：68.

② 杨清明．理直气壮、旗帜鲜明发声．红旗文稿，2013（23）.

③ 本书编写组．党的十九大报告辅导读本．北京：人民出版社，2017：313.

起着非常重要的作用，必须着力推进党建话语体系的完善发展，以此保障我们意识形态领域乃至国家政治安全。

历史上，中国共产党始终高度重视“笔杆子”的重要作用，接续引领党建话语在不同时代的发展方向。总体而言，我们党在革命、建设、改革的历史上积累了话语建设方面丰富的经验，在筑牢意识形态阵地、维护政党良好形象、凝聚民心民意等方面发挥了重要作用，取得了丰硕的成果。

然而，毋庸讳言，现有的党建话语体系也存在诸多问题[①]。一是宣教话语吸引力仍需进一步提升。例如：说“空话”，脱离群众实际，缺乏数据和事实支撑，导致信服度降低，与受众产生巨大的话语鸿沟；说“官话”，习惯于居高临下，容易忽视受众的主观感受，进而导致思想隔阂；说“冷话”，语言表达缺乏真情实感，冷冰冰的政策语言、理论语言拒人于千里之外，无法激起情感的共鸣，群众变成了冷漠的看客。二是对外话语存在严重不足。习惯性地简单使用工作话语或者对内的宣教话语来进行对外的话语表述，没有完全打造融通中外的新概念新范畴新表述。三是学术话语体系质量有待提升。总体看来存在教条化和照搬照抄的现象，表现出三种倾向：完全采用“政策文件和领导讲话”，话语体系僵硬且缺乏现实吸引力；照搬西方政治学的话语表述，面临“水土不服”的窘境；完全采用马列原著中的话语表述，陷入“自说自话”的地步。比如，有些党建话语理念相对保守落后，有些内容过于宏大叙事，有些风格习惯于居高临下，有些语言表达缺乏真情实感，等等。在教育、学术、行政等领域，普遍存在对党建理论知之不深，以及由此滋生出的形式主义和官僚主义，表现为照搬照抄、断章取义、机械套用等

① 中国井冈山干部学院课题组. 党的建设学科话语体系建设研究//全国党的建设研究会.“党的建设学科建设研究”专题研讨会报告集（2020 年 10 月）（内部版），2020.

等。党建话语体系建设中暴露出的话语原创性不足、学术性欠缺、创新性不够等突出问题，已严重限制了党建学科的学理化发展，制约了意识形态工作的理论供给。

总之，构建新时代党建话语体系，要有效解决现实中党建话语构建和使用的种种不良现象，大力弘扬马克思主义与时俱进的理论品质，以创新性的党建话语、以群众的语言、以人民群众喜闻乐见的方式传播和弘扬主流意识形态，增强亲和力、凝聚力、号召力。要构建有影响力和说服力且逻辑自洽的党建话语体系，重视党建话语体系建设，纠正存在的问题，主动掌握话语权，不断巩固和加强马克思主义在意识形态领域的指导地位。

三、牢牢把握讲好中国共产党故事的话语权

讲好中国故事，传播好中国声音，最关键是讲好中国共产党的故事。在中国日益走近世界舞台中央的新时代，构建系统完备有效的党建学科话语体系，是牢牢把握讲好中国共产党故事的话语权的题中之义。

2021 年 5 月，习近平在十九届中央政治局第三十次集体学习时强调，讲好中国故事，传播好中国声音，展示真实、立体、全面的中国，是加强我国国际传播能力建设的重要任务。要加强对中国共产党的宣传阐释，帮助国外民众认识到中国共产党真正为中国人民谋幸福而奋斗，了解中国共产党为什么能、马克思主义为什么行、中国特色社会主义为什么好[①]。

2014 年 10 月，习近平在党的十八届四中全会第二次全体会议上

① 习近平在中共中央政治局第三十次集体学习时强调 加强和改进国际传播工作 展示真实立体全面的中国. 人民日报，2021-06-02 (1).

指出："我们现在有底气、也有必要讲好中国故事，这对激励广大干部群众继续沿着中国道路前进的信心和勇气、对加深国际社会对中国道路的认识至为重要。"①

马克思、恩格斯在《德意志意识形态》中写道："统治阶级的思想在每一时代都是占统治地位的思想。""一个阶级是社会上占统治地位的物质力量，同时也是社会上占统治地位的精神力量。"②

话语权问题由来已久。话语权体现的是党和国家在意识形态领域的主导权，对本国道路选择、发展模式、发展理念、文化传统、价值观念等在国际社会的影响力至关重要。在经历百年未有之大变局的当今世界，以国际话语权为代表的国家间软实力竞争已逐步成为世界政治博弈的焦点。要维护好我国主权、安全和发展利益，推动构建人类命运共同体，必须努力构建起与我国大国地位和发展水平相适应的国际话语权。

党的十八大以来，以习近平同志为核心的党中央高度重视意识形态与对外宣传工作，推动国际传播守正创新；中国在国际舞台上提供一系列价值理念和公共产品，展示了负责任大国的形象；在国内对中国特色社会主义事业进行全面开拓，越发彰显"四个自信"姿态与道路吸引力，为解决人类问题贡献中国智慧和中国方案，我国国际话语权和影响力显著提升。

然而，当前"西强我弱"的国际话语格局没有根本改变，中西话语博弈还会长期存在。有学者指出："当我们考察全球传播流的时候，我们很容易就能看到，这种流动是不成比例地从美国（中心地区）流向世界其他国家（边缘地区），相反方向上的流动及边缘国家

---

① 中共中央文献研究室. 习近平关于社会主义文化建设论述摘编. 北京：中央文献出版社，2017：207-208.

② 马克思，恩格斯. 马克思恩格斯文集：第1卷. 北京：人民出版社，2009：550.

之间的横向流动很少。”[①] 以美国为首的西方发达国家长期主导着世界话语体系领导权和信息流动的方向。话语的文本产生与设计、解释与流动、效果控制与影响力等国际传播话语体系的核心要素都掌握在西方少数利益集团手中。

国际上关于中国的负面舆论依然不少，“中国威胁论”“中国强硬论”“中国傲慢论”“中国掠夺论”“中国不负责任论”“中国搭便车论”“中国失败论”“中国崩溃论”“中国全输论”等奇谈怪论不绝于耳。例如，为了应对突如其来席卷全球的新冠疫情，中国果断打响疫情防控阻击战，采取最全面最严格最彻底的防控措施，付出了巨大代价，做出了重大牺牲，有力扭转了疫情局势，为全球抗疫争取了宝贵的时间，积累了宝贵的经验。与此同时，中国第一时间向国际社会通报疫情信息，毫无保留同各方分享防控和救治经验，尽己所能向国际社会提供人道主义援助，支持全球抗击疫情，同其他国家并肩作战、共克时艰。然而，以美国为代表的西方一些国家的政客和媒体却无视中国的贡献，屡屡发起舆论攻势，悍然抛出“中国隐瞒论”“中国误导论”“中国责任论”“中国赔偿论”“口罩外交论”等论调。

诚然，国际舆论场的话语争夺战体现了中西政治道路选择与国家力量对比变化催生的“结构性矛盾”。然而，从更深的历史镜头来看，话语权缺失是近代以来中国学习西方现代化进程的历史产物。作为现代化的先驱者，早发资本主义国家通过工业革命、殖民扩张等造成世界体系范围内“中心-边缘”的分野[②]。国家实力的不均衡

---

① 伽摩利珀. 全球传播. 尹宏毅，译. 北京：清华大学出版社，2003：28.

② 这是“世界体系理论”的主要观点。世界体系理论是 20 世纪 70 年代西方社会科学界兴起的一种有广泛影响的理论。它试图用“中心-边缘”依附关系、世界劳动分工和阶级冲突等变量来分析世界体系的历史演变，从而解释 16 世纪以来的世界发展史。世界体系理论的代表人物包括沃勒斯坦和霍普金斯等。

带来思想文化的不对等。“开眼看世界”的近代中国知识分子以救国图存为己任，一直在从西方文明的营养中“师夷长技”，以寻求救国治国之方。在这一西学东渐的过程中，西方哲学社会科学的各种概念、命题、理论、方法先后被翻译并介绍到中国，西方的学术话语体系也相应地植入中国哲学社会科学研究，这使得中国哲学社会科学研究长期处于“学徒”状态，习惯于依循西方学术传统“照着讲”和“接着讲”，没有掌握自身的话语权①。因此，相较于百余年来中国现代化的实践，特别是中国共产党建立现代国家、进行改革开放的历史经验来说，中国哲学社会科学研究一直相对滞后，中国国际话语权与国家实力并不匹配，这就为广大研究者提出了鲜明的时代任务。

当前我们的一个重要任务就是解决“挨骂”的问题，实质上就是要努力在世界舞台上亮剑、争锋。提升中国共产党的话语权，有利于我们更好地向世界展示中国主张、中国智慧、中国方案，展示中国在全球事务中发挥更大作用的责任与担当，展示中国同世界各国一道为解决全人类问题做出的努力与探索；有利于解构西方国家话语体系对我们的渗透和影响，通过更加充分、更加鲜明地展现中国故事及其背后的思想力量和精神力量，促进中国共产党党建话语的国际传播，提升中国共产党的国际形象，让世界了解一个更加真实更加完整的中国共产党。

第二节 新时代党建学科话语体系建设的基本原则

习近平总书记在阐述加快构建中国特色哲学社会科学的要求时

---

① 汪信砚. 创新学术话语体系建设的理与路：沈壮海教授等著《学术话语体系建设的理与路》评介. 世界社会主义研究，2020（3）.

指出："我们要坚持不忘本来、吸收外来、面向未来，既向内看、深入研究关系国计民生的重大课题，又向外看、积极探索关系人类前途命运的重大问题；既向前看、准确判断中国特色社会主义发展趋势，又向后看、善于继承和弘扬中华优秀传统文化精华。"① 这个要求，同样适用于新时代党建学科话语体系建设。

一、对历史传统要不忘本来

有民族特色的学科话语体系，应当是继承性和创新性高度统一的。习近平总书记在哲学社会科学工作座谈会上指出，"绵延几千年的中华文化，是中国特色哲学社会科学成长发展的深厚基础"，"我们说要坚定中国特色社会主义道路自信、理论自信、制度自信，说到底是要坚定文化自信。文化自信是更基本、更深沉、更持久的力量。历史和现实都表明，一个抛弃了或者背叛了自己历史文化的民族，不仅不可能发展起来，而且很可能上演一场历史悲剧"②。在党史学习教育动员大会上，习近平总书记强调："历史是最好的老师，我们党的历史是中国近现代以来历史最为可歌可泣的篇章，历史在人民探索和奋斗中造就了中国共产党，我们党团结带领人民又造就了历史悠久的中华文明新的历史辉煌。一切向前走，都不能忘记走过的路，走得再远、走到再光辉的未来，也不能忘记走过的过去，不能忘记为什么出发。"③

"中国共产党从成立之日起，既是中国先进文化的积极引领者和践行者，又是中华优秀传统文化的忠实传承者和弘扬者。"④ 中华优

---

① 习近平．在哲学社会科学工作座谈会上的讲话．北京：人民出版社，2016：16.
② 习近平．在哲学社会科学工作座谈会上的讲话．北京：人民出版社，2016：16，17.
③ 习近平．在党史学习教育动员大会上的讲话．北京：人民出版社，2021：3.
④ 习近平．习近平谈治国理政：第3卷．北京：外文出版社，2020：35.

秀传统文化的资源与百年党史中的探索奋斗，都是新时代党建学科话语体系建设十分宝贵、不可多得的资源。中国传统社会历经数千年的发展演变，积攒了丰富的政治话语资源。例如，中国传统社会强调“民为邦本，本固邦宁”的民本思想，与中国共产党的根本宗旨“全心全意为人民服务”从内涵上是相互契合的。建党以来，我们党一直保持着广泛联系群众的优良传统，产生了极大的影响力和号召力，内化为一代又一代共产党人的信念。传统政治智慧经过创造性转化，结合党的实践探索，成为中国共产党群众路线的理论基础，为构建中国特色党的建设话语体系提供了历史根基。

党的建设话语建构与创新，关乎国家的文化主权、道德高地，关乎党和国家的兴衰荣辱、前途命运。要坚持时代新要求与历史继承性的结合，“有些过时的话语要淘汰；有些新话语要创造；有些传统话语要沿用并赋予新含义”[①]。新时代、新挑战、新任务、新实践，呼唤党建话语体系与时俱进、创新发展。因此，在党建学科话语体系的建设中，不仅要传承历史，更要推陈出新、守正创新。

中华优秀传统文化和中国共产党的百年实践历程承载着中国共产党的初心和使命，书写了中国共产党的奋斗与实践，铸就了中国共产党的伟大建党精神。我们要把党建设成为始终走在时代前列、人民衷心拥护、勇于自我革命、经得起各种风浪考验、朝气蓬勃的马克思主义执政党，就必须在推进党建话语体系建设进程中坚持继承中华优秀传统文化、弘扬伟大建党精神。中国共产党要继承创新中国特色的党建话语体系，将党建话语的价值与信念融入党的发展历程中，不忘本来，处理好传承与创新的关系，凝聚成为新时代党建话语体系继续前行的强大底气。

---

① 姚桓. 构建中国执政党理论的话语体系. 光明日报，2012-10-31 (12).

二、对国际资源要吸收外来

有持久生命力的学科话语体系，应当是开放和包容的。习近平总书记在哲学社会科学工作座谈会上阐释了“民族性”与“世界性”的关系：“我们既要立足本国实际，又要开门搞研究。对人类创造的有益的理论观点和学术成果，我们应该吸收借鉴，但不能把一种理论观点和学术成果当成‘唯一准则’，不能企图用一种模式来改造整个世界，否则就容易滑入机械论的泥坑。”① 站在时代发展的新起点上，党建话语体系建设必须坚持独立自主，既立足于本国实际，又借鉴吸收其他国家政党的经验教训，海纳百川、融会贯通；“既要坚持以我为主、为我所用，摒弃不科学、不适用的话语，又要有开放、学习、借鉴、包容的心态，搭建好与国际交流的话语平台”②。

习近平总书记指出：“强调民族性并不是要排斥其他国家的学术研究成果，而是要在比较、对照、批判、吸收、升华的基础上，使民族性更加符合当代中国和当今世界的发展要求，越是民族的越是世界的。”③

构建新时代党建话语体系要特别注意处理好民族性与世界性的辩证关系。一方面，要善于开阔视野，学习人类创造的先进文明成果。人类政治文明既有差异性，也有共通性。就政党研究而言，当今世界，除极少数政教合一的国家、君主制国家以及由于国家太小而无须政党存在的国家之外，其他 200 多个主要国家有 180 多个主要政党，因此可以说，政党是当今各国政治舞台上的主角，它们决

① 习近平．习近平谈治国理政：第 2 卷．北京：外文出版社，2017：340．

② 姚桓．构建中国执政党理论的话语体系．光明日报，2012－10－31（12）．

③ 习近平．习近平谈治国理政：第 2 卷．北京：外文出版社，2017：340．

定着国家内政和外交的基本走向。现代政治的发展与社会利益的实现，主要依赖政党政治的运行。执政党的核心任务是治党理政，不论在何种政治制度和政党制度下，各国执政党都积累了比较丰富的治党理政的经验，虽各有千秋，但其中许多内容反映的是执政党治党理政的共同规律，在处理执政党与公共权力关系、执政党与社会民众关系，以及执政党自身建设等方面，可以相互学习、互相借鉴。习近平总书记指出："我们党在长期实践中，不断总结自己正反两方面经验，也积极借鉴国外执政党建设的经验教训，深刻认识到了一些从严治党规律，这些都要继续运用好。"①

另一方面，也必须意识到，中国共产党的根本性质及其与国家的关系与西方存在本质差异。从世界政党比较视野来看，与作为"部分"代言人的西方政党不同，中国共产党诞生于世界社会主义运动和民族解放运动双重洪流中，因为承载着凝聚社会、建设国家的重大历史使命，是代表人民和民族"整体"利益的先锋队。作为民族复兴事业领导者的中国共产党，同时也是现代国家的缔造者和建设者。这一历史逻辑就从根本上决定了中国共产党在国家政治生活中的领导核心地位。因此，中国共产党作为国家最高政治领导力量，是由马克思主义革命党的属性决定的。同为"政党"，但因诞生于不同历史阶段和不同政治文化土壤中，因而有很大差异，不能用西方政党概念裁剪中国共产党，这是我们在借鉴西方社会科学时必须要把握的基本原则。

中国不是西方学术理论的试验场，应该基于我们自己的问题意识，塑造中国社会科学研究的自主性。事实上，"以中国做中心"的研究方法，毛泽东早在 20 世纪 40 年代就提出过。在《如何研究中

① 习近平. 在党的群众路线教育实践活动总结大会上的讲话. 北京：人民出版社，2014：28－29.

共党史》中，他指出："我们研究中国就要拿中国做中心，要坐在中国的身上研究世界的东西。"① 中国要想办好自己的事情、专注于自己的发展，更应立足于本土历史与实际，以中国的眼光来观察世界，而不是相反。正如习近平总书记在庆祝全国人民代表大会成立60周年大会上所说："设计和发展国家政治制度，必须注重历史和现实、理论和实践、形式和内容有机统一……不能割断历史，不能想象突然就搬来一座政治制度上的'飞来峰'。"②

中国共产党从诞生之日起，就把马克思主义鲜明地写在自己的旗帜上，这是中国共产党的政治灵魂和政治基因，是在借鉴他山之石时不能丢掉的根本立场。习近平总书记指出，"马克思主义极大推进了人类文明进程，至今依然是具有重大国际影响的思想体系和话语体系"③。党的建设学科话语体系只能是马克思主义的话语体系，而不能是别的什么话语体系。要坚持用马克思主义建党学说的基本原理和方法论，解释和回答党的建设中出现的一系列问题。与此同时，党建话语体系建设要坚持去粗取精、去伪存真，坚持以我为主、为我所用，决不能照抄照搬，简单引用。既要借鉴人类政治文明的优秀成果，又要注意辨别照搬西方政党模式和理念的错误做法，更要防止以西方政治学的分析框架来削足适履，丧失中国共产党话语体系构建的主动权，弃己所长、自毁优势。要在马克思主义理论指导下，以总结中国共产党自身经验为主，有鉴别地吸收西方政治学和政党话语体系构建的一些具体做法和经验，以更好地体现党建学科的开放性。

---

① 中共中央文献研究室. 毛泽东文集：第2卷. 北京：人民出版社，1993：407.

② 习近平. 习近平谈治国理政：第2卷. 北京：外文出版社，2017：285-286.

③ 习近平. 论党的宣传思想工作. 北京：中央文献出版社，2020：324.

三、以中国智慧面向未来

有时空穿透力的学科话语体系，应当是“向内看”与“向外看”、“回头看”与“向前看”的高度统一。新时代党建话语体系的构建，必须坚持立足实践经验，面向未来，借助党建话语提出关乎人类前途命运问题的合理方法，彰显中国智慧。

当前，世界正经历百年未有之大变局，世界多极化、经济全球化、社会信息化、文化多样化深入发展，和平、发展、合作、共赢的时代潮流不可逆转。但国际安全面临的不稳定性不确定性更加突出，特别是单边主义、保护主义、霸权主义、强权政治成为影响世界和平稳定的突出因素①。我国正处于实现中华民族伟大复兴的关键时期，必须统筹中华民族伟大复兴战略全局和世界百年未有之大变局，准确把握“两个大局”的规律性、互动性，增强胸怀“两个大局”的自觉性、主动性，紧紧抓住并用好大变局带来的历史机遇，团结起来应对好各种危机和挑战。

习近平总书记在庆祝中国共产党成立 100 周年大会上指出，“走自己的路，是党的全部理论和实践立足点，更是党百年奋斗得出的历史结论”，中国特色社会主义“创造了中国式现代化新道路，创造了人类文明新形态”②。这是一条以人民为中心，而非以资本为中心的现代化道路；这是一条不同于自由主义模式、由政党领导国家建设的现代化道路；这是一条旨在打破不公正不合理的国际秩序、反对霸权主义、以构建人类命运共同体为己任的和平发展道路。与许

① 中华人民共和国国务院新闻办公室. 中国政府白皮书汇编（2019 年）. 北京：人民出版社，2020：138，412.

② 习近平. 在庆祝中国共产党成立 100 周年大会上的讲话. 北京：人民出版社，2021：13，14.

多采取西方党争模式的发展中国家相对照的是，中国共产党始终以国家建设和国家治理为己任，走了一条有序发展、全面发展、共享发展的社会主义现代化道路，突破了西方政党模式在发展中国家的话语霸权，拓展了发展中国家走向现代化的途径，给世界上那些既希望加快发展又希望保持自身独立性的国家和民族提供了全新选择，为解决人类问题贡献了中国智慧和中国方案。习近平总书记在中国共产党与世界政党领导人峰会上发表主旨讲话强调："中国共产党愿同各国政党一起努力，让梦想照进现实，让行动成就未来，始终不渝做世界和平的建设者、全球发展的贡献者、国际秩序的维护者。""中国共产党将团结带领中国人民深入推进中国式现代化，为人类对现代化道路的探索作出新贡献"；"将团结带领中国人民全面深化改革和扩大开放，为世界各国共同发展繁荣作出新贡献"；"将履行大国大党责任，为增进人类福祉作出新贡献"；"将积极推动完善全球治理，为人类社会携手应对共同挑战作出新贡献"①。

100 多年来，中国共产党领导中国人民改写了近代以来中华民族的屈辱历史，改变了近代以来中国人民的悲惨命运。没有共产党，就没有新中国，就没有中华民族伟大复兴，这是中国人民依据中国革命、建设、改革的历史经验得出的最基本、最重要的结论，是中国人民基于切身体会所确认的深刻认识。中国共产党领导，是历史的选择、人民的选择，是党和国家的根本所在、命脉所在，是全国各族人民的利益所系、命运所系。不论是革命、建设还是改革，中国共产党都坚持一切从实际出发，不唯书、不唯上、只唯实，敢于突破条条框框和现成模式，不断探索新路。中国共产党的话语体系建设也必须立足于党的领导，立足于中国近代以来的历史实践，善

① 习近平. 加强政党合作 共谋人民幸福：在中国共产党与世界政党领导人峰会上的主旨讲话. 北京：人民出版社，2021：7，7，8，8，9.

于推动党的建设话语传入、形塑和转化有机统一，坚守政治定力、坚定“四个自信”、强化话语建构，立足中国实践，构建具有马克思主义政党性质的中国特色党的建设话语体系。

构建人类命运共同体的时代声音，为构建党建学科话语体系提出了迫切要求。习近平总书记指出：“我们要坚持从我国实际出发，坚定不移走自己的路，同时我们要树立世界眼光，更好把国内发展与对外开放统一起来，把中国发展与世界发展联系起来，把中国人民利益同各国人民共同利益结合起来，不断扩大同各国的互利合作，以更加积极的姿态参与国际事务，共同应对全球性挑战，努力为全球发展作出贡献。”① 中国共产党充分借助和运用政党对话会、文明对话会等形式增进与世界各国各政党的交流，围绕政党治理、国家治理以及全球治理提供中国方案、贡献中国智慧、展现中国担当。在中国共产党政党外交中，交流中国共产党全面从严治党、推进自我革命的成功经验是重要内容。党建学科话语体系可以在这方面发挥其独有的优势，彰显中国共产党立足实践、顺应时代潮流、与时俱进的鲜明特征。

第三节　新时代党建学科话语体系建设的基本路径

从根本上说，任何话语体系都是特定历史条件下人们思想认识、社会实践的反映，兼具政治性、时代性和实践性的特点。党建话语体系的建设，必须基于中国共产党的实践和理论创新，建立起一套

① 习近平. 习近平谈治国理政：第1卷. 2版. 北京：外文出版社，2018：248-249.

由中国特色的范畴概念、理论命题、思想体系构成的话语体系。具体而言，就是要以马克思主义为理论指导，以中国问题为主旨，站在以人民为中心的立场上，以取得中国国际话语权为目的，以科学化、时代化、大众化、国际化为建构原则，打造一套融通中外、贯通古今的新的话语体系。

话语体系不是无根之木、无源之水，而是学科体系和学术体系的具体表现。新时代构建科学完备系统的党建话语体系，并在话语传播中彰显温度和力度，就要在党建学科基础理论研究这一根源上下功夫，凸显党建学术话语的独立性、系统性和规律性，为工作话语、宣传话语和对外话语提供理论支撑，为讲好中国共产党的故事提供智力支持。

一、坚持马克思主义政党基本立场

党的建设学科话语体系建设，具有鲜明的立场，这就是党建姓党。习近平总书记在哲学社会科学工作座谈会上强调，“坚持以马克思主义为指导，是当代中国哲学社会科学区别于其他哲学社会科学的根本标志，必须旗帜鲜明加以坚持”；“为什么人的问题是哲学社会科学研究的根本性、原则性问题。我国哲学社会科学为谁著书、为谁立说，是为少数人服务还是为绝大多数人服务，是必须搞清楚的问题”；“马克思主义坚持实现人民解放、维护人民利益的立场，以实现人的自由而全面的发展和全人类解放为己任，反映了人类对理想社会的美好憧憬”[①]。这就为新时代党建学科话语体系的基本立场提供了根本遵循。

---

① 习近平. 论党的宣传思想工作. 北京：中央文献出版社，2020：219，223，219－220.

习近平总书记在纪念马克思诞辰 200 周年大会上强调指出："学习马克思，就要学习和实践马克思主义关于坚守人民立场的思想。人民性是马克思主义最鲜明的品格。"① 区别于以往任何社会历史理论的是，马克思主义摆脱了为少数人利益服务的局限性，第一次创立了人民实现自身解放的思想体系，是站在人民立场上探求人类自由解放道路的理论。《共产党宣言》开宗明义："过去的一切运动都是少数人的，或者为少数人谋利益的运动。无产阶级的运动是绝大多数人的，为绝大多数人谋利益的独立的运动。"但是，人的自由全面发展的实现是以彻底消灭阶级对立的资产阶级旧社会为前提的："代替那存在着阶级和阶级对立的资产阶级旧社会的，将是这样一个联合体，在那里，每个人的自由发展是一切人的自由发展的条件。"所以，马克思主义的人民性和阶级性是统一的，实现阶级解放和实现人类解放是统一的。而无产阶级政党，是代表无产阶级和广大劳动人民的利益的政党，除了无产阶级和劳动人民的利益之外，"他们没有任何同整个无产阶级的利益不同的利益"②。

中国共产党作为马克思主义政党，自成立之日起就将马克思主义牢牢镌刻在自己的旗帜上。党的一大规定，党的名称为"中国共产党"，明确"革命军队必须与无产阶级一起推翻资本家阶级的政权"，承认无产阶级专政，"直至阶级斗争结束"等，这表明中国共产党从建党伊始就明确了"我是谁、为了谁、依靠谁"的问题。在百年的革命、建设、改革的伟大事业中，中国共产党始终坚守人民立场，将全心全意为人民服务作为党的根本宗旨。正是由于党与人民群众始终保持着血肉联系，同甘共苦、生死与共，中国共产党才没有陷入"其兴也勃焉，其亡也忽焉"的历史周期率中，而是在中

---

① 习近平. 论党的宣传思想工作. 北京：中央文献出版社，2020：328.

② 马克思，恩格斯. 马克思恩格斯文集：第 2 卷. 北京：人民出版社，2009：42，53，44.

华大地上创造出了一个又一个彪炳史册的人间奇迹。

习近平在庆祝中国共产党成立 100 周年大会上指出："江山就是人民、人民就是江山，打江山、守江山，守的是人民的心。中国共产党根基在人民、血脉在人民、力量在人民。"① 坚守马克思主义的人民立场，是中国共产党的最鲜明特质，也是中国共产党区别于其他政党的显著标志。构建新时代党建话语体系要牢牢坚持马克思主义的基本立场，在"为谁著书、为谁立说"的问题上始终要头脑特别清醒，眼睛特别明亮。

首先，坚持马克思主义的基本立场，要求研究者端正对马克思主义的态度，在深度研学马克思主义的经典文献过程中做到真懂真信，这是自觉运用马克思主义的前提。

党建学术话语的构建与研究者站在什么立场、坚持什么样的世界观和方法论紧密相关。因此，要加强对马克思主义的系统学习。全面系统地把握以马克思主义哲学为根基、以马克思主义政治经济学为主干、以科学社会主义为核心的整个科学体系构架，脚踏实地、久久为功地对之进行研究，才有可能窥探到其中的真谛。不从文本上下苦功夫、下大力气，就只能是蜻蜓点水、一知半解，也就无法在实际工作中彰显出马克思主义理论的强大感召力。党建学科话语体系的建构必须要以深刻阐发马克思主义基本原理为基础，真正树立起马克思主义的世界观和方法论，在辨明和抵御各种唯心主义和历史虚无主义的过程中捍卫马克思主义。

其次，坚持马克思主义的基本立场，必须解决好"为什么人"的问题。

马克思主义是高扬人民性的旗帜正式亮相的，也是在坚守人民

---

① 习近平. 在庆祝中国共产党成立 100 周年大会上的讲话. 北京：人民出版社，2021：11.

性旗帜的过程中不断向前发展的。中国共产党高举马克思主义的旗帜，自成立之日起就把为中国人民谋幸福、为中华民族谋复兴作为初心使命，坚持以人民为中心、坚持全心全意为人民服务的根本宗旨。党建学科话语体系的建构亦必须明确为人民做学问的导向，要善于运用马克思主义基本立场、观点和方法，将实然的历史标准与应然的价值标准在实际工作中有机结合。既要高屋建瓴，建立宏观体系，又要立足实践、脚踏实地，走近基层与关注民生，把马克思主义的经典理论深入到人民群众的广阔实践中去，虚心向人民群众求教，让自己的研究成果经得起人民群众的检验。

最后，坚持马克思主义的基本立场，必须落实到中国特色社会主义的伟大实践中来。

马克思说过："全部社会生活在本质上是实践的。"[①] 马克思主义从来就不是书斋里的学问，实践性是马克思主义的显著特征。马克思主义是在对于资本主义社会的一系列现实弊病的批判过程中创立起来的。党建学科话语体系的建设也必须立足于中国大地，在现实问题的解决中深化对于马克思主义真理性的认识，把理论研究与党和国家事业发展的实际紧密结合在一起，不断加深对新情况、新问题、新思想的研究，不断提炼具有中国特色的标识性概念，不断创造出新的话语理论成果，进一步丰富党建学科话语体系的内涵。

二、构建党建学科体系基本范畴

范畴是人的思维对客观事物本质的概括的反映，是具有高度概括性、结构稳定的基本概念。各门学科都必须拥有自己的基本范畴。

① 马克思，恩格斯．马克思恩格斯文集：第 1 卷．北京：人民出版社，2009：501．

习近平总书记在哲学社会科学工作座谈会上强调，提炼标识性概念，打造易于为国际社会所理解和接受的新概念、新范畴、新表述，“这项工作要从学科建设做起，每个学科都要构建成体系的学科理论和概念”[①]。因此，明确党建学科体系的基本范畴，是一项十分重要的基础性工作。

党建学科的研究对象包括什么？有学者对党建学科体系的研究框架提出了三大范畴的设想[②]，即包括马克思主义政党基本理论、中国共产党建设基本问题、中国共产党建设实务。第一，马克思主义政党基本理论是党建学科的基础性理论。第二，中国共产党建设基本问题是党建学科的核心和主要内容，体现学科的根本价值，解决的是建设一个什么样的党、怎样建设党的问题。包括下述内容：（1）中国共产党的建设史，包括党的思想建设、组织建设史。（2）改革开放以来的执政党建设，即通常所说“新时期党的建设”。这又可以划分为三个方面：第一方面，党政关系建设即党的领导学；第二方面，党群关系建设即党的群众工作学；第三方面，党内关系建设即党的自身建设重大问题，主要研究现阶段新的伟大工程的目标、内容、举措和落实。第三，党建实务是以党章、党规为依据，阐述党的建设各方面具体工作的知识。主要有：党的各级组织设置和工作，党员队伍建设，干部队伍建设，党的纪检工作，党的基层组织建设，党的组织生活，党的统一战线工作。如果说党建基本问题部分是解决“是什么”“为什么”的问题，党建实务部分则是在这个基础上解决“怎么做”的问题，内容侧重具体的知识性、操作性、程序性。

明确党建的基本概念和基本范畴是构建党建学科话语体系的基

---

① 习近平．论党的宣传思想工作．北京：中央文献出版社，2020：235.

② 姚桓．把握党建学科构建四要点．理论探索，2017（4）.

础任务。有学者认为，党建学科话语体系的概念分四个层次①：第一层次是核心概念，如“中国共产党”“党的建设”“党的领导”“党的执政”等；第二层次是基本概念，是第一个层次概念下面的概念群，如“中国共产党”包含“党的性质”“党的基本理论和指导思想”“党的基本路线和基本方略”“党的根本组织原则”“党的建设总体布局”等；第三层次是重要概念，是第二个层次概念下面的概念群，如“党的性质”下的“两个先锋队”“中国特色社会主义事业的领导核心”，再如“党的建设总体布局”下的“政治建设”“思想建设”“组织建设”“作风建设”“纪律建设”“制度建设”“反腐败斗争”，等等；第四层次是具体概念，是第三个层次概念下面的概念群，如“两个先锋队”下的“中国工人阶级先锋队”“中国人民和中华民族的先锋队”，再如“政治建设”下的“两个维护”“政治纪律”“政治信仰”，等等。只有在明确基本概念范畴的基础上提出基本论断、基本观点，形成基本原理，方能构建完整的党建学科话语体系。

三、综合运用多学科研究方法

“工欲善其事，必先利其器。”一门学科的创立需要从现象出发、从事实中归纳，必须立足于适宜的方法，才能总结规律、创立理论。可以说，方法对于一门学科而言具有重要的工具性意义，方法论上的成熟是一门学科成熟的关键标志之一。党建学科既具有自己的研究对象、学术范畴、话语表述，也必须具有自己独特的学科知识生产方式和研究范式。总之，党建学科话语体系的系统化建设必然离

① 中国人民大学课题组. 关于“党的建设学科建设研究”报告：主要以高校情况为据//全国党的建设研究会. “党的建设学科建设研究”专题研讨会报告集（2020 年 10 月）（内部版），2020.

不开方法论上的突破。

目前，党建学科在话语体系建设过程中所面临的一系列困境，都与方法论不完善有关。首先，将党建学科话语体系的政治性与学术性对立起来。党建学科必须坚持以马克思主义为指导，坚持把中国特色社会主义理论体系贯穿研究和教学全过程。但是，不少研究成果只是以文件讲文件、以精神解读精神，从而陷入了自说自话的怪圈。其次，党建学科话语体系的实践性和理论性缺乏贯通。党建研究具有鲜明的实践性特点，然而，由于方法论的缺失，难以将实践中的经验教训提升到理论层面来审视，造成了理论阐述与现实工作之间的脱节。最后，在与西方的学术话语进行交流时存在障碍。西方社会科学研究的一大特点就是体系化的方法论，如果不能建构起党建学科自身的方法论，就会使得党建学科话语体系在国际上传播时遭遇认同危机。因此，要实现政治性与学术性相融合、理论性与实践性相贯通、国内与国际学术界能对话，就离不开成熟的方法论研究。如此，才能破除对党建学科的一些偏见与误解，例如认为党建完全是宣教性工作、是简单的应用型学科、不具备学科建制，构建党建学科的学理性体系。

党建学科主要的研究方法是“古今中外法”和理论联系实际法。前者是指要立足中国、借鉴国外，挖掘历史、把握当代，关怀人类、面向未来。毛泽东指出：“‘古今中外法’，就是弄清楚所研究的问题发生的一定的时间和一定的空间，把问题当作一定历史条件下的历史过程去研究。所谓‘古今’就是历史的发展，所谓‘中外’就是中国和外国，就是已方和彼方。”[①] 理论联系实际法是指党建学科的教学科研工作必须坚持理论与实际相结合的原则，始终坚持问题导向，认真回应我国经济社会发展和党的建设面临的重大理论和实践

---

① 中共中央文献研究室. 毛泽东文集：第 2 卷. 北京：人民出版社，1993：400.

问题，提出解决问题的正确思路和有效办法。

应当看到，一门学科采用什么样的方法与它的研究领域是密不可分的。党建学科研究对象丰富多元，这些都要求党建研究方法论要打破学科壁垒，采用跨学科研究方法。目前，党建研究方法除坚持传统的辩证唯物主义、历史唯物主义的方法论基础，科学社会主义的理论基础和调查研究方法外，还广泛吸纳了政治学、社会学、历史学、公共管理学的社会科学研究方法，拓展了党建研究的视野和主题。此外，还有不少学者打破学科界限寻求党建研究的切入点，还有一些学者采纳经济学科中数据统计、变量分析、模型研究等新方法进行党建研究，为党建学科注入新的知识增长点①。不过，需要注意的是，党建学科发展需要在秉持学科开放意识的前提下，拒绝拼凑式的“拿来主义”。要通过搭建学术交流平台来促进研究方法的相互融合，推动党建学科话语体系的方法论创新。

四、提炼通识性话语表达

1942 年 5 月，毛泽东在延安文艺座谈会上讲道：“什么叫做大众化呢？就是我们的文艺工作者的思想感情和工农兵大众的思想感情打成一片。而要打成一片，就应当认真学习群众的语言。如果连群众的语言都有许多不懂，还讲什么文艺创造呢？”② 要体现马克思主义的基本立场，就要构建以人民为中心的党建话语体系，须在语言表达上做到“从群众中来，到群众中去”。这是我们党从革命时期就奠定的优良传统。毛泽东指出，要“让哲学从哲学家的课堂上和书

---

① 齐卫平. 党的建设多学科融合研究方法的思考. 山东社会科学，2020（11）.

② 毛泽东. 毛泽东选集：第 3 卷. 2 版. 北京：人民出版社，1991：851.

本里解放出来，变为群众手里的尖锐武器”①。“洋八股必须废止，空洞抽象的调头必须少唱，教条主义必须休息，而代之以新鲜活泼的、为中国老百姓所喜闻乐见的中国作风和中国气派。”②

中国共产党自成立之日起就高度重视宣传工作，努力将党的先进理论与政策以简单朴素的方式传达给群众，在长期的实践工作中积累了一系列的优良经验。革命战争年代，毛泽东就创造出了一系列为人民群众所喜闻乐见的话语。例如：用“星星之火，可以燎原”来表达创建农村革命根据地的重要意义，传达革命乐观主义精神；用“武装斗争”“枪杆子里出政权”来表述马克思主义关于暴力革命的理论；用“愚公移山”来说明人民群众的主体地位；等等。改革开放以来，邓小平也创造了不少改革话语，获得了人民群众的广泛认同。例如：用“发展才是硬道理”“不问黄猫、黑猫，抓住老鼠就是好猫”来表达经济发展的重要意义；用“摸着石头过河”“让一部分人先富起来”来表达改革开放的顶层设计思路；等等。

就对外宣传工作来看，要促进党建话语的国际表达，把牢国际舆论的主导权，就要善于提炼标识性概念。要聚焦世界政党建设的重大问题，提出能够体现中国立场、中国智慧、中国价值的理念主张；摒弃过去故步自封、自说自话的形式，改变对党建话语的简单转化，使用西方学者和民众容易理解和接受的语言，让国际社会接受中国，认可中国，提升话语权，凸显出中国党建学科的世界关怀和开阔胸襟。要在与世界文明友好交流、包容互鉴中积极发出中国声音，凸显中国党建学科的话语价值，寻求世界各国人民的理解、认同，也为世界其他国家的政党建设提供有益借鉴。

毛泽东在《反对党八股》中指出，我们要下大力气去学语言：

① 中共中央文献研究室. 毛泽东文集：第8卷. 北京：人民出版社，1999：323.
② 毛泽东. 毛泽东选集：第3卷. 2版. 北京：人民出版社，1991：844.

第一，要向人民群众学习语言。第二，要从外国语言中吸收我们所需要的成分。第三，我们还要学习古人语言中有生命的东西[①]。新时代党建话语体系建设应当在坚持问题导向的基础上处理好继承与创新的关系，提炼属于我们这个时代的通识性话语表达，从以下资源中汲取养分：

从中华优秀传统文化中提取。习近平总书记指出："中华民族有着深厚文化传统，形成了富有特色的思想体系，体现了中国人几千年来积累的知识智慧和理性思辨。这是我国的独特优势。"[②] 在中华文明 5 000 多年历史长河中形成的中华优秀传统文化，已经成为每一个中华儿女血脉里的基因。对之进行创造性转化和创新性发展可以使得话语主体与客体在历史的认同中寻得共识，增强党建学科话语体系的感染力与号召力。习近平总书记在讲话中对于古典文献的引用就十分娴熟。例如，引用诗句"恶竹应须斩万竿"来阐述党风廉政建设和反腐败斗争要做到坚决性和彻底性的问题。又如，"心学"是明代大儒王阳明所创的一个儒学门派，核心观点是"致良知"和"知行合一"，习近平总书记在论述中国共产党人的党性修养问题时就引用了"心学"的概念，巧妙地传达了党性修养的自为性意义，并且也搭起了党性修养与中华优秀传统文化沟通的桥梁。

结合时代特点进行阐发。党建学科话语体系的建设并非处于真空状态，俯下身子走进人民大众的生活中来进行挖掘并加以进一步的阐发，有利于激发党建学科话语体系的生命力。例如，习近平总书记针对环境问题所提出的"绿水青山就是金山银山"的理念，就通过大众的通俗用语形象地表达出了环境问题的重要意义。新时代，党建话语体系建设还需善用网络流行语、民间俗语，拉近与群众的

---

① 毛泽东. 毛泽东选集：第 3 卷. 2 版. 北京：人民出版社，1991：837.

② 习近平. 论党的宣传思想工作. 北京：中央文献出版社，2020：228.

距离。比如“撸起袖子加油干”“幸福都是奋斗出来的”“我们都在努力奔跑，我们都是追梦人”等大众网络流行热语出现在了《人民日报》的官方新年贺词里，读起来使人倍感亲切。

从人民群众实践中提取。党建学科话语体系的建设要以党的建设中所面临的现实情况和问题为导向，将实践作为话语创新的动力源泉。要及时对社会重大问题，特别是关乎广大群众切身利益的问题作出科学回应；积极开展田野调查、实地走访，让民众表达自己的心声，体现最广大人民群众在党建话语体系中的主人翁地位；以人民喜闻乐见的形式、通俗易懂的话语表达将抽象概括的党的执政理念通俗化、大众化。例如，在党内监督问题上，使用“牛栏关不住猫”来形容反腐败的体制机制务须细密的重要性；在全面建成小康社会的过程中提出“小康不小康，关键看老乡”的口号，说明要以人民群众获得感作为工作成果的重要衡量标准。

（作者单位：中共中央党校（国家行政学院）党的建设教研部）

第七章
党的建设学科的方法论

张荣臣　苟立伟

研究方法是科学研究的基础、学科发展的根本，不仅关系到一门学科的知识生产方式，也关系到一门学科生产出来的知识是否符合科学，更决定这门学科未来的发展。党的建设学科作为研究中国共产党的产生、运行、建设规律的学科，科学化是其进行学科建设的基本使命。研究方法的科学化是推动党的建设学科科学化发展的重要环节。

党的建设学科的性质、自身定位、研究对象决定了该学科的研究方法具有自身的规定性。在方法论上，党的建设学科要遵循辩证唯物主义和历史唯物主义，从问题出发，从时代出发，最终要能够构建出新时代中国化的马克思主义党建理论体系。

第一节　坚持马克思主义的根本方法

辩证唯物主义和历史唯物主义深刻揭示了自然界、人类社会、人类思维发展的普遍规律，为人类社会发展进步指明了方向，为我们认识世界、改造世界提供了强大的思想武器。马克思主义理论的科学性和革命性就源于辩证唯物主义和历史唯物主义的科学世界观和方法论。建立在马克思主义理论基础上的党的建设学科，其根本方法就是辩证唯物主义和历史唯物主义。

一、指导党的建设学科的科学世界观和方法论

党的建设学科研究的是中国共产党作为马克思主义政党的历史使命，中国共产党建立、发展的社会历史条件、时代条件和国际环境，中国共产党与民族和国家的历史命运，中国共产党同人民群众的关系，以及中国共产党的自身建设等问题。因此，必须将辩证唯物主义和历史唯物主义作为科学世界观和方法论。

1. 党的建设学科必须坚持和运用辩证唯物主义基本原理

党的建设学科需要研究中国共产党的决策过程和决策机制。善于审时度势，把握历史发展规律和大势，始终掌握党和国家事业发展的历史主动，是中国共产党科学决策的一大优势。习近平指出："在一百年的奋斗中，我们党始终以马克思主义基本原理分析把握历史大势，正确处理中国和世界的关系，善于抓住和用好各种历史机遇。"[①] 要深入研究中国共产党是如何准确把握国际国内环境变化，辩证分析我国经济发展的阶段性特征，准确把握我国不同发展阶段的新变化新特点，使主观世界更好符合客观实际，按照实际决定工作方针，就必须掌握辩证唯物主义，特别是一切从实际出发、实事求是的思想方法。

---

① 习近平. 在党史学习教育动员大会上的讲话. 北京：人民出版社，2021：13.

思想建党、理论强党，是中国共产党的优良传统和成功经验。习近平指出："世界上没有哪个党像我们这样，遭遇过如此多的艰难险阻，经历过如此多的生死考验，付出过如此多的惨烈牺牲。一百年来，在应对各种困难挑战中，我们党锤炼了不畏强敌、不惧风险、敢于斗争、勇于胜利的风骨和品质。这是我们党最鲜明的特质和特点。"[①] 党的建设学科要深入研究新时代如何弘扬伟大建党精神、加强理想信念教育，如何从思想和理论上增强全面从严治党自觉性，就必须掌握辩证唯物主义关于意识对物质的反作用和精神变物质、物质变精神的辩证法，毫不放松理想信念教育、思想道德建设、意识形态工作。

用自我革命不断推动社会革命，是中国共产党具有独创性的成功之道。由此也决定了，中国共产党推进的党的建设新的伟大工程和自我革命，中国共产党领导的中华民族伟大复兴事业和伟大社会革命，每一个都是一个系统工程，并且两者之间具有非常复杂的关系。党的建设学科要深入研究这些重大关系，就必须自觉地坚持和运用辩证唯物主义世界观和方法论，更好地把握和处理现象和本质、形式和内容、原因和结果、偶然和必然、可能和现实、内因和外因、共性和个性的关系，增强辩证思维、系统思维能力。

2. 党的建设学科必须坚持和运用历史唯物主义基本原理

中国共产党自成立起，就把实现共产主义作为自己的远大理想，同时又清醒地认识到，这一远大理想的实现离不开对本国社会历史运动及其发展规律的把握，离不开对当前社会主要矛盾和主要任务的科学分析。党的建设学科既然以研究中国共产党在各个时期的发展规律为己任，就必须坚持和运用历史唯物主义的科学研究方法。

① 习近平. 在党史学习教育动员大会上的讲话. 北京：人民出版社，2021：19.

中国特色社会主义的创立和发展，既是中国共产党对中华民族的历史性贡献，也对新的历史条件下加强中国共产党领导和党的自身建设提出了更高的要求。历史唯物主义认为，生产力和生产关系、经济基础和上层建筑相互作用、相互制约，支配着整个社会发展进程。生产关系一定要适合生产力状况，上层建筑一定要适合经济基础状况，它们的共同作用构成整个社会的矛盾运动。中国特色社会主义正是顺应这一社会矛盾运动的创造性成果。坚持和发展中国特色社会主义，需要不断适应社会生产力发展调整生产关系，不断适应经济基础发展完善上层建筑。党的建设学科要以研究中国共产党如何坚持和发展中国特色社会主义为重大课题，也必须坚持和运用历史唯物主义的科学研究方法。

中国共产党在百余年历程中积累了丰富的治国理政经验，具有卓越的领导艺术。其中，"两点论"和"两手抓"，既是创造性地运用唯物主义辩证法的成果，也是创造性地运用历史唯物主义关于决定和被决定、作用和反作用关系的结晶。正如习近平指出的："改革开放以来，我们党提出的一系列'两手抓'，包括一手抓物质文明建设、一手抓精神文明建设，一手抓经济建设、一手抓法治建设，一手抓发展、一手抓稳定，一手抓改革开放、一手抓惩治腐败等，都是符合历史唯物主义要求的。"①

二、为党建研究提供根本研究思路

2013 年 12 月 3 日，习近平在主持中共十八届中央政治局第十一次集体学习时指出，马克思主义哲学深刻揭示了客观世界特别是人

① 习近平．论党的宣传思想工作．北京：中央文献出版社，2020：36.

类社会发展一般规律，在当今时代依然有着强大生命力，依然是指导我们共产党人前进的强大思想武器①。辩证唯物主义和历史唯物主义作为科学的世界观和方法论，为党建研究提供了研究的根本思路。

1. 辩证唯物主义和历史唯物主义为党建研究指明了正确方向

辩证唯物主义和历史唯物主义揭示了人类社会历史发展总趋势，为中国共产党人指明了前进的正确方向，也为党建研究指明了正确方向。

方向决定道路，道路决定命运。坚持正确方向是一个根本性的问题。大到一个国家制定大政方针，小到一个团体开展业务工作，都要讲究方向。党建研究作为一项政治性很强的工作，事关旗帜和道路，尤其要坚持正确政治方向。特别是在媒体格局发生深刻变革、中外思潮激烈交锋的今天，社会价值观更加多元。党建研究工作者有责任有义务正确引导、及时发声，让人民听到党的主张与声音，廓清思想的重重迷雾，坚定正确的前进方向。什么是对、什么是错，坚持什么、反对什么，研究什么、怎样研究，在这些问题上，党建研究要方向正确、立场坚定、旗帜鲜明、态度坚决，守土有责、守土负责、守土尽责，一分一秒都动摇不得，一丝一毫都退让不得。如果在这个事关原则性的问题上犯错误，给党带来的不利影响将是无法挽回的。

辩证唯物主义和历史唯物主义告诉我们，人类自有文字以来的历史都是阶级斗争的历史；在资产阶级时代，整个社会日益分裂为两大相互直接对立的阶级即资产阶级和无产阶级；无产阶级革命的首要条件是无产阶级必须组织成为独立的政党，这个政党必须成为一个统一的整体，必须由最彻底、最坚定的先进分子组成。这就为

---

① 习近平．论党的宣传思想工作．北京：中央文献出版社，2020：30．

党建研究指明了根本方向。

今天，时代条件虽然不同于马克思、恩格斯所生活的时代，但把党建设成为“由最彻底、最坚定的先进分子组成”的“统一的整体”这个根本方向却是不变的。而且随着历史的发展，今天中国共产党建设的目标也具有了新的时代内涵，即党的十九大所提出的：把党建设成为始终走在时代前列、人民衷心拥护、勇于自我革命、经得起各种风浪考验、朝气蓬勃的马克思主义执政党。

党建研究服务于党的建设，就要紧紧围绕这个党建目标来开展工作，将辩证唯物主义和历史唯物主义所揭示的规律性的东西贯彻落实到党建研究工作的方方面面，保证党建研究始终坚持正确的政治方向。

2. 辩证唯物主义和历史唯物主义为党建研究提供了根本方法

辩证唯物主义和历史唯物主义作为中国共产党人科学的世界观和方法论，为党建研究提供了根本方法。

第一，坚持一切从客观实际出发研究党的建设的问题。实事求是是党建研究最基本的科学原则。中国共产党始终强调坚持解放思想、实事求是、与时俱进、求真务实，一切从实际出发，注意尊重客观实际，坚持从客观实际出发制定政策、推动工作；尊重客观规律，在历史前进的逻辑中前进、在时代发展的潮流中发展，积极探索共产党执政规律、社会主义建设规律、人类社会发展规律。当前，进行党建研究，必须准确把握党的建设实践所立足的最基本、最大的客观实际，面临的最主要问题、亟待解决的突出问题和必须解决的深层次根本性问题，推动新时代的党建研究行稳致远。

第二，不断强化问题意识，积极研究党的建设工作在现实中遇到的矛盾。问题是时代的声音，是事物矛盾的表现形式，是各种客观实际、客观规律的集中体现、鲜活体现。中国共产党领导人民干革命、搞建设、抓改革，从来都是为了解决中国的现实问题。当前，我国社会生产力、综合国力、人民生活水平实现了历史性跨越，我国基本国情的内涵不断发生变化，我们面临的国际国内风险、面临的难题也发生了重要变化。要深刻领会我国社会主要矛盾的变化对党的建设提出的新要求，继续坚定不移地推进全面从严治党，把党建设得更加坚强有力。要牢固树立问题意识、坚持问题导向，善于发现问题、科学分析研究、找到症结所在，善于从规律上把握和处理矛盾，不断从理论上破解党的建设前进道路上遇到的问题挑战。

第三，坚持用发展的眼光看问题，在发展中解决前进道路上的问题。一方面，发展是人类社会永恒的主题，发展是硬道理，是解决中国所有问题的关键，必须坚持以发展为第一要务；另一方面，唯物主义的态度要求我们要以发展变化的观点看事物、看问题、看世界，进而不断更新和调整思想观念、对策思路、方案方法来解决问题、推动发展，注重根据时代变化和实践发展，不断深化认识，不断总结经验，不断实现理论创新和实践创新良性互动。在党建研究中，我们必须把发展这把解决问题的“总钥匙”放在更为突出的位置，深刻洞悉新时代的根本特征、基本问题和时代要求，深刻洞悉历史条件的变化对党的建设提出的新问题，从而从理论上不断去回答这些新问题。

第四，不断增强辩证思维能力，从理论上破解党的建设中的复杂问题。世界是矛盾的集合体，对事物、现象、问题要善于一分为二地在普遍联系中进行总体把握、多角度分析，善于在两点论和重点论的结合中进行分析决策。要以对立统一的方式研究党建问题，注重优先解决党建研究中的主要矛盾和矛盾的主要方面，以此带动其他矛盾的解决，努力在党建研究的重要领域和关键环节上取得新突破，以此牵引和带动党的建设其他方面的研究；注重党的建设各个研究领域的相互促进、良性互动，整体推进，重点突破，形成推进党建研究的强大合力。要充分认识新形势下党建研究的时代性、体系性、全局性问题，努力实现党建研究的系统性、整体性、协同性。

第五，坚持以人民为中心，在党建问题的研究中始终站稳人民立场。人民是历史的创造者。中国共产党人的初心和使命就是为中国人民谋幸福、为中华民族谋复兴。党的建设成效如何，评价标准也离不开人民。要坚持以人民为中心，让党的建设的研究成果能够更好地服务于密切党群关系。要坚持把始终得到人民的拥护作为党的建设研究服务党的建设实践的根本指引，通过相关理论问题的研究指导党的建设的实践，通过党的建设的实践把党建设成为能够始终得到人民拥护的马克思主义执政党。

第六，坚持以全球视野推动党建研究，推动各国政党之间的党际合作。当前，中国共产党在世界各国政党、政治组织间建立了广泛的联系。中国共产党是一个开放的政党，将继续主张超越各国意识形态的差异与分歧，谋求与各国政党之间的相互理解与合作。从党建研究的角度来说，就是要坚持以全球视野推动党建研究，积极借鉴其他国家政党发展的经验，积极推动各国政党之间的合作，携手构建人类命运共同体。

三、为党的建设学科指明基本研究范式

党建研究，要以马克思主义世界观和方法论为基础，其基本范式就是辩证唯物主义和历史唯物主义。

习近平在纪念马克思诞辰200周年大会上强调：“我们要坚持和

运用辩证唯物主义和历史唯物主义的世界观和方法论”①。中国共产党自成立之日起，就高度重视在思想上建党，其中十分重要的一条就是坚持用马克思主义理论教育和武装全党，灵活地运用马克思主义世界观和方法论去认识问题、分析问题和解决问题，不断在实践中实现马克思主义的中国化、时代化和大众化。在党建研究中，必须在坚持和运用辩证唯物主义和历史唯物主义的世界观和方法论上下功夫。

1. 坚持运用辩证唯物主义基本原理

辩证唯物主义是对自然界、人类社会和人类思维发展一般规律的普遍概括，是中国共产党人分析处理一切问题的思想方法。党建研究，必须运用辩证唯物主义的基本原理和方法分析中国共产党，全面把握中国共产党在不同的历史条件下外部环境与党的建设的关系，灵活地运用辩证思维方式思考和处理党的建设问题，娴熟地运用矛盾论、两点论和重点论观察和处理党的建设中的重大问题，从纷繁复杂的事物表象中把准党的建设的本质，深刻把握并不断深化对党的建设规律的认识。

坚持运用辩证唯物主义指导党建研究，要深刻理解和运用以下重要理论与基本观点：

一是深刻理解世界统一于物质、物质决定意识的原理，坚持从客观实际出发研究党的建设问题。要深刻把握时代条件，深刻把握不同时代条件下党的建设的“变”与“不变”，准确把握党的建设在不同阶段的新变化新特点，使主观世界更好符合客观实际，实事求是，按照实际研究党建问题。

二是深刻理解事物矛盾运动的基本原理，不断强化问题意识，

① 习近平. 习近平谈治国理政：第3卷. 北京：外文出版社，2020：75.

积极面对和化解前进中遇到的矛盾。新时代，我们要把党建设成为始终走在时代前列、人民衷心拥护、勇于自我革命、经得起各种风浪考验、朝气蓬勃的马克思主义执政党，就必须深刻认识时代条件的变化给党的建设带来的外部影响，给党自身带来的影响，从而更好地研究新的时代条件下如何解决党的建设问题。

三是深刻理解认识和实践辩证关系的原理，坚持实践第一的观点，不断推进实践基础上的理论创新。马克思主义建党学说是在实践基础上产生的，也必将随着实践的发展而发展，对理论工作者来说，就是要根据新的实践条件研究党的建设理论，推动马克思主义建党学说的发展，不断推动党的建设的理论创新。

四是深刻理解和学习掌握唯物辩证法的根本方法，不断增强辩证思维能力，提高驾驭复杂局面、处理复杂问题的本领。推进党的自我革命，以此推进伟大的社会革命，是一篇大文章，涉及治党治国治军的方方面面。因此，在党建研究中，要善于处理局部和全局、当前和长远、重点和非重点的关系，防止片面性和简单化。

2. 坚持运用历史唯物主义基本原理

在中国这样一个有着 14 亿多人口的大国执政，中国共产党面临着十分复杂的国内外环境，肩负着繁重的执政使命，如果缺乏理论思维的有力支撑，就难以战胜各种风险和困难，也难以不断前进。正如习近平所指出的，“在革命、建设、改革各个历史时期，我们党运用历史唯物主义，系统、具体、历史地分析中国社会运动及其发展规律，在认识世界和改造世界过程中不断把握规律、积极运用规律，推动党和人民事业取得了一个又一个胜利”①。

坚持运用历史唯物主义指导党建研究，要深刻理解和运用以下

---

① 习近平. 论党的宣传思想工作. 北京：中央文献出版社，2020：31.

重要理论与基本观点：

第一，深刻理解社会存在决定社会意识的原理，从社会存在出发研究党建问题。要深刻理解现阶段党的基本路线的正确性，在党的基本路线的指引下，开展党的建设实践和党的建设研究，站在历史唯物主义的高度，以新时代的社会条件为基础，从中国当前的社会存在出发，研究党的建设的总体布局及各项工作。

第二，深刻理解物质生产是社会生活的基础的观点，把生产力状况作为原初的出发点，来研究党的建设问题。生产力标准是历史唯物主义的根本判断准则。生产力和生产关系之间的矛盾、经济基础和上层建筑之间的矛盾是推动社会发展的基本矛盾；是否有利于解放和发展社会生产力是检验社会历史发展进步与否的根本标准，也是检验党的路线方针政策正确与否和工作成败得失的根本标准。这也是新时代党的建设实践和研究的原初的出发点。

第三，深刻理解社会基本矛盾原理和分析方法，准确把握新时代中国特色社会主义实践中的一系列重大关系。只有把生产力和生产关系的矛盾运动同经济基础和上层建筑的矛盾运动相结合来观察，把社会基本矛盾作为一个整体来观察，才能全面把握整个社会的基本面貌和发展方向。改革只有进行时、没有完成时，要适应我国社会基本矛盾运动的新变化推进改革。中国特色社会主义进入新时代，我国社会主要矛盾已经转化为人民日益增长的美好生活需要和不平衡不充分的发展之间的矛盾。我们要从这个主要矛盾的变化出发，考察这个主要矛盾的变化给党的建设带来的影响，从而研究党的建设的新问题。

第四，深刻理解人民群众是历史创造者的观点，着重研究党的建设中的党群关系。党必须坚持以人民为中心的发展思想，必须坚持把实现好、维护好、发展好最广大人民根本利益作为推进改革等一切工作的出发点和落脚点，让发展成果更多、更公平地惠及全体人民。因此，党建研究必须把密切党群关系作为重要内容，研究党的路线方针政策和工作方式如何推进才能更加密切党群关系。

3. 坚持运用马克思主义的思维方法和工作方法

在党建研究中，自觉学习运用辩证唯物主义和历史唯物主义世界观和方法论，是一个不断递进的过程。首先，要熟练掌握、自觉运用辩证唯物主义和历史唯物主义基本方法；其次，要熟练掌握、自觉运用中国共产党人创造的新方法；最后，要把辩证唯物主义和历史唯物主义内化为自觉的思维方式、行为方式。

第一，熟练掌握、自觉运用辩证唯物主义和历史唯物主义基本方法。这要求我们要深入学习和运用马克思主义哲学，掌握科学的世界观和方法论，不断增强工作的原则性、系统性、预见性、创造性，不断把对中国特色社会主义规律的认识提高到新的水平。

第二，熟练掌握、自觉运用把马克思主义基本方法和中国改革开放实践相结合所形成的一些行之有效的具体方法。主要有：坚持加强党的领导和尊重人民首创精神相结合，坚持"摸着石头过河"和顶层设计相结合，坚持问题导向和目标导向相统一，坚持试点先行和全面推进相促进，坚持改革、稳定和发展有机统一，坚持党的领导、人民当家作主、依法治国有机统一，坚持物质文明和精神文明、人与自然协调发展，坚持传统和现代、国际和国内的相互促进，等等。

第三，把辩证唯物主义和历史唯物主义世界观和方法论内化为自觉的思维方式、行为方式。党的十八大以来，中国共产党提出了一系列思维方式，主要有战略思维、辩证思维、创新思维、法治思维、底线思维。战略思维，指善于从全局视角和以长远眼光把握事物发展总体趋势和方向。辩证思维，即坚持矛盾分析的根本性地位，在一分为二的基础上抓重点、抓关键、促转化。创新思维，其实质就是要求根据变化的新情况、出现的新问题，不断更新观念和思路，推出新举措新办法来应对新局面、解决新问题，勇敢推进理论创新、实践创新、制度创新、文化创新以及其他各方面创新。法治思维，即将法律作为判断是非和处理事务的准绳，它要求崇尚法治、尊重法律，善于运用法律手段解决问题和推进工作。底线思维，即凡事从坏处准备，努力争取最好的结果，在问题意识中整合危机意识、忧患意识、边界意识、原则意识、红线意识和预防意识。这些思维方式为党建研究提供了科学的认识工具，我们要不断加强运用，将其内化为思维自觉。

第二节 紧扣新时代党的建设总要求

人类认识世界、改造世界的过程，就是一个发现问题、解决问题的过程。问题是时代的声音，每个时代总有属于它自己的问题，只有树立强烈的问题意识，才能实事求是地对待问题，才能找到引领时代进步的路标。问题导向是从当前存在的问题出发，思考工作切入点，明确目前哪些工作做得还不够好。

在党建研究中坚持问题导向，必须紧扣新时代党的建设总要求，以确保研究不偏离重点，始终保持正确方向。

一、树立强烈的问题意识和问题导向

问题意识和问题导向体现的是求真务实的科学态度。党建研究必须有发现问题的敏锐、正视问题的清醒、解决问题的自觉。

1. 问题意识、问题导向是推动党建研究向前发展的必然要求

问题就是事物的矛盾，哪里有没有解决的矛盾，哪里就有问题。实践发展永无止境，矛盾运动永无止境，旧的问题解决了，又会产生新的问题。树立强烈的问题意识和问题导向符合马克思主义认识论和辩证法，是实事求是的具体体现，也是推动党建研究向前发展的必然要求。

第一，问题是客观存在的，要敢于正视问题、善于发现问题。

问题无处不在、无时不有，关键在于敢不敢于正视问题、善不善于发现问题。敢于正视问题是态度问题，需要我们时刻保持头脑清醒，对当前党的建设中存在的问题不掩盖、不回避、不推脱，否则就会使小问题演化成大问题。善于发现问题，要求我们有一双洞察问题的眼睛，拓宽视野看世界、看中国，看历史、看未来，从而找到党的建设中存在的问题，掌握解决这些问题的主动。

第二，要在国内国际相互联系中发现问题。

党的十八大以来，以习近平同志为核心的党中央反复强调要统筹中华民族伟大复兴战略全局和世界百年未有之大变局，把国内问题和国际问题联系起来全面考察、整体考虑。只有这样，才能形成既符合世界发展潮流又符合我国发展阶段性特征的发展战略，也才能找到解决所面临问题、推进事业发展的科学方法。

党建研究也要统筹两个大局，要立足基本国情、树立世界眼光，密切关注世界政治、经济、科技、文化各领域的新情况，准确把握国际形势发展变化的新趋向，从而考察这些因素给中国共产党的建设带来的新影响，从而发现需要抓紧破解的党的建设方面的新问题。

第三，要在总结经验教训中发现问题。

中国共产党是善于总结经验教训、汲取历史智慧的马克思主义政党，先后作出过《关于若干历史问题的决议》、《关于建国以来党的若干历史问题的决议》和《中共中央关于党的百年奋斗重大成就和历史经验的决议》。前两个历史决议深刻总结了两个不同历史时期党所取得的宝贵经验和经历的失误与挫折，为当时历史条件下统一思想、团结一致向前看起到了重要作用；第三个历史决议站在新的历史起点上，回顾过去、展望未来，对党的百年奋斗历程特别是改革开放40多年的奋斗历程进行全面系统总结，推动全党进一步统一思想、统一意志、统一行动。

以史为鉴，可以知兴替。认真吸取历史的经验教训，并在对照现实问题中得到新的认识，就能够在未来征程中少走弯路、减少失误。特别是在国内外各种条件都发生深刻变化的新形势下，一定要对照历史这面镜子，深入思考并及时发现党面临的执政考验、改革开放考验、市场经济考验、外部环境考验又增加了哪些新因素；深入思考并及时发现精神懈怠危险、能力不足危险、脱离群众危险、消极腐败危险又有了哪些新苗头；深入思考并及时发现实际工作方面存在哪些问题和不足。要把这些问题纳入党建研究视野，从理论上予以破解。

2. 要坚持用科学的方法分析和研究党的建设问题

发现问题是前提，能不能正确分析问题更见功力。党的建设领域的问题错综复杂，有来自党内的影响，也有来自党外的影响；有党曾经经历过的，也有党从来没有遇到过的，许多问题相互纠结，易于产生连锁反应。这就要求坚持用辩证唯物主义和历史唯物主义方法，科学分析问题、深入研究问题，弄清问题性质、找到症结所在。问题分析、研究得越透彻，解决起来就越有针对性。

第一，要坚持具体问题具体分析。具体问题具体分析是马克思主义活的灵魂。不同事物的矛盾具有不同的特点，同一事物的矛盾在不同发展阶段也各不相同，任何事物既有共性又有个性，这是具体问题具体分析的哲学基础。中国共产党作为世界上最大的执政党，党建方面存在的问题必然差别很大，这就需要坚持具体问题具体分析。通过具体分析，弄清楚问题的多与少、大与小、轻与重、缓与急、易与难，有问题就是有问题，是什么问题就是什么问题。既不能视而不见、麻痹大意，也不能以偏概全、任意夸大；既不能把可能影响全局的倾向性问题当作一般问题来对待，也不能把特殊的某个方面的问题作为全局性问题来处理。通过具体分析，弄清楚哪些是思想认识问题，哪些是政治原则问题；弄清楚哪些是体制机制弊端造成的问题，哪些是工作责任不落实造成的问题；弄清楚哪些是现在就可以解决的问题，哪些是条件不具备一时难以解决的问题，从而做到对症下药、有的放矢，一把钥匙开一把锁。

第二，善于透过现象看本质。任何事物都有现象和本质两个方面，许多问题并不是一眼能看穿识透的，这就需要见微知著、由表及里，透过现象看本质、撇开枝节抓根本。在分析问题时，如果只观一隅、只察一面，就可能会一叶障目、盲人摸象，难以得出正确的结论。比如，党的十八大以来，全面从严治党的实践表明，党内存在的各种问题，表面上看起来纷繁复杂，但从根本上讲，都与党的政治建设软弱乏力、党内政治生活不严肃不健康有关。因此，研究党的建设问题，不能迷失在现象的迷宫之中，不能让表象问题“乱花渐欲迷人眼”，而要运用唯物辩证法这个根本方法，对问题的本质作出正确判断，要善于从繁杂问题中把握事物的规律性，从苗头问题中发现事物的倾向性，从偶然问题中揭示事物的必然性，努力实现从感性认识到理性认识的飞跃。

第三，善于抓住事关全局的重要问题。唯物辩证法告诉我们，事物的主要矛盾决定事物的性质和发展方向，只有抓住了主要矛盾和矛盾的主要方面，才能找到解决各种复杂问题的重点，才能牵住牛鼻子，起到纲举目张的作用。比如：在党的思想建设方面，就要紧紧抓住坚定理想信念问题，深入研究如何固本培元、用党的创新理论武装头脑，坚定道路自信、理论自信、制度自信、文化自信；在党的作风建设方面，就要紧紧抓住纠正“四风”问题，深入研究如何更好地贯彻党要管党、全面从严治党的要求，扎实推进党的群众路线教育实践活动，建立健全改进作风常态化机制；等等。总之，只要抓住和解决了关键问题，就能带动全局工作，推进事业全面发展。

3. 党建研究要有敢于触及矛盾、解决问题的责任担当

学术研究就是解决问题的，有没有解决问题的责任担当是对学术研究的最好检验。

党建研究需要直面问题。办好中国的事情，关键在党，关键在党要管党、全面从严治党。中国共产党自身建设状况如何，直接关系到党是否巩固，是否始终站在时代前列。因此，解决党自身存在的问题是党建研究的题中应有之义。

第一，党建研究中增强问题意识，重要的是把问题意识转化成问题导向。这就要求研究党的建设的理论工作者坚持以解决党建实践中存在的问题为导向，瞄着问题去，追着问题走，把化解矛盾、破解难题作为履行学术职责的第一要务。要始终坚持守土有责、守土负责、守土尽责，敢于触碰党的建设领域的难题，要拿得出能够经得起实践检验的理论。要抓紧从理论上回答党的建设领域关系长远发展的重大问题，切实加强薄弱领域问题的研究。

第二，党建研究中增强问题意识，需要有破解问题的勇气和韧劲。实践中的一些问题，从理论上进行破解确实有难度，但是理论工作者必须有克服困难的勇气和韧劲。要强化问题导向，增强责任担当，把解决问题作为前进的动力而不是沉重的包袱，作为创新的支点而不是退缩的借口。理论工作者要有逢山开路、遇河架桥的勇气，变压力为动力，化挑战为机遇，敢于在理论上啃骨头、闯难关，要有咬定青山不放松的耐心和恒心，在攻克一个又一个问题中不断创造新的业绩。

二、坚持求真务实、实践第一的科学精神

坚持求真务实、实践第一的科学精神是坚持马克思主义科学世界观和方法论的本质要求。党建研究是一项严肃的理论工作，必须秉持科学精神；同时，党建研究最终是用来指导实践的，因此，必须“务实”，必须瞄准实践。

1. 党建研究必须求真务实

“求真务实”是对马克思主义哲学，特别是对其认识论的精神实质的精辟概括。它体现了马克思主义所要求的理论和实践、知和行的具体的历史的统一。所谓“求真”，就是“求是”，也就是依据解放思想、实事求是、与时俱进的思想路线，去不断地认识事物的本质，把握事物的规律。所谓“务实”，则是要在这种规律性认识的指导下去做、去实践。求真与务实的统一，是马克思主义认识论的必然要求和本质体现。党的思想路线集中而鲜明地反映了马克思主义的这一基本特点和实质。“求真务实”是中国共产党的思想路线的固有特征，是每个共产党人的政治品格。同样，我们需要在党建研究中求真务实。

第一，党建研究要着重探寻共产党执政规律。共产党执政规律是中国共产党着力探索的三大规律之一。党的建设求真务实，其中“求真”的着力点就是要落在探寻共产党执政规律上。党和人民的事业发展到什么阶段，党建就要推进到什么阶段，这是加强党的建设

必须把握的基本规律。党建研究就是要准确把握党和人民事业发展的阶段，研究在这个阶段下党的建设的应然形态，研究其中规律性的东西。

第二，党建研究要围绕党的建设领域的实践问题展开。党建研究不是一门高高在上的处在天上的学问，必须牢牢扎根于中国共产党建设的实践，必须紧紧围绕党的建设领域的实践问题展开，这也是求真务实中“务实”要求的具体体现。2012 年党的十八大闭幕不久，习近平就在参观《复兴之路》展览时告诫全党“空谈误国，实干兴邦”。可以说，中国共产党之所以能够始终走在时代前列，就是因为党始终坚持求真务实。党的建设事关党的事业能否取得胜利，为党的各项事业提供坚强政治保证，因此，探求党的建设领域规律的党建研究就必须不驰于空想，不骛于虚声，立足于实践，服务于实践。

2. 党建研究必须坚持实践第一

实践的观点是辩证唯物主义认识论的首要的和基本的观点。由实践主体、实践对象、实践手段构成的实践，是人们改造客观世界的一切活动。它既是客观的物质性的活动，又是人的能动性的活动，这种活动是在一定社会关系中进行的，是历史地变化发展的。

辩证唯物主义认识论是辩证唯物主义的重要组成部分，是关于人类的认识来源、认识能力、认识形式、认识过程和认识真理性问题的科学认识理论。

从认识的主体来看，人们对客观事物的认识总要受到主观条件的限制。从认识的客体来看，客观事物是复杂的、变化着的，其本质的暴露和展现也有一个过程。这就决定了人们对一个事物的正确认识往往要经过从实践到认识，再从认识到实践的多次反复才能完成。

认识产生于实践的需要，实践的发展为人们提供日益完备的认识工具，这些工具延伸了人类的认识器官，促使人类认识的发展。另外，实践锻炼和提高了人的认识能力。要检验一种认识是否正确反映了客观事物，需要联结主观与客观的实践来检验。通过实践，人们把指导自己实践的认识和实践所产生的结果加以对照，从而检验认识是否正确地反映了客观事物。因此，对党的建设问题的认识其实产生于党的建设实践的需要，党的建设实践的发展又推动了人们对党的建设问题的认识。党的建设研究的成果是人们关于党的建设实践认识的集中体现，其推动必然要坚持实践第一。因此，对广大理论工作者来说，在党的建设研究工作中，必须密切关注实践，关注实践中的新动向，关注实践中的新成果，及时将这些新动向、新成果吸收到党的建设的理论研究中来。

三、在实践中检验真理和发展真理

以什么态度对待真理，关系革命、建设、改革的前途命运，是中国共产党人必须回答的一个重大问题。对中国共产党来说，根本的一条经验是，坚持理论与实践的高度统一，在实践中检验、运用和发展真理。对于如何处理党的建设研究和党的建设实践的关系，我们也必须从这条根本经验出发。

1. 坚持用党的建设实践来检验党的建设理论的真理性

一切理论、路线、方针、政策，是真理还是谬误，唯一的检验标准就是实践。这是马克思主义认识论的一个基本原理。坚持实践是检验真理的唯一标准，是中国共产党最宝贵的优良传统之一。在党的历史上，什么时候坚持用实践来检验理论、路线、方针、政策，而不是从本本和主观愿望出发，党的事业就顺利，否则就遭受挫折。

在党的建设领域，要正确处理实践和认识的关系，就必须坚持一切从实际出发，在实践中检验党的建设研究所形成的各种理论成果，对被实践检验为错误的理论成果进行科学分析以及时改正，对被实践检验为正确的理论成果进行总结推广以发扬光大，从而实现党的建设实践与党的建设理论的良性互动，保证党的建设始终朝着正确的方向前进。

2. 坚持用已经被实践检验为正确的党的建设理论指导党的建设实践

中国共产党自成立那天起，就坚信马克思主义的科学性，坚信马克思主义揭示了人类社会发展的一般规律和资本主义运行的特殊规律，为人类指明了从必然王国向自由王国飞跃的途径，为人民指明了实现自由和解放的道路，同时也为中华民族指明了实现伟大复兴的前进方向。

在马克思主义的指导下，中国共产党在不同的历史时期面对不同的党建环境，孜孜不倦地探索解决党的建设问题，在此过程中形成了众多理论认识，经过实践的检验，有些理论认识被证明是正确的，有些理论认识被证明是错误的。对中国共产党人来说，问题的关键在于摒弃错误认识，坚持正确认识，不断用实践检验认识，从而使错误认识越来越少，正确认识越来越多。

在长期的历史发展过程中，中国共产党形成的对党的建设的一些规律性的认识是具有长远意义的，对此，必须长期坚持。比如，在新民主主义革命时期，我们通过反复实践和反复认识，得出了一个结论，即党和人民的事业推进到什么阶段，党的建设就要推进到什么阶段；党的建设要紧紧围绕党的政治路线来进行；等等。

对于被实践证明是错误的党的建设方面的理论认识，必须坚决摒弃。比如，在大革命失败后，党内一部分人认为，大革命之所以失败，是因为党的领导人中工人出身占比过少，因此在一段历史时期内过度强调党的领导人的工人出身，对党的事业造成了极大危害。在吸取了教训之后，我们发现，党的先进性并不是必然地与党员成分相关，无论党员出身于哪个阶级，在党内都要接受党性锻炼，要着重从思想上建设党，始终纠正党内的非无产阶级思想。

对于在某个历史时期形成的行之有效的做法和经验但在另一个历史时期被证明并不一定会有好的效果，必须及时作出调整。比如，在革命战争年代，我们党通过大规模的群众动员和群众运动来整党效果良好；但是，在和平建设年代，实践表明，通过暴风骤雨式的群众运动来整党效果并不好。这就需要我们积极探索在新的历史条件下新的整党方式。

总之，实践向前发展，理论不能停滞。必须注重坚持真理、修正错误，这里的真理指的就是被实践检验过的真理。

3. 坚持在实践中不断推进党的建设理论创新发展

实践是认识的源泉，也是真理的源泉。随着实践的发展，真理性认识也要不断发展。在谈到马克思主义科学真理时，习近平强调指出："一部马克思主义发展史就是马克思、恩格斯以及他们的后继者们不断根据时代、实践、认识发展而发展的历史，是不断吸收人类历史上一切优秀思想文化成果丰富自己的历史。"[①] 同样的道理，立足实践变化，推进党的建设理论创新，在坚持真理中发展真理，这是党的建设实践创新发展的关键，也是党建研究工作者义不容辞的责任。

第一，要在准确揭示和回答党的建设新问题的过程中推进党的建设理论创新。问题就是时代的口号，抓住问题，就是抓住时代的内在矛盾；回答问题，就是揭示时代的本质和趋势。从一定意义上

---

① 习近平．论党的宣传思想工作．北京：中央文献出版社，2020：323．

说，党的建设研究推进的过程就是发现问题、筛选问题、研究问题、解决问题的过程。党的建设研究坚持问题导向，就是要深刻把握时代发展新变化给党的建设带来的发展变化，不断回答在新的历史条件下“建设什么样的党、怎样建设党”的问题。

第二，要在提出新观点、创建新理论中实现党的建设理论创新。在每个时代，党都面临着时代课题和自身建设的重大问题，只有对这些问题的各个方面和环节作出全面系统的回答，提出一系列相互联系的新观点，形成新的科学体系，才能实现党的建设理论的创新飞跃，开创党的建设理论发展的新境界。在这个问题上，党建研究工作者要有高度的思想和行动自觉。

第三节　创新发展新时代党的建设学科方法论

要以“大历史观”为指引，创新发展新时代党的建设学科方法论。在新时代党的建设学科贯彻“大历史观”，就是要在党建研究中秉持一种整体化的文明思维与历史意识，在回顾往昔、直面现在、开创未来的维度上，在立足中国、环顾世界、纵贯古今的视野中，考察和阐释中国共产党的发展进程；在西方与东方学术话语权的较量中，立足中国实际、中国经验，构建新时代中国化的马克思主义党建理论体系。

一、解决好党建研究的核心问题

“建设什么样的党、怎样建设党”是党建研究的核心问题，也是一代又一代中国共产党人不懈探索的重大课题。

1. 以毛泽东同志为主要代表的中国共产党人对党的建设问题的探索

1921 年召开的党的一大，在讨论党的性质、党的最终奋斗目标、党在当时历史阶段的斗争目标和策略等问题的同时，对党的自身建设问题也进行了热烈讨论，讨论的成果被写入了《中国共产党第一个纲领》，这个纲领成为中国共产党的第一份党建文献。1922 年 7 月，党的二大通过了中国共产党历史上第一个党章，大会通过的《关于共产党的组织章程决议案》指出，“凡一个革命的党，若是缺少严密的集权的有纪律的组织与训练，那就只有革命的愿望便不能够有力量去做革命的运动”①。1927 年 6 月中共中央政治局通过的《中国共产党第三次修正章程决案》，第一次把“党的建设”单独开列一章加以论述。

从中国共产党的第一个党纲、第一个党章再到“党的建设”在党的文件中单独开列一章，充分体现了中国共产党自成立之日起就重视并不遗余力地推进党的自身建设。

大革命失败后，以毛泽东同志为主要代表的中国共产党人在探索农村包围城市、最后夺取全国胜利的革命道路的过程中，对党的建设问题进行了积极探索，形成了一系列理论成果。

在井冈山时期，毛泽东认识到党员大多数是农民出身、党长期在农村活动，必须给以无产阶级的思想领导，否则其趋向是会出错误的。1929 年底，在“古田会议决议”中，毛泽东提出要纠正党内的错误思想。可以说，在这一时期，毛泽东关于思想建党的理论、观点形成并系统化。

在抗日战争时期，1939 年 10 月，毛泽东在《〈共产党人〉发刊词》一文中第一次提出了新民主主义革命时期党的建设目标，他将

---

① 中共中央文献研究室，中央档案馆. 建党以来重要文献选编（1921—1949）：第 1 册. 北京：中央文献出版社，2011：162.

党的建设称为“伟大的工程”。

此后，在以毛泽东同志为核心的党的第一代中央领导集体的坚强领导下，中国共产党人把马克思列宁主义基本原理同中国革命的具体实践相结合，创造性地解决了党的建设的一系列特殊矛盾和复杂问题，完成了党的建设的伟大工程，推翻了三座大山，建立起人民当家作主的新中国和社会主义制度，真正实现了中华民族独立和人民解放，为当代中国发展进步创造了前提。

2. 以邓小平同志为主要代表的中国共产党人对党的建设问题的探索

党的十一届三中全会以来，以邓小平同志为主要代表的中国共产党人开启了党的建设新的伟大工程，开启了执政党建设的新篇章，在马克思主义政党史上第一次系统地、科学地（当然也是初步地）回答了执政党应该建设成一个什么样的党以及如何建设党的问题，在以和平与发展为主题的时代，为执政党的建设指明了方向。

以邓小平同志为主要代表的中国共产党人首先回答了执政党是干什么的问题。党的十一届三中全会进行了党的思想路线、政治路线和组织路线的拨乱反正，同时也着手进行党建目标上的拨乱反正。在党的十一届五中全会上，邓小平提出要大家思考“执政党应该是一个什么样的党”① 的问题。在党的十二届二中全会上，邓小平明确提出了执政党建设的目标，即“把我们党建设成为有战斗力的马克思主义政党，成为领导全国人民进行社会主义物质文明和精神文明建设的坚强核心”②。这为执政条件下以及改革开放和社会主义现代化建设环境中坚持党的领导、保持党的先进性注入了时代的新内容，并找到了保持党的先进性的正确途径，为执政党建设指明了方向。

关于“如何建设党”的问题，邓小平提出了社会主义现代化建

---

① 邓小平. 邓小平文选：第 2 卷. 2 版. 北京：人民出版社，1994：276.

② 邓小平. 邓小平文选：第 3 卷. 北京：人民出版社，1993：39.

设必须由共产党来领导。但是，坚持党的领导必须改善党的领导，不仅要改善党的组织状况、党的领导工作状况，改进党的领导方式、方法，而且要改革党和国家的领导制度，特别是要解决党政不分、以党代政和权力过分集中的问题；党要在宪法和法律范围内活动，不能主要靠政策、靠人治来领导。改善党的领导还要坚持和完善中国共产党领导的多党合作和政治协商制度，以及加强和改善党对群众团体的领导等。提高党的领导水平和执政水平，必须加强党的自身建设，提高执政主体的素质。

从党的建设的几大领域看，在思想建设方面，邓小平重新确立、恢复和深化了党的实事求是的思想路线。在组织建设方面，邓小平提出加强党的根本组织制度、领导制度——民主集中制的建设，把党建设成为一个具有健全的民主集中制的党，并实现民主集中制的制度化问题。在作风建设方面，邓小平提出执政党的党风关系到党和国家的性质和面貌，很赞成陈云讲的党风问题是关系党和国家生死存亡的问题；明确了党风建设的实质是保持党和人民群众的密切联系，人民群众的拥护是共产党执政的基础。在党的制度建设方面，邓小平提出加强和完善党和国家的领导制度、组织制度的极端重要性，指出“领导制度、组织制度问题更带有根本性、全局性、稳定性和长期性，这种制度问题，关系到党和国家是否改变颜色”①。

3. 以江泽民同志为主要代表的中国共产党人对党的建设问题的探索

党的十三届四中全会以来，以江泽民同志为主要代表的中国共产党人对党的建设问题进行积极探索，提出了“三个代表”重要思想。

2000 年 2 月 25 日，江泽民在广东省考察工作时，从全面总结党

① 邓小平. 邓小平文选：第 2 卷. 2 版. 北京：人民出版社，1994：333.

的历史经验和如何适应新形势新任务的要求出发，首次对“三个代表”重要思想进行了比较全面的阐述。他提出：“总结我们党七十多年的历史，可以得出一个重要结论，这就是：我们党所以赢得人民的拥护，是因为我们党在革命、建设、改革的各个历史时期，总是代表着中国先进生产力的发展要求，代表着中国先进文化的前进方向，代表着中国最广大人民的根本利益，并通过制定正确的路线方针政策，为实现国家和人民的根本利益而不懈奋斗。”①

“三个代表”重要思想具有鲜明的时代特征，不仅是中国共产党建设的重大课题，同时，它事关党和国家前途命运，是中国共产党的立党之本、执政之基、力量之源。

“三个代表”重要思想创造性地回答了“建设什么样的党、怎样建设党”的问题，集中概括了中国共产党和国家全部理论活动、实践活动，包括一切工作的根本方向、根本准则、根本依据，是指引中国共产党和国家向新世纪伟大进军的行动指南。

在党建研究中，对“三个代表”重要思想的内涵，要从以下三个方面来把握：

第一，中国共产党要始终代表中国先进生产力的发展要求，就是党的理论、路线、纲领、方针、政策和各项工作，必须努力符合生产力发展的规律，体现不断推动社会生产力的解放和发展的要求，尤其要体现推动先进生产力发展的要求，通过发展生产力不断提高人民群众的生活水平。

第二，中国共产党要始终代表中国先进文化的前进方向，就是党的理论、路线、纲领、方针、政策和各项工作，必须努力体现发展面向现代化、面向世界、面向未来的，民族的科学的大众的社会

---

① 江泽民．江泽民文选：第3卷．北京：人民出版社，2006：2.

主义文化的要求，促进全民族思想道德素质和科学文化素质的不断提高，为我国经济发展和社会进步提供精神动力和智力支持。

第三，中国共产党要始终代表中国最广大人民的根本利益，就是党的理论、路线、纲领、方针、政策和各项工作，必须坚持把人民的根本利益作为出发点和归宿，充分发挥人民群众的积极性主动性创造性，在社会不断发展进步的基础上，使人民群众不断获得切实的经济、政治、文化利益。

4. 以胡锦涛同志为主要代表的中国共产党人对党的建设问题的探索

党的十六大以来，以胡锦涛同志为主要代表的中国共产党人，根据新的发展要求，深刻认识和回答了新形势下实现什么样的发展、怎样发展等重大问题，形成了以人为本、全面协调可持续发展的科学发展观。

在科学发展观的指导下，党中央集中全党智慧，深入分析党的建设面临的新形势新任务，认真总结中国共产党作为马克思主义执政党加强自身建设的基本经验，明确提出加强和改进党的建设的总体要求、目标任务、重要举措，对加强和改进新形势下党的建设作出战略部署，体现了继续解放思想、坚持改革开放、推动科学发展、促进社会和谐的要求，适应了新的历史条件下推进党的建设新的伟大工程的客观需要。

办好中国的事情，关键在党。在我们这个拥有十几亿人口的发展中大国，党在推进改革开放和社会主义现代化建设中所肩负任务的艰巨性、复杂性、繁重性世所罕见。党要站在时代前列带领人民不断开创事业发展新局面，必须以改革创新精神加强自身建设，始终成为中国特色社会主义事业的坚强领导核心。以改革创新精神全面推进党的建设新的伟大工程，必须把党的执政能力建设和先进性建设作为主线，加强党的政治建设、思想建设、组织建设、作风建设、纪律建设、制度建设和反腐倡廉建设，进一步增强党的创造力、凝聚力、战斗力，进一步提高党的领导水平和执政水平，更好团结带领全国各族人民开创中国特色社会主义事业新局面。

5. 以习近平同志为主要代表的中国共产党人对党的建设问题的探索

党的十八大以来，以习近平同志为主要代表的中国共产党人，顺应时代发展，从理论和实践的结合上系统回答了新时代坚持和发展什么样的中国特色社会主义、怎样坚持和发展中国特色社会主义，建设什么样的社会主义现代化强国、怎样建设社会主义现代化强国，建设什么样的长期执政的马克思主义政党、怎样建设长期执政的马克思主义政党等重大时代课题，提出一系列原创性的治国理政新理念新思想新战略，创立了习近平新时代中国特色社会主义思想。习近平新时代中国特色社会主义思想是对马克思列宁主义、毛泽东思想、邓小平理论、“三个代表”重要思想、科学发展观的继承和发展，是马克思主义中国化的最新成果，是当代中国马克思主义、21世纪马克思主义，是中华文化和中国精神的时代精华，实现了马克思主义中国化新的飞跃。习近平新时代中国特色社会主义思想是全党全国人民为实现中华民族伟大复兴而奋斗的行动指南，必须长期坚持并不断发展。

在习近平新时代中国特色社会主义思想的指导下，以习近平同志为核心的党中央，为解决“建设什么样的长期执政的马克思主义政党、怎样建设长期执政的马克思主义政党”这个核心问题，把“全面从严治党”纳入“四个全面”战略布局，全面加强党的领导和党的建设，坚决改变管党治党宽松软状况；推动全党尊崇党章，增强政治意识、大局意识、核心意识、看齐意识，坚决维护党中央权威和集中统一领导，严明党的政治纪律和政治规矩，层层落实管党治党政治责任；党的建设制度改革深入推进，党内法规制度体系不断完善；把纪律挺在前面，着力解决人民群众反映最强烈、对党的执政基础威胁最大的突出问题；坚持反腐败无禁区、全覆盖、零容忍，坚定不移“打虎”“拍蝇”“猎狐”，一体推进不敢腐、不能腐、不想腐，反腐败斗争取得压倒性胜利并全面巩固。通过上述措施取得了全面从严治党的卓著成效和丰富经验。

一是必须始终坚持“治国必先治党、治党务必从严”。时刻保持“打铁必须自身硬”的政治清醒，保持自我净化、自我完善、自我革新、自我提高的政治自觉，坚持严字当头、实处着力，不断加强党的自身建设，着力提高领导水平和执政能力，努力把党建设成始终走在时代前列、勇敢担负历史责任、带领人民群众向着伟大目标不断奋进的马克思主义执政党。

二是必须始终坚持思想建党与制度治党紧密结合。牢牢抓住学习贯彻习近平新时代中国特色社会主义思想这个重大政治任务，注重理想信念的常修常补、经常锤炼，促进党员干部运用马克思主义最新理论成果武装头脑；深化党的建设制度改革，推动各方面制度更加成熟定型，更多地用制度治党、管权、治吏。

三是必须始终坚持以人民为中心。坚信党的根基在人民、党的力量在人民，把人民放在心中最高位置，坚持全心全意为人民服务的根本宗旨，一切为了人民、一切依靠人民，充分发挥人民群众的积极性、主动性、创造性。坚持党内监督和人民监督相结合。全面从严治党，首先必须依靠自身力量，用好批评和自我批评这个锐利武器，切实增强“四自”能力。同时，必须注重加强人民监督，实现党内党外同向发力、党心民心同频共振，才能管好党、治好党。

四是必须始终坚持抓住“关键少数”引领“最大多数”。历史和现实告诉我们：解决中国的问题，关键在党；解决党自身的问题，关键在党的各级领导干部。“关键少数”发挥关键作用，政治生态才能风清气正。只有充分发挥领导干部的引领示范作用，一级做给一级看、一级带动一级干，以点带面、以上率下，才能更好地推动全面从严治党落到实处。

五是必须始终坚持问题导向、目标导向、结果导向。把问题作为靶子，以达成目标为原则，以产生实效、群众满意为标准，既从面上科学统筹、系统把握，又抓重点解难点、攻克薄弱环节，瞄着问题去、对着问题走，善于发现问题、勇于正视问题，厘清时间节点、明确任务方法，在解决一个又一个具体问题中，推动整体工作上台阶、上水平。

六是必须始终坚持解放思想、实事求是、改革创新。以更加宽阔的眼界审视马克思主义在当代发展的现实基础和实践需要，坚持以我们正在做的事情为中心，聆听时代声音，更加深入地推动马克思主义中国化。敢于向顽瘴痼疾开刀，敢于触及深层次利益关系和矛盾，坚决冲破思想观念束缚，坚决破除利益固化藩篱，勇于推进党的建设理论创新、实践创新、制度创新。

二、坚持守正与创新相统一

守正创新是中国共产党的重要思想方法和工作方法。坚持守正与创新相统一，是指将坚持正确方向的定力与勇敢创新的自觉统一起来。

1. 构建新时代中国化的马克思主义党建理论体系要坚持守正与创新相统一

守正创新具有丰富的内涵。在构建新时代中国化的马克思主义党建理论体系中，必须把准方向、创新研究，做到坚持守正与创新相统一。

首先，守正创新闪耀着马克思主义哲学的真理光芒。

守正创新包括守正与创新两个方面。“正”即正道，是事物的本质和规律。守正，就是坚守正道，坚持按规律办事。创新即改变旧的、创造新的，“创”是指有意识有目的的创造性认识和实践活动，其目标是“新”，即新的认识和实践成果。概括而言，守正创新即把握事物规律，根据一定的目的改变现存事物，创造新事物。

守正与创新辩证统一，体现了马克思主义唯物论和辩证法的根本要求。守正是创新的前提和基础。事物的规律不以人的意志为转移，是否遵循规律是创新活动朝着什么方向前进、具有何种前途的决定因素。遵循规律，创造性地认识和改造事物，才能使事物在正道上实现新发展。创新是守正的目的和路径。事物发展是不断由量变到质变、连续性和阶段性统一的运动过程。创新意味着对“旧”的突破与超越，是发展的质变、飞跃形式。只有揭示新的历史条件下事物发展的规律性，实现认识的飞跃，以新认识指导新实践，才能把事物推向新的发展阶段。

守正创新充分揭示出马克思主义认识世界和改造世界的原则方法。守正创新中的“新”，通过主体守正和有目的的创造而获得，即合规律性与合目的性相统一的未来事物。因此，守正创新是指向未来、创造未来的认识和实践活动。就认识而言，守正创新要求主体立足并超越现实，把握事物发展规律，运用创造性思维，预见事物诸多可能性并对其进行价值认识，进而选择合乎需要的可能性作为目标，观念性地创造事物的未来理想形态以及实现理想形态的未来实践模型。就实践而言，则是指在科学认识的指导下，通过创造性实践，现实性地改变现存事物，促使事物走向并实现理想的未来结局。

其次，守正创新体现着党的思想路线的内在要求。

党的思想路线是“一切从实际出发，理论联系实际，实事求是，在实践中检验真理和发展真理”。它是中国共产党认识世界和改造世界的思想方法和思想原则，是党认识、分析和处理问题所遵循的最根本的指导原则和思想基础。

从党的思想路线的历史发展来看，其精髓在于解放思想、实事求是、与时俱进、求真务实。相对于辩证唯物主义和历史唯物主义的认识论而言，党的思想路线是马克思主义认识论同中国具体实际相结合的精练概括，既符合马克思主义基本原理，又具有鲜明的中国特色，其中蕴含着守正创新的意义。

从党的思想路线的基本内容来看，它强调“实际”、“实事”和“实践”，立足于“实”，着眼于“是”“真理”，要求在认识世界和改造世界过程中，坚持“是从实来”“真从实来”，尊重客观实际，坚持实践第一观点，体现守正要求；它强调“求是”“发展真理”，着力于“求”“发展”，要求发挥主观能动性，不断探求事物发展规律，发现并试图接近真理，以新认识指导改造世界，体现创新要求。因此，在构建新时代中国化的马克思主义党建理论体系的过程中，坚持守正与创新相统一，也体现了党的思想路线的基本要求。

最后，守正创新彰显着党的建设理论创新和实践创新的时代特征。

守正创新在党和国家的各项事业发展中具有普遍性的指导意义。因此，无论是构建新时代中国化的马克思主义党建理论体系，还是在实践中推动党的建设的实践创新，都必须坚持守正创新。

当前新时代中国化的马克思主义党建理论体系的构建面临着两个重大任务，一个是要与时代相契合，能够反映时代的要求；一个是要与中国实际相契合，能够解释中国实践。这就要求我们一方面不能脱离马克思主义中国化所奠定的基本的理论基础而“另起炉灶”，另一方面必须根据时代发展的要求不断推动理论创新。因此，守正创新彰显着党的建设的理论创新和实践创新的基本特征，其内在的应有之义就是在马克思主义的指导下，不断吸收党的建设理论的已有成果，同时，根据新的要求，不断创造新的能够解释现实并能够推动现实向前发展的理论。

2. 在构建新时代中国化的马克思主义党建理论体系中坚持守正与创新相统一

党的十八大以来，在复杂多变的国际国内形势下，以习近平同志为核心的党中央积极探索在新的时代条件下“建设什么样的长期执政的马克思主义政党、怎样建设长期执政的马克思主义政党”的问题，并遵循守正创新之道，对一系列党的建设问题作出了明确回答。比如，坚持党的领导，提出了坚持和加强党的全面领导的问题；坚持中国共产党重视政治建设的传统，提出了党的政治建设是党的根本性建设，决定党的建设的方向和效果；在“坚持党要管党，从严治党”的基础上提出了“坚持党要管党，全面从严治党”的方针，将“全面从严治党”纳入“四个全面”战略布局……这一系列理论创新就是坚持守正与创新相统一的结果。

如何在构建新时代中国化的马克思主义党建理论体系中坚持守正与创新相统一？应该做到以下几点：

第一，既要合乎马克思主义，也要合乎新的实践要求。马克思主义是我们立党立国的根本指导思想，是中国共产党的灵魂和旗帜。习近平在庆祝中国共产党成立 100 周年大会上指出：“中国共产党为什么能，中国特色社会主义为什么好，归根到底是因为马克思主义行!”[①]中国共产党的历史，就是一部不断推进马克思主义中国化的历史，一部不断推进理论创新、进行理论创造的历史。同时，中国共产党又是在不断回答时代之问的过程中前进的。因此，守正创新要求我

---

① 习近平. 在庆祝中国共产党成立 100 周年大会上的讲话. 北京：人民出版社，2021：13.

们必须坚持马克思主义，在马克思主义的指导下去不断回答时代之问，在此过程中创造能够解释时代的新理论。

第二，既要合乎规律性，也要合乎目的性。规律性是客观事物相互作用中所固有的稳定的规定性，一般指事物现象形态及其发展过程中固有的内在的本质联系，以及其发展的必然趋势。事物的规律性是客观的，不以人的意志为转移。目的性是指事物发展所指向的目标，就是要以目标为导向，指引事物的发展，也就是做事情要做到有的放矢。构建新时代中国化的马克思主义党建理论体系既要合乎规律性，也要合乎目的性，是指在遵循规律的前提下，这一理论体系的构建要有助于中国问题的解决。

三、不断提高党的建设科学化水平

党的建设科学化，是指以科学理论指导党的建设、以科学制度保障党的建设、以科学方法推进党的建设，使党的建设符合科学的性质或状态。科学是反映自然规律、社会规律、人类思维规律的知识体系；规律是事物之间的内在的必然联系，决定着事物发展的必然趋向。提高党的建设科学化水平，主要是要认识和把握新的历史条件下党的建设的规律。

1. 深刻认识不断提高党的建设科学化水平的意义

中国共产党是按照马克思列宁主义建党原则建立起来的工人阶级先锋队组织，从一开始就是一个按照科学化要求建立的政党。在革命、建设、改革的各个时期，中国共产党都十分重视推进党的建设科学化。

当前，中国共产党面临执政考验、改革开放考验、市场经济考验、外部环境考验，存在精神懈怠危险、能力不足危险、脱离群众危险、消极腐败危险，立足“两个大局”，按照新时代党的建设总要求去推进党的建设，必须不断提高党的建设科学化水平。

第一，提高党的建设科学化水平，是对党的建设历史经验的深刻总结，是党的建设规律的重要体现。提高党的建设科学化水平，归根到底是要准确把握和自觉运用马克思主义执政党建设规律，研究新情况、解决新问题、创造新经验，在以科学理论指导党的建设、以科学制度保障党的建设、以科学方法推进党的建设上不断取得实实在在的成效。历史和实践证明，把握和运用规律是十分重要的。

第二，提高党的建设科学化水平，是积极应对世情、国情、党情深刻变化的现实需要。当今世界正处在大发展大变革大调整时期，我国正处在进一步发展的重要战略机遇期，在外部环境发生深刻变化的时代背景下，党在推进改革开放和社会主义现代化建设中所肩负任务的艰巨性、复杂性和繁重性世所罕见，在改革发展稳定中所面临矛盾和问题的规模和复杂性世所罕见，在前进中所面对的困难和风险也世所罕见。国内外形势的新变化、改革发展稳定的新要求、人民群众的新期待，都迫切要求中国共产党以改革创新精神进一步加强自身建设，不断提高党的建设科学化水平。

第三，提高党的建设科学化水平，是继续推进党的建设新的伟大工程的必然要求。一方面，党的十六大以来，我们党在自身建设上取得了重要成果，为党的建设科学化奠定了坚实的实践基础；另一方面，党的建设新的伟大工程对于提高党的建设科学化水平提出了现实需求。从总体上看，党的领导水平和执政能力、党的建设状况虽然同党肩负的历史使命是适应的，但是党内存在一些不适应新形势新任务要求、不符合党的性质和宗旨的问题。这些问题如不引起应有重视，及时加以解决，将严重削弱党的创造力、凝聚力、战斗力，严重影响党的执政地位巩固和执政使命实现。这就要求我们必须切实提高党的建设科学化水平，确保党始终成为中国特色社会主义事业的领导核心。

2. 科学把握全面提高党的建设科学化水平的途径

全面提高党的建设科学化水平，要求全党增强紧迫感和责任感，牢牢把握加强党的长期执政能力建设、先进性和纯洁性建设这条主线，努力朝着新时代党的建设总体目标前进。

第一，牢牢把握主线。牢牢把握加强党的长期执政能力建设、先进性和纯洁性建设这条主线，是整体推进党的建设的重点。中国共产党执政已经 70 多年，在长期的执政实践中执政能力不断提高。但在新形势下，必须不断研究新情况、解决新问题、增长新本领，使党的执政方略更加完善、执政体制更加健全、执政方式更加科学、执政基础更加巩固，从而持续提高执政能力。保持党的先进性和纯洁性，是马克思主义政党自身建设的根本任务和永恒课题。只有加强先进性和纯洁性建设，使党的理论和路线方针政策符合社会发展规律，并通过全体党员高度的思想觉悟和奉献精神来体现党的先进性和纯洁性，中国共产党才能始终引领和推动经济社会发展，始终得到人民群众的拥护和支持。

第二，始终坚持目标。全面提高党的建设科学化水平，要求我们努力把党建设成为始终走在时代前列、人民衷心拥护、勇于自我革命、经得起各种风浪考验、朝气蓬勃的马克思主义执政党。这个总目标涵盖了提高党的执政能力和领导水平、保持党的先进性和纯洁性、密切党同人民群众的血肉联系、不断增强党的“四自”能力、始终保持党朝气蓬勃的政治品格和精神风貌等诸多方面，构成了一个有机统一的整体，集中体现了党的性质、宗旨和纲领，体现了新时代中国共产党人的价值取向、政治定力和使命担当。加强新时代党的建设，必须牢牢把握这个总目标，一步步朝着这个总目标迈进。

第三，不断改进方法。全面提高党的建设科学化水平，要求我们在坚持过去党的建设成功经验的同时，积极探索运用现代科学方法，包括探索运用信息网络技术以及现代管理学、组织学、心理学等。尤其要着眼于对实际问题的思考，着眼于新的实践和新的发展，把党的建设理论研究取得的丰硕成果转化为提高党的建设科学化水平的具体举措。

（作者单位：中共中央党校（国家行政学院）党的建设教研部）

第八章
党的建设学科的人才队伍培养

刘红凛　胥壮壮　解向楠

人才队伍培养是党建学科建设的重要任务，也是党建学科研究与教学为党和国家大局服务的重要渠道。当前，中国特色社会主义进入新时代，急需党建学科培养出大批优质的党建人才以适应形势需要。全面从严治党，加强党对一切工作的领导，加强中央国家机关党组织建设，加强大中小学、事业单位、国有企业党组织建设，加强乡镇社区基层党组织建设等，需要大批党务工作人才。加强新时代执政党建设研究，加强同世界各国政党对话和交流，需要大批党建研究人才。特别是中共党史党建成为一级学科后，迫切需要大量从事党建教学和研究工作的高级人才。因此，努力扩大党建学科人才培养的规模并提高其能力与优质化水平，以适应新时代对党建人才的新要求新期待，迫在眉睫。

第一节　人才队伍培养的现状

在相当长的一个历史时期里，党建学科的人才培养主要聚焦在党校党员干部的教育培训上。改革开放以来，党建学科开启了培养党的建设专业硕士生、博士生的新局面。从 1981 年至 2017 年底，就全国范围内党建专业硕士生、博士生的培养情况看，主要以中共中央党校（国家行政学院）党的建设教研部为主，但规模比较有限。根据相关人员推算，从 1983 年至 2016 年底，中共中央党校（国家行政学院）党的建设教研部已培养硕士生 250 名左右；从 1987 年至 2016 年，中共中央党校（国家行政学院）党的建设教研部已培养博士生 100 名左右[①]。就全国高校相关情况看，2017 年下半年北京大学、中国人民大学、清华大学、北京师范大学、南开大学、吉林大学、东北师范大学、复旦大学、山东大学、武汉大学、兰州大学、中国社会科学院大学等 12 家单位依托马克思主义理论一级学科设置党建二级学科或研究方向，并于 2018 年开始招收党建专业硕士生、博士生，从此开启了高校党建学科人才培养的新局面。

一、人才培养目标

人才培养是学科建设与学科发展的中心任务，也是学科教学中首先要回答的问题，即在新时代培养什么样的党建人才问题。从根本上看，社会发展需求决定着学科人才培养目标。从当前党的建设

① 欧阳淞. 建好高校“党的建设”学科的看法和建议. 马克思主义理论学科研究，2017 (4).

形势与任务看，全国各党政机关、高校教师、高校政工、党校教师、理论研究、新闻宣传、企事业单位的党建部门等，对专业化的党建人才的需求很大。根据社会需求，复旦大学党建学科人才培养目标定位在“四会”上，要求党建专业博士生与硕士生练好“四会”基本功、具备“四会”本领；“四会”即指会做学术研究与学术论文、会做理论研究与理论文章、会做宣传文章与理论宣传、会做决策咨询与咨政报告。

党建学科的人才培养目标可从思想政治、专业知识、学术研究、综合能力四个方面作具体界定。一是在思想政治方面，党建学科致力于培养具有坚定的马克思主义信仰、共产主义理想、中国特色社会主义信念，具有正确的政治立场，热爱祖国，坚持与拥护中国共产党的领导，具有坚实深厚的马克思主义理论功底，系统掌握马克思主义政党理论，遵纪守法、品德良好、身心健康、学风严谨，具有强烈的责任感、使命感和事业心的专门人才。二是在专业知识方面，党建专业致力于培养能够掌握马克思主义政党历史发展与基本理论、执政党建设理论、党内法规与制度，中外政党与政党治理比较等基本知识、基本理论，能够适应当代党和国家事业发展的专门人才。三是在学术研究方面，党建专业致力于培养具有独立从事党的建设研究的能力，全面掌握党建专业学科建设和学术研究的理论前沿和学术动态，全面掌握党建学科之“主流、经典、前沿”的专业文献，熟练运用一门外语进行本专业学习，具有一定的学术研究能力、理论研究能力、理论宣传能力、决策咨询能力的专门人才。四是在综合能力方面，党建专业致力于培养专业基础扎实、知识面广和适应面宽、具有学术创新能力、理论联系实践的复合型专业人才。作为最基本的要求，党建学科的人才培养至少要求毕业生具备独立的阅读能力与学习能力，能够熟练查阅、辨析和分析文献资料，并能在研究中正确运用这些资料；在学习和研究问题中，有一定的独立思考和提出自己见解的能力；能在教师的指导下，独立完成某一课题的研究和毕业论文的写作，并通过答辩，获得硕士学位或博士学位[①]。

二、硕士生、博士生招生研究方向

党的建设作为一门相对独立的学科，有其相对独立的研究内容。为加强党建学科建设与人才培养，最初，教育部、国务院学位办专门为“党的建设”专业硕士生、博士生制定了培养方案，在研究方向方面，“硕士学位有 3 个，即马克思主义政党理论研究、党的建设历程及基本经验研究、党的建设重大理论与实践问题研究；博士学位有 5 个，除与硕士学位相同的 3 个外，另加中外执政党建设比较研究、基层党的建设理论与现实研究”[②]。根据教育部、国务院学位办的指导性方案，全国相关高校马克思主义学院根据各单位实际情况具体设置党建专业硕士生、博士生招生研究方向，呈现出一定的学校特色与地方特色。

到 2021 年，党建专业学位点的数量较以往得到大幅增加，且多数高校设置了具体研究方向。各高校结合本区域、本校的学科优势与特色以及师资力量，在党建专业硕士生、博士生招生研究方向与研究领域上呈现出一定差异。总体而言，到目前为止，党建专业硕士点的数量明显多于博士点，但相关高校党建专业博士点设置的研究方向更为具体。

---

① 来源于复旦大学党的建设专业硕士生和博士生培养方案。

② 杨德山，张冬冬. 新时代高校党的建设学科发展现状调查及展望. 上海交通大学学报（哲学社会科学版），2021（1）.

全国相关高校党建专业硕士生招生研究方向大致包含9个方面：(1)马克思主义政党理论研究；(2)习近平总书记关于党的建设的重要思想研究；(3)中国共产党建设的历史与经验研究；(4)中国共产党建设的理论与实践研究；(5)基层党建理论与实践研究；(6)党内法规与制度研究；(7)中外执政党比较研究；(8)党的领导与执政能力研究；(9)党务管理研究。

全国相关高校党建专业博士生招生研究方向大致可归纳为11个方面：(1)马克思主义政党重大理论研究；(2)中国共产党建设的历史与经验研究；(3)中国共产党建设的理论与实践研究；(4)习近平总书记关于党的建设的重要思想研究；(5)党内法规研究；(6)中外政党制度比较研究；(7)基层党的建设理论与现实研究：(8)中国共产党执政规律研究；(9)海外中国共产党建设研究；(10)中国共产党对外交往和党际关系研究；(11)中国共产党意识形态工作领导权和话语权研究。此外，部分高校结合本校特色与优势，设置具有特色的研究内容与领域，如北京大学的“李大钊研究”、中南民族大学的“民族地区党建与社会治理研究”等。

进一步就首批全国重点马克思主义学院在党建专业的招生情况看，在2018年以“党的建设”专业的名义进行招生的12家单位中，有9家单位的马克思主义学院属于全国首批重点马克思主义学院，即北京大学、中国人民大学、清华大学、南开大学、吉林大学、复旦大学、山东大学、武汉大学、兰州大学。截止到2021年底，这9家单位已经招收4届党建专业硕士生、博士生。这9家全国重点马克思主义学院在党建专业招生研究方向与学科设置方面，具有一定的代表性与分析意义。

就上述首批9所全国重点马克思主义学院党建专业进行硕士生招生时设置的研究方向与发展变化看，根据以“是否按照党建二级学科招生”为第一要件，以“是否区分研究方向”为第二要件，以前两个要件在5年招生中（含2022年招生简章）“是否一以贯之”为第三要件，这9所全国重点马克思主义学院在党建硕士生招生研究方向上，可以区分为6类情形：

（1）5年间均以党建二级学科招生且不区分研究方向，如北京大学。

（2）5年间均以马克思主义理论一级学科招生，下设党的建设研究方向，如清华大学、兰州大学。

（3）5年间均以党建二级学科招生，且招生研究方向一以贯之，如武汉大学党建专业硕士生招生设置5个研究方向，即马克思主义政党基本理论研究、中国共产党建设历史研究、中国共产党建设基本问题研究、党务管理研究、国外执政党建设及其借鉴研究，其中“党务管理”是武汉大学硕士生招生中较为有特色的研究方向。

（4）5年间一直以党建二级学科招生、从不设置研究方向转为设置研究方向，如中国人民大学在2022年的硕士生招生中，设置党内法规方向与不区分研究方向两类，其中，党内法规方向硕士生学制为3年；不区分研究方向即党内法规之外的研究方向，硕士生学制为2年。这种情况的出现，很可能与党内法规3年制硕士在法学院招生，2年制硕士在马克思主义学院招生有关。

（5）5年间一直以党建二级学科招生，从不设置研究方向到设置研究方向，再到不设置研究方向，如南开大学在2018年的硕士生招生中不设置研究方向，2019年、2020年招生时设置中国共产党建设的历史与经验、中国共产党建设的理论与实践2个研究方向；2021年、2022年则以马克思主义理论一级学科进行招生，下设党的建设研究方向。

（6）5年间一直以党建二级学科招生，从设置研究方向转为不设置研究方向。如吉林大学在2018年、2019年的硕士生招生中，设置5个研究方向，即党的建设重大理论与实践问题研究、党的建设历程及基本经验研究、中外执政党建设比较研究、基层党的建设理论与实践研究以及中国共产党制度治党研究；但在2020年、2021年、2022年的硕士生招生中，不再设置研究方向。复旦大学从2018年至2021年以党建二级学科进行招生，逐步形成新时代党的建设与实践研究、马克思主义政党理论研究、党内法规制度建设研究、党的建设史与海外中共学研究、基层党建理论与实践研究以及中外政党与政党治理比较研究6个研究方向；2022年根据学校要求，转变为以马克思主义理论一级学科招生，下设党的建设理论与实践研究、党内法规与制度研究2个研究方向。

就上述首批9所全国重点马克思主义学院党建专业博士生招生设置的研究方向与发展变化看，相较于一些单位既在党建二级学科下招收硕士生，又在马克思主义理论一级学科下招收党建专业硕士生的情况而言，上述9家单位在党建专业博士生招生中采取的招生方式前后较为一致，如清华大学、兰州大学自2018年至2022年均以马克思主义理论一级学科进行招生；北京大学、中国人民大学、南开大学、吉林大学、山东大学、武汉大学均以党建二级学科进行招生；复旦大学则在2018年至2021年以党建二级学科进行招生，2022年以马克思主义理论一级学科进行招生。相较于一些单位在党建专业硕士生招生方向上存在从“区分研究方向”向“不区分研究方向”转变或从“不区分研究方向”向“区分研究方向”转变的情形，9家单位党建专业博士生招生基本都设置研究方向，如中国人民大学在2018年至2021年的硕士生招生中均不设置研究方向，而博士生招生曾经设置过马克思主义政党理论研究、党的建设历程及基本经验研究、中共妇运的理论与实践、马克思主义党建理论中国化研究以及中共党建思想史、制度史等研究方向。北京大学在2018年至2021年的博士生招生中不设置研究方向，2022年招生时设置马克思主义政党重大理论研究、中国共产党建设的历史与经验研究、习近平关于新时代党的建设重要论述研究、党内法规研究、中外政党制度比较研究、李大钊研究6个研究方向。进一步对党建二级学科硕士生、博士生招生研究方向进行对比，山东大学博士生招生研究方向的设置与硕士生完全一致；武汉大学的博士生与硕士生招生研究方向的设置则存在差异，在硕士生招生研究方向中有党务管理研究，而博士生招生研究方向中则无，在博士生招生研究方向中增加了中国共产党党内法规制度研究、执政党建设与国家治理以及基层党的建设研究。

另外，综观2018年至2022年上述9家单位党建专业硕士生、博士生招生研究方向设置，党内法规研究正逐步纳入相关单位的招生研究方向。其中，武汉大学自2019年开始在博士生招生研究方向中设置中国共产党党内法规制度研究，复旦大学自2019年开始在硕士生及博士生招生研究方向中设置党内法规制度研究，中国人民大学2022年在硕士生及博士生招生研究方向中均增加了党内法规研究方向，北京大学2022年在博士生招生专业目录中首次设置招生研究方向便把“党内法规研究”列入。

三、硕士生、博士生招生规模与数量

以全国重点马克思主义学院为代表，自2018年12家单位首次招收党建专业硕士生、博士生以来，近5年来，高校党建专业在硕士生、博士生招生规模与数量方面，可谓逐年上升；除了面向全国公开招生的统招生外，党建专业从一开始就纳入“高校思想政治理论课教师队伍后备人才培养专项支持计划”。2018 年，教育部办公厅印发的《教育部办公厅关于实施 2018 年“高校思想政治理论课教师队伍后备人才培养专项支持计划”的通知》指出，自 2018 年开始实施“高校思想政治理论课教师队伍后备人才培养专项支持计划”，“2018 年计划增加招生 1 490 人，其中，博士研究生 500 人，硕士研究生 990 人”[①]，所属马克思主义学院入选首批全国重点马克思主义学院的 9 所高校均在名额分配名单之中，“党的建设”作为马克思主义理论一级学科下的二级学科，从一开始就承担了高校思想政治理论课教师队伍后备人才的培养工作，在专业正常招生外有了较多的专项计划招生名额。

就党建专业硕士生招生数量看，如表 8-1 所示，2018 年至 2021 年首批 9 所全国重点马克思主义学院招收党建专业硕士生总量超过 240 人，且每年招生规模呈递增态势。在上述 9 家单位中，中国人民大学、复旦大学、山东大学以及武汉大学招生规模较大。鉴于搜集到的复旦大学、山东大学以及武汉大学 3 家单位的数据较为全面清晰，在此主要对这 3 家单位的招生规模进行分析。一方面，这 3 家单位均采用推免以及统考两种方式进行硕士研究生招生，4 年时间，3 家单位通过推免方式共招收约 56 名学生，通过统考方式共招收 75 名学生。另一方面，复旦大学与武汉大学的招生规模大致逐年递增、趋于平稳；山东大学招生规模在 9 家单位中最大，2018 年招生 9 人，2019 年招生 14 人，2020 年招生 23 人，2021 年招生 19 人，4 年共计招收 65 人，2020 年招生 23 人尤为突出。

---

① 教育部办公厅关于实施 2018 年“高校思想政治理论课教师队伍后备人才培养专项支持计划”的通知. 教育部网站，http://www.moe.gov.cn/srcsite/A13/moe_772/201804/t20180428_334632.html.

表 8-1 2018—2021 年首批 9 所全国重点马克思主义学院党建专业硕士生招生数量

	2018 年	2019 年	2020 年	2021 年
北京大学	4（4 统考+0 推免）	5（4 统考+1 推免）	5（3 统考+2 推免）	3（1 统考+2 推免）
中国人民大学	总量 5	8（6 统考+2 推免）	总量 11	11（7 统考+4 推免）
清华大学	总量 1	总量 4	总量 4	不详
南开大学	总量 10	总量 2	总量 4	5（3 统考+2 推免）
吉林大学	3（3 统考+0 推免）	2（2 统考 0 推免）	4（4 统考+0 推免）	6（6 统考+0 推免）
复旦大学	5（4 统考+1 推免）	8（7 统考+1 推免）	8（5 统考+3 推免）	9（5 统考+4 推免）
山东大学	9（4 统考+5 推免）	14（7 统考+7 推免）	23（10 统考+13 推免）	19（13 统考+6 推免）
武汉大学	7（7 统考+0 推免）	8（3 统考+5 推免）	10（3 统考+7 推免）	11（7 统考+4 推免）
兰州大学	总量 3	总量 3	总量 6	不详
总计	47	54	75	64+

资料来源：依据各单位硕士生拟录取名单整理而成。

注：其中以总量形式进行标注的部分参照了杨德山、张冬冬的《新时代高校党的建设学科发展现状调查及展望》（《上海交通大学学报（哲学社会科学版）》，2021 年第 1 期）一文。

就党建专业博士研究生招生数量看，如表 8-2 所示，2018 年至 2021 年首批 9 所全国重点马克思主义学院招收党建专业博士生总量超过 190 人，其中，2019 年招生数量增幅较大。概言之，9 家单位每年合计招收党建专业博士生 60 人左右，包括统招与定向两大类。其中，统招主要包括推荐免试攻读博士、硕博连读以及普通招考三种方式；定向指定向就业，主要包括高校思政课教师专项计划、高校思政骨干专项计划、对口支援专项计划、少数民族骨干计划等。鉴于搜集到的北京大学、吉林大学、复旦大学的博士生招生数据较为全面，主要对此 3 家单位博士生招生数量进行分析。2018 年至 2021 年，北京大学共招收党建专业博士生 17 人，均为统招类；吉林大学共招收党建专业博士生 19 人，其中统招 15 人，定向 4 人；复旦大学共招收党建专业博士生 41 人，其中统招 33 人，定向 8 人。

表 8－2　2018—2021 年首批 9 所全国重点马克思主义学院党建专业博士生招生数量

	2018 年	2019 年	2020 年	2021 年
北京大学	5（4＋1 硕博连读）	5	4	3（2＋1 直博）
中国人民大学	总量 3	总量 8	总量 8	不详
清华大学	总量 3	总量 6	总量 6	不详
南开大学	总量 3	总量 3	5（4＋1 思政课教师专项）	6（4＋2 思政骨干专项）
吉林大学	4	4（3＋1 两课教师专项）	6（4＋1 对口支援专项＋1 思政教师专项）	5（4＋1 两课教师专项）
复旦大学	5（3＋1 复旦人才工程＋1 思政骨干专项）	13（9＋1 复旦人才工程＋2 思政骨干专项＋1 两课教师专项）	12（7＋1 硕博连读＋1 复旦人才工程＋1 思政骨干专项＋2 思政课教师专项）	11（9＋1 硕博连读＋1 思政骨干专项）
山东大学	9（5＋2 思政骨干专项＋1 思政课教师专项＋1 少数民族骨干）	12（8＋2 思政骨干专项＋2 思政课教师专项）	总量 10	不详
武汉大学	总量 2	7（5＋1 思政骨干专项＋1 两课教师专项）	6（5＋1 思政骨干专项）	7
兰州大学	6（4＋2 思政骨干专项）	总量 3	总量 4	不详
总计	40	61	61	有数据的 5 家单位共招生 32 人

资料来源：依据各单位博士生拟录取名单整理而成。

注：其中以总量形式进行标注的部分参照了杨德山、张冬冬的《新时代高校党的建设学科发展现状调查及展望》（《上海交通大学学报（哲学社会科学版）》，2021 年第 1 期）一文。

对比首批 9 所全国重点马克思主义学院党建专业硕士生与博士生招生规模，就 2018 年至 2021 年的招生总量而言，硕士生招生超过 240 人，博士生招生超过 190 人，硕士生招生规模较大。具体到招生年份，2018 年 9 所全国重点马克思主义学院共招收硕士生 47 人、博士生 40 人，2019 年 9 所全国重点马克思主义学院共招收硕士生 54 人、博士生 61 人，2020 年 9 所全国重点马克思主义学院共招收硕士生 75 人、博士生 61 人。具体到 9 家招生单位，鉴于在搜集到的数据中，北京大学、南开大学、吉林大学、复旦大学、武汉大学的数据比较完整，在此主要对这 5 家单位进行分析。在这 5 家单位中，北京大学 4 年共招收党建专业硕士生 17 人、博士生 17 人，硕士生与博士生的招生规模相当。南开大学除 2018 年硕士生招生数量较多外，其余年份博士生招生数量比硕士生多 1 人。吉林大学 4 年共招收硕士生 15 人、博士生 19 人，博士生招生规模比硕士生略大；若仅就统招类博士生招生规模与硕士生招生规模进行比较，吉林大学 4 年共招收全日制博士生 15 人，这与硕士生招生总量持平。复旦大学 4 年共招收党建专业硕士生 30 人、博士生 41 人，博士生招生规模较硕士生大；若仅就统招类博士生招生规模与硕士生招生规模进行比较，复旦大学 4 年共招收全日制博士生 33 人，这与硕士生招生总量大致相当。武汉大学 4 年共招收党建专业硕士生 36 人，博士生 22 人，硕士生招生规模较博士生大。

四、入学资格与培养管理方式

根据表 8－3 对 2018 年至 2022 年首批 9 所全国重点马克思主义学院党建专业硕士统考专业课程的汇总情况，可以看出 9 家单位在党建专业硕士生入学资格考试方面的共性与个性。从共性看，作为马克思主义理论一级学科下的二级学科，党建专业硕士生入学资格考试基本以马克思主义基本原理与中国化的马克思主义理论两门专业课为主。北京大学、中国人民大学、清华大学、兰州大学自 2018 年至 2022 年的硕士统考专业课设置虽然在名称上有所不同，但内容上主要包含马克思主义基本原理以及中国化的马克思主义理论两部分内容；山东大学在 2019 年至 2022 年的硕士统考专业课设置中也均设置“马克思主义基本原理”以及“中国化马克思主义”；吉林大学在 2021 年与 2022 年的硕士统考专业课设置中设置“中国化的马克思主义”与“马克思主义基本原理”；复旦大学在 2018 年、2019 年、2022 年的硕士统考专业课设置中设置“马克思主义基本原理”与“当代中国马克思主义概论”。从个性看，南开大学 2018 年、2019 年设置“中国共产党的建设”，2020 年至 2022 年注重考核“中国近现代史基本问题”；吉林大学在 2018 年至 2020 年曾设置“中国近现代史基本纲要”以及“中国共产党史”；复旦大学 2020 年、2021 年设置“党的建设学说与政党政治原理”；武汉大学 2018 年、2019 年曾设置“马克思主义党的学说与党的建设”与“中共党史”。综合来看，党建专业需要学生具备马克思主义基本原理、中国化的马克思主义、中国近现代史、中共党史、马克思主义党的学说与马克思主义党的建设史、政党政治等专业基础。另外，2021 年以来，全国重点马克思主义学院硕士生招生“推免入学”名额原则上可以达到招生总数的 80%；而对于党建专业博士生，2018 年招生以来，全国重点马克思主义学院基本是实行“申请+考核”制。

表 8-3　2018—2022 年首批 9 所全国重点马克思主义学院党建专业硕士统考专业课程

	2018 年	2019 年	2020 年	2021 年	2022 年
北京大学	1. 马克思主义基本原理 2. 中国化的马克思主义	同前	同前	同前	同前

续表

	2018年	2019年	2020年	2021年	2022年
中国人民大学	1. 马克思主义理论综合 2. 当代中国马克思主义理论与实践	同前	同前	同前	同前
清华大学	1. 马克思主义基本原理 2. 毛泽东思想和中国特色社会主义理论	同前	同前	同前	同前
南开大学	1. 马克思主义基本原理 2. 中国共产党的建设	同前	1. 马克思主义基本原理 2. 中国近现代史基本问题	同前	同前
吉林大学	1. 马克思主义党建理论 2. 中国共产党建设史	1. 中国近现代史纲要 2. 中国共产党史	同前	1. 中国化的马克思主义 2. 马克思主义基本原理	同前
复旦大学	1. 马克思主义基本原理 2. 当代中国马克思主义概论	同前	1. 马克思主义基本原理 2. 党的建设学说与政党政治原理	同前	1. 马克思主义基本原理 2. 当代中国马克思主义概论
山东大学	1. 马克思主义基本原理 2. 中国化马克思主义	同前	同前	同前	同前
武汉大学	1. 马克思主义党的学说与党的建设 2. 中共党史	同前	1. 马克思主义基本原理 2. 马克思主义中国化及其理论成果	同前	同前
兰州大学	1. 马克思主义基本原理 2. 中国马克思主义理论与实践	同前	同前	同前	同前

资料来源：根据各单位 2018 年至 2022 年硕士研究生招生目录拟制。

在研究生入学以后，培养与管理就成为重要环节。党建专业研究生的培养方式与马克思主义理论一级学科基本一致，主要分为日常教学模式与实践环节。在党建专业课程设置中，教学方式主要采用听课与研究相结合，以授课主题为中心，教师作启发性和提示性讲授；学生在事先认真准备的基础上，围绕教师讲授的内容和有关问题，认真准备发言提纲，开展研讨和交流，做到教学相长，加深对问题的认识。从实践环节来看，党建专业研究生培养方案中主要有三种方式：（1）学术活动。参加与开展学术活动是马克思主义学院所有学术学位研究生培养必修环节，是研究生拓宽学术视野、提高交流能力的重要途径。（2）参加社会实践。参加社会实践是研究生了解和认识现实社会和基本国情、学以致用、理论联系实际、增强社会责任感和社会关怀意识的重要途径。党建专业一般要求博士生必须积极参加与本学科以及个人学位论文选题相关的社会实践，进行一次时间不短于 1 个月的社会实践。（3）实践教学。根据《教育部办公厅关于实施 2018 年“高校思想政治理论课教师队伍后备人才培养专项支持计划”的通知》的要求，列入“高校思想政治理论课教师队伍后备人才培养专项支持计划”的硕士生和博士生，其中硕士生在学期间担任公共课或专业课助教应不少于半年，博士生应不少于一年。研究生要辅助指导教师完成本专业本科生课程的教学工作，包括教学辅导答疑、学生作业批改等，使学生应用所学知识的能力得到锻炼。

第二节　人才队伍培养的主要成就和基本经验

改革开放以来，党的建设学科人才队伍培养体系从无到有实现跨越式发展，为党和国家培养了一批从事党建研究和党建工作的各类人才，取得了显著成就，积累了丰富经验，奠定了党建人才队伍培养在新时代进一步跨越式发展的坚实基础。

一、主要成就

自 2018 年一些全国重点马克思主义学院率先在马克思主义理论一级学科下设立党的建设二级学科、进行硕博招生以来，相关单位积极探索如何加强党建学科人才培养，成效显著。主要成就体现在以下三个方面：

一是基本形成了党建专业硕博一体化的培养体系。自 2018 年党建专业招生以来，相关单位基本形成了统考与推荐免试相结合的硕士生招生方式；党建专业博士生则呈现出统考、申请考核、硕博连读、推荐免试直博等四种招生方式，基本形成了一定的党建专业硕士生、博士生招生规模。一方面，相关单位不断扩大党建专业硕士生、博士生招生规模，为进一步加强党建学科建设与人才培养奠定了良好基础。从统招的硕士生、博士生规模看，党建专业在硕士生、博士生方面的每年招生数量基本持平；而且，在整个马克思主义理论一级学科下所占的招生比例，逐渐提高，基本上已经位居中位以上。另一方面，相关单位在硕士生、博士生培养层面探索出了相对完善的研究方向。党建专业研究方向的完善，既明确了党建专业硕士生、博士生需要掌握的专业基础范围，也为硕士生、博士生的学术研究指明了方向。

综观首批 9 所全国重点马克思主义学院党建专业硕士生与博士生的招生研究方向，大致包含马克思主义政党理论研究、党的建设历程与基本经验研究、党的建设重大理论与实践问题研究、中外执政党建设比较研究、基层党的建设理论与现实研究以及党内法规制度研究 6 个研究方向，各研究方向之间互为依托。除党内法规制度研究外，其余 5 个研究方向与教育部和国务院学位办为“党的建设”专业硕士生、博士生制定的培养方案所设置的研究方向大致相同。

二是同马克思主义理论一级学科的其他二级学科基本形成一体化培养理念。国务院学位委员会对马克思主义理论学科博士、硕士学位基本要求有着基本规定与基本规范，相关单位对马克思主义理论学科硕士生、博士生的培养形成了较为一致的培养理念，党建专业硕士生、博士生培养逐渐纳入马克思主义理论一级学科共同理念之下。

在学术素养要求方面，国务院学位委员会对硕士生提出厚植专业基础、关注理论前沿的要求，要求“认真阅读马列经典著作和中国化马克思主义重要文献，有比较深厚的马克思主义的理论功底和相关专业基础知识。了解学科研究的最新学术动态和最新研究成果，善于在学术讨论中得到启发和提高”①。对于马克思主义理论学科博士生的学术素养，国务院学位委员会亦提出了相应要求，在强调夯实专业基础的同时，提出要“坚持马克思主义在意识形态领域的指导地位，以学习、研究、传承马克思主义理论为己任，为马克思主义中国化的理论成果提供有学理支撑的阐释，为建设和发展中国特色社会主义提供科学的决策咨询意见，为高校思想政治理论课程建设服务”②。作为马克思主义理论一级学科下的二级学科，党建专业的硕士生、博士生培养也基本围绕此展开。从现实角度看，目前党建专业博士生的相当招生比例为“高校思想政治理论课教师队伍后

① 国务院学位委员会第六届学科评议组．一级学科博士、硕士学位基本要求：上册．北京：高等教育出版社，2014：68.

② 国务院学位委员会第六届学科评议组．一级学科博士、硕士学位基本要求：上册．北京：高等教育出版社，2014：66.

备人才培养专项支持计划”；从发展角度看，即使在中共党史党建建立一级学科的背景下，党建专业依然为高校思政课服务，“从现在高校思政课的内容看，‘中国近现代史纲要’和‘毛泽东思想和中国特色社会主义理论体系概论’课程都需要中共党史党建研究的基础”①。

在学术能力要求方面，国务院学位委员会对马克思主义理论学科硕士生提出了需要具备获取知识能力、科学研究能力、实践能力、学术交流能力以及其他能力的要求②，对马克思主义理论学科博士生提出了具备获取知识能力、学术鉴别能力、科学研究能力、学术创新能力、学术交流能力及其他能力的要求③。

各单位在对党建专业硕士生、博士生进行培养的过程中，也基本上围绕这些学术能力展开；相关单位通过支持研究生科研项目立项、组织研究生学术研讨会、设置学术汇报的培养环节等各种方式，以促进党建专业硕士生、博士生科学研究能力、学术交流能力等学术能力的提升。

三是初步探索出多样化的培养方式。一方面，以课程教学为主要培养方式。相关单位在对党建专业硕士生、博士生进行课程设置的过程中，探索出了既考虑了党建学科党建专业与马克思主义理论一级学科的关系，又突出了党建学科自身的专业特点的课程设置方式。

以山东大学为例，山东大学马克思主义学院在课程设置上按专业分为马克思主义理论专业硕士生、博士生课程以及党建专业硕士生、博士生课程；在党建专业硕士生、博士生课程中，既有为硕士

① 王炳林. 准确把握中共党史党建学科的发展定位. 光明日报，2022-01-05.

② 国务院学位委员会第六届学科评议组. 一级学科博士、硕士学位基本要求：上册. 北京：高等教育出版社，2014：69.

③ 国务院学位委员会第六届学科评议组. 一级学科博士、硕士学位基本要求：上册. 北京：高等教育出版社，2014：66-67.

生、博士生单独开设的课程，如党建专业硕士生课程“中共党史专题研究”“马克思主义法学思想研究”“党的建设基本理论专题研究”“党史党建研究方法研究”“中外政治制度比较研究”等，党建专业博士生课程“马克思主义党建著作选读”“中国共产党建设专题研究”“马克思主义政治哲学研究”等；也有党建专业硕士生、博士生与马克思主义理论专业硕士生、博士生合上的课程，如“马克思主义原著导读”“马克思主义中国化专题研究”“中国化马克思主义文献选读”等①。

另一方面，突出自主学习特点。对于研究生的培养，除课程教学以外，还包括研究生自主学习。相关培养单位对于研究生自主学习均给予各种形式的支持。在研究生自主学习中，最为常见的形式是各类读书会或读书小组，如北京大学马克思主义学院的经典著作读书会，“博士生自觉地组织了经典著作研读小组，定期不定期地围绕马列经典著作阐释见解，讨论问题，大家还把每次讨论的情况整理成文字供大家学习。他们举行讨论时，经常请一些老师到现场指导，学院在场地、经费上又给予积极的支持”②。另外，还有导学形式，如武汉大学马克思主义学院“中国共产党与当代中国发展论坛”，此类论坛的主体是由学生组成的研习社，研习社成员围绕主题进行发言，相关学科教师进行点评。

二、基本经验

自 2018 年一些全国重点马克思主义学院率先在马克思主义理论

① 根据山东大学马克思主义学院官网发布的研究生课表汇总。

② 孙蚌珠，程美东. 马克思主义理论学科人才培养要以研习马克思主义经典为基础：北京大学马克思主义学院博士生中期考核改革纪实. 湖南社会科学，2017 (1).

一级学科下设立党的建设二级学科，进行硕士生、博士生招生以来，为党建学科人才培养探索出若干成功经验。概言之，主要体现在以下六个方面：

其一，马克思主义理论专业素养是基础。从 2019 年北京相关高校各学科点实际招收的博士生与硕士生研究的专业背景来看（见表 8-4），参加调研的马克思主义理论一级学科博士点高校招收的博士生，其硕士专业背景为马克思主义理论类专业的占 62.63%；招收的硕士生，其大学专业背景为马克思主义理论类专业的占 52.34%。参加调研的马克思主义二级学科博士点高校招收的博士生，其硕士专业背景为马克思主义理论类专业的占 77.78%；招收的硕士生，其大学专业背景为马克思主义理论类专业的占 21.62%①。从客观上看，由于 2018 年中国人民大学等 8 所高校才率先设立马克思主义理论本科专业，故 2019 年北京相关高校招收的党建专业研究生的大学专业背景基本为思想政治教育专业。由于思想政治教育专业的专业要求与马克思主义理论专业的专业要求有所差异，故研究生培养过程中整体上面临着学生的马克思主义理论专业基础不扎实的问题。对研究生而言，检验其马克思主义理论专业基础是否扎实的重要标准，就是对马列著作的掌握程度。为此，各单位在研究生培养过程中非常重视对马列经典著作的研读，其中最有代表性的是北京大学和清华大学，“北京大学马克思主义学院在全国率先采用‘研读经典文献，夯实马克思主义理论基础’的中期考核模式”②，在经典著作的选择上确定了全体硕士生必读马列经典书目 25 篇、全院博士生必

---

① 艾四林，吴潜涛. 北京高校马克思主义理论学科与思想政治理论课建设发展报告(2019). 北京：人民出版社，2020：186-190.

② 李健. 靠马克思主义本领打出学术研究的“山门”：北京大学马克思主义学院 2014 级博士生中期考核成效显著. 北京大学马克思主义学院网站，https://marxism.pku.edu.cn/xyxw/1288185.htm.

读马列经典书目 22 篇，共计 47 篇[①]；围绕研读经典文献的总要求，“采取课程教学、举办专题辅导、组织学生进行小组研读等多方式、多渠道来落实围绕马列必读经典著作的研读工作”[②]。清华大学则在资格考试环节对博士生的经典著作掌握情况进行考核，“按研究方向分组进行考核，结合博士生的研究兴趣、学位论文选题，重点考查与博士论文选题方向相关的马克思主义经典著作研读情况”[③]。党建学科的学科“基本属性‘姓马’，根本属性‘姓党’”[④]，将马列经典著作纳入资格考试和中期考核，亦有利于提升党建专业学生的专业基础。

表 8-4　2019 年北京相关高校各学科点实际招收的博士生和硕士生专业背景情况

	一级学科博士点高校	二级学科博士点高校
博士生的硕士专业背景	参加调研的一级学科博士点高校实际招收博士研究生 289 人，从硕士专业背景来看，马克思主义理论类专业 181 人，占 62.63%；其他人文社会科学专业 89 人，占 30.80%；理工农医等专业 19 人，占 6.57%	参加调研的二级学科博士点高校实际招收博士研究生 9 人，从硕士专业背景来看，马克思主义理论类专业 7 人，占 77.78%；其他人文社会科学专业 2 人，占 22.22%
硕士生的大学专业背景	参加调研的一级学科博士点高校实际招收硕士研究生 491 人，从大学专业来看，马克思主义理论类专业 257 人，占 52.34%；其他人文社会科学专业 192 人，占 39.10%；理工农医等专业 42 人，占 8.56%	参加调研的二级学科博士点高校实际招收硕士研究生 37 人，从大学专业来看，马克思主义理论类专业 8 人，占 21.62%；其他人文社会科学专业 25 人，占 67.57%；理工农医等专业 4 人，占 10.81%

资料来源：根据艾四林、吴潜涛主编的《北京高校马克思主义理论学科与思想政治理论课建设发展报告（2019）》（人民出版社 2020 年版）相关数据整理。

---

① 孙蚌珠，程美东. 马克思主义理论学科人才培养要以研习马克思主义经典为基础：北京大学马克思主义学院博士生中期考核改革纪实. 湖南社会科学，2017（1）.

② 孙蚌珠，程美东. 马克思主义理论学科人才培养要以研习马克思主义经典为基础：北京大学马克思主义学院博士生中期考核改革纪实. 湖南社会科学，2017（1）.

③ 清华大学马克思主义学院 2020 级博士生资格考试顺利举行. 清华大学马克思主义学院网站，https://www.smarx.tsinghua.edu.cn/info/1088/3503.htm.

④ 丁俊萍，刘秀华. 党的建设学科属性及其对学科建设的导向作用. 山东社会科学，2021（5）.

其二，突出学科前沿问题为导向。掌握经典原著是学习研究马克思主义理论的根基，关注现实是学习研究马克思主义理论的主旨，为此各单位在厚植研究生马克思主义理论基础的同时，也重视学科前沿问题在研究生培养过程中的地位。一方面，围绕热点问题、前沿问题、基础理论问题，举办系列学术讲座，这日趋成为研究生培养环节中的重要一环。例如武汉大学举办“马克思主义与当代中国论坛”等系列讲座，兰州大学举办“新时代中国特色社会主义大讲堂”“兰山讲堂”等一系列学术讲座，山东大学举办“思政名师大讲堂”“理论百年之大家谈系列讲座”等系列讲座，中国人民大学举办“马克思主义理论前沿论坛”“中国思想史系列讲座”等系列讲座。围绕马克思主义理论各个学科邀请相关专家学者做系列讲座，有利于引导研究生尤其是硕士生树立问题意识、研究意识，有利于拓宽研究生的学术视野。另一方面，资助学生参加学术会议。如果说举办系列学术讲座是将专家学者“引进来”，那么资助学生参加学术会议则是“走出去”；“引进来”更为关注知识的获取，“走出去”更为侧重学术观点的表达，同时有利于促进不同学校之间相关专业学生之间的互动交流。目前，以首批全国重点马克思主义学院为代表的相关单位，对研究生参加学术会议均有相应的资助政策，以武汉大学为例，《武汉大学马克思主义学院学生参加国际国内学术会议管理办法（试行）》明确规定：“学院资助每位同学参加国际国内学术会议次数为1—2次/年。”[①]

其三，积极引导培养、提升研究生学术研究兴趣与能力。培养学术研究兴趣、提升学术研究能力，是研究生人才队伍培养的又一基本内容。一方面，在学院内部开展学术活动，以增强研究生参与

① 武汉大学马克思主义学院学生参加国际国内学术会议管理办法（试行）. 武汉大学马克思主义学院网站，http://marx.whu.edu.cn/info/1221/5661.htm.

学术研究的意识。复旦大学将学术汇报作为培养方案的重要一环，要求每位研究生均需完成两次学术汇报；学术汇报以专业为标准设置不同的汇报专场，每位学生汇报后由教师进行点评。武汉大学通过研讨的形式，开展“中国共产党与当代中国发展论坛”，每期确定一个主题，由研习社成员进行发言，学院相关学科教师进行点评，在加强研习社成员之间互动交流的同时，加强师生之间的互动交流。清华大学与兰州大学以研究生论坛和研究生学术年会的形式激励学生参与学术研究，大致分为论文提交、论文评审、论文汇报、评奖四个环节。另一方面，通过设立研究生科研项目激励学生开展学术研究。例如，北京大学“鼓励学生申报本硕博经典精读项目”①，南开大学设立研究生科研创新项目，复旦大学设立“泮林望菁”研究生创新计划项目。相关项目的申报过程有利于提升学生的选题能力，项目申请书的撰写过程有利于加强学生对于学术研究基本流程的认识，项目报告完成过程有利于系统提升学生的专业思维与写作能力。

其四，充分发挥导师在研究生培养过程中的引导作用。导师是研究生培养的第一责任人，对于研究生的道德品质、学术研究有十分重要的影响，各单位十分重视发挥导师在研究生培养过程中的引导作用。例如，清华大学“设立‘导师与学生见面’制度，每位导师至少每月 2 次与学生直接见面，回答问题、指导读书、修改论文等等”②；北京大学“明确规定博士生入学两年内只确定联系导师，不确定论文导师”③，武汉大学马克思主义学院“全体教师决定每周

---

① 浙江大学马克思主义学院来我院交流座谈人才培养和团学工作. 北京大学马克思主义学院网站，https://marxism. pku. edu. cn/xyxw/1315564. htm.

② 2010 清华大学马克思主义学院博士培养方案. 清华大学马克思主义学院网站，https://www. smarx. tsinghua. edu. cn/info/1156/2857. htm.

③ 孙蚌珠，程美东. 马克思主义理论学科人才培养要以研习马克思主义经典为基础：北京大学马克思主义学院博士生中期考核改革纪实，湖南社会科学. 2017 (1).

公开半天的固定时间，用于为学生提供指导”[1]；等等。尽管各单位所采取方式有所不同，但都有利于促进学生与导师的交流、推动学生更好地进行学业规划、提升学生专业素养。

其五，加强研究生学位论文管理。学位论文是研究生培养中极为重要的评价指标。为了提升研究生学位论文质量，各单位采取了一系列措施。一方面，通过激励的方式，积极引导研究生学位质量的提升。例如，武汉大学马克思主义理论与中国实践协同创新中心发起并组织，会同马克思主义学院、哲学学院、经济与管理学院，推出马克思主义学科群优秀博士学位论文培育计划，既从培养人的角度强调“优博培育计划立项后，各培养单位提供必要条件，组织强有力的导师团队，加强业务指导，抓实博士论文培育过程中的重要节点，实行全程动态质量管理，确保优秀博士学位论文的培育质量”，又从培养对象的角度“对学术指导委员会最终确定的优博培育对象，每人给予 2 万元培育资助”[2]。山东大学则通过开展毕业论文质量提高会对研究生学位论文的写作进行指导。另一方面，通过严格规范学位论文送审，督促学生重视学位论文。例如南开大学马克思主义学院“自 2019 年春季学期开始实行全院博士生毕业论文全盲送外审的工作，且提高毕业生答辩资格中关于论文评审意见的要求、提高论文答辩门槛（针对评审意见）”[3]。

其六，积极搭建研究生学术交流平台。搭建研究生学术交流平台，既有利于促进相关专业研究生进行学术交流，又有利于提高主

---

① 学院教师向全体学生公开的学生指导时间（第十四批）. 武汉大学马克思主义学院网站，http://marx.whu.edu.cn/info/1221/6641.htm.

② 关于实施武汉大学马克思主义学科群第四批优秀博士学位论文培育计划的通知. 武汉大学马克思主义学院网站，http://marx.whu.edu.cn/info/1221/5501.htm.

③ ［研］关于马克思主义学院提高博士学位论文答辩资格的通知. 南开大学马克思主义学院网站，https://cz.nankai.edu.cn/2019/0311/c22739a167903/page.htm.

办单位的学科辐射力和影响力。当前“党的建设”专业相关研究生论坛主要分为三类：一是马克思主义理论研究生论坛，如北京大学马克思主义学院主办的“未名论坛”、中国人民大学马克思主义学院组织筹办的“全国高校马克思主义理论学科研究生学术论坛”、复旦大学马克思主义学院主办的“马克思主义理论学科全国研究生学术论坛”，以及由北京大学、清华大学、中国人民大学、北京师范大学四校马克思主义学院共同举办的“北、清、人、师”四校马克思主义学院博士生论坛，由清华大学、北京大学、复旦大学、中国人民大学、武汉大学五所高校马克思主义学院联合发起的“清北复人武”京沪汉五校马克思主义学院研究生学术论坛等，这些论坛的议题主要围绕马克思主义理论一级学科下的二级学科展开，党建问题的相关研讨属于马克思主义理论研究生论坛研讨的组成部分。二是专门的党建研究生论坛，如由“山东大学马克思主义学院、北京大学政党研究中心、中国人民大学当代中国政党研究中心、复旦大学党建研究院、武汉大学政党研究所、山东大学当代社会主义研究所、山东大学世界政党研究中心联合举办”的“全国政党理论与党的建设博士研究生论坛”[①]，为党的建设及相关专业博士生的学术交流提供了平台。三是围绕党内法规研究举办相关研究生论坛。目前影响力较大的党内法规研究生论坛，主要有由山东大学、复旦大学、武汉大学等发起的“全国党内法规学博士生论坛”，以及厦门大学法学院、厦门大学党内法规研究中心主办的“全国高校党内法规研究生论坛”。

---

① 第二届“全国政党理论与党的建设博士研究生论坛”隆重召开. 山东大学马克思主义学院网站，http://marx.sdu.edu.cn/info/1114/2144.htm.

第三节　推动人才队伍培养高质量发展

如果说 2018 年是党建学科作为马克思主义理论一级学科下的二级学科进行研究生招生的“元年”，那么，2022 年 9 月国务院学位委员会印发《研究生教育学科专业目录（2022 年）》，将“中共党史党建学”列为一级学科，则对于党建学科人才培养提出了更高要求。当前的突出问题，是党建学科人才培养现状难以适应中共党史党建学提升为一级学科的新格局新要求。如何解决好这个问题，乃推动新时代党建学科人才培养大发展的关键。

一、面临的突出问题

当前党建学科人才培养面临的突出问题，至少表现在以下四个方面：

其一，高校党建专任教师极度匮乏、急需专业化的党建人才。这是党建学科实现大发展的一大“瓶颈”。就首批全国重点马克思主义学院党建学科相关情况看，党建学科师资队伍主要来自五个方面：一是从马克思主义理论一级学科下的其他二级学科如马克思主义基本原理、马克思主义中国化研究、思想政治教育等专业教师中调配过来，或者是相关导师兼跨两个学科进行招生，这是一个主渠道。二是从既有的政治学下的二级学科如中共党史、科学社会主义与国际共产主义运动中调剂过来，这可谓第二渠道。然而，这一渠道面临的突出问题在于，近 20 年来，中共党史、科学社会主义与国际共产主义运动的学科建设在不断弱化、师资力量在不断流失；而且，有些学校，相关教师从政治学科下转任马克思主义理论学科存在“行政壁垒”或“心理障碍”，往往是兼跨“两个学科、两个学院”进行党建专业招生。三是从党校或其他科研机构调入，或者由党校教授在高校兼职招收党建专业研究生。然而，由于高校与党校的教学科研评价体系存在较大差异，由党校或其他科研机构调入高校从事党建专业专任教师的可能性并不大、成功案例也不多。四是由高校中具有党务管理经验的一些政工干部（如高校党委书记、党委副书记、纪委书记、组织部部长、宣传部部长等）兼任党建专业导师。五是聘任具有一定学术或理论成果的退休高级领导干部到高校做“特聘教授”或“讲座教授”，以弥补高校党建专业教师之短缺；同时，也弥补高校相关教师理论联系实际之不足。但从整体看，当前高校党建专业专任教师极度缺乏；相关兼任教师缺乏“稳定性”、“学术性”与“专一性”。从根本上看，要建设一流的党建学科，必须具有政治过硬、专业一流、工作稳定、能够理论联系实际的专业化的党建专业师资队伍。因此，建议由全国党建研究会、教育部主管部门等联合中央党校、相关高校等，定期举办高校党建师资班，以造就理论联系实际的高素质的党建专业师资队伍。

其二，急需建构党建学科的概念体系、内容体系、理论体系、话语体系、教材体系。党的建设作为一门交叉性、综合性的社会科学，在中国有着丰富实践。然而，党建学科建设不等于党建工作或党建实务。当下，急需对党的建设实践与经验进行科学归纳总结，使其上升为“经验理性”，上升为“党建理论”，进而上升为“基本概念”与基本研究范式；只有如此，才能科学加强党建学科建设。这要求正确认识党建工作概念、理论概念、学术概念之间的区别与联系，建立比较稳固的、科学的党建概念体系、知识体系与话语体系，更要建立党的建设的内容体系与理论体系；在此基础上，建立党的建设的教材体系与学科体系。只有如此，才能明确党建学科与马克思主义理论相关学科乃至党史学科的学科差异，凸显党建学科特点，使之成为一门“不可替代”的真正学科。

从党建学科教材建设看，在第五章我们已经指出，尽管在 20 世纪 90 年代末中央党校组织编写了一套相关教材，如范平主编的《新时期党的建设教程》（中共中央党校出版社 1998 年版），卢先福、赵云献主编的《马克思主义党的学说史纲》（中共中央党校出版社 1999 年版）等，这些教材基本奠定了党建学科教材的基础，然而，至今已经 20 多年了，应当继续丰富与增加党的建设新理念、新理论、新知识等。就当前情况看，尽管马克思主义理论学科研究生教材建设在不断加强，但相关教材建设与规划基本不包含党建学科相关教材，如北京师范大学出版社自 2019 年以来出版的马克思主义理论学科研究生系列教材中，有顾海良主编的《马克思主义发展史》（2020 年版），骆郁廷主编的《思想政治教育原理与方法》（2020 年版），纪亚光主编的《中国近现代史基本问题研究》（2024 年版），王树荫主编的《中国马克思主义经典著作导读》（2020 年版），郭凤志主编的《高校思想政治理论课程建设研究》（2024 年版），郝立新主编的《马克思主义理论学科基本文献研究》（2020 年版），刘先春主编的《马克思主义中国化专题研究》（2021 年版），艾四林主编的《马克思主义经典著作导读》（2020 年版），韩喜平主编的《马克思主义基础理论研究》（2021 年版），刘敬东、郇庆治、陆俊主编的《国外马克思主义思潮评介》（2021 年版），肖巍主编的《马克思主义与当代社会思潮》（2021 年版）等，未涉及党建学科研究生教材。2021 年中共中央党校出版社出版的马克思主义理论系列教材包括：牛先锋、王中汝主编的《马克思主义基本原理概论》，牛先锋、王虎学主编的《马列经典著作精选导读》，韩庆祥、邱耕田主编的《马克思主义社会发展理论简史》，张占斌、李海青主编的《马克思主义中国化概论》，陈江生、张汉飞主编的《当代资本主义概论》，辛鸣、唐爱军主编的《当代意识形态问题概论》，张占斌、薛伟江主编的《当代中国国家治理概论》，张占斌、黄锟主编的《新时代政治经济学概论》等，也未涉及党建学科教材。党建学科教材建设急需纳入教育部等相关规划之中并加快推进。

其三，需要明确党建学科与马克思主义理论相关学科的联系与区别，强化党建学科意识、专业意识，增强理论联系实际的意识与能力。自 2018 年相关高校在马克思主义理论一级学科下设立党的建设二级学科并进行硕士生、博士生招生至今，基本形成了马克思主义政党理论研究、党的建设历程与基本经验研究、党的建设重大理论与实践问题研究、中外执政党建设比较研究、基层党的建设理论与现实研究以及党内法规制度研究 6 大研究方向，指明了党建学科研究生应具备的专业基础理论内容。然而在实际教学与人才培养中，课程设置与研究方向之间的契合度还有待加强。如在课程设置上，有些培养单位采取以马克思主义理论一级学科进行培养为主，辅以突出各二级学科特色；然而，党建学科与马克思主义理论学科之间既有共通之处，但也存在明显差异，党建学科的基本特点不是“形而上”而是“形而下”的社会科学，理论紧密联系实际是党建学科的显著特点，“作为理论形态的党的建设，就是研究建设一个什么样的党和怎样建设党这样丰富内容而构成的知识体系”，“并非纯学理的研究，而是有其鲜明的应用性特点”①。

从目前情况看，相关高校在对党建学科研究生进行培养的过程中，无论是课程设置还是培养环节，对于社会实践的要求等需要大

---

① 丁俊萍. 党建学科构建的几点思考. 理论探索，2017（4）.

力加强。具体来看，在研究方向方面，首批 9 所全国重点马克思主义学院只有武汉大学在硕士生招生研究方向中设置了党务管理研究这一方向；在培养环节方面，由于党建学科研究生大部分属于“高校思想政治理论课教师队伍后备人才培养专项支持计划”，教育部对这一计划的承办单位提出了人才培养环节中的社会实践要求，即“突出担任助教要求（博士不少于一年，硕士不少于半年）”[①]，因此对于党建学科研究生的社会实践要求大都是助教要求，并未提出党务工作的实践要求，在培养环节上存在着党建学科应用性特点不足的问题。对党建专业而言，党和国家的工作需求决定了，党建专业研究生不仅要学会党务管理的基本知识，还要深入实践进行广泛的调查研究，以观察思考、调查研究来提高对党的建设的实践认知、理论认知与研究能力，才能做到理论联系实际、具备高素质高能力。

二、对策建议

新时代健全完善党建学科人才培养体系，必须立足于“中共党史党建”一级学科建制，从“大党建”“大学科”的高度定位党建学科，把党建学科作为研究党的领导理论与实践、执政理论与实践、自身建设理论与实践、党的发展理论的一门交叉性、综合性、开放性的社会科学来看待，并依此来进一步审视党建学科体系、教学体系与人才培养体系。在着力解决好党建专任教师匮乏、基本教材缺失等基础问题上，聚焦党建学科大发展，进一步完善党建学科人才培养体系。

其一，进一步明确党建专业人才培养目标。党建学科具有理论

---

① 教育部办公厅关于实施 2018 年“高校思想政治理论课教师队伍后备人才培养专项支持计划”的通知. 教育部网站，http://www.moe.gov.cn/srcsite/A13/moe_772/201804/t20180428_334632.html.

性与应用性双重特性。学科特点与社会发展要求等决定了，党建专业人才的知识结构需要兼顾政治、学术、理论、实践四个层面。其中，在政治层面，党建专业人才要具有坚定的政治立场、理想信念，具有明确的政治底线、道德底线与行为底线，具有较高的政治判断力与政治领悟力，善于从政治高度观察问题与分析问题；在学术层面，要掌握世界政党、政党政治、治国理政的基本知识与基本内容；在理论层面，要系统把握马克思主义政党理论、党的建设、党内法规制度建设等基本内容与基本要求；在实践层面，要了解党务管理、党建工作的基本实践与现实状态，善于观察，学会用党建理论指导实践。党建专业所需要的知识结构与人才培养目标相辅相成，党建专业人才需要具备“四会能力”，即学术研究能力、理论研究与诠释能力、理论宣传能力、决策咨询能力。其中，所谓学术研究能力，主要指获取专业知识的能力、学术比较与借鉴能力、科学研究能力，这是党建专业人才必不可少的基本功。所谓理论研究与诠释能力，即能够熟练掌握马克思主义政党理论、马克思主义中国化的党的建设理论体系与思想体系，能够按照“古今中外法”来有效论证与诠释党的理论与实践创新。所谓理论宣传能力，是指能够熟练运用党建专业知识进行党的建设理论宣传，推进党的建设新精神新要求在党员干部中“入脑入心”，推进党的理论大众化、通俗化等。所谓决策咨询能力，就是坚持问题导向与科学思维，进行科学调查研究，发现党的建设理论与实践问题，并提出推进党的建设理论与实践创新的合理化建议的能力。

其二，建构起从大学本科、硕士研究生、博士研究生、博士后到党员领导干部教育的一套完整的党建人才培养体系。其中的关键，是实现高校党建人才培养体系与党校干部教育体系的有效衔接。因为党建学科的研究对象与教育对象，既不是中小学生的思想政治教育，也不是一般的大学生的思想政治教育，而是针对党员干部教育、党建工作、党建理论与实践创新等。这要求：一方面，必须根据党建专业特点，探索符合中共党史党建一级学科建设的一整套招生制度。在本科生、硕士生、博士生的招生资格要求上，既要体现马克思主义理论的一般要求，更要充分体现党建专业的特色要求；既要求考生必须掌握马克思主义基本原理、中国化的马克思主义基本理论，更要掌握党的领导、党的建设、党的执政等基本理论与基本知识。另一方面，必须根据党建专业特点，建立完善理论与实践相结合的教学体系，把党建实践实习、实践观察等作为党建专业的必修课或“第二课堂”。同时，要积极探索高校党建学科与党建实务部门联合培养学生的新模式，即由高校进行基础理论方面的培养，党政职能部门进行学生实践环节的培养，以此提升学生的学术研究能力、实践能力与工作能力。

其三，在加强党建教材建设基础上，全面加强党建学科的课程建设。这要求，必须正确处理好党建学科的课程设置与研究方向之间的关系，建立、完善党建学科的课程体系。在研究方向上，目前党建学科大致设置了马克思主义政党理论研究、党的建设历程与基本经验研究、党的建设重大理论与实践问题研究、中外执政党建设比较研究、基层党的建设理论与现实研究以及党内法规制度研究 6 大研究方向；当前需要根据“大党建”学科要求，增加党的领导理论、党的执政理论、党内法规与制度建设等研究方向。在专业课程设置上，要有效设置 6 个层次的专业课程：（1）基本理论课程，如党的建设原理与概论、党的领导原理与概论、党内法规概论、依法执政概论，党的建设研究方法等。（2）学说史与发展史类课程，如马克思主义政党学说史、党的建设学说史、党的领导发展史、党内法规发展史等。(3）经典著作导读类课程，如马克思主义经典作家党的学说名著、中国共产党领袖人物的党建经典论著、中国共产党党的建设的重要文献、政党研究经典文献等。（4）中外政党比较研究类课程，如政党比较、政党制度比较、中外政党执政比较等。（5）实践观察与党建实务类课程，如党的建设调查研究、基层党建创新案例研究、党的建设实务、党的建设实践等。（6）党的建设理论前沿类课程，以把握学术研究与理论研究的前沿问题等。另外，党的建设作为一门交叉性、综合性的社会科学，治党理政涉及各个方面的知识与要求，因此，党建学科建设与课程建设还必须正确处理好与马克思主义理论、中共党史、中国政治制度、中外政治制度、政党与政治学理论、法学基本理论等之间的关系，根据党建专业人才培养的时代要求，把跨专业选修作为党建专业人才培养的重要途径。

其四，在加强学生培养管理的基础上，着力提高党建专业研究生的观察能力、分析能力与研究能力。对党建专业学生而言，既要重视过程管理，加强入学环节、教学环节、开题环节、中期考核环节、党建实践环节等教育管理，引导与教育学生既能够掌握马克思主义党的建设经典文献、基本理论、基本知识，又能增强党的建设调查研究能力、问题分析能力与实际工作能力。同时，还必须注重结果导向，着力提高学位论文质量。这要求，党建专业学生在论文选题方面，必须增强问题意识与专业意识，克服与避免选题“假大空”，严把学位论文选题关。必须加强学位论文过程管理与引导，目前，大部分培养单位均对博士论文和硕士论文的研究时长进行了规定，其中博士论文的集中写作时间至少应不少于1年；必须发挥与加强导师在学生开题环节、中期考核、预答辩环节、论文写作环节等的指导作用，充分发挥导师组作用来协同推进党建专业人才培养。

（作者单位：复旦大学党建研究院、马克思主义学院）

第九章
党的建设学科的成果转化

刘红凛　朱家明

党的建设学科成果转化，是党建学科服务于全面从严治党、全面加强党的建设、坚持与加强党的全面领导、服务党和国家工作大局与中心工作的必然要求，是党建学科科研成果所具有的社会价值的集中体现。从党建学科成果形式与转化途径看，主要包括课题研究、学术或理论专著、党建教材、党建读物与理论宣传、决策咨询报告与决策咨询建议等六种类型；其中，党建课题研究乃党建学科成果转化的源头活水、基础与发端。

第一节　党的建设学科成果转化的源头活水

深入研究党建理论和实际问题，深入总结全面从严治党实践经验，深入开展党的领导规律、自身建设规律、执政规律、发展规律研究，是党建研究与党建学科建设的重要任务。加强对党的建设重大理论与实践问题的研究，是党建学科成果转化的源头活水。

在全国哲学社会科学课题规划中，“党史·党建”早已成为相对独立的一大门类。根据全国哲学社会科学工作办公室网站的相关立项课题公示，在每年全国哲学社会科学课题规划中，从重大招标项目、重大专项、特别委托项目、年度重点项目到一般项目，党建学科都占有举足轻重的地位。全国哲学社会科学工作办公室高度重视党建研究的课题规划与立项工作。从根本上看，全国哲学社会科学工作办公室关于党建的课题规划，是对党的意志与党的建设时代发展要求的充分反映。通过 30 多年来全国哲学社会科学工作办公室对党建课题研究的规划与立项情况，可窥见党建研究的基本状况。

一、党建研究重大招标项目立项情况

全国哲学社会科学工作办公室在哲学社会科学重大招标项目中设立的党建研究项目，既代表着党建课题研究的最高层级与最高水平，也代表着党建研究中的重大理论与实践议题选择。

从全国哲学社会科学工作办公室网站重大项目要览数据库的相关数据看，党建课题 2004 年纳入全国哲学社会科学年度重大招标项目，首次中标的为中共中央政策研究室郑科扬“党内民主问题研究”和复旦大学林尚立“中国共产党执政体系研究”。从 2004 年到 2024 年，这 21 年间共有 64 项有关党建研究的重大项目立项。

从立项课题名称与研究内容看，这些立项课题可以划分为七种类型：一是党的领导类研究，主要涉及党的领导制度体系、党的领导体制与机制研究。二是党的执政类研究，如党的依法执政研究、执政体系研究、执政能力研究，应对“四大考验”、“四种危险”与执政风险研究。三是党的建设总体布局与整体要求类研究，如党的先进性、纯洁性与执政能力研究（党的建设主线），党的建设伟大工程研究、党的建设科学化研究、马克思主义学习型政党研究、全面从严治党研究、依规治党研究等。四是党的建设具体内容与重点难点类研究，如党的政治建设研究、党性教育研究、党内民主研究、干部工作科学化研究、党的工作作风与党群关系、党风廉政建设责任制、惩治和预防腐败体制机制研究、中国共产党政党伦理与伦理精神研究、党内政治生态建设研究、伟大建党精神研究等。五是党的领导、党的建设、党的执政关系研究，如党的领导、人民当家作主与依法治国有机统一，党内法规与国家法律有机衔接问题研究等。六是政党比较与执政规律研究，如国外长期执政政党的制度建设研究与比较研究。七是党的建设理论体系与话语体系研究，如党的执政话语体系研究、党的建设理论体系研究等。

从立项单位与首席专家情况看，国家社科基金重大招标项目的立项单位主要以全国重点高校、中央党校与实力较强的个别省级党校为主；首席专家一般对党的建设有着长期且系统的研究与丰厚的前期研究成果，而且在业界有一定的知名度。

二、党建研究重点项目和一般项目立项情况

同国家社科基金重大招标项目相比，党建研究的国家重点项目与一般项目不仅立项时间早、立项数量多、立项人员分布广泛，相关内容也涉及党的建设各个方面的热点难点问题。简单归纳而言，主要涉及以下七个方面的研究：

一是关于党的建设总体布局研究。在党的十九大报告中，习近平总书记立足于党的十八大以来全面从严治党的理论与实践、全面

从严治党的成功经验，明确提出了新时代党的建设的总要求，即坚持和加强党的全面领导，坚持党要管党、全面从严治党，以加强党的长期执政能力建设、先进性和纯洁性建设为主线，以党的政治建设为统领，以坚定理想信念宗旨为根基，以调动全党积极性、主动性、创造性为着力点，全面推进党的政治建设、思想建设、组织建设、作风建设、纪律建设，把制度建设贯穿其中，深入推进反腐败斗争，不断提高党的建设质量，把党建设成为始终走在时代前列、人民衷心拥护、勇于自我革命、经得起各种风浪考验、朝气蓬勃的马克思主义执政党[①]。这一新时代党的建设的总要求，深刻揭示了新时代党的建设的根本目的、基本方针、建设主线、政治统领、思想根基、建设动力、内容布局、质量要求、目标要求与重点任务。

二是关于新时代党的建设根本目的研究。新时代党的建设的根本目的，就是坚持和加强党的全面领导；全面加强党的建设与全面从严治党的核心要义，就是为了全面加强党的领导。党的十八大以来，习近平总书记反复强调：办好中国的事情，关键在党，关键在党要管党、从严治党；只有把党管好治好，才能确保党始终成为中国特色社会主义事业的坚强领导核心。并且，他明确表示："我们的责任，就是同全党同志一道，坚持党要管党、从严治党，切实解决自身存在的突出问题，切实改进工作作风，密切联系群众，使我们党始终成为中国特色社会主义事业的坚强领导核心。"[②] 这要求我们，必须从党的领导高度来审视党的建设，必须结合党领导的伟大斗争、伟大事业、伟大梦想的实践来推进党的建设伟大工程，必须通过全面加强党的建设来不断提高党的执政能力和领导水平，为全面加强党的领导提供坚强保障。

---

① 中国共产党第十九次全国代表大会文件汇编. 北京：人民出版社，2017：64.

② 中共中央文献研究室. 十八大以来重要文献选编：上. 北京：中央文献出版社，2014：70.

三是关于新时代党的建设基本方针研究。新时代党的建设的基本方针，就是坚持党要管党、全面从严治党。正如习近平总书记所言："党要管党，才能管好党；从严治党，才能治好党。"[①] 这要求我们必须正确理解全面从严治党的内涵，"全面从严治党，核心是加强党的领导，基础在全面，关键在严，要害在治"[②]；必须贯彻落实全面从严治党的基本要求，认真落实从严治党责任，坚持思想建党和制度治党紧密结合，严肃党内政治生活，坚持从严管理干部，持续深入改进作风，严明党的纪律，发挥人民监督作用，深入把握从严治党规律[③]；必须与时俱进地加强党的建设，坚持全面从严治党永远在路上；必须毫不动摇推进党的建设新的伟大工程，把党建设得更加坚强有力。否则，"如果管党不力、治党不严，人民群众反映强烈的党内突出问题得不到解决，那我们党迟早会失去执政资格，不可避免被历史淘汰"[④]。

四是关于新时代党的建设主线研究。新时代党的建设的主线，就是加强党的长期执政能力建设、先进性和纯洁性建设。从党的建设战略布局之内在逻辑看，党建主线与党建目标密切相关，党建主线直指党建目标，党建目标的实现有赖于紧紧围绕党建主线来加强党的建设；若脱离党建主线去搞党建工作，党建目标则难以实现。因此，要有效实现党建目标，必须紧紧围绕党建主线来科学布局党的建设、开展各项党建工作；必须"使从严治党的一切努力都集中

---

① 中共中央文献研究室. 十八大以来重要文献选编：上. 北京：中央文献出版社，2014：349.

② 中共中央文献研究室. 习近平关于全面从严治党论述摘编. 北京：中央文献出版社，2016：11.

③ 中共中央文献研究室. 十八大以来重要文献选编：中. 北京：中央文献出版社，2016：93－101.

④ 中共中央党史和文献研究院. 十八大以来重要文献选编：下. 北京：中央文献出版社，2018：355.

到增强党自我净化、自我完善、自我革新、自我提高能力上来，集中到提高党的领导能力和执政能力、保持和发展党的先进性和纯洁性上来”①；必须围绕党建主线来研究党建、审视党建中面临的突出问题，“凡是影响党的创造力、凝聚力、战斗力的问题都要及时解决，凡是损害党的先进性和纯洁性的病症都要认真医治，凡是滋生在党的健康肌体上的毒瘤都要坚决祛除”②。需强调指出的是，无论是党的执政能力建设、先进性建设还是纯洁性建设，都是具体的、与时俱进的；在新时代，“党的先进性和纯洁性要靠千千万万党员的先进性和纯洁性来体现”③，依法治国与依法执政能力、实现国家治理体系和治理能力现代化等无疑成为新时代党的执政能力建设的重要内容。

五是关于新时代党的建设内容总布局研究。新时代党的建设内容总布局，可简单概括为“5＋2”的党建内容格局，即全面推进党的政治建设、思想建设、组织建设、作风建设、纪律建设，把制度建设贯穿其中，深入推进反腐败斗争。也可以说是“5＋1＋1”，因为新时代党的建设内容总布局的基本面是“政治建设、思想建设、组织建设、作风建设、纪律建设”这五大建设，即不再把“制度建设”作为党的建设的基本内容“单列”，而是强调党的制度建设要贯穿党的政治建设、思想建设、组织建设、作风建设、纪律建设“之中”。

六是关于新时代党的建设总目标研究。新时代党的建设的总目标，就是要把党建设成为始终走在时代前列、人民衷心拥护、勇于

① 中共中央文献研究室. 十八大以来重要文献选编：中. 北京：中央文献出版社，2016：102.

② 中共中央文献研究室. 十八大以来重要文献选编：上. 北京：中央文献出版社，2014：701.

③ 中共中央文献研究室. 十八大以来重要文献选编：上. 北京：中央文献出版社，2014：351.

自我革命、经得起各种风浪考验、朝气蓬勃的马克思主义执政党。这一党建总目标，集中体现了党的先进性要求、马克思主义群众观、自我革新与永远奋斗精神等马克思主义政党的先进特质。从党的建设战略布局之内在关系看，党建目标与党的建设伟大工程密切相关，可谓是党建目标引领党建工程、党建工程承载与实现党建目标。新时代要实现党的建设的总目标，必须通过一个个分目标来支撑、通过一个个具体党建小目标的达成来实现。这要求我们，既要建立健全作风建设长效机制，着力构建不敢腐、不能腐、不想腐的体制机制，积极营造风清气正的政治生态；也要扎实推进党的工作和党的建设制度化、规范化、程序化，使全党各级组织和全体党员、干部都按照党内政治生活准则和党的各项规定办事①；还需不断提高党的领导能力与执政本领、推进国家治理体系和治理能力现代化。

七是关于新时代党的建设重点任务研究。新时代党的建设的重点任务，按照党的十九大报告的要求，即把党的政治建设摆在首位、用新时代中国特色社会主义思想武装全党、建设高素质专业化干部队伍、加强基层组织建设、持之以恒正风肃纪、夺取反腐败斗争压倒性胜利、健全党和国家监督体系、全面增强执政本领②。总的说来，新时代党的建设八项重点任务是紧紧围绕新时代党的建设的总目标、建设主线、党建内容总布局展开的。需强调指出的是，党的建设是一个需要持续接力的伟大工程，需要通过一个个党建重点任务的完成来不断推进。

从 1993—2024 年国家社科基金年度项目中党建类的立项数据统计看，在党建研究的重点项目与一般项目立项课题中，上述高频研

---

① 习近平. 全面贯彻落实党的十八大精神要突出抓好六个方面工作. 求是，2013 (1).

② 中共中央党史和文献研究院. 十九大以来重要文献选编：上. 北京：中央文献出版社，2019：44-48.

究主题项目累计达 964 项，相关课题研究基本上是围绕党的领导、党的执政、党的建设总体布局、党的建设基本内容与重点任务、政党比较而展开的。其中：（1）关于党的领导类研究，合计 125 项。（2）关于党的执政类研究，合计 75 项。（3）关于党性与党的建设主线类研究，合计 96 项；其中，关于党性研究 8 项，关于党的先进性建设研究 12 项，关于党的纯洁性建设研究 5 项，关于党的能力建设研究 71 项。（4）关于党的建设整体性研究，合计 87 项；其中，关于从严治党研究 16 项，关于政党治理研究 40 项，关于党的建设科学化研究 14 项，关于党的建设质量研究 11 项，关于党务管理研究 4 项，关于党建布局研究 2 项。（5）关于党的建设基本内容与重点内容类研究，合计 573 项；其中，关于党的政治建设研究 59 项，关于党的思想建设研究 139 项，关于党的组织建设研究 136 项，关于党的作风建设与形象建设研究 33 项（17 项＋16 项），关于党的纪律建设研究 14 项，关于廉政建设研究 60 项，关于党内法规制度建设研究 132 项（32 项＋100 项）。（6）关于政党比较类研究 5 项。（7）关于党的建设学科建设类研究 3 项。从全国哲学社会科学规划办 30 多年立项的党建研究的重点项目与一般项目看，主要聚焦在党的自身建设的热点难点问题上，其中，关于以上（3）（4）（5）项的研究合计高达 756 项，占整体党的建设课题立项的大约 80％。这一点，明显与全国哲学社会科学规划办的重大招标项目有所不同。

第二节　党的建设学科成果转化的主渠道与基本类型

无论是从过去看还是从现在看，党建学科成果转化主要可以归纳为五个渠道或五大路径：一是从党建课题研究成果向学术著作、理论著作或各类教材转化。二是从党建课题研究成果向理论宣传转化，以阐释与宣传党的创新理论、路线方针政策、伟大成就等。三是从党建课题研究成果向决策咨询、咨政建言转化，为党的各级组织提供专业性、建设性的意见以辅决策[①]。四是从党建课题研究成果向人才培养转化，通过课题研究来促进培养政治素质过硬、业务能力精湛的党建研究、党建教学与党务工作专门人才[②]。五是从党建课题研究成果向社会服务、党员干部党建读物转化，以党的建设的理论创新来推进基层党建创新、引领基层治理创新等。其中，从党建课题研究向学术著作、理论著作或各类教材转化，是党建学科成果转化的主渠道。

一、从课题研究向学术著作、理论著作或各类教材转化

无论是从过去看还是从现在看，从课题研究成果向学术著作、理论著作或各类教材转化，始终是党建学科成果转化的主渠道。从学科建设角度看，加强课题研究、不断产出优良学术作品或理论成果，是推动学术创新乃至学科发展的一个基本路径。

从现实情况看，党建学科研究成果大量地体现为论文、著作等学术作品或理论作品。在党的十八大之前，已有不少关于党的建设的研究取得了很多重要成果，为深入研究党的领导规律、执政规律、自身建设规律、发展规律等作出了突出贡献，为党的领导、党的建设、党的事业发展提供了理论支撑。

---

① 丁俊萍，刘秀华. 党的建设学科属性及其对学科建设的导向作用. 山东社会科学，2021 (5).

② 全国党建研究会课题组. 大力推进党建学科建设与发展. 中国组织人事报，2021-06-16.

自党的十八大以来尤其是党建学科在高校设立后，有关党的建设理论与实践的学术成果变得更为丰富。从论文数量看，近年来，从中国知网上的检索结果看，每年发表在期刊上的有关党建研究的论文数量高达上千篇乃至上万篇（包括报纸文章）；从专著情况看，依据北京大学数字图书馆的检索数据，每年出版的有关党建研究的学术专著基本在15本以上；从国家社科基金立项情况看，依据国家社科基金数据库检索分析，伴随着党建研究的开展，国家社科基金项目数量不断增加，近年来，每年国家社科基金有关党建研究的课题立项数量达到50项以上。

党建研究成果的丰富产出在很大程度上体现了党建学科的现实发展状况与重要作用。一方面，党建研究的学术成果、理论成果对党的建设的基础理论和实践问题进行了比较广泛的研究，为理论宣传、咨政建言等提供了坚实的理论基础和支撑。另一方面，发表的论文、出版的著作成为党建学科研究人员的学术纽带与“思想交流场域”，研究者从既有的研究成果中不断发现新问题、进行新研究，推进党建研究与时俱进地发展。从现有研究成果看，关于党的全面领导、党的执政能力、党的领导水平、党的阶级基础和群众基础、党的建设新要求等方面的研究，均有一定的创新发展；而且，相关研究有的引入了法学、政治学、管理学、社会学等不同学科的研究方法[①]，有力地推进了党建学科发展。

从党建研究方面的重大课题立项、重点课题立项与一般课题立项情况看，2012年至2024年底，重大课题立项有47项，重点课题立项与一般课题立项高达900多项。根据北京大学图书馆数据库检索数据，2012年至2024年底公开出版的党的建设理论著作高达300

① 王冠丞，刘海飞. 党建党史学科2021年度发展综述. 社科院专刊，2022-01-07.

多部，其中相当一部分著作乃国家哲学社会科学重大项目或一般项目的阶段性成果与最终成果。具体见章末附表 9－1。

二、党建学科成果转化的其他四种渠道

前面所列党建学科成果转化的其他四种渠道，即党建课题研究成果向理论宣传转化，向决策咨询、咨政建言转化，向人才培养转化，向社会服务转化等，都是党建学科成果转化的重要渠道。

党建课题研究成果向理论宣传转化。从根本上看，党建学科“姓党”“姓马”，具有鲜明的政治立场与政治色彩，必须加强理论武装，“自觉承担起举旗帜、聚民心、育新人、兴文化、展形象的使命任务”[①]。因此，党建学科必须将研究成果充分应用到宣讲党的伟大奋斗历程与党的建设伟大成就之中，科学阐释党的理论、政策和路线，生动有效地解读党的规章制度与文件、传达党的建设精神要求等。从党的建设史看，党历来重视宣传工作与理论武装。早在党的一大通过的《中国共产党第一个纲领》中，就有规定：“凡是党员不超过十人的地方委员会，应设书记一人；超过十人的应设财务委员、组织委员和宣传委员各一人”[②]；恽代英就“怎样做一个宣传家”发表了专门的论述文章。毛泽东在《湖南农民运动考察报告》中指出要“普及政治宣传”[③]。新中国成立以后，毛泽东还就做好群众的宣传工作提出了许多具体的要求。改革开放后，邓小平指出：“党报党刊一定要无条件地宣传党的主张。”[④] 江泽民指出：“宣传思想工作在

---

① 习近平. 论党的宣传思想工作. 北京：中央文献出版社，2020：337.

② 中共中央文献研究室，中央档案馆. 建党以来重要文献选编（1921—1949）：第1册. 北京：中央文献出版社，2011：2.

③ 毛泽东. 毛泽东选集：第1卷. 2版. 北京：人民出版社，1991：34.

④ 邓小平. 邓小平文选：第2卷. 2版. 北京：人民出版社，1994：272.

全党工作中具有特殊重要的地位和作用。党的理论和路线方针政策，国家的法律法规，都要通过宣传思想工作灌输到群众中去。”[①] 胡锦涛指出：“各级党委宣传部门、各级党校和干校以及其他理论研究和宣传机构，要在党委统一领导下，分工负责，紧密配合，做好各自工作。要加强理论学习、理论研究、理论宣传的阵地建设。”[②] 进入新时代，以习近平同志为核心的党中央高度重视宣传思想工作，从战略谋划的高度指出：“建设具有强大凝聚力和引领力的社会主义意识形态，是全党特别是宣传思想战线必须担负起的一个战略任务。”[③] 相应地，党的建设作为党百余年奋斗的重要法宝，始终伴随着党的发展，具有鲜明政治属性，党建学科在理论宣传工作上具有先天优势且责无旁贷。从党的建设理论武装与学科成果转化角度看，党的最新理论、政策和路线，党的重要会议精神等一般通过比较简洁凝练的法规文件来发布，并要求及时地进行传达和学习。而对于大多数党员干部而言，要深刻学习与理解党的文件精神等，则需要专业人员对党的理论、政策、会议精神、文件等进行深入浅出、通俗易懂的宣传与解读。例如，党的文件、法规制度等一般都是用论断性语言规定“做什么”“怎样做”，并不能展开说明“为什么”。对中央文件精神作进一步解读，不是用文件解释文件，而是要坚持问题导向，深入浅出、有针对性地分析理论观点和现实情况。中央文件与各地现实情况之间明显存在一定的“距离”或曰“张力”，这就需要党建学科专业人员充分发挥自己的专业优势，承担起理论宣传的任务，用学术讲政治，把学科研究成果转化到理论宣传之中，使党的创新理论“飞入寻常百姓家”。

---

① 江泽民. 江泽民文选：第1卷. 北京：人民出版社，2006：496.
② 胡锦涛. 胡锦涛文选：第1卷. 北京：人民出版社，2016：135.
③ 习近平. 论党的宣传思想工作. 北京：中央文献出版社，2020：340.

党建课题研究成果向决策咨询、咨政建言转化。咨政建言是党建学科成果转化的重要途径。中共中央组织部印发的《关于进一步发挥全国党建研究会党建高端智库作用的意见》指出，党建智库要做好党建咨询服务工作，为党的建设决策当好参谋助手。要把为党中央及有关部门党建决策提供服务作为党建高端智库的首要任务①。除了像全国与地方党建研究会等研究中心外，各设立党建学科的院校也应该积极发挥咨政建言作用，运用学理思考为解决现实问题输送智库工作成果②。党建课题研究成果转化为咨政建言报告，能够帮助各级党组织解决工作中的现实问题。从党的建设角度看，党的各级组织尤其是基层组织是党建实践活动的直接开展者，在实践活动中遇到新要求或复杂问题时，有的难以快速准确地给出解决方案。而党建专业研究者既具有扎实的党建理论基础和专业知识，也可以集中精力对实际情况进行分析研判，综合理论与实践要求给出具体的解决办法以供参考；党建课题研究成果转化为咨政建言报告，也能够帮助各级党组织预警潜在问题。比如：在党的建设的实践活动中，有一些问题“隐而未发”，不容易在实践工作中察觉。而党建专业研究者所从事的研究活动正是基于问题意识而展开的，更容易察觉到一些潜在的问题，能够及时地提供预警，避免潜在问题由小变大、由简单变复杂。党建课题研究成果转化为咨政建言报告，能够帮助党组织进行前瞻性谋划，提出具有战略性、前瞻性的看法和建议，以推进党的建设科学化、提高党的建设实效。

党建课题研究成果向人才培养转化。“致天下之治者在人才。”

---

① 中组部印发《关于进一步发挥全国党建研究会党建高端智库作用的意见》. 中国组织人事报，2018-11-12.

② 杨德山，张冬冬. 新时代高校党的建设学科发展现状调查及展望. 上海交通大学学报（哲学社会科学版），2021（1）.

人才是推动党的事业不断向前发展，助力实现中华民族伟大复兴中国梦的主要力量。在当今世界，“人才资源作为经济社会发展第一资源的特征和作用更加明显，人才竞争已经成为综合国力竞争的核心。谁能培养和吸引更多优秀人才，谁就能在竞争中占据优势”①。对党建理论和实践发展而言，新时代迫切需要大量的党建专业研究者、高素质和高能力的干部队伍、能够熟练处理党务工作的专业党务人才。同时，对上述范围之外的人才培养而言，党的基本知识应该作为通识教育的一部分；无论从事何种工作，都需要了解党的领导这个中国最大的国情。具体而言，党建课题研究与学科成果向人才培养转化的渠道，主要涉及三个方面：一是党建学科人才培养。学科人才是学科发展的动力所在，党建学科成果要用来培养从事党建研究、党建教学的专业人才，不断自我“造血”，壮大党建学科的人才队伍。党建学科成果要转化为人才培养，主要体现在党建课题研究成果转化为教材体系和课程体系上，用最新的理论成果来培养党建人才。二是党员领导干部培训。党的领导干部是从事党的建设实践活动的专门人员，是推进中国特色社会主义事业建设的核心力量。中共中央印发的《2018—2022年全国干部教育培训规划》指出，“干部教育培训是干部队伍建设的先导性、基础性、战略性工程，在进行伟大斗争、建设伟大工程、推进伟大事业、实现伟大梦想中具有不可替代的重要地位和作用”。对党员领导干部进行培训是党建学科的又一重要任务，通过党建课题研究成果来帮助领导干部进行党的基本理论教育、党性教育、专业化能力培训和知识培训，使之不断提升政治觉悟和政治能力，成为理论扎实、信仰坚定、又博又专的复合型人才。三是党务管理人才培训与培养。党务人才是开展党的

① 习近平. 在欧美同学会成立100周年庆祝大会上的讲话. 人民日报，2013-10-22(2).

各项具体工作的人员，随着党的事业的不断推进，有大量的党的实际业务工作需要提升专业化、规范化水平，这要求对党务人才进行专门培训。例如，党员发展具体流程及要求培训、党员档案整理及保存培训、党支部标准化工作培训、党费收缴与管理工作培训、公文写作培训、党务公开与制度建设等。这些培训需要党建学科的专业研究者进行，以保证开展党务工作的专业性，不断提升党务管理的科学性、系统性与实效性。

党建课题研究成果向社会服务转化。中国共产党拥有组织、领导、表率、规范和约束的社会功能，对调节社会关系、保证政权稳定、凝聚亿万人民共识等具有重要意义[①]。尤其是对党的基层组织而言，它是“党在社会基层组织中的战斗堡垒，是党的全部工作和战斗力的基础”[②]。党需要发挥好引领与服务功能，密切联系各类社会组织和群众，不断巩固自己的执政基础。党建学科成果以多种形式转化到社会服务中去，可以不断提升各主体为人民服务的能力与水平。2019 年，中共中央办公厅印发《关于加强和改进城市基层党的建设工作的意见》，该意见指出，要提升街道党（工）委统筹协调能力、确保社区党组织有资源有能力为群众服务、增强街道社区党组织政治功能和战斗力[③]。同年，中共中央办公厅、国务院办公厅印发的《关于加强和改进乡村治理的指导意见》对完善村党组织领导乡村治理的体制机制也提出了具体要求。基层党组织提升引领与服务功能，需要党建课题研究成果提供理论支撑和智力支持。例如，在线下渠道，为商圈、行业等领域的党建工作提供进一步改进的建议；在线上渠道，为“学习强国”平台等党建平台的运行不断提供专业

---

① 李忠杰. 中国共产党富有特色的社会政治功能. 人民论坛，2020（2）.

② 中国共产党章程. 北京：人民出版社，2017：22.

③ 中共中央办公厅印发《关于加强和改进城市基层党的建设工作的意见》. 人民日报，2019-05-09（4）.

指导、输送研究成果。

第三节 党的建设学科成果转化面临的问题及破解之策

推动新时代党建学科成果转化创新发展，必须坚持以问题为导向，紧紧围绕进一步发挥资政育人功能这个主题，寻求破解的途径和举措。

一、面临的主要问题

从党建研究与学科成果转化角度看，党中央高度重视党建工作与党建研究，在全国哲学社会科学规划办、各地哲学社会科学规划办的课题规划与课题立项中，党建研究课题所占份额“举足轻重”；在教育部相关课题规划与立项项目中，尽管党建研究课题所占份额比占全国与各省市社会科学规划项目份额少得多，但党的十八大特别是十九大以来，党建研究在教育部相关课题规划与立项项目中也占有一定比例，而且呈现出不断增长趋势。从中国知网上的检索结果可知，党建研究的相关论文所占比例一直居高不下；而且，党的十八大以来，政治学、管理学、法学、社会学等相关领域的专家学者也开始关注党的领导与党建研究。从国家图书馆与北京大学图书馆的相关文献检索数据可知，党建研究相关著作也颇多。然而，从整个党建学科成果及其转化看，主要存在以下几个方面的问题：

从课题规划角度看，尽管中央和地方的哲学社会科学规划机构，每年都有关于党建研究的相关课题规划，然而，关于党建理论体系、学科体系、学术体系、话语体系、人才培养体系等方面的课题规划与立项课题还非常少；近年来在全国哲学社会科学规划项目中，才开始把党建理论体系、学科体系、教学体系研究等纳入规划项目，但总的来说，数量很小。

从课题研究成果向学术著作、理论著作转化看，理论界关于党建研究的最终成果，绝大多数都转化为了理论专著；相关研究成果坚持问题导向，聚焦党的建设理论与实践创新研究等。但从课题研究成果质量看，相关研究成果较大比例属于诠释性、解释性的，交叉重复现象比较突出；相关研究研究方法单一，主要采用文献研究，难以有效借鉴政治学、管理学、法学、社会学等多学科的研究方法进行创造性的深入研究。如何有效提高党建课题研究成果的质量，这是当前党建研究面临的一个突出问题。

从党建研究成果向教材转化看，当前，把党建研究视为工作研究、经验研究乃至意识形态研究的现象还比较明显，相当部分的党建研究属于实践经验研究，强调理论联系实际，突出政治性；对党建研究的学术性、学理性、规范性、系统性有所忽视，不少研究成果缺乏对基本概念的科学界定、对党建基本内容的科学归纳、对党建研究范式的科学总结。这种情况导致党建研究成果很难转化为比较系统、规范、体系化的党建教材，加强党建学科建设亟须形成一套权威、科学、规范的党建教材体系。另外，从当前成果评价体系看，现实中比较明显地存在的重视学术成果与理论成果、对教材建设有所忽视的现象，也是党建研究成果向党建教材体系转化的“瓶颈所在”。就当前党建代表性教材而言，例如，由中国法学会、中共中央办公厅法规局组织编写的《党内法规学》[1]，无论是从书名、内

---

① 宋功德，张文显．党内法规学．北京：高等教育出版社，2020.

容结构看还是从具体内容看，都可以作为党内法规教材，然而，由于该书各章节主要是由法学专业的研究人员编写，突出强调法学视角，明显存在党内法规“法律思维”“一维化”倾向，明显忽视对党的建设具体内容的研究与阐述，也缺乏对党章、党的准则、党的条例等党内基本法规的具体内容的研究陈述，故作为党建专业的党内法规教材，明显具有很大的知识局限、内容局限乃至思维局限。

从党建研究成果向党建读物与理论宣传转化看，目前这方面的成果颇多，但也明显存在三个方面的突出问题：一是党建读物大多数属于理论诠释、精神解读、领导人讲话解读等，既缺乏学理支撑，也缺乏生动性，不仅离“以学术讲政治”的时代要求有较大差距，离党建读物的大众化、通俗化、生动化要求也有不小差距。不少受众认为，一些党建读物的生动性与深刻性，远远跟不上中央领导讲话。二是不少党建读物属于“工程献礼型”，往往是在很短时间内“应急完成”的“急就章”，其理论性、系统性、实效性都明显有所不足。三是相关理论宣传存在“一刀切”现象，对不同的受众对象，难以做到“因人而异”。

从党建研究成果向决策咨询转化看，党的建设研究尽管业已取得一定的成就，其相关成果尤其是决策建议已经进入中央决策视野，但从整体上看，目前明显存在三个方面的突出问题：一是相关部门与地方党委对党建决策咨询的重视度有待提升。近几年来，各级党政机关与领导干部高度重视专家学者的决策咨询建议，但比较而言，各级党政机关与领导干部高度重视经济社会发展、社会治理、国家安全等方面的决策咨询建议，对党建方面的决策咨询建议有所忽视。二是对广大研究者而言，党建决策咨询成果的报送渠道还比较有限。比较而言，在中央与全国重点高校咨政建言的渠道相对畅通，越往地方与基层，咨政建言的渠道则越少、越窄。三是党建决策咨询成果的科学性、创新性有待提高。一些决策咨询成果缺乏问题针对性、缺乏深入的调查研究，这明显影响着党建决策咨询成果的质量与“采纳度”和“批示度”。

二、破解的途径与举措

从根本上看，推进党建学科成果转化的高质量发展，必须遵循党建研究规律、学科发展规律、人才培养规律，建立一套科学的成果转化机制与评价体系，这是党建学科成果转化的基础性工程与当务之急。具体而言，需要针对党建学科成果转化中存在的突出问题，坚持问题导向，有针对性地从以下几个方面着力：

从课题规划角度看，在全国哲学社会科学课题规划中，需要适度增加关于党建理论体系、学科体系、学术体系、话语体系、教材体系、人才培养等方面的课题规划与课题立项，使之至少占到党建课题规划与立项成果中的10%～15%；在教育部哲学社会科学项目规划中，既要加强党建学科的课题规划力度，也要加强党建理论体系、学科体系、知识体系、话语体系、教材体系、人才培养等方面的课题规划与成果立项。

从课题研究成果向学术著作、理论著作转化看，相关研究既要坚持问题导向、坚持理论联系实际，也要注重党建学理研究与学术研究，强化相关课题对党建基本概念、基本理论、理论发展史与学术发展史方面的研究。相关研究既要坚持马克思主义立场、观点与方法，从马克思主义经典著作与党的领导人的经典论述中去立论、去诠释、去寻找答案；也要适应时代发展要求，拓展研究视野，充分借鉴相关学科的研究成果与研究方法，综合运用定性研究与定量研究方法来进行创造性研究，以有效提高课题研究成果的“高度”、“深度”、“广度”与“厚度”。

从党建研究成果向教材转化看，需要加强顶层设计，克服“就事论事”与“工作思维”。一方面，从中央层面看，要加强对党建教材体系的系统规划，多方组织权威专家编写党建教材。党建教材的编写，既要坚持政治性、理论性，也要注重学术性、规范性、稳定性。另一方面，党建教材的编写，需要紧紧围绕党建根本理论问题、基本内容与结构、时代要求与创新思维等展开，既要克服党建教材的“党建读物化”倾向，也要克服党建教材的“有形无实”倾向。在党内法规制度的教材编写方面，必须合理组合党建专家、政治学专家、法学专家等来协调编写，有效避免“偏执一方”的“单向思维”“一维思维”。

从党建研究成果向党建读物与理论宣传转化看，必须跳出“本本主义”和“照本宣科”的“套路”，有效解决好“真学真懂真信真用”问题，使党的正确思想理论、路线方针政策“入脑入心”。一方面，要有效组织党建专家、名家来编写党建读物，只有如此，才能做到融会贯通、深入浅出、通俗易懂，活学活用党建创新理论，提高党建读物的正确性、大众性、生动性。另一方面，要针对不同受众群体编写党建读物、加强理论宣传，如对知识分子群体中的党员干部，要注重“用学术讲政治”；对普通党员群体，要注重通过典型的党建创新案例、模范共产党员先进事迹等来加强大众宣传。另外，党建读物的编写要深思熟虑、系统规划，克服“急就章”与“形象工程”倾向。

从党建研究成果向决策咨询转化看，一方面，各级党委与领导干部要增强对党建决策咨询成果的重视度。另一方面，从中央部门到地方党委、各党建研究机构等，需要建立起比较完善的党建决策咨询成果的报送渠道与反馈机制。另外，党建研究者撰写决策咨询报告，必须增强问题针对性，进行科学而深入的调查研究，提出有针对性的高质量的决策咨询报告。

表 9-1　2012—2024 年党建类代表性学术著作汇总

作者	书名	出版社	出版年份
颜晓峰等	解决大党独有难题	中共党史出版社	2024
曲青山	加强纪律性 革命无不胜：党纪学习教育中的人与事	中共党史出版社	2024
刘嗣方等	推进党的创新理论体系化学理化研究	中国社会科学出版社	2024
徐行	从严治党下的反腐国际追逃	当代中国出版社	2024
陈家刚	全面从严治党与党内法规制度建设	中国人民大学出版社	2024
刘斐莹	基层组织党员教育过程研究	社会科学文献出版社	2024
唐皇凤	新时代马克思主义执政党建设的中国探索	人民出版社	2024
崔言鹏	抗战时期党内法规建设及其当代价值研究	天津人民出版社	2024
颜玫琳	新时代永葆党的纯洁性研究	济南出版社	2023
杨彬彬	伟大社会革命	人民日报出版社	2023
刘鑫	城镇化视域下的农村流动党员管理问题研究	光明日报出版社	2023
陈洁琼	大流动时代城市党建调适：从理念创新到组织创新	浙江工商大学出版社	2023
唐金培	新民主主义革命时期党的作风建设研究	上海社会科学院出版社	2023
石宗鑫	列宁无产阶级政党纪律建设思想研究	辽宁人民出版社	2023
居继清	鄂豫皖苏区党建经验与当代启示研究	江西人民出版社	2023
曲超、赵国利	新时期高校党支部建设问题及对策研究	武汉大学出版社	2023

续表

作者	书名	出版社	出版年份
柴晨清	延安时期党的宣传工作研究	中共党史出版社	2023
章志远	党内法规学专论	中国法制出版社	2023
胡月星	中国县处级党政领导干部考核评价体系和奖惩机制	中共中央党校出版社	2023
曾瑞明	引领逻辑：党的自我革命的学理性阐释	上海人民出版社	2023
徐瑜璐	提升党内法规执行力新探	上海人民出版社	2023
潘琳、黄颖	党建引领公众参与社区治理：生成逻辑与实践路径	社会科学文献出版社	2023
丁恒龙、姚海荣、马继迁等	新时代党员干部调查研究的方法与艺术	中共中央党校出版社	2023
吕志奎	新时代权力监督制度体系构建研究	厦门大学出版社	2023
曹胜亮	党建引领社会组织提升社会治理效能的逻辑机理与实践策略研究	武汉大学出版社	2023
薛伟江	领导干部群众工作能力建设	国家行政学院出版社	2023
方世南等	法治型党组织建设研究	上海三联书店	2023
金成波	革故鼎新：加快完善党的自我革命制度规范体系	国家行政学院出版社	2023
高俊玲、董国疆	新时代高校基层党建工作的创新性探索与实践	燕山大学出版社	2023
叶胜红	无产阶级政党使命观研究	人民出版社	2022
翁鸣	农村党建与乡村治理	中国农业出版社	2022
张荣臣	马克思主义党的学说史纲	中国财政经济出版社	2022
张志明	新时代党的领导和党的建设若干问题研究	中国财政经济出版社	2022
黄亦君	乡村振兴战略下西南地区农村基层党组织建设实践创新研究	光明日报出版社	2022
颜晓峰	薪火相传：立党兴党强党的丰厚精神滋养	学习出版社	2022

续表

作者	书名	出版社	出版年份
钟贤哲	新时代村级党组织功能发挥机制建设研究	武汉大学出版社	2022
丛珊珊、李乐、秦文征	高校学生党建工作创新与发展研究	吉林大学出版社	2022
中共山东能源集团有限公司委员会	“双入双创”党建模式	山东大学出版社	2022
于晓琪、牛玉兵	苏南农村基层党组织党内法规执行力问题研究	江苏大学出版社	2022
宋道雷	政党、社会与社区治理：党建引领社会组织参与社区治理研究	天津人民出版社	2022
蔡乐才	高校党建与人才培养深度融合创新与实践	西南大学出版社	2022
欧明华、贺欢、辛棋	党建引领超大城市社会治理现代化	中国社会科学出版社	2022
万奎	建设马克思主义学习型政党研究	研究出版社	2022
刘红凛等	赢得人民的成功密码：党的群众路线研究	上海人民出版社	2021
王京清	党的建设研究报告（2021）	社会科学文献出版社	2021
徐昕	自我革命：新时代党的建设伟大方略	江苏人民出版社	2021
刘松汉	锻造：党的建设一百年 1921—2021	江苏人民出版社	2021
谭彦德	返本开新：论新时代党的建设	中共中央党校出版社	2021
冯小敏	新时代上海党的建设的实践创新	上海人民出版社	2021
欧阳淞	中国共产党党的建设基本问题研究	人民出版社	2021
李红、羊绍武	高校基层党的建设理论研究与实践探索	四川大学出版社	2021
舒风	新时代党建十讲	人民出版社	2021

续表

作者	书名	出版社	出版年份
杨彧	新时代党的制度建设	党建读物出版社	2021
秦强	制度治党	人民日报出版社	2021
崔海教	法宝的力量：新时代党建怎么看、怎么干、怎么验	中共中央党校出版社	2021
阮青	人民至上：中国共产党赢得人民信任和支持的制胜法宝	新星出版社	2021
李世忠	全面从严治党的方法论研究	新华出版社	2021
滕玉成、臧文杰	党建引领力与基层治理八讲	东方出版社	2021
宋功德	党规之治：党内法规一般原理	法律出版社	2021
郭兴全、杨伟宏	延安精神与全面从严治党	人民出版社	2021
方雷、周明明、张荣林	新时代高校党建创新形态研究	山东大学出版社	2021
裴泽庆等	组织强党	人民日报出版社	2021
张荣臣	大党工程：一个百年大党是怎样炼成的	国家行政管理出版社	2021
刘景泉、高德罡、陆阳等	理论强党：中国共产党理论创新的百年历程	中共党史出版社	2021
王立峰	党规原理论	人民出版社	2021
冯志峰	中国共产党自身建设规律	中国社会科学出版社	2021
杨卫军	改革开放以来中国共产党纯洁性研究	江西人民出版社	2021
颜杰峰、祖金玉	伟大工程：新时代中国共产党的建设思想	中央文献出版社	2021
王立峰、吕永祥	新时代思想建党与制度治党的理论与实践	人民日报出版社	2021
汪火良	党领导法治中国建设的逻辑进路研究	光明日报出版社	2021
李雪勤	新时代党的作风建设	党建读物出版社	2021
孙明增	中国共产党入党条件变迁研究	广西师范大学出版社	2021
杨会清	中央苏区时期党的纪律建设	江西人民出版社	2021

续表

作者	书名	出版社	出版年份
张磊	“互联网＋”视域下基层党组织建设	社会科学文献出版社	2021
毛文璐	新时代城市基层党建引领社会治理创新理论与实践	中国社会出版社	2021
唐晓清、钟宪章、张学聪等	新时代党内监督	党建读物出版社	2021
孙兰英	新时代党的思想建设	党建读物出版社	2021
杨彧、邸晓星、田野	新时代党的组织建设	党建读物出版社	2021
冯秋婷	新时代党的全面领导	党建读物出版社	2021
常晨、常光民	新时代党内政治生活	党建读物出版社	2021
王希鹏、李雪勤	新时代党的纪律建设	党建读物出版社	2021
何克祥	党内组织生活规范化与制度化	社会科学文献出版社	2021
徐中等	一以贯之推进党的建设新的伟大工程	天津人民出版社	2020
付佳迪	非公有制企业党的建设运行机制研究	中国社会科学出版社	2020
裴泽庆等	社会主义核心价值体系融入党的建设研究	中共中央党校出版社	2020
刘红凛	新时代党的建设与依规治党：第1辑	上海人民出版社	2020
韩振峰	中国化马克思主义党建理论研究	人民出版社	2020
王琼	新形势下党化解“四种危险”的机制创新研究	宁夏人民出版社	2020
苏立	高校党建理论与创新实践探索	九州出版社	2020
程美东、刘炳香、史春风等	新时代大党形象	人民日报出版社	2020
顾训宝	马克思主义服务型政党建设路径构建	中国社会科学出版社	2020
邓纯东	全面从严治党理论研究	中国社会科学出版社	2020

续表

作者	书名	出版社	出版年份
虞文清	增强党的独特优势研究	中国社会科学出版社	2020
吴荣顺、张明杰	高校治理现代化视阈下全面从严治党“两个责任”落实机制研究	东南大学出版社	2020
陈兰芝	中国共产党保持思想纯洁性的历史逻辑与现实观照	安徽师范大学出版社	2020
韩强	保持党的纯洁性研究	知识产权出版社	2020
常亮	高校基层党建理论创新与实践探索	中国社会科学出版社	2020
陈坚	党的自我革命：中国改革开放成功的政治密码	北京人民出版社	2020
乔兆红	生产力理论与党的先进性建设	上海社会科学院出版社	2020
代江波	党内政治生态建设研究	中国工人出版社	2020
张荣臣	走近中国共产党	外文出版社	2020
李雪勤	中国共产党执政以来反腐倡廉思想研究	中国方正出版社	2020
汤希	改革开放以来中国共产党纪检制度变迁研究	知识产权出版社	2020
郑科扬	改革开放的中国与中国共产党	中国言实出版社	2019
梁星亮	延安时期中国共产党局部执政研究	陕西人民出版社	2019
逄先知	关键在党：党的建设与党的历史	生活·读书·新知三联书店	2019
杨林	精准提高党的建设质量：计量党建的研究与探索	人民出版社	2019
刘红凛	新时代党的建设理论和实践创新研究	人民出版社	2019
刘红凛	信息化时代的政党重塑与党的建设	人民出版社	2019
刘红凛等	新时代党的工作作风的多维透视与系统分析	中国社会科学出版社	2019

续表

作者	书名	出版社	出版年份
王京清	深入推进新时代党的建设新的伟大工程	中国社会科学出版社	2019
王勇	以党的建设高质量推动经济发展高质量	经济管理出版社	2019
张英伟	全面从严治党永远在路上	中国社会科学出版社	2019
吕品	依规治党的党建新路研究	广东人民出版社	2019
杜艳华等	中国共产党与中国理论	上海人民出版社	2019
桑学成等	全面从严治党的难点及对策研究	人民出版社	2019
薛小荣	网络党建能力论：信息时代执政党的网络社会治理能力	时事出版社	2019
刘建武	跨越“历史周期率”：全面从严治党	党建读物出版社	2019
朱志浩	中国共产党建设马克思主义学习型政党经验研究	中国社会科学出版社	2019
仇文利	列宁时期无产阶级政党建设理论论争研究	人民出版社	2019
张秀中	国有企业的“根”和“魂”：新时代加强国有企业党的政治建设探究	人民出版社	2019
张凤、郭龙	新时代“互联网＋”视域下高校党建工作研究	四川大学出版社	2019
国明理	新时代党的农村基层组织工作的基本遵循	东方出版社	2019
张晓燕	中国共产党的领导体制和工作机制	中共中央党校出版社	2019
姜卫平	解码“中国之治”：新时代党群关系研究	中国社会科学出版社	2019
王懂棋	新中国干部队伍建设制度史	江苏人民出版社	2019
刘文胜、徐勋平	党建之根	中国文史出版社	2019
储霞、牟广东	新时代党的建设专题研究	东北大学出版社	2018
张志明	全面从严治党创新研究	广东人民出版社	2018

续表

作者	书名	出版社	出版年份
吴传毅	新时代党的全面领导与党的建设	中共党史出版社	2018
王慧	党的建设与加强和创新社会管理研究	中国商务出版社	2018
张世飞	辉煌40年：中国改革开放成就丛书·党的建设卷	安徽教育出版社	2018
张世飞	改革开放40年的执政党建设	中共党史出版社	2018
张志明	全面从严治党创新研究	广东人民出版社	2018
张士义	打铁必须自身硬：改革开放四十年党建史	天地出版社	2018
齐卫平	十八大以来党中央治国理政的党建思想研究	上海人民出版社	2018
韩庆祥、黄相怀等	建设世界上最强大的政党	中国人民大学出版社	2018
杨志超	中国共产党科学化建设问题研究	中国社会科学出版社	2018
袁红	中国共产党的“布尔什维克化”建设目标研究	人民出版社	2018
江必新	党内政治文化建设	国家行政学院出版社	2018
沈小平	新时代党的基层组织建设	中共党史出版社	2018
关海宽	新时期党内批评和自我批评作风研究	中国社会科学出版社	2018
唐莲英	保持党的纯洁性研究	上海人民出版社	2018
秦位强	延安时期党的纯洁性建设研究：以湘籍无产阶级革命家的思想和实践为视角	红旗出版社	2018
陈树文	服务型政党建设研究：兼论中国共产党党性和人民性的一致性	北京交通大学出版社	2018
胡淼森	新时代全面从严治党理论透视	中国方正出版社	2018
夏春涛	中国共产党怎样解决作风建设问题	江西人民出版社	2018

续表

作者	书名	出版社	出版年份
孔卫拿	社会组织党建研究	安徽师范大学出版社	2018
张士义、刘志新	新时代党的作风与纪律建设	中共党史出版社	2018
程维荣	新民主主义革命时期中国共产党党内法规	上海三联书店	2018
杨德山、蔡文华、张冬冬	健全党和国家监督体系	中共党史出版社	2018
曾维伦	新时代党的思想建设与理论武装	中共党史出版社	2018
裴泽庆	新时代党的政治建设	中共党史出版社	2018
李春林、田瑞华	全面增强执政本领	中共党史出版社	2018
邵景均	反腐败永远在路上	中共党史出版社	2018
孙应帅	新时期党的建设理论创新研究：十六大以来党的建设理论的创新发展	人民日报出版社	2017
房中	陈云与党的建设	人民出版社	2017
陈建波、庄前生	互联网时代党的建设研究	中国社会科学出版社	2017
张荣臣	党的建设经典著作和文献导读	中共中央党校出版社	2017
陈文胜	“微博问政”与党的建设创新研究	中国社会科学出版社	2017
梁勇	新时期高校党的建设和思想政治工作：第五辑	经济管理出版社	2017
魏晓文、刘志礼	当代中国政党建设互动关系研究	人民出版社	2017
杨凤城、赵淑梅、张世飞	全面从严治党新阶段	中国人民大学出版社	2017
汤俊峰	自我革命：全面从严治党战略	研究出版社	2017
谢春涛	中国共产党如何治党？	新世界出版社	2017
杨金卫、韩冰等	中国共产党管党治党理论与实践研究	中国社会科学出版社	2017
金民卿	执政党建设：理论与实践的新发展	社会科学文献出版社	2017

续表

作者	书名	出版社	出版年份
周斌	党的纯洁性建设制度保障研究	社会科学文献出版社	2017
杨煌	新世纪党的理论创新轨迹研究	学习出版社	2017
任鹏	从严治党理论与实践研究	社会科学文献出版社	2017
王芝华	服务型基层党组织建设研究：基于实证研究的视角	九州出版社	2017
赵大朋	城乡统筹背景下村级党组织功能转型问题研究	上海人民出版社	2017
吴兴智	党的制度建设实践：成就、经验与启示	经济科学出版社	2017
宋福范	执政党建设的中国逻辑	国家行政学院出版社	2017
徐玉生、徐药	中国反腐败与执政党建设研究	中国社会科学出版社	2017
黄相怀	互联网治理的中国经验：如何提高中共网络执政能力	中国人民大学出版社	2017
陈登才、梁言顺	马克思主义经典作家关于马克思主义政党建设的基本观点研究	人民出版社	2017
廖冲绪	中国共产党组织纪律建设研究	西南交通大学出版社	2017
金民卿	执政党建设：理论与实践的新发展	社会科学文献出版社	2017
孙英臣、张勇	信息网络条件下执政党建设研究	河北人民出版社	2017
李君如	时代大潮和中国共产党	中国人民大学出版社	2017
韩晓青	组织的力量：新中国成立以来中国共产党组织工作研究	人民出版社	2017
李斌雄	扎紧制度的笼子：中国共产党党内法规制度的重大发展研究	武汉出版社	2017
殷啸虎	中国共产党党内法规通论	北京大学出版社	2016
江金权	全面从严治党的行动指南：学习习近平总书记党的建设论述	党建读物出版社	2016
王炳林	党的历史与党的建设研究	人民出版社	2016
田淑卿、何佳洁、魏银军	社会主义核心价值体系融入党的建设方法途径研究	阳光出版社	2016

续表

作者	书名	出版社	出版年份
褚尔康、赵宇霞	新时期中国共产党党建思想研究	中国社会科学出版社	2016
代金平、辛春	网络党建理论与实践研究	中国社会科学出版社	2016
石学峰	中国共产党党内权力运行机制研究：1949—2012	中国社会科学出版社	2016
周玉清、王少安	论马克思主义学习型政党建设	人民出版社	2016
艾四林	新形势下全面从严治党的理论与实践研究	中国文史出版社	2016
谢春红	建设马克思主义学习型政党新论	人民出版社	2016
白玮	高校党的建设科学化路径研究	化学工业出版社	2016
马兆明、常桂祥、董文芳	法治精神与中国共产党执政能力建设研究	山东人民出版社	2016
马怀德、张瑜等	扎紧党纪的制度笼子：《中国共产党纪律处分条例》释义	人民出版社	2016
李军	中国共产党党内法规研究	天津人民出版社	2016
陈明、梁勇	新时期高校党的建设和思想政治工作	经济管理出版社	2015
韩强	党的建设制度改革研究	知识产权出版社	2015
史志钦、张玉宝	政党政治与党的建设	中国社会科学出版社	2015
贾松青	国家治理能力现代化视野下机关党的建设研究	西南交通大学出版社	2015
刘强	新社会组织党建研究	中国社会科学出版社	2015
何祥林	建设马克思主义学习型政党研究	人民出版社	2015
房广顺	列宁工人阶级执政党建设思想研究	辽宁人民出版社	2015
倪海东	绩效管理视角下的首都基层党组织建设	中国社会科学出版社	2015
张诺夫	新形势下非公企业党建研究	浙江工商大学出版社	2015
谢冠富	党的建设科学化之道	东方出版中心	2015
范小强、马宁、王建利	新时期高校学生党建工作研究	中国林业出版社	2015

续表

作者	书名	出版社	出版年份
钟龙彪	从严治党的历史与现实研究	国家行政学院出版社	2015
康晨	改革开放以来农村基层党组织建设：以西部地区为例	社会科学文献出版社	2015
黄桂英	中国共产党保持和发展先进性的理论与实践研究	东北师范大学出版社	2015
张金豹	基层党建新境界	党建读物出版社	2015
张亚勇	干部教育成长与执政党建设	天津人民出版社	2015
李宝国	列宁执政党建设理论新探	南京师范大学出版社	2015
严爱云	陈云与中国共产党的制度建设	人民出版社	2015
吴家全	民营企业党建工作与企业发展动态研究	中国农业科学技术出版社	2015
韩强、梁怡	海外中国学研究	知识产权出版社	2015
王同昌	新时期农村基层党组织建设研究	合肥工业大学出版社	2015
吴克明	从逻辑理路到机制培育：网络文化与加强党的执政能力建设研究	中国社会科学出版社	2015
彤新春	中国的走向：党的建设制度改革	北京时代华文书局	2014
齐卫平	党的建设在科学化轨道上行走	上海人民出版社	2014
蔡国英、有林	延安整风与新时期党的建设	华艺出版社	2014
戴立兴、邢孟军	中国共产党是实现中国梦的坚强领导核心：党的建设研究	红旗出版社	2014
梁昱庆	马克思主义党建理论中国化：创新与发展	四川大学出版社	2014
陈燕楠	党建研究	人民出版社	2014
曹兴信、佘廉	网络时代的党建策略与反腐预警	科学出版社	2014
薛小荣、王萍	网络党建能力论：信息时代执政党的网络社会治理能力	时事出版社	2014

续表

作者	书名	出版社	出版年份
张雷声、李玉峰、郝潞霞等	十六大以来中国共产党的理论创新	经济科学出版社	2014
周敬青	党的制度创新与执行成效研究	人民出版社	2014
刘靖北	管党治党论	东方出版中心	2014
戴焰军	马克思主义学习型政党建设研究	中共中央党校出版社	2014
谷安林	党建散论	中共党史出版社	2014
高新民	中国共产党治党理政历史经验	中共中央党校出版社	2014
王浩斌	中国共产党成立以来党的理论创新与历史经验研究	中国社会科学出版社	2014
蒯正明	利益关系多样化条件下保持党的纯洁性研究	中央文献出版社	2014
杨德山、赵淑梅	中国共产党与当代中国	五洲传播出版社	2014
柳建辉	中国共产党制度创新史	山东人民出版社	2014
张世飞、汤涛	中国共产党治国党建方略研究	中国人民大学出版社	2014
张大伟、李鸿渊	非公有制企业党建有效性研究	江西人民出版社	2014
蔡志强	制度规范利益：党建创新与社会治理成长	中共中央党校出版社	2014
汪永忠、陈力、王干江	党的作风建设理论与实践	中国言实出版社	2014
徐敦楷、龚先庆	党的利益问题研究	湖北人民出版社	2014
夏春涛	中国共产党怎样解决作风建设问题	江西人民出版社	2014
齐卫平	政党治理与执政能力建设研究	上海人民出版社	2014
王长江	执政党建设研究年度报告	江苏人民出版社	2014
周淑真	多党合作与中国共产党执政能力建设研究	经济科学出版社	2014
黄丽萍	媒介化时代党的执政能力研究	中央编译出版社	2014
初明利	非公有制企业党组织工作机制创新研究	南开大学出版社	2014

续表

作者	书名	出版社	出版年份
杨少华	引领时代前行的永恒动力：中国共产党革命精神研究	人民出版社	2014
陈夕	中国共产党与中国民族问题：1921—1949	中共党史出版社	2014
张洪兴	党的建设论	山东人民出版社	2013
王光森	党的建设新论：基于三个维度	知识产权出版社	2013
韩强、孙志芳	党的建设年度创新报告	知识产权出版社	2013
张世飞	马克思主义党建理论中国化研究	经济科学出版社	2013
吴美华、于红	马克思主义党建理论在当代中国的新发展	中国人民大学出版社	2013
祝宝钟等	党建正能量 聚力中国梦：以改革创新意识加强新时期党的建设	人民出版社	2013
梁昱庆	马克思主义党建理论中国化：创新与发展	四川大学出版社	2013
韩福国	开放式党建：协商民主与群众路线的融合	上海人民出版社	2013
冯刚	高校学习型党组织建设研究	中国文史出版社	2013
程刚	高校党的作风建设研究	中国文史出版社	2013
赵宬斐	现代性视域中马克思主义学习型政党研究：以历史的维度与视角	科学出版社	2013
刘川生	高校党的组织建设研究	中国文史出版社	2013
戴焰军	执政党建设问题研究	中共中央党校出版社	2013
黄蓉生	高校党建与和谐校园建设研究	中国文史出版社	2013
薛小荣	网络党建论：互联网时代政党的组织变革与社会适应	时事出版社	2013
毛跃	执政党建设创新十论	浙江大学出版社	2013
马智宏	论农民工党建	中共中央党校出版社	2013
钟龙彪、乔贵平	新兴社区党建理论与实践探索	天津人民出版社	2013
蒯正明、付启章	中国共产党制度建设科学化研究	中国社会科学出版社	2013

续表

作者	书名	出版社	出版年份
姜爱林	党建战略学概论	华龄出版社	2013
林绪武、王利娟、扶志刚	马克思主义中国化与中国共产党的现代化	南开大学出版社	2013
刘诚、戴玉琴	代表人民利益与保持党的先进性	社会科学文献出版社	2013
黄卫平、陈家喜	制度建设与政党发展：政党体制的比较分析	社会科学文献出版社	2013
董德福、史云波	中国共产党理论创新的自觉：历史与现实	江苏大学出版社	2013
谷宇、丁建华	党的先进性与纯洁性研究	上海三联书店	2013
吴家庆	中国共产党公信力建设研究	人民出版社	2013
吴桂韩	中国共产党党内文化研究	中共党史出版社	2013
蔡志强	价值引导制度：社会和谐与党的执政能力建设	江苏人民出版社	2013
侯晋雄	转型期执政党的整合功能	国家行政学院出版社	2013
张兰初	执政党建设理论	吉林美术出版社	2013
牟广东、潘立魁	中国共产党执政党建设专题研究	东北大学出版社	2013
周挺	乡村治理与农村基层党组织建设	知识产权出版社	2013
曾成贵	正道中国：十六大以来党的理论创新	湖北人民出版社	2013
靳呈伟	党内民主	中央编译出版社	2013
朱庆跃	新时期中国共产党反腐政治体系构建的历史实践研究	上海三联书店	2013
王伟光	党的建设研究	社会科学文献出版社	2012
丁晓强等	党内民主：党的建设与工作的生命线	人民出版社	2012
李慎明	党的建设与中国特色社会主义	人民出版社	2012
陈坚	党的建设改革与创新	中共党史出版社	2012
李雄舟	新时期提高党的建设科学化水平问题研究	中国地质大学出版社	2012

续表

作者	书名	出版社	出版年份
洪向华	新时期党的建设与党建理论	红旗出版社	2012
韩冰	新世纪新阶段党的建设新论	中共中央党校出版社	2012
肖光文、秦明月、赵铁锁等	江泽民关于党的制度建设科学化的理论与实践研究	南开大学出版社	2012
孙书行、樊勇、张仲华	党建与和谐：基于历史和现实的辩证思索	中国社会科学出版社	2012
董遂强	中国共产党作风建设理论与实践研究	光明日报出版社	2012
肖力、邢洪儒	中国共产党精神建设研究	光明日报出版社	2012
张爱武	全球化进程中的中国共产党先进性建设	社会科学文献出版社	2012
倪兴祥	中国共产党创建史研究	上海人民出版社	2012
周善红	历史方位认知与党建理论创新	中共党史出版社	2012
李宏剑	党的纯洁性和先行先试	知识产权出版社	2012
奚洁人	党的先进性建设系列研究	人民出版社	2012
张希贤	新形势下加强党的纯洁性建设	中共中央党校出版社	2012
冯波、高慧燃	非公企业党建研究	中国传媒大学出版社	2012
张大维	中国共产党的社区建设理论与实践	华中师范大学出版社	2012
周良书	中共高校党建史（1921—1949）	北京师范大学出版社	2012
崔桂田	马克思主义政党防范执政风险研究	山东大学出版社	2012
郭大方	中国共产党执政党建设研究	军事科学出版社	2012
郝欣富、马跃	直面挑战：执政党自我管理和风险防范	安徽人民出版社	2012
王乃波	农村基层党建体制机制创新研究	党建读物出版社	2012
李雄舟	新时期提高党的建设科学化水平问题研究	中国地质大学出版社	2012
高桂云	网络媒体与党的执政能力建设	中国社会科学出版社	2012

续表

作者	书名	出版社	出版年份
罗中枢、黄金辉等	党内民主与党的执政能力建设研究：以现代国家建设为视角	四川人民出版社	2012
刘丽	新时期党建问题研究	东北大学出版社	2012
杨凤城	走在时代前列：十六大以来中国共产党的理论创新	中共党史出版社	2012

注：本表由作者自制，数据来源于北京大学图书馆数据库，经核筛后制表。

（作者单位：复旦大学马克思主义学院、党建研究院）

第十章
党的建设学科的国际视野与国际交流

陈明凡　刘兰炜

党的建设学科是对马克思主义政党特别是中国共产党建设和发展进行理论总结和规律探索的一门学科，具有突出的理论特性和鲜明的实践指向。拓展党的建设学科的国际视野，加强党的建设学科的国际交流，既是推进新时代党的建设学科蓬勃发展的内在要求，又是为建设学习型、服务型、创新型的马克思主义执政党，不断提高党的执政能力和领导水平，确保党始终成为中国特色社会主义事业的坚强领导核心提供源源不断的学科支撑、学术支持的必然要求，具有重大理论意义和现实价值。

第一节　加强世界政党比较研究

党的建设学科以中国共产党自身建设的理论发展、历史进程和当代实践为核心研究对象，根本任务是要全面总结党的建设基本经验，深化对政党建设规律特别是执政党建设规律的认识，为新时代向纵深推进党的建设新的伟大工程提供理论指导。完成这一任务，必须要拓展学科研究的国际视野，将中国共产党自身建设置于国际范围内考察，提高学科认识水平。

一、深入研究世界政党建设一般规律

马克思主义政党为何能够始终保持先进？一个重要因素就是善于总结和把握客观规律，按照客观规律办事。我们党在致力于探索自身建设规律的同时，也深入研究世界政党建设的一般规律，不断校准方向，指导行动。

回顾世界政党的发展历史，从 17 世纪末英国的辉格党与托利党根据议会席位多少轮流组阁，开启现代政党政治的序幕，到 19 世纪中期共产主义者同盟这一人类历史上第一个以科学社会主义为指导思想的国际无产阶级的政党诞生，无产阶级开始自觉组成“一个不同于其他所有政党并与它们对立的特殊政党，一个自觉的阶级政党”[①]。300 多年来，世界上各类政党实践风起云涌：有的政党如过眼烟云，“其兴也勃焉，其亡也忽焉”；有的政党由弱到强、由小变大，成为影响世界政治格局的重要力量；有的政党历经考验却最终一夜之间轰然倒塌，走向灭亡；有的政党在长期政治较量中被吸纳成为其他政党的附庸；还有的政党没能坚守自己的政治主张甚至走向了自己的反面。

历史引人深思：为什么有的政党在建党之初抱着美好的政治愿景，却在自身建设过程中出现种种问题和危机，最终与自身目标背

① 马克思，恩格斯. 马克思恩格斯文集：第 10 卷. 北京：人民出版社，2009：578.

道而驰？为什么有的政党在诞生之初并不起眼，却始终坚持用科学的理论和方法指导自身建设，不仅经受住了一次又一次时代浪潮的考验，而且在考验中变得更加坚强有力？历史充分证明：尽管各类政党在自身建设过程中面临着不同的时代背景和社会条件，但世界政党建设中蕴含着一般规律，隐藏在纷繁复杂的政党实践的历史事实和现实发展过程中，且无时无刻不在起着作用。正如习近平指出的那样："最近 20 年世界上一些执政多年的大党、老党丧失执政地位特别是一些马克思主义执政党人亡政息的惨痛教训表明：……一个政党的先进性不是一蹴而就的、也不是一成不变的，过去先进不等于现在先进，现在先进不等于永远先进。"① 这就表明，政党的先进性建设与政党的生死存亡密切相关是一条颠扑不破的历史真理，而这实质上就是政党建设规律在起作用。因此，能否从理论高度正确认识和揭示政党建设规律特别是执政党建设规律，是检验党的建设学科科学化水平的一条根本标准。

党的建设学科必须要在研究中树立世界眼光，既立足自身建设实践，又关注世界政党建设实践，从特殊性和普遍性的高度统一中，把握中国共产党建设的特殊规律和世界政党建设的一般规律，不断充实和丰富我们关于政党建设的规律性认识，全面提高党的建设科学化水平，从而使中国共产党的建设更加符合世界政党建设的发展趋势和基本规律。

二、科学比较中外政党建设实践做法

比较的方法，就是辩证的方法，就是用全面的观点看问题。"所

---

① 《中共中央关于加强和改进新形势下党的建设若干重大问题的决定》辅导读本. 北京：人民出版社，2009：10.

有正确的结论，都是经过比较的。”① 有比较才有方向，有比较才有鉴别，只有在比较中才能更加清晰地判断是非曲直，明确优劣得失，进而深化对事物本质和发展前途的认识。党的建设学科要客观、全面地认识和总结中国共产党自身建设的特殊规律和显著优势，提升对重大问题的阐释能力，也必须在比较研究中进行。事实上，马克思主义经典作家早已就这一问题作出了典范。恩格斯曾经就如何研究德国历史指出：“在研究德国历史（它完全是一部苦难史）时，我始终认为，只有拿法国的相应的时代来作比较，才可以得出正确的标准，因为那里发生的一切正好和我们这里发生的相反。”② 毛泽东也就如何研究中共党史，提出过“古今中外法”的一般原则。“所谓‘古今’就是历史的发展，所谓‘中外’就是中国和外国，就是己方和彼方。”③ 他认为，为了有系统地研究中共党史，将来需要编写党内、党外两种材料，只有将两种材料对照起来研究才是科学的、全面的。这一方法原则对于党的建设学科也有很大启示。

党的建设学科在研究中应当有开阔的眼界，将中国共产党的建设置于世界政党的参照系中研究，实现“跳出中国看中国”。只有对中国共产党的自身建设与世界其他政党建设进行比较研究，才能更加全面、深刻地考察党的建设基本历程，进一步总结好、传承好、发扬好中国共产党在革命、建设、改革进程中进行自身建设的宝贵经验和独特智慧，才能不断充实和丰富党的建设学科关于党的建设特定规律和重要问题的认识，从政党自身建设角度科学解释中国各

① 中共中央文献研究室．十三大以来重要文献选编：中．北京：人民出版社，1991：882.

② 马克思，恩格斯．马克思恩格斯文集：第10卷．北京：人民出版社，2009：660.

③ 中共中央文献研究室．毛泽东文集：第2卷．北京：人民出版社，1993：400.

种特殊的政治现象和社会现象，充分阐释好“中国共产党为什么能”这一重大问题。否则，在研究过程中就容易犯表面性、片面性和主观性错误，甚至陷入自说自话的境地，使党的建设学科的研究内容既无学理性，也缺乏说服力，成为“空喊口号”的政治宣传。习近平在谈党的建设时，多次以苏联亡党亡国为鉴，这也为我们如何在国际视野中比较研究党的建设作出了很好的示范。例如，2019 年 10 月，习近平在《求是》杂志上发表了重要文章《推进党的建设新的伟大工程要一以贯之》，对新时代如何推进党的建设新的伟大工程提出了根本指导原则和基本实践要求。习近平不仅纵向比较，回顾了中国历史上封建王朝的兴衰更替史，深刻阐述了为什么历代封建王朝都无法跳出历史周期率的重要问题，还横向比较，以苏共失去政权的教训为例，警示全体党员坚定理想信念。他惋惜地谈道：“苏共拥有 20 万党员时夺取了政权，拥有 200 万党员时打败了希特勒，而拥有近 2 000 万党员时却失去了政权……在那场动荡中，竟无一人是男儿，没什么人出来抗争。什么原因？就是理想信念已经荡然无存了。”[①] 习近平正是从苏共在意识形态建设领域完全失守的教训出发，强调了思想建党、理论强党的极端重要性，他进而要求党员干部“用马克思主义科学理论武装头脑，把理想信念建立在对科学理论的理性认同上，建立在对历史规律的正确认识上，建立在对基本国情的准确把握上”[②]。通过这样的比较，能更加客观地认识到我们党长期以来在思想建设上的成功经验，弄清楚未来如何更好避免在思想建设中出现问题，从而继续走向成功。

---

① 习近平. 推进党的建设新的伟大工程要一以贯之. 求是，2019 (19).

② 习近平. 推进党的建设新的伟大工程要一以贯之. 求是，2019 (19).

三、理性对待各国政党建设有益经验

毛泽东在论述如何正确处理中国与外国关系时指出："我们的方针是，一切民族、一切国家的长处都要学，政治、经济、科学、技术、文学、艺术的一切真正好的东西都要学。"[①] 习近平在中国共产党与世界政党高层对话会上也指出："中国共产党历来强调树立世界眼光，积极学习借鉴世界各国人民创造的文明成果，并结合中国实际加以运用。"[②]

世界上有 200 多个国家和地区，其中绝大多数都实行政党政治，中国共产党与世界上 160 多个国家和地区的 560 多个政党和政治组织保持着经常性的联系[③]。尽管各类政党所处的历史背景和面临的现实情况有所差异，政党性质和政治主张各有不同，其政党建设也并不完全一样，但各类政党在从事政治活动的过程中面临的许多现实具体问题具有相似性和相通性。许多国家的政党在自身建设实践中形成了不少有益做法，积累了不少优秀经验，完全可以学习借鉴。例如，越南共产党在其革新开放过程中高度重视思想理论建设，对坚持党的路线方针政策、完善社会主义民主、建设社会主义法权国家、科学对待兄弟党的社会主义理论与实践等重要问题进行了持续深入的研究，推动了党的重大理论创新发展；新加坡的人民行动党通过建立完善的法律体系，先后出台《防止贪污法》《没收贪污所得利益法》等各类法律法规，有效治理和预防了腐败，使得新加坡的清廉指数始终稳居全球前列；美国、英国等国主要政党率先运用互

---

① 中共中央文献研究室. 毛泽东文集：第 7 卷. 北京：人民出版社，1999：41.

② 习近平. 习近平谈治国理政：第 3 卷. 北京：外文出版社，2020：437.

③ 党的各方面事业取得辉煌成就. 人民日报，2021－06－29（5）.

联网进行政党活动，在推动党内民主建设、塑造政党正面形象、建立网络统一战线、畅通党群沟通渠道、科学倾听民情民意等方面取得了显著效果。这些经验和做法都值得吸收借鉴。

党的建设学科作为一门为党的建设提供学术支撑和理论借鉴的科学，在总结和提炼中国共产党自身建设的宝贵经验和特殊规律的同时，应当善于汲取世界其他政党建设优秀经验，为推进中国共产党自身建设提供源源不断的理论富矿。

长期以来，学术界已经围绕中外政党比较研究产出了不少学术成果。例如，中共中央组织部党建研究所主编的“国外政党专题研究报告”系列丛书、华中师范大学科学社会主义研究所主编的“当代资本主义国家共产党的理论与实践研究丛书”、李慎明主编的《执政党的经验教训》、王长江的《现代政党执政规律研究》、周淑真的《政党和政党制度比较研究》、柴尚金的《变革中政党：国内外政党建设的经验与教训》等，这些成果客观地研究了各国政党体制、政党功能和政党运作，科学总结了各类政党的治国理政经验以及政党建设经验，很好地回应了一些政党建设涉及的重大理论问题和现实问题。

当前，世界正处于百年未有之大变局，各国政党在履行传统职能时面临的风险挑战显著增多，其中有许多共同课题亟待解决，而且这些问题数量之多、规模之大、程度之深前所未有，需要各国政党加强交流互鉴，共享治党治国经验，顺应世界发展大势，回应人民共同期待。党的建设学科要更加注重政党建设比较研究，关注各国政党在其自身建设实践中出现的新变化、新特点，总结其新做法、新经验。

在这一过程中，既要开门搞研究，又要立足中国实际，对国外政党建设经验和做法有分析、有鉴别、有取舍。特别是在研究和借鉴资产阶级政党的建设经验和做法时，必须要充分认识到中国共产党与资产阶级政党在性质、宗旨、指导思想和纲领目标等方面有着根本区别，绝不能照搬照抄、机械套用。对其在政党建设实践中的一些具体思路、模式、举措和技巧等，可以结合实际，以我为主、为我所用。对涉及根本体制机制和原则是非的东西，必须坚决抵制，绝不能将西方政党建设的做法作为金科玉律和标准答案。

第二节　借鉴国外相关研究成果

习近平指出："哲学社会科学研究范畴很广，不同学科有自己的知识体系和研究方法"[①]。党的建设学科是开放的学科，"对一切有益的知识体系和研究方法，我们都要研究借鉴，不能采取不加分析、一概排斥的态度"[②]。拓展党的建设学科的国际视野，加强党的建设学科的国际交流，要注重从学科本身出发，树立开放的学术意识，以博采众长、兼收并蓄的态度吸收借鉴国外相关学科的研究理论、方法和成果，从中开辟新视角，拓展新思路，找到新办法，解决新问题，促进党的建设学科繁荣发展。

一、充分吸收国外相关理论有益成分

党的建设学科始终旗帜鲜明地坚持以马克思主义为指导。长期以来，学界运用马克思主义这一"伟大的认识工具"[③]，坚持辩证唯

① 习近平．在哲学社会科学工作座谈会上的讲话．北京：人民出版社，2016：18.

② 习近平．在哲学社会科学工作座谈会上的讲话．北京：人民出版社，2016：18.

③ 列宁．列宁专题文集：论马克思主义．北京：人民出版社，2009：68.

物主义和历史唯物主义的世界观和方法论，用马克思主义政党理论观察、认识和分析中国共产党自身建设，不仅致力于科学“解释世界”，围绕有关党的建设中心问题和重大课题进行学理探析，而且致力于积极“改变世界”，为新时代党的建设新的伟大工程向纵深推进提供扎实的学术支撑。应当说，坚持马克思主义的立场、观点、方法进行学术研究是党的建设学科的一个显著特征，运用马克思主义政党理论进行学术研究是党的建设学科的一个核心优势。否则，党的建设学科就会失去灵魂，迷失方向，既不可能得出正确的结论，也无法发挥应有的作用。

坚持马克思主义的指导地位不是排斥和忽视其他有益的学术理论。党的建设学科成立时间不长，学术积淀相对于其他学科来说还比较少，学科的学术基础还比较薄弱。积极吸收国外政党建设理论的有益成分，有助于推动党的建设学科快速成长。

西方政党政治历史悠久。西方政党建设的理论发展始终伴随着资产阶级在政治上的进展，围绕解决资产阶级政党在自身建设过程中遇到的困难和挑战而不断完善，形成了相当丰硕的理论成果。由于阶级属性、研究视角等差异，西方政党建设理论在解释和解决问题时具有一定的局限性，并且与马克思主义政党建设理论有着本质区别，在解释中国政党相关现象时常常失灵。但是我们可以在批判中合理借鉴其有益成分，这不仅有助于为我们提供独特的观察视角、分析框架和理论路径，也有助于开拓出用以往的视野和理论所无法开拓出的新的重要选题或研究领域，还有助于从不同视角、用不同理论对我们党的建设的一些重要结论进行佐证。例如，以塞缪尔·亨廷顿、安杰罗·帕尼比昂科、阿尔宾逊等为代表的一批学者提出的政党适应性理论，将政党适应性作为衡量一个政党能否在变化环境中生存的重要标准，解释了政党组织在应对内外变革产生的结构性和功能性变化的原因，展现了政党组织的动态发展过程。运用这一理论，有助于我们从一个特殊视角观察和解释中国共产党在百余年奋斗过程中的发展变化。又如，政党合法性问题是西方政党问题研究中的一个基本问题。以马克斯·韦伯、加布里埃尔·阿尔蒙德、西蒙·李普塞特等为代表的学者从不同角度充实和丰富了合法性理论，用以判断政党何以被民众认可及其执政的兴衰走向。他们特别强调多党竞争和"一人一票的选举"对于政党合法性的意义。显然，这一理论具有明显局限性，并不适用于解释中国共产党执政合法性问题。中国共产党执政地位的形成，是历史和人民的选择，是社会发展的必然结果。但这一理论也启示我们："党的先进性和党的执政地位都不是一劳永逸、一成不变的，过去先进不等于现在先进，现在先进不等于永远先进；过去拥有不等于现在拥有，现在拥有不等于永远拥有。"① 随着世情、国情、党情发生深刻变化，党面临的执政考验、改革开放考验、市场经济考验、外部环境考验是长期的、复杂的、严峻的。巩固党的执政地位将是摆在我们党面前的一项长期历史课题。

目前，国内许多学者围绕中国共产党执政合法性与依法治国的关系、如何推进中国共产党法理型合法性建设、中国共产党执政合法性的巩固与拓展等各类议题展开了研究和讨论，这实质上就是通过吸取西方政党建设理论的有益成分，开辟了新的研究视野，提出了新的研究问题。但是，在这一过程中，学界必须注意提升学术批判能力，特别是要强化对西方政党建设理论的鉴别能力。否则，就有可能用西方政党建设理论解构党的建设的基本理论和重大实践，得出南辕北辙的错误结论。

---

① 中共中央关于加强和改进新形势下党的建设若干重大问题的决定. 北京：人民出版社，2009：5.

二、合理借鉴国外相关学科研究方法

一定的研究方法是一定学科在研究过程中发现问题、提炼理论、概括实践、揭示规律的基本工具和有效手段。没有科学的研究方法是不可能实现研究的预期目标，进而提升研究科学化水平的。正如毛泽东所说："我们不但要提出任务，而且要解决完成任务的方法问题。我们的任务是过河，但是没有桥或没有船就不能过。不解决桥或船的问题，过河就是一句空话。不解决方法问题，任务也只是瞎说一顿。"①

党的建设学科是一门兼具学术性、政治性、实用性的科学，其研究目的不仅在于要讲清楚党的建设基本规律"是什么"的问题，也要深刻回答"为什么"的问题，对重大问题作出正确分析，更要科学回答"怎么办"的问题，对在新的历史条件下推进党的建设提出具有前瞻性的思考和建议。这样的学科使命，对研究人员提出了更高要求，不仅要拥有深厚的理论功底，也必须善于运用多学科方法，真正提升从学理上分析和解释问题的能力。同时，党的建设学科的研究领域广泛，具体研究对象包括政治建设、思想建设、组织建设、作风建设、纪律建设、制度建设和反腐败斗争等，研究领域涉及政治、经济、文化、外交等，单一的研究方法很难对研究问题进行全面回答，这也从客观上要求研究人员运用多元方法从不同角度剖析问题，从而拓展研究深度，提升研究的科学性和实效性。否则，在研究过程中就容易出现"空喊口号"的现象，反而会弱化党的建设学科的学理性和权威性。

---

① 毛泽东. 毛泽东选集：第1卷. 2版. 北京：人民出版社，1991：139.

目前，党的建设学科在研究方法上单一化倾向比较明显，主要以定性研究为主，一般采用归纳、经验研究、逻辑与历史相统一等方法。但在学术研究中如果只单纯采用定性研究，会不可避免地存在局限性。一方面，受研究者的知识水平、认识能力、思维高度以及其他种种条件限制，进行定性研究时有可能先入为主，致使得出主客观不符的观点结论。另一方面，单纯的定性研究缺乏对数据的分析处理，很难准确把握成千上万的数据所代表的实际意义并揭示这些数据所代表的不同现象之间的联系。而国外学者特别是西方学者在研究政党问题时，一个突出特点就是从具体问题入手，运用跨学科方法，特别是注重采取定量研究，通过问卷调查、数据统计等方式获取实证数据，用以解释和说明政党活动中的因果联系，探寻政党活动规律。例如，美国政治学家安东尼·唐斯运用经济学中的霍特林大街模型对政党政治进行分析，提出了著名的“中间选民定理”，认为政党纲领偏向于中间位置时，可以吸引更多选民。美国政治学家威廉·赖克将博弈论引入政党政治研究，提出了“最小获胜联盟”法则，用于理解选举联盟形成和发展的内在规律。美国政治学家理查德·卡茨和爱尔兰学者彼得·梅尔通过收集和分析 1960—1990 年间西欧主要政党的党员人数和党员人数占本国选民中的比重，提出了卡特尔政党理论，揭示了西方政党政治出现的新变化。

当前，学科整体化、交融化趋势进一步增强，党的建设学科对现代社会科学积累的有益知识体系更应该充分借鉴。其中，特别是要注重借鉴国外学者在研究过程中所采用的数量分析、模型推演、实验研究等方法，丰富党的建设学科搜集材料、处理数据、分析问题、得出结论的手段，并运用这些手段进一步佐证重要结论，提升理论说服力，丰富学理性支撑，避免出现那种在研究党的建设有关问题时，通过简单堆积史料和事例，重复一般结论的现象。目前，已有许多学者开始尝试运用跨学科方法进行党的建设研究。例如，将经济学的相关理论和方法引入党的执政效率问题研究、将传播学的相关理论和方法引入党的宣传工作规律与方法研究、将组织学的相关理论和方法引入党的组织建设研究等。

三、同步关注国外相关学术研究动态

关注和追踪国外学者研究中国共产党建设的相关研究动态，不断提升研究针对性，有利于提升党的建设学科为党政部门建言献策的能力和水平。

长期以来，中国共产党是国外学者特别是西方学者的重点研究对象。特别是苏联解体、东欧剧变后，世界没有像一些学者预想的那样走到“意识形态的终点”，中国共产党也没有像一些学者期盼的那样重蹈苏联的覆辙，其执政地位反而日益稳固，今天已经成为拥有 9 900 多万名党员、领导着拥有 14 亿多人口的大国、具有重大全球影响力的世界第一大执政党，带领中国人民取得了一个又一个伟大成就，再次引起了全世界的关注，掀起了国外学者研究中国共产党的热潮。而许多学者认为，中国共产党取得成功的一个秘诀就在于善于搞好自身建设。长期以来，哈佛大学的罗德里克·麦克法夸尔、费正清、史华慈，乔治·华盛顿大学的沈大伟，丹佛大学国际关系学院的赵穗生，曾任卡内基国际和平基金会中国项目共同主任的裴敏欣，麻省理工学院斯隆商学院的黄亚生，杜克大学中国研究中心主任史天健，哥伦比亚大学东亚研究中心的吕晓波等围绕中国共产党政治建设、思想建设、组织建设、作风建设、反腐倡廉等领域进行了积极研究，产生了较大的学术影响和社会影响。目前，越来越多的东南亚国家、非洲国家、拉美国家的专家学者开始关注和研究中国共产党的建设，希望从中获取智慧和经验。在代表性研究成果方面，有沈大伟的《中国共产党：收缩与调适》（*China's Communist Party：Atrophy&Adaptation*）、柏思德与郑永年合著的《改革中的中国共产党》（*The Chinese Communist Party in Reform*）以及鲍大可的《共产党中国的干部、官僚政治与政权》（*Cadres, Bureaucracy, and Political Power in Communist China*）等。这些著作的观察视角多样，提出的某些观点比较客观，具有一定的借鉴意义。在代表性研究机构方面，有达勒姆大学当代中国研究中心、澳大利亚国立大学当代中国中心、哈佛大学费正清中国研究中心、加州大学伯克利分校中国研究中心、加州大学洛杉矶分校中国研究中心、德国海德堡大学中国研究所、牛津大学中国中心等。此外，国外学者还创办了一系列具有影响力的学术刊物，如《中国季刊》（*The China Quarterly*）、《亚洲研究期刊》（*The Journal of Asian Studies*）、《国际中国研究杂志》（*China：An International Journal*）、《东亚政策》（*East Asian Policy*）等，这些期刊经常刊载有关中国共产党建设的研究文章，汇集了国外学者的代表性观点。

总的来说，国外学者关于中国共产党建设的研究日趋深入，特别是党的十八大以来，研究规模明显扩大、研究成果明显增多。对此，我们必须持续追踪和关注，及时了解国外学者的研究热点，把握其研究视角和方法，总结其代表性观点，对其研究结论中的有益成分要积极吸收。特别是国外学者对中国问题的研究往往超越一般的学术范畴，其研究观点和结论常被政府在制定对华政策时借鉴和采纳。及时追踪和关注其研究动态和观点倾向，也有助于党的建设学科提升研究的针对性，为党政部门提供具有科学性和前瞻性的政策建议，真正发挥党的建设学科建言资政的重要作用。

目前，国内已经有一批学者在这方面进行了开拓性研究，形成了一定数量的学术成果，如姜辉主编的《共同见证百年大党——百位国外共产党人的述说》，吕增奎主编的《执政的转型：海外学者论中国共产党的建设》，路克利的《哈佛大学的中国共产党研究》，韩强的《国外对中国共产党建设的研究述评》《海外中共党建研究的几个问题》，高晓林和庞敏的《新时代海外中国共产党研究的新动向与前瞻》，潘春玲和过勇的《海外学者对党的十八大以来中国反腐败工作的评价》，王峰的《海外新时代中国共产党纪检监察制度研究的回顾与思考》等，这些成果对于我们洞悉国外学者关注什么、如何研究、持怎样的观点等具有重要参考意义。

第三节 在国际交流中推进党的建设学科高质量发展

习近平指出："哲学社会科学是人们认识世界、改造世界的重要工具，是推动历史发展和社会进步的重要力量，其发展水平反映了一个民族的思维能力、精神品格、文明素质，体现了一个国家的综合国力和国际竞争力。"① "一个没有发达的自然科学的国家不可能走在世界前列，一个没有繁荣的哲学社会科学的国家也不可能走在世界前列。"② 党的建设学科是解读党的建设实践、构建党的建设理论的专门学问，承担着为党和人民述学立论、建言献策的光荣使命。拓展党的建设学科的国际视野，加强党的建设学科的国际交流，就是要在世界范围内各种思想文化交融、交锋的新形势下，提升党的建设学科的理论创新水平，优化党的建设学科的话语表达方式，夯

① 习近平．论党的宣传思想工作．北京：中央文献出版社，2020：212－213.
② 习近平．论党的宣传思想工作．北京：中央文献出版社，2020：213.

实党的建设学科的人才队伍建设，不断增强党的建设学科的国际影响力和话语权。

一、优化党的建设学科国际话语表达方式

话语是意识形态传播的关键载体，话语表达方式是决定能否有效发挥意识形态强大凝聚力和引领力的重要因素。一个学科的话语表达方式既要能够准确、充分地表述和传达学科的概念、范畴和理论命题，又要具有强大的吸引力、感染力、传播力和影响力，使学科的理论、观点、主张最大程度上被理解和接受，这也是一个成熟健全学科的重要标志。

党的建设学科承担着在国际上传播党的声音、讲好党的故事、塑造党的形象的重要政治任务，必须不断优化自身的话语表达方式。一方面，要善于提炼有关党的建设的标识性概念。标识性概念是经过长期总结、提炼、升华形成的理论成果，既具有科学性，又具有感召力。近年来“加强党的执政能力建设”“勇于自我革命”“净化党内政治生态”“建设党内政治文化”“把权力关进制度的笼子里”等一系列具备原创性、时代性的概念和理论不仅在国内起到了指引方向、提供遵循的重大作用，也在国际上引起了广泛关注和共鸣。在这一过程中，学界作出了重大贡献，形成了巨大优势。未来，党的建设学科必须继续围绕党的建设有关问题着力“打造易于为国际社会所理解和接受的新概念、新范畴、新表述，引导国际学术界展开研究和讨论”①。另一方面，要立足于马克思主义的根本立场，积极打造融通中外的学科话语。习近平在中共中央政治局第三十次

---

① 习近平. 论党的宣传思想工作. 北京：中央文献出版社，2020：235.

集体学习时强调，要“打造融通中外的新概念、新范畴、新表述，更加充分、更加鲜明地展现中国故事及其背后的思想力量和精神力量”①。

目前，党的建设学科的话语体系与国外相关学科的话语体系相比具有很大差异，国内外学者在国际交流中不仅存在沟通障碍，双方有时甚至会产生对彼此的误读。因此，要关注国外学者在研究中采用的有关表述，合理借鉴其有益成分，打造一些通用性概念，与国外学者建立起话语上的共同点、情感上的共鸣点，推动中国观点、中国理论、中国主张沿着学术交流的轨迹有效传播，增强影响力与说服力，促进学科交流互鉴。打造通用性概念绝不是一味迎合西方话语体系，盲目追求标新立异，用一些“洋概念”“伪概念”解释党的建设相关问题，否则就会跌入西方学术话语“陷阱”，从而造成思想上的混乱和错误，消解中国化马克思主义政党理论的科学性。

二、积极培养面向世界的党建人才队伍

人才是实现民族振兴、赢得国际竞争主动的战略资源，学科专业人才是推动学科蓬勃发展的根本力量。推动党的建设学科话语体系建设，增强党的建设学科的国际影响力，必须要培养一批具有国际视野和开放学术意识的专业学科人才。为此，要加快实施党的建设学科人才工程，构建各有所长、梯队衔接的党的建设学科人才体系。“着力发现、培养、集聚一批有深厚马克思主义理论素养、学贯中西的思想家和理论家，一批理论功底扎实、勇于开拓创新的学科

① 习近平在中共中央政治局第三十次集体学习时强调 加强和改进国际传播工作 展示真实立体全面的中国. 人民日报，2021-06-02 (1).

带头人，一批年富力强、锐意进取的中青年学术骨干”①；要加大对党的建设学科研究人员的扶持力度，对学者参加国际学术会议、在国际期刊上发表学术文章、出国交流访学等给予支持；要更好发挥党的建设学科高层次专家人才作用，利用国外主流媒体、重要国际会议等渠道发声；要通过聘请国外研究人员担任教职、邀请国外知名学者访学、联合承担党建科研项目等方式，吸引外国学者参与到人才培养和学术研究中；要提升学科人才培养质量，推进党的建设学科本、硕、博人才培养一体化建设。特别是要注重在理论学习和实践培养中，通过教材内容立足国际学术前沿、开设中外政党建设比较课程以及中外联合培养等方式，帮助学生拓展研究的国际视野，树立开放的学术意识。

同时，要着力打造一批学术平台，为党的建设学科人才队伍进行国际交流提供广阔舞台，使人才队伍和学术平台相互促进、融合发展。例如，要鼓励相关国内学术机构拓展研究的国际视野，大力开展比较研究，特别是要关注各国政党制度、政党执政方式和政党形势变化。目前，中共中央组织部党建研究所、全国党建研究会、中共中央编译局的海外理论信息研究中心、中国社会科学院国外中国学研究中心、中共中央党史和文献研究院武汉大学海外当代中国研究基地、复旦大学海外中共学研究中心、北京联合大学海外中国学研究中心等已在这方面做了大量工作，取得了丰硕的学术成果，形成了广泛的学术影响。要支持国内有关学术机构参与和设立相关国际性学术组织，支持国外相关学会、基金会研究关于中国共产党建设的重大问题。要加强优秀外文网站和党的建设学术期刊建设，面向国外译介关于党的建设的高水平研究成果和中国共产党经典文

① 习近平. 论党的宣传思想工作. 北京：中央文献出版社，2020：238.

献、研究资料等，向国际社会讲好中国共产党故事。

近年来，由中国外文局翻译出版的《摆脱贫困》英文版、法文版，由中共中央党史和文献研究院翻译出版的《论坚持推动构建人类命运共同体》多语种版、《中国共产党简史》英文版等重要著作和文献，为海外的政治家、学者和公众了解和读懂中国共产党提供了权威性的阅读资源，在海外引起了巨大反响。要打造一批党的建设高水平智库，推出并牵头组织相关研究项目，强化导向性、示范性和权威性，引导中外学者聚焦中国共产党建设相关理论和实践问题展开深入研究，鼓励中外学者围绕相关问题形成一批有深度、有分量的研究成果，增强党的建设学科研究的国际影响力；要积极举办各类国际学术研讨会，为中外研究人员提供学术交流平台，促进相互了解，形成学术共识。

在此之前，有关部门和学界已经举办了各类学术研讨会，并取得了显著效果。2011 年，当代世界研究中心和美国乔治·华盛顿大学联合举办了“中国共产党的建设”国际研讨会，中外专家学者围绕中国共产党的政党制度、决策程序、廉政建设、理论创新等进行了深入探讨。中越学术界围绕党的建设基本经验也已举办了数次学术研讨会，如 2017 年，中国驻越南大使馆和越南社会科学翰林院联合举办了“新时期中越党建和治国理政”国际研讨会；2018 年，中国驻越南大使馆与越南胡志明国家政治学院联合举办了“新时期中越党建工作经验”研讨会。在研讨会上，中越学者围绕党的思想建设、道德建设、组织建设、纪检工作、干部工作等各个方面进行了专题研讨。

第四节　扩大党的建设学科国际影响

中国共产党是一个有着宏大国际视野和深厚世界情怀的马克思主义先进政党，始终致力于在广阔的时空维度中思考民族复兴的深刻命题，决心为人类进步事业而奋斗。毛泽东曾说："中国是一个具有九百六十万平方公里土地和六万万人口的国家，中国应当对于人类有较大的贡献。"[①] 习近平也指出："中国共产党始终把为人类作出新的更大的贡献作为自己的使命。"[②] 党的第三个历史决议将"坚持胸怀天下"作为党百年奋斗的十条历史经验之一，强调："党始终以世界眼光关注人类前途命运，从人类发展大潮流、世界变化大格局、中国发展大历史正确认识和处理同外部世界的关系，坚持开放、不搞封闭，坚持互利共赢、不搞零和博弈，坚持主持公道、伸张正义，站在历史正确的一边，站在人类进步的一边。"[③] 当前，中国正日益走近世界舞台中央，"有能力也有责任在全球事务中发挥更大作用，同各国一道为解决全人类问题作出更大贡献"[④]。在这一过程中，党的建设学科既要强化自身使命担当，在国际上传递中国声音、展示中国形象，也要树立研究世界情怀，为世界各国政党发展提供方案选项和可靠路径。

---

① 中共中央文献研究室. 毛泽东文集：第 7 卷. 北京：人民出版社，1999：156，157.

② 习近平. 习近平谈治国理政：第 3 卷. 北京：外文出版社，2020：45.

③ 中共中央关于党的百年奋斗重大成就和历史经验的决议. 北京：人民出版社，2021：68.

④ 习近平在中共中央政治局第三十次集体学习时强调 加强和改进国际传播工作 展示真实立体全面的中国. 人民日报，2021-06-02 (1).

一、阐发科学理论，破除国际社会偏见

长期以来，西方国家运用其在哲学社会科学领域的强大影响力和话语权，通过传播所谓的学术思想或进行所谓的学术讨论，致力于树立西方标准，裁剪中国现实，设置政治陷阱。许多西方学者在研究中国共产党建设的过程中，基于意识形态偏见，提出的许多观点看法在理论上和实践中都是完全站不住脚的。

例如，沈大伟在其文章中指出，中国共产党必须在当前的政治体制基础上进行根本性改变，只有真正具备那些亚洲高收入国家全部具备的政治属性，如真正意义上的多党制、独立于执政党的立法和司法机关、开放媒体等，中国才能跨越“中等收入陷阱”，成为完全发达的现代经济体。否则，中国共产党将面临政治衰落①。弗朗西斯·福山认为，中国共产党作为一个拥有近 9 000 万成员的大型组织却面临着无人监督和约束的问题，这导致中国无法规避出现“坏皇帝”的情况。他得出结论：中国已经迎来历史上的重要时刻，如果政治体制不作出改变，中国经济发展不可能向“新常态”转变，即使是最明智的党的领导层也不可能完成这一使命②。不难看出，这些学者或是用西方理论解构中国共产党的建设实践，或是将中国共产党建设实践的某一领域、某一方面孤立起来进行研究，或是过分强调中西政党建设差异，将西方政党模式作为“标准答案”，其实质就是搞“西方中心主义”。

这些错误观点虽然以学术研究的形式出现，也无法完全代表西

---

① SCHAMBAUGH D. Contemplating China's future. Chinese political science，2017，23 (1).

② FUKUYAMA F. Reflections on Chinese governance. Journal of Chinese governance，2016，1 (3).

方民众的意志，但其负面影响广泛，不仅败坏了中国共产党的形象，极大误导了国际舆论，也不利于在国际上凝聚共识，一定程度上压缩了我国的国际空间，影响新时代大国外交战略的实施效果。

习近平强调："在解读中国实践、构建中国理论上，我们应该最有发言权，但实际上我国哲学社会科学在国际上的声音还比较小，还处于有理说不出、说了传不开的境地。"① 党的建设学科作为中国哲学社会科学的重要组成部分，必须进一步强化学科使命担当，承担起在国际上用中国声音解释党的建设相关问题的重任，打破西方学术话语权的垄断地位，破除国际社会偏见。特别是针对国外学者提出的关于中国共产党自身建设的错误观点，党的建设学科要运用马克思主义建党学说进行旗帜鲜明地批驳、明白透彻地说理，坚决防止马克思主义建党学说被解构为西方政党理论的理论体系和话语体系。要遵循马克思主义建党学说的立场、观点和方法，说明好、阐释好中国共产党自身建设的相关问题，积极回应国际社会关切的热点问题，从而说服世界、凝聚人心。

二、通过生动实践展现大党形象

百余年来，中国共产党带领中国人民创造一个又一个伟大成就的根本原因，就在于我们有一个始终坚持以马克思主义为指导，勇担民族复兴历史大任，决心带领广大人民实现人间奇迹的先进政党领导。回顾党的奋斗历程，党的建设是贯穿党的奋斗史的一条生命线，是党和人民事业取得一个又一个胜利的坚强政治保证和独特政治优势。不论是在革命、建设年代还是在改革年代，中国共产党始

① 习近平. 论党的宣传思想工作. 北京：中央文献出版社，2020：235.

终坚持从思想、制度、组织、作风等各个方面搞好自身建设，从而为应对一系列危机挑战提供了坚强的政治保证。特别是党的十八大以来，中国共产党更加深刻地认识到党面临的“四大考验”和“四种危险”，以“刀刃向内”的勇气和魄力，围绕“一条主线、五大建设、三型政党”将党的建设新的伟大工程向纵深推进。中国共产党在自我革命中得到了锻造，重塑了自身独特的政治优势，开辟了马克思主义政党建设的新境界。

党的建设学科要善于将中国共产党的自身建设史中的生动实践阐释好，为开展国际传播工作提供学理支撑，从而让国外民众真正认识中国共产党真正为中国人民谋幸福，了解中国共产党的自身建设优势，理解中国共产党为什么能、马克思主义为什么行、中国特色社会主义为什么好。

例如，2020年新冠疫情席卷全球，对世界各国政治、经济和社会发展产生了巨大冲击。在新冠疫情的“大考”面前，一些国家的政党应对乏力，不仅导致疫情进一步蔓延扩散，甚至引发了国内严重政治危机。反观中国，在疫情防控最艰巨的时期，中国共产党充分发挥政治领导力、思想引领力、群众组织力、社会号召力，67.7万个建制村基层党组织、30.2万个城市社区基层党组织，覆盖全国54.2万个村和6.4万个社区，88.3万名“第一书记”和驻村工作队员就地参加疫情防控，846.1万名党员到社区报到参加疫情防控和志愿服务，2 061个临时党委、2 292个临时党总支、23.9万个临时党支部在抗疫一线火速建立，真正做到抗疫斗争开展到哪里，党的组织就建设到哪里，党组织的作用就发挥到哪里①。在这场艰苦卓绝的历史大考中，我们党与广大人民群众一道形成强大合力，不仅在疫

① 党旗在抗疫一线高高飘扬. 人民日报，2020-06-30（4）.

情防控方面取得重大战略成果，还率先推动复工复产，成为全球唯一实现经济正增长的主要经济体，为全球经济和国际局势注入了强大的稳定力量。

同时，当全世界共同关注着在疫情防控压力下中国脱贫攻坚战能否全面打赢、全面建成小康社会能否如期实现时，习近平向全党下达不获全胜、决不收兵的号令："到二〇二〇年现行标准下的农村贫困人口全部脱贫，是党中央向全国人民作出的郑重承诺，必须如期实现，没有任何退路和弹性。"[①] 经过全党全国各族人民共同努力，"在迎来中国共产党成立一百周年的重要时刻，我国脱贫攻坚战取得了全面胜利，现行标准下九千八百九十九万农村贫困人口全部脱贫，八百三十二个贫困县全部摘帽，十二万八千个贫困村全部出列，区域性整体贫困得到解决，完成了消除绝对贫困的艰巨任务，创造了又一个彪炳史册的人间奇迹！"[②]

针对这些基本事实，党的建设学科要坚持用中国实践升华中国理论，用中国理论阐释中国实践，既充分利用好这些客观事实，及时对其中彰显的党的建设成功经验进行提炼和总结，又从学理层面对其进行升华，赋予其理论意义，使之上升到科学认识层面，从而促进中国化马克思主义党建理论的发展。要充分鲜明地展现这些生动实践背后凸显的中国共产党的政党建设智慧，将讲好故事和讲好道理有机结合起来，用生动的实践、鲜活的事例向国际社会塑造一个严格律己、一心为民、求真务实、敢于担当的真实、立体、全面的中国共产党形象。

---

① 中共中央党史和文献研究院．十九大以来重要文献选编：中．北京：中央文献出版社，2021：464.

② 习近平．论把握新发展阶段、贯彻新发展理念、构建新发展格局．北京：中央文献出版社，2021：507.

三、运用中国智慧解决世界政党难题

纵观当今世界，政党危机和政党衰落日益呈现出加重加深趋势，不少国家的政党面临着建设和治理困境。对于广大发展中国家而言，实现现代化往往有赖于一个强有力的政党的领导。然而，亚洲、非洲、拉丁美洲等地区的部分发展中国家效仿西方国家走上追求现代化的道路，完全复刻了西方政党模式。其中，一些政党忽视了具体国情，在指导思想和发展理念上与西方发达国家亦步亦趋，无法对国家发展方向和国际发展形势作出科学准确判断，也无法提出符合广大民众愿望的政策主张。

例如，20 世纪 80 年代后，墨西哥的革命制度党在新自由主义的冲击下用“社会自由主义”取代“革命民族主义”作为自身理论纲领，全面推行新自由主义经济模式。这一所谓的“理论创新”没有在党内达成共识，致使全党在指导思想上出现严重分歧，加重了党内的思想混乱。这一方案直接导致墨西哥贫富差距急剧扩大，全国 300 个家族占据了 50%的财富，近一半人口生活在贫困线以下，一度成为“制造穷人的工厂”。最终，革命制度党匆匆下台，失去了政权。此外，一些政党在组织建设上存在种种弊端，官僚主义和专制作风盛行，民主制度遭到极大破坏；一些政党长期忽视制度建设，造成党内或政权腐败问题严重，从领袖到各类高级官员丑闻不断，丧失了民众的信任，削弱了自身的社会基础。时至今日，这些国家或是仍在苦苦探寻发展出路却事与愿违，政局动荡、经济衰退、贫富分化交织；或是跌入“中等收入陷阱”，在泥淖中艰难前行；或是将自身发展的希望寄托于某些发达国家身上，彻底成为其附庸。

与此同时，西方发达国家的政党乱象也层出不穷。在发达国家内部，政党之间互相倾轧，“拳击赛”“对抗赛”成为常态，造成了严重的社会撕裂：一党执政，往往从“规划下一届选举”出发，只考虑任期内的事；一党下台，其政策主张常常被新的执政党否定和推翻。同时，政党为争取选民，“中间化”趋势日益明显，多党制提供的所谓不同政策选择的政党政治功能也逐渐丧失。在政党内部，派系之间斗争激烈，金钱政治、利益分赃、党内纷争的丑闻频发，如日本的自民党就有七大派系，派系之间为了利益时而联合、时而斗争，党内大佬随时都有“出走”可能。其各级组织十分松散，党员作用一再弱化，党内大佬呼风唤雨，一切党内资源为其利益交换和获取选票服务，政党沦为个人的牟利和选举机器。以上的政党乱象充分证明：世界需要中国政党建设智慧。

习近平指出：“解决好民族性问题，就有更强能力去解决世界性问题；把中国实践总结好，就有更强能力为解决世界性问题提供思路和办法。这是由特殊性到普遍性的发展规律。”① 马克思主义建党学说是世界政党建设理论桂冠上的一颗明珠，中国共产党的政党建设实践是世界政党建设实践历史长河中的光辉典范，党的建设的基本经验具有重大世界意义。中国共产党不断吸取自身建设正反两方面经验，形成了中国化马克思主义党建理论体系，具有强大的真理性和解释力。中国共产党自身建设的成功实践，向全世界集中展现了中国共产党强大的使命担当、执政能力和领导水平，体现了世界政党政治的崭新发展趋势，凸显了中国共产党自身建设的独特优势和借鉴价值。

例如，中国共产党在百余年的自身建设史中，不断深化对政党建设规律的认识，逐渐探索出“全面推进党的政治建设、思想建设、

---

① 习近平．论党的宣传思想工作．北京：中央文献出版社，2020：229．

组织建设、作风建设、纪律建设，把制度建设贯穿其中，深入推进反腐败斗争”这一独具特色、要素完整、逻辑严密的党的建设总体布局。其中，各项建设各有侧重，但又相互配合、相互支撑、相互贯通，共同形成有机统一的整体。这一科学创见不仅是对马克思主义建党学说的重大贡献，对于世界其他政党优化政党建设基本要素配置也具有重要参考价值。又如，党的十八大以来，中国共产党将全面从严治党贯穿于党的建设各方面，以猛药去疴、重典治乱的决心，以刮骨疗毒、壮士断腕的勇气，坚决把党风廉政建设和反腐败斗争进行到底，坚持把权力关进制度的笼子里，依纪依法设定权力、规范权力、制约权力、监督权力，走出了一条党长期执政条件下实现自我净化的有效路径。这一举世瞩目的成功实践不仅在国际社会上塑造了自身的良好形象，也为共同面临腐败问题困扰的国家防止腐败蔓延提供了有益参考，具有积极示范作用。

中国共产党不仅以开放眼光、开阔胸怀对待世界各国政党建设的优秀做法，也始终抱着真诚分享的态度与世界各国分享自身建设的基本经验。但是这绝不是要“输出”中国模式，更不会要求别国“复制”中国做法。党的建设学科应当树立研究世界情怀，积极运用具有中国特色、中国气派的中国化马克思主义党建理论解释世界政党建设中的重大问题和现实难题，提出具有中国立场、中国价值的主体性、原创性的理念、主张和见解，用中国智慧、中国方案为世界政党建设提供可靠思路和路径选择。在这一过程中，既要坚持从宏观层面对中国共产党政党建设的理论逻辑、实践逻辑、历史逻辑进行有深度、有力度的阐释说明，又要注重在中观层面对中国共产党政党建设的具体内容和做法进行全面系统的梳理总结，更要善于用好各类典型案例，从微观层面透视中国共产党政党建设的独创见解。倘若仅仅是泛泛而谈、大而化之，就会使之陷于空洞抽象，这样反而会丧失其应有的科学性和实践性。

党的建设学科作为一门专门研究建设什么样的长期执政的马克思主义政党、怎样建设长期执政的马克思主义政党的科学，承担着对中国共产党的自身建设进行理论总结和实践指引的时代重任。拓展党的建设学科的国际视野，加强党的建设学科的国际交流，必将推动构建中国化马克思主义党建理论体系，推动中共党史党建学一级学科健康发展，不断创造出新的理论成果，提升学科回应和解释现实问题的能力，为新时代继续推进党的建设新的伟大工程，把中国共产党建设成为一个始终走在时代前列、人民衷心拥护、勇于自我革命、经得起各种风浪考验、朝气蓬勃的马克思主义执政党提供源源不断的有益养分和学术支持。

（作者单位：清华大学马克思主义学院）

参考文献

一、著作

[1] 马克思，恩格斯. 马克思恩格斯文集：第 1 卷. 北京：人民出版社，2009.

[2] 马克思，恩格斯. 马克思恩格斯文集：第 2 卷. 北京：人民出版社，2009.

[3] 马克思，恩格斯. 马克思恩格斯文集：第 3 卷. 北京：人民出版社，2009.

[4] 马克思，恩格斯. 马克思恩格斯文集：第 4 卷. 北京：人民出版社，2009.

[5] 马克思，恩格斯. 马克思恩格斯文集：第 10 卷. 北京：人民出版社，2009.

[6] 马克思，恩格斯. 马克思恩格斯全集：第 4 卷. 北京：人民出版社，1958.

［7］马克思，恩格斯. 马克思恩格斯全集：第 12 卷. 北京：人民出版社，1962.

［8］马克思，恩格斯. 马克思恩格斯全集：第 44 卷. 2 版. 北京：人民出版社，2016.

［9］列宁. 列宁全集：第 8 卷. 2 版. 北京：人民出版社，1986.

［10］列宁. 列宁全集：第 4 卷. 2 版增订版. 北京：人民出版社，2013.

［11］列宁. 列宁全集：第 6 卷. 2 版增订版. 北京：人民出版社，2013.

［12］列宁. 列宁全集：第 10 卷. 2 版增订版. 北京：人民出版社，2017.

［13］列宁. 列宁全集：第 12 卷. 2 版增订版. 北京：人民出版社，2017.

［14］列宁. 列宁全集：第 14 卷. 2 版增订版. 北京：人民出版社，2017.

［15］列宁. 列宁全集：第 23 卷. 2 版增订版. 北京：人民出版社，2017.

［16］列宁. 列宁全集：第 25 卷. 2 版增订版. 北京：人民出版社，2017.

［17］列宁. 列宁全集：第 28 卷. 2 版增订版. 北京：人民出版社，2017.

［18］列宁. 列宁全集：第 39 卷. 2 版增订版. 北京：人民出版社，2017.

［19］列宁. 列宁全集：第 43 卷. 2 版增订版. 北京：人民出版社，2017.

［20］列宁. 列宁选集：第 1 卷. 3 版修订版. 北京：人民出版

社，2012.

［21］列宁. 列宁专题文集：论马克思主义. 北京：人民出版社，2009.

［22］列宁. 列宁专题文集：论无产阶级政党. 北京：人民出版社，2009.

［23］斯大林. 斯大林文集：1934—1952. 北京：人民出版社，1985.

［24］马克思主义与社会科学方法论编写组. 马克思主义与社会科学方法论. 北京：高等教育出版社，2018.

［25］中国共产党章程. 北京：人民出版社，2017.

［26］《关于若干历史问题的决议》《关于建国以来党的若干历史问题的决议》. 北京：中共党史出版社，2013.

［27］中共中央关于党的百年奋斗重大成就和历史经验的决议. 北京：人民出版社，2021.

［28］毛泽东. 毛泽东选集：第 1 卷. 2 版. 北京：人民出版社，1991.

［29］毛泽东. 毛泽东选集：第 2 卷. 2 版. 北京：人民出版社，1991.

［30］毛泽东. 毛泽东选集：第 3 卷. 2 版. 北京：人民出版社，1991.

［31］毛泽东. 毛泽东选集：第 4 卷. 2 版. 北京：人民出版社，1991.

［32］中共中央文献研究室. 毛泽东文集：第 2 卷. 北京：人民出版社，1993.

［33］中共中央文献研究室. 毛泽东文集：第 6 卷. 北京：人民出版社，1999.

［34］中共中央文献研究室．毛泽东文集：第 7 卷．北京：人民出版社，1999.

［35］中共中央文献研究室．毛泽东文集：第 8 卷．北京：人民出版社，1999.

［36］中共中央文献研究室．毛泽东哲学批注集．北京：中央文献出版社，1988.

［37］中央文献研究室．毛泽东书信选集．北京：中央文献出版社，2003.

［38］邓小平．邓小平文选：第 2 卷．2 版．北京：人民出版社，1994.

［39］邓小平．邓小平文选：第 3 卷．北京：人民出版社，1993.

［40］江泽民．江泽民文选：第 1 卷．北京：人民出版社，2006.

［41］江泽民．江泽民文选：第 3 卷．北京：人民出版社，2006.

［42］江泽民．论党的建设．北京：中央文献出版社，2001.

［43］中共中央宣传部．“三个代表”重要思想学习纲要．北京：学习出版社，2003.

［44］胡锦涛．胡锦涛文选：第 1 卷．北京：人民出版社，2016.

［45］胡锦涛．胡锦涛文选：第 3 卷．北京：人民出版社，2016.

［46］中共中央宣传部．科学发展观学习纲要．北京：学习出版社，2013.

［47］习近平．习近平著作选读：第 1 卷．北京：人民出版社，2023.

［48］习近平．习近平著作选读：第 2 卷．北京：人民出版社，2023.

［49］习近平．习近平谈治国理政：第 1 卷．2 版．北京：外文出版社，2018.

［50］习近平. 习近平谈治国理政：第 2 卷. 北京：外文出版社，2017.

［51］习近平. 习近平谈治国理政：第 3 卷. 北京：外文出版社，2020.

［52］习近平. 习近平谈治国理政：第 4 卷. 北京：外文出版社，2022.

［53］习近平. 论坚持党对一切工作的领导. 北京：中央文献出版社，2019.

［54］习近平. 论党的宣传思想工作. 北京：中央文献出版社，2020.

［55］习近平. 论中国共产党历史. 北京：中央文献出版社，2021.

［56］习近平. 论把握新发展阶段、贯彻新发展理念、构建新发展格局. 北京：中央文献出版社，2021.

［57］习近平. 论党的自我革命. 北京：党建读物出版社，2023.

［58］中共中央党史和文献研究院，中央学习贯彻习近平新时代中国特色社会主义思想主题教育领导小组办公室. 习近平新时代中国特色社会主义思想专题摘编. 北京：党建读物出版社，2023.

［59］中共中央文献研究室. 习近平关于全面深化改革论述摘编. 北京：中央文献出版社，2014.

［60］中共中央纪律检查委员会，中共中央文献研究室. 习近平关于严明党的纪律和规矩论述摘编. 北京：中央文献出版社，2016.

［61］中共中央文献研究室. 习近平关于社会主义文化建设论述摘编. 北京：中央文献出版社，2017.

［62］中共中央党史和文献研究院，中央“不忘初心、牢记使命”主题教育领导小组办公室. 习近平关于“不忘初心、牢记使命”

论述摘编. 北京：党建读物出版社，2019.

［63］中共中央党史和文献研究院. 习近平关于全面从严治党论述摘编（2021年版）. 北京：中央文献出版社，2021.

［64］习近平. 出席第三届核安全峰会并访问欧洲四国和联合国教科文组织总部、欧盟总部时的演讲. 北京：人民出版社，2014.

［65］习近平. 在庆祝全国人民代表大会成立60周年大会上的讲话. 北京：人民出版社，2014.

［66］习近平. 在党的群众路线教育实践活动总结大会上的讲话. 北京：人民出版社，2014.

［67］习近平. 在全国党校工作会议上的讲话. 北京：人民出版社，2016.

［68］习近平. 在全国组织工作会议上的讲话. 北京：人民出版社，2018.

［69］习近平. 在“不忘初心、牢记使命”主题教育总结大会上的讲话. 北京：人民出版社，2020.

［70］习近平. 在决战决胜脱贫攻坚座谈会上的讲话. 北京：人民出版社，2020.

［71］习近平. 在全国劳动模范和先进工作者表彰大会上的讲话. 北京：人民出版社，2020.

［72］习近平. 在党史学习教育动员大会上的讲话. 北京：人民出版社，2021.

［73］习近平. 在庆祝中国共产党成立100周年大会上的讲话. 北京：人民出版社，2021.

［74］中共中央宣传部. 习近平新时代中国特色社会主义思想学习纲要. 北京：学习出版社，2019.

［75］中共中央宣传部．习近平新时代中国特色社会主义思想学习问答．北京：学习出版社，2021．

［76］中共中央宣传部．中国共产党的历史使命与行动价值．北京：人民出版社，2021．

［77］中共中央文献研究室，中央档案馆．建党以来重要文献选编（1921—1949）：第1册．北京：中央文献出版社，2011．

［78］中共中央文献研究室，中央档案馆．建党以来重要文献选编（1921—1949）：第2册．北京：中央文献出版社，2011．

［79］中共中央文献研究室，中央档案馆．建党以来重要文献选编（1921—1949）：第8册．北京：中央文献出版社，2011．

［80］中共中央文献研究室，中央档案馆．建党以来重要文献选编（1921—1949）：第15册．北京：中央文献出版社，2011．

［81］中共中央文献研究室，中央档案馆．建党以来重要文献选编（1921—1949）：第16册．北京：中央文献出版社，2011．

［82］中共中央文献研究室，中央档案馆．建党以来重要文献选编（1921—1949）：第17册．北京：中央文献出版社，2011．

［83］中共中央文献研究室，中央档案馆．建党以来重要文献选编（1921—1949）：第18册．北京：中央文献出版社，2011．

［84］中共中央文献研究室，中央档案馆．建党以来重要文献选编（1921—1949）：第20册．北京：中央文献出版社，2011．

［85］中共中央文献研究室，中央档案馆．建党以来重要文献选编（1921—1949）：第22册．北京：中央文献出版社，2011．

［86］中共中央文献研究室，中央档案馆．建党以来重要文献选编（1921—1949）：第25册．北京：中央文献出版社，2011．

［87］中央档案馆，中共中央文献研究室．中共中央文件选集

(1949年10月—1966年5月)：第6册. 北京：人民出版社，2013.

[88] 中央档案馆，中共中央文献研究室. 中共中央文件选集(1949年10月—1966年5月)：第14册. 北京：人民出版社，2013.

[89] 中央档案馆，中共中央文献研究室. 中共中央文件选集(1949年10月—1966年5月)：第32册. 北京：人民出版社，2013.

[90] 中共中央文献研究室. 建国以来重要文献选编：第5册. 北京：中央文献出版社，1993.

[91] 中共中央文献研究室. 建国以来重要文献选编：第9册. 北京：中央文献出版社，1994.

[92] 中共中央文献研究室. 三中全会以来重要文献选编：上. 北京：人民出版社，1982.

[93] 中共中央文献研究室. 三中全会以来重要文献选编：下. 北京：人民出版社，1982.

[94] 中共中央文献研究室. 十二大以来重要文献选编：上. 北京：中央文献出版社，2011.

[95] 中共中央文献研究室. 十三大以来重要文献选编：上. 北京：中央文献出版社，2011.

[96] 中共中央文献研究室. 十三大以来重要文献选编：中. 北京：中央文献出版社，2011.

[97] 中共中央文献研究室. 十四大以来重要文献选编：下. 北京：中央文献出版社，2011.

[98] 中共中央文献研究室. 十六大以来重要文献选编：上. 北京：中央文献出版社，2005.

[99] 中共中央文献研究室. 十六大以来重要文献选编：下. 北京：中央文献出版社，2008.

[100] 中共中央文献研究室. 十七大以来重要文献选编：中. 北京：中央文献出版社，2011.

[101] 中共中央文献研究室. 十八大以来重要文献选编：上. 北京：中央文献出版社，2014.

[102] 中共中央文献研究室. 十八大以来重要文献选编：中. 北京：中央文献出版社，2016.

[103] 中共中央党史和文献研究院. 十八大以来重要文献选编：下. 北京：中央文献出版社，2018.

[104] 中共中央党史和文献研究院. 十九大以来重要文献选编：上. 北京：中央文献出版社，2019.

[105] 中共中央党史和文献研究院. 十九大以来重要文献选编：中. 北京：中央文献出版社，2021.

[106] 中共中央文献研究室. 毛泽东年谱（1893—1949）：上卷. 修订本. 北京：中央文献出版社，2013.

[107] 中共中央文献研究室. 毛泽东年谱（1893—1949）：中卷. 修订本. 北京：中央文献出版社，2013.

[108] 中共中央文献研究室. 毛泽东年谱（1949—1976）：第1卷. 北京：中央文献出版社，2013.

[109] 中共中央文献研究室. 毛泽东年谱（1949—1976）：第2卷. 北京：中央文献出版社，2013.

[110] 中共中央文献研究室. 毛泽东年谱（1949—1976）：第3卷. 北京：中央文献出版社，2013.

[111] 中共中央文献研究室. 周恩来年谱（1898—1949）. 修订本. 北京：中央文献出版社，1998.

[112] 中国李大钊研究会. 李大钊文集：第4卷. 北京：人民出版社，1999.

［113］中国李大钊研究会. 李大钊全集：第 3 卷. 北京：人民出版社，2013.

［114］蔡和森. 蔡和森文集：下. 北京：人民出版社，2013.

［115］瞿秋白. 瞿秋白文集：政治理论编：第 6 卷. 北京：人民出版社，2013.

［116］瞿秋白. 瞿秋白文集：政治理论编：第 7 卷. 北京：人民出版社，2013.

［117］成仿吾. 战火中的大学. 北京：人民教育出版社，1982.

［118］李维汉. 回忆与研究：上、下. 北京：中共党史资料出版社，1986.

［119］胡乔木. 胡乔木文集：第 2 卷. 北京：人民出版社，2012.

［120］《胡乔木传》编写组. 胡乔木谈中共党史. 2 版. 北京：人民出版社，2015.

［121］逄先知. 伟大旗帜：毛泽东和毛泽东思想. 北京：生活·读书·新知三联书店，2019.

［122］龚育之文存：下卷. 上海：上海人民出版社，2000.

［123］龚育之. 党史札记. 杭州：浙江人民出版社，2002.

［124］中共中央党史研究室. 中国共产党历史：第 1 卷（1921—1949）. 2 版. 北京：中共党史出版社，2011.

［125］中共中央党史研究室. 中国共产党历史：第 2 卷（1949—1978）. 2 版. 北京：中共党史出版社，2011.

［126］中共中央党史研究室. 中国共产党的九十年. 北京：中共党史出版社，2016.

［127］全国党的建设研究会. 中国化的马克思主义党建理论体系概论. 北京：党建读物出版社，2021.

［128］中共中央党史研究室. 红军长征纪实丛书. 北京：中共党

史出版社，2016.

［129］欧阳淞，高永中. 改革开放口述史. 北京：中国人民大学出版社，2018.

［130］虞云耀. 党的建设若干实践和理论问题. 北京：党建读物出版社，2002.

［131］虞云耀. 党的建设研究（2009—2014）. 北京：党建读物出版社，2015.

［132］中央档案馆. 中国共产党宣传工作文献选编（1937—1949）. 北京：学习出版社，1996.

［133］中央档案馆. 中共文书档案工作文件选编（一九二三—一九四九）. 北京：档案出版社，1991.

［134］国家档案局. 中国档案馆名录. 北京：档案出版社，1990.

［135］北京市档案馆. 北京市档案馆指南. 北京：中国档案出版社，1996.

［136］上海市档案馆. 上海市档案馆指南. 北京：中国档案出版社，1999.

［137］天津市档案馆. 天津市档案馆指南. 北京：中国档案出版社，1996.

［138］黑龙江省档案馆. 黑龙江省档案馆指南. 北京：中国档案出版社，1994.

［139］吉林省档案馆. 吉林省档案馆指南. 北京：中国档案出版社，1996.

［140］辽宁省档案馆. 辽宁省档案馆指南. 北京：中国档案出版社，1994.

［141］山东省档案馆. 山东省档案馆指南. 济南：山东人民出版

社，1995.

［142］山西省档案馆. 山西省档案馆指南. 北京：中国档案出版社，1996.

［143］河北省档案馆. 河北省档案馆指南. 北京：中国档案出版社，1998.

［144］河南省档案馆. 河南省档案馆指南. 北京：中国档案出版社，2003.

［145］湖北省档案馆. 湖北省档案馆指南. 北京：中国档案出版社，1994.

［146］湖南省档案馆. 湖南省档案馆指南. 北京：中国档案出版社，1996.

［147］甘肃省档案馆. 甘肃省档案馆指南. 兰州：甘肃文化出版社，2018.

［148］陕西省档案馆. 陕西省档案馆指南. 西安：西北大学出版社，1998.

［149］浙江省档案馆. 浙江省档案馆指南. 杭州：浙江大学出版社，2013.

［150］福建省档案馆. 福建省档案馆指南. 北京：中国档案出版社，1997.

［151］云南省档案馆. 云南省档案馆指南. 北京：中国档案出版社，1997.

［152］四川省档案馆. 四川省档案馆指南. 成都：四川人民出版社，2015.

［153］青海省档案馆. 青海省档案馆指南. 西宁：青海人民出版社，2002.

［154］中共一大会址纪念馆. 中共建党前后革命活动留日档案

选编．上海：上海人民出版社，2018.

［155］何东昌．中华人民共和国重要教育文献选编（1949—1975)．海口：海南出版社，1998.

［156］教育部社会科学司．普通高校思想政治理论课文献选编(1949—2008)．北京：中国人民大学出版社，2008.

［157］国务院学位委员会办公室，国家教育委员会研究生司．中华人民共和国学位与研究生工作文件选编．北京：北京航空航天大学出版社，1988.

［158］国务院学位委员会办公室，教育部研究生工作办公室．学位与研究生教育文件选编．北京：高等教育出版社，1999.

［159］国务院学位委员会第六届学科评议组．一级学科博士、硕士学位基本要求：上册．北京：高等教育出版社，2014.

［160］中华人民共和国学校思想政治理论课重要文献选编：下册．北京：人民出版社，2022.

［161］中央教育科学研究所．老解放区教育资料（二）：上册．北京：教育科学出版社，1986.

［162］中央教育科学研究所．中华人民共和国教育大事记(1949—1982)．北京：教育科学出版社，1984.

［163］段忠桥．建国以来普通高校马克思主义理论课和思想品德课课程设置及教学内容历史沿革资料汇编：上编．北京：高等教育出版社，2004.

［164］苏联大百科全书选译·教育学和教育史：第2辑．北京：人民教育出版社，1956.

［165］姚桓．新时期党建研究论集．北京：人民出版社，2017.

［166］姚桓．党章的力量．北京：人民出版社，2018.

［167］艾四林，吴潜涛．北京高校马克思主义理论学科与思想

政治理论课建设发展报告（2019）. 北京：人民出版社，2020.

［168］李小三. 中国共产党干部教育简史. 北京：中共党史出版社，2009.

［169］赵理文. 中国共产党党校教育史. 北京：中共中央党校出版社，2014.

［170］中共中央党校校史文献史料选编：上卷. 北京：中共中央党校出版社，2013.

［171］刘晶芳. 中央党校中共党史学科建设史. 北京：中共中央党校出版社，2019.

［172］胡华文集. 北京：中国人民大学出版社，1988.

［173］王学勤. 中共党史若干著作研究. 北京：北京出版社，2002.

［174］张静如，唐曼珍. 中共党史学史. 北京：中国人民大学出版社，1990.

［175］王仲清. 中共党史学概论. 杭州：浙江人民出版社，1991.

［176］周一平. 中共党史史学史. 兰州：甘肃人民出版社，2001.

［177］周一平. 中共党史文献学. 上海：华东师范大学出版社，2001.

［178］宋学勤. 中共党史学概论. 北京：中国人民大学出版社，2012.

［179］王炳林，等. 中共党史学科基本理论问题研究. 北京：北京人民出版社，2021.

［180］李蓉. 为新中国奠基：中共七大纪事. 北京：人民日报出版社，2018.

[181] 张树军，高新民. 中共十一届三中全会历史档案：上. 北京：解放军出版社，1998.

[182] 毛昨非. 中共党史党建文献检索. 长春：长春出版社，1992.

[183] 费云东. 中共档案文献征集. 北京：中国档案出版社，2004.

[184] 中共北京市委党史研究室. 党史理论纵横谈. 北京：中共党史出版社，2001.

[185] 郭德宏. 中共中央党校中共党史教研部. 十一届三中全会以来中共党史研究的新进展. 北京：中共党史出版社，2004.

[186] 金春明. 评《剑桥中华人民共和国史》. 武汉：湖北人民出版社，2001.

[187] 梁怡，李向前. 国外中共党史研究述评. 北京：中共党史出版社，2005.

[188] 王炳林. 党的领袖与党史研究. 北京：中央文献出版社，2004.

[189] 程中原. 信史立国 当代中国史研究纵横谈. 上海：上海人民出版社，2015.

[190] 黄森，刘琦. 文史资料工作概述. 北京：中国文史出版社，1992.

二、报纸文章

[1] 习近平在中国中共文献研究会成立大会上强调 党的文献工作要更好地为党的思想理论建设服务. 人民日报，2009－02－26（1）.

[2] 习近平在中共中央政治局第十八次集体学习时强调 牢记历史经验历史教训历史警示 为国家治理能力现代化提供有益借鉴. 人民日报，2014－10－14（1）.

［3］习近平春节前夕赴陕西看望慰问广大干部群众 向全国人民致以新春祝福 祝祖国繁荣昌盛人民幸福安康. 人民日报，2015－02－17（1）.

［4］中共中央政治局召开专题民主生活会 对照检查践行“三严三实”情况 讨论研究加强党风廉政建设措施. 人民日报，2015－12－30（1）.

［5］习近平在全国高校思想政治工作会议上强调 把思想政治工作贯穿教育教学全过程 开创我国高等教育事业发展新局面. 人民日报，2016－12－09（1）.

［6］习近平在十九届中共中央政治局常委同中外记者见面时强调 新时代要有新气象更要有新作为 中国人民生活一定会一年更比一年好. 人民日报，2017－10－26（2）.

［7］习近平在瞻仰中共一大会址时强调 铭记党的奋斗历程时刻不忘初心 担当党的崇高使命矢志永远奋斗. 人民日报，2017－11－01（1）.

［8］习近平在学习贯彻党的十九大精神研讨班开班式上发表重要讲话强调 以时不我待只争朝夕的精神投入工作 开创新时代中国特色社会主义事业新局面. 人民日报，2018－01－06（1）.

［9］习近平在全国宣传思想工作会议上强调 举旗帜聚民心育新人兴文化展形象 更好完成新形势下宣传思想工作使命任务. 人民日报，2018－08－23（1）.

［10］习近平在全国教育大会上强调 坚持中国特色社会主义教育发展道路 培养德智体美劳全面发展的社会主义建设者和接班人. 人民日报，2018－09－11（1）.

［11］习近平致信祝贺中国社会科学院中国历史研究院成立强调 总结历史经验揭示历史规律把握历史趋势 加快构建中国特色历史学

学科体系学术体系话语体系. 人民日报，2019 - 01 - 04 (1).

[12] 习近平在中共中央政治局第十四次集体学习时强调 加强对五四运动和五四精神的研究 激励广大青年为民族复兴不懈奋斗. 人民日报，2019 - 04 - 21 (1).

[13] 习近平在中央党校（国家行政学院）中青年干部培训班开班式上发表重要讲话强调 发扬斗争精神增强斗争本领 为实现“两个一百年”奋斗目标而顽强奋斗. 人民日报，2019 - 09 - 04 (1).

[14] 习近平在十九届中央纪委四次全会上发表重要讲话强调 一以贯之全面从严治党强化对权力运行的制约和监督 为决胜全面建成小康社会决战脱贫攻坚提供坚强保障. 人民日报，2020 - 01 - 14 (1).

[15] 习近平给复旦大学青年师生党员回信勉励广大党员 在学思践悟中坚定理想信念 在奋发有为中践行初心使命. 人民日报，2020 - 07 - 01 (1).

[16] 习近平在吉林考察时强调 坚持新发展理念深入实施东北振兴战略 加快推动新时代吉林全面振兴全方位振兴. 人民日报，2020 - 07 - 25 (1).

[17] 习近平给上海市新四军历史研究会百岁老战士们回信时强调 多讲讲党的故事光荣传统和优良作风 引导广大党员不忘初心牢记使命坚定信仰勇敢斗争. 人民日报，2021 - 02 - 20 (1).

[18] 习近平在中央党校（国家行政学院）中青年干部培训班开班式上发表重要讲话强调 立志做党光荣传统和优良作风的忠实传人在新时代新征程中奋勇争先建功立业. 人民日报，2021 - 03 - 02 (1).

[19] 习近平在福建考察时强调 在服务和融入新发展格局上展现更大作为 奋力谱写全面建设社会主义现代化国家福建篇章. 人民日报，2021 - 03 - 26 (1).

[20] 习近平在清华大学考察时强调 坚持中国特色世界一流大

学建设目标方向 为服务国家富强民族复兴人民幸福贡献力量. 人民日报，2021 - 04 - 20 (1).

[21] 习近平在广西考察时强调 解放思想深化改革凝心聚力担当实干 建设新时代中国特色社会主义壮美广西. 人民日报，2021 - 04 - 28 (1).

[22] 习近平在中共中央政治局第三十次集体学习时强调 加强和改进国际传播工作 展示真实立体全面的中国. 人民日报，2021 - 06 - 02 (1).

[23] 习近平在中共中央政治局第三十一次集体学习时强调 用好红色资源赓续红色血脉 努力创造无愧于历史和人民的新业绩. 人民日报，2021 - 06 - 27 (1).

[24] 习近平在西藏考察时强调 全面贯彻新时代党的治藏方略 谱写雪域高原长治久安和高质量发展新篇章. 人民日报，2021 - 07 - 24 (1).

[25] 习近平主持召开中央财经委员会第十次会议强调 在高质量发展中促进共同富裕 统筹做好重大金融风险防范化解工作. 人民日报，2021 - 08 - 18 (1).

[26] 习近平在中央党校（国家行政学院）中青年干部培训班开班式上发表重要讲话强调 信念坚定对党忠诚实事求是担当作为 努力成为可堪大用能担重任的栋梁之才. 人民日报，2021 - 09 - 02 (1).

[27] 习近平作出重要指示强调 发挥好党内法规在维护党中央集中统一领导 保障党长期执政和国家长治久安方面的重大作用. 人民日报，2021 - 12 - 21 (1).

[28] 习近平对党的建设研究工作作出重要指示强调 加深对新时代党的建设规律的认识 继续为推进新时代党的建设贡献智慧和力量. 人民日报，2022 - 01 - 22 (1).

［29］习近平在十九届中央纪委六次全会上发表重要讲话强调 坚持严的主基调不动摇 坚持不懈把全面从严治党向纵深推进. 人民日报，2022－01－19（1）.

［30］习近平在参加内蒙古代表团审议时强调 不断巩固中华民族共同体思想基础 共同建设伟大祖国 共同创造美好生活. 人民日报，2022－03－06（1）.

［31］习近平在二十届中央纪委二次全会上发表重要讲话强调 一刻不停推进全面从严治党 保障党的二十大决策部署贯彻落实. 人民日报，2023－01－10（1）.

［32］习近平在二十届中央纪委三次全会上发表重要讲话强调 深入推进党的自我革命 坚决打赢反腐败斗争攻坚战持久战. 人民日报，2024－01－09（1）.

［33］全国党史工作会议在京举行. 人民日报，2010－07－22（1）.

［34］栗战书在全国党史研究室主任会上强调 深入学习贯彻习近平总书记重要论述精神 不断开创党史工作新局面. 人民日报，2015－04－09（4）.

［35］丁薛祥在全国党史和文献部门主要负责人会议上强调 深入学习贯彻习近平新时代中国特色社会主义思想 不断开创党史和文献工作新局面. 人民日报，2021－02－08（4）.

［36］中办印发《通知》在全社会开展党史、新中国史、改革开放史、社会主义发展史宣传教育. 人民日报，2021－05－26（1）.

［37］中组部印发《关于进一步发挥全国党建研究会党建高端智库作用的意见》. 中国组织人事报，2018－11－12（1）.

［38］叶剑英副主席在中共中央党校开学典礼上的讲话. 人民日报，1977－10－10（3）.

［39］习近平致第二十二届国际历史科学大会的贺信. 人民日

报，2015－08－24（1）.

［40］习近平. 在第十八届中央纪律检查委员会第六次全体会议上的讲话（2016年1月12日）. 人民日报，2016－05－03（2）.

［41］关于《中共中央关于进一步全面深化改革、推进中国式现代化的决定》的说明. 人民日报，2024－07－22（1）.

［42］中共中央党史研究室负责人就《中共中央关于加强和改进新形势下党史工作的意见》答记者问. 人民日报，2010－09－28（6）.

［43］全国哲学社会科学工作办公室负责人就《国家"十四五"时期哲学社会科学发展规划》答记者问. 光明日报，2022－04－28（3）.

［44］冯俊. 党史学习教育应该树立正确党史观. 中国教育报，2021－03－04（5）.

［45］冯俊. 向历史学习，始终保持"赶考"的清醒. 长江日报，2021－05－13（2）.

［46］全国党建研究会课题组. 大力推进党建学科建设与发展. 中国组织人事报，2021－06－16（6）.

［47］田心铭. 学科体系、学术体系、话语体系的科学内涵与相互关系. 光明日报，2020－05－15（11）.

［48］王炳林. 准确把握中共党史党建学科的发展定位. 光明日报，2022－01－05（16）.

［49］虞云耀. 新时代中国特色社会主义与中国共产党. 光明日报，2018－01－12（5）.

［50］虞云耀. 建设永远立于不败之地的马克思主义政党. 人民日报，2021－07－27（9）.

［51］岳平. 当前党史教学中的几个问题. 人民日报，1979－09－10（3）.

三、期刊文章

［1］李大钊. 黄庞流血记·序. 晨报·副刊，1922-03-23.

［2］毛泽东. 论新阶段. 解放，1938-10-25.

［3］习近平. 在全国党史工作会议上的讲话（摘要）. 中共党史研究，2010（8）.

［4］习近平. 推进党的建设新的伟大工程要一以贯之. 求是，2019（19）.

［5］习近平. 学史明理 学史增信 学史崇德 学史力行. 求是，2021（13）.

［6］习近平. 毫不动摇坚持和加强党的全面领导. 求是，2021（18）.

［7］习近平. 用好红色资源 赓续红色血脉 努力创造无愧于历史和人民的新业绩. 求是，2021（19）.

［8］习近平. 以史为鉴、开创未来 埋头苦干、勇毅前行. 求是，2022（1）.

［9］习近平. 在中央人大工作会议上的讲话. 求是，2022（5）.

［10］习近平. 时刻保持解决大党独有难题的清醒和坚定，把党的伟大自我革命进行到底. 求是，2024（6）.

［11］在党的二十届三中全会第二次全体会议上的讲话. 求是，2024（18）.

［12］白林. 蒙古国外交部中央档案馆馆藏中蒙关系档案资料评介. 中共党史研究，2018（1）.

［13］白林. 蒙古国档案总局馆藏中蒙关系档案评介. 中共党史研究，2019（1）.

［14］白寿彝，瞿林东. 马克思主义史学在中国的传播和发展：纪念马克思逝世一百周年. 史学史研究，1983（1）.

［15］常利兵. “告别革命”论与重提革命史：兼论新革命史研究何以可能. 中共历史与理论研究，2017（1）.

［16］陈红娟. 中共党史领域概念史的研究对象与方法思考. 中共党史研究，2017（11）.

［17］陈洪运. 缅甸国家档案馆馆藏当代中缅关系档案资料评介. 中共党史研究，2019（6）.

［18］陈曙光. 论中国话语的生成逻辑及演化趋势. 马克思主义研究，2016（10）.

［19］陈旭麓. 略论中国近代社会史研究. 华东师范大学学报（哲学社会科学版），1989（5）.

［20］丁俊萍. 党建学科构建的几点思考. 理论探索，2017（4）.

［21］丁俊萍，刘秀华. 党的建设学科属性及其对学科建设的导向作用. 山东社会科学，2021（5）.

［22］董洁. 韩国外交史料馆馆藏对华关系类档案评介. 中共党史研究，2018（9）.

［23］冯俊. 中国共产党在不断总结历史经验中前进. 红旗文稿，2021（23）.

［24］高艳杰. 印尼华文报刊在中印关系研究中的史料价值. 中共党史研究，2019（6）.

［25］耿化敏. 高校中共党史本科专业的历史、现状和改革. 党史研究与教学，2014（2）.

［26］耿化敏，吴起民. 苏联专家与新中国高校政治理论课程的建立. 中共党史研究，2016（6）.

［27］耿化敏，吕晓莹. 中共党史学科建设的突出问题与对策.

广东党史与文献研究，2020（4）.

［28］耿化敏. 中共党史学科建设的回顾与展望. 大学与学科，2021（3）.

［29］谷继坤. 俄罗斯社会政治史档案馆馆藏中共及国际共运档案资料评介. 中共党史研究，2016（5）.

［30］谷继坤. 俄罗斯国家现代史档案馆馆藏中共及国际共运档案资料评介. 中共党史研究，2019（7）.

［31］顾海良. 新时代高校哲学社会科学教材建设的指导思想和基本遵循. 中国大学教学，2019（7）.

［32］管永前. 中国共产党研究的基本范式. 国外社会科学，2021（2）.

［33］郭德宏. 中共党史学的性质、体系、理论与方法. 中国人民大学学报，2001（3）.

［34］郭德宏. 十一届三中全会以来中共党史学理论和方法研究新进展. 党史研究与教学，2002（2）.

［35］郭军丽. 党史文献学刍议. 中共党史研究，1990（2）.

［36］韩强. 关于加强党建学科建设的几个问题. 中共云南省委党校学报，2013（5）.

［37］韩强，牛晴苇. 辩证认识海外对中国共产党研究的价值与不足. 南京政治学院学报，2017（4）.

［38］韩强. 加强党建学科构建的重大意义. 理论探索，2017（4）.

［39］韩强，李剑. 建党以来党的建设的学科化发展及其理论贡献. 北京联合大学学报（人文社会科学版），2021（1）.

［40］何沁，杨先材. 对开设中国革命史课程的几点想法. 教学与研究，1985（5）.

［41］何志明. 从“见物不见人”到“见物又见人”：关于深化中

共制度史研究的思考. 中共党史研究，2019 (1).

［42］侯且岸. 论中共党史学的历史文化取向. 中国人民大学学报，2001 (3).

［43］胡华. 关于党史教学的若干问题：在杭州大学召开的党史讲义讨论会上的发言. 杭州大学学报，1978 (12).

［44］黄如军. 壮丽画卷的精彩浓缩 权威简明的党史教材：读《中国共产党历史大事记（1921 年 7 月—2011 年 6 月）》. 求是，2012 (1).

［45］黄修荣. 罕见的档案 珍贵的史料. 中共党史研究，1996 (4).

［46］黄修荣. 一套难得的珍贵档案史料集：《共产国际、联共（布）与中国革命档案资料丛书》述要. 中共党史研究，2012 (10).

［47］蒋杰. 法国藏中国抗战档案史料述略. 中共党史研究，2020 (2).

［48］李金铮. 向“新革命史”转型：中共革命史研究方法的反思与突破. 中共党史研究，2010 (1).

［49］李金铮. 整体史：历史研究的“三位一体”. 近代史研究，2012 (5).

［50］李金铮. 再议“新革命史”的理念与方法. 中共党史研究，2016 (11).

［51］李金铮. 读者与报纸、党政军的联动：《晋察冀日报》的阅读史. 近代史研究，2018 (4).

［52］李里峰. 何谓“新革命史”：学术回顾与概念分疏. 中共党史研究，2019 (11).

［53］李里峰. 中共党史研究的概念谱系刍议. 中共党史研究，2017 (11).

［54］李向勇，丁俊萍. 2019 年全国党的建设学科发展状况述论. 学校党建与思想教育，2020 (8).

［55］李孝迁. 革命与历史：中国左派历史读物. 中共党史研究，2017（5）.

［56］李勇. 中共党史文献编纂中的作者考证. 中国档案，1994（1）.

［57］李勇. 论中共党史文献编纂中时间的考证. 档案学研究，1994（2）.

［58］李宇莹. 香港地区中共党史研究状况述评. 西部学刊，2021（8）.

［59］林强. 编写党史若干方法论思考. 中共党史研究，1998（5）.

［60］刘辉. 中国人民大学与建国初高校“新民主主义论”、“中国革命史”课程的开设. 教学与研究，2008（11）.

［61］刘荣刚. 日本收藏中共党史资料的机构及基本情况. 中共党史资料，2004（1）.

［62］卢先福. 党校党建学科的建立和发展. 中国浦东干部学院学报，2019（5）.

［63］罗心欲. 对新设党的建设二级学科定位的思考. 岭南学刊，2018（4）.

［64］满永. 革命与生活：兼及问题导向的中共历史研究. 党史研究与教学，2012（1）.

［65］满永. 追寻运动中的制度：试论中国共产党制度史研究的必要性. 中共党史研究，2019（1）.

［66］欧阳军喜. 立足中国与融入世界：全球史视野下的中国共产党 90 年. 思想理论教育导刊，2011（11）.

［67］欧阳军喜. 全球史视野下的改革开放及其历史书写. 中共党史研究，2018（1）.

［68］欧阳淞. 关于深化党史研究的几个问题. 中共党史研究，2013（2）.

［69］欧阳淞．关于中共党史学的几个基本问题．中共历史与理论研究，2015（1）．

［70］欧阳淞．建好高校“党的建设”学科的看法和建议．马克思主义理论学科研究，2017（4）．

［71］彭程．日本馆藏涉新四军档案评介．军事历史研究，2019（5）．

［72］彭永福．澳大利亚国家档案馆藏冷战时期中国与新马印（尼）关系档案评介．中共党史研究，2018（4）．

［73］齐鹏飞．关于“党史”与“国史”关系的再认识．教学与研究，2008（5）．

［74］齐鹏飞．中共党史研究的学术功能与政治功能．中国人民大学学报，2001（3）．

［75］齐卫平．党的建设科学化与党建学科化建设．中共中央党校学报，2014（3）．

［76］齐卫平．党的建设多学科融合研究方法的思考．山东社会科学，2020（11）．

［77］翟林东．关于当代中国史学话语体系建构的几个问题．中国社会科学，2011（2）．

［78］曲青山．关于党史工作队伍建设的几个问题．红广角，2012（8）．

［79］商志晓．论党建学科化的学理支撑．山东社会科学，2020（11）．

［80］［日］石川祯浩．中国共产党编纂党史资料的进程（1929—1955）．李晓倩编译．中共党史研究，2017（6）．

［81］宋俭，丁俊萍．关于中共党史学学科建设问题的思考．中共党史研究，2008（3）．

［82］宋学勤．中共党史研究的认识误区与学术选择．党史研究

与教学，2013 (2).

［83］宋学勤，李晋珩．思想“在场”：当代中国社会史研究的基点．史学理论研究，2017 (4).

［84］孙蚌珠，程美东．马克思主义理论学科人才培养要以研习马克思主义经典为基础：北京大学马克思主义学院博士生中期考核改革纪实．湖南社会科学，2017 (1).

［85］孙宁．新中国中央文献对外译介事业的发展历程与特点．中国翻译，2021 (4).

［86］唐小兵．“新革命史”语境下思想文化史与社会文化史的学术路径．中共党史研究，2018 (11).

［87］田居俭．把当代社会史提上研究日程．当代中国史研究，2007 (3).

［88］仝华．对党忠诚、不负人民是伟大建党精神之根．思想教育研究，2021 (4).

［89］仝华．从党的十九届六中全会重要文献中体悟坚持唯物史观和正确党史观．毛泽东邓小平理论研究，2021 (12).

［90］辛向阳．中国共产党推进自我革命的理论建构．理论探讨，2019 (5).

［91］辛向阳．唯物辩证法与党的建设．世界社会主义研究，2020 (2).

［92］辛向阳．中国共产党的实事求是观．西北工业大学学报（社会科学版），2021 (3).

［93］王炳林．中共党史学科基本理论问题论要．中国高校社会科学，2018 (1).

［94］王炳林．中共党史学科是否应该成为一级学科?．党史研究与教学，2019 (3).

［95］王炳林. 党史研究方法的调研与思考. 党史研究与教学，2020（4）.

［96］王广义. 时间·空间·学科：新时代中共党史研究的三重视域. 史学集刊，2021（1）.

［97］王顺生. 改革开放新时期高校中共党史学科的建设与发展. 中共党史研究，2010（7）.

［98］王庭大. 用好批评和自我批评这个利器：党的群众路线教育实践活动的经验与启示. 求是，2015（1）.

［99］王庭大. 党的政治建设是党的根本性建设. 求是，2019（15）.

［100］王庭大. 对建党百年开展党史学习教育的几点认识. 世界社会主义研究，2021（5）.

［101］王悦之，曾代军. 论“新革命史”的兴起. 苏区研究，2020（1）.

［102］吴志军. 一九七九年：中共党史研究学术化进程的起步. 中共党史研究，2010（4）.

［103］吴志军. 学术的“钟摆效应”：中国共产党制度史研究何以可能. 中共党史研究，2019（1）.

［104］奚庆庆. 英国国家档案馆馆藏中国台湾问题档案评介. 中共党史研究，2019（2）.

［105］行龙. 克服“碎片化”，回归总体史. 近代史研究，2012（4）.

［106］杨德山，张冬冬. 新时代高校党的建设学科发展现状调查及展望. 上海交通大学学报（哲学社会科学版），2021（1）.

［107］杨东. 概念史视野下的红军长征：兼论中共在革命道路中的实践表达. 中共党史研究，2017（5）.

［108］杨凤城. 习近平党史观与中共党史研究. 中共党史研究，2020 (1).

［109］杨凤城. 关于中共党史研究的规范与方法. 中国人民大学学报，2001 (3).

［110］杨凤城. 关于中共党史学科定位与建设的若干思考. 中共党史研究，2021 (1).

［111］杨茂. 美国里根总统图书馆馆藏中美关系档案资料评介. 中共党史研究，2018 (5).

［112］姚百慧. 美国国务院 RG59 类非核心档案及其有关中国的材料简介. 中共党史研究，2018 (11).

［113］姚桓. 把握党建学科构建四要点. 理论探索，2017 (4).

［114］姚桓. 深化党建智库研究的意义、任务和方法. 中央党校学报，2018 (1).

［115］应星. 新革命史：问题与方法. 妇女研究论丛，2017 (5).

［116］虞云耀. 中国道路与中国共产党. 求是，2014 (1).

［117］虞云耀. 中国梦与中国共产党. 求是，2014 (13).

［118］俞金尧. 书写人民大众的历史：社会史学的研究传统及其范式转换. 中国社会科学，2011 (3).

［119］张静如. 关于中国革命史的研究对象. 革命史资料，1986 (1).

［120］张静如. 以社会史为基础深化党史研究. 历史研究，1991 (1).

［121］张静如. 解放和发展生产力与党史研究. 北京党史，1993 (1).

［122］张静如，王朝美，侯且岸，等. 中共党史学理论和方法研究的反思. 北京党史研究，1995 (5).

［123］张静如．中共党史学诠释．北京党史研究，1997（3）．

［124］张静如．党史学科研究断想．党史研究，1997（6）．

［125］张静如，王炳林．中共党史学理论和方法的回顾与思考．北京党史，1999（2）．

［126］张静如．何干之对中共历史学科建设的贡献：纪念何干之百年诞辰．北京党史，2006（5）．

［127］张牧云．美国藏新民主主义革命时期中共对外交往文献评介．中共党史研究，2020（4）．

［128］张虹．美国密苏里大学特藏馆所藏斯诺文献概况及其学术价值．中共党史研究，2016（9）．

［129］张学见．改革开放以来党史文献资料的出版状况、影响及建议．出版发行研究，2014（3）．

［130］张屹，徐家林．日本防卫省防卫研究所所藏中共党史文献评介．中共党史研究，2021（4）．

［131］张注洪．党史文献资料的搜集、考证、整理和利用．中共党史研究，1988（2）．

［132］张注洪．中共党史史料学的属性、源流和形成．北京党史，1999（4）．

［133］赵继珂．美国国家档案馆馆藏美国新闻署对华研究类档案评介．中共党史研究，2017（5）．

［134］赵继珂．杜鲁门总统图书馆心理战略委员会涉华档案评介．中共党史研究，2018（7）．

［135］赵娜．中共党史学科归属争议及其历史考察．贵州师范大学学报（社会科学版），2019（1）．

［136］赵绪生，孙进宝．论新时代党建话语体系建设．中共中央党校（国家行政学院）学报，2020（5）．

［137］周良书．中共党史研究的“史料”问题．党史研究与教学，2021（1）．

［138］周一平．再论中共党史的研究对象与内容．党史研究与教学，2003（2）．

［139］周逸．关于党建学科建设的几个问题．党建研究，1992（5）．

后　记

本书是“新时代中国特色党史党建学科基本理论问题研究”课题的最终成果。这个课题由全国哲学社会科学工作办公室于 2019 年 12 月 1 日正式下达，是国家社科基金“加快构建中国特色哲学社会科学学科体系、学术体系、话语体系”研究专项项目之一，批准号为 19VXK02。该项目的责任单位为清华大学，协同单位是中共中央党校（国家行政学院）中共党史教研部、党的建设教研部和中国人民大学中共党史党建研究院，首席专家为李捷。

课题组的成员及其撰写分工如下：

总论　第一章第一节、第二节：李　捷

　　　第一章第三节：吴起民

　　　第二章至第五章：李　捷

中共党史学科　第一章：杨凤城　刘雨亭　吴起民

　　　　　　　第二章：罗平汉　石　瑶

　　　　　　　第三章：罗平汉　石　瑶

　　　　　　　第四章：杨凤城　刘雨亭　吴起民

　　　　　　　第五章：罗平汉　史泽源

第六章：欧阳军喜　夏　清
第七章：欧阳军喜　张牧云
第八章：肖贵清　车宗凯
第九章：陈金龙　杨　亮

党的建设学科　第一章：肖贵清　王赟鹏
第二章：刘宝东　王懂棋　张海涛（张海涛执笔）
第三章：张志明　李俊伟　姬旭辉
第四章：丁俊萍　李向勇
第五章：刘红凛　谭雅丹　刘　莹
第六章：曾　毅　赵航怡　杜开鑫
第七章：张荣臣　苟立伟
第八章：刘红凛　胥壮壮　解向楠
第九章：刘红凛　朱家明
第十章：陈明凡　刘兰炜

全书的框架，由课题组集体讨论而成。李捷统改了全部书稿。

罗颖平、秦仆、王琦煜、陈美芳为本课题的资料收集和整理、日常庶务工作、对外联系、会务工作以及课题征求意见本和课题最终成果的印制，做了大量工作。中共中央党校（国家行政学院）党的建设教研部的刘宝东、王懂棋、祝灵君，参加了课题组的部分工作。

清华大学作为课题的责任单位，对课题组给予大力支持，在科研等方面提供了许多便利。清华大学党委副书记、马克思主义学院党委书记向波涛，清华大学马克思主义学院原院长艾四林、副院长李成旺及时给予指导。清华大学马克思主义学院张静为课题组开展工作提供了热情帮助。

协同单位的两位领导，中共中央党校（国家行政学院）分管日常工作的副校长（副院长）谢春涛、中国人民大学原党委书记靳诺，对课题高度重视，及时给予帮助和指导，都分别派出专家团队参加课题组。

自2020年1月课题组组建以来，各位成员兢兢业业地开展研究工作。彼时，又恰逢新冠疫情的严重干扰，给课题组的科研工作带来诸多不便，但各位专家不畏困难，做了大量基础性的研究工作与创造性的开拓工作，终于在2021年底完成了50余万字的课题征求意见稿。

为了确保课题质量，课题组征得全国哲学社会科学工作办公室同意，将课题征求意见稿在一定范围内公开征求意见。这些专家在2022年春节前后认真审读了课题征求意见稿，提出了许多宝贵意见。这些意见对日后的修改提高起了非常重要的把关定向作用。在此，特向这些单位和专家致以衷心感谢。

这些单位和专家是：

全国党的建设研究会、中组部党建研究所，曲青山、虞云耀、李景田、谢春涛、靳诺、陈扬勇、姜辉、李慎明、王庭大、张启华、冯俊、张阳升、廖心文、黄如军、李蓉、辛向阳、高中伟、姚桓、李锡炎、徐晨光、王炳林、商志晓、桑学成、韩喜平、刘建平、王继平、刘昀献、郭晓明、郭建宁、吴潜涛、刘书林、王宪明、仝华、纪亚光、宋俭、王明生、张新平。

2022年2月至3月，课题组在陆续收到课题征求意见稿的审读意见后，将这些意见原原本本地发给课题组全体成员，并于4月9日召开课题组会议进行研究讨论。首席专家李捷代表课题组对下一步修改提出明确而具体的要求。

彼时出现若干对深化课题研讨具有重要指导作用的新情况。

一是2021年11月11日党的十九届六中全会通过《中共中央关于党的百年奋斗重大成就和历史经验的决议》后，习近平总书记又发表若干有关党史党建研究的重要论述。

二是 2021 年 12 月 10 日国务院学位委员会办公室下发《关于对〈博士、硕士学位授予和人才培养学科专业目录〉及其管理办法征求意见的函》，文件里第一次明确提出拟将“中共党史党建”作为法学门类下的一级学科，预示着新时代中共党史党建学科创新发展进入了一个新阶段。

三是经党中央批准，中共中央办公厅于 2022 年 2 月印发《国家“十四五”时期哲学社会科学发展规划》。这成为第一部国家层面的哲学社会科学发展规划，明确了“十四五”时期我国哲学社会科学发展的总体要求和发展目标，提出了中国特色哲学社会科学学科体系、学术体系和话语体系建设的目标任务和政策措施。

这就要求课题组在对研究成果进行修改提升的过程中，认真学习领悟这些精神要义，作为修改工作的指导，并把相关精神充分纳入课题最终成果之中。

为了确保高质量完成课题，课题组还按照全国哲学社会科学工作办公室的要求，以线上方式先后召开三次专题研讨会，分别就“第三个历史决议与新时代党史党建学科创新发展”“一级学科背景下党建学科的创新发展”“一级学科背景下党史学科的创新发展”展开研讨，形成了不少原创性的观点，并以课题组简报方式报送了全国哲学社会科学工作办公室，这对课题最终成果的形成起了重要的促进作用。

参加上述专题研讨会、为课题贡献意见的专家有：邵维正、冯俊、罗平汉、姚桓、王炳林、商志晓、桑学成、韩喜平、杨凤城、刘昀献、肖贵清、欧阳军喜、仝华、程美东、周良书、耿化敏、宋学勤、丁俊萍、宋俭、杨德山、刘红凛、陈金龙、王传利、王峰。对以上各位专家的积极参与，特表衷心感谢。

2022年7月9日至10日，课题组还和国家社科重大招标课题“推进全面从严治党重大理论和实践问题研究”课题组、高校中国共产党伟大建党精神研究中心复旦分中心、复旦大学马克思主义学院、复旦大学党建研究院、复旦大学党内法规研究中心共同举办“中国共产党百年奋斗基本经验、基本理论与自我革命”暨“中共党史党建学科体系、学术体系、理论体系建设”学术研讨会。

以上这些研讨成果，在很大程度上拓展了课题组的思路和视野。部分研讨成果为课题最终成果所吸收。

2022年6月，课题组正式向全国哲学社会科学工作办公室提交最终成果，并提出结项申请。在结项过程中，根据全国哲学社会科学工作办公室的要求，课题组聘请了党史党建领域的相关领导和专家对最终成果进行鉴定，并于2022年7月8日举行鉴定会。他们是：虞云耀、王庭大、冯俊、王炳林、辛向阳、仝华、姚桓、黄如军、李蓉。对各位专家付出的心血、提出的宝贵意见和建议，特表衷心感谢。

2024年10月，课题组接到全国哲学社会科学工作办公室下达的结项通知。至此，历时近5年之久的“新时代中国特色党史党建学科基本理论问题研究”课题终于画上了圆满的句号。喜讯传来，课题组成员无不为之欢欣鼓舞。

此时，距2022年7月报送成果又过了两年，情况又有很大变化。

一是2022年10月，中国共产党第二十次全国代表大会隆重召开，习近平总书记在二十大报告里提出了一系列新思想新观点新论断。

二是以2023年10月全国宣传思想文化工作会议召开，习近平总书记对宣传思想文化工作作出重要指示为标志，习近平文化思想正式提出。

三是 2024 年 7 月，党的二十届三中全会通过的《中共中央关于进一步全面深化改革 推进中国式现代化的决定》，科学谋划了围绕中国式现代化进一步全面深化改革的总体部署，是指导新征程上进一步全面深化改革的纲领性文件。

四是 2022 年 9 月，国务院学位委员会第三十七次会议审议通过《研究生教育学科专业目录（2022 年）》，正式将中共党史党建学设立为法学门类下的一级学科。随即，若干高校纷纷成立了中共党史党建研究院，中国人民大学还设立了中共党史党建学院。

紧跟变化了的新形势，是课题组义不容辞的责任。在接到全国哲学社会科学工作办公室的结项通知后，课题组一边和中国人民大学出版社取得联系，做最终成果的出版准备；一边根据党的理论创新的最新成果和中共党史党建学科发展的新情况新动态，对最终成果进行必要的修改、补充。这便形成了奉献给读者的这部书。

在课题写作过程中，中国人民大学出版社对课题高度重视，郭晓明副总经理、牛晋芳编审审阅了课题征求意见稿，提出许多宝贵意见。

特别令课题组感动的是，早在 2021 年 1 月，中国人民大学出版社便和课题组首席专家正式签订了这部书的出版合同。后来在申请结项的过程中，关于最终成果出版有了新的要求。而在此次结项后，课题组根据新的情况同中国人民大学出版社联系时，策划编辑牛晋芳代表出版社再次承接了这部书的出版工作，表现出中国人民大学出版社对中共党史党建学科发展和中共党史党建研究事业的高度重视和责任担当。在此，课题组特表衷心感谢和由衷钦佩！

在完成课题的过程中，全国哲学社会科学工作办公室和有关领导给予了精心指导和大力支持，在此特表衷心感谢。

新时代中共党史党建学一级学科建设，是一个富于挑战性和前瞻性的崭新的研究课题。由于水平有限，“新时代中国特色党史党建学科基本理论问题研究”课题组所能提供的最终成果，只能是一个阶段性成果。尽管我们提出了要建设名副其实的中共党史党建学一级学科，需要原先的党史、党建学科融合发展，重新整合为一个你中有我、我中有你、有机融合、相互依存的中共党史党建学一级学科，并在此基础上实现学科体系、学术体系、话语体系、教学体系的高度融合，但严格说来，这部书还只能为今后中共党史党建学科发展提供一个大致的方向和目标。因此，课题的最终成果依然还是分作“总论”“中共党史学科”“党的建设学科”三编，而在每一编的阐述中都在适当的地方强调了党史、党建学科融合发展的方向，并提出了若干有针对性的对策建议。

我们期待着未来的某一天，能有真正论述中共党史党建学一级学科学科体系建设、学术体系建设、话语体系建设、教学体系建设的佳作问世。

课题组

2024 年 11 月

图书在版编目（CIP）数据

新时代中共党史党建学科基本理论问题研究. 党的建设学科 / 李捷主编. -- 北京：中国人民大学出版社，2025. 6. --（中共党史党建学科研究丛书）. -- ISBN 978-7-300-34009-8

Ⅰ. D23；D26

中国国家版本馆 CIP 数据核字第 2025L1R932 号

中共党史党建学科研究丛书

新时代中共党史党建学科基本理论问题研究 党的建设学科

主编 李 捷

Xinshidai Zhonggong Dangshi Dangjian Xueke Jiben Lilun Wenti Yanjiu

出版发行	中国人民大学出版社		
社　　址	北京中关村大街 31 号	**邮政编码**	100080
电　　话	010－62511242（总编室）		010－62511770（质管部）
	010－82501766（邮购部）		010－62514148（门市部）
	010－62511173（发行公司）		010－62515275（盗版举报）
网　　址	http://www.crup.com.cn		
经　　销	新华书店		
印　　刷	北京联兴盛业印刷股份有限公司		
开　　本	720 mm×1000 mm　1/16	**版　　次**	2025 年 6 月第 1 版
印　　张	24 插页 3	**印　　次**	2025 年 6 月第 1 次印刷
字　　数	288 000	**定　　价**	498.00 元（全三册）